U0772698

中国城市科学研究系列报告

中国城市公用事业发展报告
2016

王俊豪　等著

中国建筑工业出版社

图书在版编目（CIP）数据

中国城市公用事业发展报告　2016/王俊豪等著. —北京：中国建筑工业出版社，2017.6

中国城市科学研究系列报告

ISBN 978-7-112-20642-1

Ⅰ. ①中… Ⅱ. ①王… Ⅲ. ①城市-公用事业-发展-研究报告-中国-2016 Ⅳ. ①F299.24

中国版本图书馆 CIP 数据核字（2017）第 069716 号

责任编辑：石枫华　李　杰
责任校对：焦　乐　李欣慰

中国城市科学研究系列报告

中国城市公用事业发展报告　2016

王俊豪　等著

*

中国建筑工业出版社出版、发行（北京海淀三里河路9号）
各地新华书店、建筑书店经销
北京红光制版公司制版
北京云浩印刷有限责任公司印刷

*

开本：787×1092毫米　1/16　印张：31½　字数：765千字
2017年7月第一版　2017年7月第一次印刷
定价：**96.00**元
ISBN 978-7-112-20642-1
　　　（30256）

指 导 委 员 会

主　　　任：仇保兴

副 主 任：张小宏

委　　　员：（以姓氏笔画为序）

王天锡　刘贺明　张　悦　邵益生　肖家保　杨海英

赵泽生　秦　虹　章林伟　谭荣尧

撰稿单位和主要撰稿人

撰 稿 单 位：浙江财经大学中国政府管制研究院

主要撰稿人：王俊豪　李云雁　王　岭　唐要家　朱晓艳　王建明

张　雷　周小梅　程怀文　张肇中

支 持 单 位

住房和城乡建设部城市建设司

中国城镇供水排水协会

中国城市燃气协会

中国城市环境卫生协会

中国城镇供热协会

中国城市科学研究会城市公用事业改革与监管专业委员会

中国能源研究会能源监管专业委员会

经　费　资　助

浙江省 2011 协同创新中心"浙江财经大学城市公用事业政府监管协同创新中心"

浙江省哲学社会科学重点研究基地"浙江财经大学政府管制与公共政策研究中心"

浙江省重点创新团队"管制理论与政策研究团队"

服务国家特殊需求博士人才培养项目"浙江财经大学城市公用事业政府监管博士人才培养项目"

序

　　城市公用事业是由为城镇化居民生产生活提供必需的普遍服务的众多行业组成的集合，行业涉及面广、行业间跨度较大。本书主要研究城市供水、排水与污水处理、燃气、垃圾处理、供热、电力等城市公用事业中最为重要的核心行业。城市公用事业在城市经济发展和社会生活中具有基础性地位，主要表现在：城市公用事业所提供的产品和服务是城市生产部门进行生产和人们生活的基础性条件，城市公用事业不但为制造业、加工业、商业和服务业等各行业的生产活动提供必要的供水、供气、城市道路等基础条件，也为城市居民提供必要的生活基础。同时，城市公用事业所提供的产品和服务的价格构成了其他行业产品和服务的成本，其性能和价格的变化，必然对其他行业产生连锁反应。因此，城市公用事业的基础性，意味着城市公用事业具有先导性，要发展城市经济，提高城市文化、生活水平，就要求优先发展城市公用事业。

　　改革开放以来，伴随经济高速增长和城市化快速推进，我国城市公用事业在不断深化改革过程中也取得了快速发展。特别是近年来，我国注重新型城市化建设，对城市公用事业的发展既提出了数量要求，更强调质量要求。为了从动态上反映我国城市公用事业发展的实际情况、法规政策环境和行业企业所做的改革探索，我们从 2015 年开始撰写、出版年度发展报告，今年将要出版的年度发展报告《中国城市公用事业发展报告》（2016 年），除了保持原来的结构外，增加了城市公用事业政府和社会资本合作（PPP）的内容，作为本年度发展报告的一个特色。事实上，与中国其他行业或领域相比，城市公用事业 PPP 具有较长的发展历程，有不少经验值得总结。我们出版本年度报告，希望对城市公用事业相关政府部门、研究机构及其研究人员提供参考。

　　本报告的结构框架可分为以下四部分：

　　第一部分为总论，由第一章、第二章组成，从总体上分析了六个主要城市公用事业基础设施建设、生产与供应以及结构与取得的主要成效情况。同时，回顾了城市公用事业政府和社会资本合作（PPP）的历程，分析城市公用事业 PPP

的现状、面临的挑战和对未来的展望。

第二部分为行业报告，由第三章至第八章组成，这是本报告的主体，详细讨论了城市供水、排水与污水处理、燃气、垃圾处理、供热、电力等六大行业投资建设、生产供应、行业结构的特征和发展状况，同时分析各行业PPP的现状、问题，并提出相应的对策。

第三部分为第九章，是一个相对独立的部分，主要是对2015年以来城市公用事业主要法规政策解读，内容包括城市公用事业综合性（跨行业）法规政策解读和重要行业的法规政策解读。最后还对综合性（跨行业）法规政策和重要行业的法规政策名称做了列表，以便读者查阅。

第四部分为第十章，也是一个相对独立的部分，专题分析城市公用事业典型案例，从六大行业各选取2个案例共12个案例进行分析，根据具体案例的特点，分析内容包括案例（项目）背景、项目运作状况、存在问题、经验借鉴（启示）。这些案例均为PPP案例，对我国当前和今后相当一个时期推行PPP具有较好的参考和借鉴价值。

本书是集体智慧的结晶和多方支持的成果。本人首先对撰写并出版本书提供建议和要求，对本书的框架结构和重要内容提出修改意见。住房和城乡建设部城市建设司张小宏司长对本书大力支持，并担任了本书指导委员会副主任。住房和城乡建设部城市建设司张悦巡视员、刘贺明巡视员、章林伟副司长、赵泽生副司长、杨海英副司长、中国城市规划设计研究院党委书记（副院长）邵益生研究员、住房和城乡建设部政策研究中心主任秦虹研究员、中国城市燃气协会王天锡理事长、中国城市环境卫生协会肖家保理事长、国家能源局监管总监谭荣尧研究员等指导委员会委员也对本书大力支持，还提出了不少建设性的意见建议。撰写本书需要大量的文献资料和调研工作，本书的顺利完成还得益于中国城镇供水排水协会、中国城市燃气协会、中国城市环境卫生协会、中国城镇供热协会等单位的大力支持，提供了许多实际资料。一年多来，浙江财经大学中国政府管制研究院在王俊豪教授的带领下，十多位研究人员为本书调研、撰稿、修改定稿做了大量的工作，投入了大量时间和精力，没有大家的通力合作就不可能完成本书。最后，本书能在较短的时间内高质量出版还得益于中国建筑工业出版社的大力支持。

本书是浙江省2011协同创新中心"浙江财经大学城市公用事业政府监管协同创新中心"、浙江省哲学社会科学重点研究基地"政府管制与公共政策研究中心"、浙江省重点创新团队"管制理论与政策研究团队"的资助成果。同时，本书也是住房和城乡建设部支持的服务国家特殊需求博士人才培养项目"城市公用事业政府监管博士人才培养项目"的研究成果。

由于本书涉及的行业较多，研究内容十分丰富，而完成时间相对较短，同时，本书是第一本完成的中国城市公用事业年度发展报告，许多工作具有探索性，尽管我们作了最大努力，但难免存在不少缺陷，敬请专家学者和广大读者批评指正。

国务院参事

中国城市科学研究会理事长

住房和城乡建设部原副部长

2017 年 1 月 25 日

目　　录

第一章　城市公用事业发展成就 ………………………………………………… 1

　　第一节　城市公用事业基础设施建设 …………………………………… 2

　　第二节　城市公用事业生产与供应 ……………………………………… 9

　　第三节　城市公用事业结构与成效 ……………………………………… 15

第二章　城市公用事业政府和社会资本合作（PPP）…………………… 23

　　第一节　城市公用事业 PPP 发展历程 ………………………………… 24

　　第二节　城市公用事业 PPP 现状 ……………………………………… 32

　　第三节　挑战与展望 …………………………………………………… 40

第三章　供水行业发展报告 …………………………………………………… 49

　　第一节　供水行业投资与建设 ………………………………………… 50

　　第二节　供水行业生产与供应 ………………………………………… 64

　　第三节　供水行业结构与成效 ………………………………………… 78

　　第四节　供水行业 PPP ………………………………………………… 99

第四章　排水与污水处理行业发展报告 …………………………………… 111

　　第一节　排水与污水处理行业投资与建设 …………………………… 112

　　第二节　排水与污水处理行业生产与供应 …………………………… 120

　　第三节　排水与污水处理行业结构与成效 …………………………… 126

　　第四节　排水与污水处理行业 PPP …………………………………… 139

第五章　燃气行业发展报告 ………………………………………………… 163

　　第一节　燃气行业投资与建设 ………………………………………… 164

　　第二节　燃气行业生产与供应 ………………………………………… 175

　　第三节　燃气行业结构 ………………………………………………… 193

　　第四节　燃气行业 PPP ………………………………………………… 201

第六章　垃圾处理行业发展报告 …………………………………………… 207

　　第一节　垃圾处理行业投资与建设 …………………………………… 208

　　第二节　垃圾处理行业生产与供应 …………………………………… 238

　　第三节　垃圾处理行业结构与成效 …………………………………… 254

第四节　垃圾处理行业 PPP ·· 286

第七章　供热行业发展报告 ·· 299

第一节　供热行业投资与建设 ·· 300

第二节　城镇集中供热行业生产供应情况 ······················ 306

第三节　供热行业结构与绩效 ·· 314

第四节　城镇集中供热行业 PPP ······································ 325

第八章　电力行业发展报告 ·· 335

第一节　电力行业投资与建设 ·· 336

第二节　电力行业生产与供应 ·· 352

第三节　电力行业结构 ·· 361

第四节　电力行业 PPP ·· 369

第九章　政策解读 ·· 383

第一节　综合性法规政策解读 ·· 384

第二节　排水与污水处理行业法规政策解读 ····················· 388

第三节　燃气行业法规政策解读 ······································ 392

第四节　垃圾处理行业法规政策解读 ································ 397

第五节　电力行业法规政策解读 ······································ 401

附录一　综合性法规政策列表 ·· 412

附录二　主要行业法规政策列表 ······································ 413

第十章　城市公用事业典型案例分析 ································ 419

第一节　供水行业案例分析 ·· 420

第二节　排水与污水处理行业案例分析 ···························· 431

第三节　燃气行业案例分析 ·· 442

第四节　垃圾处理行业案例分析 ······································ 450

第五节　供热行业案例分析 ·· 460

第六节　电力行业案例分析 ·· 471

第一章　城市公用事业发展成就

　　改革开放以来，在中国经济高速增长和快速城市化的大背景下，城市公用事业市场化改革和监管体制的改革为城市公用事业的发展提供了强大的驱动力量。无论是基础设施建设，还是行业供应与保障能力，城市公用事业行业都经历了爆发式的增长，基本上满足了中国城市发展和人民生活水平提高的需求。然而在行业增长的同时，一些发展过程中的深层次问题也开始凸显出来。从总量上看，中国城市公用事业还难以适应未来城镇化的需求；从结构上看，东中西区域之间的行业发展不平衡，难以实现公共服务均等化目标；从细分行业来看，污水和垃圾处理两大行业发展较为滞后，无法完全消纳城市发展过程中排放的污染物，进一步加重了环境污染问题。这些问题的解决，都依赖于政府加大对公用事业的投入，进一步深化监管体制和投融资体制的改革，这样才能促进公用事业行业的发展。

第一节　城市公用事业基础设施建设

一、 城市供水行业基础设施建设

改革开放以来，我国城镇化进程进入了快速发展时期，城市供水行业投资力度进一步增强。其中，城市供水行业固定资产投资额由 1978 年的 4.7 亿元增加到 2013 年 524.7 亿元，2014 年比 2013 年略有降低，为 475.3 亿元，总体仍然呈现出显著的上升趋势。同时，我国城市供水行业的固定资产投资表现出明显的区域性差异，即东部地区最多，中部次之，西部最少。与固定资产投资相比，我国城市供水行业维护建设投资的增长速度较为滞后。

近 10 年来，我国城市供水行业投资已由过去完全依靠政府投资转变为外国资本、国有资本和民营资本等多元投资主体共同构成城市供水行业的投融资主体，但银行贷款依然是我国城市供水行业的主要融资渠道。其中，国际大型水务集团与国内大型国有水务集团在整个行业中占据重要地位，民营资本的投资目标主要集中在地方性的中小型城镇项目。城市供水行业投资主要用于水厂和供水管网的设施建设，以提升城市供水行业的综合生产能力及管网运力，城市供水行业的投资规模决定了供水行业的建设能力。近年来，我国城市供水行业投资额不断增加，这促进了城市供水行业建设的快速发展，但不同省际、东中西三大区域的城市供水管网设施建设的差异较为明显，供水综合生产能力和供水管道设施的增速仍较为缓慢。其中，我国城市供水行业综合生产能力分为两个阶段，第一阶段为 1978～1985 年，这一阶段的城市供水行业综合生产能力增长缓慢；第二阶段为 1986～2014 年，该阶段的城市供水行业综合生产能力获得了快速提升。东部地区的城市供水行业综合生产能力较强，而中西部地区的城市供水行业综合生产能力相对较弱。从城市供水水厂数量来看，截止到 2014 年中国城市供水水厂个数达到 2807 座，相比 2013 年增加了 55 座，平均每个省际 90.5 座，相比 2013 年平均每个省增加水厂 1.5 座。总体来看，目前我国城市供水格局较为分散，相对集中的、大型供水集团的模式只存在于北京、深圳、杭州等个别地区，由于制度限制同地区、跨地区的供水企业之间兼并重组还十分少见。从供水管道总里程来看，1978～2014 年我国城市供水管道总里程由 3.60 万公里增加至 67.67 万公里，增长近 18 倍，城市供水管网设施建设规模的提高推动了我国城市供水行业的快速发展。2014 年中国大部分省份的城市供水管道里程长而密集，而且东中西三大区域呈现出一定的差异。

综上所述，改革开放以来我国逐步加大对城市供水行业的投入力度，城市供水行业的基础设施建设与供水企业数量获得了大幅的提升，但城市供水行业建设过程中依然存在一系列的问题，其中，城市供水管网设施老化、中小城市的供水设施水平整体偏低等问题依然是其中存在的主要问题，为此下一阶段需要进一步完善城市供水行业的基础设施建设，着力提升城市供水行业的运营服务能力。

二、　城市污水处理行业基础设施建设

"十二五"期间，我国在排水和污水处理行业方面的投资持续增加，建设稳步推进。

首先，我国在排水和污水处理方面的投资稳步增长。在排水方面，"十一五"期间，我国城市排水总投资为 2868.9 亿元，而"十二五"期间城市排水总投资达到了 4136.2 亿元，较"十一五"期间增长了 44.2%。仅 2015 年一年，我国城市排水投资达到 982.7 亿元，较 2010 年增加 81.6 亿元。在污水处理方面，2015 年，我国城市污水处理投资达 512.6 亿元，较"十一五"初期的投资额 116.4 亿元增长了 4.4 倍，年均增长率在 28% 以上。在污泥处理处置方面，"十二五"期间年平均投资约为 20.12 亿元，其中 2013 年最高达到了 24.54 亿元，2012 年最低为 17.04 亿元。

其次，排水与污水处理设施建设水平再上新台阶。2010 年到 2015 年期间，我国的排水管道长度由 36.96 万公里增加至 53.96 万公里，超额完成"十二五"规划要求完成的新增排水管道 15.9 万公里的任务目标，实现了巨大突破。在污水处理及再生利用设施建设方面，截止 2015 年底，全国城市共建有污水处理厂 1944 座，日均处理能力达 14038 万立方米，较 2010 年年底的 11303 新增约 3600 万立方米/日，未达到"十二五"规划要求的 4569 万立方米/日的任务目标。截止 2015 年底，全国再生水利用量达 444943 万立方米，再生水利用设施建设正积极稳妥地推进。在污泥处理处置设施建设方面，2015 年我国污泥处置总量为 2774.26 万吨，较 2010 年的 1972.56 万吨增长了 40.6%。其中，城市污泥处置总量由 1798.17 万吨上升到 2389.80 万吨，新增 591.63 万吨，超额完成了"十二五"规划目标，县城污泥处置总量由 173.46 万吨上升到 382.99 万吨，新增 209.53 万吨，超过"十二五"规划目标的 2 倍。

从东、中、西部的比较来看，东部地区在投资方面遥遥领先，中部地区次之，西部地区投资额最少。2015 年，东部地区在排水、污水处理、污泥处理、

再生水利用方面的投资分别为 560.8 亿元、181.0 亿元、13.9 亿元和 13.9 亿元，中部地区的投资分别为 282.1 亿元、152.4 亿元、3.61 亿元、3.7 亿元，西部地区的投资则分别为 139.7 亿元、45.1 亿元、1.3 亿元和 1.3 亿元。从设施建设情况来看，2015 年，东部地区建成的排水管道和污水处理厂分别是 327772 公里和 1128 座，中部地区为 134155 公里和 498 座，西部地区为 77639 公里和 318 座，均超额完成"十二五"规划目标。

从各省市的比较来看，在排水投资方面，北京市遥遥领先，2015 年排水投资 148.9 亿元，江苏省次之，为 123.3 亿元，投资额在 10 亿元以下的省市有辽宁、上海、海南、重庆、西藏、青海和宁夏，其中宁夏最少，青海省次之，分别为 1.58 亿元和 3.66 亿元。在污水处理投资方面，江苏省当年投资最多，达 44.80 亿元，浙江省次之，为 39.87 亿元，投资最少的分别为宁夏和青海省，投资额仅为 0.04 亿元和 0.85 亿元。在污水处理设施建设方面，截至 2015 年底，广东省拥有的污水处理厂数量最多，达 254 座，其次为江苏省和山东省，分别为 196 座和 161 座，西藏自治区、青海省、宁夏回族自治区、甘肃省拥有的污水处理厂数最少，分别为 3 座、11 座、13 座和 22 座。

三、 城市燃气行业基础设施建设

中国天然气资源主要分布在塔里木、柴达木、鄂尔多斯、四川、松辽、渤海湾、东海和南海八个盆地。其中，塔里木、柴达木、鄂尔多斯、四川位于中国新疆、青海、宁夏、甘肃、内蒙古、陕西、四川和重庆等西部地区，其天然气资源量占总资源量的 55%；东海和南海盆地位于东部和南部沿海地带。中国天然气市场主要分布在东部经济比较发达的长江三角洲、环渤海和珠江三角洲等地区。从地域分布上看，资源和市场分别处于西部和东部地区，中间距离相隔数千公里，对天然气的输送造成了较大的挑战，往往需要投入几十亿甚至数百亿元铺设长距离、大口径的天然气管道，才能将天然气从资源地输送到用户所在地。

我国天然气行业市场化改革进一步深入，天然气行业投资融资改革是一项重要内容，燃气行业管网及相关基础设施投资和建设快速发展。截至 2015 年底，全国建成陕京线、西气东输、川气东送、中亚天然气管道、中缅天然气管道等长输管道里程约 6.4 万千米；建成 LNG 接收站 12 座，总接收能力 4380 万吨/年；建成地下储气库 18 座，有效工作气量 55 亿立方米/年；建成 CNG/LNG 加气站 6500 座，船用 LNG 加注站 13 座。目前已经形成常规和非常规国产气、陆上进口管道气、海上进口 LNG 等多气源互补、"西气东输、北气南下、海气登陆、就近供应"的供气格局；形成地下储气库、LNG 接收站两大主力调峰方式，管网覆盖主要产气区以及长三角、珠三角和环渤海等区域。

城市燃气基础设施建设也快速发展。在 2008~2014 年间，中国城市燃气固定资产投资额呈增长态势且城市燃气固定资产投资占市政公用设施建设固定资产投资额的比重呈上升态势，从 2008 年的 2.22% 提高到 2014 年的 2.56%。随着中国城市燃气普及率的提高，这一比例将进一步增大，进而促进燃气行业在整个国民经济中的地位不断攀升。如图 1-1 和表 1-1 所示：

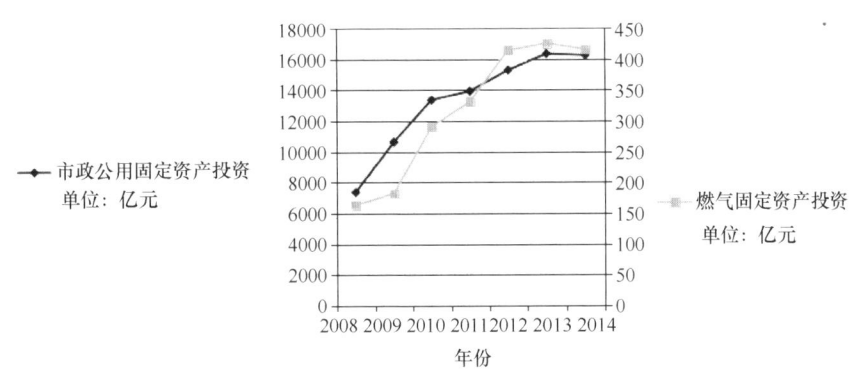

图 1-1　城市燃气固定资产投资和市政公用设施建设固定资产投资额

城市燃气固定资产投资和市政公用设施建设固定资产投资的比重　　表 1-1

年份	比重（%）	年份	比重（%）
2008	2.22	2012	2.71
2009	1.71	2013	2.60
2010	2.17	2014	2.56
2011	2.37		

各种社会资本进入城市燃气领域，有效地解决了城市燃气大规模发展所需的建设资金，完善了城市基础建设配套设施，提高了城市燃气供给能力，减轻了国家和地方政府财政负担，为社会经济发展做出了贡献。

但是，2014 年城市燃气投资的增长率远低于全国固定资产投资的增长率且为负增长−2.27%，也低于市政公用事业投资增长率，且只占市政公用事业总投资的 2.56%，比 2013 年的 2.60% 下降了 0.04 个百分点。

分区域来看，2014 年西部地区的城市燃气投资继续增长，西部地区城市燃气投资同比增长 14.41%，占 2014 年城市燃气总投资额的 23.32%。而东部地区、中部地区和东北地区的城市燃气投资出现负增长，原因是前几年西部地区投资发展慢，东部和中部区域相对来说投资增长快。

城市天然气管网高速发展。随着天然气的大规模应用，对人工煤气和液化石油气的城市燃气输配系统进行改造的同时，新建了大量天然气管网。如图 1-2，2014 年全国各类城市燃气输配管网总里程为 475000 公里，比上年城市燃气总管网长度增加 42630 公里，同比增长 9.86％。天然气管网总长度为 435000 公里，比上一年度的管网总长度增加 46534 公里，同比增长 11.98％，占当年各类城市燃气输配管网总长度的 91.58％；液化石油气管网总长度为 11000 公里，比上一年度的管网总长度减少 2437 公里，同比减少 18.13％，占当年各类城市燃气输配管网总长度的 2.32％；人工煤气管网总长度为 29000 公里，比上一年度的管网总长度减少 1467 公里，同比降低 4.82 个百分点，占当年各类城市燃气输配管网总长度的 6.11％。

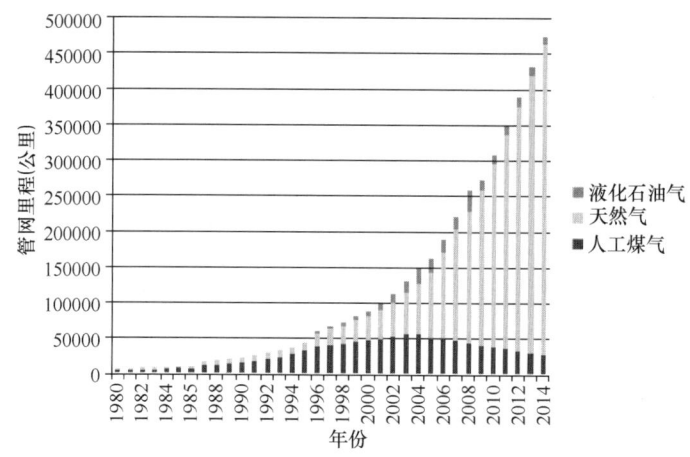

图 1-2　1980～2014 年人工煤气、天然气、液化石油气管网里程的变化趋势

四、 城市垃圾处理行业基础设施建设

我国城市人口的不断增长和经济社会的不断发展，城市生活垃圾总量以每年 5％～8％的增速累计，大致全国 1/3 的城市身陷"垃圾围城"的困境，严重影响居民的生活质量。城市生活垃圾堆积的过程中，微生物分解垃圾后会产生甲烷、二氧化碳等温室气体，垃圾中的重金属等固体废弃物可能引发土壤污染。有害物质随降水进入水源后又可能引发水资源污染，城市垃圾已成为社会生活的公害，城市垃圾的处理水平也直接决定了该城市的市容市貌。

随着城市垃圾处理行业投资的加快，城市垃圾处理行业基础设施的能力和服务水平大幅提高。目前，卫生填埋是我国最主要的垃圾无害化处理方式，其次为焚烧，应用最少的是堆肥、堆放和简易填埋。全国无害化处理厂总体数目逐年稳步增长，城市的主要增长力量为卫生填埋方式的无害化处理厂和垃圾焚烧方式的无害化处理厂，县城则主要是卫生填埋方式的增长地域。而全国范围内堆肥以及其他方式的无害化处理厂数目呈现总体下降趋势。无论是卫生填埋、垃圾焚烧还是堆肥，其垃圾处理能力均在逐年稳步提升。到 2014 年底，我国设市城市共有 604 座卫生填埋场，188 座垃圾焚烧厂；县城共有 1055 座卫生填埋场，34 座垃圾焚烧厂。由于垃圾填埋厂具有作业难度低、投资运行费用低、管理简单等特点，未来一段时间内仍是无害化处理设施的主流。而中小规模的卫生填埋场主要集中在中西部地区，主要为适应中西部中小城市以及县城的发展需求。大型卫生填埋场主要建设在东部发达地区，且以焚烧为主。已建成的生活垃圾焚烧设施主要集中在中国东部地区。

从城市垃圾处理行业基础设施的建设情况来看，该行业目前还存在一些比较突出的问题，主要表现在：第一，由于垃圾填埋场处置垃圾渗滤液将会大幅增加垃圾处理总成本，这导致企业会直接或间接地把没有得到有效处理的垃圾渗滤液排向河流，造成二次污染；第二，中国填埋气体的利用比率比较低，整体上进展缓慢，存在诸多问题，不能降解废弃物，有效循环利用，这导致垃圾处理行业盈利低，使社会资本不愿进入该行业，无法实现垃圾填埋气体的有效利用。第三，存在较多超期服役的垃圾填埋场，超期服役会给垃圾填埋场的装备设施带来过大的压力，难以从根本上解决垃圾围城难题；第三，垃圾填埋场的超期服役会产生更多的垃圾渗滤液；第四，生活垃圾焚烧厂在中国的选址、建设和运营均会受到较大的社会阻力，邻避效应导致部分垃圾处理厂（场）附近的当地民众的反对，以致城市生活垃圾焚烧厂的数目增长缓慢。在未来一段时间内应该通过宣传教育、创新融资渠道、加强政府监管等方面提高城市垃圾处理行业的基础设施水平和能力；第五，垃圾焚烧发电项目低价中标恶化行业发展环境。近两年国内各大城市的企业垃圾处理费用报价屡次降低，其中有部分中标价格低于合理价格，呈现出恶性竞争的迹象，这对垃圾焚烧厂的建设而言是一大隐患。

五、　城市供热行业基础设施建设

城镇集中供热行业是城市公用事业重要组成部分，是中国北方寒冷地区居民重要的生活必需品，是保障北方居民生产、生活的重要基础产业。近年来，随着国民收入水平的不断提高和城镇化进程的持续加快，城镇集中供热的供给需求也快速增加，同时城镇集中供热投融资体制也开始逐步市场化，这都使得供热行业的投资逐年增加，保证了城镇集中供热行业的建设发展。

2005 年以来，随着城镇化率的提高，中国城镇集中总供热行业固定投资总水平也快速上升。2014 年，城镇集中供热行业固定资产投资额为 575.4 亿元，同比增长−3.46％，虽然略有下降，但固定资产投资总额依然处于较高水平。城镇集中供热固定资产投资总额具有地区差异性。

从投资的地域分布看，东北地区、西北地区与华北地区投资额体现出差异性，其中东三省投资总额最大，华北次之，西北地区最低。从北方供热省份的投资看，2014 年，山东的投资总额为 916530 万元，居于供热省份第一位。

从企业的融资渠道看，供热企业资金来源以自有资金为主的局面尚未根本改变，采用自有资金投资的企业占有比重为 60％左右。一方面供热企业融资困难；另一方面闲置资金得不到有效应用。因此，亟须拓宽融资渠道，提高资金利用率。

未来一段时期，城镇集中供热行业投资仍具有非常大的增长空间，将会继续保持高增长，预计到 2020 年供热行业的投资额将达到 967.08 亿元。在 2016～2020 年期间，供热行业投融资的热点领域将集中于以下几个方面：首先，城镇化将持续提高，这带来北方供热省份的城市规模持续扩张和住宅面积仍将保持高增长，从而带动供热行业基础设施建设规模持续增加。其次，随着国家对大气污染的治理以及地方政府受到节能减排的压力，各地都在加大节能减排技术的运用，热电联产由于发热效率高、环保等优点，将继续成为供热投资的主要领域，同时，淘汰高污染高能耗锅炉和加大技术改造的投资也将持续增加。再次，国家正在大力推进 PPP 项目，PPP 项目的实施能够促进投资的大幅度增长，能够调动社会资本的积极性，使投资主体多元化。最后，互联网技术应用于供热行业可以解决许多难题，集中供热行业的智能化运营模式将会大幅推广。

六、 城市电力行业基础设施建设

改革开放以来，电力行业获得迅速发展，电源建设和电网建设速度逐年加快。与此同时，电力行业的发展和增长方式也在不断转变，电源和电网结构不断优化，工程造价持续下降，长期形成的电力供需矛盾得到逐步缓解。早期为填补电力供需缺口，2003～2007 年，曾形成超大规模的电力投资建设浪潮，电力累计投入 20595 亿元，至 2008 年，全国电力基本建设投资规模继续增加，总投资额达 5763.29 亿元，同比增长 1.52％。2009～2010 年仍保持增长，但此后，电源投资却呈下降的趋势。截至 2014 年，全国主要电力企业电力工程建设完成投资 7764 亿元，同比增长 0.5％。电源工程建设完成投资 3646 亿元，同比下降 5.8％，其中，水电、火电、核电、风电分别完成投资 960 亿元、952 亿元、569 亿元、993 亿元；电网工程建设完成投资 4118 亿元，同比增长 6.8％。

电源投资总额先升后降。发电资产重组后,发电市场竞争效果初步显现,电源建设投资迅速增加,电力供应不足的问题很快得到解决。2001年到2006年间,全国发电装机容量增加迅猛,从2001年的33681万千瓦增加到2006年的62200万千瓦,年增长率从5.87%升至22.34%,随后,增速放缓,增长率表现为下降的趋势,直至2012年后增长率又有所回升。

清洁能源投资比重继续提升。2014年火电工程投资完成952亿元,同比下降6.3%;水电投资完成960亿元,同比下降21.5%;核电投资完成569亿元,同比下降13.8%;风电投资完成993亿元,首次超过水电、火电、核电投资,成为电源建设中完成投资最多的一类,同比大幅增长52.8%。

电网基本建设投资累计完成额平稳增长。至2014年,全国电网基本建设投资累计完成额为4118亿元,同比增长5.75%,占电力基本建设投资累计完成额比重为53.04%,比2013年提高1.88个百分点。

近年来中国城市电力行业基础设施获得快速发展,对经济增长和人民生活水平提高具有重要的保障作用。"十三五"期间中国经济将实现平稳较快的增长态势,应结合经济发展趋势,实现城市集中供热和电源装机的合理配置,在节能减排约束下实现电力企业转型升级,同时保障其他行业和居民的用电需求。

第二节 城市公用事业生产与供应

一、 城市供水行业生产与供应

随着经济的快速增长和城镇化进程的不断加快,中国城市常住人口数量不断增加,这对供水需求不断增加。城市供水行业在不断加大基础设施建设的同时,也实现了自来水生产与供应的提升。从城市供水企业生产绩效来看,2004~2006年间我国城市供水企业亏损企业数在1100家左右,2006年以来,亏损企业显著降低,这一方面是因为行业内企业数量在不断下降,另一方面可能来源于企业自身效益的增加。同时,城市供水行业在2005年出现负利润后,2006年大幅增长,此后除2009年和2012年略有所回落之外,整体呈现稳定增长趋势,这说明近年来我国城市供水行业的总体经营状况在不断的增强。从总资产和流动资产来看,整个城市供水行业呈现出逐年上升趋势,2004~2014年我国城市供水企业资产总额增加了近 2.5 倍；2005～2014 年城市供水企业流动资产合计增加了近 3 倍。与此同时，城市供水行业的总负债也呈现出稳步增长的趋势，但资产负债率基本维持在 50％左右。从固定资产净值来看，江苏省、广东省、浙江省、上海市和北京市的供水行业固定资产净值位居全国 1～5 位，相比较而言，江西、海南、宁夏、内蒙古、陕西五省的城市供水企业固定资产净值排在全国后五位。从销售收入来看，广东、浙江、江苏、上海和北京位列全国 1～5 位。从企业工资总额来看，广东、江苏、辽宁、山东、浙江排在前 5 位。人均工资排在前 5 位的是天津、上海、北京、江苏、浙江，而河南、黑龙江等省相对从业人员数量较多、供水企业规模大，人均工资水平较低。

从供应能力来看，我国城市供水总量的变化以 1986 年为分界点，1986 年以前我国城市供水总量变化不大，1986 年快速提升，1986～1994 年增速较为明显，1994 年以后我国城市供水总量波动不大。广东、江苏、山东、上海、浙江 5 省市的供水总量较高，排在前 5 位，而甘肃、海南、宁夏、青海、西藏 5 省的城市供水总量较低，排在后 5 位。从供水漏损情况来看，尽管我国城市供水总量在持续的增加，但供水管网漏损情况在 2011～2014 年间并未得到有效的改善。从用水普及率来看，1978 年城市居民用水普及率为 81.6％，1985 年降至最低的 45.1％，此后逐年上升，到 2014 年中国城市居民用水普及率达到 97.64％。

综上所述，我国城市供水行业生产与供应从时间上呈现出逐渐改善的趋势，这为我国城市建设与发展，城市人口与城市供水生产与供应的协调性，以及提高城市居民福祉具有重要的作用。但与此同时，我国城市供水行业的生产与供应也呈现出区域发展的不平衡性。为此，在国家综合国力大幅提升，城市化进程在逐步加快的客观形势下，需要进一步加快城市供水行业生产与供应，缩小地区差距，从而实现城市供水生产与供应的区域均衡发展。

二、 城市污水处理行业生产与供应

一是城镇污水处理厂处理能力显著提升。到 2015 年底，全国累计建成污水处理厂 4185 座，设计污水处理能力约 1.66 亿立方米/日，较 2010 年年底新增约 4100 万立方米/日。2015 年，全国累计处理污水 511.0 亿立方米，比 2014 年增长 6.4％；其中，设市城市建成投入运行污水处理厂 2367 座，十二五期间新增污水处理厂 707 座，占污水处理厂总数的 30％，城市污水处理能力达到 1.36 亿立方米/日；县城污水处理厂累计建成污水处理厂 1801 座，十二五期间新增 673 座，占总数的 37％，县城污水处理能力达到了 0.30 亿立方米/日；乡镇污水处理厂累计 790 座，新增污水处理厂 460 座，占总数的 58％，乡镇污水处理能力达到了 0.11 亿立方米/日。"十二五"期间，全国累计处理处置污泥 2774.26 万吨，较 2010 年增长 40.6%。

二是污水处理率明显提高，远超"十二五"规划目标。十二五期间，我国城市污水处理率从 83.6% 提升到 91.9%，集中处理率为 87.97%。除西藏、青海外，其他省市城市污水处理率都在 70% 以上，19 个省市超过 90%，圆满完成了"十二五"规划目标。其中，安徽省城市污水处理率最高，达到了 96.68%，其余高于全国平均水平的还有山东省（95.77%）、河北省（95.34%）、贵州省（95.17%）、重庆市（94.78%）、江苏省（93.92%）、广东省（93.65%）、河南省（93.57%）、广东省（93.65%）、内蒙古自治区（93.14%）、辽宁省（93.08%）、宁夏回族自治区（93.05%）、上海市（92.85%）、湖南省（92.74%）、浙江省（91.95%）。此外，全国城市污水日处理量从 11303 万立方米/日提升到 14038 万立方米/日，增加近 3000 万立方米；年处理污水总量从不到 338 亿立方米提升到 428 亿多立方米，增加 91.3 亿立方米。

三、 城市燃气行业生产和供应

截至 2015 年底，全国累计探明常规天然气地质储量 13.01 万亿立方米，剩余可采储量 5.2 万亿立方米；累计探明煤层气地质储量 6293 亿立方米，剩余可采储量 3063 亿立方米；累计探明页岩气地质储量 5441 亿立方米，剩余可采储量 1302 亿立方米。

国产气已经形成常规气、非常规气的多元化供气局面。2005 年国内天然气产量 500 亿立方米，2015 年增至 1350 亿立方米。其中，2015 年全国煤层气地面抽采量 44 亿立方米，同比增长 19%；页岩气勘探开发自 2011 年获得工业性突破以来取得跨越式发展，2015 年页岩气产量约 46 亿立方米，同比增长近 3 倍。

进口气已经形成管道气和 LNG 多渠道供应格局，资源进口国达 10 个以上。2015 年，进口气量 614 亿立方米，其中：管道气进口量 356 亿立方米，主要来自土库曼斯坦、缅甸、乌兹别克斯坦等国家；LNG 进口量 258 亿立方米，长协进口主要来自卡塔尔、澳大利亚、印度尼西亚、马来西亚和巴布亚新几内亚等国，现货主要来自也门、阿尔及利亚等国。

中国天然气消费增长迅速。2005 年中国天然气消费量为 468 亿立方米，2015 年消费量增至 1931 亿立方米。2005~2015 年，天然气消费年均增速 16%，是中国一次能源消费年均增速的 3 倍。天然气在一次能源消费结构中的比例从 2005 年的 2.4% 增至 2015 年的 5.9%，人均用气量约 140 立方米。从消费结构来看，2015 年工业燃料消费量 737 亿立方米、占比 38.2％，城镇燃气消费量 628 亿立方米，占比 32.5％，发电用气量 284 亿立方米、占比 14.7％，化工用气量 282 亿立方米、占比 14.6％。从消费的季节性特点看，受气温和用气结构的影响，不同地区及其调峰差异性较大，东北、西北和环渤海地区调峰比例在 12％～15％，长三角、中南地区调峰比例在 5％～6％，西南、东南沿海地区调峰比例在 3％～4％。天然气消费区域已经扩展至中国内地 31 个省份（自治区、直辖市），2015 年天然气消费量超过 100 亿立方米的省份（自治区、直辖市）有江苏、四川、新疆、广东和北京。

城市燃气普及率逐年提高，天然气覆盖面更广。2014 年全国人工煤气、天然气和液化石油气用气总人口为 4.21 亿人，燃气普及率达 94.57％，比上年提高 0.32 个百分点。其中，天然气已超越人工煤气和液化石油气成为是城市燃气的第一大气源，使用天然气总人口为 2.60 亿人，占全国用气总人口的 61.76％；液化石油气用气人口继续萎缩，使用液化石油气总人口为 1.44 亿人，占全国用气总人口的 34.20％；人工煤气用气人口也继续萎缩，使用人工煤气总人口为 0.18 亿人，占全国用气总人口的 4.28％。如图 1-3，为中国 1980～2014 年人工煤气、天然气和液化石油气用气人口变化趋势：

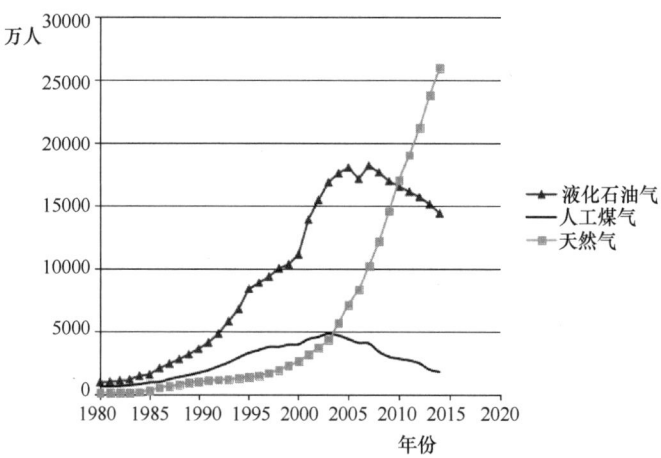

图 1-3　中国 1980～2014 年人工煤气、天然气和液化石油气用气
人口变化趋势（单位：万人）

四、 城市垃圾处理行业生产与供应

《中共中央关于制定国民经济和社会发展第十三个五年规划的建议》指出，

加强生活垃圾分类回收和再生资源回收的衔接，推进生产系统和生活系统循环链接，实现城镇生活垃圾处理设施全覆盖和稳定运行。随着我国在"十三五"期间为提高环境质量，实行最严格的环境保护制度，不仅城镇化水平提高所带来的城镇生活垃圾增量将得到全面无害化处理，而且当前未得到稳定、有效无害化处理的存量城镇生活垃圾也将得到进一步处置。

目前，我国城市生活垃圾存量已经高达 70 亿吨，合计占地 80 多万亩，占地量以平均每年 4.8％的速度持续增长。垃圾年产量每年仍以 5％～8％的速度增长，预计到 2020 年，城市垃圾产量将达约 3.23 亿吨。这对中国各大城市的发展而言，是一大掣肘。

从清扫面积的增长趋势来看，我国城市和县城的道路清扫面积都在持续较快地增长。2014 年我国城市清扫面积达到 676093 万平方米，增长率达到 4.66％；县城清扫面积达到 228999 万平方米，增长率为 15.89％。由于我国在环卫清洁设备上资金投入的增加，道路机械化清扫率也在高速增长，2014 年城市机械化面积达到 341091 万平方米，增长率达到 18.84％；县城机械化清扫面积达到 78689 万平方米，增长率高达 25.53％。

伴随每年垃圾产量的增长，我国城市垃圾清运量也在不断上升。2014 年城市垃圾清运量达到 17860.18 万吨，增长率为 3.61％；县城垃圾清运量达到 6657.47 万吨，增长率为 2.33％。由于城市比县城在环卫设备上的投入更大，城市生活垃圾密闭车清运比率（93.41％）明显高于县城生活垃圾密闭车清运比率（73.83％）。但二者的增长率比较相近，前者为 7.61％，后者为 7.15％。

我国城市垃圾无害化处理能力和处理量均在逐年增加。2014 年我国垃圾无害化处理能力建设规模达到 50503 吨/日，施工规模为 37253 吨/日，新开工规模为 32827 吨/日。2014 年城市垃圾无害处理能力达到 533455 吨/日，无害处理量为 16393.74 万吨；2014 年城市垃圾无害处理能力达到 168131 吨/日，垃圾无害处理量为 4766.44 万吨。城市卫生填埋场垃圾处理能力 335316 吨/日，垃圾焚烧厂垃圾处理能力 185957 吨/日，垃圾堆肥/综合处理厂垃圾处理能力 12182 吨/日；县城卫生填埋场垃圾处理能力 146880 吨/日，垃圾焚烧厂垃圾处理能力 14644 吨/日，垃圾堆肥/综合处理厂垃圾处理能力 6607 吨/日。从宏观来看，经济的发展导致城市生活垃圾的上升，一方面增大了垃圾处理能力的需求，另一方面也使得城市能够有更多的资金和动力进行生活垃圾处理能力的供给。因此，从地域上来看，无论是垃圾清运量、处理量还是无害化处理量，东部地区都远高于中部和西部地区。相应的，我国城市和县城垃圾处理费收入也在增长。2014 年我国城市垃圾处理费收入达到 694024 万元，增幅 10.09％；县城垃圾处理费收入达到 191514 万元，增幅 18.72%。

五、 城市供热行业生产与供应

从全国总体的生产供应情况来看，2014 年我国的供热能力、供热总量、供热主干管道、供热面积、热电联产供热总量都得到了大幅度的提升。蒸汽供热能力从 1982 年的 883 吨/小时，上升到 2014 年的 84664 吨/小时，提高了 96 倍。热水供热能力也从 1982 年的 718 兆瓦，上升到了 2014 年的 447068 兆瓦，提高了 623 倍；城镇集中供热总量由 1982 年的 868 万吉焦升到 2014 年的 332160 万吉焦，提高了 383 倍；城镇集中供热的主干管道总长度从 2006 年的 9.39 万公里，提升到了 2014 年的 18.72 万公里；全国的供热总面积从 2006 年开始，也以每年 3 亿～4 亿平方米的速度高速增长，到 2014 年我国总体的供热面积已经达到了 106.82 亿平方米，总体增长了 2.36 倍。

从全国各地区的生产供应情况来看，2014 年我国供热管道最长的省份是山东省，总长度达到了 34229 公里，最短的是贵州省，总长度只有 38 公里；城镇集中供热服务人口最高的省份也是山东省，已经达到了 3230 万，最低的省份是青海省，其服务人口只有 174 万；全国各省（市、区）住宅供热占总供热面积的占比也有了很大的提升，除浙江、安徽、贵州、西藏住宅供热面积占总供热面积的比重低于 60% 外，其他省份的住宅供热面积均在 60% 以上，占比最高的省份是陕西省，已经达到了 85%；2014 年全国城镇集中供热的人均供热面积除了青海省、河南省、新疆维吾尔自治区、陕西省之外，其他各省（市、区）的人均供热面积都在 20 平方米以上，最高的辽宁省已经达到了 45.68 平方米；2014 年全国各地区供热天数最长的是黑龙江省，最短的是河南省，全国大部分地区的供热天数都在 120～150 天。

六、 城市电力行业生产与供应

1990～2014 年间，全国发电量逐年快速增加。2014 年，全国全口径发电量为 54638 亿千瓦时，同比增长 3.19%，低于 2012 年同比增长率。其中，水电发电量 9440 亿千瓦时，同比增长 18.04%，增速较 2013 年大幅上升，也高于全国发电量平均增速；火电发电量 42049 亿千瓦时，同比下降 0.41%，增速远低于 2013 年；其他如核电、风电等清洁能源发电量 3149 亿千瓦时，同比增长 30.76%，增速远高于 2013 年。

近年来，随着低碳经济发展模式的推行，清洁能源所占比重也开始上升。

2013 年，全国发电量构成为：水电 16.8％，较 2012 年降低 0.4 个百分点；火电 78.4％，比 2012 年降低 0.3 个百分点；核电 2.1％，较 2012 年上升 0.1 个百分点；风电 2.6％，较 2012 年上升 0.5 个百分点；太阳能发电 0.2％。风电电量比重有明显上升，主要由于装机较快增长和消费形势的好转。2014 年，全国火电发电量比重进一步下降，为 75.25％，同比下降 3.15 个百分点；水电、核电、风电及太阳能发电量同比均有所上升，分别增长 2.32、0.18、0.22 和 0.22 个百分点，其中水电增长最为明显。

电力供应方面，2014 年，东北和西北区域供应能力富余较多，华中、华东和南方区域供需总体平衡，华北区域供需总体平衡，部分地区偏紧。省级电网中，受机组环保改造、气温、局部电网受限等因素影响，山东、河北、天津、江苏、安徽、福建、河南、陕西、西藏和海南在部分时段有一定错峰。

从 2006 年到 2014 年，跨区域与区域内跨省输电量都在增长。仅 2014 年全国完成跨区送电量 2997 亿千瓦时，同比增长 23.03％。全国跨区输电比例（跨区输电量占全社会用电量的比重）为 5.3％，较上年同期提高 0.3 个百分点。各区域电网中，东北、华东、华中和西北电网区域完成送电量同比增长较快，分别比上年同期增长 19.47％、15.84％、39.29％和 19.81％。

第三节 城市公用事业结构与成效

一、 城市供水行业结构与成效

从我国城市供水行业的发展现状来看，在企业规模上呈现出大型企业数量较少、小企业数量较多的特点，难以实现规模化运作机制。从产权结构来看，国有企业在城市供水行业中占据主导地位，国外大型水务集团是中国供水市场的重要力量，而民营企业是城市供水行业发展的有益补充。随着我国城市供水企业的发展，一些供水企业开始通过资本市场上市的方式做大做强。

从外资供水企业进入我国城市供水行业的历程来看，大致分为三个阶段：起步阶段、暂时退出阶段和卷土重来阶段。其中，起步阶段（1992～2002 年）普遍采用"固定投资回报"模式，使得投资水厂变成"有赚无赔"的"黄金产业"。该时期是国际水务巨头大规模地进入中国供水市场时期。暂时退出阶段（2002～2004 年）。在国家愈发意识到固定回报弊端的前提下，开始明确提出取消固定回报机制，在这一政策下，除了威立雅和中法水务外，早期进入中国水务市场的大部分国际水务公司开始缩小在中国供水市场的布局规模甚至退出中国市场。卷土重来阶段（2004 年至今）。2004 年以来，外资企业为了在中国城市供水市场中占据一席之地，在缺少固定回报的利润保障机制前提下，纷纷改打"溢价收购"牌，通过短期承受亏损的方式、但长期要挟政府提价从而回补溢价成本的方式，在国内陆续收购了多个城市供水项目，从而逐渐渗透到我国整个产业链的制水、供水及污水处理等多个环节。

从上市公司来看，截至 2015 年底上市供水企业主要有江南水务、中山中用、碧水源、重庆水务、南海发展、兴蓉投资等 11 家公司。从资产来看，在上市公司中资产总额最大的是首创股份，达到 361.25 亿元，比排名第二的重庆水务多了 165.37 亿元。上市公司之间的营业收入之间差别较大，其中，首创股份最高，达到 70.61 亿元；碧水源次之，达到 52.14 亿元。从净利润来看，中山中用、碧水源、重庆水务具有较好盈利能力。其中，中山中用于 1997 年上市，公司整体规模较大，总资产达到 130 多万。碧水源、重庆水务于 2010 年上市，公司成立时间虽短，但营业能力较强。由此可见，在上市的城市供水企业中，由于供水行业具有稳定性强、微利性的特点，近年来呈现出逐步发展的态势。

二、 城市污水处理行业结构与成效

十二五期间，随着政府加大对排水与污水处理行业的投入及民营资本的注入，我国的污水处理厂数量不断增加，从 2010 年的 2793 家，增长到 2015 年的 4185 个，增长了近一倍。从污水处理厂类型看，设市城市污水处理厂数量从 1660 座增长到了 2367 座，县城污水处理厂数量从 1128 座增长到了 1801 座，乡镇污水处理厂数量从 330 座增长到了 790 座。

从排水与污水处理行业所有制结构来看，中国城市排水与污水处理行业已基本形成国有及国有控股企业、外资及港澳台资企业、私营企业和上市公司等多种市场主体共同竞争的格局。在这些企业中，大型水业专业投资公司、综合性投资公司、水务上市公司、地方性水务公司逐渐成为主导和控制中国城市污水处理行业的中坚力量。他们以其运作独立性、运营专业化、技术权威性、服务职业化的比较优势，积极参与和推动了中国城市污水处理行业改革和发展，广泛活跃在城市污水处理行业投资、建设和运营的各个环节。

从不同所有制污水处理厂的地区分布看，2015 年东部地区事业单位的比例最低，仅为 6.8%；西部地区外商投资的比例最低，仅为 1.9% 左右，但私营企业的比例最高，约为 11.5%，说明西部地区污水处理行业的投资吸引力较弱，主要吸引的是资金和技术都较为薄弱的私营企业。国有或集体企业、股份公司在东、中、西部的占比情况差别不大，基本都在35%左右。

从不同所有制企业的平均处理能力来看，外商投资企业的平均规模最大，为6.07万立方米/日；私营企业为2.48万立方米/日；事业单位为3.36万立方米/日；国有或集体企业为4.18万立方米/日；股份公司为4.28万立方米/日。其中，仅有私营企业的平均规模小于全国平均水平，这说明私营企业的平均规模较低，主要以投资运营小型污水处理厂为主。从污水处理总量上看，截至2015年年底，私营企业的日处理总量为914万立方米/日，外商投资企业的日处理总量为1013万立方米/日，但是私营企业的数量为369个，而外商投资企业为167个，未到私营企业数量的一半。

从不同所有制企业的平均资产来看，2015年，在全国污水处理厂中，外商投资企业的平均资产额最高，为12498.8万元；国有或集体企业、股份公司和事业单位次之，分别为11129.0万元、10077.8万元和9886.4万元；其他企业规模最小，为6402.3万元。可见，近年来，国有或集体污水处理厂资产得到了有效集中，一定程度上改善了中国城市污水处理厂"小、散"的局面，对于培育国有大中型污水处理厂，提升中国城市污水处理厂的市场竞争力起到了很好的促进作用。从企业的平均资产看，外资及港澳台资企业的优势非常明显，充分发挥了污水处理厂的规模经济效益。但反观私营企业，虽然企业数量的比例高于外商投资企业，但企业的平均资产较少，规模经济效益难以发挥。

三、 城市燃气行业结构与成效

改革开放以来，历经多轮机构改革、企业重组等方面改革，中国天然气产业已初步形成以中国石油、中国石化、中国海油三大油气公司为主、其他所有制企业未付，上游勘探开发、中游管输、下游消费市场不同程度竞争的产业格局。

上游勘探开发领域参与主体逐步多元化，除了三大国有石油公司外，延长石油等依托既有区块参与上游勘察开采，京能、宝莫等通过新疆试点区块招标进入上游勘探，华电、华能、重庆能投等通过招标进入页岩气上游，晋煤、河南煤层气等从事煤层气勘察开采，石化油服、长城钻探、杰瑞等多种主体参与油田服务。对外合作方面，目前，天然气干线主要由中国石油、中国石化、中国海油等国有公司采用上中下游一体化模式管理运营，区域或者省内长输管道除了三大国有石油公司所建的支线外，还存在与地方国有企业合资共建、地方管输企业或者燃气公司独建等多种模式。天然气主要批发商为中国石油、中国石化、中国海油，除部分直供给电厂、工业用户外，其余均分销给省级管网、城市燃气公司、小型 LNG 工厂等，然后经过二次或者多次销售给居民、工业、CNG 加气站等终端用户。销售领域大多由地方政府授权特许经营。

随着国家政策的放宽以及市政公用行业市场化进程的不断深入，非公有制经济成分在燃气行业中的比例将不断增加，其他行业企业、民间资本以及外商投资者也将不断进入燃气行业。

稳定的供应和初具规模的基础设施有力支撑了天然气的快速发展。天然气消费市场已经遍及内地的 31 个省市自治区。同时，天然气市场化改革有序推进，试点改革取得了阶段性突破。

四、 城市垃圾处理行业结构与成效

在中国现代化进程不断推进、环境问题日益严重、政府大力解决环境污染的背景下，中国的环保固定资产投资将继续稳步增长，垃圾处理行业的固定资产投资额在未来的五年内将保持年均 20％的复合增长速率，即 2019 年底将达到 400 亿左右的固定资产投资规模。在一系列利好因素的影响下，垃圾处理上市公司或者兼营垃圾处理业务的上市公司中业绩增长的公司占比 90％。城市生活垃圾处理率和无害化处理率逐年上升，垃圾处理率已从 2006 年的 72.45％上升到 2014 年的 96.43％，首次突破 95％；垃圾无害化处理率从 2006 年的 52.15％上升到 2014 年 91.79％，首次突破 90％。县城生活垃圾处理率和无害化处理率逐年攀升，垃圾处理率已从 2006 年的 38.77％上升到 2014 年的 85.66％，垃圾无害化处理率从 2006 年的 6.17％上升到 2014 年 71.6％。

目前，从行业运行流程来看中国的垃圾处理行业大致可分为如下 4 个市场：道路清扫保洁市场，垃圾清运市场，垃圾处理转运市场和垃圾处理市场。道路清扫保洁市场、垃圾清运市场和垃圾处理转运市场的企业相比垃圾处理市场的企业呈现小而散的特点，其项目规模相对也更小。此外，相对于垃圾处理环节的发展程度，清运环节发展明显落后。随着整个垃圾处理行业的茁壮发展，各个垃圾处理环节市场的企业数量将呈下降趋势，但单个企业的规模将逐渐增长，细分市场集中度越来越高。

餐厨垃圾处理方面，2014 年我国已投运、在建、筹建（已立项）的餐厨垃圾处理项目（50t/d 以上）至少有 118 座，总计处理能力超过 2.15 万吨/日。首先，已投入运行的餐厨垃圾处理设施共有 43 座：24 座为 2014 年前投运，处理能力 0.51 万吨/日；19 座是 2014 年以后投运，新增处理能力 0.30 万吨/日。其次，35 座为在建的餐厨垃圾处理设施，处理能力合计 0.68 万吨/日。最后，筹建中（已完成立项批复）的处理设施有 40 座，处理能力合计 0.66 万吨/日。

垃圾卫生填埋处理方面，我国 2014 年城市垃圾填埋年处理量为 10744.25 万吨，比 2013 年增长 2.4％；县城垃圾填埋年处理量为 4261.5 万吨，增长率为 9.12％。然而，随着城市生活垃圾焚烧发电的技术发展，规模大的生活垃圾填埋场中的垃圾填埋量将呈现下降态势，从而填埋气体实际发电量也将呈现下降状态。垃圾焚烧处理方面，我国 2014 年城市垃圾年处理量 5329.88 万吨，比 2013 年增长 15.02％；县城垃圾年处理量达到 344.1 万吨，比 2013 年增长 15.58％。由于大型垃圾焚烧发电厂的建设周期长、投资规模大、注册资本门槛高，新建大型垃圾焚烧发电厂时为了减轻政府的财政压力，均引入了社会资本，并且由少数企业来承接运营大部分垃圾焚烧发电项目，市场集中度较高。譬如截至 2014 年 12 月，炉排炉垃圾焚烧发电厂投入运行的总能力为 12.2 万吨/日，其中有 10 家企业拥有的焚烧处理能力总和占焚烧处理总能力的 70％。

五、　城市供热行业结构与成效

目前，随着城市公用事业市场化的不断推进，我国城镇集中供热行业所有制结构发生了很大的变化。总体上来看，我国城镇集中供热行业所有制结构更加均衡多元。城镇集中供热行业非国有资本比例不断增加，截止到 2014 年 9 月，我国城镇集中供热行业非国有资本已经占比 35％，国有资本占比 26％，集体资本占比 1％。但是，全国各省（市、区）城镇集中供热行业对于外资的引入普遍偏低，据中国统计局数据显示，截止到 2015 年，民营资本已经成为城镇供热的所有制主体，但外资的引入却很少，外资企业以及港澳台企业除了在辽宁省和山东省有些投资之外，其他省（市、区）均没有投资。这也表明了我国城镇集中供热行业非公有经济依然还有很大的上升空间。

从典型上市公司供热的盈利情况看，2011～2015 年典型上市公司供热业务收入迅速增长。典型上市供热公司供热业务收入由 2011 年的 52.72 亿元上升到了 2015 年的 81.08 亿元，5 年间供热业务收入增加了近 54％，年均增长 11％。典型上市公司供热业务收入持续向好，这主要是由以下原因造成的：一是近年来煤炭的价格不断降低，使得典型上市公司燃煤成本降低，节省了企业供热的成本；二是全国各地区目前的供热价格依然偏高，供热价格依然沿用 2008 年制定的价格，这使得公司供热的利润率增加；三是部分典型上市公司业务的快速扩张，市场竞争的激励提高了企业生产的效率，使得典型上市企业供热业务成本增长速度低于供热收入的增速。

从城镇集中供热居民的付费情况看，我国各城市居民的供热付费结构比较合理。在供热价格方面，2015 年我国北方主要供热城市供热价格波动较小，大部分城市供热价格依然沿用了 2008 年的价格，没有根据近年来的煤炭价格进行相应的采暖费价格调整。从居民采暖费支付负担来看，全国大部分城市的居民供热可支付能力也处于世界银行界定的合理范围 3%～5%之内，但对于北方城市低收入群体来说，采暖费仍然是一个较大的支出负担。从供热服务质量来看，被调查的北方供热城市居民对供热温度的整体满意度为 87.76%，集中供热服务质量仍需进一步提高。

六、 城市电力行业结构与绩效

自 1985 年电力行业市场化改革以来，经历三个主要的行业改革阶段，尤其是 2002 年，国家电力公司的分拆，中国电力市场由传统垂直一体化垄断模式逐步过渡到现阶段的部分开放竞争模式。目前中国电力市场中，"厂网分开"和"竞价上网"已经基本实现，市场竞争只对发电侧开放。在中国电力市场结构中，是由各类发电企业、输电企业和供电企业承担着基本的运营业务。

目前，中国发电行业已形成中央发电企业、地方发电企业和民营及外资发电企业并存的竞争格局，投资经营共有四大主体。5 号文件规定，重组国家电力公司管理的发电资产，按照建立现代企业制度要求组建若干个独立的发电企业。每个发电企业在各电力市场中的份额原则上不超过 20%。根据国家发改委 2704 号文件精神，国家组建了华能、华电、大唐、国电、中电投等五大电力集团，每个集团拥有的发电资产可控容量均达 3000 万千瓦以上，实力相当。这五大集团公司控制的发电能力约达 40%，其余的掌握在 40 多家地方政府的发电投资公司、30 多家上市公司以及外国投资公司和私营公司的手中。经过几年的发电市场竞争，市场结构发生了一定变化，但结构的竞争性没有改变。

在输电环节，分别成立了国家电网公司和中国南方电网有限责任公司。国家电网公司下设 5 家区域电网公司，分别是：华北电网公司、东北电网公司、华东电网公司、华中电网公司和西北电网公司。国家电网公司主要负责区域间的电力交易、调度，跨区域的投资和建设；区域电网公司负责经营管理电网，规划区域电网发展，培育区域电力市场，管理电力调度交易中心。在每家区域电网公司之下（并由该地区电网公司拥有和控制），都有几家省电力公司，拥有和经营输电线路。中国南方电网有限公司的经营范围为云南、贵州、广西、广东和海南。输电企业可以凭借其拥有的输电网络，影响交易电量、交易价格或者拒绝互联互通等，阻碍市场的正常运转。在政企不分、产权不清的背景下，企业的滥用行为受罚的成本较小，垄断企业滥用支配地位的激励较高，这些行为都将会伤害市场竞争和降低社会福利。

供电企业是在一个特定区域内从事售电业务的企业，这些企业数量众多，类型和规模不一。目前，全国供电企业共计三千家左右，其中地（市）级供电企业五百家左右、县级供电企业两千家以上。供电企业经营形态多样，按所有制划分涵括中央国有、地方国有、私营、股份制等多种类型；按经营管理形式可划分为直管、代管、独立经营等类型，同时还存在"自发自供"以及"转供电"等特殊业务类型。其次，国家电网依靠强势垄断地位购并一些地方性发电与供电企业。由于电网企业的完全垄断地位，一些地方发电企业在竞争中处于非常不利的位置，客观上导致国家电网与小发电、供电企业之间的"再一体化"。

第二章　城市公用事业政府和
社会资本合作（PPP）

　　改革开放以来，在中国经济高速增长和快速城市化的大背景下，城市公用事业市场化改革和监管体制的改革为城市公用事业的发展提供了强大的驱动力量。无论是基础设施建设，还是行业供应与保障能力，城市公用事业行业都经历了爆发式的增长，基本上满足了中国城市发展和人民生活水平提高的需求。然而在行业增长的同时，一些发展过程中的深层次问题也开始凸显出来。从总量上看，中国城市公用事业还难以适应未来城镇化的需求；从结构上看，东中西区域之间的行业发展不平衡，难以实现公共服务均等化目标；从细分行业来看，污水和垃圾处理两大行业发展较为滞后，无法完全消纳城市发展过程中排放的污染物，进一步加重了环境污染问题。这些问题的解决，都依赖于政府加大对公用事业的投入，进一步深化监管体制和投融资体制的改革，这样才能促进公用事业行业的发展。

第一节 城市公用事业 PPP 发展历程

一、 城市供水行业 PPP 历程

中国城市供水行业 PPP 主要经历三个阶段，即吸引外国资本推进特许经营的尝试性阶段、推行特许经营与政府监管并举的阶段以及基于安全目标不急于推进供水 PPP 的新阶段。

（一）外资通过 BOT 模式进入城市供水行业的初始阶段

20 世纪 80 年代，我国城市供水行业通过世界银行等国际组织的贷款，逐步推进城市供水行业基础设施建设。为进一步解决城市供水行业基础设施建设投资不足问题，我国在一些城市率先引进外国资本，参与建设、运营城市供水企业，所采用的模式大多是 BOT，核心目的是为了解决建设而过程中存在的投资不足问题。但在外国资本进入中国城市供水市场后，在 PPP 过程中产生了一系列问题，其中最为突出的在供水合同或特许经营协议中明确设定固定回报或变相固定回报，同时增加保底水量或保底服务量，这在一些项目的运营初期极大地增加了政府的财政负担。此后，随着法国威立雅水务、英国汇津水务、中法水务、金州水务等国际大型水务公司进入中国水务市场，除了固定回报、变相固定回报、保底水量等"保障"外资投资效益的指标之外，在存量 PPP 项目特许经营权竞标过程中，溢价收购成为行规。在城市供水 PPP 项目特许经营过程中势必将溢价收购所带来的资本增加量转嫁给消费者，一些项目也因此要挟水价上涨。

（二）城市供水行业吸引社会资本进入与强化政府监管阶段

2004 年建设部出台《市政公用事业特许经营管理办法》，2005 年建设部出台《关于加强市政公用事业监管的意见》，这标志着国家对城市供水等市政公用事业在推进市场化过程中出现的一系列问题的重视，同时也希望通过出台政策逐步规范我国城市供水行业 PPP 项目的运作。随着这两项具有指导性的制度的出台，为各地城市供水企业推行 PPP 以及实行有效监管提供行动指南。从实践来看，2004 年以后整个城市供水企业推行 PPP 的项目开始逐渐增多，产权性质开始由国有转为民营或外资，整个城市供水企业的运营效率和服务水平获得一定的提升，项目的规范性有所提高。显然，这两项制度的出台为我国城市供水行业改革以及通过市场化方式推进城市供水行业规范运营具有重要意义。

（三）城市供水行业缓慢推进 PPP 的新阶段

随着城市供水行业 PPP 的推进，一些项目逐渐暴露出一些问题，特别是早期的固定回报或变相固定回报以及保底水量等项目增加了当地政府的财政负担，为此，一些城市开始掀起回购浪潮，城市供水行业重新走上国有化之路。无论 20 世纪还是现在，大多数城市供水企业推行 PPP 模式的主要原因是为了解决"钱"的问题，随着城市经济发展水平的提升以及传统固定回报、变相固定回报、保底水量项目的弊端的逐步凸显，同时，城市政府逐步考虑水的民生性与安全属性，开始对城市供水企业推行 PPP 模式持有谨慎态度，从而开启城市供水行业是否需要推行 PPP 的争论。近年来在这一背景下，全国城市供水行业的 PPP 项目推行相对缓慢，一些城市政府在城市供水企业中推进 PPP 模式依然十分谨慎。

二、 城市污水处理行业 PPP 历程

早在 20 世纪 90 年代中期，随着排水与污水处理设施建设的快速增长，建设资金短缺和经营效率低下的矛盾日益突出，BOT、TOT、ROT 等 PPP 模式在排水与污水处理项目中的应用不断增多。从 PPP 模式在排水与污水处理行业的推广和应用来看，大致可分为"探索发展—规范推广—依法改革"三个阶段。

一是探索发展阶段（20 世纪 90 年代中期至 2004 年）。以 1994 年对外贸易经济合作部出台《关于以 BOT 方式吸收外商投资有关问题的通知》为标志，规定外商可以以合作、合资或独资的方式建立 BOT 项目公司。随后，国家先后发布《有关加强城市供水节水和水污染防治工作的通知》、《推进城市污水、垃圾处理产业化发展的意见》、《关于加快市政公用行业市场化进程的意见》等政策文件，鼓励和吸引社会资金和外资投资城市污水处理和回用设施项目的建设和运营。在这一阶段，污水处理特许经营项目集中出现在东部的大中重点城市，项目规模普遍较大，较为典型的就有上海、北京、广州、常州、合肥、徐州、哈尔滨等城市的污水处理通过 BOT、TOT 等特许经营的方式，引进外资或民间资金进行市场化经营。尽管这一阶段 PPP 模式在中国排水与污水处理行业取得了一定的应用，但以弥补设施建设投资资金缺口为主要目的，使得污水处理 PPP 项目自启动伊始就先天不足，注定遇到各种困境。由于 PPP 模式缺乏完善的制度性环境，污水处理 PPP 项目在实施过程中暴露出一些问题和矛盾，如合同不规范、承包商带资承包建设、固定或变相固定投资回报等问题。

二是规范推广阶段（2004～2012 年）。以 2004 年和 2005 年建设部先后出台《市政公用事业特许经营管理办法》和《关于加强市政公用事业监管的意见》为标志。在总结探索发展阶段市场化改革存在的问题基础上，政府不断加强对城镇排水与污水处理项目的规范和监管。随后，国家又先后发布了《城市污水处理特许经营协议示范文本》和《城镇污水处理工作考核暂行办法》，开始规范城市污水行业特许经营制度的组织实施，并对污水处理工作进行考核。这一阶段，是城镇排水与污水处理设施建设发展最快速的阶段，国内水务企业依托属地优势和资本运作，以具有一定实力的国资背景的水务集团和上市公司为重点，跨地区参与排水与污水处理设施的投资运营，已培育深水、北排、首创、中环保、安徽国祯、创业环保等十多家大型国有或民营污水处理专业化运营公司上市公司。在这一阶段，PPP 项目仍然缺乏顶层设计，一切以地方政府短期实用目的优先，各种问题依然延续。但各级政府已开始认识到引入社会资本的同时，加强政府监管的重要性，政府不断总结排水与污水处理行业实施PPP 的经验教训，改革的目标开始兼顾公平与效率，具体表现在注重监管、重视运营和服务水平、关注公众利益和安全。通过 PPP 项目经验和教训的不断总结和提高，PPP 实践与理论共识初步成型，政策法规框架、项目结构与合同范式在此阶段得到逐步确立。

三是依法改革阶段（2013 年至今后一段时期）。以 2013 年党的十八届三中全会为标志，明确要求制定非公有制企业进入特许经营领域具体办法。随后，PPP 的制度化建设在财政部、发改委等多部委的合力下加速，一系列关于 PPP 的顶层设计逐步推进，出台了一系列法规政策和操作指南。同时，在行业立法方面，《城镇排水与污水处理条例》、《污水处理费征收使用管理办法》等法律法规的出台，将城镇排水与污水处理纳入了法制轨道，并完善了污水处理收费制度，为进一步推广运用 PPP 提供了有效的价格机制。这一阶段，政府着力 PPP 改革的顶层设计，致力于国家层面的 PPP 法规制度设计，按照立法先行的原则，已初步形成由法规政策、操作指引和标准化工具等构成的相对完整的 PPP 制度框架。可以预见，在今后一段时期，排水与污水处理行业 PPP 改革将沿着既有的制度框架进一步深入和规范。

三、 城市燃气行业 PPP 历程

回顾中国城市管道燃气行业实施特许经营制度的历程，改革开放以来，中国城市管道燃气行业政府与社会资本合作大致经历了三个重要发展阶段，即以政企合一和垄断专营为主的发展阶段，通过实施特许经营、放松市场准入的民营化改革阶段，特许经营制度规范化阶段。

（一）以政企合一和垄断专营为主要特征的发展阶段（1978～2002 年）

在这一阶段，中国燃气行业的重心在于如何加快发展，解决城市燃气供需缺口。在节能政策推动和国家财政资金大力支持下，全国建成了一批以利用焦炉气和化肥长释放气为主的城市燃气余气利用工程，许多城市建设了管网等燃气设施，国内液化石油气和管道人工煤气作为优质民用燃料进入千家万户。广东等经济发达的沿海城市居民在 20 世纪 90 年代初还用上了进口液化石油气。这一期间，国务院办公厅 1985 年第 50 号文批转的《关于加快发展城市煤气事业的报告》和建设部 1992 年 5 月下发的《城市燃气当前产业政策实施办法》等政策性文件对促进中国城市燃气行业发展起到了重要的推动作用。

这一时期是中国城市燃气行业的发展初期阶段，城市燃气基础设施薄弱，市场规模有限，专业人才不足，燃气质量、行业管理、技术规范、健康标准、安全设备、技术能力和环境标准等诸多制度环境尚未完善，需要通过加快发展来解决上述问题。在这种背景下，政府财政成为城市燃气行业投资建设资金来源，各地方政府所属的燃气公司采取政企合一和垄断专营体制，民间资本面临禁入限制。

客观而论，在城市燃气基础设施建设规模大，民间资本尚未成长壮大起来的情况下，采取政府投资建设和国有专营体制，在当时历史条件下对于中国城市燃气行业的发展起到了不可否认的推动作用，使得城市燃气行业发展初期面临的供需矛盾得到一定程度的缓解，为城市经济与社会发展奠定了物质基础，也为日后的实施特许经营的市场化改革奠定了物质基础。

（二）通过特许经营放松准入阶段（2003～2012 年）

中国管道燃气行业发展不仅面临资金的约束，还要面对经济全球化的趋势。进入 21 世纪以来，中国加入 WTO 后，开放城市公用事业成为中国履行国际承诺的必然选择。与此同时，中国城市管道燃气行业长期存在的体制性矛盾也开始逐步凸显出来。国有专营和政企不分的旧体制已不能满足快速城市化、市场化和建设环境友好型城市的需要。

面对经济全球化趋势，中国城市管道燃气行业不仅面临国外燃气企业的竞争（如香港中华燃气、法国燃气公司、美国壳牌公司等企业以先进的服务方式、管理方式和先进的技术已进入国内燃气行业，争夺国内市场份额），还面临煤炭、电力等可替代能源的竞争。在生存与发展的挑战下，城市管道燃气行业放松准入限制，通过实施特许经营制度，拓展融资渠道，打破行业垄断，引入市场机制，鼓励外资和民间资本参与城市管道燃气行业的投资建设与运营的民营化改革呼声日益高涨。

2002年，建设部下发《关于加快市政公用事业市场化进程的意见》，拉开了城市管道燃气行业市场化改革的序幕。此后，国家放松了城市管道燃气行业的准入门槛，鼓励和引导民间资本和外资以独资、合作、联营、参股和特许经营等方式参与城市管道燃气基础设施建设和经营。2004年5月，建设部颁布《市政公用事业特许经营管理办法》，根据该办法，政府通过向社会公开招标的方式选择投资者和经营者，授予其在一定时间和范围内对燃气产品或服务进行经营的权力。该办法从保障社会公共利益和公共安全的高度，要求各地政府遵循公开、公平、公正和公共利益优先的原则，通过市场竞争、公开招标方式，择优选择城市公用事业的投资者或经营者，使得燃气行业的跨区域整合成为可能，管道燃气分销领域的竞争格局逐渐由地方垄断转向跨区域的市场竞争；与此同时，还明确了特许经营权竞标者应当具备的条件和选择投资者或经营者的公开程序，对授权方和被授权方的责任、权利和义务等都做出了规定。各地积极探索实施特许经营制度的具体办法。

城市管道燃气行业实施特许经营引入竞争的改革主要从两方面进行，一方面，对传统体制下的国有管道燃气企业进行改制，另一方面，随着投资准入的放宽，各种所有制和资本进入城市管道燃气领域，特别是随着燃气骨干网建设的完善、"国退民进"政策的推行以及城市管道燃气行业利润吸引力的增强，越来越多的非国有投资主体进入城市管道燃气行业。随着管道燃气行业下游市场逐步放开，区域垄断格局有所改观，港资、民资、国际跨国公司以及改制后得以壮大的原国有管道燃气公司等各路资本竞相涌入，下游市场主体已形成多种所有制并存的有序格局，行业利润、生产运营、效率、服务、管理改善明显，整个行业正在进入良性发展轨道。

此外，为促进行业健康发展，国家还不断完善了有关的法律体系、技术标准体系和人才教育培训体系。2007年5月，国家发展改革委下发了《天然气利用政策》，将居民生活用气、公用设施用气、天然气汽车、分布式热电联产和热电冷联产用户等列入允许类。随着川气东送、西气东输二线于2009年及2010年相继落成，中国城市管道燃气发展气源不足的制约得到明显改观，天然气市场呈现快速发展的局面。这个过程中，各城市公用事业监管部门，对城市管道燃气行业实施特许经营制度，不断利用市场机制融资、组建城市管道天然气企业，以此推动各地城市管道燃气行业的发展。通过实施特许经营制度，城市管道燃气企业公司化改造的步伐加快：一是已有很多境外企业进入，与国内一些管道燃气企业组成了合资企业；二是国内很多国有、民营企业与一些城市管道燃气企业合作，成立了股份制的公司；三是一些城市的管道燃气企业自身进行公司化改造。企业的改制，使过去政企不分的城市管道燃气企业成为真正的市场主体。

（三）燃气行业政府与社会资本合作规范化改革阶段（2013～）

2013 年至今，各部位陆续出台了《基础设施和公用事业特许经营管理办法》《关于在公共服务领域推广政府和社会资本合作模式指导意见》、《关于推广运用政府和社会资本合作模式有关问题的通知》等文件，这些文件对特许经营模式执行中存在的问题进行规范，为政府与社会资本合作规范化改革提供了法律依据。

在燃气行业，国家能源局和国家发改委相继发布了《油气管网设施公平开放监管办法（试行）》和《天然气基础设施建设与运营管理办法》两个文件，拉开了中国天然气管网设施进入公平开放时代的序幕。之后，国家发展与改革委员会又陆续下发《关于理顺非居民用天然气价格的通知》、《关于建立健全居民用气阶梯价格制度的指导意见》、《国家发展改革委关于明确储气设施相关价格政策的通知》、《天然气管道运输价格管理办法（试行）》和《天然气管道运输定价成本监审办法（试行）》等文件，这些文件意在促进天然气行业的管网设施开放，这是天然气行业市场化改革的关键，也为燃气行业政府与社会资本合作改革指明了方向。

四、 城市垃圾处理行业 PPP 历程

2002 年《关于实行城市生活垃圾处理收费制度，促进垃圾处理产业化的通知》（计价格〔2002〕872 号）开启了垃圾处理的产业化时代[①]。872 号文明确指出，要引入竞争机制，通过公开招投标的方式，择优选择有资质的企业承担城市生活垃圾处理工作。积极探索特许经营、承包经营、租赁经营等多种运营方式，降低建设和运营成本，不断提高服务质量。872 号文对垃圾处理补贴的原则是"合理盈利"，因此垃圾处理行业不会形成暴利行业，适宜拥有大量资金、低风险偏好的基金。2006 年《可再生能源发电价格和费用分摊管理试行办法》明确 0.25 元/度的上网电价补贴，为生活垃圾焚烧发电提供了收入保障。日益严重的垃圾围城和商业模式的逐渐成熟，催生了一轮生活垃圾焚烧发电项目投资热潮。

---

① 金永祥，宋雅琴，垃圾处理行业特许经营项目实施情况总结，环卫科技网，2015 年 5 月 15 日，http：//www.cn-hw.net/html/PPPzhuanqu/PPPguandian/2016/0515/53319.html

从时间上来看，垃圾处理行业的发展历程与城市公用事业 PPP 的总体发展情况并不相符，我国最先重视自来水行业的特许经营，然后是污水，最后才是垃圾，所以垃圾处理行业的发展阶段是污水处理行业发展阶段的平行后移。从事污水处理的企业往往也从事垃圾处理，使得整个行业竞争比较充分。不过在行业格局上，国有资本呈现强势地位。根据全国工商联环境服务业商会的统计，垃圾焚烧占有率的市场排名前十位中，国有背景占据六席，纯粹的民营企业拥有四席。国有资本进入这个行业表明垃圾处理行业前景看好，资本充裕的央企正好面临自身的转型压力，加强了进入垃圾处理行业的意愿。

然而，2007 年至 2010 年间我国多地曾出现垃圾处理场反建浪潮，导致垃圾处理行业的市场热度下降。造成这一局面的原因是多方面的，一是早期的垃圾处理厂建设和运营标准低，给公众造成负面印象；二是政府在相关的宣传和舆论引导方面没有做好工作，导致民众的抵制活动；三是政府的监管能力不足，导致公众不信任垃圾处理厂能够严格按照设计标准进行运营。垃圾围城的困境促使我国决定大力发展垃圾焚烧技术。2011 年 4 月，国务院审批通过住建部、环保部等 16 部门《关于进一步加强城市生活垃圾处理工作意见的通知》，通知提出在土地资源紧缺、人口密度高的城市要优先采用焚烧处理技术。垃圾焚烧作为垃圾处理的主要发展方向首次得到国家层面的肯定，从而平息了关于垃圾焚烧处理路线的民众争议，随后垃圾焚烧处理项目建设获得实质性发展。2011 年，全国有 32 个垃圾焚烧项目投产。2012 年 3 月，国家发改委发布《关于完善垃圾焚烧发电价格政策的通知》，规定根据垃圾平均热值测算出单位发电量，再按照发电量发放电价补贴，这进一步促进了行业稳健发展，当年新建垃圾焚烧项目达到35个。

此后垃圾处理行业的特许经营与整个城市环卫行业的 PPP 改革紧密联系在一起。大的环卫行业包含垃圾收集、清扫、中转储运、填埋焚烧等多个环节。其中垃圾处理厂的边界最为清晰，容易进行市场化改革；而垃圾清扫、中转储运环节进行管理的困难较大，多由政府管理，同时在垃圾收费制度没有有效建立起来的情况下，垃圾处理的收入仍然主要依靠政府的补贴。随着城市环卫行业 PPP 的不断发展，环卫行业会在垃圾收集环节更好地引入废物回收和循环经济的理念，从源头上改善垃圾分类处理，提高垃圾回收的价值，降低垃圾处理环节的压力。

五、 城市供热行业 PPP 历程

1980 年以来，为了缓解政府财政压力，北方供热省份的一些城市就开始引入特许经营方式，供热行业主要是采用 BOT 投融资方式。2002 年以来，随着中央政府对 PPP 模式的重视和推广，供热行业 PPP 模式进入快速增长期。2002 年原建设部发布《关于加快市政公用行业市场化进程的意见》（建城〔2002〕272号），鼓励社会资本、外国资本以多种形式参与市政公用设施的建设；2005 年"非公经济 36 条"提出"允许非公有资本进入公用事业和基础设施领域。"这在很大程度上加大了 PPP 项目在各地供热项目中较快推进。为了保证 PPP 项目在城市公用事业中持续深入推进，2013 年以来，国务院、国家发改委、住建部等先后颁布了《基础设施和公用事业特许经营管理办法》、《关于在公共服务领域推广政府和社会资本合作模式的指导意见》、《国务院鼓励运用 PPP 模式参与综合管廊建设和运营》等文件，这些政策为 PPP 模式在供热行业中的持续推进提供了有力支持。第四阶段是从 2016 年至今。2016 年 10 月住房和城乡建设部、国家发展改革委、财政部、国土资源部、中国人民银行五部门联合印发了《关于进一步鼓励和引导民间资本进入城市供水、燃气、供热、污水和垃圾处理行业的意见》，从民间资本进入渠道到相关金融、土地、价费、税收等方面提出了多项扶持政策，促进民间资本进入城市供水、燃气、供热、污水和垃圾处理行业。此后，各地方政府也先后出台了配套的促进供热行业 PPP 项目的相关政策，供热行业 PPP 在我国开始了推进政府与社会资本合作的高潮。

六、 城市电力行业 PPP 历程

中国电力行业 PPP 历程大体上与整个公用事业行业 PPP 历程保持一致，基本上可以概括为 5 个阶段。

第一阶段：探索阶段（1984～1993 年）。改革开放以来，外资大规模进入中国，一部分外资尝试进入公用事业和基础设施领域。地方政府开始与投资者签订协议，合作进行基础设施建设，本质上就是 PPP。但当时尚未引起国家层面的关注，无相应政策和规章，地方政府与投资者都是在探索中前进。这一阶段代表性的电力行业 PPP 项目是深圳沙角 B 电厂 BOT 项目，该项目被认为我国真正意义上的第一个 BOT 项目。

第二阶段：小规模试点阶段（1994～2002 年）。与探索阶段无政府部门牵头状况不同的是，该阶段试点工作由国家计委（现"发改委"）有组织地推进，也掀起了第一波 PPP 高潮。国家计委选取了 5 个 BOT 试点项目，其中来宾 B 电厂项目也被认为是我国第一个 PPP 试点项目。

第三阶段：推广试点阶段（2003～2008 年）。2002 年十六大提出在更大程度上发挥市场在资源配置中的基础性作用，2003 年十六届三中全会提出让民营资本进入公共领域，2004 年建设部（现"住建部"）出台《市政公用事业特许经营管理办法》，为 PPP 项目开展确立法律法规依据。政策东风下，各地推出大批 PPP 试点项目，掀起了 PPP 第二波高潮，但这一波里较少有电力行业 PPP 项目。

第四阶段：短暂停滞阶段（2009～2012 年）。随着四万亿经济刺激政策的推出，地方政府基础设施建设投资高速增长，城镇化程度大幅提高，但 PPP 模式在此阶段却停滞不前，主要原因在于地方政府融资平台发展壮大，平台贷款、城投债等规模激增为地方政府提供了充足的资金，电力行业 PPP 发展也进入短暂的停滞阶段。

第五阶段：发展新阶段（2013 年至今）。十八大提出"让市场在资源配置中发挥决定性作用"，2013 年财政部部长楼继伟就 PPP 作专题报告，肯定 PPP 模式在改善国家治理、转变政府职能、促进城镇化等方面的重要作用。2014 年以来，中央到地方均推出大量 PPP 项目，PPP 进入了发展的新阶段，并掀起第三波高潮。以前的 PPP 更多以 BT、BOT 等为主，政府仍是主要的投资者和风险收益主体，此轮则强调社会资本与政府共享利益、共担风险，PPP 立法有望很快推出，制度配套上也更为完善，但电力行业 PPP 项目依然有限。

第二节　城市公用事业 PPP 现状

一、 城市供水行业 PPP 现状

随着城市化进程的逐步加快，公众对城市供水基础设施和运营服务能力的需求在逐步增加，单纯依靠政府投资方式显然难以为继，为此，国务院、财政部、发改委等相继出台多个鼓励和支持社会资本进入城市供水等基础设施产业的政策。城市供水行业的 PPP 最早是以特许经营的方式出现的，20 世纪 80～90 年代我国一些地方为了缓解政府财政压力，相继采用 BOT 方式，吸引外国资本投资、建设城市供水项目，这开启了中国城市供水行业 PPP 的先河。2014 年以前城市供水行业的市场化都以特许经营的方式出现，2014 年以后随着国家愈发强调 PPP 在城市基础设施等领域应用的适用性，城市供水行业开始出现了一些 PPP 项目，缓解了政府财政投资的压力，在一定程度上也促进了城市供水行业的快速发展。

近年来国家财政部、发改委两部委相继建立 PPP 项目库，鼓励各地比较成熟的项目进入两部委的项目库。为此，本报告专门对国家财政部、发改委 PPP 项目库中的城市供水项目进行了统计，从供水 PPP 项目的分布区域来看，西部地区的项目数量较多，东部地区次之。其中，在东部地区中，供水 PPP 项目主要集中在东北地区。而在中部地区，PPP 供水项目数量较少。这在一定程度上说明，相对于东部沿海地区以及中部地区而言，西部地区以及东北地区的财力较为薄弱，经济发展较为缓慢，供水设施建设更为落后，因此更倾向于采用 PPP 模式缓解政府的财政压力。在城市供水 PPP 项目中，BOT 项目占比最多，采用 TOT、ROT 模式的项目数量较少，采用其他运作模式的项目数量大约占 20% 左右。由此可见，城市供水行业 PPP 项目仍以新建项目为主，存量项目和改扩建项目相对较少。城市供水项目的特许经营期一般在 10 年以上，其中，特许经营期在 10－20 年的项目占项目总数的 54%，特许经营期在 21~30 年的项目占项目总数的 43%。其他期限的项目占项目总数不足 3%。从财政部 PPP 项目库中项目运作阶段来看，位于识别阶段的项目占项目总数的 68%，处于准备阶段的项目占项目总数的 18%，处于采购阶段的项目，仅占项目总数的 5%，处于执行阶段的项目占项目总数不足 9%。由此可见，我国城市供水 PPP 项目实施情况仅处于初级阶段，需要融入大量的社会资本进行合作，从而推进项目的有效实施。

二、　城市污水处理行业 PPP 现状

2015 年，全国污水处理厂采用 PPP 模式的共有 1740 个，托管模式 422 个，政府自运营 171 个，其他 1851 个，分别占污水处理厂总数的 42%、10%、4%、44%。其中，东部地区托管模式污水处理厂的比例最低，为 6.89%；中部地区托管模式污水处理厂占中部地区企业的 7.03%；西部地区托管模式污水处理厂的比例最高，占西部地区企业的 16.95%。对于 PPP 模式而言，东部地区最高，占比为 48.56%，中部地区和西部地区 PPP 模式的比例分别为 44.38% 和 29.56% 和 5.78%。从不同运营模式污水处理厂的规模看，PPP 模式的企业平均规模最高为 3.96 万吨/日；托管次之为 2.53 万吨/日；政府自运营的企业平均规模最小为 1.98 万吨/日。

PPP 示范项目实施是推广运用规范 PPP 模式的重要抓手，旨在形成可复制、可推广的实施范例，形成一套有效促进 PPP 规范健康发展的制度体系。2014 年至今，财政部已批准三批示范项目总数共 752 个，总投资规模近 2 万亿，仅 2016 年示范项目的总投资规模就超过万亿元。在 752 个示范项目中，污水处理

项目共 80 个，约占项目总数的 1/10，是主要的示范领域。可见，污水处理项目的投资规模虽然占比不高，但项目数量却较多，说明单个污水处理项目的投资额较小，有利于社会资本投资，而且各地污水处理项目在运作方式、交易结构、社会资本进入等方面的条件都较为成熟。在中央的带动下，各地也纷纷启动了省级 PPP 示范项目的推荐遴选工作，推出了一批省级 PPP 示范项目。截至目前，共有浙江、湖南、内蒙古等 14 个省份批准确立了省级污水处理 PPP 示范项目 81 个。其中，浙江省的示范项目数量最多，共有 20 个，其次是湖南和内蒙古，分别有 17 和 15 个。

综合财政部和各省市的污水处理示范项目来看，污水处理 PPP 示范项目呈现以下特点。一是污水处理 PPP 示范项目多集中在中小型项目，1 亿~5 亿元区间的项目数量最多，5 亿~10 亿元区间的项目次之，这类项目进入的门槛较低，更能吸引民营资本参与；而 10 亿元以上的大型项目主要集中在水环境综合治理领域，这类项目投资额巨大，也是排水与污水处理行业未来发展的主要方向。再者，大规模的污水处理示范项目基本都申请财政部示范项目，省级示范则更多地支持中小型污水处理项目。二是污水处理 PPP 示范项目合作时间较长，多集中在 21~30 年，共有 141 个，占项目总数近九成，合作时间在 10 年以下的项目则几乎没有。而且，合作时间较短的项目较难获得财政部示范项目的支持，财政部更偏好于支持合作时间在 20 年以上的项目。三是绝大多数项目都已进入准备阶段，约六成的项目已完成项目准备，近四成的项目已通过政府采购进入执行阶段。而且，财政部示范项目多集中在采购和执行阶段，二者加总占比高达 76%。与之相对的，省级示范项目则多集中在准备阶段，甚至有部分项目仍处于识别阶段即被确立为省级示范项目。在省级示范项目中，处于准备阶段和识别阶段的项目约占总数的六成左右。三是 BOT 项目的占比最多，有 96 个示范项目采用的 BOT 模式，约占项目总数的 60%，TOT 和 ROT 的项目数分别是 27 个和 12 个，采用其他方式的示范项目还有 26 个。这说明，污水处理 PPP 示范项目仍是以新建项目为主，存量项目和改扩建项目较少，这主要是由于新建项目的项目边界较为清晰，且建设、运营一体化的方式便于社会资本更好地控制成本与质量，可以有效地避免建设方和运营方相互扯皮和推诿责任。四是采取政府付费和可行性缺口补贴的项目最多，二者的项目数量分别是 65 和 51，占示范项目总数的 72%，而采用使用者付费的项目则有 28 项，大约占项目数的 1/3。由于污水处理项目具有准公共产品和公益性等特征，因此 PPP 示范项目以政府付费和可行性缺口补贴为主。其中依靠使用者付费就能收回项目投资并且获得收益的污水处理项目多是单一的污水处理厂项目。而且，省级示范项目中，使用者付费的项目比例较高，超过政府付费和可行性缺口补贴的项目数量。但在财政部示范项目中，政府付费的项目最多，共 38 项，占示范项目数的一半左右。

三、　城市燃气行业 PPP 现状

　　城市管道燃气市场基本上形成了产权多元化格局。在城市管道燃气行业中，生产经营的企业已经由不同经济成分企业构成，基本改变了国有企业在市场中的垄断地位，不同企业间是竞争关系。通过国有燃气企业的股份制改革，民营企业和外商的直接进入以及融资的多元化，燃气终端市场初步形成了地方国企、中央国企和民企外企港企三分天下的局面。可以说，在城市管道燃气行业的管道建设投资和燃气输送、零售市场上，非国有资本均有不同程度的进入，尤其是终端市场的多元化产权结构已经形成。

　　这些年来，在实施特许经营制度过程中，一方面对国有管道燃气企业进行改制，另一方面引导私营企业进入国有管道燃气行业。在产权改革和促进竞争的双重作用下，城市管道燃气企业的生产效率和盈利能力都发生了积极变化。民营、外资燃气企业将得到较快的发展，如图 2-1，2013 年上半年中国燃气生产和供应行业不同所有制企业数量所示。

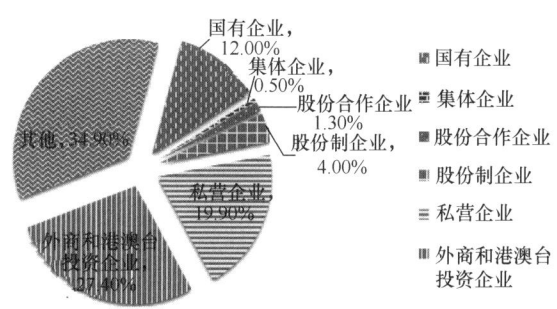

图 2-1　2013 年上半年中国燃气生产和供应行业
不同所有制企业数量分布图

　　通过表 2-1 关于规模以上燃气生产和供应业主要经济效益指标可以看出，从1995 到 1997 年，在城市燃气价格没有完全理顺的情况下，生产经营企业基本上是微利或亏损经营，在政府财政的支持下，国有独立核算工业企业均处于亏损状态。1998 年国有及规模以上非国有工业企业均亏损运营。1999～2002 年间，在燃气价格开始向上调整的过程中，三资工业企业已经明显获利，而国有及国有控股工业企业仍然是亏损。显然，亏损的背后是大量的政府财政补贴。2003～2004年间，三资工业企业与国有及国有控股工业企业均获利，这除了燃气价格进一步提升使燃气企业收益增加外，与这个时期开始较大规模引入民营企业进入燃气行业产生的竞争存在着一定的关系。而 2005～2009 年这个时期，私营工业企业与国有及国有控股工业企业均有较高的利润水平。从统计口径来看，自 2005 年开始，以私营工业企业为对象进行考核，我们也可通过对这个时期的私营工业企业与国有及国有控股工业企业进行比较，以分析民营化对整个燃气行业生产效率的影响。由于企业数量和工业总产值等存在差异，我们选择私营工业企业与国有及国有控股工业企业的工业成本费用利润率进行比较。在同时期，私营工业企业的工业成本费用利润率高于国有及国有控股工业企业。而从不同时期看，国有及国有控股工业企业的工业成本费用利润率在不断提高。这一方面说明私营工业企业的生产经营效率高于国有及国有控股工业企业，另一方面也说明在民营企业不断进入燃气行业过程中，由于竞争的引入，国有及国有控股工业企业以提高生产效率来提升竞争力。

燃气生产和供应业主要经济效益指标 表 2-1

年份	企业单位数（个）		工业总产值（亿元）		工业成本费用利润率（％）		利润总额（亿元）	
	独立核算三资工业企业	国有独立核算工业企业	独立核算三资工业企业	国有独立核算工业企业	独立核算三资工业企业	国有独立核算工业企业	独立核算三资工业企业	国有独立核算工业企业
1995	17	269	2.59	68.33		−5.46	0.23	−4.75
1996	24	283	3.65	72.79		−8.53	0.01	−8.71
1997	16	258	5.22	85.21	−4.15	−4.7	−0.45	−5.63
	国有及规模以上非国有工业企业		国有及规模以上非国有工业企业		国有及规模以上非国有工业企业		国有及规模以上非国有工业企业	
1998	291		103.25		−3.5		−6.29	
	三资工业企业	国有及国有控股工业企业	三资工业企业	国有及国有控股工业企业	三资工业企业	国有及国有控股工业企业	三资工业企业	国有及国有控股工业企业
1999	27	255	28.18	103.99	0.44	−3.73	0.13	−6.87
2000	36	252	47.82	121.99	2.74	−2.44	1.34	−5.21
2001	40	252	43.47	134.24	1.65	−0.64	0.8	−1.43
2002	49	243	63.41	157.86	1.21	−0.97	1.05	−2.7
2003	59	231	70.27	183.1	0.97	1.24	1.03	3.8
2004	64	233			0.21	1.35	0.24	4.78

年份	企业单位数（个）		工业总产值（亿元）		工业成本费用利润率（%）		利润总额（亿元）	
	私营工业企业	国有及国有控股工业企业	私营工业企业	国有及国有控股工业企业	私营工业企业	国有及国有控股工业企业	私营工业企业	国有及国有控股工业企业
2005	46	221	15.34	290.39	3.1	1.46	0.46	6.06
2006	59	227	23.29	400.62	2.52	1.19	0.58	6.37
2007	84	217	45.38	512.18	6.82	4.36	2.81	25.34
2008	181	260	76.52	735.33	9.11	4.3	6.1	34.32
2009	214	248	112.02	795.66	12.03	6.41	11.75	53.88
2010	242	251	181.39	1056.64	9.32	7.68	15.10	81.45
2011	171	262	183.16	1395.08	7.79	8.16	13.18	114.86
2012	196	296	—	—	9.1	8.52	16.84	143.3
2013	240	323	335.09	1867.27	8.23	9.36	23.79	156.80
2014	283	374	454.44	2418.24	7.21	7.28	28.72	176.14

资料来源：1995～2014 年《中国统计年鉴》，中国统计出版社。

四、 城市垃圾处理行业 PPP 现状

中国已经进入城市化快速发展的通道，城市基础设施需求十分庞大，完全依靠政府投资已经被证明是走不通的，通过各种 PPP 模式吸引私人资本参与势在必行，也已被近年的实践证明是可行的。因此，近年来我国各省市都在大力推动 PPP 模式在垃圾处理领域的应用，截止 2016 年初垃圾处理领域的项目已占所有PPP 项目的 3.67%。而在财政部 2015 年公布的第二批总投资 6589 亿 PPP 示范项目中，垃圾处理领域的项目有 20 个，占比 9.71%；合计投资金额 94.67 亿元，占比 1.44%。我国各个省市的垃圾处理行业项目大都采用了 PPP 的商业模式，以我国最有代表的国际化都市——上海市为例：上海市于 2014 年以特许经营形式的形式吸引社会资本，共建设垃圾焚烧厂、垃圾填埋场和垃圾综合处理厂等城市生活垃圾处理设施 11 座，预计处理能力合计 12945 吨/日。其中，已经建成并投入正常运营的垃圾处理设施当中，焚烧厂有 3 座，处理能力合计 3395 吨/日；填埋场有 2 座，处理能力合计 5200 吨/日；综合处理厂有 4 座，处理能力合计

3050 吨/日。在上述垃圾处理设施当中，采用公开招标方式开展特许经营的设施共有 8 座，邀标方式的设施为 1 座，直接委托的设施有 2 座。对于已经开始正常运行的 8 座垃圾处理设施，它们的垃圾处理量达到 15800 吨/日，占上海全市生活垃圾日处理能力的 82%，基本形成了以 PPP 为主的投资建设运营模式[1]。

在政府和社会资本进行合作的过程中，垃圾处理有其特殊性。同为城市公用事业，垃圾处理与污水处理的不同在于，垃圾处理项目一般还有垃圾发电、综合利用的收益，故而政府补贴机制的设计更为复杂。现阶段，中国垃圾处理行业还面临社会风险大的现实问题。譬如在相应的社区补偿机制没有有效建立起来之前，垃圾处理厂选址困难将是这类项目面临的一个重要问题。因此，为了解决 PPP 项目国内案例较少，缺少开展经验、缺乏指导的问题，国家有关部门整理收集并公开发布了两个 BOT 模式的垃圾处理领域示范项目，分别是大理市生活垃圾处置城乡一体化系统工程和苏州市吴中静脉园垃圾焚烧发电项目，对项目中的建设、运营、结算和监管等方面进行了介绍。

在制度监管方面，我国政府部门也在积极探索和优化垃圾处理 PPP 项目的管理。譬如住房城乡建设部、国家发展改革委、国土资源部和环境保护部四部委于 2016 年 11 月联合印发的《关于进一步加强城市生活垃圾焚烧处理工作的意见》，要求对垃圾焚烧厂"全面加强监管，接受公众监督。加快信用体系建设，鼓励和引导专业化规模化企业规范建设和诚信运行。对于中标价格明显低于预期的企业要给予重点关注，加大监管频次。焚烧厂运行主体要向社会定期公布运行基本情况，公示污染物排放数据，社会单位和公众可依法依规参与焚烧厂规划建设运行监督。通过驻场监管、公众监督、经济杠杆等手段进行监管，采用多种方式实现全过程监管。充分发挥新闻媒体作用，引导全社会客观认识生活垃圾处理问题，凝聚共识，营造良好舆论氛围。"

五、 城市供热行业 PPP 现状

目前，供热行业 PPP 模式的应用正处于快速增长期，我国政府先后颁布了《基础设施和公用事业特许经营管理办法》和《关于在公共服务领域推广政府和社会资本合作模式的指导意见》文件，为供热项目引入 PPP 模式提供了有力的支持，鼓励各地方政府大力推进 PPP 模式在供热行业中的应用，尤其是对城市集中供热。住房和城乡建设部、国家发展改革委、财政部、国土资源部、中国人

---

[1] 叶继涛，上海生活垃圾处理 PPP 实践需要重视哪些问题？环卫科技网，2016 年 8 月 4 日，http://huanbao.bjx.com.cn/news/20160804/758653.shtml

民银行五部门等五个部门联合印发了《关于进一步鼓励和引导民间资本进入城市供水、燃气、供热、污水和垃圾处理行业的意见》，从民间资本进入渠道到相关金融、土地、价费、税收等方面提出了多项扶持政策，促进民营资本积极参与到供热领域。各地政府积极响应国家号召，纷纷出台供热行业 PPP 模式运营的相关政策，吸引民营资本。

近年来，在国家积极推动供热 PPP 项目的大背景下，虽然供热行业 PPP 项目数量在增加，但是各省份在供热行业推行 PPP 项目的进展参差不齐。PPP 项目推进比较积极的如黑龙江省在 2015 年共向社会资本推出了 41 个 PPP 项目，其中对城市集中供热新增项目分为三批进行公开招标，总投资额达 220 个亿。目前，一些北方供热省份的 PPP 改革还停留在观望和设计阶段，还没有推出有关的项目和制定出相应的政策法规。由于城市集中供热行业市场改革严重滞后，尽管国家大力推行 PPP 模式在供热行业的应用，但各种计划经济体制严重束缚了 PPP 改革和社会资本进入，总体来说城市集中供热行业 PPP 项目的实施严重滞后于其他城市公用事业行业。

六、 城市电力行业 PPP 现状

电力行业 PPP 即政府与社会资本在电力行业进行合作模式，指的是政府与社会资本通过合作来提供电力和电力服务的一种方式。广义的电力行业 PPP 是指政府与私营部门为提供电力和电力服务而建立的各种合作关系，具体可分为外包、特许经营和私有化三类。狭义 PPP 仅指政府与私营部门以合资组建电力公司的形式展开合作，共享收益，共担风险。我国推广的电力行业 PPP 项目运作形式包括 O&M、MC、BOT、TOT、ROT、BOO 等多种类型，可见我国官方的电力行业 PPP 应为广义电力行业 PPP。

中国现阶段电力行业 PPP 通常以政府和社会资本签订合同的形式来实现，按照社会资本承担的风险大小和介入的程度高低，合同类型可分为服务合同、管理合同、租赁合同、特许经营权合同等。特许经营权合同中，社会资本在合同期内承担设计、建设、运营、维护基础设施等大部分工作，通过"使用者付费"及必要的"政府付费"获得合理投资回报。中国目前大力推广的电力行业 PPP 模式正是以基于特许经营权合同为主。

我国实施的 PPP 项目已经达万余例，行业涉及众多，电力行业 PPP 项目并不多，成功、失败案例均有，总体来看，失败的项目较多。比较典型的是广西来宾 B 电厂曾经被认为是成功项目，而实际上广西来宾 B 电厂至今依然是成本居高不下，只能由当地政府通过高额财政补贴方式运营，造成地方债务。

从失败的原因统计来看，一半电力行业 PPP 项目的失败原因都是与政府不守信用有关，市场收益不足、市民反对、市场需求变化、项目唯一性、政府决策失误也均是所占比例比较高的失败原因。

第三节　挑　战　与　展　望

一、 城市供水行业 PPP 挑战和展望

在城市供水行业中引入社会资本，是解决政府资金短缺、提升城市供水行业运营效率和服务水平的重要方式，但在城市供水行业 PPP 过程中依然存在一些挑战和问题。从运营模式上来看，BOT、TOT 依然是城市供水企业推行 PPP 的主流模式，其中以 BOT 项目占比最大，由此可见，当前城市供水行业推行 PPP 的主要目的依然是提升城市供水企业的建设规模与运营能力，解决由政府投资建设所带来的融资难题与投资压力问题。而单纯从效率角度出发利用社会资本解决一些存量项目的运营效率较低的方式的应用较为少见。同时，在城市供水企业推行 PPP 的过程中出现了固定回报、变相固定回报、保底水量、溢价收购、缺乏提标改造动力等诸多问题，这主要由多数城市供水 PPP 项目的特许经营期较长、特许经营合同不完备、政府片面追求资产变现、政府忽视监管责任等原因导致的。这些问题为目前已经推行 PPP 的城市供水项目以及即将通过 PPP 方式解决城市供水企业投资难题和低效运营问题埋下了隐患。

为此，在接下来推进城市供水行业 PPP 的过程中，需要进一步明确政府和市场之间关系，界定政府和市场职责，分清城市供水管道设施、城市供水厂设施、城市供水运营环节、城市水费收缴环节中哪些需要政府来做、哪些需要市场来做。同时，通过物有所值评价和财务可承受能力评价确定哪些城市供水项目以及供水项目的哪些环节可以通过 PPP 的方式进行运作。在确定可以通过 PPP 方式的基础上，需要进一步依据环节属性和城市差异，确定究竟选择哪种 PPP 模式进行运作，需要进一步规范城市供水 PPP 项目的特许经营合同，特别地，应建立与城市经济社会发展相适应的定价与调价机制，积极探讨差异性的阶梯水价制度，使得阶梯水价能够更好地实现水资源的优化配置。在缺乏事后评价机制的前提下，接下来需建立事前、事中、事后监管相结合的全流程监管理念。由于城市供水行业的特殊性，在考虑安全属性的前提下尽快建立外资并购城市供水企业

的审查机制。

二、 城市排水和污水处理行业 PPP 挑战和展望

尽管 PPP 在排水与污水处理行业的推广取得了一定的成效，但在这一轮由上至下引导的 PPP 浪潮中，出现了"剃头担子一头热"的现象，主要表现为"中央政府热，地方政府冷"，"国企资本热，社会资本冷"。PPP 项目冷热不均的表现折射出 PPP 项目执行过程中仍存在着一些问题，制约着各方参与 PPP 项目的积极性，导致 PPP 项目落地难。

一是对 PPP 项目的认识不清。一些社会资本和政府部门将 PPP 单纯地理解为一种融资模式，特别是在地方债被严控、融资平台被取消的情况下，将 PPP 模式视作新的融资工具，用于替代原有的融资平台。同时一些地方政府过度强调政府主导，在 PPP 合同中置入许多政府主导项目的条款，而且操作时容易混淆裁判员和运动员的身份，影响了政府监管的职能。

二是社会资本进入退出机制不健全。首先，民营资本进入的隐性壁垒依然存在，一些地方政府对民营企业仍会采取一些限制性措施，项目信息不透明、明招标暗许配，设置高额项目诚信金或保证金，不与民营企业对接等现象时有发生。其次，社会资本退出机制不健全，当前的 PPP 项目投资规模都较大，投资周期也较长，且多是非标准化和非证券化项目，这导致 PPP 资产转让市场很难活跃，社会资本难以在项目运营期间退出。

三是政府监管不到位。从项目识别、合作伙伴筛选到 PPP 协议签订和实施，污水处理 PPP 项目每个环节都涉及工程、财务、财政、法律、行业等多个领域，其间包括编制物有所值评价报告、财政承受能力论证报告、与社会资本谈判签署 PPP 协议等专业性极强的工作，由于缺乏专业人才，导致监管能力严重不足。同时，由于污水处理 PPP 项目管理涉及财政、发改、住建、环保等多个部门，PPP 监管容易政出多门、管理职责混乱等问题，而且各部门从各自职责出发制定规章政策，难免存在一定的偏差，容易造成执行上的混乱和困惑。

为进一步在排水与污水处理行业规范和推广 PPP 模式，主要从四个方面着手。

一是完善排水与污水处理行业 PPP 监管制度。加快 PPP 的国家立法，研究制定统一的 PPP 法律，注意保持与现有法律法规的衔接和协调。同时完善排水与污水处理行业的配套政策，研究制定具体的排水与污水处理行业 PPP 实施细则，修订污水处理特许经营协议示范文本。

二是加强政府污水处理 PPP 监管能力建设。在国家层面成立 PPP 管理协调

机构，促进跨部门协作，在地方层面，特别是在省级和大中型城市层面，建立专门的 PPP 管理机构，形成上下联动，加快推进 PPP 落地和实施。同时强化 PPP 全生命周期的过程监管，要求政府从重"事前审批"到重"事中事后监管"、从重"建设"到重"运营"，对 PPP 项目识别、合同签订、中期评估、合作期满移交等每个环节进行监管。

三是创新污水处理 PPP 项目交易结构。对污水处理 PPP 项目进行证券化和标准化处理，使其能在股权和金融交易所交易，为污水处理 PPP 项目创造动态优化投资者结构和运营机制的条件。或者参照分级证券化基金模式，将污水处理 PPP 项目中各方权责与损益分配机制，内嵌到 PPP 产品设计中。

四是规范 PPP 合同，落实合同化管理。各地应根据项目的具体情况，参照合同指南，对相应内容加以细化和补充。没有签订合同或合同不完善的，要及时补签和完善 PPP 合同。对于暂不具备条件实行 PPP 的污水处理项目，可在核定实际产量及运营成本的基础上，采取目标管理的方式，与政府签订经营合同，按合同约定提供污水处理服务。

三、 城市燃气行业 PPP 挑战和展望

我国燃气行业通过特许经营制度实现了政府与社会资本的有效合作，促进燃气行业的快速发展。但是，随着技术经济条件的变化和燃气行业的发展，特许经营制度出现了一定的不适应性，如果处理不好可能会抑制燃气行业的进一步发展。

（一）燃气行业政府与社会资本合作面临的问题

1. 以供气形式确立特许范围

根据特许经营的相关管理规定，具有特许经营权的企业在一定地域范围内独家建设和运营管道燃气，这一特征表明管道燃气经营具有明显的排他性，在特许经营范围内只有唯一的供应商，具有垄断性质。具体来讲，工业供气、汽车加气、分布式能源等燃气项目即使具有明显的私人物品特征，但只要以管道形式输送燃气，就得受特许经营权的制约，由拥有燃气特许经营权的企业独家经营。以槽车输送气源的 LNG 加气站和 L—CNG 加气站，在企业厂区内建设的 LNG 气化站和分布式能源等，没有通过市政管网输送天然气，不受特许经营权的制约。这将大大限制燃气的市场需求和应用。

2. 燃气特许经营制度执行偏差

管道燃气特许经营权排斥外来竞争者，增加竞争者的进入成本，成为一些垄

断燃气经营商维护既得市场利益的"保护伞"。或是夸大特许业务范围，将燃气汽车加气业务纳入特许经营范围。或是随意扩大特许地域范围，管道燃气特许经营权通常以城市中心城区、县城区或工业区等为单位划定特许经营地域范围。一些燃气经营商利用信息优势，通过各种方式夸大管道燃气特许经营的地域范围，由城市中心城区扩大到下属各县城，或者从县城扩大到各工业园区，其目的就是将更多的区域纳入其特许经营范围之内。还有企业通过限制审批、政府游说等方式阻挠其他燃气经营主体进入市场。例如政府以扶持新兴产业的名义将其行政管辖区域内汽车加气站经营权赋予已取得特许经营权的燃气经营商，利用行政审批等手段阻挠竞争企业项目的报批报建。

制度执行偏差导致特许经营权的弊端也凸显出来：一方面，燃气经营商千方百计获得燃气特许经营权，并有意夸大特许覆盖范围；另一方面，一些地方政府将特许经营权作为招商引资的筹码，背离了特许经营制度设计的初衷，也与居民管道燃气公用经营的原则相违背。管道燃气特许经营制度，在政府的"有意之举"与企业的"逐利行为"共同作用下，进一步破坏了燃气经营市场的健康发展。

（二）燃气行业政府与社会资本合作的发展方向

相对于原有公有制企业垄断经营的做法，燃气特许经营制有利于突破体制障碍、引入社会资源。但随着市场的扩大，这种产权制度安排弊端也日渐凸显，甚至有福建省政协委员质疑燃气特许经营的合理合法性。在国家大力推进油气基础设施建设和油气管网设施公平开放的大背景下，燃气特许经营制度亟须改革。

1. 明确政府与社会资本合作改革的方向

在城市燃气行业，随着技术经济的发展，原有的特许经营模式将面临改革，改革的方向为：一方面停止特许经营权覆盖范围的扩大，未授出特许经营权的地区，应该停止授出，已授出特许经营权的地区应明确特许经营的地域和业务范围，防止继续扩大；另一方面明确特许经营改革的时间表，明确各利益方的预期，减小对特许经营制度改革的阻力。

2. 压缩特许经营范围

特许经营权是排斥管道燃气竞争者的制度壁垒，也是增加竞争者供气成本的制度枷锁，其实质上造成了特许经营范围内燃气供应的垄断。燃气管道具有自然垄断属性，允许独家经营，但要由政府统一规划、监管和定价。居民燃气具有准公共物品属性，应该由政府定价并保证供气量，而非居民燃气用户，包括工业用气和汽车加气等，是典型的私人物品，应放开市场准入，允许多主体供给。因此应根据物品的属性而非供气方式进行分类管理。

燃气经营商可继续保留特许经营权，独家建设城镇燃气管网，并排他性地拥有对居民和公用性质用户供气的权利。但要放开工业供气、汽车加气等燃气经营板块的市场准入。大型终端用户可以直接从气源方供气，由城镇管网提供代输服务并收取管输费，管输费要考虑到对特许经营权投资的补偿。

3. 基础设施的非歧视性第三方准入

业务终端的竞争必须要有气源的多样化和多源输送渠道为前提和基础。实行省级管网和 LNG 接收站的非歧视性第三方准入政策，在渠道上支持多气源供气的竞争。同时在城镇统一规划的基础上，允许大型用户建设管网直接与省级管网相连，由气源方直接向大型终端用户供气。

四、 垃圾处理行业 PPP 挑战和展望

在垃圾处理行业中引入社会资本，是解决政府资金短缺、科学管理和专业化需要的一剂良方，然而目前垃圾处理行业 PPP 项目还存在诸多问题与挑战。立足现状，就目前国内垃圾处理行业的普遍情况来看，被资本市场完全认可并且操作模式也相对成熟的市场化项目非垃圾焚烧领域的 BOT 项目莫属。然而，虽然这一领域项目的商务模式较为成熟，但政府信用和监管等方面还存在需要完善的空间。同时，模仿其模式建设的餐厨垃圾处置厂的 BOT 项目，目前都或多或少碰到运营困难的问题，成功运营的并不是太多；而在前端收运部分，清扫的委托运营比较成熟也较易推广，可以料见将获得更大的普及；最有意义但也是最困难的 PPP 改革则是垃圾收运、垃圾分类和有机垃圾收集这三个方面，它们需要更复杂的结构，更合理的商业模式设计，还有更成熟的产业主体的参与[①]。

具体来看，目前我国垃圾处理行业的 PPP 模式面临的问题包括：（1）目前我国在垃圾处理行业的 PPP 模式运作缺乏国家法律法规层面的支持，相关法律体制还不完善。（2）由于我国长期以来的官本位思想影响，政府部门的合约意识较弱。政府部门在垃圾处理领域一直处于强势地位，社会资本处于弱势地位，导致社会资本难以保障其自主经营的权益；（3）政府工作人员缺少垃圾处理领域的相关专业知识与技能容易发生决策失误，并催生腐败；（4）PPP 模式项目作为一种新型的公共基础设施建设模式，我国缺乏足够的专业机构和专业人才来有效推动 PPP 项目的运作；（5）近年频繁出现超脱常理的低价中标垃圾处理项目，这给相关项目的建设、运营带来了较大的隐患与风险；（6）目前 PPP 机制还处于争议阶段：发改委强调项目管理，要通过招标活动来进行项目控制，即使用强

---

① 薛涛. 我国垃圾处理领域 PPP 发展及其改革方向探讨［J］. 环境保护，2014.

制竞争性要约（constrained competitive trade，CCT）。财政部则强调资金管理，要保证项目物有所值。

展望未来垃圾处理行业的 PPP 市场，将呈现如下特征：（1）财政补贴体系会逐步符合垃圾处理项目的特性，补贴制度与垃圾处理的收费模式、PPP 模式的付费方式和垃圾处理的环节相结合进行设置。（2）垃圾处理市场的竞争更为充分、公平，恶性低价中标现象被遏制。（3）垃圾处理项目 PPP 专门的法律体系被完善，能够体现垃圾处理行业相异于其他公用事业的特性。（4）政府对垃圾处理 PPP 项目进行全生命周期监管，通过中期绩效评估机制、PPP 监督管理机构建设和引入政府采购信用担保等方式来加强项目监管。（5）垃圾处理行业产权改革加速，将呈现多投资主体的融资体系。（6）设置信息披露制度，构建信息反馈机制，保证信息传递渠道畅通，以实现全民监督 PPP 项目。（7）政府部门的合同管理能力提升，法律观念和契约意识增强，民营资本对与政府合作的项目更有信任感。

五、 城市供热行业 PPP 挑战和展望

在国家和相关部门大力推进 PPP 模式的大背景下，PPP 模式在供热行业得到了推广，一些北方集中供热省份也相继推出了一些 PPP 项目。但由于推行时间短，缺乏相关经验，在实施过程中仍面临诸多挑战。首先，与供热 PPP 模式相配套的热价体制改革滞后。长期以来，供热行业承担了部分保障性社会职能，政府为了保障城市各阶层居民的热力供应，热价受到政府的严格管制。在 PPP 模式下，政府和企业需按合同约定，根据当期煤、水、电以及集中供热系统维护等成本核定供热价格，但在实际实施过程中，供热价格往往没有根据供热成本进行调整。其次，社会资本参与率低。社会资本的逐利性与供热部门所承担的社会保障职能相互冲突导致民营资本参与到供热行业的主观积极性不高的。客观上，供热行业 PPP 项目普遍具有前期投资大、收益回收周期长的特点，政府部门过度的强调了社会资本的再融资能力以及管理运营能力，往往造成较高的进入门槛，反而导致社会资本很难进入供热市场。再次，政府和企业之间风险分担不合理。一方面政府的机会主义行为往往导致企业承担相对较多的风险，如未能明确写进合同的风险，在事后政府往往推给企业；另一方面企业在享受市场特许经营权的同时却把由市场带来的运营风险推给政府，如因未预期到的市场变动而导致企业无法正常盈利时，供热企业事后往往根据所谓的合理补偿机制要求政府加以补偿。最后，政府监管体制相对滞后，监督意识薄弱。对供热 PPP 项目的质量和效率的监督不到位，导致部分企业利用监督漏洞，骗取政府补贴；多部门重复

审批导致项目实施前的行政效率极低；不具备参与项目资格的民营资本利用监管漏洞寻租相关政府部门，排挤了更高效率的社会资本。

为了保障未来 PPP 模式在供热行业中能够全面推进并且顺利实施，针对 PPP 项目实施初级阶段所暴露出来的问题和不足，提出以下相关政策建议：首先，深化热价机制改革，逐步停止福利供热，充分实施煤热价格联动，实行用热商品化、货币化和市场化。其次，加强社会资本的政策支持。鼓励和引导银行等金融机构出台有利于供热项目中社会资本一方的质押政策、贷款政策，并加大对供热项目的信贷产品创新。政府可通过投资补贴、基金注资、担保补贴等方式，以增强供热项目对社会资本的吸引力度。再次，采取合理的风险分担方式。政府和企业在供热行业合作过程中，应明确各自的权利和义务，遵循有控制力的参与人承担较大风险，以及风险与收益相对称等原则。最后，完善供热行业相关法律法规。政府应针对供热 PPP 项目的招标、税收优惠、风险分担、行政程序等问题进行做出明确的法律规定。

六、 城市电力行业 PPP 挑战和展望

中国电力行业 PPP 挑战体现在三个方面：

一是相关法律法规缺失和不足。电力行业 PPP 项目采用多方合作方式，就需要合同的全程全方位管理。合同的效力取决于所在的法律环境。目前我国虽然有相对成熟的合同法体系，但是专门针对电力行业 PPP 项目的法律还是欠缺。电力行业 PPP 项目的合作一方为政府，而政府出于经济活动中的管理者角色，而企业出于被管理者角色。双方角色的差异就要求有专门的适合电力行业 PPP 项目的法律体系来保障电力行业 PPP 项目的实施。各政府部门陆续有相关的条款出台来规范 PPP 项目双方行为，但是相关的法律条款缺失、不足在当前是突出问题；

二是政府部门和私营企业参与电力行业 PPP 项目时，对 PPP 项目的利益诉求存在很大分歧。政府部门渴望利用私营企业的技术优势和资金优势以及经济管理优势实现电力行业建设的需求，反观私营企业则希望通过获得在投资地的竞争优势或者完全垄断来获取尽可能多的利润。由于双方利益诉求的差异以及自身资源的优劣势，双方在收益的分配和风险的分担等方面要求不同，导致风险分担不合理，进而造成目前国内能够正常运行电力行业 PPP 项目少之又少。电力行业 PPP 项目投资周期长，资金量大，多个不同利益主体的特点使得电力行业 PPP 项目存在的风险特别突出，而合作一方为处于主导地位的政府，也使得电力行业 PPP 项目的风险分担机制成为电力行业 PPP 项目成功的薄弱环节。

三是电力行业 PPP 模式是私人部门与公共部门的合作，合作方的信用即政府信用成为关系电力行业 PPP 项目成败的重要因素。普通的市场主体之间可以通过合约对双方行为进行约束，违反合约可以诉诸法律。然而政府部门不是一般的市场主体，有些用来调节一般市场主体的法律条款并不适用于政府，并且政府有权出台一些行政法规来规范市场经济，无论政府怎么做，似乎都合理合法，且政府换届出现的政策、目标、方向的变更都是常事。然而对私人部门来说，双方的合作关系要求政府能够言行一致，朝令夕改的代价很大。

这些因素是导致目前中国电力行业 PPP 项目较少且推进缓慢的主要因素。鉴于 PPP 模式在国外已经得到广泛的应用，而我国电力建设又面临巨大融资压力，采用 PPP 模式融资进行电力项目建设具有很多优势，并且对推动电力基础建设，优化我国电力企业运营效率，缓解政府公共项目建设资金紧缺、提高公共项目运营效益等方面起着不可忽视的作用，已经成为我国公共项目融资的重要发展方向。

对于电力行业 PPP 项目而言，政府要充分发挥监管职能，构建起完善的 PPP 模式运行机制，加强融资风险防范，提高项目运营资金使用效益，避免国有资产流失，从而实现公共项目建设的经济效益、社会效益和环境效益目标，使项目产品满足社会公众的需求。

第三章 供水行业发展报告

伴随着城镇化进程的加快，我国不断加快对城市供水行业的投资数额，城市供水行业基础设施建设规模和水平在不断提高。但长期以来依赖政府财政投资的投融资模式并未得到根本改变，同时，国有企业依然是城市供水行业的主体，外资企业和港澳台企业在国内城市供水市场的份额并未出现明显变化，总体上呈现出稳定趋势。2014年以来城市公用行业掀起了PPP浪潮，各地纷纷响应国家政策号召，推行以第三方运营为核心的PPP改革。PPP推进城市供水行业运行绩效提升的同时，也出现了一些"伪PPP"问题，其中招投标环节的一些违规行为值得重视，需要从法律法规、招投标监管以及评标指标体系重构等方面对城市供水PPP项目进行有效监管。

第一节　供水行业投资与建设

一、　城市供水行业投融资的现状分析

（一）城市供水行业各项投资呈现出逐步增长的趋势

随着城镇化进程的不断加快，城市供水行业固定资产投资在逐步增加，促进了城市供水行业的快速发展，但随着供水水质标准的提升和社会公众对供水质量要求的提升，供水水量、水质供需矛盾倒逼城市供水行业需要进行转型与发展，为此需要进一步加大投资力度。本报告主要通过我国城市供水行业年度固定资产投资和维护建设投资两个指标来具体反映和衡量城市供水行业投资的总体情况。

1. 城市供水行业固定资产投资情况

1978～2014 年间，我国城市公用事业固定资产投资额呈现出快速增长的态势，由 1978 年的 12 亿元增长至 2013 年的 16349.8 亿元，2014 年回落到 16245 亿元，1978～2014 年间城市公用事业固定资产投资增长超过了 1300 倍。其中，城市供水行业固定资产投资与城市公用事业投资增长趋势基本一致。1978 年我国城市供水行业固定资产投资额仅为 4.7 亿元，2013 年达到 524.7 亿元，增长超过 100 倍，2014 年由于城市公用事业固定资产投资总额略有回落，供水行业固定资产投资也降至 475.3 亿元，总体仍然呈现出显著的上升趋势（如图 3-1 所示）。"十二五"期间我国城市供水行业年均固定资产投资达到 460.5 亿元，比"十一五"阶段城市供水行业年均固定资产投资多 154.7 亿元，这说明"十二五"期间我国城市供水行业的投资力度在进一步增加。

与此同时，我国城市供水行业的固定资产投资表现出明显的区域性差异，2014 年，东部地区城市供水行业固定资产投资达到 277.03 亿元，中部地区为 118.90 亿元，西部地区仅为 79.34 亿元。实际上中国中西部地区长期处于缺水状态，但城市供水行业固定资产投资远低于东部地区，西部与东部地区差距虽然在逐步地缩小，但相对而言中西部地区的城市供水行业投资力度依然略显不足。

进一步地，本报告计算了 1978～2014 年我国城市供水行业固定资产投资占城市公用事业固定资产投资的比例，进而说明城市供水行业固定资产投资增速的相对水平。结果显示，尽管城市供水行业固定资产投资增长较为迅速，但相对于

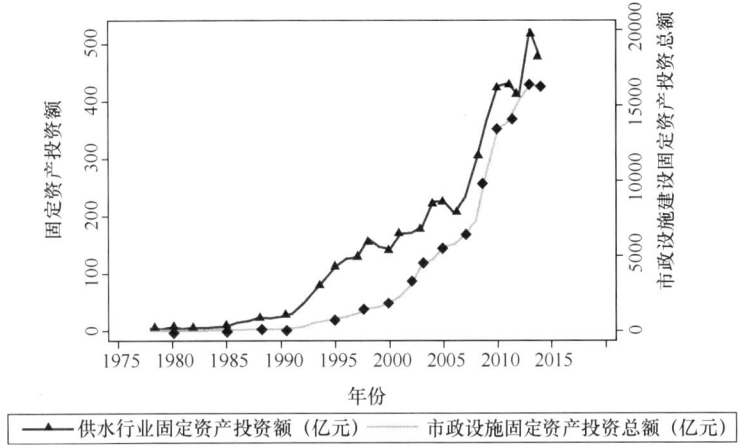

图 3-1 供水行业固定资产投资与市政设施建设固定资产投资总额比较

数据来源：《中国城市建设统计年鉴》(2014)，中国统计出版社，2015。

整个城市公用事业固定资产投资以及其他行业的固定资产投资增速而言，城市供水行业固定资产投资增长相对滞后。1978~2014 年，我国城市公用事业固定资产投资总额增长了千余倍，而城市供水行业固定资产投资仅仅增长 100 倍左右。由图 3-2 可知，总体上城市供水行业固定资产投资占城市公用事业投资总额的比例呈现出下降趋势。

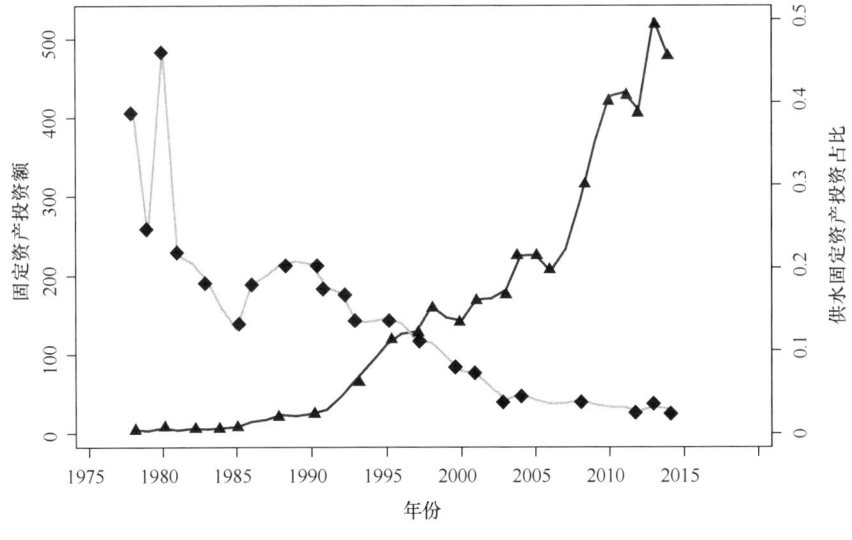

图 3-2 供水行业固定资产投资占市政设施建设投资额比例

数据来源：《中国城市建设统计年鉴》(2014)，中国统计出版社，2015。

2. 城市供水行业维护建设投资情况

与固定资产投资相比，我国城市供水行业维护建设投资的增长速度较为滞后。图3-3首先对比了1978～2014年间我国城市供水行业固定资产投资与维护建设投资支出情况，图3-4通过对比两项投资支出的年增长率，以进一步分析两

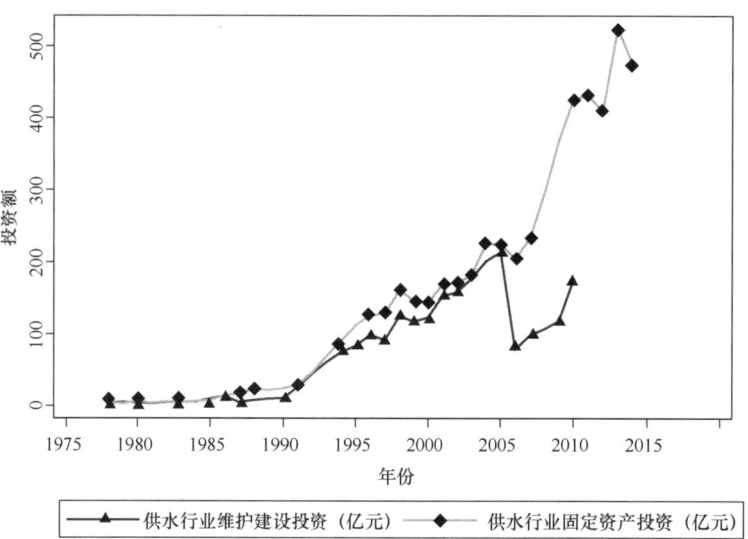

图 3-3　供水行业维护建设投资与固定资产投资比较

数据来源：《中国城市建设统计年鉴》（2014），中国统计出版社，2015。

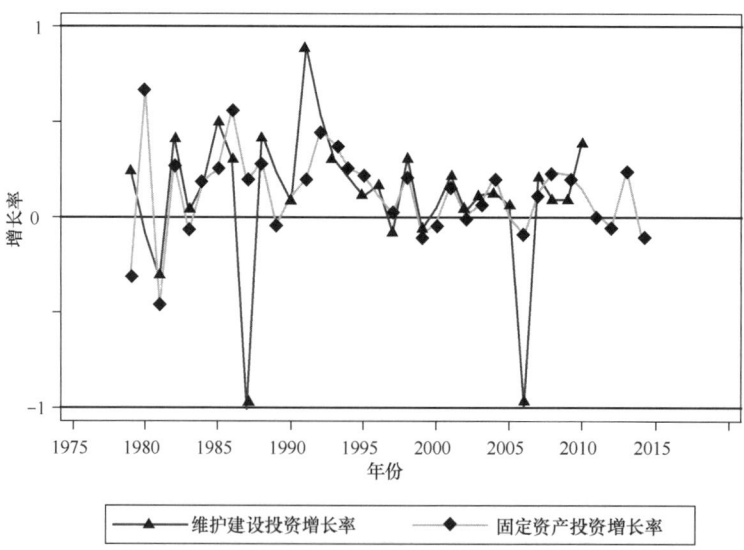

图 3-4　1978～2013 年城市供水维护建设投资与固定资产投资增长率

数据来源：《中国城市建设统计年鉴》（2014），中国统计出版社，2015。

类投资支出的增长情况。由于 2006 年以来维护建设支出的统计口径发生变化，仅包括财政性资金而不包括社会性融资，因此，图 3-3 中 2006 年供水行业维护建设支出出现大幅下降主要来自于统计口径的变化。为此，本报告以"十一五"的起始年度 2006 年作为时间节点，可以看出 2006 年以前和以后我国城市供水行业维护建设投资均大幅提升。进一步地，通过对比城市供水行业固定资产投资和维护建设投资可知，2006 年以后城市供水行业固定资产投资的增长速度相对稳定，仅在 2012 年和 2014 年出现局部回落，尽管"十二五"期间城市供水行业投资持续增长，但固定资产投资平均增长速度相比"十一五"阶段有所回落；而维护建设投资的增长则呈现出波动上升趋势。

（二）融资渠道和融资方式相对单一

近 10 年来，我国城市供水行业投资已由过去完全依靠政府投资转变为外国资本、国有资本和民营资本等多元投资主体共同构成城市供水行业的投融资主体。就我国目前城市供水行业的资本构成来看，国际大型水务集团与国内大型国有水务集团在整个行业中占据重要地位，民营资本的投资目标主要集中在地方性的中小型城镇项目。

我国城市供水行业长期以来形成的融资渠道相对单一的局面并未根本改变。银行贷款依然是我国城市供水行业的主要融资渠道，一方面水价收入是城市供水企业收入的主要来源，而水价与成本倒挂长期存在，依靠水价收入仅仅能够勉强支撑运营和维护，水厂工艺的升级、管网改造、应急能力建设等技术研发与发展性投入主要依靠贷款；另一方面市政、消防用水支出和贫困家庭用水补助等本应由政府承担的支出变相转嫁给城市供水企业，这进一步增加了城市供水企业负担。在供水企业大量资金的需求下，相对成熟、稳定的社会融资渠道尚未形成，在一定程度上制约着城市供水行业的发展。

（三）在一定程度上供水行业投资滞后于城镇化发展

城市供水行业发展本质上是为满足城镇化进程的需求。不断加快的城镇化进程势必增加城镇对资源能源、生态环境的需求，也带来了城市的承载压力。其中，城市供水行业发展是与城镇化进程相匹配的一项重要内容。

在考虑经济增长速度与通货膨胀的前提下，供水行业固定资产投资占当年GDP 的比例能够反映该项投资的相对增长速度。由图 3-5 可以看出，城市供水行业固定资产投资额占 GDP 的比重在 1978～2014 年间呈现出波动的"W 型"变化趋势，先后在 1992 年和 1998 年两次达到峰值，近年来呈现出不断下降的趋势，这种趋势表明当前我国城市供水行业发展与城镇化进程之间存在一定的背离趋向。

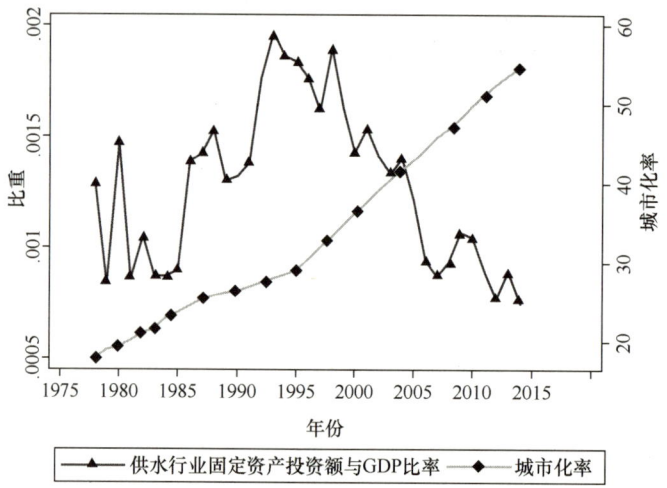

图 3-5 供水行业固定资产投资额占 GDP 比例与城市化率比较

数据来源：《中国城市建设统计年鉴》（2014），中国统计出版社，2015；
《中国人口和就业统计年鉴》（2014），中国统计出版社，
2015；《中国统计年鉴》（2014）中国统计出版社，2014。

本报告还将城市供水行业维护建设投资占当年国内生产总值的比重与城镇化率进行比较。由图 3-6 可知，总体上 1978～2014 年城市供水行业维护建设支出

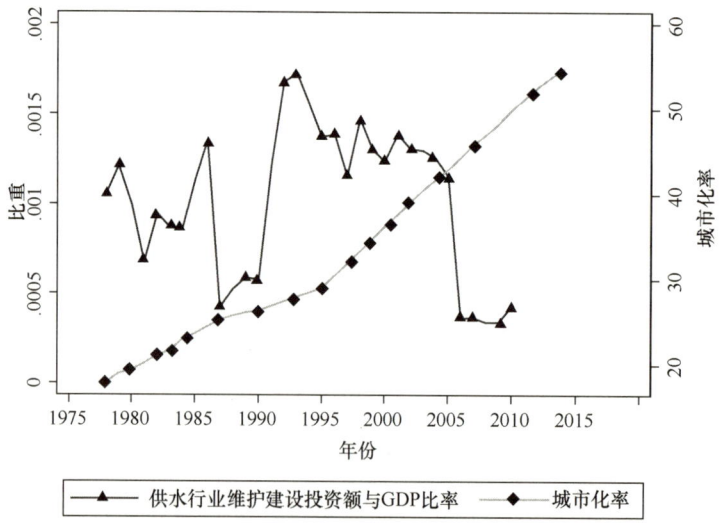

图 3-6 供水行业维护建设投资占 GDP 比例与城市化率比较

数据来源：《中国城市建设统计年鉴》（2014），中国统计出版社，2015；《中国人口和就业统计年鉴》（2014），中国统计出版社，2015；《中国统计年鉴》（2014），中国统计出版社，2014。

投资额占国内生产总值比重呈现出波动变化特征，该指标在 1987 年处于低谷，在 1993 年达到峰值，2004 年以后呈现出明显的下降趋势。相比快速增长的城市人口比重，图 3-6 同样反映出我国城市供水行业投资增长与城镇化进程之间存在一定的内在矛盾。

二、 城市供水行业投融资的主要问题

当前中国城市供水行业的投融资渠道较为单一，投资总量增长较难满足经济社会发展和城镇化进程的基本需求。财政融资、商业贷款融资、企业债券融资、项目融资是目前城市供水行业融资的主要方式。本报告将主要从财政融资和项目融资两个方面对城市供水行业投融资存在的主要问题进行分析。

（一）财政融资存在的主要问题

财政融资是政府融资的常见形式，主要包括：预算内财政投资（分为国家预算内投资和财政拨款）、特种税费融资（城市建设维护税、公用事业附加费、市政公用设施配套费、土地批租收益以及城市供水行业特定的增容费、水资源费）和中央政府专项资金。

目前我国城市供水行业财政融资存在的主要问题有：首先，城市供水行业财政融资面临着审批效率的制约。以国债为例，地方城市供水项目从立项到获得资金支持，需要经过层层审批，周期过长、责任主体缺位等问题普遍存在。而地方政府的国债专项配套资金的到位率较低、项目前期准备不足、管理不规范等问题依然存在，根源在于中国缺乏央地两级财政有效协调机制。其次，财政融资资金的使用效率较低。由于政府投融资并非按照金融资产管理方式，而是按照财政拨款的方式运行，并非直接面对市场风险，这在客观上导致了资源浪费和低水平的重复建设。在城市供水项目财政融资领域，同样存在着资金浪费与使用效率低下问题，一些城市供水项目存在超额投资、建设质量低下的情况，经常需要返修与重建，造成巨大的资金浪费。同时，普遍存在重复建设现象，这导致了供水设施在总体上同时存在供给不足、设施闲置以及利用不充分等情况。需要说明的是，财政投资采取非市场的方式来配置资源，大多考虑项目建设而忽视了适应市场经济需要的投融资体制目标，由此常常造成政府责任缺失。

（二）项目融资存在的主要问题

为缓解城市供水行业整体投资不足带来的压力，我国政府开始通过 PPP 方式吸引社会资本进入城市供水行业。但总体来看，目前我国城市供水行业依靠项

目融资吸引社会资本进入仍略显不足，主要存在以下几方面问题：

1. 担保条件严格制约了融资效率

银行贷款是项目融资的主要来源，为了有效控制风险，银行往往要求企业提供担保。在中国企业信用评价体系不健全的前提下，银行注重第三方担保和资产抵押担保（主要是土地和固定资产等实物类担保），从而形成较为复杂的程序和较为严格的担保条件，这在一定程度上制约了城市供水企业的融资规模和融资效率。

2. 项目公司作为借款主体增加了融资难度

在全国范围内通过项目融资形式投资于城市供水行业的项目还不成熟，目前国内商业银行对具有稳定收益的城市供水项目还缺乏正确认识，在融资过程中往往偏好于将投资人作为借款人或投资人提供连带担保责任的项目，从而扩大了项目贷款的追索范围。而银行对于项目融资的有限追索持审慎态度，借此来规避贷款风险。这一做法进一步增加了城市供水项目的融资难度。这通过 PPP 方式进行项目融资的共性问题，同时由于城市供水行业的特性，在城市供水行业项目融资过程中也面临着一些特殊性问题。

3. 缺乏长期投资的激励机制

在实际来看，城市供水项目的特许经营期往往介于 20～30 年之间，一般低于城市供水设施的使用年限，而且经营者在特许经营期满后需要将城市供水设施移交政府，这在客观上造成了对项目投资人缺乏长期投资激励。在特许经营期内经营者仅限于正常运营，缺乏更新改造城市供水设施的动力。因此，城市供水项目的经营者在特许经营期内投资不足的直接后果是：政府在特许经营期满收回城市供水项目后，需要进行大规模的更新改造，从而增加了政府负担。

三、 城市供水行业建设的现状分析

城市供水行业投资主要用于水厂和供水管网的设施建设，以提升城市供水行业的综合生产能力及管网运力，城市供水行业的投资规模决定了供水行业的建设能力。近年来，我国城市供水行业投资额不断增加，这促进了城市供水行业建设的快速发展。但不同省际、东中西三大区域的城市供水管网设施建设的差异较为明显，供水综合生产能力和供水管道设施的增速仍较为缓慢。

（一）供水行业综合生产能力

1. 城市供水行业综合生产能力的总体情况

本报告将我国城市供水行业综合生产能力分为两个阶段，第一阶段为 1978～

1985 年，这一阶段的城市供水行业综合生产能力增长缓慢；第二阶段为 1986～2014 年，该阶段的城市供水行业综合生产能力获得了快速提升。其中，1986 年城市供水行业综合生产能力增长最快，增长率达到 95%，截至 2014 年我国城市供水行业综合生产能力达到了 28673.3 万立方米/日，比 1978 年的 2530.4 万立方米/日增加了 10 多倍，详见图 3-7。2011～2014 年我国年均城市供水行业综合生产能力为 27723.18 万立方米/日，比"十一五"增长 3.5%，但增速略有回落。

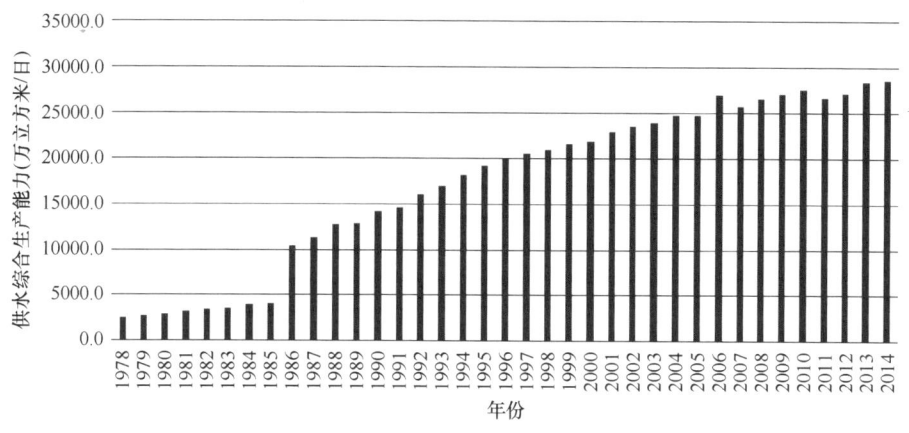

图 3-7 1978～2014 年中国城市供水行业供水综合生产能力变化情况

（单位：万立方米/日）

数据来源：《中国城市建设统计年鉴》(2014)，中国统计出版社，2015。

2. 城市供水行业综合生产能力的省际差异

2014 年城市供水行业综合生产能力总和达到 28673.3 万立方米/日，省际平均值为 924.95 万立方米/日。由图 3-8 可知，广东、江苏、北京、山东、浙江的城市供水行业综合生产能力较强，排在全国前 5 位；广东最高，达到 3555.4 万立方米/日，江苏次之，为 2961.61 万立方米/日，共有 12 个省份的供水综合生产能力超过 1000 万立方米/日。相比较而言，贵州、海南、宁夏、青海、西藏的城市供水行业综合生产能力较低，排在全国后 5 位，其中，西藏最低，仅为 64 万立方米/日（但西藏较 2013 年增长近 1 倍）。由此可见，我国城市供水行业综合生产能力呈现出较为显著的区域差异性，其中，东部地区城市供水行业综合生产能力较强，而中西部地区的城市供水行业综合生产能力相对较弱。未来一段时间内应结合省际人口、经济发展水平、供水设施需求，保障东部地区城市供水行业综合生产能力，加大对中西部地区城市供水设施的投入，缩小中西部地区与东部地区城市供水行业综合生产能力的差距。

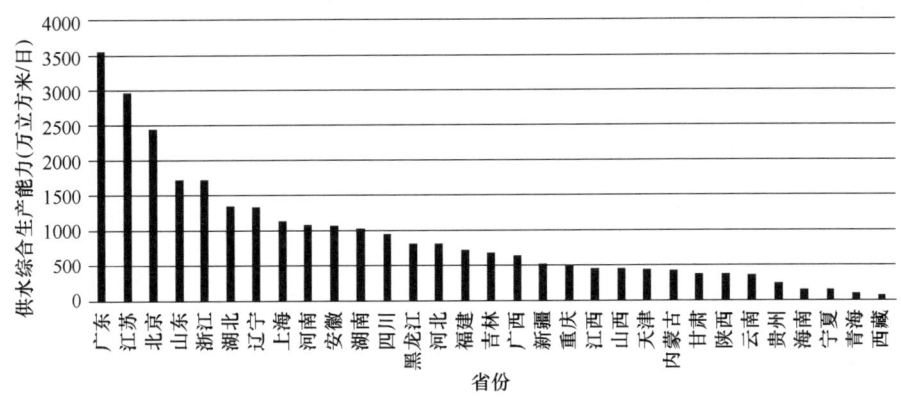

图 3-8　2014 年中国省际城市供水行业供水综合生产能力变化情况

（单位：万立方米/日）

数据来源：《中国城市建设统计年鉴》（2014），中国统计出版社，2015。

3. 城市供水行业综合生产能力的施工规模与新增生产能力

城市供水行业综合生产能力的当年施工建设增量可以反映当年我国城市供水行业的基本建设情况。本报告采用城市供水综合生产能力的当年施工规模、当年新开工规模、累计新增生产能力和当年新增生产能力四个指标进行衡量。图 3-9 为 2001～2014 年我国城市供水行业综合生产能力建设年度施工规模和当年新开工情况。其中，2003 年施工规模为 1969.68 万立方米/日，2009 年和 2010 年施

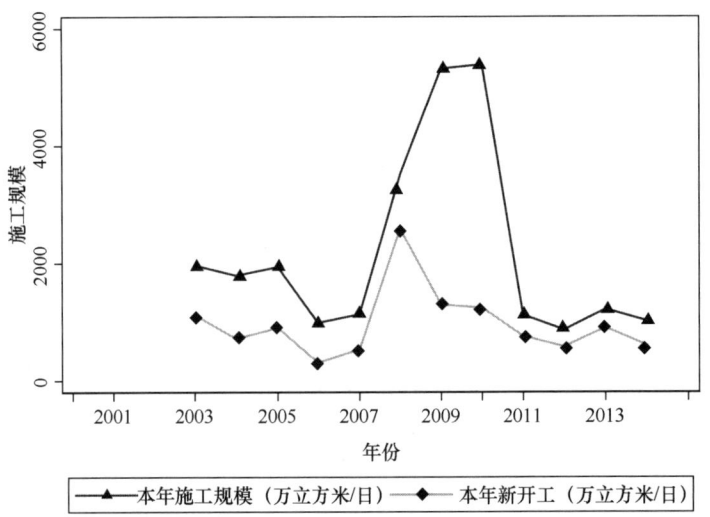

图 3-9　城市供水综合生产能力施工规模与本年度新开工

数据来源：《中国城市建设统计年鉴》（2001～2014），中国统计出版社。

工规模分别为 5323.61 万立方米/日和 5390 万立方米/日，为近年来供水综合生产能力建设的高峰期，2010 年后回落到 1000 万立方米/日左右。城市供水行业综合生产能力建设新开工规模在 2008 年达到高峰，为 2588.9 万立方米/日。2010～2014 年以来稳定在 1000 万立方米/日左右。

图 3-10 为 2003～2014 年我国城市供水综合生产能力建设累计新增生产能力和新增生产能力（或效益）情况。其中，2010 年我国城市供水行业新增生产能力达到峰值，累计新增生产能力与新增生产能力（效益）分别达到 4345 万立方米/日和 4230 万立方米/日，此后逐步趋于稳定。2014 年我国城市供水行业累计新增生产能力为 633 万立方米/日，新增生产能力 530 万立方米/日。综上所述，2010 年前后是我国城市供水行业综合生产能力建设的高峰阶段。与"十一五"时期相比，"十二五"期间我国年均城市供水行业综合生产能力的建设施工规模、新开工、累计新增生产能力以及新增生产能力分别下降了 57.89%、38.98%、56.75% 和 65.27%。

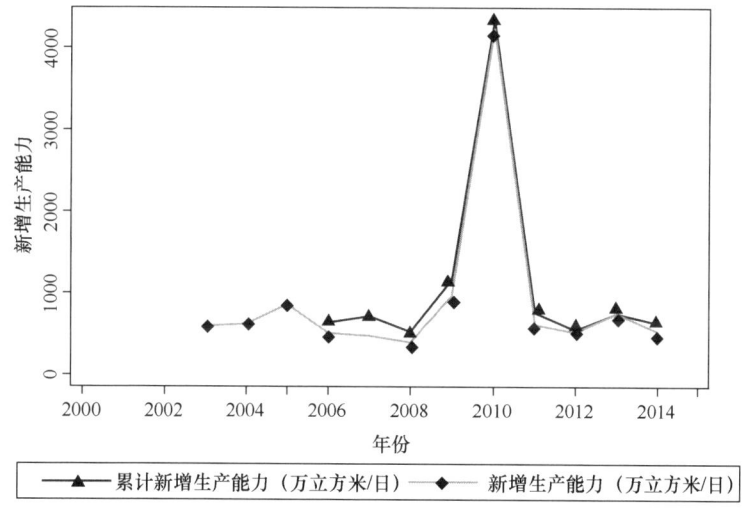

图 3-10　城市供水综合生产能力累计新增生产能力与新增生产能力
数据来源：《中国城市建设统计年鉴》（2001～2014），中国统计出版社。

4. 城市水厂建设情况

截至 2014 年中国城市供水水厂个数达到 2807 座，相比 2013 年增加了 55 座，平均每个省际 90.5 座，相比 2013 年平均每个省增加水厂 1.5 座（如图 3-11 所示）。其中，广东水厂个数最多，为 326 座，相比 2013 年减少了 6 座水厂；其次为山东 264 家，四川、辽宁的水厂个数排在第三、第四位。江苏省 2014 年拥有供水水厂数量超过浙江省，排在了第五位。相比较而言，天津、海南、宁夏、青海、西藏的城市水厂个数较少，5 省市的城市水厂总计 85 座，仅占排名第一的广东的 1/4。省与省之间由于人口、城市规模、经济发达程度等先天禀赋，导致省与省之间城市供水企业数量差距较大。但总体来看，目前我国城市供水格局较为分散，相对集中的、大型供水集团的模式只存在于北京、深圳、杭州等个别地区，由于制度限制同地区、跨地区的供水企业之间兼并重组还十分少见。此外，根据《城市供水统计年鉴》中在建水厂数据可知，2014 年全国共有在建水厂 134 座，生产能力 1309.5 万立方米/日，其中，河北、山东、河南、广东、四川五省 2014 年的在建水厂个数超过了 10 座。

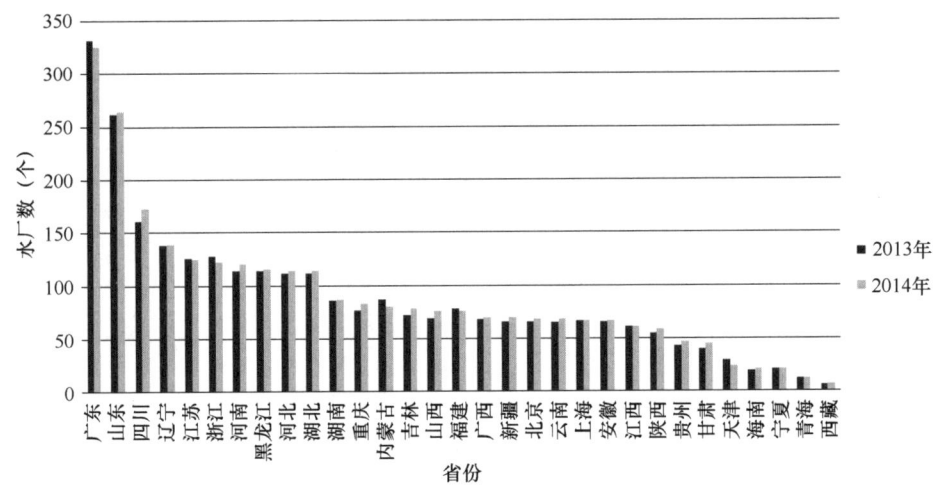

图 3-11　2013～2014 年各省份城市供水水厂个数（单位：个）

数据来源：《中国城市建设统计年鉴》（2014），中国统计出版社，2015。

（二）城市供水管网设施

图 3-12 反映了中国城市供水行业管网设施建设的基本情况。1978～2014 年，我国城市供水管道总里程由 3.60 万公里增加至 67.67 万公里，增长近 18 倍，城市供水管网设施建设规模的提高推动了我国城市供水行业的快速发展。2014 年中国大部分省份的城市供水管道里程长而密集，而且东中西三大区域呈现出一定的差异。其中，城市供水管道长度超过 3 万公里的省份主要有广东、江苏、浙江、山东、辽宁和上海，多数西部省份的供水管道里程低于 1 万公里，如贵州、云南、陕西、山西、甘肃、宁夏、新疆、青海和西藏等省、自治区（详见图 3-13）。

进一步地，本报告从当年施工的供水管道建设增量来反映当年我国城市供水

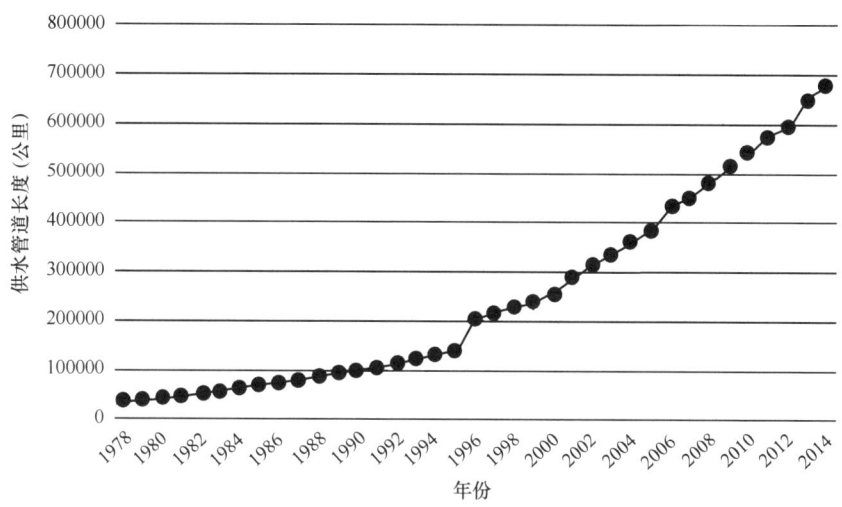

图 3-12　供水管道总长度（单位：公里）

数据来源：《中国城市建设统计年鉴》（2014），中国统计出版社，2015。

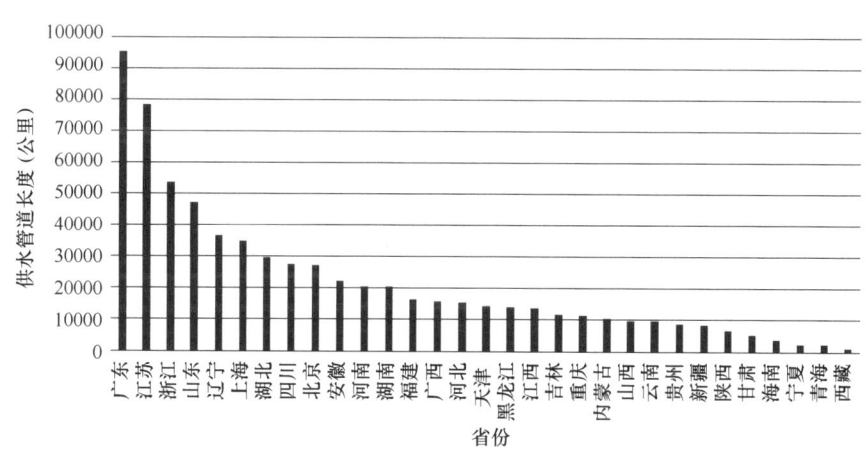

图 3-13　2014 年省际城市供水管道长度（单位：公里）

数据来源：《中国城市建设统计年鉴》（2014），中国统计出版社，2015。

管网建设的基本情况。图 3-14 为 2001～2014 年我国市政公用设施建设中供水管道建设年度施工规模和当年新开工情况。从供水管道建设方面来看，年度施工规模的波动较为明显。其中，2004 年的施工规模为 24141.25 万立方米/日，2010年和 2014 年的施工规模分别为 22597 万立方米/日和 23710 万立方米/日，为近年峰值，2006 年、2007 年施工规模处于低谷，分别为 12091.14 和 15405.61 万立方米。图 3-15 为 2001～2014 年我国市政公用设施建设中供水管道建设累计新

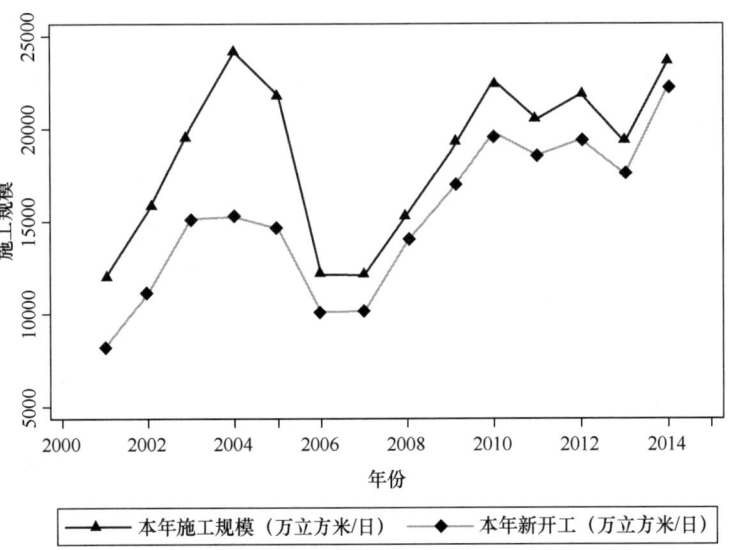

图 3-14 市政公用设施建设供水管道施工规模与本年度新开工

说明：数据来源《中国城市建设统计年鉴》（2001～2014），中国统计出版社。

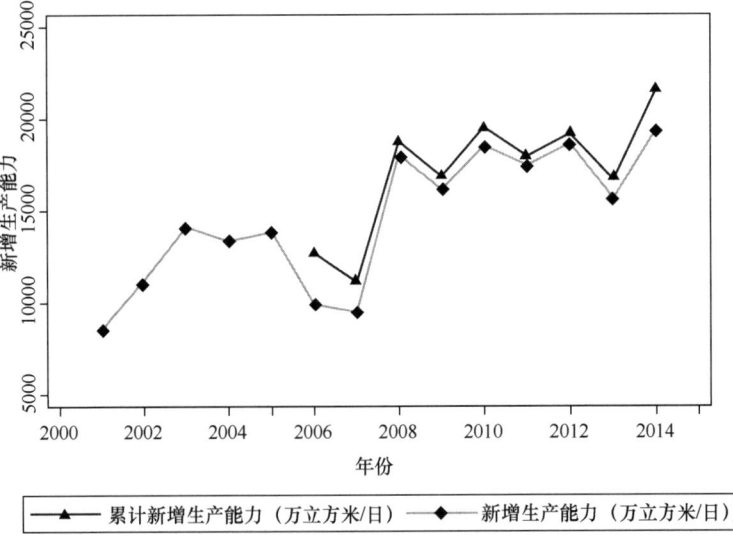

图 3-15 市政公用设施建设供水管道累计新增生产能力与新增生产能力

说明：数据来源《中国城市建设统计年鉴》（2001～2014），中国统计出版社。

增生产能力和新增生产能力情况。2007 年以后我国城市供水管道建设新增生产能力在波动中逐步提升，2014 年供水管道建设累计新增生产能力达到了 21573 万立方米/日。

四、 城市供水行业建设的主要问题

改革开放以来我国逐步加大对城市供水行业的投入力度，城市供水行业的基础设施建设与供水企业数量大幅提升，但城市供水行业建设过程中依然存在一系列的问题，其中，城市供水管网设施老化、中小城市的供水设施水平整体偏低等问题是其中存在的主要问题。

（一）供水设施落后与供水管网老化

目前我国城市供水基础设施建设相对落后，在一定程度上造成了从水厂到龙头水之间的水质污染。由于供水工艺设备与管理水平落后，导致城市供水管网漏损率较高、水资源的利用效率普遍偏低。2014 年全国城市供水管网漏损率为15.35%，相比 2013 年上升了近两个百分点[①]。我国不同地区管网漏损率存在一定的差异，一般而言新近发展起来的城市和区域的漏损率较低，而一些老城区由于管网老化、更新缓慢，管网漏损和偷水现象较为严重，给供水企业造成一定的经济损失，如福州市 2014 年供水管网漏损率达到 36.36%。此外，大多数城市的公用事业用水难以计量，仅武汉市估计每年因此损失的水约为 6000 吨[②]。由于供水设施建设相对落后、供水管网老化严重等原因，带来水资源利用率较低、水资源浪费和二次污染等问题。由于城市供水行业的投资增量不足，现有投资难以维持新建管网和水厂设施的建设需求，用于老旧管网设施的更新改造资金更是严重短缺。

（二）供水设施水平区域间不平衡

根据《中国城市建设统计年鉴》数据显示，我国每年新增城市供水管道设施主要集中在东部地区，而缺水较为严重的西部地区增长速度较为缓慢。相对于大城市而言，小城市、县城以及西部地区不但供水设施存量相对落后，而且供水设施建设投入增量也较为不足。图 3-16 反映了 2014 年中国省际城市供水行业供水管道长度与固定资产投资的基本情况。由该图可知，2014 年广东、江苏、浙江、山东、辽宁、上海的供水管道长度排在前 6 位，而北京市城市供水行业固定资产投资排在第一位，江苏排在第二位。相比而言，西部地区的城市供水管道长度较短，同时除新疆以外的其他省际的固定资产投资相对较少。综合来看，城市供水

① 城市供水管网漏损率根据 2013 中国城市建设统计年鉴中漏损水量与供水总量的比例计算得到。
② 陆涛等.中国供水管网漏损现状及控制措施研究 ［J］.复旦学报（自然科学版），2013，（6）.

管道基础设施建设基本上呈现出东中西由高到低的区位变化，但固定资产投资并未呈现出显著的东中西由高到低的变化特征。但总体而言，西部地区供水管道长度存量不足，固定资产投资增量也相对较低，这进一步拉大了东西部之间的差距。

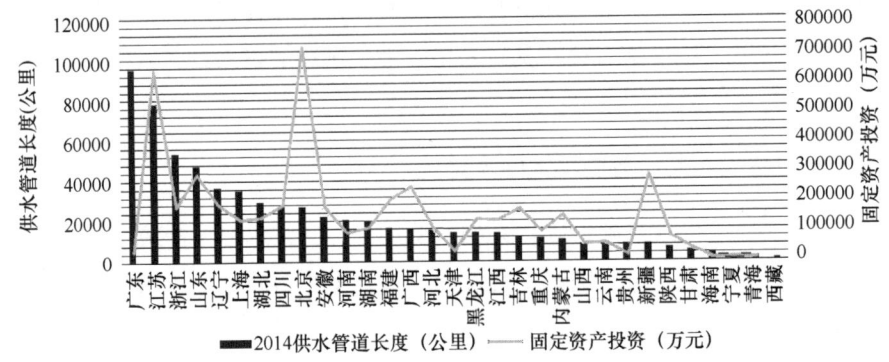

图 3-16　2014 年中国各省城市供水行业供水管道长度与固定资产投资情况

（单位：公里、万元）

数据来源：《中国城市建设统计年鉴》（2014），中国统计出版社，2015.

第二节　供水行业生产与供应

随着经济的快速发展和城镇化进程的加快，我国城市供水行业的供水量、用水普及率等反映城市供水行业生产与供应能力的指标获得了大幅的提升。本报告将从城市供水生产企业的基本情况、供水企业资金运营情况和城市供水量三个方面对供水行业生产与供应进行分析。

一、 供水企业生产的基本情况

（一）供水企业数量情况

2004～2014 年，由于产业结构的战略调整，水生产和供应行业的企业数量呈现出波动变化趋势，2004～2006 年企业数量保持在 2400 家以上，随后于 2007 年下降至 1735 家，2008～2010 年这 3 年间我国水生产和供应行业的企业数量维持在 2000 家以上，其中 2010 年超过 2100 家，2011 年水生产和供应企业数下降

到 1110 家，随后企业数量缓慢上升，2014 年水生产和供应企业数达到 1495 家
（详见表 3-1）。

2004～2014 年规模及以上城市供水企业数量　　　　表 3-1

年度	企业单位数（个）	年度	企业单位数（个）
2004	2416	2010	2109
2005	2492	2011	1110
2006	2476	2012	1259
2007	1735	2013	1376
2008	2052	2014	1495
2009	2064		

数据来源：《中国统计年鉴》（2005～2015），中国统计出版社。

（二）供水企业盈利与亏损情况

2004～2006 年间我国城市供水企业亏损企业数基本在 1100 家左右，2006 年
以来，亏损企业显著降低，这一方面是因为行业内企业数量在不断下降，另一方
面可能来源于企业自身效益的增加。同时，城市供水行业在 2005 年出现负利润
后，2006 年大幅增长，此后除 2009 年和 2012 年略有回落外，整体上呈现出稳
定增长趋势，这说明近年来城市供水行业的总体经营状况在不断增强，详见表
3-2。

2004～2014 年规模及以上城市供水企业盈利与亏损情况　　　　表 3-2

年度	亏损企业单位数（个）	亏损企业亏损总额（亿元）	利润总额（亿元）
2004	1131	21.42	5.09
2005	1204	32.00	−1.46
2006	1164	28.68	24.24
2007	681	30.90	30.89
2008	740	47.73	27.07
2009	759	51.13	25.35
2010	698	57.53	60.25
2011	317	46.69	74.80
2012	358	53.95	72.55
2013	370	53.67	104.13
2014	383	55.41	151.22

数据来源：《中国统计年鉴》（2005～2015），中国统计出版社。

（三）供水企业资产总量

由于城市供水企业的战略重组，整个城市供水行业的总资产以及流动资产呈现出逐年上升的趋势，2004～2014年我国城市供水企业资产总额增加了近2.5倍；2005～2014年城市供水企业流动资产合计增加了近3倍。与此同时，城市供水行业的总负债也呈现出稳步增长的趋势，但资产负债率基本维持在50%左右，详见表3-3。

2004～2014年规模及以上城市供水企业资产总量情况（单位：亿元）　　表3-3

年度	总资产	流动资产总额	总负债	资产负债率
2004	2495.96	—	1128.78	45.22
2005	2896.75	692.5	1385.71	47.84
2006	3596.52	859.69	1814.95	50.46
2007	3849.09	958.8	1980.70	51.46
2008	4394.16	1006.59	2279.61	51.88
2009	4962.00	1171.23	2644.04	53.29
2010	5539.15	1348.86	2998.25	54.13
2011	5558.20	1371.3	2982.10	53.65
2012	6484.49	1819.04	3615.80	55.76
2013	7520.36	2250.6	4232.24	56.28
2014	8717.14	2717.86	5018.65	57.57

数据来源：《中国统计年鉴》（2005～2015），中国统计出版社。

（四）各省供水企业资产情况分析

表3-4为2014年我国各省城市供水行业运营的基本财务数据。由该表可知，江苏省供水行业固定资产净值全国最高，达到了310.32亿元；广东省、浙江省、上海市和北京市的供水行业固定资产净值位居全国第2～5位，均超过100亿元（如图3-17所示）。相比较而言，江西、海南、宁夏、内蒙古、陕西五省的城市供水企业固定资产净值排在全国后五位，其中，陕西的城市供水企业固定资产净值仅为11.12亿元。

2014 年全国各省供水企业资产情况（单位：亿元）　　　　表 3-4

省份	固定资产净值	固定资产原值
全国	2224.97	3711.68
北京	126.49	244.56
天津	76.03	125.88
河北	35.90	67.98
山西	32.79	53.51
内蒙古	16.94	27.78
辽宁	116.74	247.98
吉林	40.33	74.24
黑龙江	55.62	104.37
上海	134.25	239.02
江苏	310.32	435.09
浙江	222.02	373.84
安徽	60.17	98.64
福建	79.10	126.75
江西	28.36	49.97
山东	111.40	168.04
河南	48.42	81.74
湖北	63.75	106.12
广东	277.79	507.48
广西	38.35	65.18
海南	21.64	30.41
重庆	37.30	58.14
四川	97.47	144.13
贵州	28.53	38.84
云南	96.12	125.71
陕西	11.12	33.49
宁夏	17.10	25.86

数据来源：中国城市供水排水协会，《城市供水统计年鉴》，2015。说明，由于各省提供的数据缺失，该表中不包括湖南、西藏、甘肃、青海、新疆五省、自治区数据。

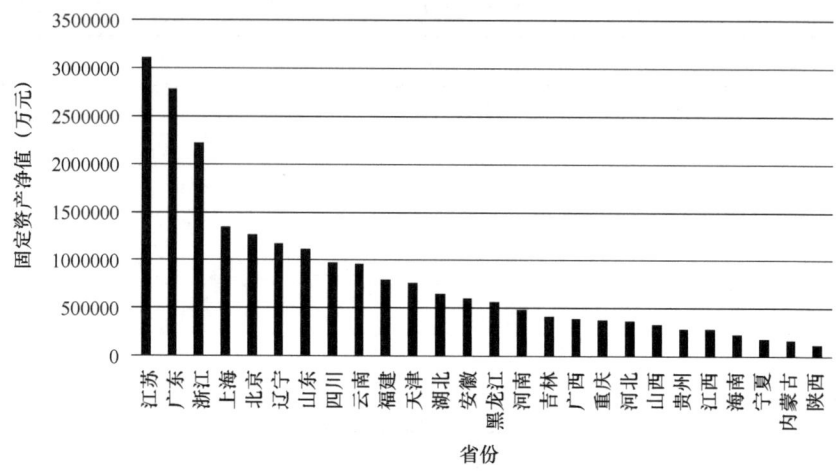

图 3-17　2014 年全国各省供水企业固定资产净值比较

（五）各省供水企业利润情况分析

同 2014 年各省供水企业资产情况相比，各省供水企业经营利润差异更为明显。2014 年各省供水企业净利润排在前五位的分别是四川、广东、江苏、浙江、江西，吉林、天津、辽宁、宁夏、山西年净利润在 1000 万元以下，排在后五位。其中，排名最后一位的山西供水企业年净利润仅为排名第一的四川省的 1/500，可见，不同省份城市供水企业盈利能力差异非常明显。需要说明的是，江西省城市供水企业固定资产净值排在全国后五位，但净利润位列全国前五，由此可见，相对来看江西省城市供水企业的盈利能力较为突出（详见表 3-5）。

2014 年全国各省供水企业利润情况　　　　　　　　　　表 3-5

省份	利润总额（万元）	净利润
全国	530018.70	365236.98
北京	20848.82	16278.80
天津	470.41	668.10
河北	2447.90	1520.78
山西	165.98	124.48
辽宁	202.00	177.00
吉林	871.80	871.80
黑龙江	3953.16	3314.07
上海	23841.36	18065.75
江苏	59927.89	46184.73

省份	利润总额（万元）	净利润
浙江	47187.61	36775.64
安徽	10465.06	7386.80
福建	9820.79	9172.19
江西	25719.31	19981.23
山东	8222.42	6724.38
河南	1988.20	1751.60
湖北	14720.72	11727.25
广东	76720.44	62406.93
广西	13492.25	11393.64
海南	4867.12	3676.96
重庆	13937.46	11949.22
四川	80781.32	67729.98
贵州	10665.99	7947.62
云南	11277.56	10094.18
陕西	2328.43	1918.59
宁夏	3721.00	138.00

数据来源：中国城市供水排水协会，《城市供水统计年鉴》，2015。需要说明的是，内蒙古、湖南、西藏、甘肃、青海、新疆六省、自治区数据缺失，因此不在本表的统计范围之内。

（六）各省供水企业销售收入情况分析

由表3-6可知，广东省城市供水行业销售收入位居全国第一位，约为107亿元。浙江、江苏、上海和北京的城市供水行业销售收入位列全国第2～5位，与城市供水行业固定资产净值排名全国前五位的省份完全一致，由此可见，广东、浙江、江苏、上海和北京的城市供水行业运营规模位居全国前列。

2014年全国各省供水企业资产情况　　　　　　表3-6

省份	销售收入（亿元）	省份	销售收入（亿元）
全国	788.06	辽宁	35.42
北京	40.58	吉林	14.03
天津	37.86	黑龙江	31.80
河北	22.60	上海	51.05
山西	15.50	江苏	64.19
内蒙古	8.70	浙江	73.82

省份	销售收入（亿元）	省份	销售收入（亿元）
安徽	21.81	海南	8.00
福建	29.70	重庆	19.76
江西	21.19	四川	38.51
山东	30.56	贵州	9.03
河南	19.89	云南	15.77
湖北	24.96	陕西	14.47
广东	107.04	宁夏	3.55
广西	17.06		

数据来源：中国城市供水排水协会，《城市供水统计年鉴（2015）》。说明，由于各省提供的数据缺失，该表中不包括湖南、西藏、甘肃、青海、新疆五省、自治区数据。

（七）全国各省供水企业工资比较

由表 3-7 可知，2014 年全国各省中城市供水企业工资总额排在前五位的依次是广东、江苏、辽宁、山东、浙江。辽宁、广东、黑龙江、河南、山东的从业人员总数排在前五位。供水企业人均工资排在前五位的分别是天津、上海、北京、江苏、浙江。相比较而言，河南、黑龙江等省相对从业人员数量较多、供水企业规模大，但人均工资水平较低。

2014 年全国各省供水企业工资及从业人员情况   表 3-7

省份	工资总额（万元）	从业人员（人）
全国	16116421.10	292037
北京	74452.00	9132
天津	50683.87	4872
河北	61446.22	14576
山西	40213.60	11016
内蒙古	26288.20	6986
辽宁	122045.16	29460
吉林	46011.28	12269
黑龙江	78269.24	19149
上海	53283.00	5890
江苏	133181.93	16748
浙江	106382.96	15758
安徽	38448.59	8578

省份	工资总额（万元）	从业人员（人）
福建	37990.76	7216
江西	31112.90	8061
山东	108129.27	19060
河南	70135.73	20548
湖北	62806.50	13788
广东	145910.99	25909
广西	34004.98	6943
海南	14807.67	3699
重庆	13511.20	2465
四川	62044.53	10530
贵州	22331.66	4331
云南	—	4286
陕西	34400.98	6301
宁夏	8073.40	1542

数据来源：中国城市供水排水协会，《城市供水统计年鉴（2015）》。需要说明的是，由于各省提供的数据缺失，该表中不包括湖南、西藏、甘肃、青海、新疆五省、自治区数据。

二、 供水企业供应的基本情况

（一）供水量的总体情况

与城市供水行业综合生产能力相类似，我国城市供水总量的变化以 1986 年为分界点，1986 年以前我国城市供水总量变化不大，1986 年快速提升，1986～1994 年增速较为明显，1994 年以后我国城市供水总量波动不大。2014 年我国城市供水总量达到 546.66 亿立方米，大约是 1978 年的 7 倍（详见图 3-18）。2011～2014 年年均供水量 530.1 亿立方米，相比"十一五"期间年均供水量 509.4 亿立方米增长了约 4%。由此可见，随着经济增长、城镇化进程的加快，城市供水总量在不断提升，但 1994 年以来城市供水总量趋于平稳，这说明尽管城市人口增加需要提高城市供水总量，但可能居民的节约用水意识的增强降低了用水量，二者共同作用使得近年来的供水总量趋于稳定。

为进一步说明我国城市供水能力的增长速度与增长空间，本报告将近 30 多

71

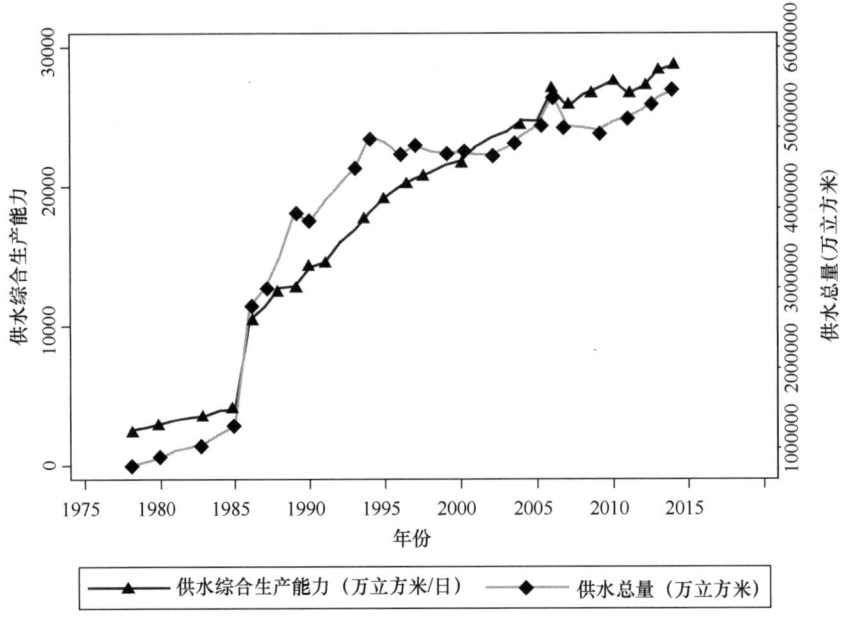

图 3-18　1978～2013 年中国城市供水行业供水量情况（单位：万立方米/日）

数据来源：《中国城市建设统计年鉴》（2014），中国统计出版社，2015。

年的我国城市供水总量的增长速度与 GDP 增速和城市化程度增长速度进行对比。由图 3-19 可以看出，除 1986 年以外，我国城市供水总量的增长比较平稳，增长速度低于国内生产总值的增速，原因来自经济的增长速度，也可能是产业结构调整和居民节水意识增强的结果。自 1995 年以来，城市供水增长速度普遍低于城市化率的增长速度，这再次说明尽管我国城市供水总量不断提升，但相对供给依然不足，仍然滞后于城市化的基本需求。随着我国经济总量的扩大和城市化进程的进一步推进，城市供水总量仍有进一步的增长空间。

（二）供水量的省际差异

2014 年我国城市供水总量达到 546.66 亿立方米，省际均值为 17.63 亿立方米。其中，广东、江苏、山东、上海、浙江 5 省市的供水总量较高，排在前 5 位，广东最高，达到 84.03 亿立方米/日，甘肃、海南、宁夏、青海、西藏 5 省、自治区的城市供水总量较低，排在后 5 位，其中，西藏最低，仅为 1.24 亿立方米/日（详见图 3-20）。由此可见，我国城市供水总量存在着显著的区域差异，与城市经济发展水平和城镇化进程相类似，东部地区的城市供水总量较高，中西部地区的城市供水总量相对较低。

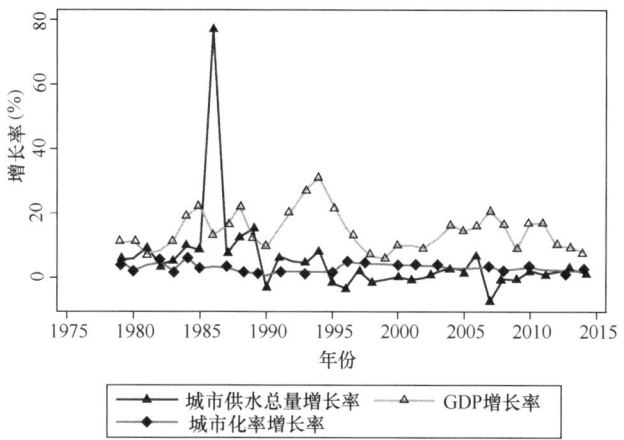

图 3-19 城市供水总量、国内生产总值、城市化率增长速度对比

数据来源:《中国城市建设统计年鉴》(2014),中国统计出版社,2015;《中国人口和就业统计年鉴》(2014),中国统计出版社,2015;《中国统计年鉴》(2014),中国统计出版社,2014。

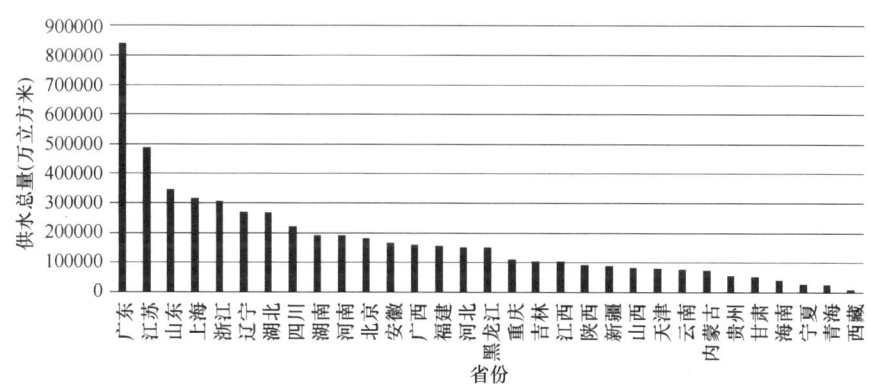

图 3-20 2014 年中国省际城市供水量变化情况(单位:万立方米/日)

数据来源:《中国城市建设统计年鉴》(2014),中国统计出版社,2015。

(三)供水量的基本构成

在城市供水中,公共供水依然占据主导地位,2014 年全国城市公共供水综合生产能力 2.21 亿立方米/日,比 2013 年提高了 2.95%,年供水总量 469.78 亿立方米,环比增长 3.17%,用水人口 4.11 亿。2014 年自建设施供水综合生产能力 0.66 亿立方米/日,相比 2013 年下降 4.82%,年供水总量 76.88 亿立方米,环比下降 5.90%,用水人口 2370.69 万人。城市供水中公共供水相比自建设施供水占据较大比重，与 2013 年相比城市自建供水设施呈现出下降趋势（如图 3-21 所示）。

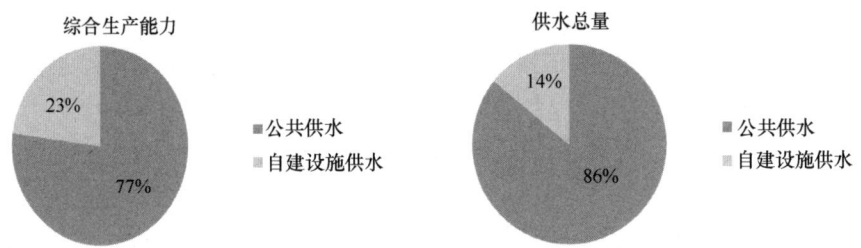

图 3-21 2014 年城市公共供水与自建设施供水

数据来源：《中国城市建设统计年鉴》（2014），中国统计出版社，2015。

由于城市居民生活用水量和生产经营用水量在城市供水总量中占据较大比重，为此，本报告将对城市生活用水量和生产运营用水量的变化趋势进行分析（详见图 3-22）。由图 3-22 可知，我国城市生活用水总量在不断上升，由 1978 年的 27.59 亿立方米增加到 2014 年的 275.69 亿立方米，增长了近 9 倍，而生产运营用水量呈现出"倒 U 形"变化趋势，并在 1994 年达到历史峰值，该年的生产

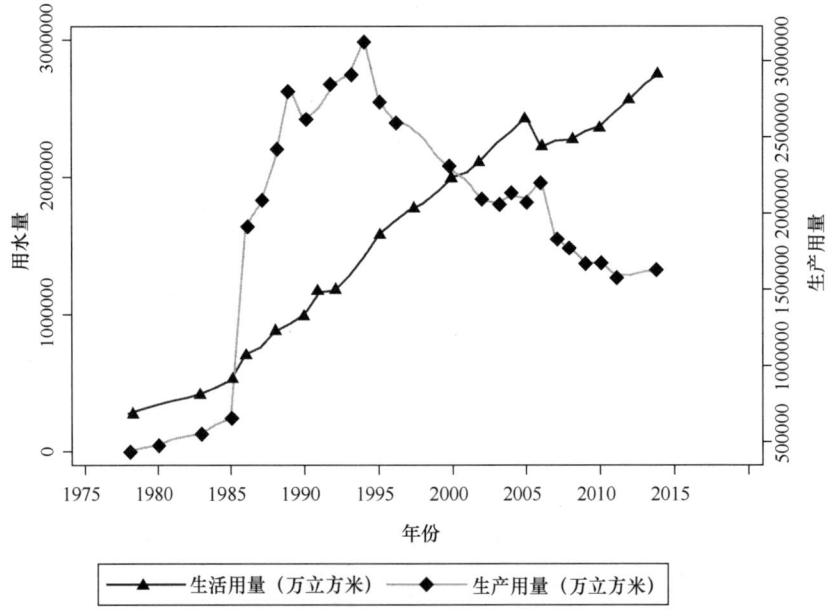

图 3-22 城市供水中的生活用量与生产运营用水量的变化情况

数据来源：《中国城市建设统计年鉴》（2014），中国统计出版社，2015。

说明：生活用水量约等于公共服务用水量和居民家庭用水量之和。

运营用水量达到 313.61 亿立方米。总体而言，2002 年以前城市生活用水量低于
生产运营用水量，2002 年以后城市生活用水量高于生产经营用水量。

　　进一步地，本报告将对公共服务用水量和居民家庭用水量的变化趋势进行分
析。由图 3-23 可知，我国城市公共服务用水量和居民家庭用水量总体上呈现出
增长趋势，但居民家庭用水量远大于公共服务用水量。其中，公共服务用水量由
2001 年的 58.89 亿立方米增至 2014 年的 73.92 亿立方米，增长了 25.6%，2014
年较之 2013 年略有回落。而居民家庭用水量由 2001 年的 125.61 亿立方米增至
2014 年的 200.46 亿立方米，增长了 59.6%。

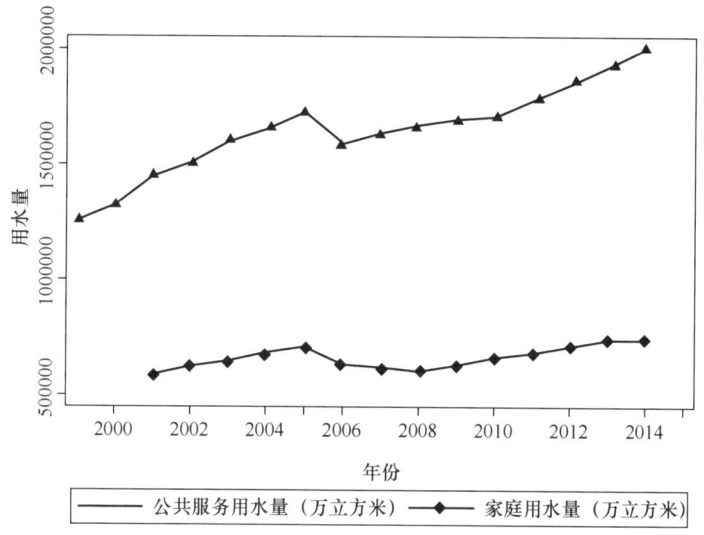

图 3-23　城市供水中的公共服务用水与家庭用水量的变化情况

数据来源：《中国城市建设统计年鉴》(2014)，中国统计出版社，2015。

　　本报告还对城市供水中公共项目售水量（即社会公用性生产经营企业，主要
是自来水厂的售水量）与免费供水量（包括公共项目和自建设施供水）的变化趋
势进行分析。由图 3-24 可知，我国城市公共项目售水量呈现出先增后降的"N
字形"变化趋势，拐点分别出现在 2006 年和 2007 年，并在 2006 年达到峰值
474.70 亿立方米。同时，城市免费供水量呈现 M 型拖尾变化趋势，2001 年为
17.17 亿立方米，2002 年达到最高的 31.82 亿立方米，2005 年开始上升随后下
降，2006 年以后的变化并不明显，2012 年的城市免费供水量最低，仅为 11.54
亿立方米，2014 年略回升至 12.46 亿立方米。

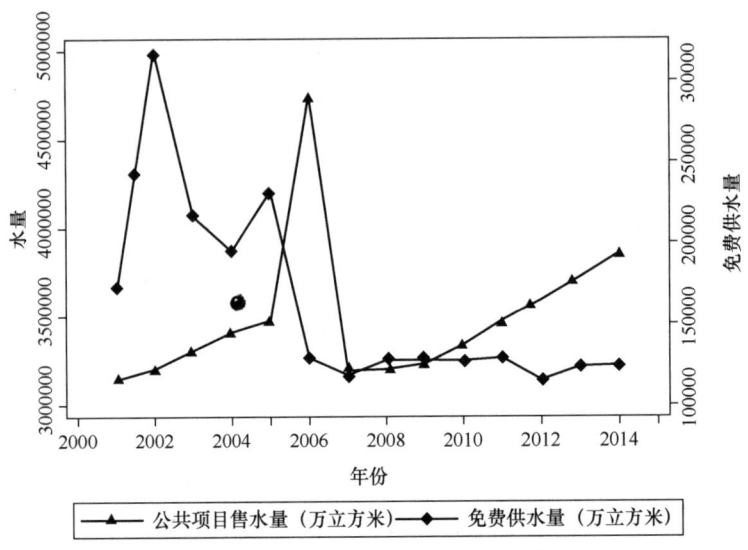

图 3-24　城市供水中的公共项目售水量与免费供水量的变化情况

数据来源：《中国城市建设统计年鉴》（2014），中国统计出版社，2015。

（四）供水的漏损情况

图 3-25 显示了有漏损水量统计以来的 2006～2014 年我国城市供水中漏损水量占供水总量的百分比情况，可知尽管我国城市供水总量在持续的增加，但供水管网漏损情况在 2011～2014 年间并未得到有效的改善。2006 年漏损水量占供水总量百分比仅为 9.79％，为"十一五"以来唯一低于 10％ 的年度。2012 年以来漏损水量占比开始呈下降趋势，由 2012 年的 13.25％ 降至 2014 年的 13.09％，但降低并不明显。

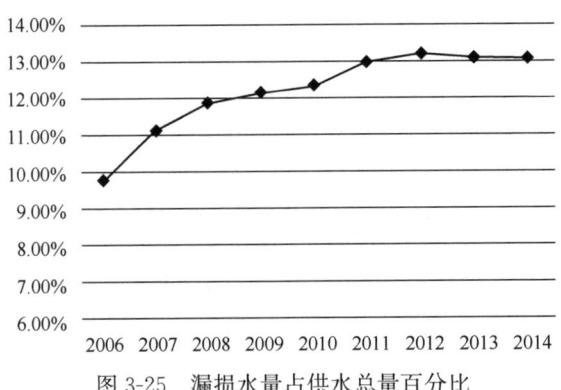

图 3-25　漏损水量占供水总量百分比

数据来源：《中国城市建设统计年鉴》（2014），中国统计出版社，2015。

根据《中国城市建设统计年鉴》（2014），2014 年我国全国城市供水漏损水量占供水总量的比例为 13.09%，其中有 26 个省份的漏损水量占供水总量比例超过 10%，辽宁和吉林两省的漏损水量占比超过了 20%。全国 659 个城市中，漏损水量占比超过 10% 的共有 408 个城市，约占我国城市总数的 62%，漏损水量占比超过 20% 的城市共 109 个，占我国城市总数的 16.5%。

进一步地，本报告还以供水管道漏损率为指标分析了供水漏损情况。2014 年全国供水管道平均漏损率为 15.35%，其中重庆市供水管道漏损率最低，仅为 4.3%，吉林省供水管道漏损率最高，达到 35.85%。共有 10 个省份的城市供水管道漏损率超过了全国的平均水平，其中辽宁、吉林、黑龙江、福建、湖北五省城市供水管道漏损率超过 20%。

（五）供水的普及情况

图 3-26 显示了 1978～2014 年我国城市居民人均日生活供水量和用水普及率的基本情况。人均日生活用水量呈现先增后降的倒 U 形变化趋势。1978 年中国城市人均日生活用水量为 120.6 升，到 2000 年达到最高的 220.20 升，此后逐年下降，2011 年达到最低为 170.9 升，2014 年略回升至 173.7 升。与之相比，城市居民用水普及率呈现出先降后升的 U 形变化趋势，1978 年城市居民用水普及率为 81.6%，1985 年降至最低的 45.1%，此后逐年上升，到 2014 年中国城市居民用水普及率达到 97.64%。"十二五"期间，提高公共供水普及率，满足新增城镇人口的用水需求是我国城市供水行业发展的重要规划目标之一，自 2011

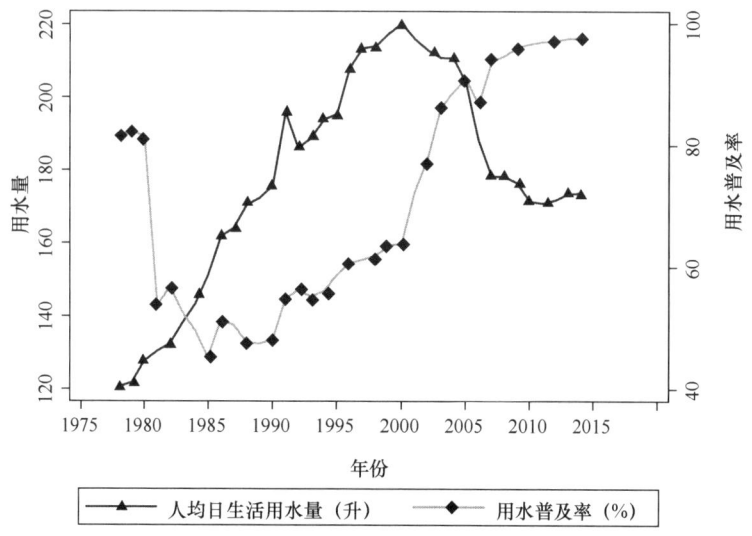

图 3-26　城市供水中的人均日生活用水量与用水普及率的基本情况

数据来源：《中国城市建设统计年鉴》（2014），中国统计出版社，2015。

年至 2014 年我国城市用水普及率稳定在 97％以上，已达到"十二五"规划的预定目标。综上所述，城市居民人均日生活供水量和用水普及率的相反变化趋势反映了城市供水总量增加促进了城市居民用水普及率的提升，同时近年来逐步推行的节水型城市建设和居民节约用水意识的宣传教育取得一定的效果，带来了居民人均生活用水量的逐步降低。

第三节　供水行业结构与成效

一、　外资和港澳台资供水企业

（一）外资和港澳台资供水企业进入我国的阶段

外资供水企业进入我国城市供水行业大致分为三个阶段：起步阶段、暂时退出阶段和卷土重来阶段。具体而言：

起步阶段（1992～2002 年）。1992 年法国苏伊士集团投资广东中山市自来水公司是外资进入中国城市供水市场的重要标志。在引资形式上以政府担保的直接融资为主，引资范围不局限于外资。随后，中央开始禁止地方政府参与融资担保，从 1990 年代中期开始，社会资本大多以合作经营的形式投资城市水厂。这一时期外资水务集团凭借着强大的技术和管理优势开始取得市场优势，普遍采用"固定投资回报"模式，使得投资水厂变成"有赚无赔"的"黄金产业"。该时期是国际水务巨头大规模地进入中国供水市场的阶段，由外国水务公司直接投资的国内水厂超过了 50 家。

暂时退出阶段（2002～2004 年）。由于"固定投资回报"模式的弊端阻碍了我国水务产业的发展。我国政府于 2002 年 9 月出台了《关于妥善处理现有保证外方投资固定回报项目有关问题的通知》明确取消固定投资回报。政策的巨大变动使得外资水务失去了昔日丰厚利润的保证，又面临着政策的不确定性。该时期许多外资水务公司开始重新审视"中国战略"，2003～2004 年，苏伊士里昂水务集团、香港国泰国际、英国泰晤士水务集团先后撤销了在中国的代表处，陆续退出中国水务市场。至此，在早期进入中国水务市场的国际水务公司中，除威立雅和中法水务外，大部分都选择了缩减业务甚至完全撤出中国市场。

卷土重来阶段（2004 年至今）。2004 年以来，国有企业陆续改制，各地政府招商引资空前高涨。2002 年出台的《加快市政公用行业市场化进程的意见》确定了水务行业市场化改革的基调。为此，以中法水务和威立雅为代表的外资水务对我国水务市场开始了新一轮的争夺。外资企业纷纷采取溢价收购策略打败竞争对手，从而逐渐渗透到我国整个产业链的制水、供水及污水处理的多个环节。在与内资水务企业的竞争中，他们不再满足只获得企业经营权，其通过参股、购买产权等形式将很多地方的城市供水企业产权归为己有。中国城市供水基础设施建设吸引了大量的外国资本，外资水务以占据一线城市的三分之一以上的市场份额，并正逐渐向中西部的二三线城市蔓延。

（二）外资和港澳台资供水企业在华分布情况

截止到 2015 年底，包括法国威立雅、中法水务、德国柏林水务、美国金州水务、香港中华煤气、美国西部水务、新加坡胜科集团、联合水务、韩国可隆集团、汇津水务、洋埔供水等公司在内近 20 家外资企业进入了我国城市供水市场。其中，威立雅水务、中法水务、中华煤气、金州环境、汇津水务和美国西部水务等 6 大外资企业共运营 80 多个城市供水项目。总体来看，外资水务率先进入沿海一线城市，随后向东西部二三线城市扩张，具体如表 3-8 所示。

主要外资和我国港澳台资水务企业在华供水项目的分布情况　　表 3-8

外资和我国港澳台资企业	供水项目分布
威立雅	成都、上海、天津、昆明、呼和浩特、宝鸡、常州、深圳、柳州、兰州、大连、海口、长乐、遵义、渭南
中法水务	四平、昌图、盘锦、天津、保定、青岛、郑州、常熟、新昌、南昌、重庆、中山、三亚、上海、秦皇岛、泰州
柏林水务	西安、福州、沈阳、盐城、驻马店、合肥、大同、南昌
金州环境	北京、泰州、镇江、扬中、南通、宁波、杭州、绍兴、临沂、东莞、常州、郑州、盱眙
中华煤气	吴江、芜湖、苏州、天津、马鞍山
西部水务	贵州的织金、纳雍、黔西、赫章 4 县、南靖
胜科	上海、南京、长治、沈阳、新民、七台河、燕郊、福州
联合水务	宿迁、咸宁、三门峡、新绛

资料来源：根据各公司网站资料整理。

1. 威立雅供水项目在华分布情况

威立雅环境集团是当今世界唯一提供全方位环境服务的企业集团。包括水资源管理（威立雅水务）、废弃物管理（威立雅环境服务）、公共交通（威立雅交通）以及能源服务（威立雅能源）。威立雅水务在世界水务服务领域排名第一，包括建造和运营供水和污水处理的水厂和管网，以及更新现有设施以提高效率和增加处理能力。

（1）时间分布。1994年，威立雅开始进入中国市场，1997年，威立雅水务赢得了在华的第一份合同：天津凌庄水厂改扩建与20年特许经营合同。天津项目之后威立雅加快了在中国的步伐，相继通过招投标方式介入成都和上海的水务市场。从图3-27来看，2002年到2007年之间的5年时间，是威立雅在中国快速增长的时代，供水项目数量由之前的4项急速上升到16项。2008年以后，威立雅的收购步伐有所放缓，但在中国水务市场的地位仍然高高在上。

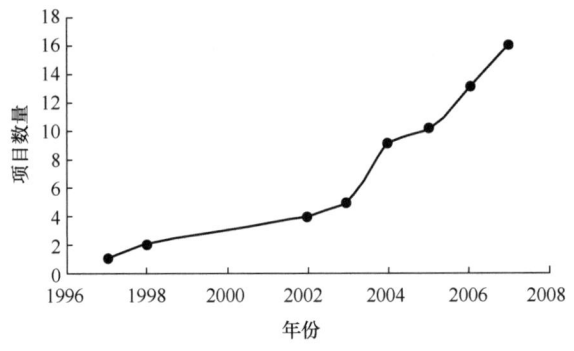

图 3-27　威立雅公司在华供水项目数量

（2）地区分布。从1994年威立雅开始进入中国市场，到2014年兰州水污染事件爆发，20年时间内，从南到北，由东至西，这家世界排名第一的水务巨头在中国市场上画出了一份庞杂的路线图。1997年，威立雅水务赢得了天津凌庄水厂改扩建与20年特许经营合同。以这个项目为起点，南至海口、西到兰州、东进上海。威立雅的中国路线图正式成为其全球水务领域中间的重要一环。1998年，威立雅水务与日本合作伙伴赢得了经中央政府批准的中国水务领域第一个国际BOT合同，即成都自来水厂六厂B厂项目。2002年之后，威立雅水务集团在中国飞速发展，当年11月7日威立雅水务于陕西省宝鸡市自来水公司及北京首创集团签署协议，投资4500万欧元组建宝鸡创威资产有限公司及宝鸡创威运营有限公司。2003年11月威立雅水务在中国签署了一份新合同，合作伙伴为青岛市排水公司和光大集团。同年，威立雅和深圳水务集团签订了深圳水务集团国有股权交易协议。2004年4月，威立雅水务公司获得贵州省遵义市南郊、北郊两个城市供水厂35年的维护和运营合同。在2008年之后，由于金融危机的影响，在国际上也掀起了"国有化"的浪潮。在国家财政政策和金融政策转变的宏观背景之下，外资收购城镇供水企业的步伐有所放缓。

2. 中法水务供水项目在华分布情况

中法水务投资有限公司（简称中法水务）是由法国苏伊士里昂水务集团和香港新创建集团有限公司合资组建。自 1992 年创建以来，中法水务积极参与中国城市供排水事业的发展建设，业务遍布中国 18 个省市，供水人口 2000 万人，在中国拥有 5000 名员工，拥有强大的国内外专家队伍及全球性的技术和科学网络。公司核心业务涵盖饮用水处理、全方位供水服务、工业水处理、市政污水处理、污泥处理以及 O&M 服务六大范畴。

（1）时间分布。中法水务于 1992 年开始投资中国的供水行业。在 1992 年和 1996 年分别与中山坦洲和南昌签订合资合同。1998 年到 2009 年期间，中法水务在中国急速发展。1998 年与中山市签订两项供水合同。2000 年，一年的时间内成立了昌图、保定、四平三家中法供水有限公司。2006 年，中法水务在华的新增供水项目高达 6 项，其中包括上海星火中法供水有限公司、新昌中法供水有限公司、重庆中法供水有限公司等。到 2009 年底，中法水务在中国供水行业的投资项目已高达 20 项。之后，中法水务的扩张处于平稳发展阶段，没有继续增加过多的供水项目投资（1992 年至今中法水务在华供水项目数量如图 3-28 所示）。

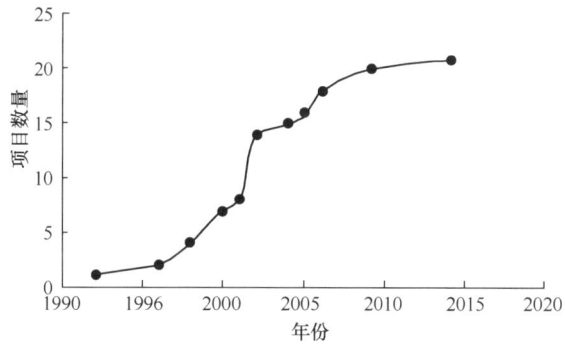

图 3-28　中法水务在华供水项目数量

（2）地区分布。中法水务北自昌图，南下三亚，东起上海，西至重庆，足迹遍布大江南北，拥有 22 家企业。与中山市坦洲镇政府合资成立的坦洲自来水有限公司，是中法水务在中国的第一个投资项目，同时也是中国供水行业的第一家合资企业。随后中法水务开始向中东部扩展，先是在江西南昌成立南昌双港供水有限公司，之后一路向北，在河北省成立了保定中法供水有限公司，辽宁省成立了昌图中法供水有限公司，吉林省成立了四平中法供水有限公司。2002 以后，中法水务在中国的发展路线转变成沿海一带的供水项目投资。依次成立了三亚中法供水有限公司、新昌中法供水有限公司、上海星火中法供水有限公司、常熟中法水务有限公司、天津中法芥园水务有限公司、秦皇岛太平洋引供水有限公司。

（3）水厂规模。中法水务在 1992 年成立的中山坦洲自来水有限公司，引进法国苏伊士里昂水务集团先进的水处理技术，建设了一座总规模为 6 万吨/日的现代化水厂，从根本上解决了当地长期面临的水质差和供水量不足的问题。四年后创建的南昌双港供水有限公司，供水量提升至 10 万吨/日。随着技术的改进，经营管理服务能力的提升，供水项目的增多，从 1996 年到 2004 年中法水务的供水能力由 16 万吨/日骤增到 344.3 万吨/日。2004 年以后中法水务通过各种途径筹集资金，投入巨资铺设新供水管网。使其日供水量高达 520 万吨/日，近二十万人饮上了优质自来水（1992 年至今中法水务日供水能力如图 3-29 所示）。

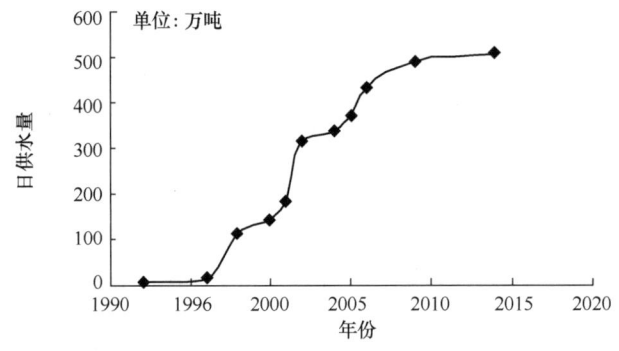

图 3-29　中法水务日供水能力

3. 柏林水务供水项目在华分布情况

柏林水务集团是德国最大的自来水和污水处理企业，有 160 年的历史。柏林水务集团的业务涵盖了供水、污水处理、污泥处置及管网运营的各个方面。它拥有 17 家自水厂和 28 家污水处理厂，负责世界上共 1200 万人口的自来水供应和污水处理。柏林水务集团 2008 年的主营业务营业额达到 13.3 亿欧元。为了进一步开拓中国市场，柏林水务集团于 2008 年 9 月在香港设立了柏林水务中国控股有限公司。

柏林水务中国控股有限公司自成立以来，积极扩大对中国市场的投资，并全面负责所投资子公司的管理和运营，除了在市政废水领域继续投资外，也积极拓展供水领域的业务。自 1998 年柏林水务进入中国以来，已先后参与了中国西安和南昌两个城市的自来水和污水处理厂的建设与运营，短短几年间在华投资已达 8000 万欧元。从供水项目分布的区域来看，柏林水务供水业务范围主要分布在中部和东部地区。包括山西大同、辽宁沈阳、河南驻马店、江苏盐城、安徽合肥、福建福州等。

4. 金州环境供水项目在华分布情况

1988 年金州集团开始进入中国城市基础设施和环境领域，成立金州环境集团股份有限公司（简称金州环境集团），负责在华的环境业务。金州环境集团目前拥有 50 家参股及控股企业，在华超过 2000 名员工。在中国给排水和固体废物处理领域拥有 20 多个水务和固废资产项目，服务和资产总额达 50 亿元人民币。公司连续五年荣获行业权威机构评选的"中国水业十大影响力企业"、"中国固废十大影响力企业"等荣誉称号。

1992 年，金州环境与南通自来水公司合资成立了太平洋水处理工程有限公司，主要从事市政给排水工艺控制和系统集成业务。2003 年，与天鸿集团、建工集团组成联合体，以项目代建制模式参与奥林匹克水上公园的项目建设与运营。2012 年由金州集团、北京控股集团、北京自来水集团组成联合体负责投资、建设的北京第十水厂 BOT 项目正式开工。从项目分布区域来看，金州环境在华供水项目主要分布在东部沿海地区。向北有山东临沂供水厂，往南有江苏南通崇海水厂、浙江宁波毛家坪、东钱湖水厂、广东东莞第六水厂。整体来看，供水项目分布区域较为集中，江苏省供水项目有 6 项，浙江省供水项目有 3 项。

5. 中华煤气供水项目在华分布情况

香港中华煤气有限公司（中华煤气）成立于 1862 年，是一家世界 500 强企业，也是香港第一家公用事业机构。中华煤气的主要业务包括生产及输配燃气，销售燃气及燃气炉具，并提供全面的售后服务。此外，集团在香港的业务更趋多元化，包括石油气加气站、航空燃油设施、电讯基建、屋宇设备工程等业务。

中华煤气从 1994 年开始参与内地城市公用事业的建设与管理，旗下华衍水务集团寻求与管道燃气业务协同，于 2005 年开启了内地水务市场。2005 年 6 月 30 日，香港中华煤气有限公司与江苏省吴江市区域自来水投资有限公司，签署合资合同，成立吴江华衍水务有限公司，成为中华煤气在内地的第一个水务项目。同年开始在安徽芜湖，投资新建及扩建杨家门水厂二期、利民路水厂二期及三山水厂一期等工程，总投资额达 15 亿元人民币。2006 年，中华煤气与天津市自来水集团，签订天津市北水业公司框架协议，该项目注册资本 12 亿元，每年的供水量初步为 1 亿立方米，最终可达 4 亿立方米，以工业用水为主，项目回报率达到 10%。2012 年 12 月 12 日，香港中华煤气有限公司获得郑蒲港新区的供水特许经营权，2013 年，香港中华投资成立的马鞍山华衍水务有限公司接收郑蒲港新区姥桥水厂，随后投资 8400 多万元提升该水厂供水能力，改建供水管网，后期拟建西梁山水厂。如今中华煤气已经落实了江苏省苏州市吴江区、苏州工业园区、安徽省芜湖市、马鞍山市、天津市等 5 个项目，服务近 100 万用户，日供水能力 236 万吨，日污水处理能力 36.2 万吨，日中水回用能力 3.6 万吨，为经济蓬勃发展之内地城市提供优质的生活和工商业用水。

6. 西部水务供水项目在华分布情况分析

西部水务（贵州）有限公司是由美国汉氏技术有限公司出资组建并依照中华人民共和国法律在贵州省注册登记的外商独资企业。总部设在美国加州旧金山地区奥克兰市。西部水务在华的供水项目，主要集中在贵州省以及福建省。2003年起，美国汉氏就采取BOT（建设—运营—移交）方式，先后获得了毕节地区纳雍、织金、黔西和赫章等4个县城供水特许经营权。2008年12月4日，西部水务集团下属西部水务（浙江）有限公司与福建南靖高新技术产业园区管理委员会就南靖县高新技术产业园区新建自来水厂BOT项目及新建污水处理厂BOT项目签订了了正式的项目合同书。

7. 胜科供水项目在华分布情况分析

胜科是顶尖的能源、水务与海事集团。在中国有着二十余年的投资运营经验，业务遍布15个省级地区。集团拥有超过2855兆瓦的供电能力以及近229.5万立方米/天的水处理及供水能力，为工业和市政客户提供可靠的能源和水务解决方案。

胜科集团拥有全面的水务综合管理服务。以实现液体零排放为目标，从供水、污水处理、中水回用到高盐水处理，提供一体化的"闭环"管理模式。长治市全面水务管理设施和张家港工业污水处理及中水回用设施获选为中国和新加坡政府双边水务管理示范项目。到目前为止，胜科在中国的工业供水项目主要分布在上海、南京、山西长治地区，产能总计达到154.5万立方米/天。市政供水项目分布在沈阳、新民、七台河、燕郊、福州地区，供水量总计达到51.5万立方米/日。

8. 联合水务供水项目在华分布情况

联合水务有限公司是一家专注于中国水务市场的水务投资和运营公司。核心业务包括供水业务和污水处理业务。供水业务包括城区自来水、工业园区供水和市政工程；污水处理业务包括市政污水处理、工业园区集中污水处理与工业企业污水处理设施的EPC和托管运营。

联合水务进入中国后，成功收购江苏省宿迁市自来水公司100%产权，并将其改为宿迁银控自来水有限公司。该项目供水能力目前为20万吨/日，服务人口约为160万，服务面积约480余平方公里，包括宿迁市中心城区、宿城区、宿豫区、洋河新区、市经济开发区、宿城经济开发区、苏州宿迁工业园区等区域。2009年9月22日，联合水务有限公司以TOT方式取得咸宁市城市供水30年特许经营权，并成立了咸宁联合水务有限公司。该公司下设潘湾、宝塔、温泉、浮山四个水厂，日供水能力26万吨。供水服务范围覆盖咸宁主城区、咸安区及开发区，供水普及率 99％。2011 年底，联合水务与汉科环境集团、三门峡产业集聚区管委会签订了供水合作协议，将投资、建设、运营三门峡产业集聚区供水项目。该供水项目总规模 15 万吨/天。2014 年 9 月 15 日，联合水务以股权收购的方式获得新绛县晋华生态环境有限公司 100％股权及新绛县煤化工业园区供水特许经营权。联合水务投资、建设并运营新绛县煤化工业园区供水项目，总规模 6 万吨/日，一期 3 万吨/日，该项目以引黄水作为原水，经处理后达到国家用水标准，向新绛县煤化工业园区提供生产、生活用水。

（三）新时期外资进入中国供水行业存在的主要问题

2008 年之后，由于金融危机的影响，国际上也掀起了"国有化"的浪潮。在财政政策和金融政策转变的宏观背景之下，中国供水行业出现了"国进民退"现象，外资对于水务企业的收购步伐明显放缓。近几年，随着中国政府推动公共服务购买社会化以及十八届三中全会提出探索对外商投资实行准入前国民待遇加负面清单的管理模式等措施，进一步拓展了外资进入中国 PPP 市场的空间。2013 年前，中国外商管理模式一直采取的是准入后国民待遇和正面清单的模式，对外商直接投资进入进行审批，通过外商投资产业指导目录对外商投资产业进行引导和管理，外商投资项目分为鼓励类、允许类、限制类和禁止类。十八届三中全会后，放宽外商投资准入，将外商投资项目由核准制改为备案制，将外商投资企业合同章程审批改为备案管理，积极构建更加开放、公平非歧视的政策体系。这给外资进入中国供水行业提供了新的机遇。

外资企业面临新机遇的同时，也给中国供水行业带来了许多挑战。首先是供水安全方面的问题，城市水务业本身具有较高的安全风险，一旦出现事故，社会影响巨大。城市水务业不仅关系公用事业市场化政策潜在的公共风险及其控制，也关系到"民生"和"国计"，是国家安全的战略性节点；社会服务质量不佳和运行效率低下风险是由于城市水务业具有自然垄断性和规模经济性的特点，必须由一家或极少数几家企业垄断性经营才能使效率最大化。在没有竞争或不完全竞争的情况下，必然使垄断企业缺少加强内部管理和技术创新的动力，从而导致社会服务质量不佳和生产营运的低效率，最终的消极后果只能由整个社会来承担，即公共利益受损。其次是法律政策方面的问题，我国城市水务业市场对外开放进程中缺乏相关操作经验，法律法规有待完善，政府的监管力度不够，在外商投资并购我国城市水务企业过程中也出现了诸多问题。

（1）政府监管方面。1）市场准入方面不规范。城市水务特许经营权的招投标部分存在程序上的不规范、缺乏透明度和社会监督不够，评标工作的独立性、公正性差，尤其是对特许经营权标的的主要内容，如投标人的条件、数量、合理的竞争维度等的设置上缺乏科学性等，以致很难选择到最优价格质量比的投资者。2）特许经营协议不完善。由于我国还没有出台针对我国城市水务业实施外商投资 PPP 模式的专门的法律、法规等，地方政府与合资企业签订的特许经营协议不够完善，特别是对普遍服务、强制服务、水务设施投入、水价与成本等的约定监督不到位，易使公共利益受到损害。3）特许经营期满后的外商退出机制约束不够，有偿回购可能成为"无底洞"。根据协议，外商在合营期满后一般会通过有偿转让（按市场价格或资产原值）或无偿转让的方式，将水务资产移交给当地政府。目前国内水务业并购模式案例中，已知的有深圳水务集团、海口水务集团、三亚水业等项目约定了无偿回购，其他的相当部分都是有偿回购（按回购时的实际价格回购）。

（2）资产的溢价收购问题。首先，溢价收购增加水价上涨压力。其次，溢价收购造成政府责任转移。资产溢价转让本质上是地方政府的一种超前资产变现行为，是对未来收益的透支。过度溢价是政府在公众责任上的缺位，会使社会公众承受更大的公共产品成本上涨风险隐患。

（3）抵押融资问题。并购后的合营企业往往会以特许经营权或收费权作抵押向金融机构借款，使合营公司的资产负债率提高，增加财务风险。对此，往往不够地方政府的限制措施，最终造成合营公司的投融资能力低下，投入严重不足，直接导致供水公共安全存在潜在危机。

（4）PPP 项目公司产生的垄断利润问题。外资控制了整个城市的水源、供水定价主动权，就有可能产生垄断利润。外资不但可以有效通过对水价上涨进程的约定与服务范围的约定来降低长期投资的风险，而且还可能使一些非关联的投资项目回避竞争机制，获得额外回报。

二、 上市供水企业

目前中国上市的供水企业相对较少，截止到 2015 年底上市的供水企业主要有江南水务、中山中用、碧水源、重庆水务、南海发展、兴蓉投资等 11 家上市公司。从资产来看，上市企业资产总额最大的是首创股份，达到 361.25 亿元，比排名第二的重庆水务多了 165.37 亿元。上市公司之间的营业收入之间差别较大，其中，首创股份最高，达到 70.61 亿元；碧水源次之，达到 52.14 亿元。从净利润来看，中山中用、碧水源、重庆水务具有较好盈利能力。其中，中山中用于 1997 年上市，公司整体规模较大，总资产达到 130 多万。碧水源、重庆水务于 2010 年上市，公司成立时间虽短，但营业能力较强。详见表 3-9。

城市供水行业主要上市公司企业一览表　　　　　　　　表 3-9

简称	会计年度	资产总计（亿元）	负债合计（亿元）	营业收入（亿元）	营业成本（亿元）	净利润（亿元）	净资产收益率（％）	投资收益率（％）
兴蓉投资	2015.12.31	142.02	58.87	30.62	17.67	8.52	10.25	5.58
渤海股份	2015.12.31	24.42	13.04	7.61	5.77	0.47	4.12	0.003
中山公用	2015.12.31	137.45	27.06	12.30	7.38	15.20	13.77	5.71
碧水源	2015.12.31	183.89	42.79	52.14	30.66	14.57	10.33	3.29
首创股份	2015.12.31	361.25	243.25	70.61	47.81	7.01	5.94	7.19
武汉控股	2015.12.31	79.73	34.08	11.99	8.23	3.41	7.47	0
国中水务	2015.12.31	40.65	13.59	4.74	3.22	−1.19	−4.41	0.07
南海发展	2015.12.31	123.59	74.45	33.57	23.00	4.46	9.07	0
洪城水业	2015.12.31	54.98	34.08	16.18	11.11	1.93	9.25	2.73
重庆水务	2015.12.31	195.88	59.84	44.88	24.53	15.52	11.41	3.17
江南水务	2015.12.31	35.65	13.65	8.56	3.61	2.70	12.25	1.20

数据来源：根据上市公司年报整理。

（一）截止到 2015 年底各公司的对比情况

1. 兴蓉投资

成都市兴蓉投资股份有限公司是一家西部领先的水务环境综合服务商。公司主营业务为城市供排水和环保业务，现已获得特许经营权的供排水规模超 500 万吨/日，居西部地区之首。公司业务区域已覆盖成都、西安、兰州、银川、深圳、海南等地。公司下辖 4 家全资子公司和 1 家分公司，分别为成都市自来水有限责任公司、成都市排水有限责任公司、成都市兴蓉再生能源有限公司、成都市兴蓉安科建设工程有限公司和成都市兴蓉投资股份有限公司中水分公司。其中，成都市自来水有限责任公司始建于 1946 年，承担成都市中心城区、天府新区、周边部分区（市）县及海南省清澜市的城市供水服务，运营及在建的自来水生产规模为 239.8 万吨/日。

成都市兴蓉投资股份有限公司于 1996 年注册上市。总资产从 1996 年的 2.59 亿，到 2005 年的 12.32 亿，再到 2015 年的 142.02 亿。可见近 20 年，公司一直处于扩张阶段。尤其是 2010 年到 2015 年间，公司的发展模式发生巨大变化，资产总计、营业收入都出现先骤减后急剧上升趋势。5 年时间，资产总计增长 8.5 倍，营业收入增加近 10 倍，净利润由负变为正 8.5 亿（如图 3-30 所示）。由此可见，成都市兴蓉投资股份有限公司具有较好的经营绩效和发展前景。

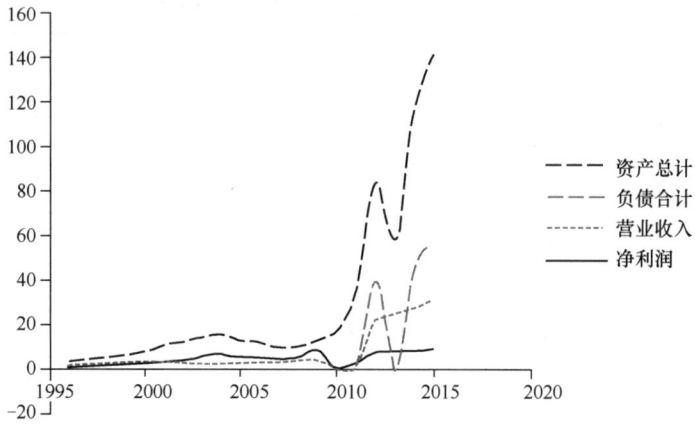

图 3-30　兴蓉投资财务数据对比图（单位：亿元）

2. 渤海股份

渤海水业股份有限公司原名中联建设装备股份有限公司，于 1996 年 8 月在深交所上市，发行完成后股本为 5000 万元。2001 年 5 月，中联实业股份有限公司将上市公司股份转让给了四环生物医药投资有限公司，上市公司变更为四环药业股份有限公司。2013 年公司实施了重大资产重组，公司名称变更为渤海水业股份有限公司。重组完成后，公司主营业务由生物制药变更为水务相关业务，经营范围包括城乡公用基础设施、水土环境治理及环保项目、供水、污水处理及再生水利用的投资。目前，水务相关业务由渤海股份全资子公司天津市滨海水业集团有限公司负责，涉及的供水业务有滨海水业、龙达水务、泰达水务、安达供水、宜达水务和南港水务。

自 2013 年，公司将主营业务变为水务相关业务后，资产、负债以及营业收

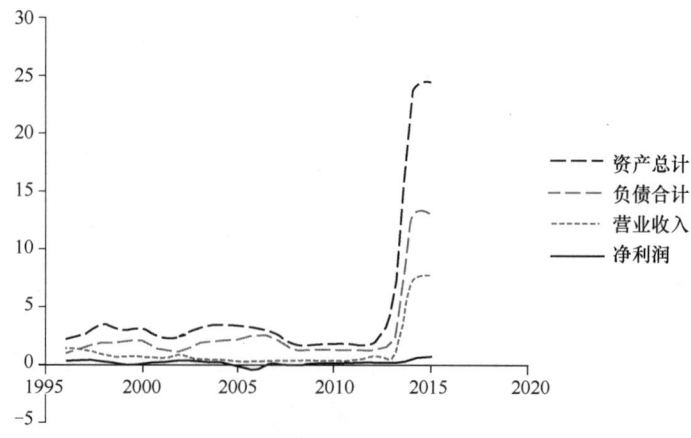

图 3-31　渤海股份财务数据对比图（单位：亿元）

入都发生了极大的变化。资产总计由 2013 年的 5.11 亿变为 2015 年 24.42 亿，呈现了近 5 倍的增长。资产增加的同时，负债也相应地增长了 12 亿。从营业收入来看，2013 年为 0.35 亿，而 2015 年变为 7.61 亿（如图 3-31 所示），可见近三年来，供水业务为公司创造了较高的营业收入。

3. 中山中用

中山中用事业集团股份有限公司成立于 1998 年，是一家国有控股的上市公司。自成立以来，公司通过成功实施借壳上市、资产重组、开发上下游产业链等重大举措，综合实力不断增强，现已发展成为以环保水务为核心业务，涵盖农贸市场运营、金融服务与股权投资等领域的企业集团。公司环保水务板块提供城市供水与污水处理的一体化环保服务，旗下拥有 18 家分子公司，截至 2014 年底，总资产达 26.42 亿元，供水覆盖面积约 1575 平方公里，供水总量占中山市的 80% 以上，日污水处理能力达 30 万立方米，处理总量约占全市的 35%。总体来看，公司已基本形成了一套科学管理、监控严格、执行有力的现代企业管理模式。

从历年财务数据分析来看。2007 年至 2015 年，由于公司定向增发股份，发行公司债券以及引入战略投资者，公司财务状况发生巨大变化。资产总额迅猛上升，由 2007 年底的 3.9 亿元上升至 2015 年底的 73.1 亿元。相比于资产总计而言，营业收入与净利润的增长速度不算太快，但仍呈上升趋势。截止到 2015 年底，营业收入达 12.3 亿元，净利润达 15.2 亿元（如图 3-32 所示）。

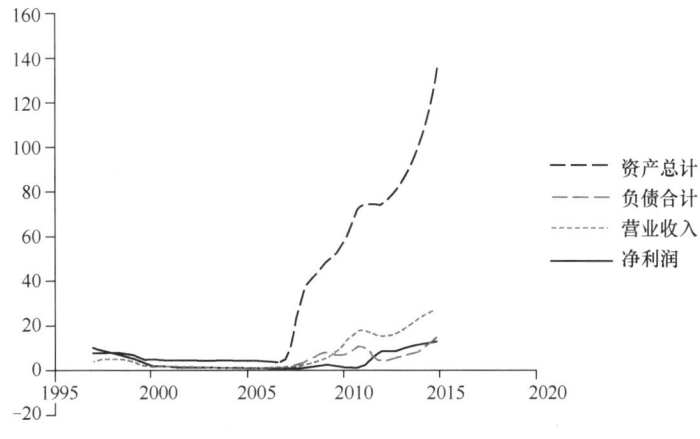

图 3-32　中山中用财务数据对比图（单位：亿元）

4. 碧水源

北京碧水源科技股份有限公司是由归国学者于 2001 年在中关村国家自主创新示范区创办的高科技企业，致力于通过膜技术为国家"治理水环境、开发新水源、保障饮水安全以及城市生态环境建设"提供整体解决方案。目前净资产超过135亿，在国内外拥有逾80家子公司。碧水源于2010年4月21日在深交所创业板挂牌上市，是创业板上市企业中市值最大企业之一。2015年，国家开发银行的国开金融持有碧水源10.48%的股份，成为碧水源主要股东。目前，碧水源业务领域已涵盖水务全产业链，涉及膜材料研发及膜设备制造，市政、工业废水资源化与再生利用，自来水处理，海水淡化，固废与污泥处理，工程施工建设，城市生态环境建设，民用、商用净水设备的开发、生产、销售等。

北京碧水源科技股份有限公司从2010年成立，到2011年进军家用净水市场，再到2014年开发新水源，四年时间公司的资产、营业收入以及净利润总体上呈现出平稳增长态势。2013年，营业收入出现短暂下降趋势，但通过调整，2014年后仍保持原有速度增长。2015年，碧水源定向增发62亿元，同时国家开发银行巨资入股碧水源，成为公司主要股东，使得公司资产迅速上升，截止至2015年底资产总计达183.89亿元。

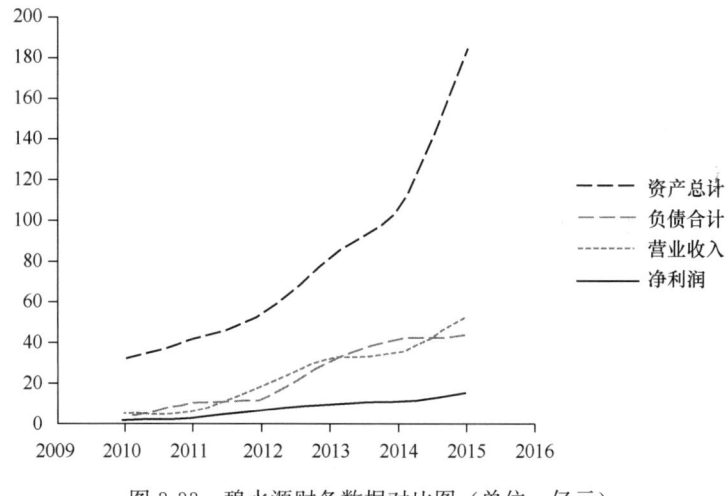

图3-33 碧水源财务数据对比图（单位：亿元）

5. 首创股份

首创股份的发展方向定位于中国水务市场，专注于城市供水和污水处理两大领域，主要业务涵盖城市自来水生产、供水、排水等各个生产和供给领域，公司经过五年的发展，已经在北京、深圳、马鞍山、余姚、青岛等城市进行了水务投资，目前参股控股的水务项目遍及国内8个省区和13个城市，服务人口超过1500万，具有较强的发展潜力。2002年，首创股份公司通过积极扩展水务业务，试图实现专业化、规模化运营，公司出资1530万美元与法国威立雅公司合资设立首创威水投资有限公司，其中首创公司股权比例为51%。首创股份凭借清晰的战略规划和灵活的经营理念，短短十余年时间，潜心培育出资本运作、投资、运营、人力等方面竞争优势，具备了工程设计、总承包、咨询服务等完整的产业价值链，成为中国水务行业中知名的领军企业。

首创股份在 2000 年到 2010 年间，发展速度比较缓慢，营业收入以及净利润都处于较低水平。2011 年 8 月以来，首创股份开始进入城市供水行业。其中，2011 年 8 月，首创股份签约盘锦辽滨沿海经济区供水特许经营项目。该项目的供水总规模为 18 万吨/日，包括现有供水能力 3 万吨/日和新建供水项目规模 15 万吨/日。2012 年首创股份相继在内蒙古呼和哈特、包头等地获得城市水务项目的运营权。2015 年首创股份成功控股新加坡最大的危险废弃物处置商 ECO 公司。这 5 年时间，公司资产、负债、营业收入都呈快速增长趋势，然而净利润依然处于较低水平。

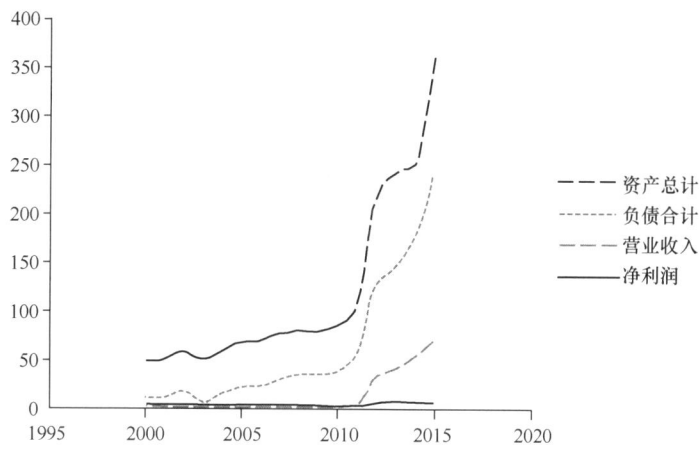

图 3-34　首创股份财务数据对比图（单位：亿元）

6. 武汉控股

武汉控股股份有限公司是由武汉市水务集团有限公司独家发起，以其下属的宗关水厂和后湖泵站之全部经营性资产投入，以募集方式设立的股份有限公司，主营业务为城市给排水、污水综合治理、道路、桥梁、供气、供电、通信等基础设施的投资、建设和经营管理。公司上市以来，以其良好的发展前景、优良的资产质量和地区供水相对垄断的竞争优势，被广大投资者认同。公司下属宗关水厂、白鹤嘴水厂在武汉市汉口地区的城市供水中占主导地位，供水量约占汉口地区供水总量的 97％；公司在武汉市污水处理行业占有重要地位，公司下属武汉市水质净化厂是武汉市建设、运行最早的二级污水处理厂。2013 年，公司实施重大资产重组，将其持有的三镇房地产 98％股权及三镇物业 40％与水务集团持有的武汉市城市排水发展有限公司 100％股权等值部分进行置换，置换差额由武汉控股向水务集团发行 1.4 亿股股份支付对价。此后公司主营业务变更为污水处理、自来水生产及隧道运营管理。

武汉控股有限公司从成立初到 2011 年，资产、负债、营业收入以及净利润都维持在较低水平。从 2011 年到 2013 年，公司由稳定型发展模式转变为成长型发展模式，资产总计逐年成倍增长。同时，营业收入和净利润也经历一个短暂的快速增长期。2013 年后，公司的发展速度放缓，但其盈利能力和成长性合理，公司经营稳定。

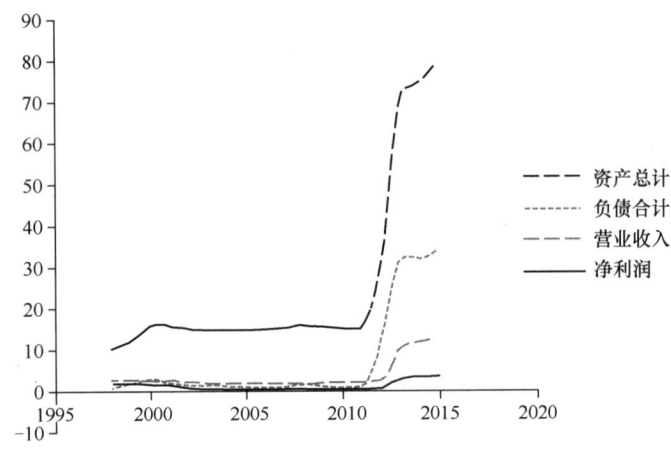

图 3-35　武汉控股财务数据对比图（单位：亿元）

7. 南海发展

南海发展股份有限公司是一家专注于环境服务产业的上市公司，业务领域涵盖自来水供应、污水处理、固废处理、燃气供应，致力为各大城市提供系统化环境服务与解决方案。在城市供水领域目前拥有三座水厂，供水设计能力 126 万立方米/日，供水范围覆盖南海区 700 多平方公里，服务人口 100 多万人，供水水质一直达到并超过国家规定的水质标准。公司已形成包括供水、污水处理、固体废弃物处理的循环相扣的完整环境服务产业链，具备为城市提供环境服务可持续发展规划、提供系统化环境服务的能力。公司供水范围集中在佛山市南海区，具有自然垄断性，但相对于其他上市供水企业，供水能力较小，尚未实行供水业务跨区经营。

南海发展股份有限公司于 2000 年上市，上市初至 2009 年，公司整体规模较小，营业能力不足，净利润长期处于较低水平。2010 年，公司通过公开拍卖的方式出售了狮山羊房岗土地，该事项给公司带来了一次性收益约 4.39 亿元，使其当年营业收入增加为 4.79 亿元，同比增长 17.79%；资产总计同比增长 16.29%；净利润同比增加 4.68。之后五年，公司规模进一步扩大，2015 年底资产总计高达 123.59 亿元，营业收入增长至 33.57 亿元。

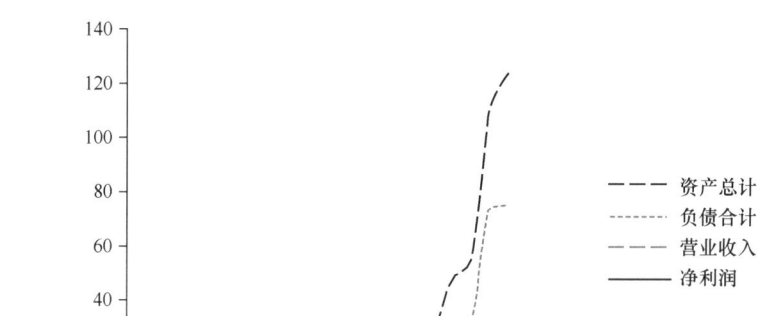

图 3-36　南海发展财务数据对比图（单位：亿元）

8. 洪城水业

江西洪城水业股份有限公司（以下简称"洪城水业"）是一家集自来水生产销售、供水管网安装维护、城市生活污水处理、供水工程设计施工、供水管网探测、给排水管理项目软件开发和给排水技术咨询等业务为一体的大型现代化水务上市公司。截止到 2014 年底，公司拥有供水厂 10 座、省内外污水处理厂 86 个，日供水总设计能力 144 万立方米，日污水处理总设计能力 157.55 万立方米，供水管网长度 3000 余公里。洪城水业采用自来水厂网合一模式，供排水产业链完善，政府保障有力，具有区域垄断性质，由于收购 78 家建设相对落后、技术工艺较低的县级污水处理厂管网，导致运营成本较高。公司具有 70 多年的供水历史，技术力量雄厚，经验丰富并有较强的供水行业经营管理能力。公司属于国家大型一类供水企业，在南昌供水市场则处于绝对领先地位，具有较强的供水区域

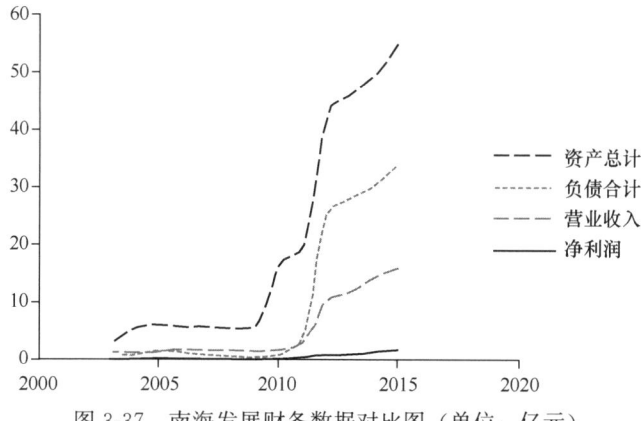

图 3-37　南海发展财务数据对比图（单位：亿元）

垄断性。

2004 年 6 月公司上市之初，主营业务为自来水的生产。由于公司规模较小，业务单一，营业收入一直处于较低水平。2010 年 12 月 30 日，公司通过向特定对象非公开发行 A 股股票方案后，公司主营业务扩展为自来水的生产和销售以及城市污水处理。通过一年的规模调整与集中管理，2011 年后，公司的资产、负债以及营业收入都大幅度上升。截止到 2015 年底，资产总计达到 54.98 亿元，相比于 2010 年增长 3.4 倍；营业收入增加至 16.18 亿元，相比于 2010 年增长 9 倍，净利润增加到 1.93 亿元，相比于 2010 年增长 6.6 倍。

9. 重庆水务

重庆水务集团的前身是重庆市水务控股（集团）有限公司，成立于 2001 年 1 月 11 日，系由重庆市人民政府以其全资持有的国有企业重庆市自来水公司、重庆市排水有限公司、重庆市公用事业基建工程处、重庆公用事业工程建设承包公司、重庆公用事业投资开发公司等国有企业的权益出资设立的国有独资有限责任公司。2007 年 6 月，重庆市国资委通过国有股权划转，将重庆市水务控股（集团）有限公司由国有独资有限责任公司变更为国有控股有限责任公司。本公司设立之前重庆市水务控股（集团）有限公司的股东分别为：重庆市水务资产经营有限公司，持股比例为 85%；重庆苏渝实业发展有限公司，持股比例为 15%。2007 年 8 月，重庆市水务控股（集团）有限公司股东会通过决议，同意 2007 年 6 月 30 日经审计的净资产账面值折为股本 43 亿股，整体变更为重庆水务集团股份有限公司。其中，水务资产经营公司持有 36.55 亿股，占股本总额的 85%；苏渝公司持有 6.45 亿股，占股本总额的 15%。公司拥有 27 套制水系统（水厂），生产能力 147.7 万立方米/日。

从近五年的财务数据来看，重庆水业一直维持平稳发展。2015 年，公司实现营业收入 44.88 亿元，同比增长 8.5%；实现净利润 15.52 亿元（不含少数股东损益），同比上升 7.0%；每股收益达到 0.32 元，较 2014 年增长 6.67%；总资产达到 195.88 亿元，主要因兑付到期的 17 亿 "05 渝水务" 债券本息的影响同比下降 4.78%；净资产（不含少数股东权益）135.95 亿元，同比增长 2.63%；2015 年末公司资产负债率为 30.55%，较 2014 年末下降 5.01 个百分点。报告期内，公司累计污水处理结算水量 80852.44 万立方米，污水结算价格 2.78 元/立方米，实现污水处理服务收入 224769.79 万元，占公司总营业收入的 50.08%；公司自来水累计售水量 40031.83 万立方米，售水均价 2.46 元/立方米（不含税），实现自来水销售收入 98402.44 万元，占公司总营业收入的 21.93%；公司工程施工及其他业务收入 125637.65 万元，占公司总营业收入的 27.99%。

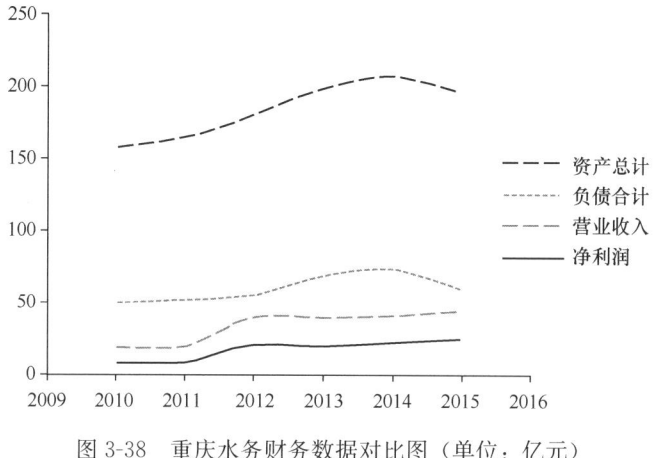

图 3-38 重庆水务财务数据对比图（单位：亿元）

（二）"十二五"期间每家企业的变化情况

以首创股份、重庆水务、兴蓉投资、武汉控股、南海发展、江南水务为例，对比分析"十二五"期间，各上市公司的资产、负债、营业收入、营业成本、净利润等财务数据的变化趋势。

1. 资产总计

"十二五"期间，六家上市公司资产总计总体呈现出上升趋势，其中，首创股份的增长幅度最大，重庆水务、江南水务的变化幅度最小。2011 年末，重庆水务的资产总额最高，约 160 亿元。之后，首创股份公司发展规模迅速扩大，2012 年底已赶超重庆水务，其资产总计高达 219 亿元。2012 年到 2013 年间，武汉控股增长速度最快，而兴蓉投资的资产数额呈现出下降趋势，其他四家公司的增长幅度趋同。2013 年至 2014 年，增长最快的是兴蓉投资和南海发展，另外四

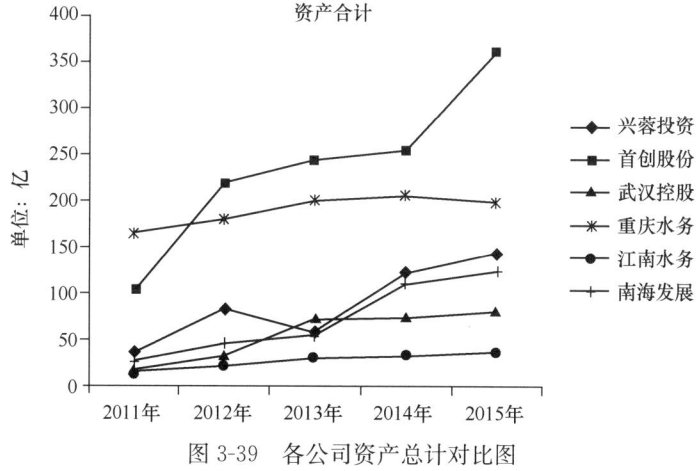

图 3-39 各公司资产总计对比图

家公司资产数额变化幅度不大。到 2015 年底，首创股份的资产数额已增长到
361 亿，远远高于排名第二的重庆水务，仅为 196 亿元。兴蓉投资和南海发展的
资产数额趋近相同，资产总计数额最低的为江南水务，仅为 35.6 亿元。

2. 负债合计

"十二五"期间，负债合计最高的是首创股份，且近五年一直处于高速增长
阶段，到 2015 年底，其负债合计已高达 243 亿，约为 2011 年的五倍。排名第二
的是南海发展，但其负债数额波动幅度不大，长期维持在 60 亿左右，相比于
2011 年，2015 年末的负债总额仅增长 8 亿。六家上市公司中负债波动幅度是最
大是兴蓉投资，2011 年到 2012 年，该公司呈现一个短时期的增长趋势，而 2012
年到 2013 年又从 39.9 亿下降到 0.03 亿，2013 年以后负债开始增加，到 2015
年底已增长到 58.87 亿。南海发展、武汉控股、江南水务的负债总额不高，且在
十三五期间变化幅度不大。

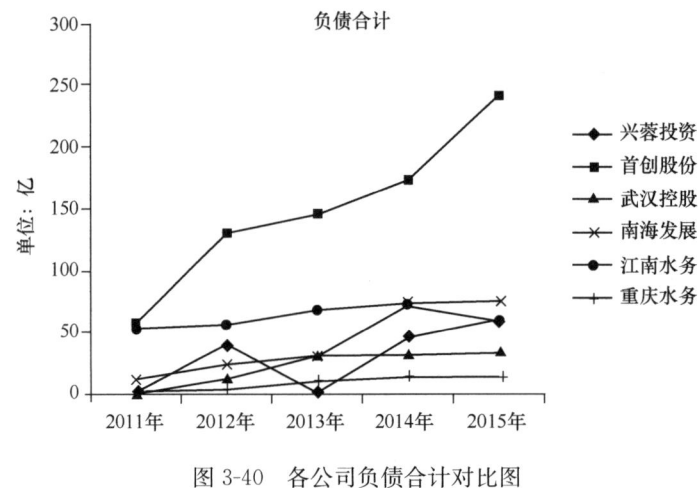

图 3-40　各公司负债合计对比图

3. 营业收入

整体来看，六家上市公司在"十二五"期间的营业收入都呈逐年上升趋势。
其中，首创股份的增长幅度最大，营业收入由 2011 年的 4.99 亿增长到 2015 年
的 70.61 亿。其次为兴蓉投资和南海发展。兴蓉投资的营业收入 5 年增长了
30.43 亿元，南海发展增长了 28.58 亿元。江南水务在十三五期间的营业收入变
化幅度不大，且一直处于较低水平。从每年的变化情况来看，2011 年底，营业
收入最高的为重庆水务，约 20 亿元。而其他五家公司的营业收入都低于 10 亿
元。2011 年到 2012 年，首创股份与兴蓉投资的增长幅度最大。到 2012 年底，
首创股份的营业收入已接近于重庆水务，高达 33.83 亿元。兴蓉投资也增长到
21.52 亿元。2012 年到 2013 年，各公司的增长速度放缓，至 2013 年底，首创股

份赶超重庆水务，成为营业收入最高的公司。2013 年到 2015 年，首创股份与南海发展的营业收入以趋近相同的速度快速增长。重庆水务与兴蓉投资的增长速度次之。而武汉控股和江南水务在这一期间的营业收入基本无太大变化。

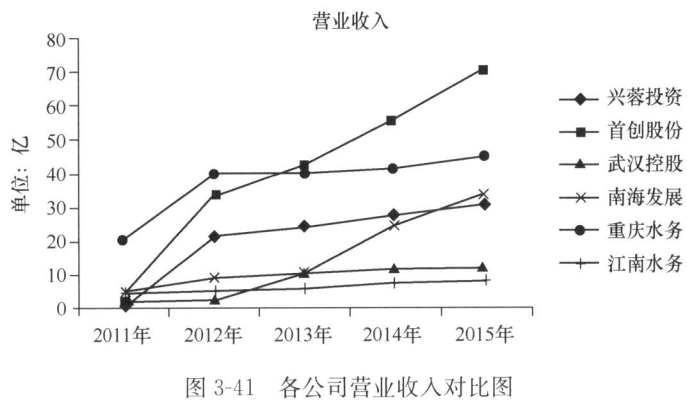

图 3-41 各公司营业收入对比图

4. 营业成本

"十二五"期间，各公司的营业成本整体都呈上升趋势。其中，首创股份的增长速度最快，南海发展次之，江南水务的营业成本变化最小。2011 年末，重庆水务与兴蓉投资的营业成本最高，接近于 10 亿。另外四家公司的营业成本不足 3 亿元。2011 年到 2012 年期间，以首创股份与重庆水务增长速度最快。到 2012 年底，这两家公司的营业成本都增加至近 20 亿元。2012 年到 2013 年，各公司的营业成本增长的速度有所下降。2013 年后，仅首创股份和南海发展以较快的速度增长，其他公司的营业成本变化幅度不大。到 2015 年底，首创股份的营业成本已增长至 47.81 亿元，遥遥领先于排名第二的重庆水务。

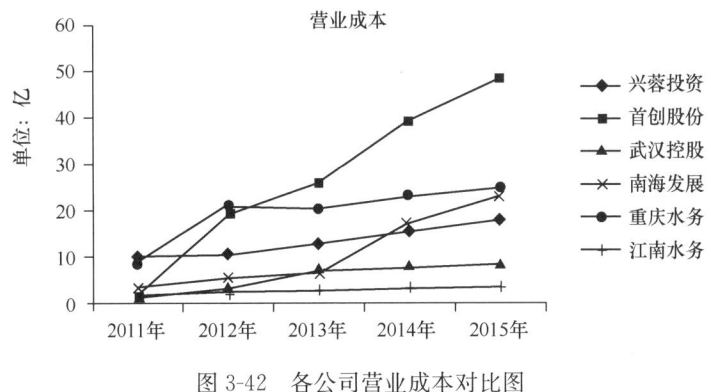

图 3-42 各公司营业成本对比图

5. 净利润

六家上市公司中，净利润的大小可分为三个层次。其中，最高的是重庆水务，其次是首创股份与兴蓉投资，最后是南海发展、武汉控股以及江南水务，其净利润最高时期也不足 5 亿元。2011 年底，除重庆水务净利润较高外，其他五家上市公司都处于较低水平。2011 年到 2013 年，各公司的净利润大体都呈上升趋势。到 2013 年底，重庆水务的净利润已增长至 18.79 亿，首创股份与兴蓉投资的净利润也增大到了 8 亿左右。2013 年后，重庆水务和首创股份的净利润出现下降趋势，另外四家公司的净利润小幅增长。

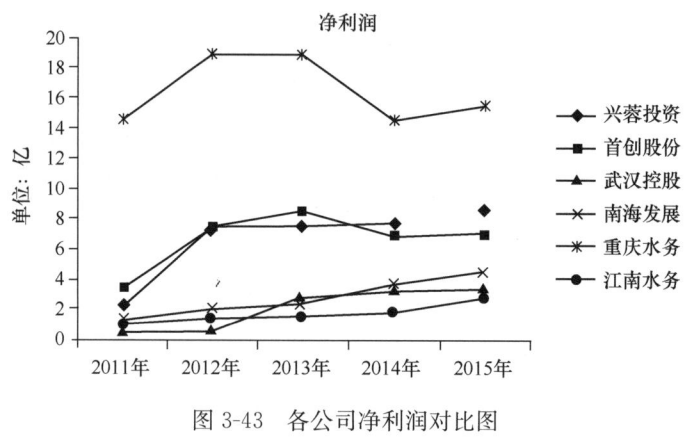

图 3-43　各公司净利润对比图

6. 投资收益

"十二五"期间，江南水务和武汉控股的投资收益一直处在较低水平，长期不足 0.2 亿元。而重庆水务、首创股份和兴蓉投资三家上市公司投资收益变化幅度巨大。2011 年到 2012 年，兴蓉投资与首创股份的投资收益由 2.5 亿左右骤降到 0.5 亿以下，而重庆水务由 1.86 亿反增到 3.36 亿。2012 年至 2013 年，仅首创股份和南海发展的投资收益有上升趋势，另外四家公司无太大变化。2013 年到 2014 年，重庆水务和南海发展的投资收益有所下降，仅首创股份出现微增趋

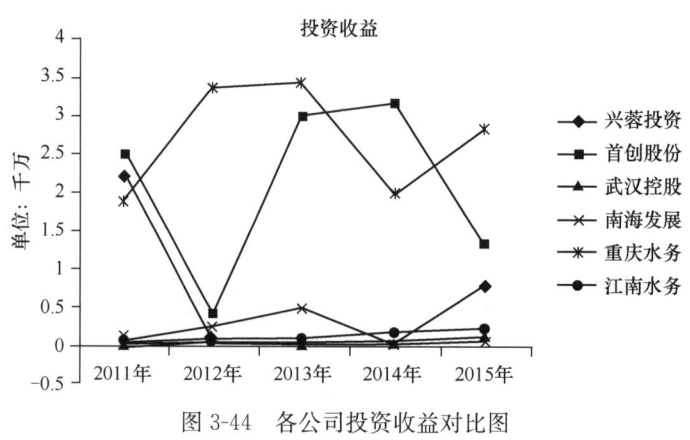

图 3-44　各公司投资收益对比图

势，而 2015 年后首创股份的投资收益又开始下降。到 2015 年底，投资收益最高的是重庆水务，约 2.82 亿元，比排名第二的首创股份高约 1.53 亿元。排名第三的是兴蓉投资，经过几年变化投资收益增长到 0.77 亿元。其他三家公司到 2015 年底，投资收益趋近于零。

第四节　供水行业 PPP

一、　供水行业 PPP 的基本现状

（一）供水行业 PPP 项目的总体情况

根据国家财政部、发改委 PPP 项目库的数据统计结果来看，全国共有 28 个省份在供水行业推行了 PPP 项目，西藏、上海、重庆等较少地区在 PPP 项目库中没有供水 PPP 项目。具体而言，在城市供水行业中贵州省拥有的 PPP 项目最多，共有 84 项。其次是新疆维吾尔自治区，共有 43 项。排名第三的是内蒙古自治区和云南，各拥有项目 40 项。而拥有 PPP 供水项目最少的地区为北京、天津、湖北，各为 1 项。吉林、浙江 2 省份 PPP 供水项目仅为 2 项，具体如图3-45所示。

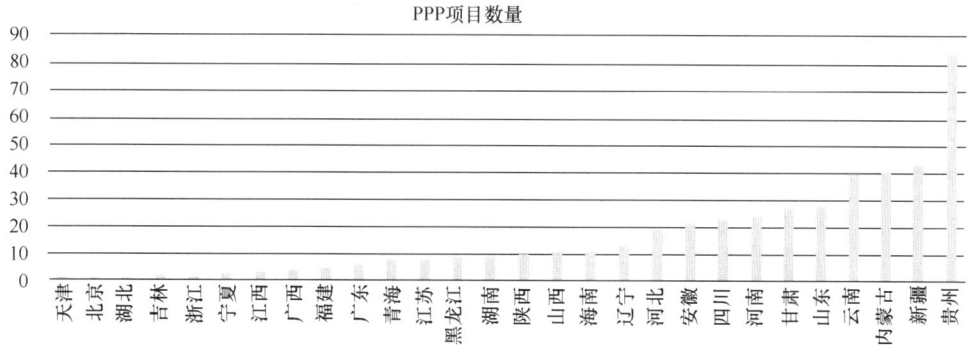

图 3-45　供水行业 PPP 项目的地区分布（单位：项）

从供水 PPP 项目的分布区域来看，西部地区的项目数量较多，共有 236 项，占项目总数的 52%。东部地区次之，共有 147 个项目，占比为 32%。其中，在东部地区中，供水 PPP 项目主要集中在东北地区。而在中部地区，PPP 供水项目数量较少，仅有 75 项，占项目总数不足 16%，具体如表 3-10 和图 3-46 所示。

这在一定程度上说明，相对于东部沿海地区以及中部地区而言，西部地区以及东北地区的财力较为薄弱，经济发展较为缓慢，供水设施建设更为落后，因此更倾向于采用 PPP 模式缓解政府的财政压力。

东中西部地区 PPP 供水项目数量   表 3-10

地区分布	东部地区	中部地区	西部地区	合计
PPP 项目个数（个）	147	75	236	458

（二）供水行业 PPP 项目的运作模式

供水行业 PPP 项目的运作模式主要分为 BOT（建设—运营—移交）、TOT（转让—运营—移交）以及 ROT（改扩建—运营—移交）等。其中，在城市供水 PPP 项目中，BOT 项目占比最多，有 311 个项目采用 BOT 模式，约占项目总数的 68％。采用 TOT、ROT 模式的项目数量差别不大，分别为 32 项和 27 项，占项目总数的 7％和 6％，采用其他运作模式的项目数量为 88 项，占项目总

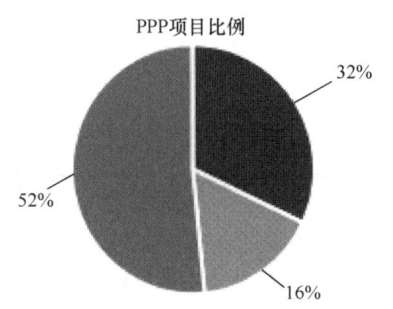

图 3-46　东中西部地区
PPP 供水项目比例图

数的 19％，如表 3-11 和图 3-47 所示。由此可见，城市供水行业 PPP 项目仍以新建项目为主，存量项目和改扩建项目相对较少，这主要是由于新建项目的项目边界较为清晰，且建设、运营一体化的方式便于社会资本更好地控制成本与质量，可以有效地规避建设方和运营方之间相互推脱责任问题。

不同运作模式下的 PPP 供水项目数量   表 3-11

运作模式	BOT	TOT	ROT	其他
PPP 项目个数（个）	311	32	27	88

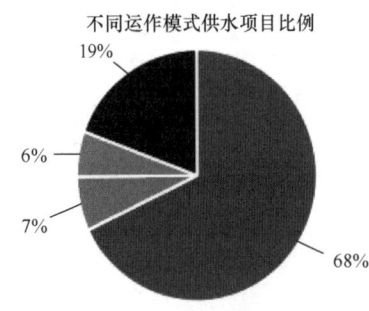

图 3-47　不同运作模式下的
PPP 供水项目数量

从地区分布情况来看，东部地区的供水 PPP 项目主要以 BOT 模式为主，占该地区项目总数的 65％，采用 ROT 模式的供水项目稍多余 TOT 模式，分别占项目总数的 9％和 7％，另外有 27 个项目采用其他运作方式。西部地区采用 BOT 模式运作的供水项目高达项目总数的 70％，采用 TOT 模式运作的项目多于 ROT 项目，占项目总数的 7％。中部地区的城市供水 PPP 项目数量相对较少，项目大

部分仍以采用 BOT 模式为主，占项目总数的 65%，采用 TOT 和 ROT 模式运作的项目数量相等，均为 5 项，采用其他模式运作的供水项目为 16 项，详见表 3-12 和图 3-48。

不同地区 PPP 供水项目运作模式 表 3-12

运作模式	BOT	TOT	ROT	其他
东部	96	11	13	27
西部	166	16	9	45
中部	49	5	5	16

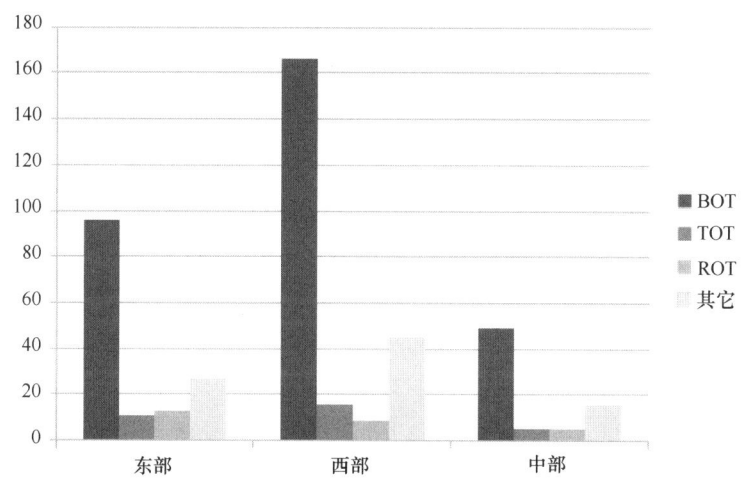

图 3-48 不同地区 PPP 供水项目运作模式

（三）供水行业 PPP 项目的特许经营期

不同 PPP 模式下企业和政府所需承担的责任和风险存在差异，这决定了不同 PPP 模式下的特许经营期限是不同的。城市供水行业特许经营的运作方式大体以 BOT、TOT 模式为主，涉及水厂单元的一次性投资，项目运作是个较长时期的过程，因此特许经营期一般在 10 年以上。通过分析财政部 PPP 项目库中数据可知（如表 3-13 和图 3-49 所示），特许经营期在 10～20 年的项目有 170 个，占项目总数的 54%。特许经营期在 21～30 年的项目有 137 个，占项目总数的 43%。其他期限的项目数量仅有 8 个，占项目总数不足 3%。

供水行业 PPP 项目的特许经营期 表 3-13

特许经营期	10～20 年	21～30 年	其他	总计
数量	170	137	8	315

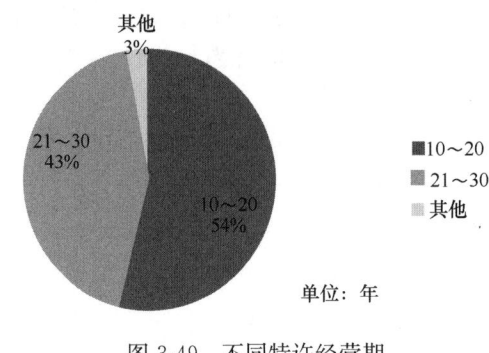

图 3-49 不同特许经营期
下城市供水 PPP 项目占比

由表 3-14 及图 3-50 可知，不同地区城市供水项目的特许经营期长短存在明显差异。从东部地区来看，特许经营期在 10～20 年的项目有 53 个，期限在 21～30 年的项目数量 47 个，整体来看，这两个时间阶段的项目数量差别不大。在中部地区，特许经营期在 10～20 年的项目数量仅有 15 个，而期限在 21～30 年间的项目数量有 29 个，是 10～20 年项目数量的两倍。由此可见，中部地区城市供水 PPP 项目的特许经营期较长。此外，在西部地区，特许经营期在 10～20 年的项目有 102 个，而期限在 21～30 年的项目数量仅有 61 个，远低于期限 10～20 年间的项目数量。因此，与中部地区相比，西部地区的城市供水行业 PPP 项目的特许经营期相对较短。

不同地区 PPP 供水项目的特许经营期 表 3-14

特许经营期	10～20	21～30	其他
东部	53	47	4
中部	15	29	0
西部	102	61	4

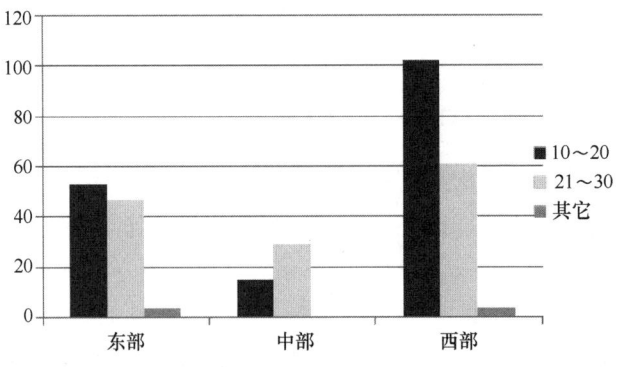

图 3-50 不同地区 PPP 供水项目的特许经营期

（四）供水行业 PPP 项目的签约金额

从城市供水 PPP 项目的签约金额来看，供水行业 PPP 项目多为中小型项目。签约金额为 1 亿～5 亿的项目数量最多，为 237 项，5000 万～1 亿的项目共

75 项，两者占比约为 68%。另外，小于 5000 万签约金额的项目共有 60 项，占项目总数的 13%。而大于 10 亿的项目数量仅为 36 项，占项目总数不足 8%（详见表 3-15 和图 3-51）。大于 20 亿的项目共有 5 项，主要分布辽宁、黑龙江、湖南、河南、福建等地区，其中在西部地区中的甘肃和青海共有 4 个项目的签约金额大于 30 亿元，分别是天水曲溪城乡供水工程、青海省湟水干流（东部城市群）供水 PPP 项目、引洮供水二期工程、石化园区供水工程。河南省有一个签约金额大于 50 亿元的项目，即河南省大别山革命老区引淮供水灌溉工程。

供水行业 PPP 项目的签约金额　　　　　　　　　　　　表 3-15

签约金额	小于 5000 万	5000 万～1 亿	1 亿～5 亿	5 亿～10 亿	10 亿～20 亿	大于 20 亿
数量	60	75	237	50	25	11

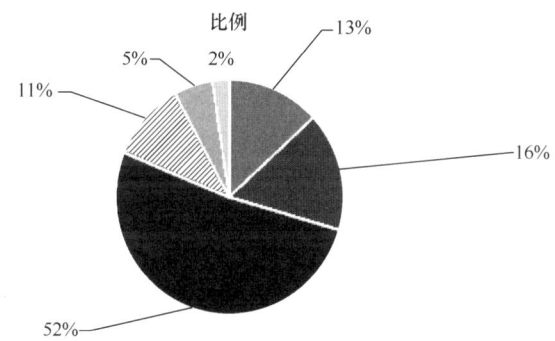

图 3-51　供水行业 PPP 项目的签约金额

从项目签约金额的地区分布来看，东中西部地区以 1 亿～5 亿的项目为主。从东部地区来看，小于 1 亿元的项目数量共有 36 个，占该地区项目总数的 25%，大于 10 亿元的项目数量共有 22 项，占项目总数的 15%，因此来看，该地区项目数量以中小型项目为主，大型项目数量偏低。中部地区小于 1 亿的项目数量为 16 个，占该地区项目总数的 21%，大于 10 亿元的项目数量共有 5 项，仅占项目总数的 7%，另外 1 亿～10 亿元的项目共有 54 项，占项目总数的 72%，因此可以看出中部地区与东部地区相比，大型项目数量较低。此外，西部地区小于 1 亿元的项目数量共有 83 项，占项目总数的 35%，大于 10 亿元的项目数量为 9 项，占项目总数不足 4%，而在 1 亿～10 亿元之间的项目数量共有 144 项，占项目总数的 61%。因此，西部地区以中小型项目为主，该类项目的特点是进入门槛较低，易于吸引民营资本参与。

不同地区 PPP 供水项目的签约金额　　　　　　　　　　　表 3-16

签约金额	小于 5000 万	5000 万～1 亿	1 亿～5 亿	5 亿～10 亿	10 亿～20 亿	大于 20 亿
东部	14	22	73	16	17	5
中部	6	10	43	11	3	2
西部	40	43	121	23	5	4

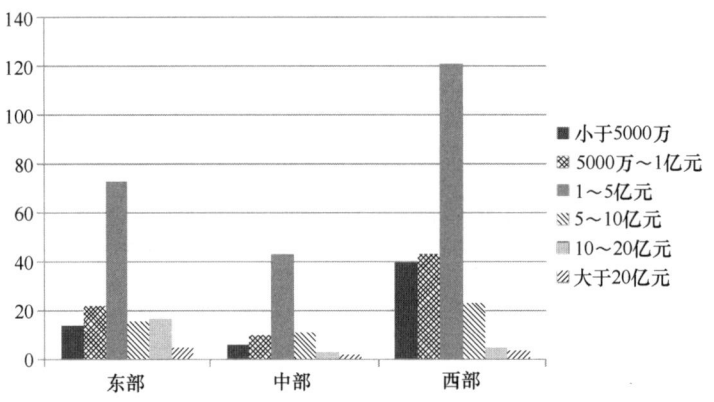

图 3-52　不同地区供水 PPP 项目的签约金额

（五）供水行业 PPP 项目的运作阶段

从财政部 PPP 项目库中项目运作阶段来看，位于识别阶段的项目共有 213 个，占项目总数的 68%；其次，处于准备阶段的项目有 57 个，占项目总数的 18%；另外很少部分项目处于采购阶段，共有 17 个，仅占项目总数的 5%；而处于执行阶段的项目仅为 28 个，占项目总数不足 9%，如表 3-17 和图 3-53 所示。因而接近七成的项目仍处于识别阶段，真正处于实施阶段的项目不到两成。由此可见，我国城市供水 PPP 项目实施情况仅处于初级阶段，需要融入大量的社会资本进行合作，从而推进项目的有效实施。

供水行业 PPP 项目的运作阶段　　　　　　　　　　　表 3-17

运作阶段	识别阶段	准备阶段	采购阶段	执行阶段	总计
数量	213	57	17	28	315

从地区分布来看，各地区项目运行阶段分布情况大体类似，都以识别阶段项目为主。从东部地区来看，处于识别阶段的项目占项目总数的 49%；处于准备阶段的项目有 29 个，占项目总数 27%；而处于采购阶段和执行阶段的项目共 24 个，占项目总数的 23%。中部地区处于识别阶段的项目共 25 个，占项目总数 57%；处于准备阶段的项目仅 9 项，占项目总数 20%；另外处于采购阶段和执

行阶段的项目共 10 个，占项目总数的 23%。在西部地区，处于识别阶段的项目有 137 项，占项目总数的 82%；处于准备阶段的项目占该地区总项目数的 11%；另外处于采购阶段和执行阶段的项目共有 11 项，占项目总数不足 7%。由此来看，东部地区项目的运作速度明显要快于中部地区和西部地区，处于执行阶段的项目占到项目总数的 15%，相反西部地区项目的运作速度较为缓慢，绝大

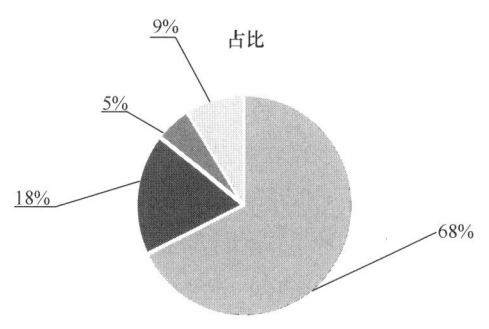

图 3-53　供水行业 PPP 项目的运作阶段

多数项目仅处于第一阶段，而处于执行阶段的项目不到项目总数的 5%。

不同地区 PPP 供水项目运作阶段　　　　　　　　　　表 3-18

运作阶段	识别阶段	准备阶段	采购阶段	执行阶段
东部	51	29	9	15
中部	25	9	5	5
西部	137	19	3	8

二、　中国供水行业 PPP 存在的主要问题

在城市供水行业推行 PPP 的过程中，依然存在着一些问题，其中，招投标的不规范是城市供水行业 PPP 过程中存在的主要问题。为此，本部分将主要从招投标的角度对我国城市供水行业 PPP 存在的主要问题进行分析。

（一）招投标运行机制与平台建设不健全

在供水行业 PPP 项目招投标过程中，招投标操作机构与招投标监管机构职能交叉、行业分割、多头监管现象依然存在，造成监管缺位、错位和不到位。同时，由于供水行业监管主体缺乏监管工作细则，往往造成对供水 PPP 项目监管的随意性，对行政监督部门在招标、评标过程中监督的缺位、错位和不到位缺乏相应的责任追究制度，从而影响供水 PPP 项目招投标工作的公开、公平、公正。此外，多数省市尚未建立以省为单位的综合评标专家库，同时，在一定程度上还存在地方封锁问题，降低了评标专家的选择范围，甚至存在利益相关者作为评标专家的情况，增加了 PPP 运作过程中运营企业低效或无效运营的风险。

（二）一些招标代理机构的行为有失规范性

在供水行业 PPP 项目招投标过程中，政府或行业主管部门为了有效选择特许经营企业，委托招标代理机构负责项目招投标工作成为惯例。但招标代理机构存在以下几方面问题：一是为了获取政府或行业主管部门的招标代理费用，帮助招标方通过各种手段内定中标人，从而扰乱正常的招投标市场秩序。二是招标代理机构与投标人串谋，泄露标底，获取意外"报酬"。三是一些招标代理机构内的从业人员技术水平和职业素质偏低，无法为委托人提供有效的代理服务。四是收费名目繁多，缺乏统一的收费标准。例如招标文件费，收取费用在几百乃至数千元不等，而投标方只能被迫接受。目前招投标监管的对象主要是招标程序的透明化、合理化监管，而缺乏对招标内容的监管，这增加了供水行业 PPP 项目特许经营企业的选择风险。

（三）一些项目招标流于形式形成无效竞标

特许经营权竞标机制运用和特许经营模式选择是供水 PPP 项目的重要内容。城市政府在推进供水行业 PPP 过程中，招投标成为应用最为广泛的方式。但由于特殊的地域环境和政企合谋等客观事实的存在，有些供水 PPP 项目尚未采用招投标方式选择特许经营企业。而一些名义上采用招投标的项目，往往利用资格预审、推荐入围投标人、推荐评标专家以及评标办法中的人为因素影响评标结果，形成明标暗定、暗箱操作现象，从而使招投标流于形式。正是由于形式招标的存在，使得一些项目在特许经营权竞标过程中往往出现劣币驱除良币的现象，从而增加特定供水 PPP 项目的运营风险，打破了通过招投标选择特许经营主体从而提升运营效率和解决融资难题的初衷。

（四）竞标机制不合理制约着运营企业的选择

在供水行业 PPP 项目竞标过程中存在诸多机制，不同项目由于项目特征、所在城市特点以及监管者目标差异等原因，往往会出现不合理的竞标机制，限制了最优企业的选择。具体有：第一，基于政府目标，将非竞标要素引入特许经营权竞标机制。如个别城市迫于政府考核压力，在竞标机制中加入外资投资额度限制，从而增加了运营效率较高、但外资额度较低的企业中标的难度。第二，一些存量项目过于强调资产变现和国有资产的保值增值，从而产生多个资产溢价项目。第三，特许经营合同中约定的初始定价与调价机制难以激励特许经营企业提高效率。第四，保底服务量增加了政府财政负担。

三、 完善中国供水行业 PPP 的政策建议

为规范城市供水行业 PPP 项目，需要从法律法规、招标监管、投标监管和评标监管等方面，逐步提升城市供水行业 PPP 项目的运作效果。

（一）完善城市供水行业 PPP 招投标的法律法规

长期以来，我国招投标领域主要以建筑项目招投标为核心，目前已基本形成以《中华人民共和国招标投标法》为主，相关基本法律及相关法规、条例、规章为辅的以建设工程招标投标为核心的法律制度。这些法规制度体系的建立，对促进相应行业的健康发展、惩处违法行为、规范工程建设行业起到积极的促进作用。同时也对构建招投标的信用体系和监管机制提供有效的法律依据。但现有竞标法律法规制度体系的核心是建筑项目，大大降低法律法规在具有运营环节的特许经营项目的适用性。为此，首先需要以《中华人民共和国招标投标法》为参照系，结合城市供水行业等城市公用事业属性，制定《城市公用事业特许经营招标投标管理办法》。同时，建议省市结合国家及部委出台的相关政策，建立适应地区发展实际的管理办法、规范性文件等地方法规。其次，明确不同性质企业参与竞标的平等机制与外资并购审查制度。近年来国家大力推进社会资本通过 PPP 方式参与城市供水企业的融资、建设、运营等环节。在社会资本进入城市供水行业过程中，建议国家和地方出台相应法规明确产权性质与竞标企业中标的无关性。此外，外资进入城市供水行业时，可能造成资产和产品的安全风险，为此建议依据《关于建立外国投资者并购境内企业安全审查制度的通知》（国办发〔2011〕6号），由住房和城乡建设部、商务部等部门联合出台《城市公用事业外资并购境内企业安全审查制度》。再次，取消产品招投标所采用的"经评审的最低投标价法"，建议采用"经评审的低于平均投标价法"的办法实施招投标。在实践中，一些投标人为了中标，不惜低于成本报价，中标后则采取偷工减料、高价索赔等方式弥补损失，有的甚至以停工、延期竣工等手段迫使招标人增加费用，从而获得额外盈利。为此，建议取消产品招投标所采用的"经评审的最低投标价法"，建议采用"经评审的低于平均投标价法"的办法实施招投标。

（二）强化对项目招标的监管

招标阶段是城市供水行业特许经营权竞标的初始阶段，为选择最有效率的特许经营企业运营特定城市供水特许经营项目，需要从招标方式、招标文件、招标代理机构选择三个方面来强化对城市供水企业特许经营权竞标项目的监管。首

先，依据项目特征合理选择公开招标和邀请招标方式。其次，招标人应编制与 PPP 项目相匹配的招标文件。再次，通过竞标方式选择合适的城市供水 PPP 项目招标代理机构。长期以来，我国尚未形成招标代理机构的公开竞争平台，招标代理机构的选择缺乏明确的制度规范和评判标准。许多代理机构仍然以托朋友、找关系为承接代理业务的通行做法，扰乱了公平代理的竞争秩序。为此，建议政府在选择城市供水 PPP 项目的招投标代理机构时，采用公开招标方式，让诸多招标代理机构公平竞争，从而选择专用性强、服务水平高、招标业绩好的代理机构。

（三）加强对项目投标的监管

城市供水行业 PPP 项目投标过程中需要政府监管部门对招标人与投标人以及投标人之间的合谋行为、投标人为提高中标概率寻求恶意低价竞标行为以及对投标人失信行为的监管。为此，首先，通过政府监管降低城市供水 PPP 项目竞标过程中合谋行为的发生概率。城市供水 PPP 项目招投标的合谋行为包括招标人与投标人之间的纵向合谋以及投标人之间的横向合谋行为两类。其中，招标人与投标人之间的纵向合谋容易使投标人陷入囚徒困境、损害初始委托人的利益。而招标人之间的合谋行为会抬高特许经营项目的产品或服务的单位价格或费用，进而损害消费者福利或增加政府财政负担。为此，需要设计适宜的监管机制规避城市供水行业 PPP 项目特许经营权竞标过程中的合谋行为。为此，优先选择竞标最低特许经营项目服务价格或服务费的方式，从而规避纵向和横向合谋。同时，通过将招标者变成剩余索取权和剩余控制权的获益者，从而降低纵向合谋的发生概率。其次，运用价格监管手段避免最低价中标机制中出现恶意低价情况。再次，建立失信惩罚机制规避竞标企业的失信行为。通过建立严格的市场准入机制，倒逼失信企业退出竞标市场。其中，对涉及挂靠投标、非法转包、违法分包、合谋投标、虚假投标，发生过严重质量、安全事故和严重投标失信、履约失信、行贿受贿行为的投标人以及违法违规的检测机构和人员，要依法作出严肃处理，将其拉入黑名单，限制其再次参与城市供水等市政公用行业 PPP 项目的招投标。同时，对资质较好、信誉度较高的诚信单位应给予一定的政策支持，从而促进城市供水行业 PPP 项目招投标的健康发展。

（四）优化项目的评标指标体系与评分办法

根据项目特征建立与其相适应的评标体系，同时根据选择特许经营企业的目标确定不同指标的权重。首先，根据项目竞标机制不同、是否为新建项目、是否涉及特许经营权转让或资产权转让，合理建立城市供水 PPP 项目的评标指标体系。重点考虑社会效益指标、投标联营体指标和项目成本指标。社会效益指标主要反映城市供水 PPP 项目的社会效益，在评标时应主要考察投标者基于政府或其代理机构所发布招标文件而提出的方案优化或改进方案，包括项目的建设、运营、服务、维护水平的提高，对项目影响区域的经济促进作用，项目环境保护措施和项目安全管理措施等。投标联营体指标主要反映投标企业的基本情况，包括项目投标联营体各方的资信情况、社会声誉和业界声誉、企业组合搭配、财务状况、业绩情况以及投标担保等。项目成本指标包括特许经营期限、建设成本、运营成本、融资成本（可折算为单位产量或服务的综合成本或收费价格）以及投资回报率等。其次，采用客观赋权为主导、主观赋权为指导的双重机制，实现科学赋权。

第四章　排水与污水处理行业发展报告

十二五"期间，我国在排水和污水处理行业方面的投资持续增加，建设稳步推进，城镇污水处理厂处理能力显著提升，污水处理率明显提高，远超"十二五"规划目标。目前，中国城市排水与污水处理行业已基本形成国有及国有控股企业、外资及港澳台资企业、私营企业和上市公司等多种市场主体共同竞争的格局。BOT、TOT、ROT等PPP模式在污水处理项目中逐渐被推广运用，特别是新建污水处理设施，多采用BOT模式进行建设和运营，极大地缓解了中国污水处理设施建设的资金压力，同时提高了设施的运营效率。新时期污水处理公私合作改革一方面具备了良好的实践基础，但同时早期的公私合作改革探索也暴露出了一些问题，而且经过二十多年的发展，污水处理行业的内涵外延、市场结构等都发生了变化，对污水处理公私合作改革提出了新的挑战。本报告分析了"十二五"期间中国排水与污水处理行业的投资与建设、生产与供应、市场结构和成效等方面，全面回顾了排水与污水处理行业公私合作历程，并重点研究了排水与污水处理行业公私合作的现状与问题。

第一节　排水与污水处理行业投资与建设

　　"十二五"期间，随着我国国民经济建设和社会发展，城市化和工业化进程加速，对排水和污水处理的需求日益增加，党中央、国务院高度重视城镇生活污水处理设施等环境公共基础设施建设，将其作为提升基本环境公共服务、改善水环境质量的重大环保民生工程和建设资源节约型、环境友好型社会的重要工作任务，我国在排水和污水处理行业方面的投资持续增加，建设稳步推进。

　　2000～2010年，我国排水与污水处理行业经过十年快速发展，设施建设水平迅速提高，但总体上，我国排水与污水处理行业仍存在污水处理率低、污水配套管网建设相对滞后、设施建设不平衡、部分处理设施不能完全满足环保新要求、多数污泥尚未得到无害化处理处置、污水再生利用程度低、设施建设和运营资金不足、运营监管不到位等问题。2013年8月，国务院发布《关于加快发展节能环保产业的意见》，提出到2015年，所有设市城市和县城具备污水集中处理能力和生活垃圾无害化处理能力，城镇污水处理规模达到2亿立方米/日以上，采取政府建网、企业建厂等方式，鼓励城镇污水垃圾处理设施市场化建设和运营。根据《"十二五"全国城镇污水处理及再生利用设施建设规划》和《城镇污水处理"十二五"规划》要求，到2015年，全国污水处理率将进一步提高，其中城市污水处理率达到85%，县城污水处理率平均达到70%，建制镇污水处理率平均达到30%。截至2015年，我国污水处理行业发展的各项指标均达到或超额完成"十二五"规划的预期目标，取得了显著的建设成就。

一、　设施投资与建设总体情况

（一）我国在排水、污水处理及再生利用方面的投资情况

　　按照建设资源节约型、环境友好型社会的总体要求，顺应人民群众改善环境质量的期望，中央和地方政府不断加大对城镇污水处理设施建设和运营的投资力度，我国排水与污水处理行业快速发展。表现之一是：我国在排水和污水处理方面的投资稳步增长。如图4-1所示，我国在2010年在城市排水方面的投资901.6亿元，而2015年，城市排水投资达到了982.7亿元，增加81.6亿元。值得注意的是，十一五期间，我国城市排水总投资为2868.9亿元，而十二五期间城市排

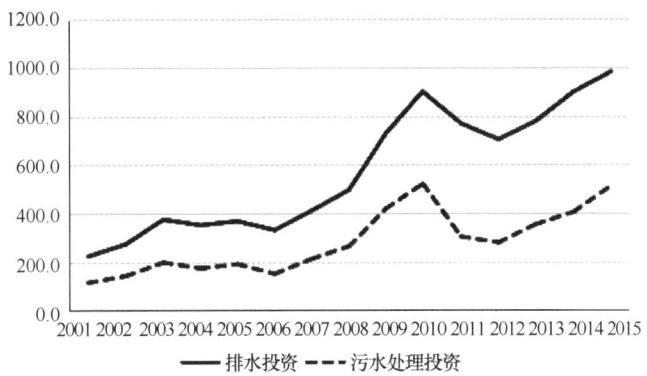

图 4-1 我国历年在排水建设方面的投资

水总投资达到了 4136.2 亿元，较十一五期间增长了 44.2％。

此外，在污水处理方面的投资也有较大增长，具体来说，2001 年起始投资为 116.4 亿元，2015 年达 512.6 亿元，增加了 4.4 倍，年均增长率在 28％以上。

（二）我国在排水和污水处理及再生利用方面的建设情况

《"十二五"全国城镇污水处理及再生利用设施建设规划》以提升我国城镇生活污水处理及再生利用能力和水平为主要目标，明确了"十二五"期间的建设任务。其中规划排水管道长度新增 15.9 万公里，实际上 2010 到 2015 年期间，我国的排水管道长度由 36.96 万公里增加至 53.96 万公里，超额完成任务，实现了巨大突破。

在污水处理及再生利用方面，截止 2015 年底，共建有污水处理厂 1944 座，日均处理能力达 14038 万立方米，较 2010 年年底的 11303 新增约 3600 万立方米／日，并未达到"十二五"规划的 4569 万立方米／日目标。因此在下个阶段中，应对此指标重点突破。另外我国积极稳妥地推进再生水利用设施建设，截止 2015 年底，再生水利用量达 444943 万立方米。可见这一时期，我国对城市排水和污水处理及再生利用日益重视，投资不断增加，建设日益增长，成就斐然。

（三）污泥处理处置设施的投资建设情况

十二五期间，我国污泥处理处置设施的投资一直维持在一个较高的水平，年平均投资约为 20.12 亿元，其中 2013 年最高达到了 24.54 亿元，2012 年最低为 17.04 亿元（见图 4-2）。在污泥处理规模方面，2015 年我国污泥处置总量为 2774.26 万吨，较 2010 年的 1972.56 万吨增长了 40.6％。其中，2010～2015 年，城市污泥处置总量由 1798.17 万吨上升到了 2389.80 万吨，新增 591.63 万吨，超额完成了十二五规划的新增 383 万吨的目标；县城污泥处置总量由 173.46 万吨上升到了 382.99 万吨，新增 209.53 万吨，增幅达到了 "98 万吨"，是预定目标的两倍。可见十二五期间，我国污泥处理处置设施得到了较快的发展。

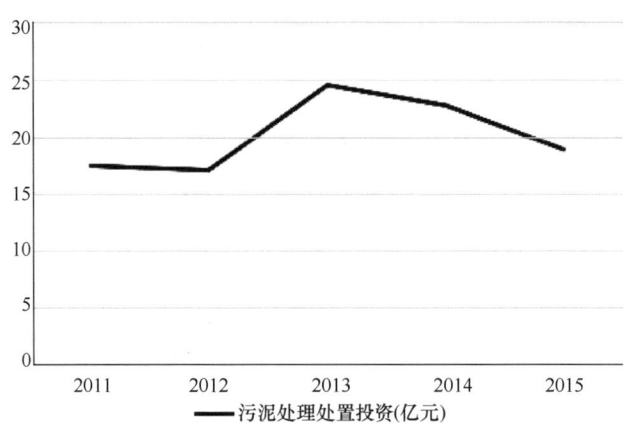

图 4-2　我国历年在污泥处理处置设施建设方面的投资

二、 东、 中、 西部地区设施投资与建设情况比较

（一）东、中、西部地区排水、污水处理投资情况对比

为进一步做好城镇污水处理工作，应在 "十一五" 取得积极成效的基础上，从解决当前我国城镇污水处理设施建设发展不平衡问题着手，按照填平补齐的原则，合理安排各地污水处理设施新增能力。

2015 年，我国在城市排水、污水处理固定资产方面的投资总计达 1514.1 亿元，其中在排水方面投资达 982.6 亿元，污水处理、污泥处理和再生水利用方面的投资分别为 378.5 亿元、18.9 亿元和 134.1 亿元。

东部地区在投资方面遥遥领先，在排水、污水处理、污泥处理、再生水利用方面的投资分别为 560.8 亿元、181.0 亿元、13.9 亿元和 13.9 亿元，分别占到了全国投资额的 57%、48%、74% 和 84%，占到了绝大多数；中部地区在排水、污水处理、污泥处理、再生水利用方面的投资分别为 282.1 亿元、152.4 亿元、3.61 亿元、3.7 亿元，分别占全国投资的 29%、40%、19% 和 3%；西部地区在排水、污水处理、污泥处理、再生水利用方面的投资分别为 139.7 亿元、45.1 亿元、1.3 亿元和 1.3 亿元，占全到 14%、12%、7% 和 6%，不论绝对数还是相对数，都较小。

（二）东、中、西部地区排水、污水处理设施建设情况对比

从建设情况来看，2015 年，全国共建成排水管道总长 539567 公里，污水处理厂 1944 座。其中东部地区为 327772 公里和 1128 座，中部地区为 134155 公里和 498 座，西部地区为 77639 公里和 318 座，也是东部占有大多比例，中部和西部略少，如表 4-1 所示。另外根据"十二五"规划，东、中、西部地区日均污水处理能力分别要达到 1898 万立方米/日、1477 万立方米/日、1194 万立方米/日的目标，在 2015 年年底均超额完成。

东、中、西部地区城市排水与污水处理投资与建设情况对比地区　　　表 4-1

地区	固定资产投资情况（万元）				各项建设情况		
	排水	污水处理	污泥处理	再生水利用	排水管长（公里）	污水厂（座）	处理能力（立方米/日）
东部地区	5608472	1809919	139132	139132	327772	1128	8544.5
中部地区	2821474	1524187	36148	36148	134155	498	3521.0
西部地区	1396896	450933	13343	13343	77639	318	1972.9
全国合计	9826842	3785039	188623	1340923	539567	1944	14038.4

考虑到各地区城市化水平和人口密度的差异，对比各地区城市排水管网密度和污水处理强度的话，2015 年，我国城市排水管网的密度达到了 10.36 平方公里，东部地区达到 11.82 平方公里，高于全国平均水平，中部、西部地区分别为 8.94 平方公里、8.31 平方公里，均低于全国平均水平。对比污水处理率发现：2015 年我国平均达到了 91.90％，东部地区为 92.80％，高于全国平均值，中部地区为 91.85％，基本与全国平均值持平，而西部地区为 88.25％，低于全国平均水平，可见我国在排水和污水处理的投资与建设方面，受经济和社会发展水平的影响，东中西部差异比较明显，东部地区无论是从投资与建设的绝对数量，相对数量，还是覆盖程度与处理水平上，都领先于中西部地区，中西部地区的投资与建设情况较为落后，今后须增加投资，强化建设。

三、　各省市设施投资与建设情况比较

我国幅员辽阔，改革开放以来，各省份经济和社会发展水平展现出极大差异，在排水与污水处理方面的投资与建设情况也不尽相同。遵循"十二五"规划中"统筹规划，合理布局"的基本原则，污水处理要与经济社会发展水平相协

调，与城镇发展总体规划相衔接。表 4-2 给出了 2015 年各省份在排水与污水处理上投资与建设的相关数据。可以看出各省份在投资与建设方面差异很大。

各省在城市排水、污水处理上的投资与建设概况（2015 年）　　表 4-2

地区	固定资产投资情况（万元）				建设情况	
	排水	污水处理	污泥处理	再生水利用	排水管长（公里）	污水处理厂（座）
全国	9826842	3785039	188623	1340923	539567	1944
北京	1489182	138960	41547	1015118	15528	51
天津	164808	49725	9684	9404	19543	49
河北	201583	44581		2850	16964	76
山西	245324	195218		407	7860	38
内蒙古	378320	129787	6342	24203	12542	41
辽宁	84271	28203	80		17074	93
吉林	197636	170617			10319	41
黑龙江	132143	102515	99	7239	10345	63
上海	84236	25974	9463		16920	49
江苏	1233404	447964	47176	22770	70048	196
浙江	653121	398782	17009	3722	38203	83
安徽	466515	148069	1522	4680	24399	67
福建	302962	185884	646		13340	50
江西	191042	93690	1475		11983	39
山东	692349	170653	9044	3668	52183	161
河南	244412	135990	1200	9724	20467	72
湖北	511357	262993	500		23042	77
湖南	454725	285308	25010		13199	61
广东	253136	177237		735	53587	254
广西	387012	122966	4483		10588	41
海南	62408	18990		4513	3792	25
重庆	58782	26367		1098	12961	46
四川	269771	128496			22486	82
贵州	207214	58547	5843	3600	5895	31
云南	124968	26562		3700	11477	34
西藏	51327	42625			1422	3
陕西	153874	86766	3000	10330	8026	37
甘肃	139324	43653	4500	9764	5558	22
青海	36579	8502			1668	11
宁夏	15806	392			1608	13
新疆	339251	29023		203398	6538	39

2015 年，全国排水设施固定资产投资共 982.7 亿元，其中各省排水设施投资表现出较大差异，如图 4-3 所示。其中，北京市在排水设施领域的投资遥遥领先，当年达到了 148.9 亿元，江苏省次之，为 123.3 亿元，当年排水固定资产投资超过 50 亿元的还有安徽浙江省、山东省、湖北省，分别为 65.3 亿元、69.2 亿元和 51.1 亿元；投资额在 20～50 亿元之间的有河北、山西、内蒙古、安徽、福建、河南、湖南、广东、广西、四川、贵州、新疆几个省、自治区；10～20 亿元之间的有天津、吉林、黑龙江、江西、云南、陕西和甘肃几个省市；投资 10 亿元以下的有辽宁、上海、海南、重庆、西藏、青海、宁夏等几个省、自治区，其中宁夏回族自治区最少，仅有 1.58 亿元，青海省次之，为 3.66 亿元。

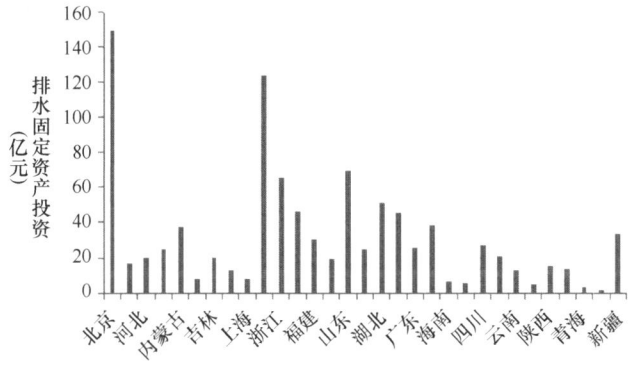

图 4-3 各省排水固定资产投资额

污水处理方面，2015 年全国共完成固定资产投资 378.5 亿元，如图 4-4 所示，省际差异也十分明显。其中江苏省当年投资最多，达 44.80 亿元，浙江省次之，为 39.87 亿元，投资在 20 亿元以上的还有湖南省和湖北省，分别为 28.53 亿元和 26.30 亿元。而投资最少的为宁夏回族自治区，为 0.04 亿元，青海省次

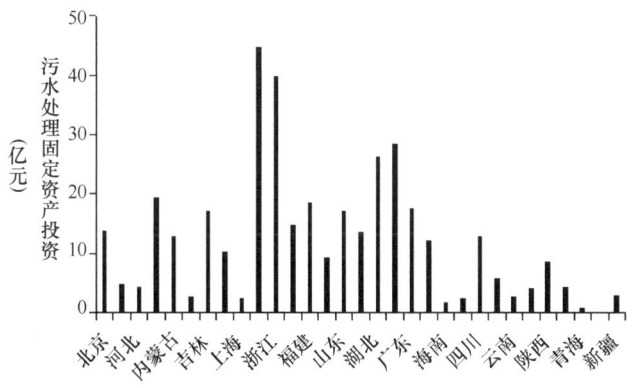

图 4-4 各省在污水处理固定资产上的投资（2015 年）

之，是 0.85 亿元。

在排水和污水处理设施建设方面，至 2015 年，全国共建成排水管道 539567 公里，城市排水管道覆盖密度达到了 10.36 公里/平方公里。如图 4-5 所示，各省建成排水管道江苏省最长，达 70048 公里，其次为广东省、山东省和浙江省，分别为 53587 公里、52183 公里、38203 公里，西藏、宁夏和青海最少，分别为 1422 公里、1608 公里和 1688 公里。从城市排水管网的密度来看，天津、上海、江苏和浙江最高，分别达 22.07 公里/平方公里、16.94 公里/平方公里、16.72 公里/平方公里和 14.75 公里/平方公里；宁夏、新疆、黑龙江和甘肃最小，分别为 3.53 公里/平方公里、5.52 公里/平方公里、5.84 公里/平方公里和 6.66 公里/平方公里。

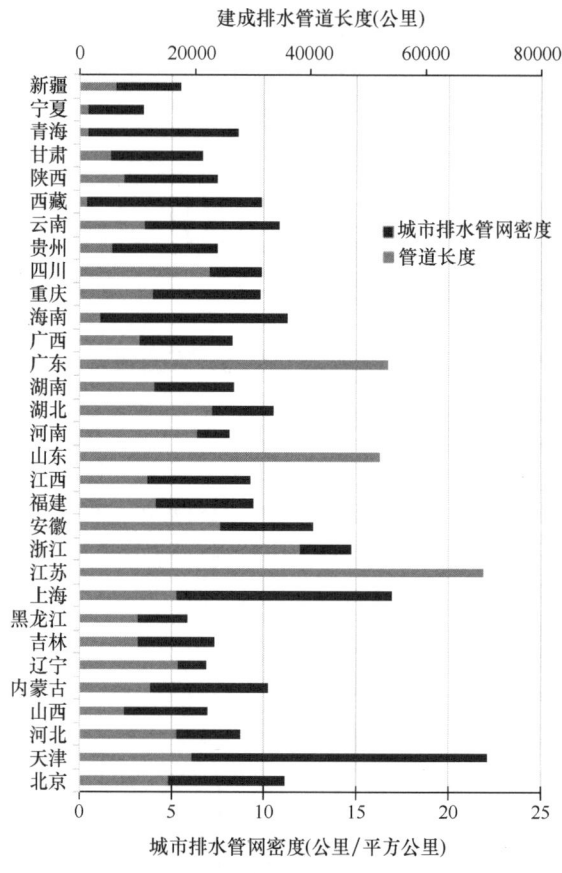

图 4-5　各省建成排水管道长度及排水管网分布密度

2015 年，我国共建成污水处理厂 1944 座，污水处理率达到了 89.34%，如图 4-6 所示。其中广东省拥有的污水处理厂数量最多，达 254 座，其次为江苏和山东，分别为 196 座和 161 座，西藏、青海、宁夏、甘肃拥有的污水处理厂数最少，分别为 3 座、11 座、13 座和 22 座。污水处理方面，从统计数据看，总体的污水处理率较高，除了西藏（19.07%）和青海（59.98%）外，其他省份都在70% 以上，安徽省城市污水处理率最高，达到了 96.68%，其余高于全国平均水平的还有山东省（95.77%）、河北省（95.34%）、贵州省（95.17%）、重庆市（94.78%）、江苏省（93.92%）、广东省（93.65%）、河南省（93.57%）、广东省（93.65%）、内蒙古自治区（93.14%）、辽宁省（93.08%）、宁夏回族自治区（93.05%）、上海市（92.85%）、湖南省（92.74%）、浙江省（91.95%）。

图 4-6　各省、自治区建成污水处理厂座数及污水处理率

第二节　排水与污水处理行业生产与供应

一、　排水与污水处理设施运行情况

城镇排水与污水处理设施作为环境公共基础设施，是提升基本环境公共服务、改善水环境质量的重大环保民生工程和建设资源节约型、环境友好型社会的重要工作任务。"十二五"期间，中央和地方政府不断加大对城镇污水处理设施建设和运营的投资力度，我国排水与污水处理行业快速发展。

（一）城镇污水处理厂处理能力显著提升

截止 2015 年底，全国设市城市建成投入运行污水处理厂 2367 座，十二五期间新增污水处理厂 707 座，占污水处理厂总数的 30％，城市污水处理能力达到了 1.36 亿立方米/日；县城污水处理厂累计建成污水处理厂 1801 座，十二五期间新增 673 座，占总数的 37％，县城污水处理能力达到了 0.30 亿立方米/日；乡镇污水处理厂累计 790 座，新增污水处理厂 460 座，占总数的 58％，乡镇污水处理能力达到了 0.11 亿立方米/日。

在城镇污水处理厂运行方面，全国 36 个大中城市（直辖市、省会城市和计划单列市）建成投入运行污水处理厂 536 座，累计处理污水量 191.3 亿立方米，较 2010 年增长 44.4％。2015 年，全国城镇污水处理厂累计处理污水 511.0 亿立方米，比 2014 年增长 6.4％。到 2015 年底，全国设市城市、县累计建成污水处理厂 4185 座，设计污水处理能力约 1.66 亿立方米/日，较 2010 年年底新增约

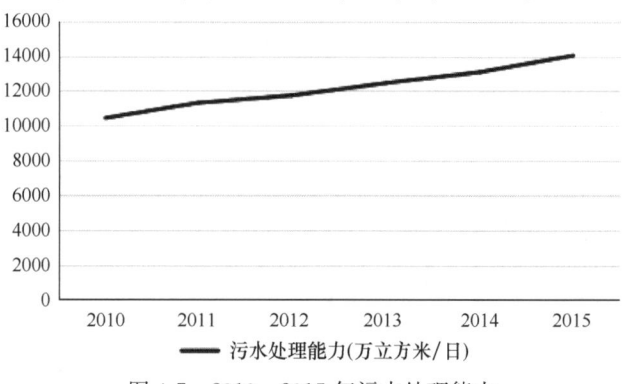

图 4-7　2010～2015 年污水处理能力

4100 万立方米/日,如图 4-7 所示。

在污泥处理设施运行方面,2010 年到 2015 年,全国污泥处置总量从 1972.56 万吨上升到了 2774.26 万吨,较 2010 年增长 40.6%。其中,2010~2015 年,城市污泥处置总量由 1798.17 万吨上升到了 2389.80 万吨,新增 591.63 万吨,超额完成了十二五规划的新增 383 万吨的目标;县城污泥处置总量由 173.46 万吨上升到了 382.99 万吨,新增 209.53 万吨,增幅达到了"98 万吨"预定目标的两倍,如图 4-8 所示。

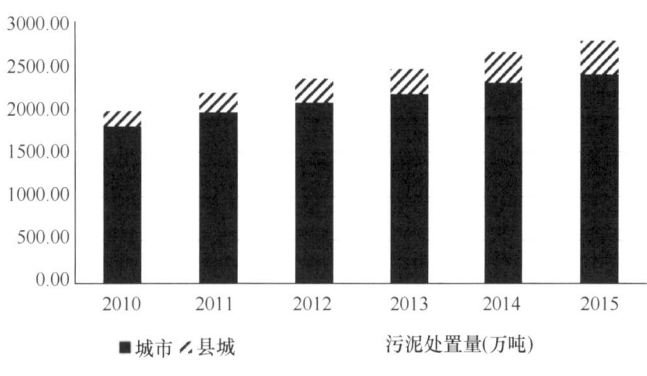

图 4-8　2010~2015 年污泥处置量

(二) 污水处理率明显提高,远超"十二五"规划目标

"十二五"规划明确指出,到 2015 年,污水处理率进一步提高,城市污水处理率达到 85%。2015 年,全国城市污水处理率平均水平为 91.90%,集中处理率为 87.97%;除西藏、青海外,其他省市的污水处理率都在 70% 以上,19 个省市超过 90%,圆满完成了"十二五"规划目标。如表 4-3 所示。十二五期间,我国城市污水处理率从 83.6% 提升到 91.9%,如图 4-9 所示;全国城市污水日

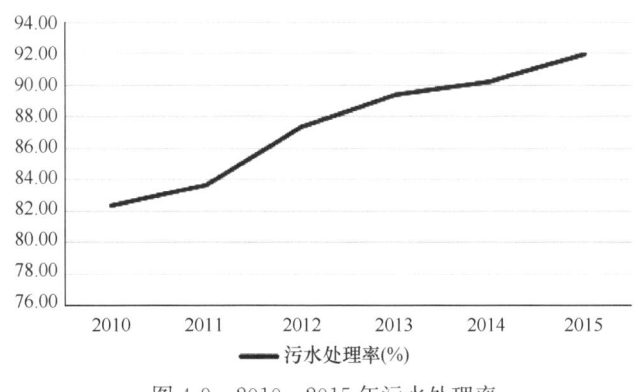

图 4-9　2010~2015 年污水处理率

处理量从 11303 万立方米/日提升到 14038 万立方米/日，增加近 3000 万立方米；年处理污水总量从不到 338 亿立方米提升到 428 亿多立方米，增加 91.3 亿立方米。

2015 年各省（自治区、市）城市污水处理率（单位：%）　　　表 4-3

序号	省（区、市）	城市污水处理率	城市污水集中处理率	序号	省（区、市）	城市污水处理率	城市污水集中处理率
	全国平均	91.9	87.97	16	河 南	93.57	93.11
1	北 京	88.41	85.92	17	湖 北	93.41	90.12
2	天 津	91.54	90.7	18	湖 南	92.74	86.22
3	河 北	95.34	93.89	19	广 东	93.65	93.25
4	山 西	89.2	88.34	20	广 西	90.02	67.75
5	内蒙古	93.14	93.14	21	海 南	74.24	74.24
6	辽 宁	93.08	90.5	22	重 庆	94.78	93.5
7	吉 林	90.38	89.71	23	四 川	88.52	82.46
8	黑龙江	84.41	68.73	24	贵 州	95.17	95.17
9	上 海	92.85	92.21	25	云 南	91.03	89.5
10	江 苏	93.92	80.37	26	西 藏	19.07	19.07
11	浙 江	91.95	88.6	27	陕 西	91.55	91.52
12	安 徽	96.68	91.8	28	甘 肃	89.62	80.04
13	福 建	89.47	87.45	29	青 海	59.98	59.98
14	江 西	87.74	86.63	30	宁 夏	93.05	80.85
15	山 东	95.77	95.67	31	新 疆	83.39	82.05

二、 排水与污水处理行业生产供应情况

（一）污水处理行业生产供应水平稳步提高

2010 年，我国虽然超额完成了"十一五"污水处理专项规划的要求，但污水配套管网建设相对滞后、部分处理设施不能完全满足环保新要求、污泥处理处置设施不足、污水再生利用程度低等生产供应问题仍然存在。在排水管道建设方面，2010 到 2015 年期间，我国的排水管道长度由 36.96 万公里提升到了 53.96 万公里，新增约 17 万公里，超额完成了"十二五"规划中的 15.9 万公里目标；在污水处理能力方面，到 2015 年，全国共有城市污水处理厂 1944 座，设计污水处理能力约 1.40 亿立方米/日，较 2010 年年底新增约 3600 万立方米/日，尚未

达到"十二五"规划的 4569 万立方米/日目标。截止 2015 年底，全国城市、县污水处理厂共计 4185 座，排水管道长度达 53.96 万公里，污水处理能力达到了 1.66 亿立方米/日，处理率达到了 91.90％，污水处理行业生产供应水平稳步提高。

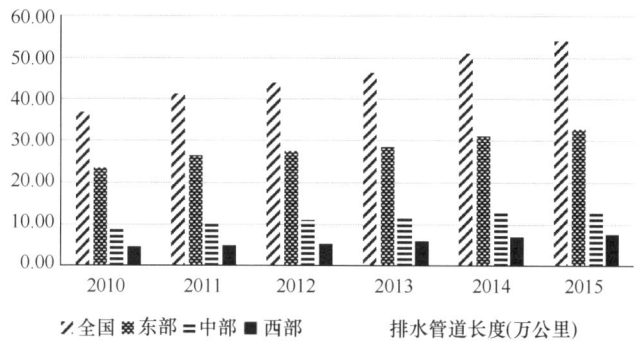

图 4-10　2010～2015 年排水管道长度

（二）污水处理行业生产技术水平不断改进

污水处理厂采用二、三级处理技术占比逐渐增加。2010 年以来，我国加强了对部分已建污水处理设施进行升级改造，进一步提高对主要污染物的削减能力。大力改造除磷脱氮功能欠缺、不具备生物处理能力的污水处理厂，重点改造设市城市和发达地区、重点流域以及重要水源地等敏感水域地区的污水处理厂。2015 年，我国 86％左右的污水处理厂都采用了二、三级处理技术；88％以上的污水处理能力都是二、三级处理技术形成的；处理的污水中 90％以上的污水能到达二三级标准。

污泥处理处置技术也不断提高。近年来，我国先后颁布了城镇污水处理厂污泥处理处置的一系列国家和行业标准，发布了《城镇污水处理厂污泥处理处置及污染防治技术政策》、《城镇污水处理厂污泥处理处置技术指南》，明确了污泥处理处置"减量化、稳定化、无害化、资源化"的原则。十二五期间，一方面，污泥实现了"减量化"目标，城市吨水湿污泥产生量由 2010 年的 0.629 公斤/立方米下降到了 2015 年的 0.565 公斤/立方米，而县城吨水湿污泥产生量由 2010 年的 0.431 公斤/立方米略有上升到了 2015 年的 0.461 公斤/立方米。另一方面，污泥无害化处理处置比例上升。十二五期间，污泥填埋处置的比例不断下降，制肥、建材、焚烧等处理处置比例不断提高，其中 2015 年，填埋处理量占污泥处理总量的 35.93％，制肥处理量、建材处理量、焚烧处理量分别占污泥处理总量的 18.02％、11.05％、20.36％。

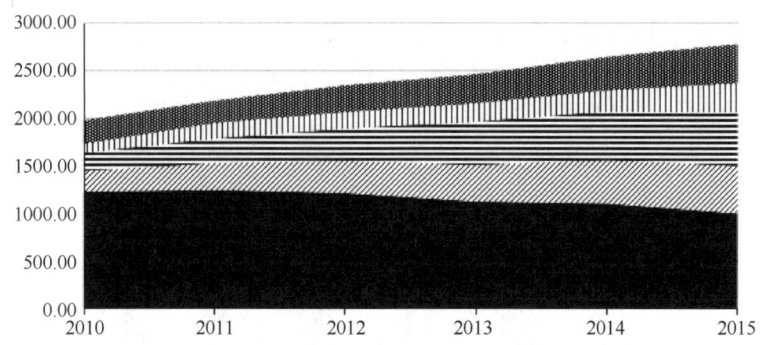

■填埋处置量 ▨制肥处置量 ☰焚烧处置量 ‖建材处置量 ▦其它处置量　单位：（万吨）

图 4-11　2010～2015 年污泥处理处置量

再生水利用规模不断扩大。2010 年底，全国共有再生水利用规模 1082.1 万立方米/日，2010 年总利用量为 33.7 亿吨。十二五期间，我国按照"统一规划、分期实施、发展用户、分质供水"和"集中利用为主、分散利用为辅"的原则，积极稳妥地推进再生水利用设施建设。截止十二五末年，我国共有再生水规模 2316.7 万立方米/日，新增 1234.6 万立方米/日，较 2010 年增长 114.1%，其中 2015 年全国再生水利用量为 44.5 亿吨。然而，再生水利用率仅为 10.4%，距十二五规划目标 15% 仍有较大的差距。

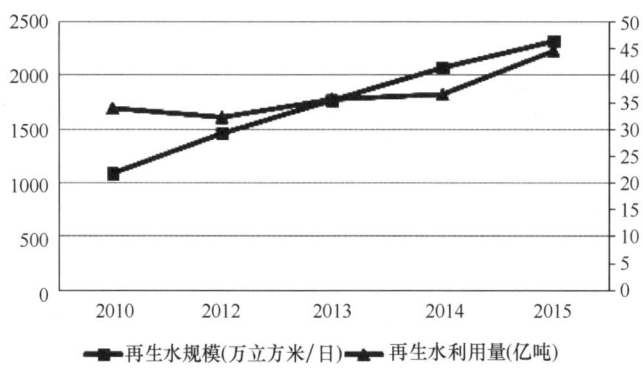

■■再生水规模(万立方米/日) ▲▲再生水利用量(亿吨)

图 4-12　2010～2015 年再生水规模及利用量

（三）污水处理行业生产供应发展趋势

第一，污水处理法律法规及行业标准逐步完善。为了加强对城镇排水与污水处理的管理，保障城镇排水与污水处理设施安全运行，国务院在 2013 年出台了《城镇排水与污水处理条例》，对污水处理的规划、建设、维护等作出规定。同时，我国也准备适时修订《城市排水监测管理规定》、《城市污水处理及污染防治技术政策》等规定，建立健全运行监管和绩效评估体系，规范城镇排水和污水处理管理工作，明确地方政府及其排水主管部门责任，保障城镇排水和污水处理工作有序进行。

第二，污水处理生产供应能力全面提升。2013 年国务院出台了《关于加强城市基础设施建设的意见》，要求加强围绕重点领域，促进城市基础设施水平全面提升。污水处理设施作为城市基础设施的重要组成部分之一，污水处理行业的投入不断增加，行业的生产供应能力全面提升。一方面，基础设施供应能力显著提高，污水厂数量增加迅速，尤其是乡镇污水处理厂数量在十二五期间增长了139.4％；另一方面，2015 年底，全国城镇污水处理厂累计处理污水 428 亿立方米，同比增长 6.8％；运行负荷率达到 85.42％，同比增加 1.7 个百分点；累计削减化学需氧量（COD）总量 1264.4 万吨，同比增长 5.8％；平均削减化学需氧量（COD）浓度达到 248 毫克/升，同比降低 0.4％。

第三，污水处理技术不断升级。自《城镇污水处理厂污染物排放标准》实施以来，促进了城镇污水处理设施新一轮的提标改造，推动了污水除磷脱氮技术得到进一步提升，城镇污水处理厂的技术、设备紧跟世界先进水平，呈多样化的发展特征；通过不断的引进、消化、改进和创新发展，国产技术设备已逐渐走向成熟化、规模化，部分设备产品的技术性能已经达到或接近国际先进水平。

从最初的去除悬浮物为核心的简单一级处理，到当前再生水利用技术，我国污水处理技术不断更新。处理工艺从传统的沉淀池处理得到 ECHCP 强化复合曝气调节水解酸化工艺、HAF 复合厌氧反应堆等现代工艺，整个行业处理技术逐渐提高。城镇污水处理工艺技术的提高，进而提升了城镇污水处理的发展理念从"达标排放与水污染控制"上升为"污水再生利用与水生态恢复"。为此，我国建立了一系列有关再生水水质和工程设计的标准规范，促进了城镇污水再生处理技术设备产品的国产化，推动了西北、华北、东北缺水地区的城市污水再生利用，节约了大量水资源的同时，实现了源头减排。

第四，污水处理行业民营化改革不断深化。随着城市污水处理行业改革的不断深入，国务院于 2015 年出台了《基础设施和公用事业特许经营管理办法》，鼓励和引导社会资本参与基础设施和公用事业建设运营，提高公共服务质量和效率，保护特许经营者合法权益，保障社会公共利益和公共安全，促进经济社会持续健康发展。伴随我国公用事业民营化改革的推进，我国城市污水处理行业也积极推进民营化经验模式，当前主要是以 BOT、TOT、特许经营模式引入社会性资本，从传统的经营模式转向民营化发展道路。

第三节　排水与污水处理行业结构与成效

一、 排水与污水处理行业的企业规模

　　十二五期间，随着政府加大对排水与污水处理行业的投入及民营资本的注入，我国的污水处理厂数量不断增加，从 2010 年的 2793 家，增长到 2015 年的 4185 个，增长了近一倍。从污水处理厂类型看，设市城市污水处理厂数量从 1660 座增长到了 2367 座，县城污水处理厂数量从 1128 座增长到了 1801 座，乡镇污水处理厂数量从 330 座增长到了 790 座，这说明污水处理行业增长迅速，如图 4-13 所示。

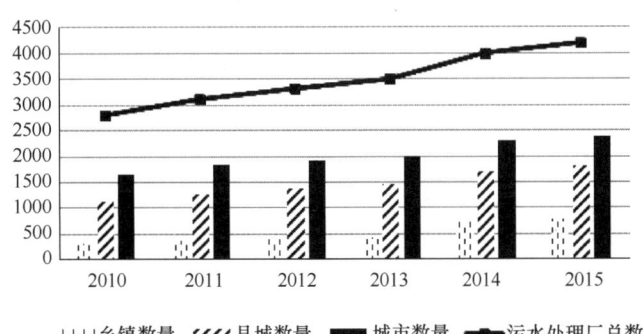

图 4-13　十二五期间污水处理厂数量

　　从污水处理厂的地区分布看，十二五期间，东部、西部、中部地区的城市污水处理厂数量都保持良好的增长态势，虽然增长加的数量相差无几，但是增长速度有较大差异（见图 4-14），其中，西部的污水处理厂的数量增长速度显著高于东部和中部。近年来，西部的污水处理厂的数量增长速度一直保持在 8％ 以上，2011 年更是达到了 12.83％。十二五规划的中间三年，东中西部的污水处理厂数量增长速度有了短暂的减缓，2015 年三个地区的增长速度稳步回升，其中，东中西部的增长速度分别为 6.92％、8.03％ 和 8.9％。

　　从污水处理厂规模看，十二五期间共计新增污水处理厂 1378 个，其中 5 万吨/日以下的小型污水处理厂 1228 个，占了绝大多数，比例约为 89％；10 万吨/日以上的大型污水处理厂占比仅为 2.2％左右，如表 4-4 所示。

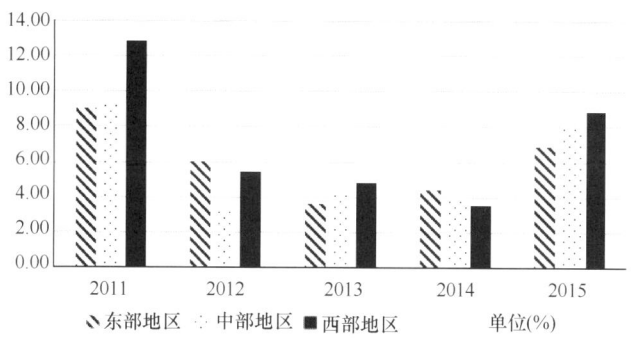

图 4-14　十二五期间东中西部污水处理厂的增长速度情况

2014 年东中西部不同规模污水处理厂的比例情况（单位：%）　表 4-4

年份	5万吨/日以下（个数）	5～10万吨/日（个数）	10万吨/日以上（个数）	合计
2010 年	2076	566	165	2807
2011 年	2332	609	175	3116
2012 年	2516	624	181	3321
2013 年	2677	644	185	3506
2014 年	3149	670	193	4012
2015 年	3304	685	196	4185
十二五新增数	1228	119	31	1378

　　截至十二五规划末年，全国 5 万吨/日以下的小型污水处理厂占了绝大多数，比例约为 80%，10 万吨/日以上的大型污水处理厂占比仅为 5% 左右，如图 4-15 所示。

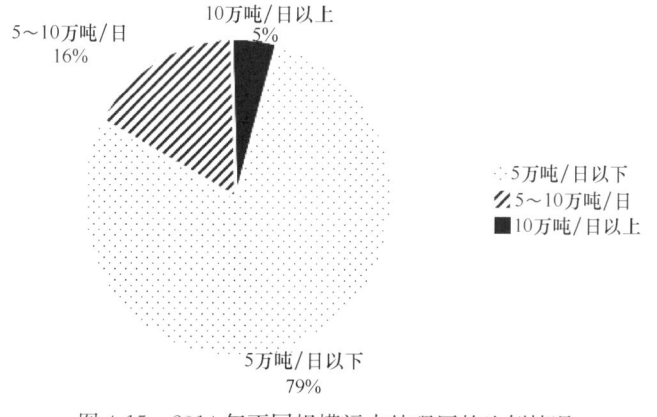

图 4-15　2014 年不同规模污水处理厂的比例情况

从不同规模污水处理厂的增速看，十二五期间，小型污水处理厂的增速最快，年均增速超过10％，大中型污水处理厂的年均增速则基本保持在4％左右的水平，如图4-16所示。

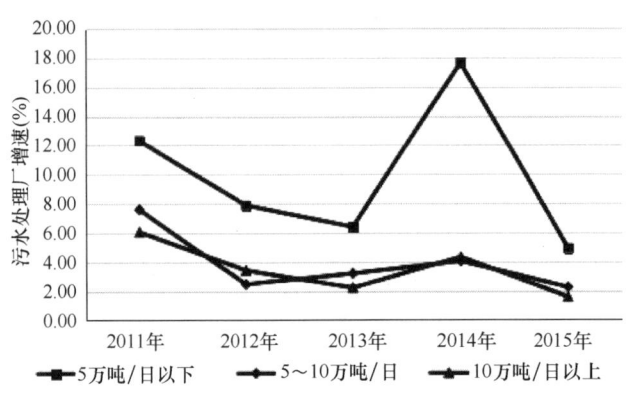

图 4-16　2010～2014年各类规模污水处理厂数量

从不同规模污水处理厂在中西部地区的占比情况看，2015年，西部地区5万吨/日以下的小型污水处理厂的比例最高，高达87.47％，但10万吨/日以上的大型污水处理厂占比仅为1.97％左右，大型污水处理厂的比例极低。东、中部地区5万～10万吨/日的中型污水处理厂的占比约为20％左右，其中东部地区10万吨/日以上的大型污水处理厂的占比已超过6％，如表4-5所示。

2015年东中西部不同规模污水处理厂的比例情况（单位：％）　　　　表 4-5

地区	大型污水处理厂 （≥10万吨/日）	中型污水处理厂 （5万～10万吨/日）	小型污水处理厂 （≤5万吨/日）
东部地区	6.58	19.64	73.78
中部地区	4.70	17.92	77.38
西部地区	1.97	10.55	87.47

具体到大型污水处理厂来看，大型污水处理厂主要分布在东部地区，2015年，东部地区大型污水处理厂的数量为123个，占全国大型污水处理厂的60％以上，中西部地区的大型污水处理厂数量之和仅为73座，比例不足40％，说明东部地区经济发达，污水排放相对集中，对大型污水处理厂的需求和投资较大，如图4-17所示。

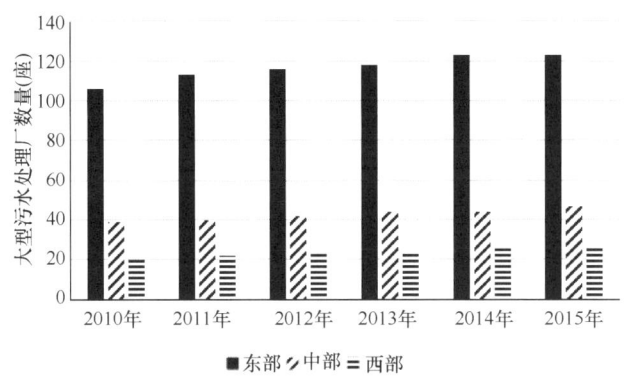

图 4-17　十二五期间大型污水处理厂的地区分布情况

二、　排水与污水处理行业的所有制结构

随着《城镇排水与污水处理条例》、《国务院关于加强城市基础设施建设的意见》、《基础设施和公用事业特许经营管理办法》等文件的出台，包括国际资本、民营资本在内的各类社会资本纷纷进入中国的污水处理行业。目前，中国城市排水与污水处理行业已基本形成国有及国有控股企业、外资及港澳台资企业、私营企业和上市公司等多种市场主体共同竞争的格局。在这些企业中，大型水业专业投资公司、综合性投资公司、水务上市公司、地方性水务公司和国际水业巨头逐渐成为主导和控制中国城市污水处理行业的中坚力量。

十二五规划过后，中国污水处理行业已逐渐孕育了一批日渐成熟的专业企业，包括：北京排水集团、成都排水集团、天津创业环保集团股份有限公司、安徽国祯环保节能科技股份有限公司等。这些专业化运营的水务企业既有大型国有控股集团和传统水务集团，也有资深的水务跨国集团，还有新兴的民营集团，他们以其运作独立性、运营专业化、技术权威性、服务职业化的比较优势，积极参与和推动了中国城市污水处理行业改革和发展，广泛活跃在城市污水处理行业投资、建设和运营的各个环节。

（一）　不同所有制企业的地区分布

从不同所有制污水处理厂的地区分布看，2015 年东部地区事业单位的比例最低，仅为 6.8%；西部地区外商投资的比例最低，仅为 1.9% 左右，但私营企业的比例最高，约为 11.5%，说明西部地区污水处理行业的投资吸引力较弱，主要吸引的是资金和技术都较为薄弱的私营企业。国有或集体企业、股份公司在东、中、西部的占比情况差别不大，基本都在 35% 左右。如表 4-6 和图 4-18 所示。

2015 年东中西部不同所有制污水处理厂的比例情况（单位：%）　　表 4-6

	事业单位	国有或集体企业	股份公司	私营企业	外商投资企业	其他
东部地区	6.8	36.9	37.2	8.2	5.2	5.5
中部地区	14.1	34.7	36.9	6.3	4.4	3.6
西部地区	13.2	38.9	31.1	11.5	1.9	3.4

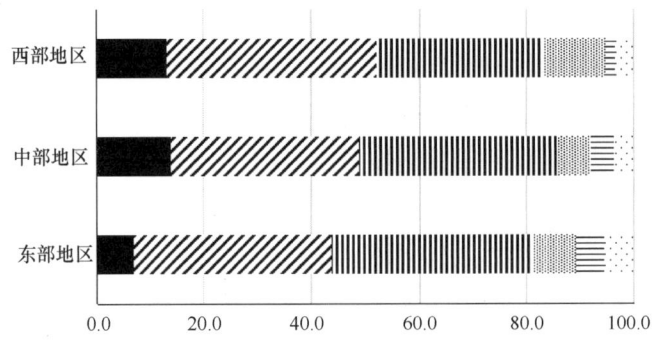

图 4-18　东中西部不同所有制污水处理厂的比例

（二）不同所有制企业的规模分布

从不同所有制企业的平均处理能力来看，外商投资企业的平均规模最大，为 6.07 万立方米/日；私营企业为 2.48 万立方米/日；事业单位为 3.36 万立方米/日；国有或集体企业为 4.18 万立方米/日；股份公司为 4.28 万立方米/日。其中外商投资企业、股份公司、国有或集体企业的平均规模大于所有所有制的平均规模 3.97 万立方米/日。进一步分析，十二五规划末年，私营企业的日处理总量为 914 万立方米/日，外商投资企业的日处理总量为 1013 万立方米/日，但是私营企业的数量为 369 个，而外商投资企业为 167 个，未到私营企业数量的一半，如表 4-7 和图 4-19 所示。这说明私营企业的平均规模较低，主要以投资运营小型污水处理厂为主。由于污水处理行业的初期投资大、投资回报期长，因此资金短板对于私营企业的发展而言极为不利，使其难以做大做强，很大程度上限制了民营化改革的进一步深入。

2015 年不同所有制企业的平均规模　　　　　　　　　表 4-7

	事业单位	国有或集体企业	股份公司	私营企业	外商投资企业	其他
单位数量（个）	441	1549	1474	369	167	184
整体规模（万立方米/日）	1482	6477	6302	914	1013	408
平均处理规模（万立方米/日）	3.36	4.18	4.28	2.48	6.07	2.22

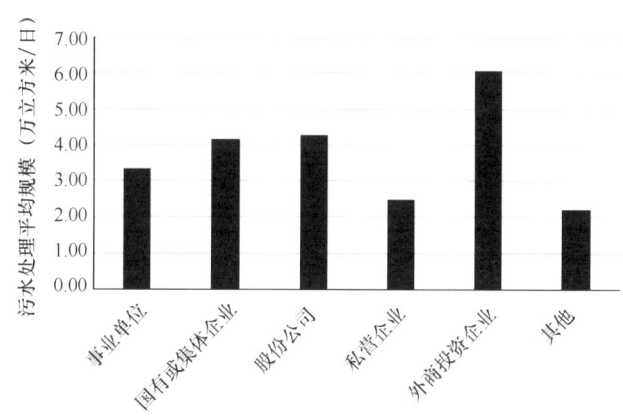

图 4-19　2014 年不同所有制企业的平均规模（单位：万立方米/日）

从不同所有制企业的平均资产来看，2015 年，在全国污水处理厂中，外商投资企业的平均资产额最高，为 12498.8 万元；国有或集体企业、股份公司和事业单位次之，分别为 11129.0 万元、10077.8 万元和 9886.4 万元；其他企业规模最小，为 6402.3 万元，如表 4-8 和图 4-20 所示。可见，近年来，国有或集体污水处理厂资产得到了有效集中，一定程度上改善了中国城市污水处理厂"小、散"的局面，对于培育国有大中型污水处理厂，提升中国城市污水处理厂的市场竞争力起到了很好的促进作用。从企业的平均资产看，外资及港澳台资企业的优势非常明显，充分发挥了污水处理厂的规模经济效益。但反观私营企业，虽然企业数量的比例高于外商投资企业，但企业的平均资产较少，规模经济效益难以发挥。

不同所有制污水处理厂的平均资产（单位：万元）　　　　表 4-8

企业类型	事业单位	国有或集体企业	私营企业	外商投资企业	股份公司	其他
平均资产	9886.4	11129.0	7444.4	12498.8	10077.8	6402.3

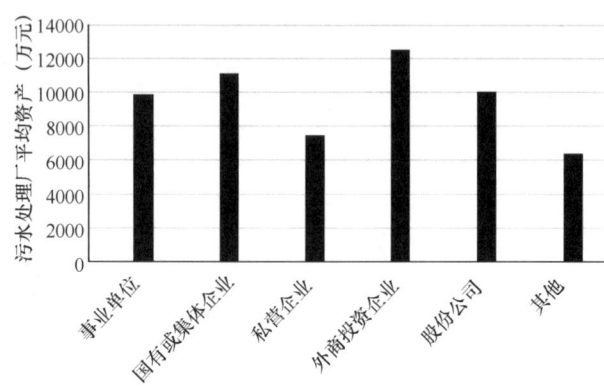

图 4-20　不同所有制污水处理厂的平均资产

三、　排水与污水处理主要企业介绍

（一）天津创业环保集团股份有限公司

天津创业环保集团股份有限公司的前身是天津渤海化工（集团）股份有限公司（"渤海化工"）。渤海化工于 1993 年 6 月 8 日在天津市注册成立，在香港联合交易所有限公司上市的股份（"H 股"）于 1994 年 5 月挂牌交易，在上海证券交易所上市的股份（"A 股"）于 1995 年 6 月挂牌交易。渤海化工 1998 年、1999年连续两年出现较大亏损，经天津市政府批准，创业环保于 2000 年底完成对渤海化工重大的股权和资产重组。创业环保注册地址为天津市和平区贵州路 45 号。天津市政投资有限公司（"市政投资"）为创业环保的母公司，天津城市基础设施建设投资集团有限公司（"天津城投"）为创业环保的最终控股公司。

天津创业环保股份有限公司主要从事污水处理设施的建设、设计、管理、经营、技术咨询及配套服务，环保科技及环保产品的开发经营。是中国首家以污水处理为主业的 A、H 股上市公司（A 股代码：600874；H 股代码：1065），也是国内环保领域的先行者和领先企业。于 2015 年 12 月 31 日，创业环保的总股本为人民币 14.27 亿元，每股面值人民币 1 元。

1. 历史沿革。

1998 年 2 月，天津市政府为拓展城市路桥基础设施的融资渠道，以改造中环线交通系统为契机，成立了国有独资的天津路桥基建投资有限公司。公司成立后主要承担中环线整体交通系统改造项目的设计和外埠进市车辆收取贷款道路通信费的收费站建站工作。中环线整体改造项目搁浅后，公司着手准备东南半环海河桥项目，同时外埠车辆收费站建设于 1999 年上半年陆续竣工开始收费。1999 年下半年，在市政府协调下，开始准备与天津渤海化工（集团）股份有限公司进行资产重组。为能达到以优良资产进入上市公司以及为环保和市政基础设施建设开拓融资渠道的目的，"天津路桥基建投资有限公司"更名为"天津市政投资有限公司"，并将天津当时仅有的东郊污水处理厂和纪庄子污水处理厂以及外环线东南环道路纳入，注册资本为 17.24 亿元。经过一年多的努力，经天津市政府、财政部等主管部门批准，天津渤海化工集团公司持有的"渤海化工"63.09％的国有股划转给市政投资公司，该股权划转在 2000 年 11 月 2 日获得国家外经贸部的批准后生效。2000 年 12 月 20 日，经渤海化工临时股东大会批准，市政公司以两座污水处理厂、东南半环城市道路和收费站资产与渤海化工的化工资产进行整体置换，上市公司也转变成为经营环保和城市基础设施业务的全新的公司，并更名为"天津创业环保股份有限公司"，总股本 13.3 亿元。

创业环保公司自 2001 年起，在拥有纪庄子、东郊两厂的基础上，先后新建了咸阳路、北辰两座污水处理厂，并将业务领域延伸至再生水、自来水、新能源应用、污泥处置及环保技术与工艺科技成果转化等相关领域。目前，中水公司共服务住宅小区 109 个，惠及 7.9 万居民，单位用户 84 个，电厂用户 3 个，公共绿地 23 个（328.3 万㎡），涵盖了城市杂用、园林绿化、景观环境、工业循环冷却等多个应用领域。

2003 年公司开始开拓外埠市场，同年年底成功收购贵阳小河污水处理厂，2004 年又成功开发了云南曲靖、江苏宝应、湖北洪湖以及安徽阜阳水务市场，2011 年，根据市政府整体规划，为加速改善海河南部地区整体水环境质量、全面提升中心城区城市品质、建设梅江地区生态高地，纪庄子污水处理厂、再生水厂开始进行了整体搬迁工作。

2014 年 2 月 18 日公告，日前经天津市人民政府授权，天津市水务局、天津市建设交通管理委员会联合授予公司纪庄子污水处理厂、东郊污水处理厂、咸阳路污水处理厂、北仓污水处理厂特许经营权，由公司运行、维护、管理四座污水处理厂，合计污水处理规模 140 万吨/日。

创业环保是天津水务市场的主要运营商，并逐渐开拓了杭州、西安、曲靖等多地业务，市场竞争力居同业前列，随着国内环保投入加大，创业环保主营业务成长确定性强，此次公司获四座污水处理厂特许经营权显示公司在传统市场仍有较大深入挖掘的空间，有利于扩大公司主营业务规模，增强盈利能力。

2. 取得的成效

目前，创业环保共拥有特许经营污水处理规模约 312 万立方米/日，委托运营规模约 79 万立方米/日。其中公司负责运营的天津市中心城区纪庄子、咸阳路、东郊、北仓四座污水处理厂，污水处理能力已合计达到 149 万立方米/日，使天津市城区污水集中处理率超过了 80%，为天津市节能减排事业的发展做出了重要贡献。2003 年创业环保开始开拓外埠市场，同年年底成功收购贵阳小河污水处理厂，2004 年又成功开发了云南曲靖、江苏宝应、湖北洪湖以及安徽阜阳水务市场等，截至 2015 年，公司业务涉及天津、曲靖、杭州、西安等 11 个省市，共处理污水 128005 万立方米，是当之无愧的水务巨头。

3. 天津以外的水务市场开拓

从 2003 年收购贵阳小河污水处理厂开始，创业环保集团经过 10 多年的探索，为天津以外投资工作积累了宝贵的经验，培养了一批具有市场开拓能力的人才，在国内水务行业逐步建立起"创业环保"的品牌。通过公开竞标，创业环保取得了小河污水处理厂 25 年特许经营权，由此开启了贵州创业水务的发展历程。通过对云南曲靖市城市供排水公司辖属的三座自来水厂以及一座污水处理厂 30 年特许经营权的成功竞购，实现了创业环保对曲靖地区的部分排水与供水业务的运营。凭借在贵阳、曲靖、杭州等地良好的企业品牌和市场声誉，创业环保的服务领域从市政污水处理进一步延伸至工业废水处理，也在全国各地实现突破。截至 2015 年，公司业务涉及天津、曲靖、杭州、西安等 11 个省市（不包含克拉玛依项目）。小河污水处理一期项目、克拉玛依市第二污水处理厂 PPP 项目等项目具体情况如下：

（1）贵阳市小河污水处理一期项目。贵阳市小河污水处理一期项目是 2001 年 12 月，在贵阳市政府的主持下公开竞标的。2003 年 8 月下旬，贵阳市与天津创业环保股份有限公司及香港龙力集团有限公司联合签订《贵阳市小河污水处理厂资产转让及特许经营框架协议》，授予天津创业水务公司特许经营小河污水处理厂期限 25 年，起止时间从 2004 年 1 月 1 日至 2028 年 12 月 31 日。小河污水处理厂通过资产转让，回收建设资金 1.1 亿元。其中小河污水处理厂规模为 8 万立方米/日。

（2）云南曲靖城市供排水项目。云南曲靖城市供排水项目是创业环保 2005 年 6 月公开中标的。曲靖市建设局依照《特许经营协议》授予创业环保在特许经营期内从曲靖市城市供排水总公司受让项目设施，运营和维护项目设施，以及经曲靖市建设局批准设计、建设、运营、维护和拥有污水处理厂 B 段的项目设施，并获得自来水上网水费和污水处理服务费。其中三个自来水厂的供水设计总量为 20 万立方米/日，污水处理厂的设计能力为 8 万立方米/日。特许经营期内由合资公司负责第一、二、三自来水厂及厂前管网（不包括三水厂的厂前管网）、曲靖市污水处理厂等设施的经营管理以及污水厂后续扩建部分融资建设，在特许经营期限满后无偿完好的移交给政府。特许经营期从 2006 年 1 月 1 日开始，特许经营年限 30 年。

（3）克拉玛依市第二污水处理厂 PPP 项目。2016 年 9 月，创业环保中标克拉玛依市第二污水处理厂 PPP 项目。该项目包含克拉玛依市第二污水处理厂存量一期资产和新建二期资产。已建一期处理规模 5 万立方米/日，已于 2011 年底正式投产运营，采用"转让－运营－移交（TOT）"方式；新建二期计划建设处理规模 10 万立方米/日，采用"设计－建设－运营－移交（DBOT）"模式，计划 2019 年 1 月 1 日建成并商业运营。该项目出水水质标准为《城镇污水处理厂污染物排放标准》（GB 18918—2002）一级 A。该项目一期特许经营权转让价款为人民币 1.8 亿元，预计二期投资估算为人民币 2.8 亿元，总投资预计为人民币 4.5 亿元。污水处理服务费单价为人民币 1.3 元/立方米，特许经营期限为自 2017 年 1 月 1 日起 27 年（含二期建设期 2 年），特许经营期满后无偿将项目设施移交给克拉玛依市建设局或克拉玛依市政府指定的机构或部门。

4. 未来展望

当前，我国经济发展进入新常态。就生态文明建设而言，越来越受到国家及各地政府的重视。2014 年"大气十条"推出，2015 年新环保法实施、"水十条"正式推出，上述政策的陆续出台，意味着我国的环境保护将成为"新常态"的重要组成部分，迈上一个新台阶。一方面将带动环保产业总体规模进一步扩张，另一方面细分领域快速发展也将推动环保服务进一步的专业化。此外，伴随环保标准的提升以及监管力度的加大，升级改造的市场机会也将大量出现。环保服务作为一种公共服务，从其投融资模式来看，PPP 模式将成为项目运作的主要模式。

在此背景下，各类资本竞相进入环保市场，使得市场竞争进一步加剧。另一方面，水务市场、固废市场等很多实力较强的企业凭借技术和资本实力通过兼并、收购等模式推进区域市场整合、规模跨越式增长以及业务结构快速升级。此外，政府及居民对环境质量的要求提升，也对环保企业的综合环境服务能力提出了更高要求，针对某一区域或城市的综合环境服务一体化解决方案及其实施的新型业态将更加成熟。这将促使环保企业必须培育多元业务能力，延伸产业链条，适应"大环保"趋势的发展。

相较于过去几年专注于内部结构调整，创业环保将以更加积极进取的姿态面对未来。创业环保将强化市场开发组织，积极推动业务开拓，向综合环境服务商的战略目标迈进。区域开发层面，结合国家一带一路、京津冀、长江经济带等发展战略，重点关注新增市场机会；天津区域，在承担了天津中心城区污水处理业务基础上，继续向滨海新区及周边区县拓展市政环保业务。同时，结合业务发展，主动寻求战略合作，强化投资者关系管理，探索创新融资方式。

（二）安徽国祯环保节能科技股份有限公司

安徽国祯环保节能科技股份有限公司成立于 1997 年 2 月，是我国生活污水处理行业市场化过程中最早提供"一站式六维服务"综合解决方案的专业公司，现已形成生活污水处理研究开发、设计咨询、核心设备制造、系统设备集成、工程建设安装调试、投资运营管理等全寿命周期的完整产业链，是先进的水务运营商、领先的设备制造商、专业的 EPC 工程承包商。

2014 年 8 月 1 日，国祯环保成功登陆深交所创业板，正式上市交易，成为深交所创业板上市公司（股票代码：300388）。截止 2015 年底，国祯环保已在全国拥有 80 余座污水处理厂，运营规模约 300 万吨/日。

1. 历史沿革

安徽国祯环保的前身合肥国祯高新热电有限责任公司成立于 1997 年 2 月，当时主要从事电力、燃料、燃气工程的建设和运营。1999 年起，已有相当规模公共事业基础的国祯热电通过改制的机会，将主营业务转型向环保领域靠拢。改制完成后，公司名称变为安徽国祯环保节能科技股份有限公司。2000 年，改名后的国祯环保从合肥市国有资产控股有限公司以承债方式整体兼并了已处于亏损状态的安徽中联环保设备有限责任公司绝大部分股权，后者主要从事污水处理设备（包括曝气、推流、搅拌设备等）。通过这桩并购，国祯环保实现了进入环保产业的实质进展。另一方面，在改名为环保企业后的同一时期，国祯环保也开始出售热电业务和资产。在陆续出售热电公司股权和机组及煤矸石公司股权后，国祯环保的污水处理业务逐渐成为其主营业务。

公司自 2000 年开始从事生活污水处理业务，在"十五"和"十一五"期间连续主持国家水污染治理重大专项 863 计划课题，主持和参加国家 863 计划课题 4 项，参加国家科技支撑计划课题 1 项，于 2009 年、2012 年荣获国家科技进步二等奖（该年度内本行业最高奖项），自 2003 年至 2005 年连续三年荣登"中国水业十大影响力企业"排行榜之后，2010 年再度入选"中国水业十大影响力企业"。2012 年度公司被评为中国水业最具成长性投资运营企业。

公司在污水治理领域也有着多年的发展历史，是我国生活污水处理行业市场化过程中较早提供"一站式六维服务"综合解决方案的专业公司之一。在收购中联环保设备公司之后，国祯在其基础上通过改进原有转刷曝气机、转碟曝气机和高低速潜水推流器，新开发了倒伞形表面曝气机、带式浓缩压榨脱水过滤机等产品，初步形成国产化成套设备开发与生产。2001 年，公司获得了环保设施运营资质，并在 2003 年 8 月中标国内公开招标的污水处理厂托管运营项目——深圳市龙岗区坑梓镇龙田沙田污水处理厂运营维护总承包项目，成为国内最早开展污水处理市场化运营的单位之一。2005 年 4 月，在正式接管运营深圳布吉草埔污水处理厂之后，国祯环保已拥有七座污水处理厂，除四座在广东省以外，其余三座污水处理厂位于安徽合肥、江苏徐州和湖南长沙。之后，国祯环保的发展重点主要在于增强技术和业务能力以及横向业务扩展两个方面：一边接连成立国祯环保技术中心，环保设计院，省市水处理技术中心，承担国家课题；一边陆续收购、建设各地的污水厂。

经过十多年的发展，2012 年 6 月，国祯环保出现在证监会披露名单中，这标志着公司正式启动登陆资本市场的步伐。但国祯实际上在当年上市的愿望并未实现。时至 2014 年 4 月，国祯环保在 IPO 重启的当口，再次向深交所创业板发起冲击。根据这一次的招股说明书，其募集资金从两年前的 2 亿元升至 2.3 亿元，募投项目为涉及 7 个重点工程的新增生活污水处理投资类项目。5 月 9 日，国祯环保的首发申请通过了证监会创业板发审委的审核，成为创业板首家过会公司。8 月 1 日，国祯终于成功登陆创业板，正式上市交易。

在深交所创业板发行上市后，公司在行业内的影响力进一步提升，公司建设并运营的长沙湘湖污水处理厂提质改造暨中水回用示范工程项目是湖南省首例采用 MBR 工艺对污水厂进行提质改造的项目，具有很强的工程示范意义，该项目的实施进一步扩大了公司在湖南水务市场的影响力，对后续拓展该区域水务项目起到积极的推动作用；2015 年 4 月，公司成功中标合肥市清溪净水厂 PPP 项目，该项目是合肥市首批采用 PPP 模式公开招标的项目，也是合肥市第一座全地埋式污水处理厂，项目体量大，在行业内具有一定的标志性意义，投资该项目将进一步扩大公司在安徽省的品牌影响力，有利于公司巩固和开拓安徽市场。

国祯环保在保持传统"一站式六维服务"综合优势的同时，目前正在深入拓展管网、工业废水、水环境治理等新的领域，2015 年 8 月，公司成功取得乌海市海勃湾区凤凰河（北河槽）综合治理工程 PPP 项目，该项目是公司首例水环境综合治理 PPP 项目，也是内蒙古自治区首例 PPP 水环境治理项目，在水环境治理领域具有很强的典范意义。公司投资该项目将会打开水环境治理市场，开拓水环境治理新兴业务模式，扩大公司作为水资源利用综合服务商的品牌影响力。

2. 取得的成效

国祯环保公司作为国内领先的水务环保公司，秉承"致力民族水务，改善生态环境"的企业使命，一直履行着品牌和行业所赋予的社会责任与义务。截至2015 年底，公司运营 BOT、TOT、委托运营等模式的污水处理厂（站）80 多座，日处理规模超过 300 万吨，其中特许经营类项目规模总和为 172.4 万立方米/日。污水处理厂遍及在广东、浙江、云南、湖南、江苏、河南、山东、河北、陕西等地，服务人口近 1000 万，实现了污水处理厂的安全高效生产，出水稳定达标的良好业绩。

从 2001 年与安徽省合肥市朱砖井污水处理厂签订特许经营合约开始，国祯环保集团经过 10 多年的探索，为污水处理投资工作积累了宝贵的经验，培养了一批具有市场开拓能力的人才，在国内水务行业逐步建立起"国祯环保"的品牌。通过公开竞标，国祯环保取得了广东省新会区东郊污水处理厂一期项目 29 年特许经营权，由此开启了广东省国祯水务的发展历程。凭借在安徽、广东、湖南等地良好的企业品牌和市场声誉，国祯环保在全国各地实现突破。截至 2015 年，公司业务涉及广东、浙江、云南、湖南、江苏、河南、山东、河北、陕西等地，服务人口近 1000 万。广东新会东郊污水处理工程、合肥朱砖井污水处理厂等项目具体情况如下：

（1）合肥朱砖井污水处理项目。合肥朱砖井污水处理厂 2001 年 6 月，经合肥市政府批准，合肥市建设委员会与安徽国祯环保节能科技股份有限公司签订的安徽省第一个由民营企业投资运营的 BOT 项目，一期厂区工程由安徽国祯环保公司负责自筹资金投资建设，一期管网工程由合肥市建委投资建设，中国市政华北设计院设计。工程于 2003 年 6 月 18 日正式开工，2004 年 9 月 29 日胜利竣工。一期工程设计规模 5.5 万吨/日，占地面积 4.84 公顷，采用 SBR 工艺，是合肥市 2003 年度重点建设项目及合肥市政府 2004 年度国庆献礼工程。

（2）广东新会东郊污水处理工程。广东新会东郊污水处理工程在面向全国的公开招标中，国祯环保一举中标。采用 BOT 方式进行工程建设和生产运营。该污水处理厂规划为 16 万立方米/日。其中一期工程设计规模为 4 万立方米，占地面积 20933.75 平方米，总投资 4263 万元。项目期限为 20 年。其中建设阶段 2 年，运营阶段 18 年，移交阶段 6 个月。工程采用国内领先的水解酸化——上向流曝气生物滤池工艺专利技术，使比常规工艺节约用地 40%，降低投资 30%，降低运行费用 20%。

（3）长沙市第二污水处理净化项目。长沙市第二污水处理净化中心是城市混合污水二级处理厂，建成于 1994 年 6 月，位于长沙市城区东侧，服务区域 10.2 平方公里，服务人口 30 余万，日处理污水能力 14 万吨，污水处理采用改良型氧化沟工艺，是国家环保示范工程，1994 年被国家建设部授予"全国城市环境治理优秀工程"称号。2004 年 9 月，安徽国祯环保节能科技股份有限公司以 TOT 方式获得长沙市第二污水处理净化中心 20 年特许经营权。

3. 未来展望

当前国家非常重视节能环保产业的发展，治理领域和投资需求不断扩大，围绕着建设生态文明、构建美丽中国，国家在十八大前后密集出台了一系列的环保政策措施，而预期年内还将再出台一系列重大政策，包括《水污染防治行动计划》、《土壤环境保护和污染治理行动计划》、《关于政府购买环境公共服务的指导意见》、"环境污染第三方治理"等，因此我们判断未来环保行业发展仍将处于黄金期，产业景气度高。从政策的演进及取向来看，政府通过商业模式创新，如环境污染第三方治理、政府购买环境公共服务、政府和社会资本合作 PPP 模式等、推行排污权等交易制度、环境费改税等，将进一步激活污染治理市场，促进环保行业发展。在国家鼓励环保产业发展的同时，国家的监管措施会越来越严，这也将给环保企业生产运营带来巨大的挑战。

根据行业发展状况，未来公司将适当加快项目实施进度，合理控制项目的成本与费用，继续坚持自主创新道路，同时发挥各业务板块的优势，深入市场调研，积极探寻投资方向，以市场为导向，进一步提高公司承接项目的能力，提高市场占有率。

国祯环保设备制造基地是国内唯一的 5～40 万吨/日城市污水处理成套设备国产化生产基地。该基地位于合肥市高新技术开发区大别山路与火龙路交口，占地面积 50 亩，总装车间、铆焊车间、金工车间、试验水池、综合楼等厂房及办公面积 25000 余平方米。拥有数控激光切割机、等离子切割机、数控车床、10 米卧式车床、污水处理设备专用试验水池等先进的加工、试验、检测装备和设施，具有完善的 ISO 9001、ISO 14001、OHSAS18001 管理体系，2011 年分别从日本日立公司、丹麦 KD 公司合作引进多项环保产品、技术，极大地提升了环保设备制造技术和工艺水平，奠定了"国祯环保"处在水处理设备制造的领先的地位，自主研发生产的表面曝气设备是国内目前唯一的"中国名牌产品"。

第四节　排水与污水处理行业 PPP

PPP 模式泛指政府部门与社会资本之间的一种合作经营模式。在我国排水与污水处理行业中，早在 20 世纪 90 年代中期以来，就开始探索以特许经营制度为核心的行业改革，通过 BOT、TOT 等多种模式引入社会资本。特别是 2000 年以后，随着排水与污水处理行业的快速发展，设施建设的资金缺口大，各地广泛采取了特许经营的方式新建或改扩建污水处理厂，这些是 PPP 模式在排水与污水处理行业中的初期应用和有效尝试，为排水与污水处理行业进一步推广 PPP 模式提供了实践基础和经验教训。

一、 排水与污水处理行业 PPP 的背景

（一）排水与污水处理特许经营亟待规范

经过二十几年的改革实践，我国排水与污水处理特许经营取得了显著成效，对推动行业发展和提高污水处理水平发挥了重要作用。但同时，我们也要清醒地看到，特许经营制度在排水与污水处理行业的实施过程中还存在着许多问题，这其中既有企业进入环节存在的问题，也有企业进入后存在的问题，同时还有特许经营实施过程中及企业长期发展中存在的问题和需要的政策和配套措施。具体包括项目融资成本高、定价不合理、政治（政策）风险、政府拖欠运营服务费、固定资产回报、政府不履约等比较普遍且相对突出的问题。这些问题严重阻碍了排水与污水处理项目的实施，影响了特许经营制度的实施效果。

PPP 模式的推广与特许经营的实践相比较，其最大的差异在于特许经营是各地"摸着石头过河"，国家层面并没有完善的制度规范，但 PPP 模式的推广则是制度先行，2014 年和 2015 年国家密集出台了一系列的相关政策文件和规章办法，明确了推动 PPP 发展和实际操作的制度框架，既有原则性意见，又有具体操作性指南。特别是针对特许经营在我国实践中存在的突出问题，对 PPP 项目的发起程序、识别方式、风险配置、交易结构、合作者选择、项目执行要求等关键环节和内容提出了操作意见，并提供了合同示范文本，不仅可以有效地规范 PPP 项目的实施，而且使得各地在具体实施中具备了操作准绳。

（二）巨额财政负担催生地方债风险

长期以来，排水与污水处理在我国属于公益事业，许多地方仍处于事业性经营的阶段，政府一般是通过地方融资平台（如城投公司）通过贷款、发债等方式融资直接参与排水与污水处理设施的建设，并授权国有企业直接经营。其优点是项目决策高效、建设运营周期可控，能基本实现地方政府的意志；缺点是缺乏相应约束机制，容易导致地方财政背负巨额财政负担，使得政府债务高企和风险失控。为此，国家连续先后出台了一系列政策文件，要求清查地方融资平台债务，规范对地方融资平台的管理，制止地方政府违法违规的融资行为。这在很大程度上影响了地方排水与污水处理设施建设融资的进度，制约了地方排水与污水处理行业投资的增长。

目前，我国的排水与污水处理设施建设仍然存在着区域分布不均衡、配套管网建设滞后、建制镇设施明显不足、老旧管网漏损严重、设施提标改造需求迫

切、部分污泥处置存在二次污染隐患、污水再生利用率不高、重建设轻运营等突出问题。排水与污水处理设施建设的任务仍很重，设施建设的投资需求巨大，据国家发改委、住建部测算，"十三五"期间，我国城镇污水处理设施建设共需投资资金约 5829 亿元，资金缺口很大。在加强地方债务管理的同时，PPP 模式将鼓励社会资本通过与政府合作的方式参与排水与污水处理设施的投资和运营，有效缓解地方政府的财政负担，化解地方债危机。

（三）PPP 模式有效缓解政府失灵和市场失灵

"市场失灵"的概念最早由庇古引入经济理论，其主要表现是：由自然垄断、公共品、外部性、信息不对称等引起的资源配置无效率或不公平。排水与污水处理属于典型的网络型城市公用事业，具有准公共产品的特征，其非竞争性和非排他性特征将导致市场失灵，而且其公益性的特点要求保证民众能够以较低的价格获得服务。因此，政府在排水与污水处理设施投资建设和管理运营中具有不可推卸的责任。然而，政府干预同样可能会给社会带来福利损失，可能存在"政府失灵"，具体表现在两个方面：一是政府是"理性人"，具有明显的自利性，并不必然代表公共利益；二是政府本身的效率问题。

公私合作简称 PPP（Public Private Partnership），Linder（1999）将其视作英国民营化反思的产物，强调公共部门与私人部门的合作，就是在市场失灵和政府失灵之间选择一个最优平衡。政府不能一味地放任自由市场，而是在淡出公共服务直接生产的同时，以风险共担、利益共享为原则，基于一系列协议安排，与社会资本合作完成特定公共产品或服务的供应。因此，PPP 模式在排水与污水处理行业中的应用，一方面可以避免市场的自发调节机制难以或无法实现资源的有效配置，如普遍服务缺失、价格高企等问题，另一方面，也可有效避免由于政府直接干预可能造成的社会福利损失，如腐败、运营低效率等问题。

二、 排水与污水处理行业 PPP 历程

PPP 在排水与污水处理行业并不是新鲜事物，早在 20 世纪 90 年代中期，随着排水与污水处理设施建设的快速增长，建设资金短缺和经营效率低下的矛盾日益突出，排水与污水处理行业开始探索市场化改革，BOT、TOT、ROT 等 PPP 模式在排水与污水处理项目中的应用不断增多，特别是新建污水处理设施，多采用特许经营的方式进行建设和运营，缓解了排水与污水处理设施建设的资金压力，同时提高了设施的运营效率。据不完全统计，截至 2015 年底，大约有四成的污水处理项目采用 PPP 模式，项目数量多达 1700 多个。从 PPP 模式在排水与

与污水处理行业的推广和应用来看，大致可分为"探索发展—规范推广—依法改革"三个阶段。

（一）探索发展阶段

20世纪90年代中期至2004年，探索发展阶段，以1994年对外贸易经济合作部出台《关于以BOT方式吸收外商投资有关问题的通知》为标志，规定外商可以以合作、合资或独资的方式建立BOT项目公司。随着"三河"（淮河、海河和辽河）、"三湖"（太湖、巢湖、滇池）流域和"环渤海"地区的流域水污染治理工作的正式启动，我国排水与污水处理设施建设迎来了持续、快速增长的黄金阶段，对资金的渴求成为制约排水与污水处理设施建设的瓶颈。中国排水与污水处理行业开始打破垄断、推进国企改革和促进市场竞争，泰晤士、威立雅等"洋水务"开始通过资本优势先后进入中国的水行业，建设所需资金由外方自行承担，打破了水务设施完全由各级政府运用财政性自己直接投资建设的传统做法。

2000年，国务院发布《有关加强城市供水节水和水污染防治工作的通知》，提出积极引入市场机制，拓展融资渠道，鼓励和吸引社会资金和外资投资城市污水处理和回用设施项目的建设和运营。

2002年，原国家计委、建设部和环保总局联合印发《推进城市污水、垃圾处理产业化发展的意见》，提出建立城市污水处理产业化新机制，鼓励社会投资主体采用BOT等特许经营方式投资或与政府授权的企业合资建设城市污水处理设施。同年12月，建设部发布《关于加快市政公用行业市场化进程的意见》，进一步明确市政公用行业实施特许经营范围包括污水处理行业，并要求通过改革资产管理体制，进一步区分经营性和非经营性资产，全面开放城市污水处理等经营性市政公用设施的建设、运营，明确应公开向社会招标选择投资主体和经营单位，由政府授权特许经营。在这些政策指导下，外商和民间资本开始涉足排水与污水处理设施建设和运营，污水处理PPP项目开始试点。

在这一阶段，污水处理特许经营项目集中出现在东部的大中重点城市，项目规模普遍较大，较为典型的就有上海、北京、广州、常州、合肥、徐州、哈尔滨等城市的污水处理通过BOT、TOT等特许经营的方式，引进外资或民间资金进行市场化经营。如上海竹园第一污水处理的BOT模式、北京市北苑污水处理的BOT模式、深圳市宝安区龙华污水处理BOT模式、南京城北污水处理的TOT模式、常州城北污水处理TOT模式、合肥王小郢污水处理TOT模式、徐州污水处理TOT模式、哈尔滨太平污水处理BOT模式。同时这一阶段也出现了通过转入股权实现合资合作的方式，合资合作的对象主要是污水处理厂，如厦门水务集团将几个污水处理厂和自来水厂分别打包转让 55％ 和 45％ 股权给中环保水务，但相对比较少见。

尽管这一阶段 PPP 模式在中国排水与污水处理行业取得了一定的应用，但以弥补设施建设投资资金缺口为主要目的，使得污水处理 PPP 项目自启动伊始就先天不足，注定遇到各种困境。由于 PPP 模式缺乏完善的制度性环境，污水处理 PPP 项目在实施过程中暴露出一些问题和矛盾，如合同不规范、承包商带资承包建设、固定或变相固定投资回报等问题。较为典型的项目如，2004 年香港汇津中国（长春）污水处理有限公司与长春市城市排水公司的合作纠纷，使政府财政和公众利益蒙受了巨大损失，甚至威胁到政府诚信。

（二）规范推广阶段

2004 年至 2012 年，规范推广阶段，以 2004 年和 2005 年建设部先后出台《市政公用事业特许经营管理办法》和《关于加强市政公用事业监管的意见》为标志。在总结探索发展阶段市场化改革存在的问题基础上，政府不断加强对城镇排水与污水处理项目的规范和监管。

《市政公用事业特许经营管理办法》第一次以部门规章的形式，将特许经营的概念正式引入市政公用事业，并做了制度性的规定和安排，包括规范市政公用事业特许经营的定义、适用范围、程序、特许经营权协议的内容、相关各方的责任等，并强化了市场准入过程的竞争机制，规定了以招标方式选择城市供水和污水处理特许经营项目投资者或经营者的程序和要求。对获得特许经营权的企业和政府主管部门的职责进行了明确的界定。各级地方政府也纷纷以该办法为模板，先后出台了大量地方性法规、政府规章及政策性文件，用于引导和规范地方特许经营项目实施。同时，2005 年，国家将 COD 作为主要污染物减排指标，COD减排成为考核地方政府的一项硬约束指标，污水处理厂作为 COD 减排的重要措施和手段，各地掀起了排水与污水处理设施建设的高潮，特许经营在城市污水处理领域开展大规模的项目实践。

2006 年，建设部结合城市污水处理行业特点，制定并颁布了《城市污水处理特许经营协议示范文本》，进一步规范了城市污水行业特许经营制度的组织实施。2010 年 7 月，建设部印发了《城镇污水处理工作考核暂行办法》（建城函〔2010〕166 号），并已开始对各地城镇污水处理工作进行考核。这一阶段，是城镇排水与污水处理设施建设发展最快速的阶段，随着国内资金和技术的不断积累，国内优秀的污水处理企业不断涌现，外资进入中国排水与污水处理市场的步伐开始趋缓。反之，国内水务企业依托属地优势和资本运作，以具有一定实力的国资背景的水务集团和上市公司为重点，跨地区参与排水与污水处理设施的投资运营，已培育深水、北排、首创、中环保等污水处理专业运营商的服务品牌，并已有桑德、创业环保、首创、安徽国祯等十多家国有或民营污水处理上市公司。

在这一阶段，PPP 项目仍然缺乏顶层设计，一切以地方政府短期实用目的优先，各种问题依然延续。但各级政府已开始认识到引入社会资本的同时，加强政府监管的重要性，政府不断总结排水与污水处理行业实施 PPP 的经验教训，改革的目标开始兼顾公平与效率，具体表现在注重监管、重视运营和服务水平、关注公众利益和安全。此阶段，改革政府实施 PPP 不单纯要解决政府投资不足的问题，而是要使公众在水质、服务水平和价格上受益，更加注重生产过程和服务质量的改善。通过 PPP 项目经验和教训的不断总结和提高，PPP 实践与理论共识初步成型，政策法规框架、项目结构与合同范式在此阶段得到逐步确立。

（三）依法改革阶段

2013 年至今后一段时期，依法改革阶段，以 2013 年党的十八届三中全会为标志。十八届三中全会报告指出，允许社会资本通过特许经营等方式参与城市基础设施投资和运营，并明确要求制定非公有制企业进入特许经营领域具体办法。随后，PPP 的制度化建设在财政部、发改委等多部委的合力下加速，一系列关于 PPP 的顶层设计逐步推进。

首先是特许经营立法工作重新启动，由发改委、财政部等多部委联合印发《基础设施和公用事业特许经营管理办法》，旨在引导和规范能源、交通、水利、环保、市政等基础设施和公用事业特许经营，以特许经营协议的订立、履行、变更和终止为核心，对基础设施和公用事业特许经营的适用范围、实施程序、监督管理、公共利益保障、争议解决等作了较为全面、详细的规定。

其次，国家密集出台了《关于在公共服务领域推广政府和社会资本合作模式指导意见》（国办〔2015〕42 号）、《关于推广运用政府和社会资本合作模式有关问题的通知》（财金〔2014〕76 号）、《关于开展政府和社会资本合作的指导意见》（发改投资〔2014〕2724 号）等一系列政策，要求在基础设施领域深化政府和社会资本合作机制，对于排水与污水处理等可经营或准经营的基础设施项目，政府要通过特许经营、投资补助、政府购买服务等多种形式，吸引包括民间资本在内的社会资金，参与投资、建设和运营，实行投资、建设、运营和监管分开，形成权责明确、制约有效、管理专业的市场化管理体制和运行机制。同时要积极创新金融产品和业务，建立完善多层次、多元化的城市基础设施投融资体系。在此基础上，财政部、发改委还分别出台了《政府和社会资本合作项目通用合同指南》、《政府和社会资本合作模式操作指南（试行）》（财金〔2014〕113 号）、《PPP 项目合同指南》（财金〔2014〕156 号）、《PPP 项目政府采购管理办法》（财库〔2014〕215号）、《PPP项目财政承受能力论证指引》（财金〔2015〕21号）《PPP物有所值评价指引（试行）》（财金〔2015〕167号）等一系列操作指南，在操作和合同的层面对引入社会资本给出了更具体的指导。

在行业立法方面，以2013年国务院颁布的《城镇排水与污水处理条例》（第641号令）为标志，在国家层面以法规的形式将城镇排水与污水处理纳入了法制轨道，解决了行业管理"有法可依"的问题。而且，该条例也是第一次以国家法规的形式，明确"国家鼓励实施城镇污水处理特许经营制度"，而且"具体办法由国务院住房城乡建设主管部门会同国务院有关部门制定"，为排水与污水处理行业实施特许经营提供了法律依据。

2014年底，根据《水污染防治法》和《城镇排水与污水处理条例》的要求，财政部、发改委、住房城乡建设部联合颁布《污水处理费征收使用管理办法》（财税〔2014〕151号），以部门规章的形式确立了污水处理收费制度。在此办法中，明确了污水处理费的性质、征收标准的确定、污水处理服务费的补贴与支付等重大问题，指出污水处理费属于政府非税收入，纳入地方政府性基金预算管理；污水处理费的征收标准，按照覆盖污水处理设施正常运营和污泥处理处置成本并合理盈利的原则制定；政府以购买服务的方式，向污水处理运营单位支付服务费，服务费应覆盖成本及合理收益，并与绩效评估相挂钩。这些条款明确了PPP的政府责任，有力地保障了社会资本进入排水与污水处理行业的合理收益，但同时要求对运营单位进行绩效考核，并将服务费与绩效挂钩，可以有效激励市场主体降低成本、提高绩效，为进一步推广运用PPP提供了有效的价格机制。

在总结第一、二阶段排水与污水处理行业PPP实践和政府监管经验的基础上，政府着力PPP改革的顶层设计，致力于国家层面的PPP法规制度设计，按照立法先行的原则，已初步形成由法规政策、操作指引和标准化工具等构成的相对完整的PPP制度框架。这无疑会启动社会资本进入排水与污水处理行业的新一波浪潮，但与前一阶段不同的是，这一阶段的改革以立法为先导，国家在中央层面已经建立了一套相对完善的制度体系，并且明确了政府与企业的责任边界。可以预见，在今后一段时期，排水与污水处理行业PPP改革将沿着既有的制度框架进一步深入和规范。

三、 排水与污水处理行业PPP的总体情况

从建设运营模式上看，2015年，在污水处理厂中，PPP模式1740个，托管模式422个，政府自运营171个，其他1851个，分别占污水处理厂总数的42%、10%、4%、44%，如图4-21所示。

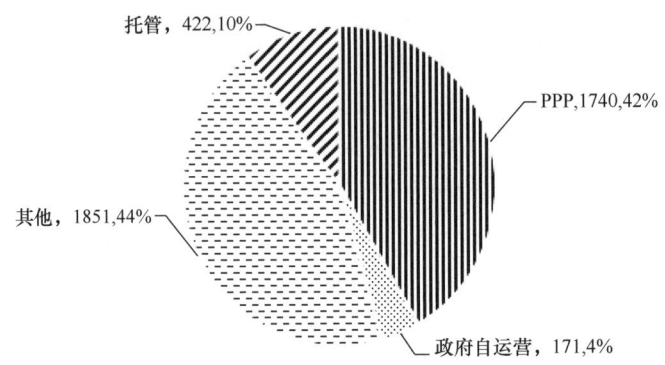

图 4-21 2015 年全国污水处理企业建设运营模式情况

十二五期间，PPP 模式在污水处理行业中的使用越来越频繁，其中 BOT 模式由 2011 年的 1063 个上升到了 1382 个，增长 30.0%；BT 模式由 98 个上升到 152 个，增长 55.1%；TOT 模式由 184 个上升到 206 个，增长 12.0%，合计 PPP 模式从 1343 上升至 1740 个，增长 27.7%。但从各种建设运营模式所占比重上分析，BOT、BT、TOT 模式增长均比较稳定，2011 年，BOT 模式所占比例为 33%，与 2015 年保持一致，BT 模式则由 2011 年的 3%上升至 2015 年的 3.6%，TOT 模式则由 2011 年的 6%下降到 2015 年的 4.9%，浮动比例不大。值得关注的是，托管模式由 2011 年的 7%上升到 2015 年的 10.1%；政府自运营模式由 2011 年的 1%上升到了 2015 年的 4%，说明在污水处理厂的建设运营模式选择时，由政府自建造后选择托管或者自运营的比例有所增加，但整体上比较稳定，PPP 模式占了 40%左右的比例，如表 4-9 所示。

2011-2015 年污水处理厂建设运营模式情况 表 4-9

年度	指标	PPP	托管	政府运营	其他	合计
2011 年	个数（个）	1343	225	31	1515	3114
	比例（%）	43.13	7.23	1.00	48.64	100
2012 年	个数（个）	1424	244	34	1617	3319
	比例（%）	42.90	7.35	1.02	48.73	100
2013 年	个数（个）	1510	257	36	1701	3504
	比例（%）	43.09	7.33	1.03	48.55	100
2014 年	个数（个）	1656	408	90	1856	4010
	比例（%）	41.30	10.17	2.24	46.29	100
2015 年	个数（个）	1740	422	171	1851	4184
	比例（%）	41.59	4.09	44.24	10.09	100

从这些不同建设运营模式污水处理厂的地区分布看，东部地区托管模式污水处理厂的比例最低，为 6.89%；中部地区托管模式污水处理厂占中部地区企业

的 7.03％；西部地区托管模式污水处理厂的比例最高，占西部地区企业的 16.95％。对于 PPP 模式而言，东部地区最高，占比为 48.56％，政府自运营模式占比为 3.47％；中部地区中 PPP 模式和政府自运营模式比例，分别为 44.38％和 3.01％；西部地区 PPP 模式和政府自运营模式比例，分别为 29.56％和 5.78％，如表 4-10 和图 4-22 所示。

2015 年各建设运营模式污水处理厂的地区分布 表 4-10

		PPP	托管	政府自运营	其他	合计
东部地区	个数（个）	909	129	65	769	1872
	比例（%）	48.56	6.89	3.47	41.08	100
中部地区	个数（个）	442	70	30	454	996
	比例（%）	44.38	7.03	3.01	45.58	100
西部地区	个数（个）	389	223	76	628	1316
	比例（%）	29.56	16.95	5.78	47.72	100

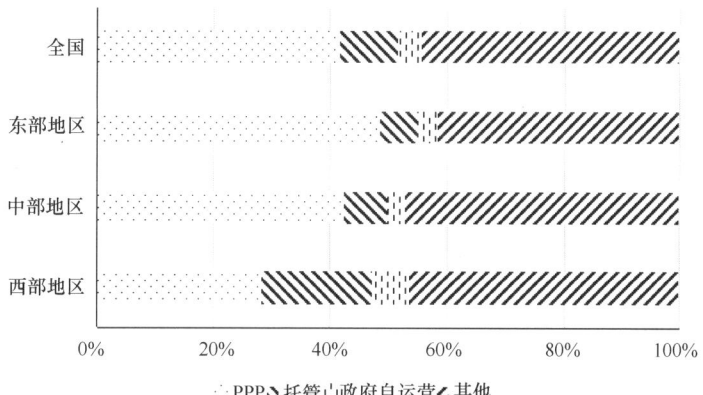

图 4-22　各地域不同建设运营企业比例

从不同运营模式污水处理厂的规模看，PPP 模式的企业平均规模最高为 3.96 万吨/日；托管次之为 2.53 万吨/日；政府自运营的企业平均规模最小为 1.98 万吨/日，如表 4-11 所示。可见，近年来，PPP 模式的污水处理厂的平均规模远大于政府自运营的平均规模。说明政府自运营存在财政投入不足和管理低效等问题。相比之下，PPP 模式引入社会资本的雄厚财力和高效的管理技术，使企业规模增大、效率提高。

不同运营模式污水处理厂的规模分布 表 4-11

建设运营模式	PPP	政府自运营	托管	其他
平均规模（万吨/日）	3.96	1.98	2.53	4.49

四、 排水与污水处理行业 PPP 的项目示范

PPP 示范项目实施是推广运用规范 PPP 模式的重要抓手，旨在形成可复制、可推广的实施范例，形成一套有效促进 PPP 规范健康发展的制度体系。2014 年 12 月，经各省（自治区、直辖市、计划单列市）财政部门推荐，财政部组织专家评审，从项目采购程序的竞争性、社会资本的真实性、运作方式的合理性、交易结构的适当性和财政承受能力的持续性等方面综合考虑，择优确定了 30 个 PPP 示范项目。这些示范项目将严格按照《政府和社会资本合作模式操作指南（试行）》和标准化合同文本等一系列制度要求规范操作，采取竞争性采购方式，引入信誉好、有实力的运营商参与示范项目建设和运营。在项目实施中，综合考虑项目风险等因素合理确定社会资本的收益水平，并通过特许经营权、合理定价、财政补贴等事先公开的收益约定规则，使社会资本获得长期稳定收益。财政部门将对 PPP 示范项目实施全生命周期监管，定期组织绩效评价，评价结果应作为定价调价的重要依据，保证公共利益最大化，并要求地方政府严格按照合同办事，切实履行政府合同责任，保障 PPP 项目顺利实施。

（一）财政部示范项目

2014 年 12 月，财政部印发《关于政府和社会资本合作示范项目实施有关问题的通知》（财金〔2014〕112 号），批准确立 30 个 PPP 示范项目，其中新建项目 8 个，地方融资平台公司存量项目 22 个，总投资规模约 1800 亿元，在第一批 PPP 示范项目顺利启动后，财政部在 2015 和 2016 年又先后推出了两批 PPP 示范项目，项目数分别为 206 个和 516 个，总投资规模分别为 6589 亿和 1.17 万亿元。三批示范项目总数共 752 个，总投资规模近 2 万亿，仅 2016 年示范项目的总投资规模就超过万亿元，如表 4-12 所示。

财政部 PPP 示范项目总体情况　　　　　　　表 4-12

批次	项目总数（个）	总投资（亿元）
第一批	30	1800
第二批	206	6589
第三批	516	11700

在 752 个示范项目中，污水处理项目共 80 个，约占项目总数的 1/10，是主要的示范领域。在第一批 30 个示范项目中，污水处理项目 9 项，约占项目总数的 1/3，在第二批和第三批示范项目中，污水处理项目分别有 21 项和 50 项。从

项目投资金额看，第一批 9 个污水处理示范项目的总投资规模 54.67 亿元，占示范项目总投资的 30.37％，第二批和第三批污水处理示范项目的总投资规模分别为 212.6 亿元和 301.01 亿元，占总投资的比例分别为 3.23％和 2.6％，如表 4-13 所示。

财政部污水处理 PPP 示范项目的总体情况　　　　　表 4-13

批次	项目数		投资规模	
	数量（个）	比例（％）	金额（亿元）	比例（％）
第一批	9	30	54.67	30
第二批	21	10	212.6	3
第三批	50	10	301.01	3

可见，污水处理项目的投资规模虽然占比不高，但项目数量却较多，说明单个污水处理项目的投资额较小，有利于社会资本投资，而且各地污水处理项目在运作方式、交易结构、社会资本进入等方面的条件都较为成熟。究其原因，污水处理行业前期特许经营积累了大量经验，培育了一批有资金、懂运营的优质污水处理企业，同时《排水与污水处理条例》和《污水处理费征收和使用管理办法》的出台，为污水处理 PPP 项目实施建立了较为完善的行业制度保障，特别是价格和收费制度，保证了社会资本进入污水处理后的合理收益，使得污水处理 PPP 项目备受政府和社会资本青睐。

从项目的地域分布来看，共有 23 个省市立项了污水处理 PPP 示范项目，还有北京、天津、广西、陕西、西藏等 9 省市未立项污水处理项目。污水处理 PPP 示范项目数量最多的省份是云南，共有 9 个项目，其次是江苏，有 7 个项目，再次是湖南、河南两省，均有 6 个项目。项目数较少的省份是宁夏、上海，各有 1 个项目，陕西、内蒙古、浙江、辽宁等 7 个省、自治区各有 2 个项目，如图 4-23 所示。从项目总体分布来看，中西部地区污水处理示范项目的数量较多，这在一定程度上说明，中西部省份由于财力较为薄弱，相对东部地区，污水处理设施建

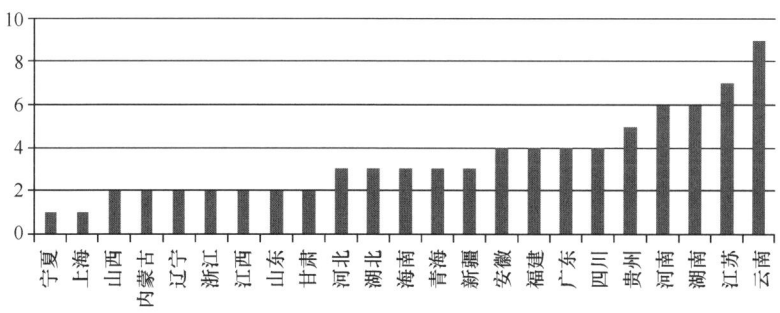

图 4-23　财政部污水处理 PPP 项目的地区分布

设更为落后，更倾向于采用 PPP 模式帮助缓解财政压力，"以时间换空间"，更好地提供污水处理服务。这其中，江苏省较为特别，其示范项目的数量远高于其他发达省份，这与江苏省污水处理行业的市场发展成熟密不可分，江苏省是我国较早在污水处理行业引入社会资本的省份，其价格机制较为完善，污水处理收费价格普遍偏高，基本可以补偿污水处理运营成本，且政府监管体制机制健全，地方政府重信守诺，与社会资本的合作具有良好的基础。

（二）省级示范项目

全国各省、自治区、直辖市在中央的带动下，也纷纷启动了省级 PPP 示范项目的推荐遴选工作，推出了一批省级 PPP 示范项目。在财政部公布的 PPP 项目库中，共有浙江、湖南、内蒙古等 14 个省份批准确立了省级污水处理 PPP 示范项目 81 个。其中，浙江省的示范项目数量最多，共有 20 个，其次是湖南和内蒙古，分别有 17 和 15 个，如图 4-24 所示。与财政部污水处理 PPP 示范项目地区分布呈现差异的情况是，浙江和内蒙古两省被批准确立的财政部示范项目的数量较少，均各有 2 个，但两省确立的省级示范项目的数量较多，总投资规模较大，说明这两个省份非常重视污水处理工作，但污水处理项目在 PPP 实施方案的设计上有待提高，未能入选财政部的示范项目，但省级财政对这类污水处理 PPP 项目给予了很大的支持。

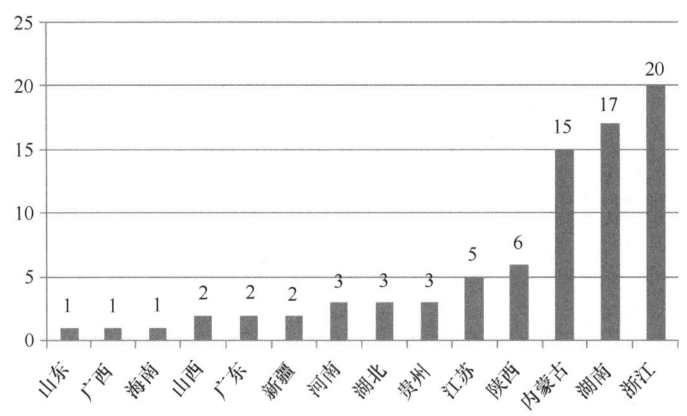

图 4-24　省级污水处理 PPP 项目的地区分布

（三）污水处理 PPP 示范项目特点

从项目投资规模分布来看，污水处理 PPP 示范项目多集中在中小型项目，如表 4-14 和图 4-25 所示。具体而言，1 亿～5 亿元区间的项目数量最多，为 98

个，占比达 61%；5 亿～10 亿元区间的项目为 29 个，数量次之，占比为 18%；投资规模在 1 亿元以下的项目有 14 个，30 亿元以上的项目仅有 1 个，是云南省大理州大理市大理洱海环湖截污 PPP 项目，属于综合性的排水与污水处理项目，不是传统意义上单纯的污水处理厂和排水管网的项目，因此项目投资规模较大。从项目规模上看，污水处理 PPP 项目体现出两个特点：一是以中小型项目为主，这类项目进入的门槛较低，更能吸引民营资本参与；二是大型项目主要集中在水环境综合治理领域，这类项目投资额巨大，也是排水与污水处理行业未来发展的主要方向。

污水处理 PPP 示范项目投资规模分布　　　　表 4-14

投资规模	小于 1 亿元	1～5 亿元	5～10 亿元	10～20 亿元	20～30 亿元	30～40 亿元	总计（亿元）
财政部项目	5	39	19	9	7	1	80
省级项目	9	59	10	2	1	0	81
总示范项目	14	98	29	11	8	1	161

从财政部与省级污水处理 PPP 示范项目投资规模比较来看，二者也表现出不同的特点，如图 4-26 所示。虽然在规模分布上都主要集中于中小型污水处理项目，但财政部示范项目的规模较省级示范项目更大，特别是 10 亿元规模以上的项目，财政部示范项目有 17 项，占部级示范项目总数的 20% 左右，而省级示范

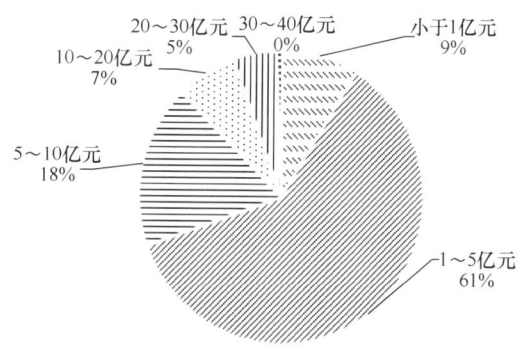

图 4-25　污水处理 PPP 示范项目投资规模分布

项目仅 3 项，占比微乎其微。反之，80% 以上的省级示范项目属于 5 亿元以下的中小型项目，特别是 1 亿～5 亿元的项目就有近 60 项，占比 72.84%，而财政部示范项目中，5 亿元以下的项目仅占 55%，大约一半左右。可见，大规模的污水处理示范项目基本都申请财政部示范项目，省级示范则更多地支持中小型污水处理项目，如图 4-27 所示。

从项目合作时间来看，污水处理 PPP 示范项目合作时间较长，多集中在 21～30 年，共有 141 个，占项目总数近九成，10～20 年的项目有 17 个，约占项目总数的 10%，另有 3 个项目的合作时间在 30 年以上，比例仅为 2%，合作时

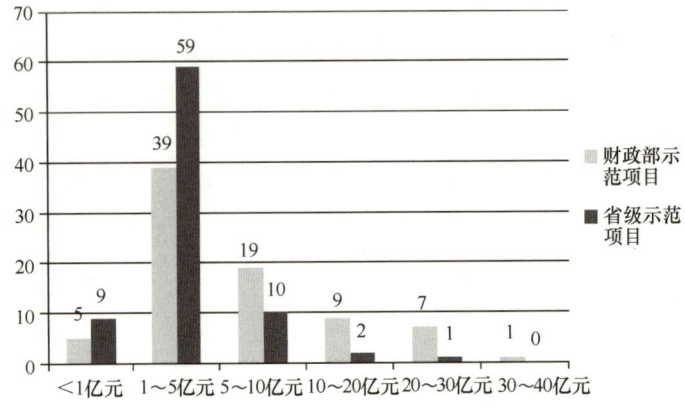

图 4-26　财政部与省级污水处理 PPP 示范项目投资规模比较

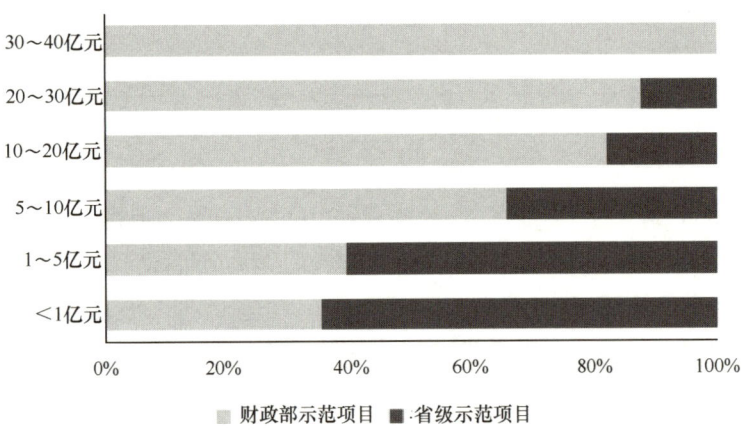

图 4-27　不同规模污水处理 PPP 示范项目的类型分布

间在 10 年以下的项目则几乎没有，如表 4-15 和图 4-28 所示。这主要是由于污水处理项目的初期投资较大，投资回收期较长，必须有足够长的合作时间才能保证社会资本的合理收益回报，合作时间少于难以收回投资成本。有少量项目的合作时间长达 30 年以上，这类项目通常是水环境综合治理的项目或者是当地的水费征收标准较低，需要将投资回报摊销到更长的时间进行。

污水处理 PPP 示范项目的合作时间　　　　　　　　　　表 4-15

合作时间	10～20 年	21～30 年	30 年以上	总计
财政部项目	2	75	3	80
省级项目	18	63	0	81
总示范项目	17	141	3	161

从财政部与省级污水处理 PPP 示范项目合作时间比较来看，两类项目的合作时间基本都集中在 21～30 年，分别有 75 项和 63 项，但省级示范项目中，合作时间为 10～20 年的项目共有 18 项，占比 22%，明显高于部级示范项目的比例。这说明合作时间较短的项目较难获得财政部示范项目的支持，财政部更偏好于支持合作时间在 20 年以上的项目，如图 4-29 所示。

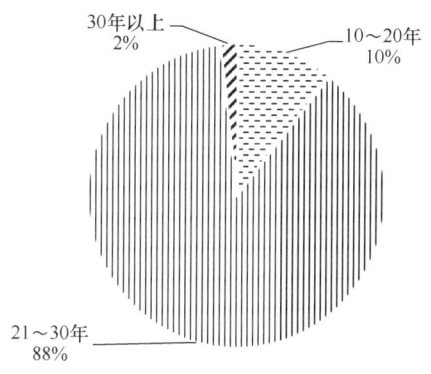

图 4-28　污水处理 PPP 示范项目的合作时间

从项目实施阶段来看，绝大多数项目都已进入准备阶段，只有 18 个项目目前仍处于识别阶段，约占项目总数的 10%。约六成的项目已完成项目准备，正在进行或已通过政府采购，其中有近四成的项目已通过政府采购进入执行阶段，这类项目实际已确立了社会资本的合作方，如表 4-16 和图 4-30 所示。

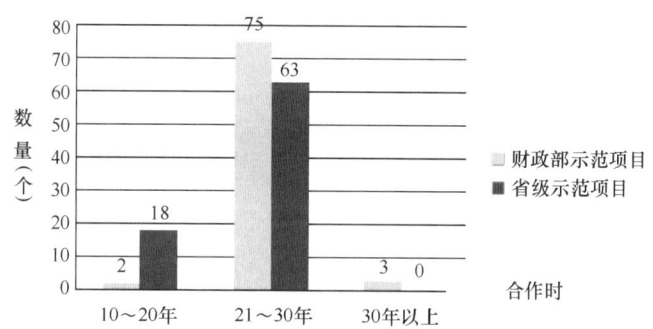

图 4-29　财政部和省级污水处理 PPP 示范项目的合作时间比较

污水处理 PPP 示范项目的实施阶段　　　　　　表 4-16

实施阶段	识别阶段	准备阶段	采购阶段	执行阶段	总计
财政部项目	2	17	20	41	80
省级项目	16	32	10	23	81
总示范项目	18	49	30	64	161

从财政部与省级污水处理 PPP 示范项目实施阶段比较来看，二者呈现出显著的差异，如图 4-31 所示。财政部示范项目多集中在采购和执行阶段，其中有 41 个项目已处于执行阶段，已超过部级示范项目数的一半，处于采购阶段的项目也有 20 项，二者加总共 61 项，占比高达 76%。与之相对的，省级示范项目

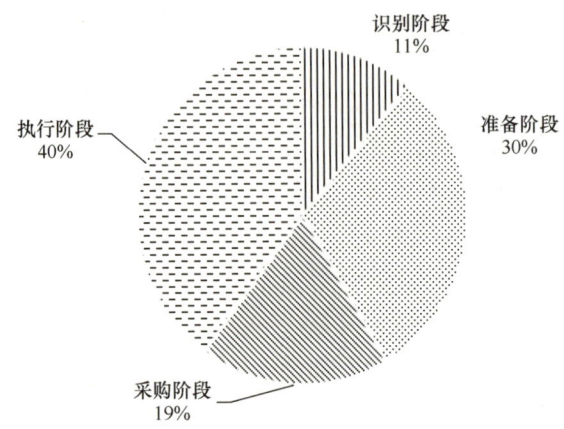

图 4-30 污水处理 PPP 示范项目的实施阶段

则多集中在准备阶段，甚至有部分项目仍处于识别阶段即被确立为省级示范项目。在省级示范项目中，处于准备阶段的项目共 32 项，此外还有 16 个项目处于识别阶段，二者约占省级示范项目的六成左右。可见，项目条件好，较为成熟的项目更易获得财政部示范项目的支持，对于尚处于识别阶段的项目，财政部则鲜有支持。

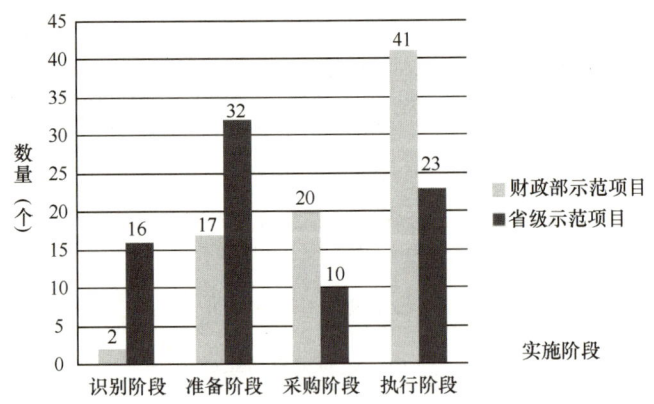

图 4-31 财政部和省级污水处理 PPP 示范项目的实施阶段比较

从项目运作方式来看，BOT 项目的占比最多，有 96 个示范项目采用的BOT 模式，约占项目总数的 60％，TOT 和 ROT 的项目数分别是 27 个和 12 个，采用其他方式的示范项目还有 26 个，如表 4-17 和图 4-32 所示。这说明，污水处理 PPP 示范项目仍是以新建项目为主，存量项目和改扩建项目较少，这主要是由于新建项目的项目边界较为清晰，且建设、运营一体化的方式便于社会资本更好地控制成本与质量，可以有效地避免建设方和运营方相互扯皮和推诿责任。从财政部与省级污水处理 PPP 示范项目的比较来看，两类项目的运作方式基本一致，以 BOT 项目为主，TOT 项目次之。但财政部项目中，采取其他运作方式的项目比例较高，有 20 项之多，而省级项目的 ROT 项目更多，有 10 项左右，如图 3-33 所示。

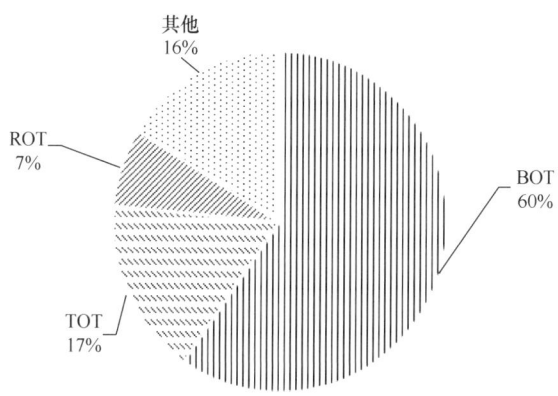

图 4-32 污水处理 PPP 示范项目的运作方式

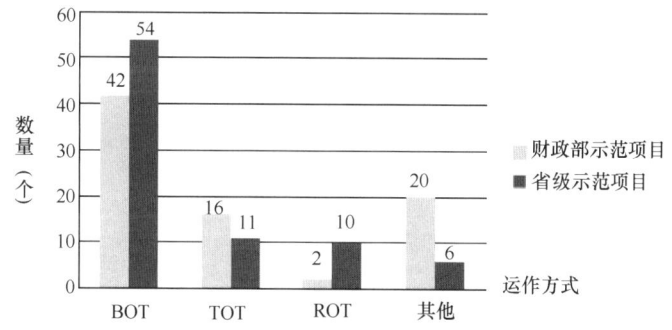

图 4-33 财政部和省级污水处理 PPP 示范项目的运作方式比较

污水处理 PPP 示范项目的运作方式　　　　　　　　　　　　　表 4-17

运作方式	BOT	TOT	ROT	其他	总计
财政部项目	42	16	2	20	80
省级项目	54	11	10	6	81
总示范项目	96	27	12	26	161

从项目回报机制来看，采取政府付费和可行性缺口补贴的项目最多，二者的项目数量分别是 65 和 51，占示范项目总数的 72%，而采用使用者付费的项目则有 28 项，大约占项目数的 1/3，如表 4-18 和图 4-34 所示。由于污水处理项目具

有准公共产品和公益性等特征，因此 PPP 示范项目以政府付费和可行性缺口补贴为主。依靠使用者付费就能收回项目投资并且获得收益的污水处理项目多是单一的污水处理厂项目，随着各地污水处理费征收标准和收缴率的提高，特别是大幅提高工业污水的污水处理收费标准，使用者付费已基本可以补偿污水处理成本。但污水处理 PPP 示范项目中有很大一部分是涵盖了排水管网的建设运营，甚至拓展到了城市内河、内湖的治理和美化绿化，这一部分的项目难以面向使用者收费，大多通过政府付费的方式来购买服务。如果示范项目将污水处理厂和管网等设施打包变成污水处理厂网一体的项目，则多是通过可行性缺口补贴的方式收回投资。

污水处理 PPP 示范项目的回报机制　　　　　　　　表 4-18

回报机制	政府付费	使用者付费	可行性缺口补贴	总计
财政部项目	38	14	28	80
省级项目	27	31	23	81
总示范项目	65	45	51	161

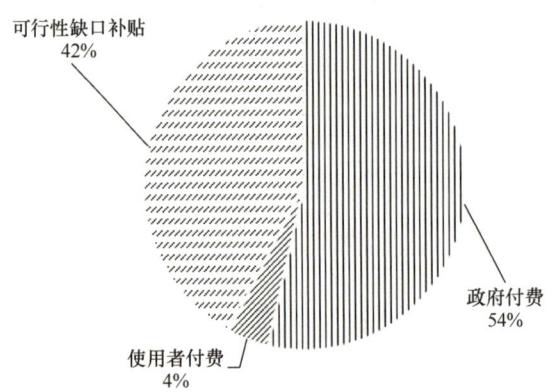

图 4-34　污水处理 PPP 示范项目的回报机制

从财政部与省级污水处理 PPP 示范项目回报机制的比较来看，省级示范项目中，使用者付费的项目比例较高，共有 31 个项目采取使用者付费的方式，超过政府付费和可行性缺口补贴的项目数量。但在财政部示范项目中，政府付费的项目最多，共 38 项，占示范项目数的一半左右，如图 4-35 所示。这说明，财政部示范项目更多地支持综合性的污水处理项目，这与部级项目规模较大相匹配，而省级项目多支持规模较小、生产单一的污水处理厂项目，这类项目的盈利能力较好，通过使用者付费即可收回投资。

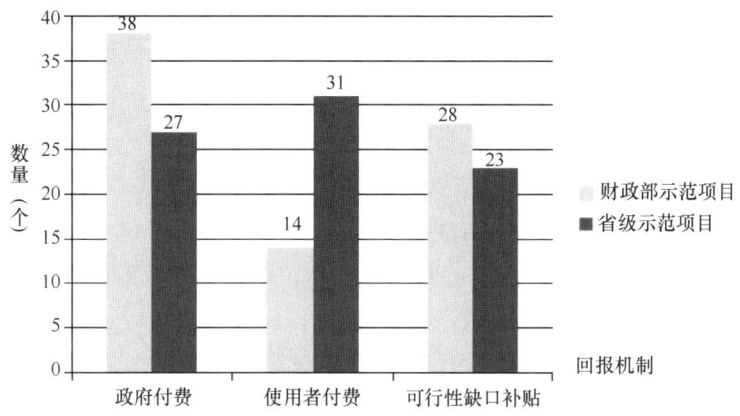

图 4-35 财政部和省级污水处理 PPP 示范项目的回报机制比较

五、 排水与污水处理行业 PPP 存在的主要问题

尽管 PPP 在排水与污水处理行业的推广取得了一定的成效，但在这一轮由上至下引导的 PPP 浪潮中，出现了"剃头担子一头热"的现象，主要表现为"中央政府热，地方政府冷"，"国企资本热，社会资本冷"。PPP 项目冷热不均的表现折射出 PPP 项目执行过程中仍存在着一些问题，制约着各方参与 PPP 项目的积极性，导致 PPP 项目落地难。

（一）对 PPP 项目的认识不清

1. 对 PPP 项目的本质认识不清

PPP 的本质是公共产品和服务提供方式的变革，传统的政府直接投资公共产品和服务的供给方式，不仅耗资巨大，形成了巨额的公共财政资源沉淀，而且资金的利用效率不高。通过 PPP 模式，政府资金起到了"四两拨千斤"的引导作用，而且通过与社会资本的合作，可以将公共资源通过市场化方式进行有效配置，进而提高公共财政资源的使用效率。同时，PPP 模式由于有政府的参与，也在一定程度上对社会资本有一定的制约作用，避免社会资本一味逐利损害公众利益，有利于兼顾效率与公平。

然而，在实际操作中，一些社会资本和政府部门对 PPP 的认知存在误区，将 PPP 单纯地理解为一种融资模式。特别是当前宏观背景是融资平台取消、地方政府融资难和经济增速放缓、社会投资不足相叠加，PPP 模式很容易被当成是刺激投资工具和融资平台转换。一些地方政府为刺激投资，将缺乏充分论证的项目仓促上马，影响了 PPP 项目的可行性和有效性，为 PPP 项目的后续实施埋下了隐患。还有一些地方政府在地方债被严控、融资平台被取消的情况下，将 PPP 模式视作新的融资工具，替代原有的融资平台，忽视了 PPP 引入社会资本附带的技术和管理提升。

2. 对 PPP 项目中的政府职能认识不清

PPP 模式的基本理念是"政府搭台、市场唱戏"，但由于这一轮的 PPP 浪潮由政府主导，一些地方政府借参与 PPP 项目之际，肆意扩大政府职能，参与一些完全可以市场化的项目，或者对一些项目大包大揽，过度强调政府主导，在 PPP 合同中置入许多政府主导项目的条款，使得社会资本简单地沦为项目融资的工具，极大地削弱了社会资本参与的热情。此外，PPP 项目由于有了政府的参与，导致一些地方政府容易混淆裁判员和运动员的身份，影响了政府监管的职能。

（二）社会资本进入退出机制不健全

1. 社会资本进入机制不健全

尽管国家和地方政府的政策三令五申要求鼓励社会资本进入，PPP 模式无疑为社会资本进入城市排水与污水处理等领域提供了通道，有利于打破区域和行业封锁。然而，社会资本特别是民营资本进入的隐性壁垒依然存在，一些地方政府对民营企业仍会采取一些限制性措施，项目信息不透明、明招标暗许配，设置高额项目诚信金或保证金，不与民营企业对接等现象时有发生，严重挫伤了民营资本进入的积极性。

资金瓶颈也是影响社会资本有效进入的重要原因，这一轮的 PPP 项目要求全产业链，而且多是系统性、综合性的大项目，项目资金动辄几亿甚至十几亿，项目资金门槛高，对企业融资能力提出了很高的要求。但现实情况是，一方面金融机构对民营资本态度谨慎，多要求提供第三方担保和资产抵押担保，商业银行很难或者不愿意区分项目融资和公司融资的区别，在一定程度上制约了社会资本项目融资的有效开展。此外，PPP 项目周期长、投资大、回报低，以及复杂的运营模式等，也成为制约中小型社会资本参与的因素。

2. 社会资本退出机制不健全

当前的 PPP 项目投资规模都较大，投资周期也较长，且多是非标准化和非证券化项目，这导致 PPP 资产转让市场很难活跃，投资者风险不易转移，社会资本难以在项目运营期间退出。另一方面，PPP 项目的合作时间一般不超过 30 年，但对于污水处理设施而言，合作时间一般低于设施的使用年限，而 PPP 合同中一般都要求合作期满后要将设施无偿交给政府。这就导致经营者在合作期内必然仅限于满足正常运营的维持，而不会投入更多资金用于设施改造，更不会顾及合作期满后资产延续良好的问题，导致合作期满后政府与社会资本扯皮或存在争议难以解决，影响了社会资本的正常退出。

（三）政府监管不到位

1. 政府监管能力不足

PPP 模式的推广势必会吸引相当数量的民营企业进入排水与污水处理行业，成为经营主体。在无外部约束的情况下，这些民营企业有可能通过提高价格，降低质量等手段增加企业利润，损害消费者利益，但政府不能通过过去管理国有企业的方式进行管理。这就要求政府转变职能，从排水与污水处理设施的直接经营者，转变为竞争性经营的组织者，对 PPP 项目实行有效监管，保障社会公众利益。而且，污水处理 PPP 项目从项目识别、合作伙伴筛选到 PPP 协议签订和实施，每个环节都涉及工程、财务、财政、法律、行业等多个领域，其间包括编制物有所值评价报告、财政承受能力论证报告、与社会资本谈判签署 PPP 协议等专业性极强的工作，但地方政府普遍缺乏专业人才储备，特别是基层地方政府，现有的监管队伍人员编制本就不足，而精通项目管理和环境管理知识的专门人才更是稀缺。因此，监管队伍和监管能力的不足严重影响了污水处理 PPP 项目的规范实施。

2. 多头管理加剧制度成本

尽管 PPP 实践在我国已有 30 多年的经验，但国家层面的 PPP 立法在我国尚属空白，现有的 PPP 制度多为部门规章或政策文件，法规层级较低，导致各地在实施特许经营过程中依据的法规政策权威性和力度不够。而且由于污水处理 PPP 项目管理涉及财政、发改、住建、环保等多个部门，尚未形成统一协调的工作组织机制。各部门从各自职责出发制定规章政策，出台的规章政策难免存在一定的偏差，容易造成执行上的混乱和困惑，影响了 PPP 制度的实施效果。同时，由于国家层面未明确各部委在 PPP 领域的监管职责，导致地方的机构设置不统一，在实际 PPP 项目管理过程中出现政出多门、管理职责混乱等问题，不仅在管理上未能形成合力，而且监管缺位、越位和错位的情况时有发生，社会资本也由于无所适从极易滋生怀疑、观望的情绪，掣肘了 PPP 监管体系的建设。

六、 排水与污水处理行业 PPP 展望

（一）完善排水与污水处理行业 PPP 监管制度

1. 加快 PPP 的国家立法

PPP 由于缺少上位法，应当由全国人大会同财政、发改等相关的行政部门，

研究制定统一的 PPP 法律，对监管机构、监管职能、适用范围、PPP 过程、权益保障和风险分担与控制等核心问题做出原则性规范，并注意保持与现有土地法、政府采购法、公司法、合同法、税法等法律的衔接和协调。由于在此前的 PPP 实践中，各地比较注重 PPP 在引入市场机制和社会融资等方面的功能，忽视了对 PPP 的监管。因此在 PPP 立法中应当特别强调对 PPP 全生命周期的过程监管，包括市场准入退出、质量、价格、服务等方面的监管，明确中央和地方的纵向权力配置和各个监管机构之间的横向权力配置，同时要建立对监管者的监督制度，明确政府、社会资本和公众的责任边界，有效规范各方行为。

2. 完善排水与污水处理行业的配套政策

2014 年颁布的《城镇排水与污水处理条例》中，明确指出"国家鼓励实施城镇污水处理特许经营制度。具体办法由国务院住房城乡建设主管部门会同国务院有关部门制定。"尽管国家已出台《基础设施和公用事业特许经营管理办法》、《PPP 项目合同指南》等规章政策，但城镇排水与污水处理行业有其自身的行业特点，有必要研究制定具体的排水与污水处理行业 PPP 实施细则，对各个行业特许经营实施中涉及的运营企业资质、从业人员职业资格、监督考核、应急处置、市场退出、国有资产保值增值、土地使用、价格管理、职工安置、利益保障和补偿等关键问题给出明确的指导意见或做出具体规定，便于地方政府操作执行。此外，城镇污水处理特许经营协议示范文本颁布实施已有 10 年，财政部和发改委也先后发布了 PPP 项目合同指南，示范文本已难以适应 PPP 项目的新要求，有必要修订协议示范文本，保持与 PPP 项目合同指南的衔接，同时将具体条款根据污水处理 PPP 项目的实践经验进行细化。

（二）加强政府污水处理 PPP 监管能力建设

1. 建立专门的 PPP 管理协调机构

从英国、法国、澳大利亚等发达国家的经验来看，建立中央和地方层面的 PPP 管理协调机构，有助于 PPP 模式的推广和 PPP 项目的规范、高效运行。针对我国目前 PPP 多头领导和责任划分不清的问题，应按照职能统一、权责明确原则理顺各部门职责，并建立跨部门协调机制，在国家层面成立 PPP 管理协调机构，科学配置各部门职权，统筹协调各部门工作，促进跨部门协作以形成 PPP 管理合力。在地方层面，特别是在省级和大中型城市层面，应建立专门的 PPP 管理机构，对接中央层面的 PPP 管理机构，形成上下联动，加快推进 PPP 落地和实施。

2. 强化 PPP 全生命周期的过程监管

PPP 项目从项目识别到项目落地，从中期评估到合作期满移交，每一个环节都离不开政府监管，但 PPP 监管不同于传统监管，要求政府从重"事前审批"到重"事中事后监管"、从重"建设"到重"运营"，核心是要充分发挥政府的引导作用和市场的资源配置作用。在项目识别环节，地方政府应当根据财政部出台的《PPP 物有所值评价指引（试行）》，通过定性和定量分析，科学判别项目是否适合采用 PPP 模式，而且随着数据的积累和技术手段的进步，逐步加强定量分析的比重。在项目落地环节，各地应根据项目的具体情况，参照合同指南和协议示范文本，对具体条款进行细化和补充，为事中事后监管提供合同依据。在中期评估环节，由于排水与污水处理 PPP 项目一般合作周期为 20～30 年，合作时间跨度大，经济社会环境会发生复杂变化。因此，行业主管部门应及时组织对项目的中期评估，每三至五年对项目运行状况、合同的合规性、适应性和合理性进行重点分析，及时发现项目面临的问题，评估风险并作出合理调整和修正。最后，项目合作期满移交后，地方政府应当对项目投入产出、公众满意度等进行绩效评价，评价结果作为完善 PPP 项目实施的参考。

（三）创新污水处理 PPP 项目交易结构

排水与污水处理 PPP 项目的交易结构将决定项目的融资方式，直接影响社会资本的进入退出。为广泛地吸引社会资本，可以对污水处理 PPP 项目进行证券化和标准化处理，使其能在股权和金融交易所交易，为污水处理 PPP 项目创造动态优化投资者结构和运营机制的条件。具体而言，可在 PPP 产品设计上按照《合伙企业法》确定的合伙人机制，或者借鉴众筹模式中的领投人与跟投人机制，根据项目特点制定损益分配条款，确定政府与社会资本在污水处理 PPP 项目中的权利和义务。抑或参照分级证券化基金模式，将污水处理 PPP 项目中各方权责与损益分配机制，内嵌到 PPP 产品设计中。

（四）规范 PPP 合同，落实合同化管理

2016 年 10 月，财政部发布《关于在公共服务领域深入推进政府和社会资本合作工作的通知》（财金〔2016〕90 号），要求各地新建的污水处理项目要"强制"应用 PPP 模式，意味着 PPP 模式在污水处理行业将广泛应用，随后污水处理 PPP 项目的管理将是未来行业监管的主要内容，而 PPP 合同是界定政府与社会资本双方权利与义务的法律文件，是对 PPP 行为进行监管的重要依据。2006 年，建设部印发城镇污水处理特许经营协议示范文本，已体现污水处理特许经营的原则性要求。2014 年，发改委和财政部分别发文出台 PPP 合同指南，旨在进一步细化 PPP 合同，更好地指导地方政府签订 PPP 合同。虽然两份合同指南的具体内容和总体框架各有侧重，但对 PPP 项目实施的关键环节和合同要件均有

涉及。各地应根据项目的具体情况，参照合同指南，对相应内容加以细化和补充，特别要对 PPP 双方的权利义务、服务质量、政府监管和责任等方面进行详细约定。再者在执行环节，应当要求各地的污水处理 PPP 项目必须签订合作合同，没有签订合同或合同不完善的，要及时补签和完善 PPP 合同。对于暂不具备条件实行 PPP 的污水处理项目，可在核定实际产量及运营成本的基础上，采取目标管理的方式，与政府签订经营合同，按合同约定提供污水处理服务。

第五章　燃气行业发展报告

　　中国目前很多城市已经形成管道天然气为主的燃气供应格局。城市管道燃气的生产供应是一个包括燃气生产、输送和销售在内的具有垂直关系的连续阶段，包括上游天然气企业（国内或国外）直接开采天然气，然后将天然气加压送入管道，到达终点后调压分销给企业和居民等用户。近些年来，城市管道燃气的供给和需求增速迅猛，投资建设力度持续增大，燃气行业政府与社会资本合作（PPP）也得到不断深化，即政府确立市场准入条件，燃气供应企业通过市场竞争获得燃气行业的项目投资权和项目经营权，企业和政府履行协议中各自责任、权利和义务，共同确保燃气的安全供气。

第一节　燃气行业投资与建设

燃气行业是基础设施行业，投资量大且回收期长。中国燃气行业投资环境良好，投资增速较快，但是和其他行业公用设施行业相比投资发展相对较慢。2015年燃气行业体制改革进一步深化，投融资体制改革是其中一项重要内容，将促进管网建设快速发展。

一、投资环境

首先，低碳经济和节能减排为城市燃气发展创造了良好的环境。天然气是最低碳的化石能源，大量利用天然气不仅可以降低能耗、提高效率，而且能够改善大气环境，提高人民生活质量。同时，天然气是中国实现低碳经济、实现二氧化碳减排承诺的现实选择，因而为天然气在城市燃气行业中替代人工煤气、液化石油气开拓了广阔前景。其次，天然气产业快速发展，引领城市燃气进入新的发展机遇期。2020年以前，中国天然气市场将继续保持快速增长的态势。到2020年左右，中国天然气在一次能源消费结构中所占的比例将接近两位数，且消费中心继续南下东移，利用区域遍布全国绝大多数县级以上城市。与此同时，从基础设施到国家政策，均为城市燃气行业的快速发展创造了良好的条件：天然气管道进一步完善，已初步形成西气东输、陕京输气管道系统、川气东送等国家干线管网，管道总里程比"十一五"初期增加近2倍；在2007年8月国家颁布的天然气利用政策中，明确将城市燃气类中的城镇居民生活用气、公共服务设施用气、天然气汽车用气以及分布式热电联产等列为优先类。然后，各地政府大力支持城市燃气发展。中国已经进入城镇化快速发展阶段，预计2020年城镇化水平（常住人口）约为60%。随着城市化水平的不断提高，人民生活水平不断改善，迫切需要改变传统的生产、生活方式。因此，各级政府对关系国计民生的城市燃气行业的支持力度必将越来越大。

（一）气源供需环境

天然气用作城市燃气，环境效益和社会效益优势明显。从城市燃气发展轨迹看，具备气源的城市，天然气都成为其主要的城市能源之一。我国天然气资源丰富，初步形成了多品种、多渠道的多元化供应和"西气东输、北气南下、海气登陆、就近供应"的供气格局。稳定的供应和初具规模的基础设施有力支撑了天然气的快速发展，天然气消费市场已经遍及内地 31 个省市自治区。总体来看，中国天然气资源潜力大、供应能力快速增长。截至 2015 年底，全国建成陕京线、西气东输、川气东送、中亚天然气管道、中缅天然气管道等长输管道历程约 6.4 万千米；建成 LNG 接收站 12 座，总接收能力 4380 万吨/年，建成地下储气库 18 座，有效工作气量 55 亿立方米/年。目前，已经形成常规和非常规国产气、陆上进口管道气、海上进口 LNG 等多气源互济，"西气东输、北气南下、海气登陆、就近供应"的供应格局。形成地下储气库、LNG 接收站两大主力调峰方式，管网覆盖主要产气区以及长三角、珠三角和环渤海等区域。天然气需求迅速增长，2015 年消费量增至 1931 亿立方米，人均年用气量约 140 立方米。

（二）市场竞争环境

一是产品竞争力分析。与其他可替代能源相比，天然气将继续保持较为明显的竞争优势。天然气作为一种清洁、环保的新兴城市能源，从整体上看正在取代其他能源，不断进入新的消费领域，表现出较强的竞争力。这一趋势将会持续，但在不同的应用领域有不同的竞争者并呈现出不同的竞争特点。居民用户是天然气的基础用户，在大中城市的替代品主要是电和太阳能，尤其是出现了电与天然气在民用市场互相穿插的局面，两种能源在民用气市场会各有进退，但由于天然气的初始投资大，提高了用户的退出壁垒，保持价格优势即可保持竞争优势。而太阳能局限性强，近期不可能成为持续性能源而大范围应用。在新开发的中小城市，煤和液化气则是天然气最主要的竞争者，并且煤较天然气优势明显，有其稳定的消费市场。燃气市场开发主要有赖于环保政策的推动，而液化气由于价格高且不如管道气方便，对天然气影响不大。在工商业用户和汽车用户中，主要替代品为油，中小城市可能还有煤，天然气最主要的优势在于清洁，政策环境较为有利，如果能降低初始投资，同时保持价格相对优势，天然气可以抢占油的部分市场。车用气用户和工商业用户是公司最有价值的用户，大力开发此类新用户、改造老用户，对公司优化用气结构和提高效益十分有利。

二是竞争对手分析。城市燃气行业投资者激增，民企、外企与能源巨头三足鼎立，竞争策略各有不同。近年由于天然气上游气田长输管道的建设高潮和政府适时放开燃气市场准入限制的两大机遇，带来了燃气终端销售市场的投资高潮。大量的民营、港资和外资企业都通过控股、收购、参股等多种方式进军城市燃气行业，凭借各自的资本实力，积极扩大各自的市场份额，引发了燃气市场前所未有的激烈竞争。根据投资者的主要特点，竞争主体大致可分为三类：一是以新奥（中国）燃气投资有限公司、中国燃气控股有限公司等民营资本为代表的燃气企业，大范围收购中小城市，主要通过投标特许经营权抢占市场先机。二是以中华煤气为代表的大型投资者，青睐于收购大中城市现有燃气企业的控制权，他们具有先进的管理经验和雄厚的实力，通过与成熟企业合作，进入国内燃气市场，其主要竞争存在于对大中城市的收购中；三是以中国石油天然气集团公司、中国石油化工集团公司为代表的能源巨头开始染指下游城市燃气市场，他们在气源指标和管道运输方面具有先天的优势且资金雄厚。三种势力在竞争中各具优势，实力强大，公司未来五年面临着异常严峻的竞争环境。目前国内有超过 200 多家的城市燃气公司，2015 年 5 大城市燃气公司（北京燃气、华润燃气、新奥燃气、中华燃气和中华煤气）合计销售量相当于全国天然气销售总量的 30%。

三是竞争格局演化趋势分析。燃气市场实现重组，竞争呈现新特点，合作呈现多元化。随着各方的激烈争夺，各地的特许经营权已瓜分渐尽，竞争将由圈地运动转向梳理整合阶段，第二轮的竞争将由单纯的特许经营权的争夺，转变为合作与竞争相融合的资本控制权层面上的较量。由于前期"跑马圈地"收购的市场必须投入运作，而城市燃气基础设施建设前期投资又十分巨大，拥有大量城市经营权的企业必须物色战略合作者，弥补其在资源或者资金方面的不足，燃气市场将进行新一轮的分配。但二次分配却是以优势互补为特点的，谋求多方构建战略联盟的在合作中的竞争、以市场换资源或以资源换市场，共同组建大型燃气企业集团是城市燃气企业做大做强的共同选择。公司一方面要调动一切资源，力求在行业重组中有所收获，开辟新市场；另一方面亦不能忽视寻找战略合作伙伴，给公司未来的发展创造良好的资源或市场条件。

（三）市场风险环境

一是天然气管理体制改革。在城市燃气行业，2014 年，国家能源局和国家发改委相继发布了《油气管网设施公平开放监管办法（试行）》和《天然气基础设施建设与运营管理办法》两个文件，拉开了中国天然气管网设施进入公平开放时代的序幕。2016 年国家发展改革委印发《天然气管道运输价格管理办法（试行）》和《天然气管道运输定价成本监审办法（试行）》（以下简称两个《办法》）。天然气价格改革的目标是"放开两头，管住中间"，即放开气源和销售价格由市场形成，政府只对属于网络型自然垄断环节的管网输配价格进行监管。因此，城市燃气企业面临一定的政策风险。

二是天然气需求容易受季节影响。季节变化影响天然气销售主要表现于城市燃气和天然气发电。一般城市燃气用户主要用天然气做燃料，用来烹饪、烧热水需要外，在冬季时还用做供暖，一般冬季天然气的销量将增加需要调峰。如天然气发电在电力供应中占相当一部分比例时，因冬夏两季用电量大导致发电用气的需求将超过春秋季节。季节性用气不平衡、不稳定，给天然气供应带来一定的难度。天然气长输管线要根据用户需求，经常进行大幅度调峰，高峰是不经济的，技术上存有困难。如用建设地下储气库或地面储罐系统进行调峰，则需要巨大的经济投入，且调幅不能解决根本问题。季节带来的变化给天然气产业链发展带来了较大风险。

三是天然气具有较高的沉没成本。当长输气管道建成后，他就作为专用性资产，一般情况下不能移动，只能输送天然气，不能作为他用。此时用气方将掌握主动，具有很强的议价能力，天然气供应方往往不得不作出让步，给天然气销售造成压力和很大风险。同时由于下游市场需求存在不确定性，在天然气销售低谷期，带来很大的风险。天然气到达城市接收站后，除了少数大工业用户直供外，还需建设城市配气管网，涉及城市配气干线管网和支线管网，这样才能将天然气输送到各个终端用户。城市配气管网的发达程度决定着城市天然气市场开发程度，城市燃气市场开拓慢使天然气实际销售量远低于规划销售量，造成产业链风险。

二、 投资状况

（一）燃气行业在国民经济中的地位

城市燃气行业属于公用事业，作为城市基础设施的重要组成部分，不仅关系到人民的生活质量、城市自然环境和社会环境，而且已日益成为国民经济中具有先导性、全局性的基础产业，并已成为中国目前重点扶植和对外放开的产业，其服务功能以及由此形成的城市环境将成为城市的财富和资源。

近年来，城市燃气行业取得了较大的发展，在 2008 年至 2014 年间，中国城市燃气固定资产投资额呈增长态势且城市燃气固定资产投资占市政公用设施建设固定资产投资额的比重呈提升态势，从 2008 年的 2.22％提高到 2014 年的 2.56％。随着中国城市燃气普及率的提高，这一比例将进一步增大，进而促进燃气行业在整个国民经济中的地位不断攀升。如图 5-1 和表 5-1 所示：

城市燃气固定资产投资和市政公用设施建设固定资产投资的比重　　表 5-1

年份	比重（％）
2008	2.22
2009	1.71
2010	2.17

续表

年份	比重（%）
2011	2.37
2012	2.71
2013	2.60
2014	2.56

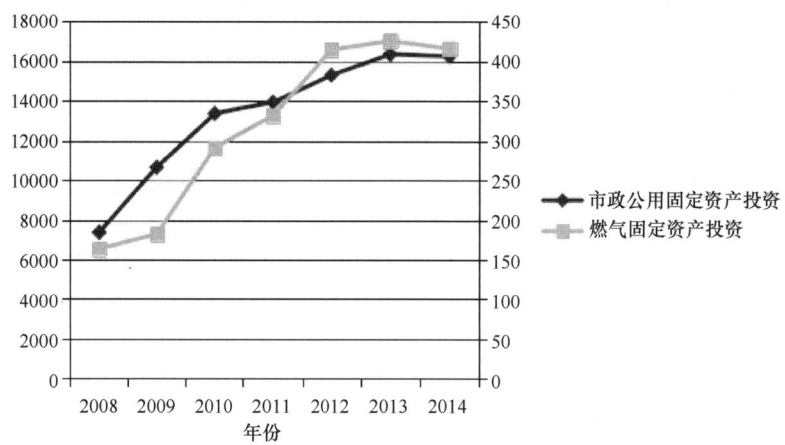

图 5-1　城市燃气固定资产投资和市政公用设施建设固定资产投资额（单位：亿元）

（二）投资主体多元化

随着公用事业体制改革的不断深入和先进管理理念的引入，民营资本、境外资本陆续通过转制、合资等方式参与城市燃气建设运营，城市燃气市场逐步开放，并逐步形成城市燃气多元化发展的有利格局。燃气行业出现跨区域整合，各路资本开始"跑马圈地"的收购兼并，打破了城市燃气市场的地方垄断经营格局，跨区域的市场竞争波及全国城市燃气行业，计划经济体制下形成的国有资本一统天下、城市燃气企业各踞一方的垄断经营局面被彻底打破、城市燃气设施由各地市政府投资的单一投融资格局，被国内国际多元化的投融资渠道取而代之，城市燃气投资主体由单一地方政府资本变为国有资本（中央大型企业集团和地方政府）、民营资本、境外资本等诸多市场经营主体，多元化的城市燃气行业投资和经济管理体制逐步建立，中国城市燃气市场呈现多种所有制并存的格局。

在计划经济时期，区域性自然垄断形成了城市燃气输配系统和燃气销售公司捆绑式经营的格局。市场化改革中，出现了把城市燃气输天然气管道公司，如中石化与山东省公司合资成立的山东天然气管道公司，中石油和北京市燃气公司合资成立的北京天然气公司等。上海等地也正在尝试"X＋1＋X模式"的改革，即上游和下游各有多家供气商，中游有1家管道输配公司。这样，在天然气产业链的上游和下游环节，就可以引入民间社会资本，建立市场竞争机制。据相关资料统计，在全国31个省市自治区（不含港澳台）的近300个地级以上城市中，国有控股燃气公司占比57％，民营燃气公司占比29％，境外资本燃气公司占比14％，初步形成了多种资本共同投资建设的竞争性局面。

在城市燃气行业市场区域结构分布上，国有资本控股的燃气企业集团主要分布在直辖市、省会等大中型城市；以新奥燃气为代表的民营资本控股的燃气企业，主要分布在地级的中型城市；以港华燃气为代表境外资本控股的燃气企业，主要分布在内地省会等大中型城市。

城市燃气行业的市场化改革，大大拓宽了燃气基础设施建设的投融资渠道。大量的民间资本、境外资本以及国有资本（中央企业、大型国有燃气企业）进入城市天然气利用领域，为缺乏财力的各地方政府解决了城市燃气基础设施建设的资金难题。

各种社会资本进入城市燃气领域，有效地解决了城市燃气大规模发展所需的建设资金，完善了城市基础建设配套设施，提高了城市燃气供给能力，减轻了国家和地方政府财政负担，为社会经济发展做出了贡献。

（三）投资增长情况

1. 城市公用事业与城市燃气投资比较

2014年全国固定资产总投资为512520.5亿元（见表5-2），比2013年增长14.6％，其中城市公用事业投资完成16246.9亿元，下降0.6％。在城市公用事业投资中，供水投资476.03亿元，占城市公用事业投资的2.93％；燃气投资415.92亿元，占城市公用事业投资的2.56％；集中供热投资575.14亿元，占城市公用事业投资的3.54％；轨道交通投资3221.76亿元，占城市公用事业投资的19.83％；道路桥梁投资7644.17亿元，占城市公用事业投资的47.05％；排水投资900.08亿元，占城市公用事业投资的5.54％；园林绿化投资1818.03亿元，占城市公用事业投资的11.19％；市容投资495.53亿元，占城市公用事业投资的3.05％；其他城市公用事业投资700.24亿元，占城市公用事业投资的4.31％。

2014年城市燃气投资的增长率远低于全国固定资产投资的增长率且为负增长，也低于市政公用事业投资增长率，且只占市政公用事业总投资的2.56％，比2013年的2.60％下降了0.04个百分点。

2014 年城市燃气与城市公用事业投资（单位：亿元,%）　　表 5-2

类别	2014 年投资	2013 年投资	增长率	2014 年比重	2013 年比重
全国合计	512520.5	447074.4	14.6		
城市公用事业	16246.9	16350	−0.6	100	100
♯供水	476.03	524.7	−9.27	2.93	3.21
♯燃气	415.92	425.6	−2.27	2.56	2.60
♯集中供热	575.14	596		3.54	3.65
♯轨道交通	3221.76	2455.1		19.83	15.02
♯道路桥梁	7644.17	8355.6		47.05	51.10
♯排水	900.08	778.9		5.54	4.76
♯防洪	—	—		—	0.00
♯园林绿化	1818.03	1647.4	−8.41	11.19	10.08
♯市容	495.53	408.4	37.74	3.05	2.50
♯其他	700.24	1158	−12.64	4.31	7.08

2. 城市燃气投资地区比较

2014 年，西部地区的城市燃气投资继续增长，西部地区城市燃气投资同比增长 14.41%，占 2014 年城市燃气总投资额的 23.32%。而东部地区、中部地区和东北地区的城市燃气投资出现负增长，东部地区城市燃气投资同比负增长 4.63%，占 2014 年城市燃气总投资额的 54.88%；中部地区城市燃气投资同比负增长 13.09%，占 2014 年城市燃气总投资额的 15.38%；东北地区城市燃气投资同比负增长 4.24%，占 2013 年城市燃气总投资额的 6.42%，这说使用明城市燃气的地区主要是拥有燃气资源的地区和经济较发达的地区（见表 5-3 和图 5-2）。

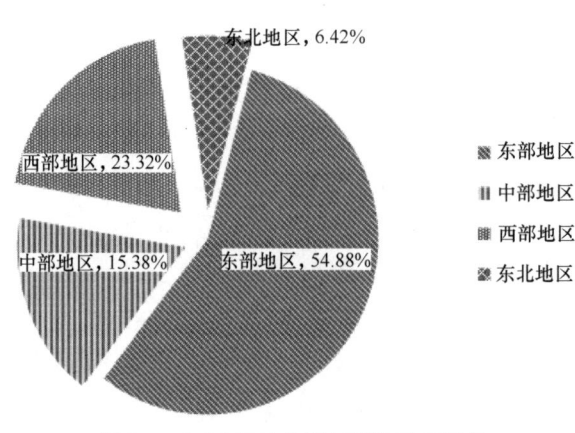

图 5-2　2014 年城市燃气投资地区结构

170

2014 年城市燃气分地区投资　　　　　（单位：亿元，%）　　**表 5-3**

地区	2014 年	2013 年	增长量	增长率
全国	4159612	4256393	−96781	−2.2737797
北京	315683	683563	−367880	−53.81800946
天津	544500	372001	172499	46.37057427
河北	105364	209320	−103956	−49.66367285
上海	127486	236174	−108688	−46.02030706
江苏	300684	264461	36223	13.69691561
浙江	196091	183991	12100	6.576408629
福建	78156	15913	62243	391.1456042
山东	284124	320707	−36583	−11.40698519
广东	326912	105521	221391	209.8075265
海南	3968	2119	1849	87.25814063
东部地区	2282968	2393770	−110802	−4.628765504
山西	84187	147151	−62964	−42.78870004
安徽	204145	198389	5756	2.90137054
江西	63297	148136	−84839	−57.27102122
河南	85197	114734	−29537	−25.74389457
湖北	101474	73452	28022	38.15008441
湖南	101308	54088	47220	87.30217423
中部地区	639608	735950	−96342	−13.09083498
内蒙古	162288	113625	48663	42.82772277
广西	113600	113342	258	0.227629652
重庆	159344	29739	129605	435.808198
四川	72932	86401	−13469	−15.58893994
贵州	23414	77024	−53610	−69.60168259
云南	28246	9772	18474	189.0503479
西藏	0	0	0	0
陕西	92913	58887	34026	57.78185338
甘肃	25410	60572	−35162	−58.04992406
青海	2249	1405	844	60.07117438
宁夏	15585	24257	−8672	−35.75050501
新疆	274132	272920	1212	0.444086179
西部地区	970113	847944	122169	14.40767315
辽宁	119823	168290	−48467	−28.79969101

续表

地区	2014 年	2013 年	增长量	增长率
吉林	51714	40780	10934	26.81216282
黑龙江	95386	69659	25727	36.93277251
东北地区	266923	278729	−11806	−4.235655422

三、 投资效益

据国家统计局公布的统计数据显示（见表 5-4），2014 年，中国城市燃气生产和供应行业规模以上企业个数为 1308 家，较 2013 年同比上升 34.02％，行业规模有所扩大。2014 年实现产品销售利润 429.82 亿元，较 2013 年同比上升 11.96％，说明城市燃气发展空间较大。2014 年燃气行业资产总计 6407.26 亿元，同比上升了 21.98％，但是企业亏损总额有所上升，这和国际原油价格水平大幅下降有关。从增长速度来看，燃气行业对成本的管理控制能力较好，盈利能力较强。

2013～2014 年城市燃气行业重要数据指标比较   表 5-4

指标	2013 年	2014 年	环比增长（％）
企业个数（个）	976	1308	34.02
从业人员（万人）	21.8	25.82	18.44
资产总计（亿元）	5252.5	6407.26	21.98
负债总计（亿元）	3017.1	3575.87	18.52
利润总额（亿元）	383.9	429.82	11.96
亏损总额（亿元）	20	42.69	113.45

从偿债能力来看（见表 5-5），2014 年中国燃气行业资产负债率 55.81％，产权比率 126.29％，较上年均略有下降，且从数值上看，资产负债率处于较适宜水平，行业整体负债经营水平较为适当；已获利息倍数为 7.12 倍，较上年的 7.35 倍略有下降，但仍高于行业标准值 3。综合来看，中国燃气行业近年来举债经营规模有扩大之势，偿债能力有所下降。

2013～2014 年城市燃气行业偿债能力数据指标   表 5-5

指标	2013 年	2014 年
资产负债率（％）	57.44	55.81
产权比率（％）	134.97	126.29
利息倍数（倍）	7.35	7.12

从运营能力来看（见表5-6），2014年中国燃气行业总资产周转率84.13次，流动资产周转率2.49次，固定资产周转率1.13次。总资产周转率和流动资产周转率较上年均有所增加，说明燃气行业对资产和流动资产的利用效率有所提高；而固定资产周转率较上年略有下降，说明燃气行业对厂房、设备等固定资产的利用效率有所降低。

2013～2014年城市燃气行业运营能力数据指标　　　　表5-6

指标	2013 年	2014 年
总资产周转率（次）	0.79	0.84
流动资产周转率（次）	2.06	2.49
固定资产周转率（次）	1.19	1.13

四、　传输管网及相关基础设施建设

传输管网及相关基础设施建设是天然气行业发展的必要条件。国际经验表明，天然气行业遵循着储量快速增长促进管道建设、管道建设促进市场开拓、市场开拓又促进产量增长的规律。俄罗斯天然气管道总长度约为15.1万千米，美国天然气管道总长度为50多万千米，欧洲天然气管道总长度为16.82万千米，美国和欧洲可以将天然气从任何一个角落输送到任何一个消费区。

中国天然气资源主要分布在塔里木、柴达木、鄂尔多斯、四川、松辽、渤海湾、东海和南海八个盆地。其中，塔里木、柴达木、鄂尔多斯、四川位于中国新疆、青海、宁夏、甘肃、内蒙古、陕西、四川和重庆等西部地区，其天然气资源量占总资源量的55％；东海和南海盆地位于东部和南部沿海地带。中国天然气市场主要分布在东部经济比较发达的长江三角洲、环渤海和珠江三角洲等地区。从地域分布上看，资源和市场分别处于西部和东部地区，中间距离相隔数千公里，对天然气的输送造成了较大的挑战，往往需要投入几十亿甚至数百亿元铺设长距离、大口径的天然气管道，才能将天然气从资源地输送到用户所在地。

截至2015年底，全国建成陕京线、西气东输、川气东送、中亚天然气管道、中缅天然气管道等长输管道里程约6.4万千米如表5-7；建成LNG接收站12座，总接收能力4380万吨/年；建成地下储气库18座，有效工作气量55亿立方米/年。

173

中国主要天然气管道现状情况表   表 5-7

管线名称	起止地点	供气范围	管径（毫米）	建成时间（年份）	管道长度（千米）	设计能力（亿方/年）
崖131—香港管线	南海崖131平台至香港地区	香港地区	711	1995	778	30
陕京一线	靖边至北京	京、津、冀、鲁等区域	660	1997	1090	30
靖西咸线	靖边至西安、咸阳	沿途向延安、铜川、西安、间良供气	426	1997	488	5～8
靖宁线	靖边至银川	途经内蒙古的乌审旗、鄂托克前旗，陕西省定边县宁夏盐池县、灵武市、永宁县，止于银川市新市区	426	1997	320	5～8
平湖管线	东海平湖至上海	上海	355.6	1998	386	5
中济线	濮阳至济南		377	1999	261	7.65
涩宁兰	涩北至西宁、兰州		66	2001	953	20
京石线	涿州市至石家庄		208	2001	220	5～12
长—呼管线	长庆气田第二净化厂至呼和浩特	主要供给给鄂尔多斯市、包头市和呼和浩特市。其中，60％用于工作，商业和民用40％				
西气东输	轮南至上海	上海市、江苏省和浙江省以及管道沿线的河南省和安徽省	1016	2004	4000	120
忠武线	忠县至武汉	向武汉及沿线（湖北、湖南）用户供气	711	2005	1343.7	30
陕京二线	陕西省榆林市至北京	起于陕西省榆林市，向东进入山西省境内，并向山西省7个市地供气；出山西进入京、津、冀、鲁各地	1016	2005	935	120
永唐秦管道	河北省廊坊市永清县至秦皇岛市抚宁县		1016	2009	312.4	90
中亚天然气管道		该管道起自土库曼斯坦和乌兹别克斯坦两国边境，在新疆霍尔果斯入境中国		2011	1801	300
西气东输二线	新疆霍尔果斯口岸至广州	途经新疆、甘肃、宁夏、陕西、河南、湖北、江西、湖南、广东、广西等14个省区市		2012	9102	300

第二节　燃气行业生产与供应

城市燃气是城市能源结构和城市基础设施的重要组成部分，它为城市工业、商业和居民生活提供优质气体燃料，它的发展在城市现代化中起着极其重要的作用。提高城市燃气化水平，对于提高城市居民的生活质量、改善城市环境、提高能源利用率，具有十分重要的意义。城市燃气（包括民用、商业和工业燃气）是由几种气体组成的混合气体，目前主要使用的城市燃气种类包括天然气（NG）、液化石油气（LPG）和人工燃气（MG）。天然气来源于气田，其中管输天然气供应系统由天然气的开采与生产（上游）、长输管线（中游）和城市输配气系统（下游）组成。世界各国的城市燃气基本都走过了由煤制气、油制气到液化石油气和天然气的发展过程。目前中国城市燃气既有最早的人工燃气生产供应方式，也有较为先进的液化石油气、天然气（含 CNG、LNG 等）的生产供应方式。天然气、液化石油气和人工燃气三种业态并存是中国城市燃气的主要特点。天然气作为一种清洁高效的化石能源，是理想的城市气源，其由于开采、储运和使用既经济又方便，天然气的应用范围非常广泛。

一、　城市燃气生产情况

2014 年中国人工煤气的产量具有较大幅度的下降，环比下降了 10.90 个百分点；天然气产量具有较大幅度的增加，环比增加了 7.03 个百分点；液化石油气产量也有所下降，环比下降了 2.24 个百分点（见表 5-8）。

2013 和 2014 年全国城市燃气生产量（单位：万立方米、吨）　　表 5-8

类别	2014 年	2013 年	增长率（%）
人工煤气	559513	627989	−10.90
天然气	9643783	9009904	7.03
液化石油气	10828490	11097298	−2.42

（一）人工煤气

目前，中国煤炭年产量超过了 35 亿吨，占世界第一位；2014 年全国石油产量为 2.1 亿吨，净增长 138 万吨，同比增长 0.7%，连续 5 年保持 2 亿吨以上，整体呈稳中有升态势。这为人工煤气生产提供了制气原料，但煤制气存在工艺复杂、污染环境、投资大、成本高等缺点，无法与天然气、液化石油气竞争，因而只能适当发展具有煤综合利用或矿口气化的煤制气厂。21 世纪以石脑油和液化石油气为原料的制气厂将会进一步加快建设，以发挥洁净制气工艺的优越性。中国历年人工煤气的产量及增长率见图 5-3 所示。

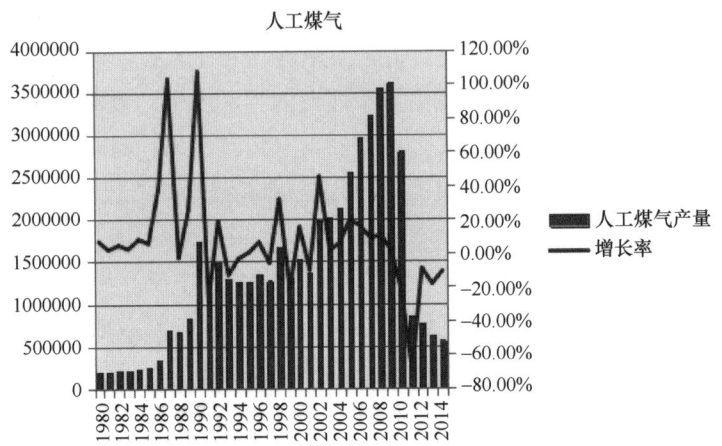

图 5-3　1980～2014 年中国人工煤气的产量以及增长率（单位：万立方米）

由图 5-3 可知，中国人工煤气总体产量趋于相对稳定，增长率总体上呈现下降的趋势，1980～2014 年中国人工煤气的年均增长率为 3.60％。由于人工煤气进行制取的过程之中会严重地污染环境，并且需要消耗非常多的煤炭。在进行运输的过程中的压力级制较低，且会严重腐蚀管道，在利用过程中的热值相对来说比较低，毒性也相当大。即便是这样，人工煤气在以前油气资源较为短缺的时代还是发挥了十分重要的作用。鉴于中国油气供应设施的持续完善和经济的快速发展，已具备了对人工煤气进行全面置换，改进人民群众的生活条件，改进油气能源结构的充分条件。因此，在若干年后，人工煤气必然会逐渐地被天然气或者液化石油气等更加清洁、更加高效的能源所代替，从而在城市燃气行业中的比重将逐渐减少。

2014 年全国统计人工煤气生产总量为 559513 万立方米，人工煤气的生产以四川省为主，全年产量达到 165113 万立方米，占全国人工煤气产量的 29.51％；其次是辽宁省 63604 万立方米和河南省 59436 万立方米，分别占全国人工煤气总量的 11.37％和 10.62％。从地区分布看，中国人工煤气的主要产区是西南地区和华北地区，产量分别占全国的 39.65％和 19.14％（见图 5-4）。

2014 年全国 6 大区域人工煤气产量均呈现明显下降的态势，其中华东地区、西北地区和华北地区的下降幅度明显，同比分别下降了 32.24 个百分点、11.31

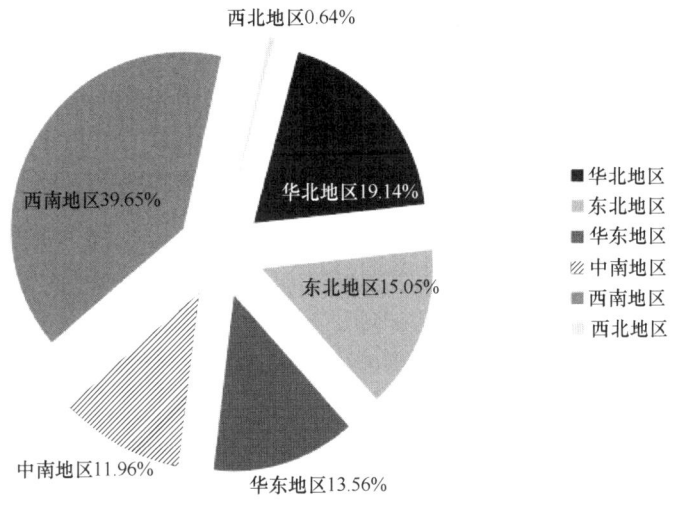

图 5-4　2014 年中国人工煤气分区域生产结构

个百分点和 18.30 个百分点，下降幅度都超过了全国的平均水平。在列入统计范围的全部 23 个人工煤气产生地区中，江苏省的人工煤气产量下降速度最快，同比下降了近 9 成（见表 5-9）。之所以出现大部分省份人工煤气产量下降的现象，是因为人工煤气是由煤经过化学方法加工制成人工煤气，热值低、生产成本高、置气厂在生产人工煤气的过程中对环境污染很严重，因此在城市燃气的使用量呈现逐年递减的情况。

2014 年按省分列的人工煤气产量情况（单位：万立方米，%）　表 5-9

地区	2014 年	2013 年	增长率	地区	2014 年	2013 年	增长率
全国	559513	627988.77	−10.9	河南	59436	60052.25	−1.03
河北	56763	71057.9	−20.12	湖北	—		
山西	46851	56556.21	−17.16	湖南	2765	2765.44	−0.02%
内蒙古	3500	3500	0	广东	—		
华北地区	107114	131114.11	−18.30	广西	4739	4533.48	4.53%
辽宁	63604	59264.06	7.32%	中南地区	66940	67351.17	−0.61%
吉林	12827	16574.83	−22.61%	四川	165113	165003.1	0.07%
黑龙江	7783	8443	−7.82%	贵州	16034	23788	−32.60
东北地区	84214	84281.89	−0.08	云南	40722	40535.18	0.46%
上海	31379	59345.9	−47.13%	西南地区	221869	229326.28	−3.25%
江苏	612	3940	−84.47%	甘肃	1676	1722	−2.67%
浙江	478	499.83	−4.37%	宁夏	70	132.11	−47.01%
福建	2977	2927	1.71%	新疆	1752	2090	−16.17%
江西	30991	36048	−14.01%	西北地区	3498	3944.11	−11.31%
山东	9438	9209.8	2.48%	华东地区	75875	111970.53	−32.24%

（二）天然气

20 世纪 90 年代以来，随着勘探技术的进步和勘探开发力度的加大，中国天然气勘探开发取得重大突破，先后发现克拉 2、苏里格、普光等一批大型气田，全国已形成四川、鄂尔多斯、塔里木、柴达木、松辽、准噶尔、莺—琼、东海等八大天然气主要探区。

中国常规天然气探明储量呈现快速增长态势。"八五"期间，天然气累计探明天然气地质储量 6969 亿立方米，为前 40 年探明地质储量的综合；"九五"期间，天然气累计探明地质储量进一步提高到 11543 亿立方米，年均增长 2309 亿立方米。迈入新世界之后，中国天然气探明剩余地质储量继续保持高速增长，有 2001 年的 41000 亿立方米增长到 2012 年 110612 亿立方米，年均增长超过 6000 亿立方米。总体来看，中国天然气储量已进入增长高峰期，依据欧美发达国家的经验，这一时期可延续 20 年以上。

中国天然气开发已进入快速发展阶段。新中国成立之初，受经济条件的限制和勘探开发技术、市场培育不足等因素的影响，中国天然气产量增长缓慢。20 世纪 90 年代后期，特别是进入新世纪以来，中国天然气储量快速增长和长距离输气干线的建成投产，为快速上产提供了资源基础。中国天然气产量由 2001 年的 303 亿立方米增长到 2012 年的 1072 亿立方米，年均增长 70 亿立方米，年均增速达到 12%。排名从世界天然气产量的 18 位上升至 7 位，翻开了中国天然气的心篇章。鉴于中国天然气储量和产量进入双快速增长的时期，城市燃气行业也进入了发展的黄金时期，如下图为中国 1980～2014 年城市燃气当中的天然气产量和增长率所示：

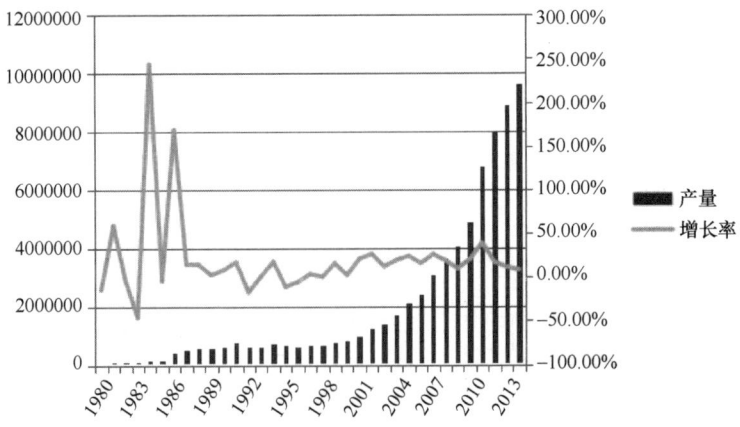

图 5-5　1980～2014 年中国天然气的产量以及增长率（单位：万立方米）

由图 5-5 可知，中国城市燃气当中的天然气进入 21 世纪以来，总体上呈现快速增长的阶段即天然气的绝对产量每年在增加且增长率基本上也是保持稳定的增长，1980～2012 年中国天然气的年均增长率为 16.46％，远高于人工煤气年均增长率的 3.60％。中国国内的三大石油公司的开发，西气东输一线、二线的完工以及俄气南下肯定会推动中国同内天然气的较快发展，同时也为我国城市利用天然气提供了最为可靠的保障与机遇。当前，我国城市对天然气之应用只占到全球平均利用率的 10％左右，且绝大多数天然气被运用在能源与化工原料。鉴于全球石油危机以及局部地区所 现的不稳定因素，天然气的运用已被提升到新的战略高度上，西气东输肯定会促进管道沿线地区普及天然气之运用，并且带动别的地区城市燃气消费。

2014 年全国统计天然气生产总量为 9643783 万立方米，天然气生产的地区集中度与人工煤气相比要低一些，以广东、北京、江苏、上海、山东、四川等地区以为主，其中广东生产 1291347 万立方米，占全国天然气产量的 13.39％；北京生产 1136874 万立方米，占全国天然气产量的 11.79％；江苏生产 842071 万立方米，占全国天然气产量的 8.73％；上海、山东、四川的产量分别在 60～70 亿立方米之间，占比重在 6.5％～8.5％之间。从地区分布来看，中国天然气生产分布相对均匀，其中华东地区占 30.23％，中南地区占 22.60％，华北地区占 20.57％（见图 5-6）。

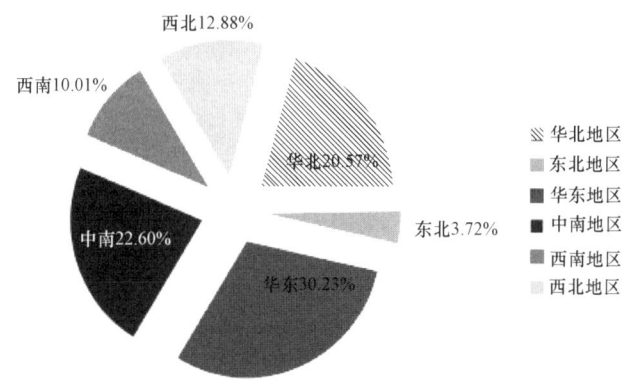

图 5-6　2014 年中国天然气分区域生产结构

2014 年全国 6 大区域天然气产量均呈现明显上升的态势，其中西北地区和东北地区分别增长 14.62％和 21.76％，超过了全国 10.44％的平均增长率。在列入统计范围的全部 31 产气地区，云南和贵州的增长率分列全国第一名和第二名，分别增长 93.09％和 80.44％（见表 5-10）。

2014 年按省分列的天然气产量情况（单位：万立方米、%）　　表 5-10

地区	2014 年	2013 年	增长率	地区	2014 年	2013 年	增长率
全国	9643783	8882417	8.57%	河南	305240	288625	5.76%
北京	1136874	989484	14.90%	湖北	309438	285324	8.45%
天津	301000	281885	6.78%	湖南	217162	199746	8.72%
河北	257439	244012	5.50%	广东	1291347	1231702	4.84%
山西	177638	233051	−23.78%	广西	28510	22234	28.23%
内蒙古	110922	104732	5.91%	海南	27635	25280	9.32%
华北地区	1983873	1853164	7.05%	中南地区	2179332	2052910	6.16%
辽宁	126817	97745	29.74%	重庆	321485	324336	−0.88%
吉林	115404	85834	34.45%	四川	610050	590236	3.36%
黑龙江	116623	111136	4.94%	贵州	29011	16078	80.44%
东北地区	358841	294715	21.76%	云南	4414	2286	93.09%
上海	696093	690886	0.75%	西藏	16	13	23.08%
江苏	842071	765869	9.95%	西南地区	964976	930663	3.69%
浙江	328121	230091	42.60%	陕西	285839	238667	19.76%
安徽	219684	199095	10.34%	甘肃	159230	134044	18.79%
福建	132312	112446	17.67%	青海	129793	118969	9.10%
江西	69115	56127	23.14%	宁夏	218700	210854	3.72%
山东	627532	610755	2.75%	新疆	448271	380880	17.69%
华东地区	2914928	2665267	9.37%	西北地区	1241833	1083413	14.62%

2014 年全国天然气生产总量比 2013 年增长 76 亿立方米，其中增产超过 6 亿立方米的地区有 4 个，分别是新疆增产 6.74 亿立方米、江苏增产 7.62 亿立方米、北京增产 14.73 亿立方米、浙江增产 9.8 亿立方米、广东增产 5.97 亿立方米，5 个地区增产总量合计 44.86 亿立方米，占全国增产总量的 59.03%。

北京、浙江、江苏等地的增产主要是受到当地天然气需求上升拉动的影响。新疆的增产是天然气大省的原因，之所以出现大部分省份天然气产量增产的现象，是因为中国为实现构建和谐社会和可持续发展等国家宏观目标，实施能源战略调整、提升环境保护势在必行，推出了与天然气产业相关的一系列支持和鼓励发展的政策，将大力发展天然气等清洁能源作为一项长期的国家能源战略，对于天然气产业的发展起到了极大的促进作用。

2014 年全国仅有 2 个地区产量下降，分别是重庆和山西。纵观全国，天然气生产下降地区的下降总量只有 5.83 亿立方米。

（三）液化石油气

随着中国天然气气化进程的不断加快，在城市燃气行业中，天然气取代液化石油气已是大势所趋。但液化石油气凭借其灵活机动、基建投资少、建设周期短等优势，仍可在气化天然气管网覆盖不到的村镇中发挥巨大的作用。从分地区需求情况来看，东南沿海、长三角和环渤海地区仍将是液化石油气的主要消费中心，这 3 个地区需求量之和占全国总需求量的 70% 以上。液化石油气价格市场化程度很高，主要与国际油价联动，两者相关性明显。而国内各地区液化石油气价格各不相同，总体上呈现由北向南、由西向东递增的趋势，东南沿海等主要消费市场价格最高，西北地区等资源产地价格最低。如下图为中国 2000~2014 年城市燃气当中的液化石油气产量和增长率图：

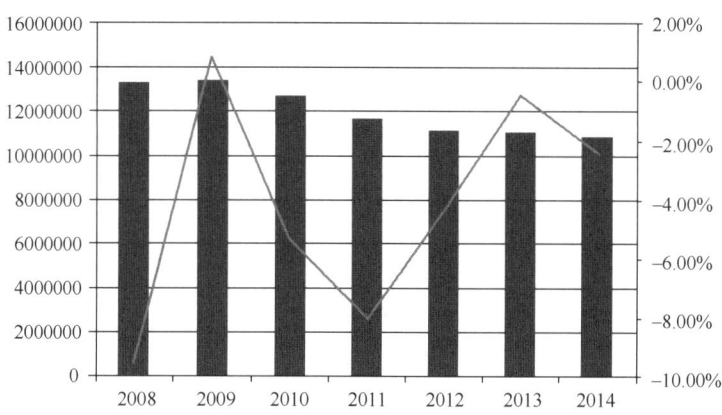

图 5-7　2000~2014 年中国液化石油气的产量以及增长率（单位：吨）

由图 5-7 可知，中国城市燃气当中的液化石油气总体上呈现下降趋势。液化石油气在中国未来消费的主要增长点将在汽车用气领域、大部分无天然气供应城市或距天然气管网较远的城镇以及广大农村地区。尤其是城镇小区管线供应液化石油气，将是液化石油气市场的发展重点，而且经济效益显著。中国地域广阔，人口众多及经济发展不平衡的特点将使中国液化石油气行业继续发展。由于世界上液化石油气量较为充足，近海又有十余艘海上浮仓不间断地作业，中国将继续进口液化石油气用作城市的补充、过渡与调峰气源。

2014 年全国统计液化石油气生产总量为 1082.85 万吨，液化石油气的生产以广东省为主，全年产量达到 368.44 万吨，占全国液化石油气产量的 34.03%；其次是安徽省 75.26 万吨和浙江省 70.18 万吨，分别占全国液化石油气总量的 6.95% 和 6.48%。从地区分布看，中国液化石油气的主要产区是中南地区和华东地区，产量分别占全国的 44.55% 和 31.91%（见图 5-8）。

2014 年全国 6 大区域液化石油气产量均呈现明显下降的态势，其中中南地区和西北地区的下降幅度明显，同比分别下降了 5.31 个百分点和 13.22 个百分点，下降幅度都超过了全国的平均水平。在列入统计范围的全部 31 个液化石油气产生地区中，甘肃省的液化石油气产量下降速度最快，同比下降了 19.34 个百分点（见表 5-11）。之所以出现大部分省份液化石油气产量下降的现象，是因为高效、清洁又便宜的天然气被推广使用。中国领土及领海内天然气探明量也在逐

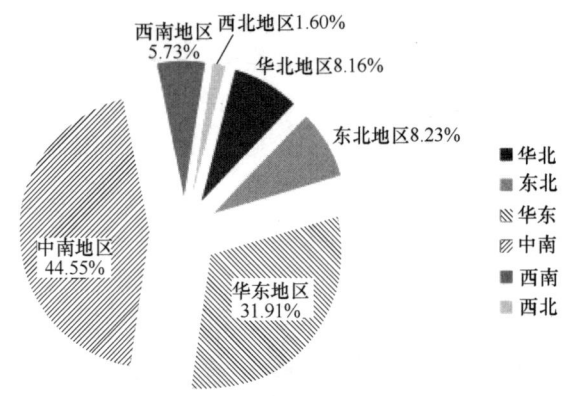

图 5-8　2014 年中国液化石油气生产结构

年递增，这些因素的存在，不但促使中国长足有效的利用天然气，改变天然气在能源中的所占的比例，而且促进了中国整个城市燃气行业的发展，进而液化石油气的市场大量的被天然气所取代。西南地区产量之所以增加，是因为东部液化石油气的消费中心对现有液化石油气资源省份的生产拉动非常强烈，促使当地液化石油气产量增长。华东地区的液化石油气产量之所以增加，是因为东部能源需求是经济发展的基础。

2014 年按省分列的液化石油气产量情况（单位：吨，%）　　表 5-11

地区	2014 年	2013 年	增长率	地区	2014 年	2013 年	增长率
全国	10828490	11097298	−2.42%	河南	223532	227208	−1.62%
北京	546293	472980	15.50%	湖北	350092	361641	−3.19%
天津	43154	49490	−12.80%	湖南	189230	195167	−3.04%
河北	161923	183591	−11.80%	广东	3684390	3889033	−5.26%
山西	69557	74399	−6.51%	广西	267632	309475	−13.52%
内蒙古	63069	69174	−8.83%	海南	89419	91151	−1.90%
华北地区	883996	849634	4.04%	中南地区	4804295	5073675	−5.31%
辽宁	492406	495244	−0.57%	重庆	95672	87922	8.81%
吉林	184553	181420	1.73%	四川	175131	183581	−4.60%
黑龙江	214429	218023	−1.65%	贵州	76043	71027	7.06%
东北地区	894687	894687	−0.37%	云南	210629	196004	7.46%
上海	418013	397314	5.21%	西藏	62481	20394	206.37%
江苏	651779	700766	−6.99%	西南地区	619956	558927	10.92%
浙江	701812	821658	−14.59%	陕西	28635	32732	−12.52%
安徽	752627	619620	21.47%	甘肃	59662	73971	−19.34%
福建	298252	277846	7.34%	青海	6250	5366	16.47%
江西	237316	223399	6.23%	宁夏	19885	18444	7.81%
山东	395521	484287	−18.33%	新疆	59105	69473	−14.92%
华东地区	3524890	3524890	−1.97%	西北地区	173537	199985	−13.22%

二、 城市燃气供应情况

城市燃气普及率逐年提高，天然气覆盖面更广。2014 年全国人工煤气、天然气和液化石油气用气总人口为 4.21 亿人，燃气普及率达 94.57%，比上年提高 0.32 个百分点。其中，天然气已超越人工煤气和液化石油气成为是城市燃气的第一大气源，使用天然气总人口为 2.60 亿人，占全国用气总人口的 61.76%；液化石油气用气人口继续萎缩，使用液化石油气总人口为 1.44 亿人，占全国用气总人口的 34.20%；人工煤气用气人口也继续萎缩，使用人工煤气总人口为 0.18 亿人，占全国用气总人口的 4.28%。如图 5-9 为中国 1980～2014 年人工煤气、天然气和液化石油气用气人口变化趋势：

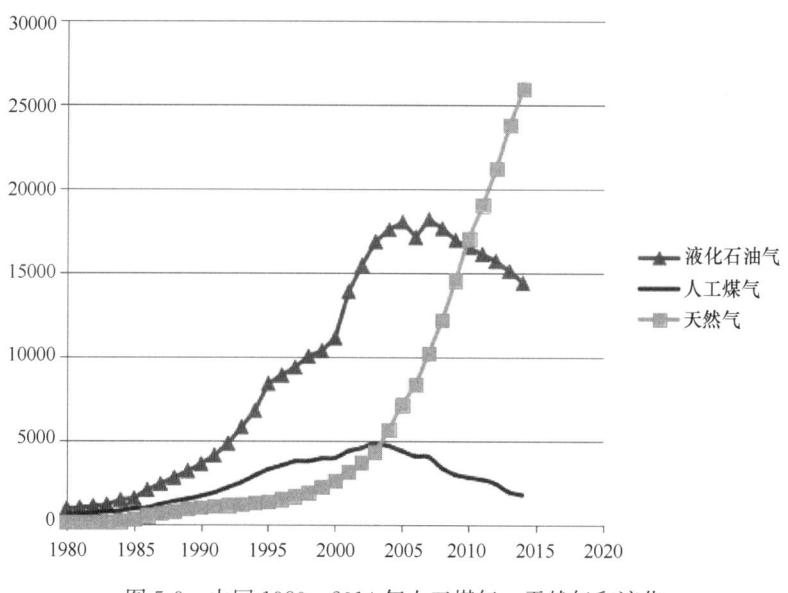

图 5-9 中国 1980－2014 年人工煤气、天然气和液化
石油气用气人口变化趋势（单位：万人）

2004 年"西气东输"管道投入商业运行以来，天然气开始大规模走入千家万户，天然气用气人口首次超过人工煤气用气人口。且 2004 年以来，天然气以年均 17.37% 的增速迅猛发展，到 2010 年其用气总人数首次超过液化石油气用气总人口数。天然气覆盖人口不断增加，覆盖地区不断拓宽。截至 2014 年年底，中国大陆的 31 个省级行政区均已不同程度地利用天然气，以天然气作为城市燃气主要气源的城市将越来越多。

城市天然气管网高速发展。随着天然气的大规模应用，对人工煤气和液化石油气的城市燃气输配系统进行改造的同时，新建了大量天然气管网。2014年全国各类城市燃气输配管网总里程为475000公里，比上年城市燃气总管网长度增加42630公里，同比增长9.86%。天然气管网总长度为435000公里，比上一年度的管网总长度增加46534公里，同比增长11.98%，占当年各类城市燃气输配管网总长度的91.58%；液化石油气管网总长度为11000公里，比上一年度的管网总长度减少2437公里，同比减少18.13%，占当年各类城市燃气输配管网总长度的2.32%；人工煤气管网总长度为29000公里，比上一年度的管网总长度减少1467公里，同比降低4.82个百分点，占当年各类城市燃气输配管网总长度的6.11%。

21世纪是城市燃气输配管网建设的黄金时期（见上图5-10），特别是2004年"西气东输"管道投入商业运行以来，天然气开始大规模走入千家万户，城市燃气管网建设总里程年平均增速为12.65%，其中天然气输配管网建设更是如火如荼，9年间总里程翻了两番多，年平均增速达到20.71%，远快于城市燃气管网建设的年均增长速度。

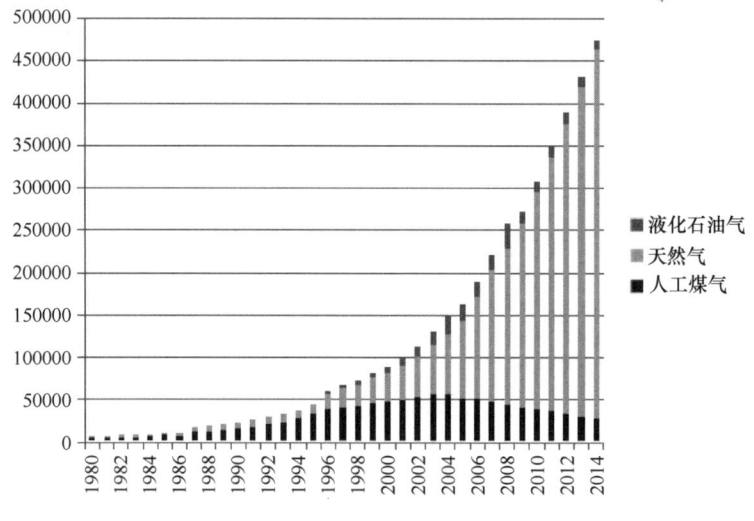

图5-10　1980～2014年人工煤气、天然气、
液化石油气管网里程的变化趋势（单位：公里）

（一）人工煤气

2014年全国统计人工煤气供应总量为534735.81万立方米，同比下降了10.91个百分点。其中居民用气量为145772.67万立方米，同比下降了13.17个百分点（见表5-12）。

2014 年全国人工煤气供应情况（单位：万立方米）　　表 5-12

类别	2014 年	2013 年	增长率（%）
销售气量	534735.81	600232.31	−10.91
♯居民用气量	145772.67	167885.53	−13.17
损失气量	24776.88	27756.46	−10.73

2014 年人工煤气需求最多的地区是西南地区，全年销售 217454.2 万立方米，占全年人工煤气销售总量的 40.67%；其次是华北地区，全年销售人工煤气 96174.83 万立方米，占全年人工煤气销售总量的 17.99%；第三是华东地区，全年销售人工煤气 73012.95 万立方米，占全年人工煤气销售总量的 13.65%（见图 5-11）。

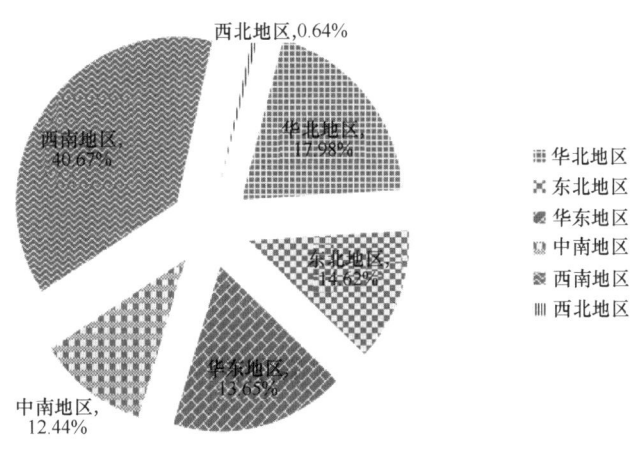

图 5-11　2014 年分地区中国人工煤气供应结构

2014 年全国居民人工煤气使用占供应人工煤气的 27.26%，较 2013 年 27.97% 的下降了 0.71 个百分点；东北地区居民人工煤气使用占供应人工煤气的 68.78%，较 2012 年 69.64% 的下降了 0.86 个百分点；西北地区居民人工煤气使用占供应人工煤气的 98.17%，较 2012 年 98.08% 略微上升；其他地区的居民人工煤气使用情况见图 5-12 所示。

2014 年全国 6 大区域对居民人工煤气供应量均呈现明显下降的态势，其中华东地区和西北地区的下降幅度明显，同比分别下降了 37.90 个百分点和 11.39 个百分点，下降幅度都超过了全国的平均水平，基本上与人工煤气的产量情况相对应。在列入统计范围的全部 23 个人工煤气对居民进行提供人工煤气的省份中，江苏省的居民人工煤气用气量下降速度最快，同比下降了接近 8 成（见表 5-13）。

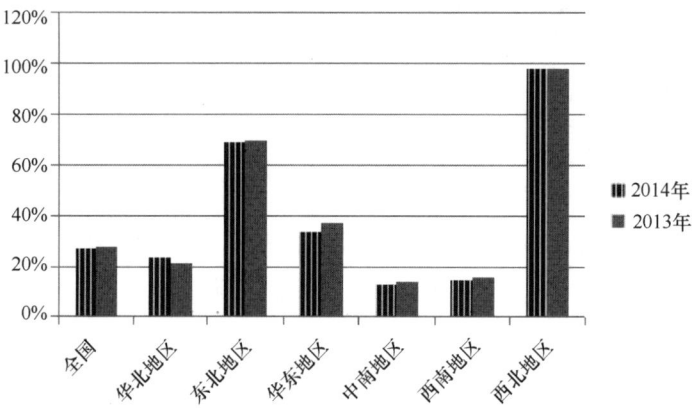

图 5-12　2013 年、2014 年分区域中国居民人工煤气用气量占比情况

2014 年按省（区、市）分列的人工煤气供应量和居民用气量情况　表 5-13

地区	2014 年		2013 年		销售量增长率（%）	居民用气量增长率（%）
	销售量（万立方米）	居民用气量（万立方米）	销售量（万立方米）	居民用气量（万立方米）		
全国	534735.81	145772.67	600232.31	167885.53	−10.91	−13.17
河北	51431.45	13671.05	65451.53	14134.8	−21.42	−3.28
山西	41753.38	6234.29	50863.09	7930.21	−17.91	−21.39
内蒙古	2990	2944	2990	2944	0.00	0.00
华北地区	96174.83	22849.34	119304.62	25009.01	−19.39	−8.64
辽宁	58758.82	40841.45	54912.61	40405.04	7.00	1.08
吉林	11939	9200.38	15350.5	9554.05	−22.22	−3.70
黑龙江	7456	3710.7	8185	4669	−8.91	−20.52
东北地区	78153.82	53752.53	78448.11	54628.09	−0.38	−1.60
上海	30059	13502.2	54400	26001	−44.74	−48.07
江苏	612	470	3940	2270	−84.47	−79.30
浙江	478	454	499.83	475	−4.37	−4.42
福建	2967	2510	2917	2374	1.71	5.73
江西	30006.95	4358.38	35329.07	4086.37	−15.06	6.66
山东	8890	3200	8980.2	4237.2	−1.00	−24.48
华东地区	73012.95	24494.58	106066.1	39443.57	−31.16	−37.90
河南	59254	2590	59863.25	3374	−1.02	−23.24
湖北					—	—
湖南	2568.88	2205.53	2568.88	2205.53	0.00	0.00

186

地区	2014 年		2013 年		销售量增长率（％）	居民用气量增长率（％）
	销售量（万立方米）	居民用气量（万立方米）	销售量（万立方米）	居民用气量（万立方米）		
广东					—	—
广西	4696.2	3951.51	4491.38	3970.22	4.56	−0.47
中南地区	66519.08	8747.04	66923.51	9549.75	−0.60	−8.41
四川	164337.28	5898.83	164293.93	5803.24	0.03	1.65
贵州	16014	8461	23768	12177.3	−32.62	−30.52
云南	37102.92	18211.15	37563.93	17484.75	−1.23	4.15
西南地区	217454.2	32570.98	225625.86	35465.29	−3.62	−8.16
甘肃	1598.52	1538.52	1642	1597.6	−2.65	−3.70
宁夏	70.41	67.68	132.11	102.22	−46.70	−33.79
新疆	1752	1752	2090	2090	−16.17	−16.17
西北地区	3420.93	3358.2	3864.11	3789.82	−11.47	−11.39

（二）天然气

2014 年全国统计天然气供应总量为 9365202.25 万立方米，增长率为 6.52％。其中居民用气量为 1968878.42 万立方米，增长率为 6.19％，占天然气供应总量的 21.02％；天然气用于集中供热有 960836.15 万立方米，占天然气供应总量的 10.26％；天然气用于燃气汽车有 984060.5 万立方米，占天然气供应总量的 10.51％（见表 5-14）。

2014 年全国天然气供应情况（单位：万立方米）　　表 5-14

类别	2014 年	2013 年	增长率（％）
销售气量	9365202.25	8791982.74	6.52
♯居民用气量	1968878.42	1854106.94	6.19
♯集中供热	960836.15	442899.85	116.94
♯燃气汽车	984060.5	869917.13	13.12
损失气量	278580.61	217921.18	27.84

2014 年天然气需求最多的地区是华东地区，全年销售 2788349.31 万立方米，占全年天然气销售总量的 29.77％；其次是中南地区，全年销售天然气 2157021.26 万立方米，占全年天然气销售总量的 23.03％（见图 5-13）。

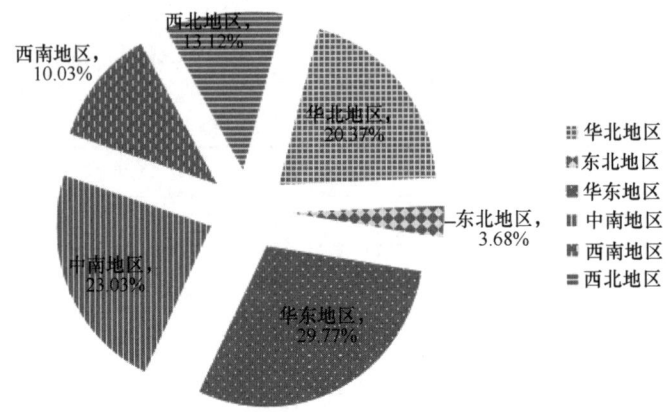

图 5-13　2014 年分地区中国天然气供应结构

2014 年全国居民天然气使用占供应天然气的 21.02％，较 2013 年的 21.09％变化不大；东北地区居民天然气使用占供应天然气的 28.21％，较 2013 年 34.08％的下降了 5.87 个百分点；西北地区居民天然气使用占供应天然气的 21.76％，较 2013 年的 20.07％上升了 1.69 个百分点；其他地区的居民天然气使用情况见图 5-14 所示。

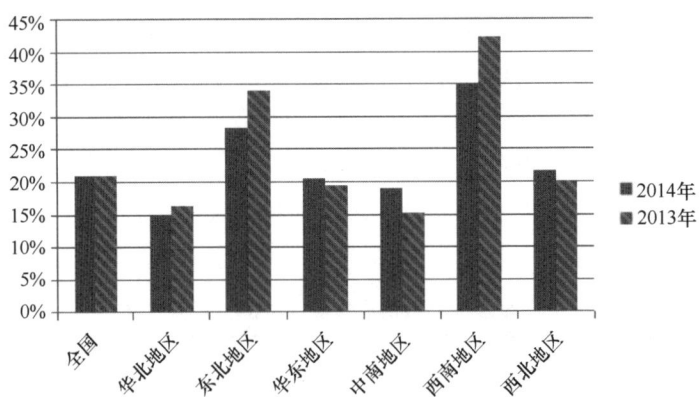

图 5-14　2013 年、2014 年分区域中国居民天然气用气量占比情况

2014 年全国 6 大区域除了华北和西南地区外对居民天然气供应量均呈现明显上升的态势，其中西北地区和中南地区上升幅度明显，分别增长 32.18％和 24.35％，基本上与人工煤气的产量情况相对应。在已列入统计范围的全部 31 个天然气对居民进行提供天然气的省份中，贵州省的居民天然气用气量上升速度最快，增长了 294.94％（见表 5-15）。

2014 年按省分列的天然气供应量和居民用气量情况　　　　表 5-15

地区	2014 年		2013 年		销售量增长率（%）	居民用气量增长率（%）
	销售量（万立方米）	居民用气量（万立方米）	销售量（万立方米）	居民用气量（万立方米）		
全国	9365202.25	1968878.42	8791982.7	1854106.94	6.52	6.19
北京	1088999	126503	952114	119406	14.38	5.94
天津	294472.9	38530.08	269562.1	43883.8	9.24	−12.20
河北	250009.15	60120.7	234454.37	56248.21	6.63	6.88
山西	165043.09	44543.47	217308.27	50049.75	−24.05	−11.00
内蒙古	109137.94	18819.7	103891.47	19651.23	5.05	−4.23
华北地区	1907662.08	288516.95	1777330.2	289238.99	7.33	−0.25
辽宁	119118.83	42102.05	88871.63	48062.28	34.03	−12.40
吉林	112426.7	27779.31	82912.01	21523.63	35.60	29.06
黑龙江	112659.82	27244.07	107936.83	25733.4	4.38	5.87
东北地区	344205.35	97125.43	279720.47	95319.31	23.05	1.89
上海	663870.99	124404.18	657515.77	109947.48	0.97	13.15
江苏	820793.46	147899.44	749338.57	140470.51	9.54	5.29
浙江	287528.72	51935.34	227513.38	49079.03	26.38	5.82
安徽	211766.89	70415.02	192427.1	57920.83	10.05	21.57
福建	131263.3	10209.12	111426.05	9480.9	17.80	7.68
江西	66429.1	23074.45	53844.98	16208.42	23.37	42.36
山东	606696.87	148115.99	599817.81	123514.07	1.15	19.92
华东地区	2788349.33	576053.54	2591883.7	506621.24	7.58	13.70
河南	296798.97	96765.82	280500.78	94825.73	5.81	2.05
湖北	307951.4	68654.37	283810.32	66788.31	8.51	2.79
湖南	211947.11	73713.96	197098.27	44022.31	7.53	67.45
广东	1284816.27	145694.82	1224805.3	83343.65	4.90	74.81
广西	28199.29	12546.67	21991.29	9496.1	28.23	32.12
海南	27308.22	11778.39	24896.43	11055.6	9.69	6.54
中南地区	2157021.26	409154.03	2033102.4	309531.7	6.10	32.18
重庆	311748.54	114723.82	315422.78	110898.99	−1.16	3.45
四川	593870.41	203655.85	576994.78	196110.61	2.92	3.85
贵州	28852.97	11056.89	15907.83	2799.63	81.38	294.94
云南	4346.55	1104.95	2244.95	999.11	93.61	10.59
西藏	15.75	15.75	127500	127500	−99.99	−99.99
西南地区	938834.22	330557.26	1038070.3	438308.34	−9.56	−24.58
陕西	279032.73	89682.7	232522.5	63616.53	20.00	40.97

地区	2014 年		2013 年		销售量增长率（％）	居民用气量增长率（％）
	销售量万立方米	居民用气量万立方米	销售量万立方米	居民用气量万立方米		
甘肃	159035.41	30764.96	133769.89	24013.75	18.89	28.11
青海	126971.58	18506.77	116162.07	18066.8	9.31	2.44
宁夏	218333.43	36968.29	210723.72	33449.81	3.61	10.52
新疆	445756.86	91548.49	378697.48	75940.47	17.71	20.55
西北地区	1229130.1	267471.21	1071876	215087.36	14.67	24.35

（三）液化石油气

2014 年全国统计液化石油气供应总量为 10790250.23 吨，同比下降了 2.36 个百分点。其中居民用气量为 5862124.86 吨，同比下降了 4.38 个百分点，占全部液化石油气销售总量的 54.33％；燃气汽车使用量为 633097.45 吨，占全部液化石油气销售总量的 5.87％（见表 5-16）。

2014 年全国液化石油气供应情况（单位：吨） 　　　　表 5-16

类别	2014 年	2013 年	增长率（％）
销售气量	10790250.23	11050727.44	−2.36
♯居民用气量	5862124.86	6130638.92	−4.38
♯燃气汽车	633097.45	617486.04	2.53
损失气量	38240.03	46570.47	−17.89

2014 年液化石油气需求最多的地区是中南地区，全年销售 4796489.78 吨，占全年液化石油气销售总量的 44.45％；其次是华东地区，全年销售液化石油气 3446842.33 吨，占全年人工煤气销售总量的 31.94％（见图 5-15）。

2014 年全国居民液化石油气使用占供应液化石油气的 54.33％，较 2013 年 55.48％的下降了 1.15 个百分点；东北地区居民液化石油气使用占供应液化石油气的 51.36％，较 2013 年的 51.83％略微下降；西北地区居民液化石油气使用占供液化石油气的 78.07％，较 2013 年的 81.74％下降了 2.67 个百分点；其他地区的居民液化石油气使用情况见图 5-16 所示。

由图 5-16 可知，中国地域广阔、人口众多以及经济发展不平衡的特点使中国液化石油气行业将继续发展，其拥有一定程度上的市场份额无法让清洁、高效的天然气完全替代。

2014 年全国 6 大区域对居民液化石油气供应量呈现不同的情况，其中中南

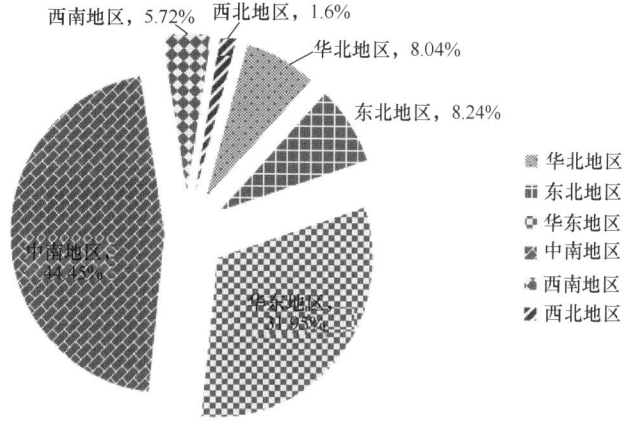

图 5-15 2014 年分地区中国液化石油气供应结构

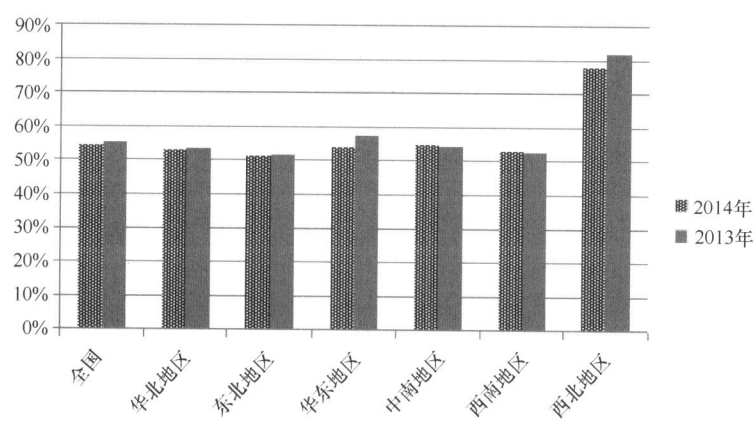

图 5-16 2013 年、2014 年分区域中国居民液化石油气用气量占比情况

地区、东北地区、华东地区和西北地区呈现下降幅度趋势,同比分别下降了
4.66 个百分点、1.29 个百分点、8.13 个百分点和 15.23 个百分点,而华北地区
和西南地区对居民液化石油气供应量呈现上升趋势,同比分别增长了 4.34 个百
分点和 12.00 个百分点(见表 5-17)。

2014 年按省分列的液化石油气供应量和居民用气量情况   表 5-17

地区	2014 年		2013 年		销售量增长率(%)	居民用气量增长率(%)
	销售量(吨)	居民用气量(吨)	销售量(吨)	居民用气量(吨)		
全国	10790250	5862124.86	11050727	6130638.9	−2.36	−4.38
北京	531556	234779	453546	202468	17.20	15.96

191

续表

地区	2014 年		2013 年		销售量增长率（%）	居民用气量增长率（%）
	销售量（吨）	居民用气量（吨）	销售量（吨）	居民用气量（吨）		
天津	43153.81	21736.6	49490.32	22733.72	−12.80	−4.39
河北	161603.11	97070.57	183181.3	110540.04	−11.78	−12.19
山西	69257	50733	73935.5	45958	−6.33	10.39
内蒙古	62194.57	57504.89	67801.44	60932.44	−8.27	−5.63
华北地区	867764.49	461824.06	827954.59	442632.2	4.81	4.34
辽宁	491806.9	224603.9	494603	231198	−0.57	−2.85
吉林	183085.75	109049.25	180103	114193.74	1.66	−4.51
黑龙江	213812.04	122766.57	217406.1	116993.91	−1.65	4.93
东北地区	888704.69	456419.72	892112.02	462385.65	−0.38	−1.29
上海	418061.97	252164.99	397352.1	235092.38	5.21	7.26
江苏	649793.72	390403.41	698513.3	458823.24	−6.97	−14.91
浙江	700728.42	478585.21	819936.7	532846.58	−14.54	−10.18
安徽	751184.04	123246.12	618304.9	135712.57	21.49	−9.19
福建	297585.12	171537.31	277427.1	166890.88	7.27	2.78
江西	234631.75	194581.84	219506.7	178590	6.89	8.95
山东	394857.31	243953.7	483465.8	310663.18	−18.33	−21.47
华东地区	3446842.33	1854472.58	3514506.5	2018618.83	−1.93	−8.13
河南	222079.33	186580.45	225693.5	190221.94	−1.60	−1.91
湖北	349494.26	175407.34	360988.2	202458.51	−3.18	−13.36
湖南	188166.2	149766	194561	175306	−3.29	−14.57
广东	3680753.8	1812505.64	3883907	1863313.9	−5.23	−2.73
广西	266598.13	223605.45	308250.6	242839.85	−13.51	−7.92
海南	89398.01	78708.5	91130	80923	−1.90	−2.74
中南地区	4796489.78	2626573.38	5064530.3	2755063.16	−5.29	−4.66
重庆	95480.4	37173.4	87709	29540.9	8.86	25.84
四川	173908.29	102940.4	182311.1	102507.4	−4.61	0.42
贵州	75665.62	71044.9	70671.22	65700.8	7.07	8.13
云南	210542.92	80418.52	195946.4	77689.44	7.45	3.51
西藏	62021.28	36321.28	20245.13	17321.89	206.35	109.68

续表

地区	2014 年		2013 年		销售量 增长率（%）	居民用气量 增长率（%）
	销售量 （吨）	居民用气量 （吨）	销售量 （吨）	居民用气量 （吨）		
西南地区	617618.51	327898.5	556882.81	292760.43	10.91	12.00
陕西	28258.84	17058	32325.98	24449.98	−12.58	−30.23
甘肃	59438	52469	73746	66515	−19.40	−21.12
青海	6236.98	6226.98	5356.36	5346.36	16.44	16.47
宁夏	19868.43	9853.62	18423.39	10608.39	7.84	−7.11
新疆	59028.18	49329.02	64889.5	52258.92	−9.03	−5.61
西北地区	172830.43	134936.62	194741.2	159178.65	−11.25	−15.23

第三节　燃 气 行 业 结 构

　　燃气行业的上游是勘探、开采和贸易，中游是通过管网基础设施进行燃气输送，下游则是通过城市管网分销燃气。当前，上游和中游是中石油、中石化、中海油公司垄断竞争市场结构，三大公司各自独立实行上、游及中游生产和输送、内外贸批发垄断经营模式，并在一定程度上垄断下游燃气销售。在上游和中游以国有产权为主，下游则基本实现了产权多元化。

一、 市场结构类型

（一）上游市场

　　目前，中国天然气上游供应侧市场不论是勘探、开采，还是地区贸易，都主要由三大国有控股油气公司——中石油、中海油、中石化——基本按照南北区域划分、海陆分治、专业分工、各有侧重的模式各自独立运营。中石油和中海油主要经营上游的业务，中国西北部、东北部大部分内陆地区被中石油占据，着重于该区域油气资源的勘探与开采业务，另外同俄罗斯、中亚等国家管道气的合作开发项目也主要由中石油拥有合作权；中海油拥有中国东南沿海大部分海域区的油气开采权和主要的液化天然气贸易项目；中石化占据中国东南部区域，主要经营

193

下游的业务，更侧重于对油气资源的加工冶炼、批发销售。因此，上游供应侧市场集中度很高，三大公司彼此之间基本上不形成竞争。

（二）中游市场

目前，中国天然气产地大部分处于西北部，而需求大部分来自东南部，从产地到下游用户需要通过长距离管道进行输送，也主要由上述三大集团公司即中石油、中海油和中石化分别自建自用管道各自独立地输送，并且是同自身企业上游供应侧捆绑在一起经营。陆上的大部分长输管道由中石油建设运营管理，中石化的陆上管道只占据少量份额，中海油主要侧重于铺设海底输送管道连接至沿岸城市配气管网。一些地方性的较小的供应商，基本没有自己的长输管道，只有通过与三大集团公司协商才能获得管道运输服务。

（三）下游市场

下游的终端消费者数量众多，因此对下游用户的配送服务业基本上由各个地方性的城市燃气公司垄断经营，全国有上千家城市配气公司，它们与上中游的生产、输送三大集团公司是完全分离的，向三大公司中的一家购入天然气对最终用户进行输送、销售服务。但近些年随着市场的发展，三大油气巨头在竞争中为了占据更大的市场份额，逐渐打破传统限制，向下游大型用户终端渗透，如中石油铺设管道对上海宝钢进行直供直销。

（四）市场结构类型分析

综上分析可以发现，现阶段总体上中国天然气的市场结构属于三大公司垄断，三大公司各自独立实行上下游生产和输送、内外贸批发、供销垂直一体化的经营模式，如图 5-17 所示。

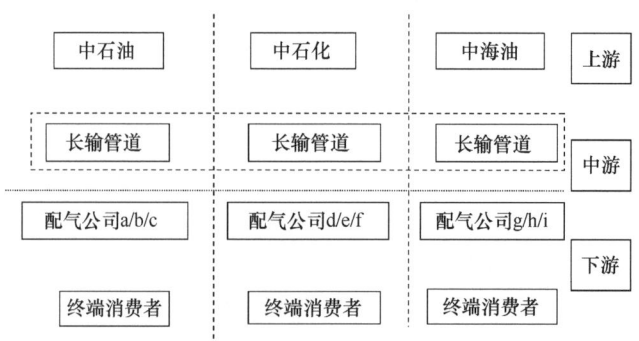

图 5-17　中国天然气市场三个独立运行的结构体系

其中上游生产与中游的长输管道是三大集团公司各自捆绑运营，形成区域性垂直一体化垄断机构。与下游的地方性配气公司相对分离，下游的配送销售基于中国传统的公用事业管理体制，都拥有特许经营权，形成地域垂直一体化垄断企业。

二、 所有制结构

包括城市燃气行业在内的市政公用行业投资主体多元化首先体现在所有制结构多元化方面。所有制结构多元化是指从国有经济成分占主体的传统所有制结构，逐步形成国有、民营、外资等多种所有制成分共同发展的所有制形式。事实上，近十几年来所有制结构的调整是中国从计划经济体制向市场经济转型时期的必然趋势，一般竞争行业的非公有制经济成分已占到相当的比例，成为国民经济发展的一支重要力量。由于公用事业等垄断行业自然垄断的经济特征以及国家政策的限制，公用事业行业的市场化进程相对滞后，致使非公经济在这一领域的发展比较缓慢。在国家出台相关政策指明市政公用行业的改革方向后，公用事业行业非公经济成分的发展将在短时期内呈现加速的趋势，经济学界的专家学者把这种趋势称为"公用事业民营化浪潮"。西方国家的自然垄断行业同样经历了从完全国有到民营的转变过程，称为自然垄断部门私有化。20世纪70年代以来，西方主要市场经济国家先后对自然垄断行业放松了管制，实行非国有化，引进竞争机制等政策，促进了自然垄断行业的发展。中国自20世纪末、21世纪初起逐步放宽了非国有经济进入城市市政公用行业的限制，国家采取了一系列的措施鼓励公用事业领域发展非公资本。中国政府部门通过制定和调整政策法规等不同方式提出了放宽市场准入，允许非公有资本进入基础设施、公用事业以及其他垄断行业的方针。这些措施都将对非公资本进入市政公用行业，从而解决基础设施资金缺口减轻国家财政负担起到极大的促进作用。城市燃气行业属于民营资本发展相对较早的市政公用行业，20世纪90年代起民营企业开始进入燃气行业并取得了初步发展，但目前国有燃气企业仍在整个行业中占主导地位。随着国家政策的放宽以及市政公用行业市场化进程的不断深入，非公有制经济成分在燃气行业中的比例将不断增加，其他行业企业、民间资本以及外商投资者也将不断进入燃气行业，民营、外资燃气企业将得到较快的发展，如图5-18所示为2013年上半年中国燃气生产和供应行业不同所有制企业数量。

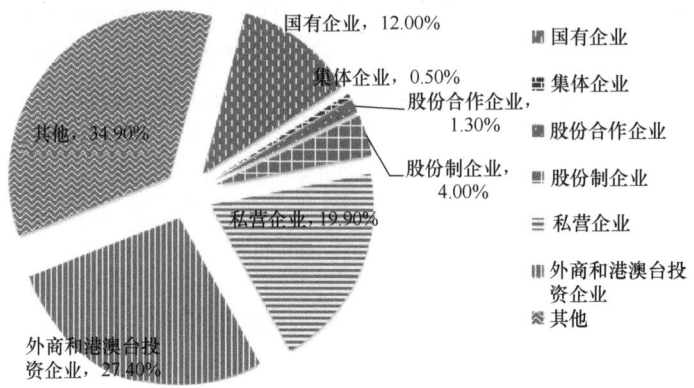

图 5-18   2013 年上半年中国燃气生产和供应行业不同所有制企业数量分布图

三、 主要企业发展情况

（一）中石油昆仑燃气有限公司

1. 公司概况

中石油昆仑燃气有限公司（简称昆仑燃气公司），其初建立的目的是为实现液化石油气、天然气业务统购统销，宗旨是尽可能好地去履行服务社会的责任，经国家工商管理总局核准，于 2008 年 8 月 6 日，由中国石油集团旗下三家公司（中国华油集团燃气事业部、中油燃气有限责任公司、中石油天然气管道燃气投资有限公司）重新整合并组建，是中国石油集团为了推动专业化的城市燃气运营成立的公司。公司成立之初注册资本 60 亿元。

昆仑燃气公司主要业务范围包括城市燃气管网建设、城市燃气输配、天然气与液化石油气销售以及售后服务等相关业务。负责中国石油城市燃气业务中长期发展建议规划，参与城市燃气资源的统一协调配置；负责组织城市燃气业务市场开发工作；负责城市燃气业务资本运作及股权管理的具体工作；负责城市燃气业务生产经营管理；负责城市燃气业务管理规范及标准体系建设；负责城市燃气业务的质量安全环保管理等工作。

昆仑燃气公司依托中国石油在天然气资源、资金、人才、品牌等方面的多种优势，实施专业化管理、集约化经营，全力打造中国石油昆仑燃气品牌。沿中国石油天然气管道沿线，大力开发城市燃气市场。目前，昆仑燃气公司业务主要分布在北京、天津、河北、山东、河南、江苏、安徽、浙江、湖北、湖南、江西、广东、海南、四川、重庆、广西、云南、陕西、甘肃、吉林等 20 多个省、市、自治区，覆盖近 100 座城市，供气能力达 50 亿方以上，拥有全资子公司、分公司、控股公司、参股公司 100 多个。通过与各地政府的密切合作，确保了安全稳定供气，履行了责任，树立了形象，规范了服务，赢得了市场。

本着合作发展、互利共赢的原则，昆仑燃气公司重视与国内燃气企业之间的合作，现已与多家知名燃气公司开展了合作。

2. 企业战略

一是利用独家采购权占领市场。昆仑燃气公司的独家采购权是指隶属于中石油集团下的炼厂所产出的液化气和天然气不再销售给其他公司，而是由昆仑燃气公司统一采购，再将资源统一分配。首先，统一采购可以有效地降低采购成本同时也可以降低采购过程中的灰色地带，从而从根本减少采购支出；第二，统一分配可以确保资源的合理利用，减少资源的重复分配及不必要的浪费。以上两点在燃气销售业务上的应用，基本奠定了昆仑燃气公司在中国燃气行业的核心地位，换句话说，现在下游燃气企业再销售液化气与天然气，必须联系昆仑燃气公司，而不是再去找炼厂，炼厂由原来的生产兼销售，改为单一的生产企业，隶属中石油生产板块。独家采购权的树立，奠定了昆仑燃气公司成为国内最大燃气公司的基础。

二是统购统销全局化管理。采购方面，昆仑燃气公司在成功整合中石油旗下炼厂燃气资源、获得独家采购权后，在采购原材料等方面掌握了市场主动权。此举既确保了昆仑燃气公司足够的燃气资源供应、又充分缓解了生产厂家资源销售压力，同时由于昆仑燃气公司的主要影响范围多集中在东北、西北以及华北三大燃气资源需求大区，资源整合后优化了资源配置，因其统一销售模式使资源合理流动，市场供需达到均衡。目前，昆仑燃气公司在其整合资源方式越来越成熟后，积极扩大整合范围，其触角积极深入华南、西南等地，进一步扩大其统销网络。销售方面，随着国内燃气深加工步伐的不断深入以及越来越多的深加工企业上线，对原料气资源需求量大幅增加。其中仅华北地区一天的原料气需求量达到了 4000 吨左右，而昆仑燃气依靠其掌握的大量原料气资源顺利签订供货合同以及芳构后剩余高清节气收购合同，并积极与深加工企业商谈收购合并事宜。自 2011 年昆仑燃气顺利收编河北黄骅三星化工高清洁以及丙烷的销售权后，又先后收购了弘润石化和盛源石化，并在河南地区投建恒润筑邦等扶贫项目，其昆仑燃气统销步伐步步深入，近期更积极收购了西北第一家芳构化企业宁夏金裕海。在统销基础工作不断夯实，营销体系逐步完善下，确保了炼化、油田企业、深加工企业产销畅通和平稳运行。并在此基础上实行价格联动，实现其资源价值的大幅提升。

（二）华润燃气（集团）有限公司

1. 公司概况

华润燃气（集团）有限公司是华润集团全资附属企业，是由华润燃气有限公司、华润燃气投资（香港）有限公司及华润集团持有的燃气企业于 2007 年 1 月合并改组而设立的专业化燃气公司。华润燃气主要在中国内地投资经营与大众生活息息相关的城市燃气业务，包括管道燃气、车载燃气、瓶装燃气及燃气器具销售等。自 2003 年于苏州投资运营第一家城市管道燃气项目后，业务发展迅速，目前已在南京、成都、厦门、武汉、济南、无锡、福州、苏州、郑州等五十多个城市设立了燃气公司，是近年来国内发展最快、规模最大的燃气企业之一。2007 年 4 月，华润燃气与中国最大燃气供应商之一——中国石油化工股份有限公司签署战略合作协议，华润燃气将在气源、技术、市场开拓等方面获得上游供应商的支持。华润燃气 2013 年度销售及盈利再创历史新高。2013 年营业额为港币222.88 亿元，较去年上升 64%；股东应占溢利为港币 21.61 亿元，较去年上升31%。营业额增长主要得益于公司管理的内涵式增长以及并购所得的燃气销售量及接驳费的增加。基本每股盈利达港币 1 元（2012 年为每股港币 0.82 元）。

2. 企业战略

上游的天然气供应采购高度依赖于与中国石油天然气集团和中国石油化工集团公司之间的关系，这两家公司负责运营长途管线。华润燃气的母公司华润集团是国资委旗下的大型国企之一，已有 70 年的历史。华润集团的业务多样，包括发电、消费品、房地产开发和投资、科技（以上均在上市公司名下）、制药和水泥。2007 年 4 月，华润燃气与上游供应商中国石化集团签署了战略合作协议，锁定了天然气供应和技术支持。华润集团与其他国有企业的差别在于，每一个业务无论是在经营还是在财务层面上都是独立运营。基于此，华润燃气有可能成为华润集团最主要的燃气销售平台。与同业相比，华润燃气有母公司作为其坚强的后盾，同时华润集团旗下的兄弟公司也能产生一定的协同作用。如 2008 年 10 月燃气改革完成以后，华润燃气在原有七个项目的基础上又收购了九个项目，这证明了公司的扩张能力。除了已收购的项目和新发起的项目，未来华润燃气的销量增长将主要来源于内生增长：一是二级城市的城市化和工业化带来的需求；二是新管线投入使用后，供应瓶颈打破。

（三）香港中华煤气有限公司

1. 公司概况

香港中华煤气有限公司（"中华煤气"）成立于 1862 年，是香港第一家公用事业机构，在香港的管网已拓展至超过 3000 公里，覆盖全港 8590 的经济区，为约 165 万民用及工商客户供应燃气。中华煤气的主要业务包括生产及输配燃气，销售燃气及燃气炉具，并提供全面的售后服务。中华煤气在香港也发展多元化的环保能源业务，包括石油气加气站和利用沼气生产燃气。中华煤气一直在中国内地多个城市积极发展城市管道燃气业务和若干中游项目。2005 年，中华煤气开始进军城市水务项目，包括城市供水和污水处理等。目前中华煤气在中国内地经营超过 70 家合资公司

2. 企业战略

一是建设天然气加油站。中华煤气通过子公司易高拥有 4 个压缩天然气加气站，同时，通过合资公司和港华燃气的合资公司，公司还分别拥有 9 个和 48 个加气站。对机动车来说，使用压缩天然气的成本比使用柴油要少 40％左右，出于消费者对节约和环保的考虑，此项业务的发展前景广阔。

二是发展综合能源业务。中华煤气将煤层气视为一种补充资源，由于可加强采煤的安全性以减少对进口能源的依赖，未来煤层气可能会受到政府的青睐。这有可能只是补充浙江、广东等地区下游燃气供应的一种权宜之计，2 期工程的交付已推迟。内蒙古鄂尔多斯项目的煤炭转化甲醇项目是完工 70％时从某个经济面临困境的个人手中收购。该项目 27％的投资回报率预测是基于 2000 港币/吨的甲醇价格。因此，中华煤气已在项目投产后削减其净资产值。丰城煤炭—焦炭—焦炉气综合项目也能够锁定丰城下游项目的部分燃气供应。由于中华煤气在利润率较高的煤炭和焦炭销售方面没有太多的控制权，所以在合资公司中处于劣势地位。

(四) 新奥 (中国) 燃气投资有限公司

1. 公司概况

新奥能源控股有限公司（原新奥燃气）于 1992 年开始从事城市管道燃气业务，是国内规模最大的清洁能源分销商之一。新奥能源控股有限公司以"提升系统能效，创造客户价值，倡导清洁能源，改善生存环境"为使命，以满足客户需求为导向，依托长期积累的清洁能源储运资源为国内外用能客户量身定制最优用能解决方案。截至 2014 年 3 月，公司在全国 14 个省、市、自治区成功运营 117个城市燃气项目。天然气日供气能力超过 3300 万方，覆盖城区 5552 多万人口，为超过 770 多万居民用户及 30000 多家工商业用户提供服务。在 71 个城市投资运营 330 座天然气加气站，在 20 多个大中城市规划和实施清洁能源整体解决方案并提供清洁能源产品与服务。

2. 企业战略

一是努力降低供气价格。新奥的供气价格，是阻碍其业务发展的重要原因。新奥应该从其内部寻找解决方案，而根本途径则是降低气源价格。新奥应当努力与上游的供应商形成长久坚固的战略伙伴关系，或者探索与国际大石油公司和LNG 的资源国合作的可能性，以降低气源成本。

二是确保及扩大气源供应量。充足的气源供应是新奥业务拓展和企业信誉的保障。新奥应考虑建设长输管线的可行性，这样即确保了充足的供气量，又可大大节约槽车等的运输费用。

三是树立企业品牌，扩大宣传。新奥应加大其品牌的宣传力度，使社会各界广泛认知天然气的高效、洁净、多用途等优点，努力转变公众以煤炭、燃油作为主要能源的老观念，从而吸引潜在用户。

（五）中国燃气控股有限公司

1. 公司概况

中国燃气控股有限公司（以下简称中国燃气）是一家在百慕大注册，在香港联交所上市的燃气运营服务商。公司主要在国内从事投资、建设、经营、管理城市燃气管道基础设施，向居民、商业、公建和工业用户输送各种燃气，同时，建设及经营加气站，开发与应用石油、天然气等相关技术产品。

中国燃气 2002 年进入燃气业，最初资产总额 5.01 亿港元，主营业务收入0.86 亿港元，经过 9 年的快速发展，2010 年，资产总额达到 308.87 亿港元，增长了 60 倍，主营业务收入 158.62 亿港元，增长了 180 倍。截至 2011 年 3 月 31日，累计于 19 省（自治区、直辖市）取得 148 个城市管道燃气项目（燃气管道专营权），建有 105 座压缩天然气加气站，初步向城市燃气项目的上中游发展，拥有 1 个天然气开发项目，9 个天然气长输管道项目。另有 54 个液化石油气分销项目。中国燃气已经发展成为国内最大的跨区域燃气企业之一。

截至 2014 年 9 月 30 日 6 个月，集团营业额为 15588121000 港元（2013 年 9月 30 日止 6 个月：10461324000 港元），较去年同期增长 49.0%。毛利为3154308000 港元（包括液化石油气业务）（2013 年 9 月 30 日止 6 个月：2477033000 港元），较去年同期增长 27.3%，整体毛利润率为 20.2%（2013 年9 月 30 日止 6 个月：23.7%）。整体纯利润率为 12.6%（2013 年 9 月 30 日止 6个月：14.2%）。每股盈利为 33.56 港仙（2013 年 9 月 30 日止 6 个月：每股盈利：27.41 港仙），较去年同期增长 22.4%。于 2014 年 9 月 30 日，集团的总资产及净资产分别达 48452198000 港元及 19769006000 港元。

2. 企业战略

一是稳步发展天然气业务。巩固与发展终端市场，深度挖掘中国燃气在现有项目数量和分布区域的优势，加快促进住宅用气和工商业用气的增长，进一步优化市场结构。同时集中资源在战略重点区域如中心——卫星城等地布局，进一步夯实发展基础。大力开拓压缩（液化）天然气加气站项目，创造新的利润增长点。积极与上游行业建立战略联盟或战略伙伴关系，向上游产业延伸，注重中游长输管道的经济价值和战略价值，充分发挥产业链的整体优势，维护跨区域燃气集团前三甲的地位。

二是加速整合液化石油气业务。保障气源的稳定供应，与昆仑燃气、镇海炼化、科元石化、大连西太等上游企业签署合作协议。充分利用上海中油在浙江、江苏、福建、广东、广西、上海五省（自治区）一市下属近 50 家子公司建立的液化石油气储运和分销网络，结合中石油、中石化强大的气源优势和百江燃气在终端零售市场的强势地位，共同将上海中油做强做大，成为东南沿海经营区域内的市场领导者。液化石油气业务实现国内上市。未来几年，在上海中油积累一定实力，实现稳定的盈利能力后，与国内上游企业联合，扩大融资渠道，进一步做强做大。一方面，通过融资，扩展市场，尤其是加大推进小城镇和农村市场力度，另一方面，开拓码头仓储、化工品贸易、成品油经营等新业务，进一步丰富业务层次，实现综合发展。

第四节　燃气行业 PPP

一、　燃气行业政府与社会资本合作的现状

城市管道燃气市场基本上形成了产权多元化格局。在城市管道燃气行业中，生产经营的企业已经由不同经济成分企业构成，基本改变了国有企业在市场中的垄断地位，不同企业间是竞争关系。通过国有燃气企业的股份制改革，民营企业和外商的直接进入以及融资的多元化，燃气终端市场初步形成了地方国企、中央国企和民企外企港企三分天下的局面。可以说，在城市管道燃气行业的管道建设投资和燃气输送、零售市场上，非国有资本均有不同程度的进入，尤其是终端市场的多元化产权结构已经形成。

这些年来，在实施特许经营制度过程中，一方面对国有管道燃气企业进行改

制，另一方面引导私营企业进入国有管道燃气行业。在产权改革和促进竞争的双重作用下，城市管道燃气企业的生产效率和盈利能力都发生了积极变化。通过表5-18关于规模以上燃气生产和供应业主要经济效益指标可以看出，从1995到1997年，在城市燃气价格没有完全理顺的情况下，生产经营企业基本上是微利或亏损经营，在政府财政的支持下，国有独立核算工业企业均处于亏损状态。1998年国有及规模以上非国有工业企业均亏损运营。1999～2002年间，在燃气价格开始向上调整的过程中，三资工业企业已经明显获利，而国有及国有控股工业企业仍然是亏损。显然，亏损的背后是大量的政府财政补贴。2003～2004年间，三资工业企业与国有及国有控股工业企业均获利，这除了燃气价格进一步提升使燃气企业收益增加外，与这个时期开始较大规模引入民营企业进入燃气行业产生的竞争存在着一定的关系。而2005～2009年这个时期，私营工业企业与国有及国有控股工业企业均有较高的利润水平。从统计口径来看，自2005年开始，以私营工业企业为对象进行考核，我们也可通过对这个时期的私营工业企业与国有及国有控股工业企业进行比较，以分析民营化对整个燃气行业生产效率的影响。由于企业数量和工业总产值等存在差异，我们选择私营工业企业与国有及国有控股工业企业的工业成本费用利润率进行比较。在同时期，私营工业企业的工业成本费用利润率高于国有及国有控股工业企业。而从不同时期看，国有及国有控股工业企业的工业成本费用利润率在不断提高。这一方面说明私营工业企业的生产经营效率高于国有及国有控股工业企业，另一方面也说明在民营企业不断进入燃气行业过程中，由于竞争的引入，国有及国有控股工业企业以提高生产效率来提升竞争力。

燃气生产和供应业主要经济效益指标 表5-18

年份	企业单位数（个）		工业总产值（亿元）		工业成本费用利润率（%）		利润总额（亿元）	
	独立核算三资工业企业	国有独立核算工业企业	独立核算三资工业企业	国有独立核算工业企业	独立核算三资工业企业	国有独立核算工业企业	独立核算三资工业企业	国有独立核算工业企业
1995	17	269	2.59	68.33		−5.46	0.23	−4.75
1996	24	283	3.65	72.79		−8.53	0.01	−8.71
1997	16	258	5.22	85.21	−4.15	−4.7	−0.45	−5.63
	国有及规模以上非国有工业企业		国有及规模以上非国有工业企业		国有及规模以上非国有工业企业		国有及规模以上非国有工业企业	
1998	291		103.25		−3.5		−6.29	

年份	企业单位数（个）		工业总产值（亿元）		工业成本费用利润率（％）		利润总额（亿元）	
	三资工业企业	国有及国有控股工业企业	三资工业企业	国有及国有控股工业企业	三资工业企业	国有及国有控股工业企业	三资工业企业	国有及国有控股工业企业
1999	27	255	28.18	103.99	0.44	−3.73	0.13	−6.87
2000	36	252	47.82	121.99	2.74	−2.44	1.34	−5.21
2001	40	252	43.47	134.24	1.65	−0.64	0.8	−1.43
2002	49	243	63.41	157.86	1.21	−0.97	1.05	−2.7
2003	59	231	70.27	183.1	0.97	1.24	1.03	3.8
2004	64	233			0.21	1.35	0.24	4.78
	私营工业企业	国有及国有控股工业企业	私营工业企业	国有及国有控股工业企业	私营工业企业	国有及国有控股工业企业	私营工业企业	国有及国有控股工业企业
2005	46	221	15.34	290.39	3.1	1.46	0.46	6.06
2006	59	227	23.29	400.62	2.52	1.19	0.58	6.37
2007	84	217	45.38	512.18	6.82	4.36	2.81	25.34
2008	181	260	76.52	735.33	9.11	4.3	6.1	34.32
2009	214	248	112.02	795.66	12.03	6.41	11.75	53.88
2010	242	251	181.39	1056.64	9.32	7.68	15.10	81.45
2011	171	262	183.16	1395.08	7.79	8.16	13.18	114.86
2012	196	296	—	—	9.1	8.52	16.84	143.3
2013	240	323	335.09	1867.27	8.23	9.36	23.79	156.80
2014	283	374	454.44	2418.24	7.21	7.28	28.72	176.14

资料来源：1995～2014 年《中国统计年鉴》，中国统计出版社，1995～2014 年版。

二、 燃气行业政府与社会资本合作存在的问题

我国燃气行业通过特许经营制度实现了政府与社会资本的有效合作，促进燃气行业的快速发展。但是，随着技术经济条件的变化和燃气行业的发展，特许经营制度出现了一定的不适应性，如果处理不好可能会抑制燃气行业的进一步发展。

（一）以供气形式确立特许范围

根据特许经营的相关管理规定，具有特许经营权的企业在一定地域范围内独

家建设和运营管道燃气，这一特征表明管道燃气经营具有明显的排他性，在特许经营范围内只有唯一的供应商，具有垄断性质。具体来讲，工业供气、汽车加气、分布式能源等燃气项目即使具有明显的私人物品特征，但只要以管道形式输送燃气，就得受特许经营权的制约，由拥有燃气特许经营权的企业独家经营。以槽车输送气源的 LNG 加气站和 L—CNG 加气站，在企业厂区内建设的 LNG 气化站和分布式能源等，没有通过市政管网输送天然气，不受特许经营权的制约。这将大大限制燃气的市场需求和应用。

（二）特许经营权利不可转让和出租

在存在交易成本的前提下，产权的初始分配将对资源配置效率产生影响。燃气特许经营权"不可转让、出租"的制度设计，没有充分考虑市场的不确定性，一旦形成没有效率的初始产权分配，就无法通过市场机制进行修订和矫正。

（三）燃气特许经营制度执行偏差

管道燃气特许经营权排斥外来竞争者，增加竞争者的进入成本，成为一些垄断燃气经营商维护既得市场利益的"保护伞"。或是夸大特许业务范围，将燃气汽车加气业务纳入特许经营范围。或是随意扩大特许地域范围，管道燃气特许经营权通常以城市中心城区、县城区或工业区等为单位划定特许经营地域范围。一些燃气经营商利用信息优势，通过各种方式夸大管道燃气特许经营的地域范围，由城市中心城区扩大到下属各县城，或者从县城扩大到各工业园区，其目的就是将更多的区域纳入其特许经营范围之内。还有企业通过限制审批、政府游说等方式阻挠其他燃气经营主体进入市场。例如政府以扶持新兴产业的名义将其行政管辖区域内汽车加气站经营权赋予已取得特许经营权的燃气经营商，利用行政审批等手段阻挠竞争企业项目的报批报建。

制度执行偏差导致特许经营权的弊端也凸显出来：一方面，燃气经营商千方百计获得燃气特许经营权，并有意夸大特许覆盖范围；另一方面，一些地方政府将特许经营权作为招商引资的筹码，背离了特许经营制度设计的初衷，也与居民管道燃气公用经营的原则相违背。管道燃气特许经营制度，在政府的"有意之举"与企业的"逐利行为"共同作用下，进一步破坏了燃气经营市场的健康发展。

三、 优化燃气行业政府与社会资本合作成效的对策

相对于原有公有制企业垄断经营的做法，燃气特许经营制有利于突破体制障

碍、引入社会资源。但随着市场的扩大，这种产权制度安排弊端也日渐凸显。在国家大力推进油气基础设施建设和油气管网设施公平开放的大背景下，燃气特许经营制度亟须改革。

（一）明确特许经营权改革的方向

2015年6月1日颁布实施的《基础设施和公用事业特许经营管理办法》（国家发展和改革委员会 财政部 交通运输部等第25号令），政府和社会资本合作将进一步规范。在城市燃气行业，随着技术经济的发展，原有的特许经营模式将面临改革，改革的方向为：一方面停止特许经营权覆盖范围的扩大，未授出特许经营权的地区，应该停止授出，已授出特许经营权的地区应明确特许经营的地域和业务范围，防止继续扩大；另一方面明确特许经营改革的时间表，明确各利益方的预期，减小对特许经营制度改革的阻力。

（二）压缩特许经营范围

特许经营权是排斥管道燃气竞争者的制度壁垒，也是增加竞争者供气成本的制度枷锁，其实质上造成了特许经营范围内燃气供应的垄断。燃气管道具有自然垄断属性，允许独家经营，但要由政府统一规划、监管和定价。居民燃气具有准公共物品属性，应该由政府定价并保证供气量。而非居民燃气用户，包括工业用气和汽车加气等，是典型的私人物品，应放开市场准入，允许多主体供气。因此应根据物品的属性而非供气方式进行分类管理。

燃气经营商可继续保留特许经营权，独家建设城镇燃气管网，并排他性地拥有对居民和公用性质用户供气的权利。但要放开工业供气、汽车加气等燃气经营板块的市场准入。大型终端用户可以直接从气源方供气，由城镇管网提供代输服务并收取管输费，管输费要考虑到对特许经营权投资的补偿。

（三）基础设施的非歧视性第三方准入

业务终端的竞争必须要有气源的多样化和多源输送渠道为前提和基础。实行省级管网和LNG接收站的非歧视性第三方准入政策，在渠道上支持多气源供气的竞争。同时在城镇统一规划的基础上，允许大型用户建设管网直接与省级管网相连，由气源方直接向大型终端用户供气。

第六章　垃圾处理行业发展报告

　　垃圾处理行业属于环保产业的一个分支，一般包括工业垃圾处理、危险废物处理及城市生活垃圾处理三大领域。其中，（1）工业垃圾是指机械工业、食品工业及其他工业在生产过程中所排出的一般固体废弃物；（2）危险废物是指列入国家危险废物名录或者根据国家规定的危险废物鉴别标准和鉴别方法判定的具有危险特性的废物，它主要包括工业危险废物和医疗垃圾，工业危险废物包括具有放射性、腐蚀性或浸出性的工业垃圾，医疗垃圾是指医疗机构在医疗、预防、保健以及其他相关活动中产生的具有直接或间接感染性、毒性以及其他危害性的废物，具体包括感染性、病理性、损伤性、药物性、化学性废物；（3）城市生活垃圾是指城镇（包括城市与建制镇两部分）居民在日常生活中或者为日常生活提供服务的活动中产生的固体废弃物以及法律、行政法规规定视为生活垃圾的固体废弃物。此外，垃圾处理按作业对象可分为直接处理对象和间接处理对象两大类：（1）将垃圾作为直接处理对象的作业涵盖垃圾的清扫、收集、运输和处置等活动；（2）将垃圾作为间接处理对象的作业涵盖为前者提供规划、设计、产品研发与制造、监管、垃圾排放权交易等服务活动。本报告主要以城市生活垃圾的直接处理作业为例，对垃圾处理行业的现状和未来发展趋势进行研究。

第一节 垃圾处理行业投资与建设

一、 总体概况

目前中国垃圾处理行业的主要投资主体或来源包括两大类：（1）政府投入，包括地方财政、国家财政、国债资金和CDM① 的资金支持；（2）社会资本，包括国内垃圾处理投资运营商、国外垃圾处理投资运营商、银行融资、股市融资、环保产业基金和风险投资基金。

（一）固定资产投资现状

1. 城市

2014 年，全国城市市容环境卫生固定资产投资额为 498.8 亿元，比 2013 年增长了 22.14％，明显低于 2013 年增幅（37.74％）；垃圾处理领域的城市固定资产投资额为 130.6 亿元，比 2013 年增加了 3.73，相较 2013 年增幅下降了近十个百分点（2013 年增幅为 13.53％），投资总量仍低于 2011 年的 199.2 亿元（如图 6-1）。

从 2006 年至 2014 年，城市环境卫生固定资产投资额占城市市政公用设施固定资产投资额的比例如图 6-2 所示。该比例在 2.5％上下浮动，近年有持续上升的趋势，其中 2014 年环境卫生固定资产投资占市政公用设施固定资产投资的比例为 3.05％，较 2013 年的 2.50％略有增加。

2014 年垃圾处理占全社会城市市政公用设施建设固定资产投资的比例为 0.8％，逐年小幅上涨（2013 年占比为 0.77％，2012 年占比为 0.73％），环卫固定投资在 2011 年大幅上升之后连续三年呈现阶段性调整。

2. 县城

2014 年，全国县城市容环境卫生固定资产投资额为 97.4 亿元，比 2013 年（97.3 亿元）仅增加了 300 万元；垃圾处理领域的固定资产投资额只有 36 亿元，

---

① CDM 即 Clean Development Mechanism，它是《京都议定书》中引入的灵活履约机制之一。核心内容是允许缔约方（即发达国家）与非缔约方（即发展中国家）进行项目级的减排量抵消额的转让与获得，从而在发展中国家实施温室气体减排项目。

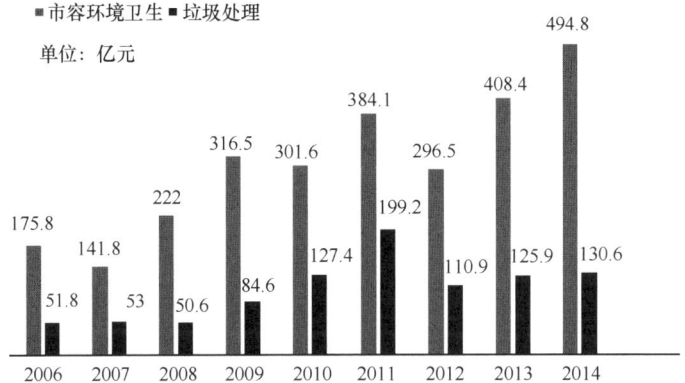

图 6-1 历年城市环卫及垃圾处理固定资产投资额

资料来源:《中国城乡建设统计年鉴》编委会. 中国城乡建设统计年鉴 (2014)〔M〕. 北京:中国统计出版社,2015。

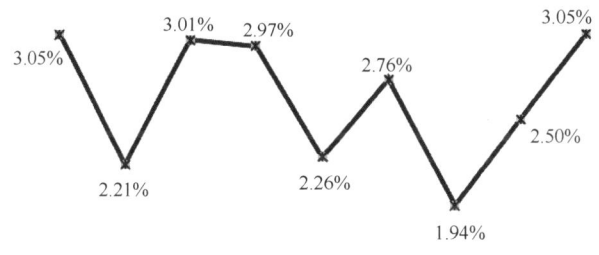

图 6-2 历年城市环境卫生固定资产投资额在市政公用设施固定资产投资额占比

资料来源:《中国城乡建设统计年鉴》编委会. 中国城乡建设统计年鉴 (2014)〔M〕. 北京:中国统计出版社,2015。

比 2013 年(44.2 亿元)下降了 18.55%。相对于城市的环境卫生资产投入的快速增长,目前县城还处于较为迟缓的成长阶段。历年县城市容环境卫生固定资产投资额以及垃圾处理固定资产投资额详情如图 6-3 所示。

从 2006 年至 2014 年,县城环境卫生固定资产投资额占市政公用设施固定资产投资额的比例如图 6-4 所示。从图中可知,近年该比例持续处于历史低谷。

2014 年垃圾处理占县城市政公用设施建设固定资产投资的比例为 1.01%,已连续两年下降(2013 年占比为 1.15%,2012 年占比为 3.41%)。

3. 建制镇

2014 年,全国建制镇市容环境卫生固定资产投资额为 131.7 亿元,比 2013

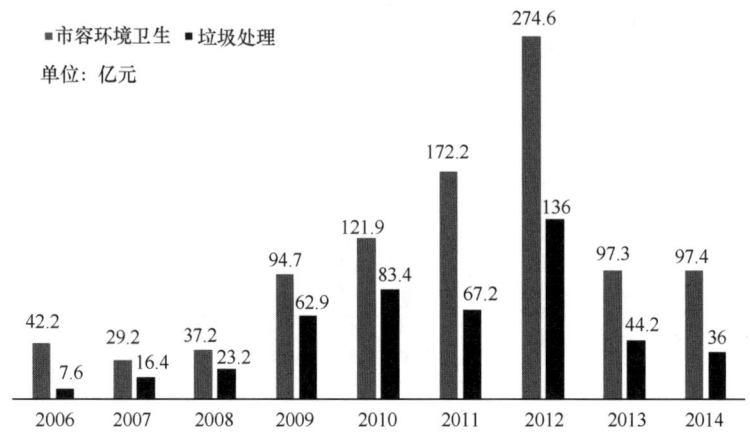

图 6-3　历年县城环卫及垃圾处理固定资产投资额

资料来源：《中国城乡建设统计年鉴》编委会. 中国城乡建设统计年鉴（2014）
[M]. 北京：中国统计出版社，2015。

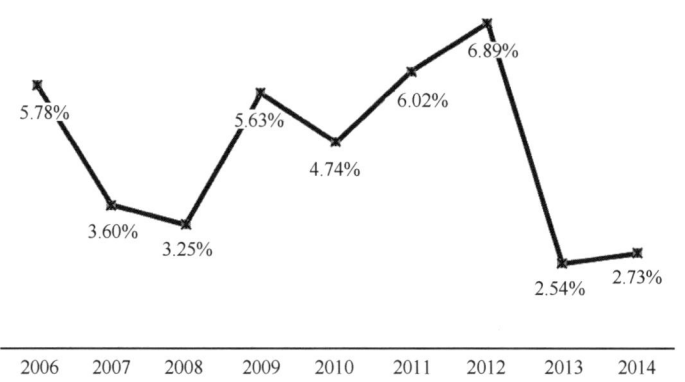

图 6-4　历年县城环境卫生固定资产投资中的市政公用设施固定资产投资额占比

资料来源：《中国城乡建设统计年鉴》编委会. 中国城乡建设统计年鉴（2014）[M]. 北京：中国统计
出版社，2015。

年（126.2 亿元）上升 4.29％；垃圾处理领域的固定资产投资额为 60 亿元，比
2013 年（52 亿元）上升了 15.6％。历年建制镇市容环境卫生固定资产投资额以
及垃圾处理固定资产投资额详情如图 6-5 所示。

　　从 2006 年至 2014 年，建制镇环境卫生固定资产投资额占市政公用设施固定
资产投资额的比例如图 6-6 所示。从图中可知，该比例持续了逐年小幅上升的
态势。

　　2014 年垃圾处理占建制镇公用设施建设固定资产投资的比例为 0.84％，从
2007 年（占比 0.47％）开始已连续 7 年缓慢增长。

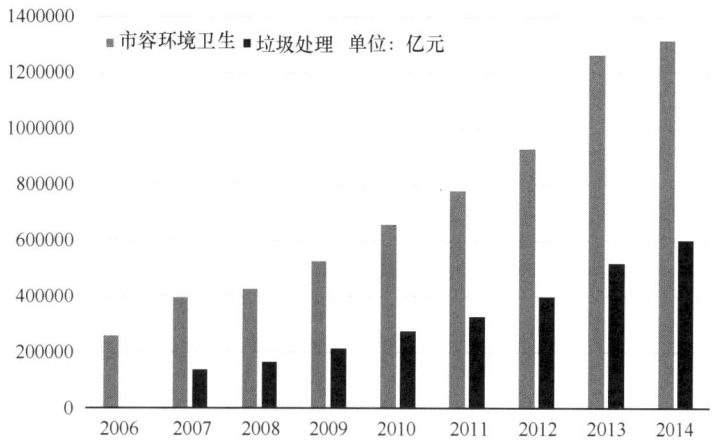

图 6-5　历年建制镇环卫及垃圾处理固定资产投资额

注：2006 年《中国城乡建设统计年鉴》并未对建制镇当中垃圾处理领域的固定资
　　产投资额进行统计。

资料来源：《中国城乡建设统计年鉴》编委会. 中国城乡建设统计年鉴（2014）
　　　　　［M］. 北京：中国统计出版社，2015。

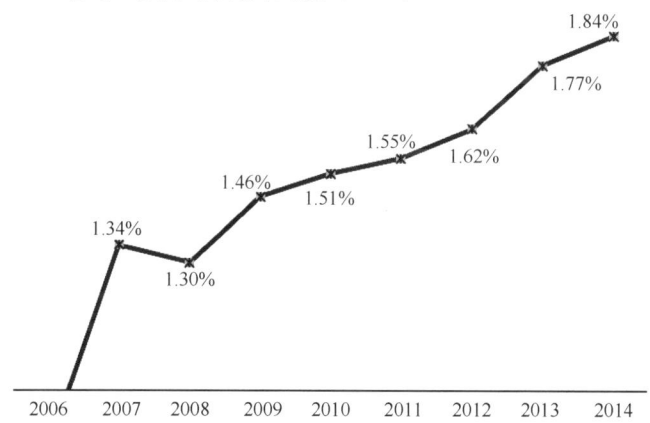

图 6-6　历年建制镇环境卫生固定资产投资额在市政公用设施固定资产投资额占比

注：2006 年《中国城乡建设统计年鉴》并未对建制镇当中垃圾处理领域的固定资产投资额进行统计。

资料来源：《中国城乡建设统计年鉴》编委会. 中国城乡建设统计年鉴（2014）［M］. 北京：中国
　　　　　统计出版社，2015。

（二）十三五期间资金需求预测

　　根据马中、陆琼和昌敦虎[①]对"十三五"时期全国城镇生活垃圾处理资金的需求预测，"十三五"期间，我国城镇生活垃圾处理基于现有规划投资水平的资

---

① 马中，陆琼，昌敦虎. "十三五"时期全国城镇生活垃圾处理资金需求分析［J］. 环境保护，2016（8）.

金需求为 1009 亿元；基于初步实施全面生活垃圾分类情景的资金需求为 1884 亿元；基于城镇生活垃圾处理行业执行更为严格环境标准情景的资金需求为 5981 亿元（详情如表 6-1 所示）。

十三五期间资金需求预测　　　　　　　　　　　　　　　表 6-1

假设前提		基于现有规划投资水平	初步实施全面生活垃圾分类	城镇生活垃圾处理执行更为严格的环境标准
具体要求		①"十二五"规划未覆盖的50%设区城市享受等同于"十二五"规划水平的垃圾分类补贴； ② 2010年前建设的转运设备全部淘汰； ③ 填埋、焚烧等垃圾处理方式比例等于"十二五"规划； ④ 2010年前建设的填埋设施全部封场； ⑤ 在线监管覆盖全部处理设施	① 全面实施垃圾分类补贴； ② 进一步回收纸类、橡塑、金属、玻璃等； ③ 实现生活垃圾前端减量10%； ④ 占生活垃圾总量40%以上的餐厨垃圾实行堆肥等综合处理； ⑤ 占生活垃圾总量30%的可燃组分进行焚烧处理； ⑥ 未回收的玻璃、陶瓷、渣土等进行填埋和其他处理； ⑦ 2010年建设的转运和填埋设施全部淘汰、封场； ⑧ 全部处理设施进行在线监管	在前一假设情景的基础上提升单位投资成本
资金需求	设区城市垃圾分类补贴	210 亿元	420 亿元	630 亿元
	收集转运	275 亿元	275 亿元	413 亿元
	综合处理	408 亿元	1070 亿元	4762 亿元
	存量治理	102 亿元	102 亿元	153 亿元
	在线监管	14 亿元	16 亿元	24 亿元
	合计金额	1009 亿元	1884 亿元	5981 亿元

资料来源：马中，陆琼，昌敦虎."十三五"时期全国城镇生活垃圾处理资金需求分析［J］.环境保护，2016（8）.

（三）环卫专用车辆设备

1. 城市

我国城市市容环卫专用车辆设备①总数保持逐年稳步增长，各年车辆设备总

---

①　指用于环境垃圾卫生作业、监察的专用设备和车辆，包括用于道路洒水、冲洗、清扫、除雪、市容监察、垃圾粪便清运以及与其配套使用的设备和车辆。如：垃圾车、扫路机（车）、洗路车、洒水车、真空吸粪车、除雪机、装载机、压实机、推土机、专用船舶、吸泥渣车、盐粉撒布机、垃圾筛选机、垃圾破碎机等。对于长期租赁的车辆及设备也统计在内。

数如图 6-7 所示，2014 年车辆设备总数已达到 141431 台。

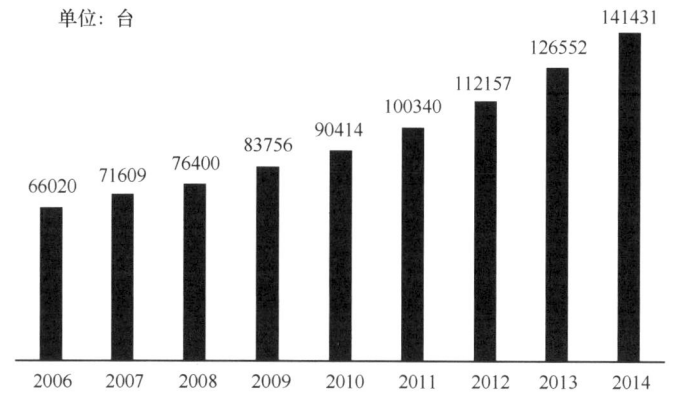

图 6-7　中国城市市容环卫专用车辆设备总数

资料来源：《中国城乡建设统计年鉴》编委会. 中国城乡建设统计年鉴
（2014）［M］. 北京：中国统计出版社，2015。

图 6-8 展示了我国城市市容环卫专用车辆设备总数的增长率，从图中可以看到，我国城市专用车辆设备的年增长率在连续三年（2010 年 7.95%；2011 年 10.98%；2012 年 11.78%；2013 年 12.83%）上涨后开始小幅下降，于 2014 年降到 11.76%。

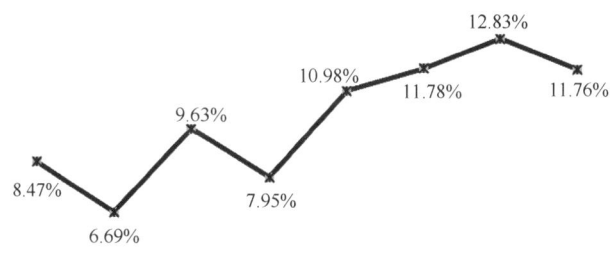

图 6-8　中国城市市容环卫专用车辆设备数量增长率

资料来源：《中国城乡建设统计年鉴》编委会. 中国城乡建设统计年鉴（2014）
［M］. 北京：中国统计出版社，2015。

2. 县城

我国县城环卫专用车辆设备总数保持逐年稳步增长，各年车辆设备总数如图 6-9 所示，2014 年车辆设备总数达到 38913 台，明显低于同年的城市保有量。

单位：台

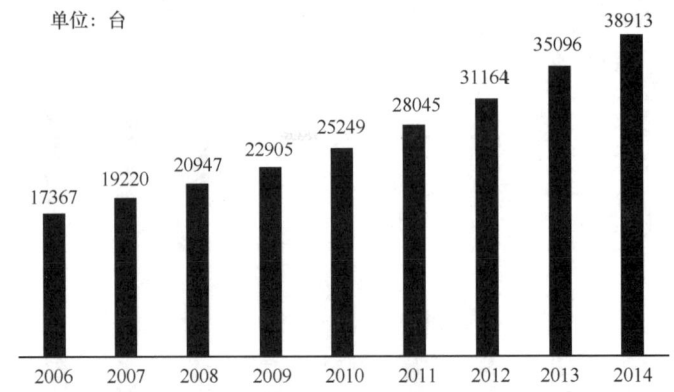

图 6-9　中国县城市容环卫专用车辆设备总数

资料来源：《中国城乡建设统计年鉴》编委会. 中国城乡建设统计年鉴

（2014）［M］. 北京：中国统计出版社，2015。

　　图 6-10 展示了我国县城环卫专用车辆设备总数的增长率，从图中可以看到，我国县城环卫专用车辆设备的年增长率始终在 10％附近上下波动，在 2014 年为 10.88％。

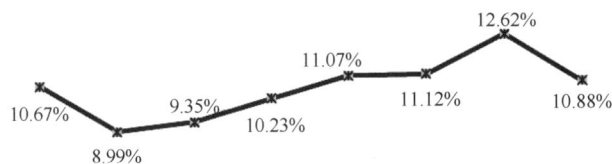

图 6-10　中国县城市容环卫专用车辆设备数量增长率

资料来源：《中国城乡建设统计年鉴》编委会. 中国城乡建设统计年鉴（2014）

［M］. 北京：中国统计出版社，2015。

3. 建制镇

　　我国县城环卫专用车辆设备总数保持逐年稳步增长，各年车辆设备总数如图 6-11 所示，2014 年车辆设备总数达到 105982 台，高于同年县城保有量。

　　图 6-12 展示了我国县城环卫专用车辆设备总数的增长率，从图中可以看到，我国县城环卫专用车辆设备的年增长率从 2012 年至 2014 年间在 10％附近上下波动，在 2014 年为 9.16％。

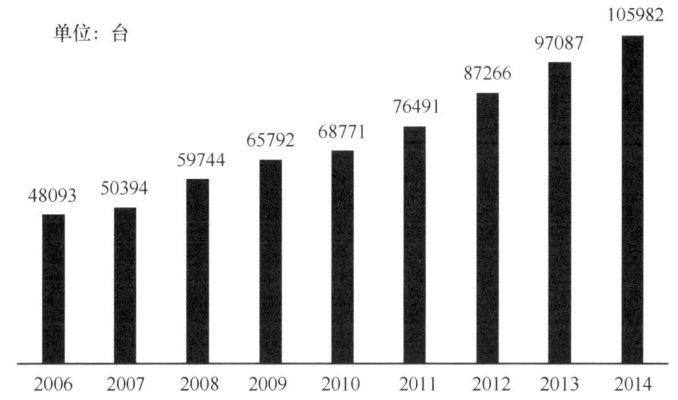

图 6-11　中国建制镇市容环卫专用车辆设备总数

资料来源：《中国城乡建设统计年鉴》编委会. 中国城乡建设统计年鉴（2014）[M]. 北京：中国统计出版社，2015。

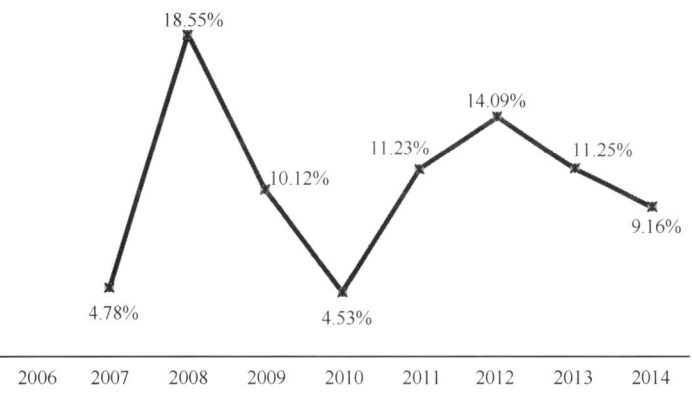

图 6-12　中国建制镇市容环卫专用车辆设备数量增长率

资料来源：《中国城乡建设统计年鉴》编委会. 中国城乡建设统计年鉴（2014）[M]. 北京：中国统计出版社，2015。

4. 各类型典型环卫车数量

由《2014 年环境卫生机械设备进展》[①] 可得知，2014 年我国典型环卫车生产主要包括洒水车、扫路车、自卸式垃圾车、车厢可卸式垃圾车、压缩式垃圾车等品种，总产量同比下降 11.46%，仅达 5.41 万辆。如图 6-13 所示，从环卫车车型布局上来看，洒水车是环卫车车型中的最主要车型，占比超过 33.27%，但是从产量上来看，此五类典型车型产的年销量差异较大，只有自卸式垃圾车实现了正增长，同比增长率达到 1.12%，其他典型车型均呈现负增长趋势，洒水车

①　许碧君. 2014 年中国环境卫生机械设备进展 [J]. 固废观察，2015 年.

同比下降 6.74％，扫路车同比下降 30％，车厢可卸式垃圾车同比下降 35.45％，压缩式垃圾车同比下降 6.25％。

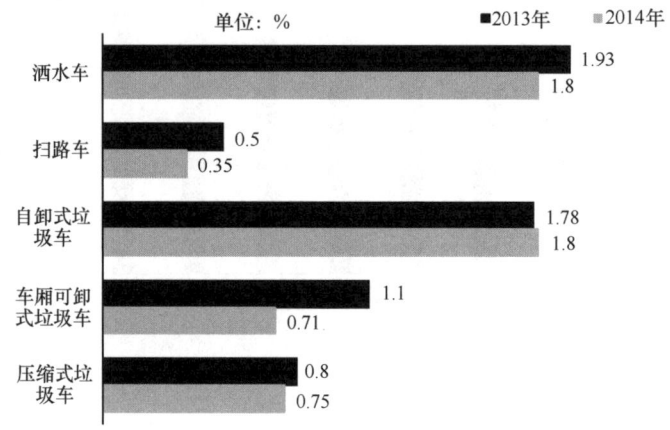

图 6-13　2013～2014 年我国典型环卫车生产量统计

资料来源：《中国城乡建设统计年鉴》编委会. 中国城乡建设统计年鉴

（2014）［M］. 北京：中国统计出版社，2015。

（四）垃圾处理厂（场）

1. 不同类型垃圾处理厂（场）比较

我国城市生活垃圾处理的方式主要可以划分为三大类：垃圾卫生填埋、垃圾焚烧和其他垃圾处理方式（堆肥（含综合处理）、堆放和简易填埋）。图 6-14 统

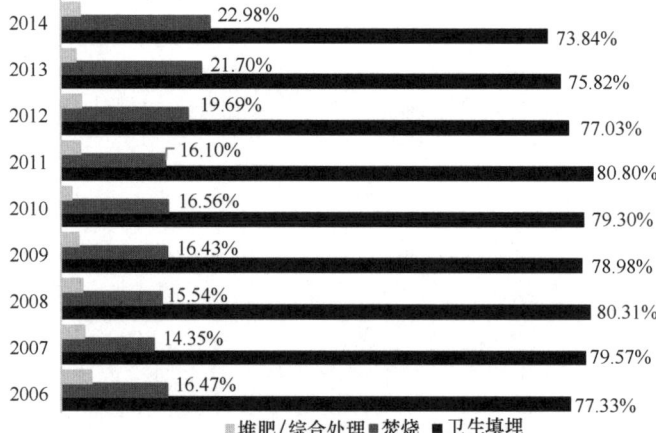

图 6-14　历年城市各类无害化垃圾处理厂占比

资料来源：《中国城乡建设统计年鉴》编委会. 中国城乡建设统计年鉴

（2014）［M］. 北京：中国统计出版社，2015。

计了城市历年各类无害化垃圾处理厂的占比情况。

图 6-15　统计了我国县城历年各类无害化垃圾处理厂的占比情况。

图 6-15　历年县城各类无害化垃圾处理厂占比

资料来源:《中国城乡建设统计年鉴》编委会. 中国城乡建设统计年鉴（2014）
[M]. 北京：中国统计出版社，2015。

通过比较上述城市和县城的数据可以发现，无论在城市还是县城，垃圾卫生填埋都是我国现阶段最主要的垃圾无害化处理方式；其次，城市近年来卫生填埋处理量占总的垃圾处理量有降低趋势；而无害化垃圾焚烧厂的比例逐渐扩大，而县城则始终以垃圾卫生填埋场为主力军，其他方式的垃圾处理厂占比非常小。

图 6-16 描绘了城市垃圾无害化处理厂、垃圾卫生填埋场和垃圾焚烧厂历年

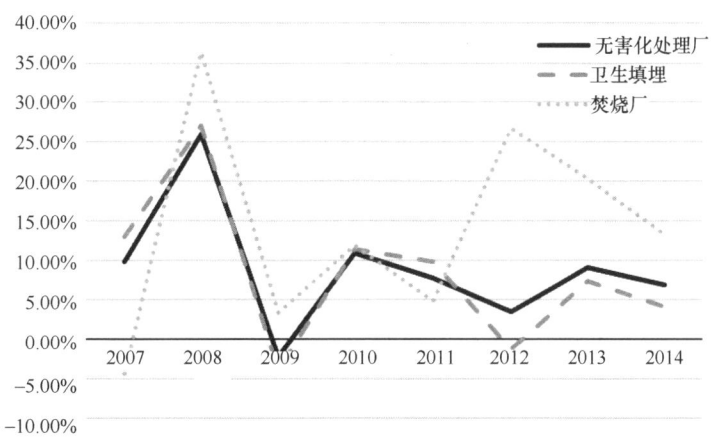

图 6-16　城市无害化垃圾处理厂的增长率比较

资料来源:《中国城乡建设统计年鉴》编委会. 中国城乡建设统计年鉴（2014）
[M]. 北京：中国统计出版社，2015。

增长率。总体而言，城市垃圾处理厂（场）的总数目在稳步上升（2014年增长率6.93％），其主要增长力量为卫生填埋方式的无害化处理场（2014年增长率4.14％）和垃圾焚烧方式的无害化处理厂（2014年增长率13.25％），其他类型垃圾处理厂数量则在20座上下浮动，无明显增幅（如所示）。此外，卫生填埋场的增长率与总的垃圾处理厂（场）增长率大致相等。

图6-17描绘了县城垃圾无害化处理厂、垃圾卫生填埋场和垃圾焚烧厂历年增长率。总体而言，县城垃圾处理厂（场）的总数目在稳步上升（2014年增长率6.93％），其主要增长力量为卫生填埋方式的无害化处理场（2014年增长率13.81％），垃圾焚烧方式的无害化处理厂以及其他类型垃圾处理厂由于其数量较少，虽有明显增幅波动，对垃圾无害化处理厂数目变化的影响微乎其微。因此，县城卫生填埋场的增长率与总的垃圾处理厂（场）增长率几乎相同。

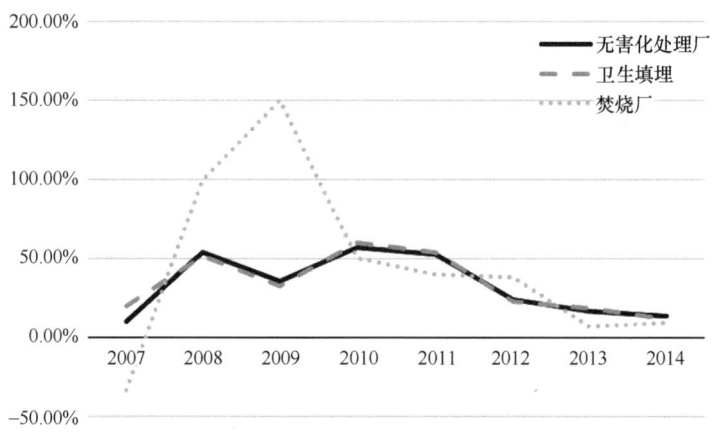

图6-17　县城无害化垃圾处理厂的增长率比较

资料来源：《中国城乡建设统计年鉴》编委会. 中国城乡建设统计年鉴（2014）

［M］. 北京：中国统计出版社，2015。

2. 不同地域垃圾处理厂（场）数量比较

图6-18展现了不同地域无害化垃圾处理厂的数量，从图中看到无论是按照划分的东部、中部和西部，还是按照划分的东部、中部和西部，东部的垃圾处理厂（场）总数均高于中部和西部，接近二者数量之和，而中部的垃圾处理厂（场）数量则略高于西部。

3. 不同场景垃圾处理厂（场）数量比较

2014年县城垃圾处理厂（场）总数为1129座，远多于城市县城垃圾处理厂（场）总数（818座）。从图6-19对不同地域无害化垃圾处理厂的数量比较可以发现，从2011年开始县城垃圾处理厂（场）总数（683座）开始超过城市（677座）。

图6-20对比了2014年不同场景下各类无害化垃圾处理厂数量占比，从该图

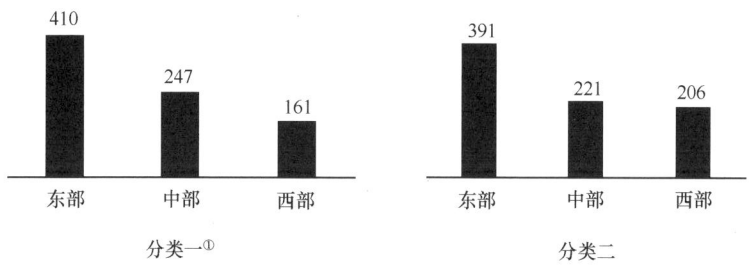

图 6-18　不同地域无害化垃圾处理厂的数量比较

资料来源：《中国城乡建设统计年鉴》编委会. 中国城乡建设统计年鉴（2014）[M].
北京：中国统计出版社，2015。

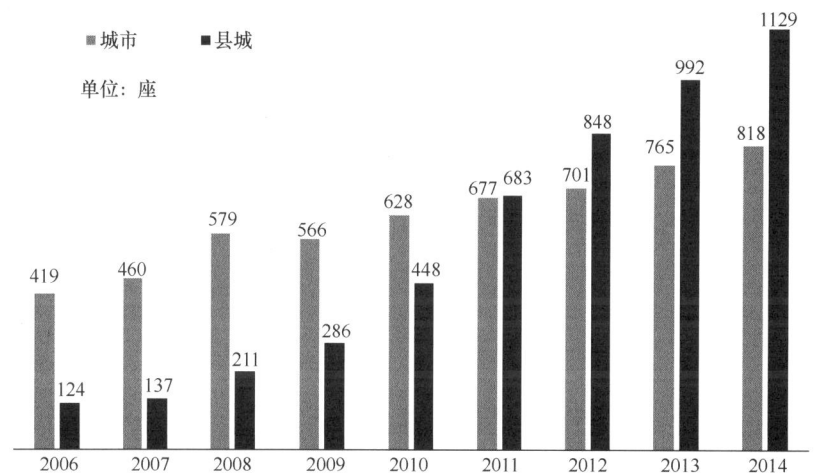

图 6-19　不同场景下无害化垃圾处理厂的数量比较

资料来源：《中国城乡建设统计年鉴》编委会. 中国城乡建设统计年鉴（2014）[M]. 北京：
中国统计出版社，2015。

可以发现 2014 年垃圾焚烧厂数量在城市无害化垃圾处理厂中占到将近 1/4。而在县城无害化垃圾处理厂中，垃圾焚烧厂和堆肥/综合处理垃圾场一样，所占比例微乎其微。

---

　① 分类一（按自然地理位置）：（1）东部地区：北京、天津、河北、辽宁、上海、江苏、浙江、福建、山东、广东、广西和海南 12 个省、自治区的城市和直辖市；（2）中部地区：山西、内蒙古、吉林、黑龙江、安徽、江西、河南、湖北和湖南 9 个省和自治区的城市；（3）西部地区：重庆、四川、贵州、云南、西藏、陕西、甘肃、宁夏、青海和新疆 10 个省、自治区的城市和直辖市。分类二（按区域经济带 1）：（1）东部地区：北京、天津、河北、辽宁、上海、江苏、浙江、福建、山东、广东和海南 11 个省的城市和直辖市；（2）中部地区：山西、吉林、黑龙江、安徽、江西、河南、湖北和湖南 8 个省的城市；（3）西部地区：内蒙古、广西、重庆、四川、贵州、云南、西藏、陕西、甘肃、宁夏、青海和新疆 12 个省、自治区的城市和直辖市。

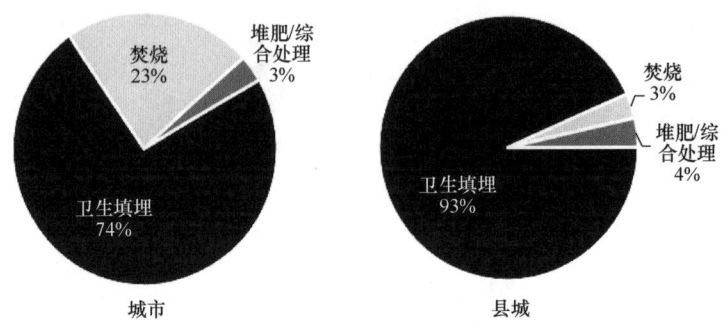

图 6-20　2014 年不同场景下各类无害化垃圾处理厂数量占比

资料来源：《中国城乡建设统计年鉴》编委会. 中国城乡建设统计年鉴（2014）

[M]. 北京：中国统计出版社，2015。

二、　垃圾卫生填埋场建设现状

（一）基本情况

1. 垃圾填埋简介

20 世纪 80 年代，我国生活垃圾无害化处理建设开始起步，但是由于技术和资金的缺乏，国内的填埋场主要集中于一些大中城市，县级城市的分布相对较少，且都是非卫生填埋的堆场。1990 年至 2000 年间，居民的生活垃圾的填埋量一直持续增加，但随着我国首个垂直防渗的天子岭填埋场投入使用，全国各地城市的卫生填埋场数量迅速增加，此类大中型卫生填埋场地投入运行，使得垃圾处理能力迅速提升，后期的卫生填埋场数量也逐步趋于稳定①。归功于垃圾卫生填埋厂的管理简单、投资运行费用低、作业难度低等特点，近些年间，填埋厂都将会成为无害化垃圾处理设施的主流。

2. 建设现状

截至 2014 年底，中国共有 604 座城市垃圾卫生填埋场，1055 座县城垃圾卫生填埋场。陈湘静在《"十三五"垃圾处理设施需打造"升级版"焚烧更严格填埋遇转折》中预计在"十三五"期间，城市填埋场数量不会有显著增长，县级填埋场数量还将有所增加；至 2020 年，我国卫生填埋场总数将达到峰值 2400 座左右，再以后会略有减少，稳定在 2000～2200 座左右。

2006～2014 年城市垃圾卫生填埋场数量如图 6-21 所示，2014 年填埋场数量

---

① 袁文祥，邰俊等. 2014 年生活垃圾填埋处理进展 [J]. 固废观察，2015 年.

增长率 4.14％，比 2013 年新增 24 座。

单位：座

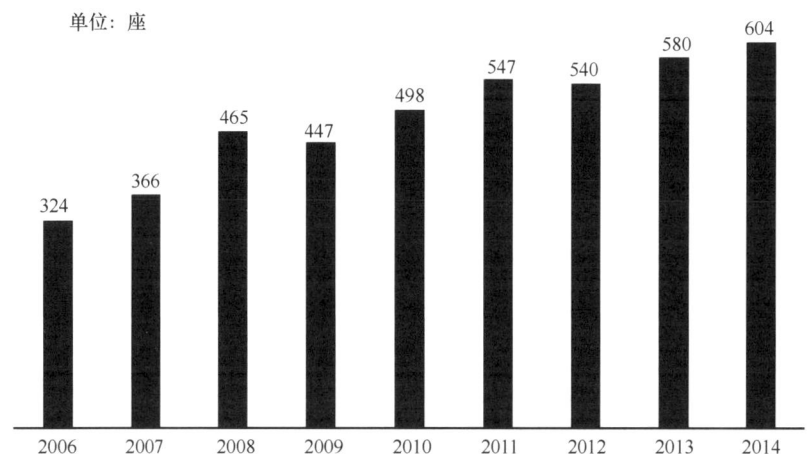

图 6-21　历年城市垃圾卫生填埋场数量

资料来源：《中国城乡建设统计年鉴》编委会. 中国城乡建设统计年鉴（2014）［M］. 北
京：中国统计出版社，2015。

2006～2014 年现场垃圾卫生填埋场数量如图 6-22 所示，2014 年填埋场数量
增长率 12％，比 2013 年新增 113 座。

单位：座

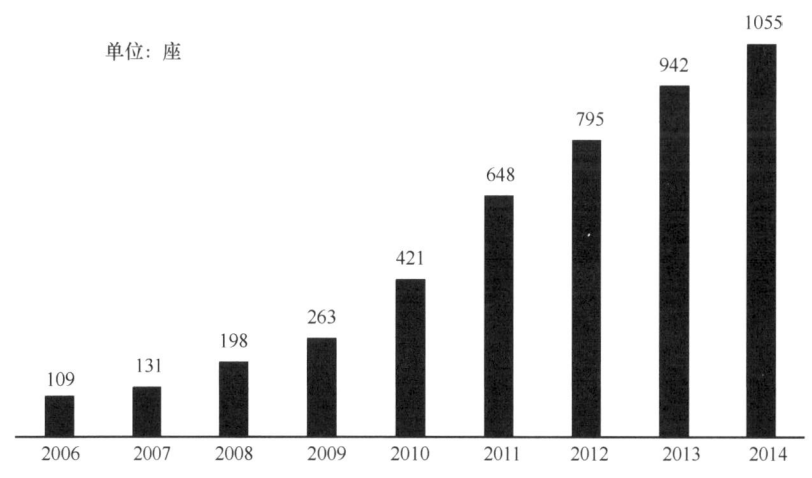

图 6-22　历年城市垃圾卫生填埋场数量

资料来源：《中国城乡建设统计年鉴》编委会. 中国城乡建设统计年鉴（2014）［M］. 北
京：中国统计出版社，2015。

截至 2014 年 12 月底，我国各省份运营中的垃圾填埋场分布情况如图 6-23
所示。从该图可知，国内的垃圾填埋场主要集中分布在人口相对集中、密度较大

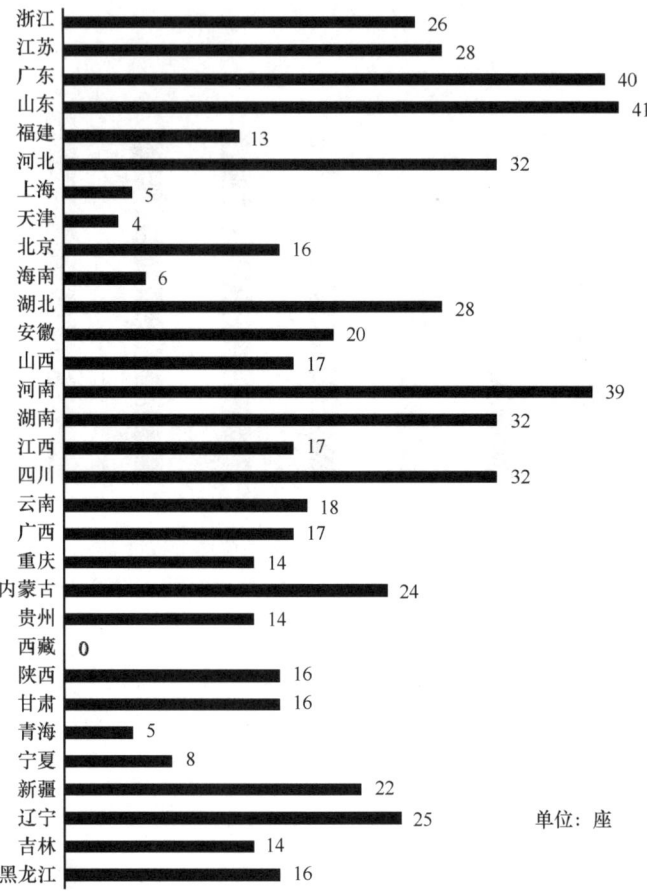

图 6-23　城市垃圾填埋场的地域分布情况

数据来源：中国城乡建设统计年鉴，2014 年中华人民共和国住房和城乡建
　　　　　设部编。

注：（1）按照区域经济带将城市分为四类：东部、中部、西部、东北；（2）
　　　东部地区：北京、天津、河北、上海、江苏、浙江、福建、山东、广
　　　东和海南 10 个省份和直辖市；（3）中部地区：山西、安徽、江西、河
　　　南、湖北和湖南 6 个省份；（4）西部地区：四川、云南、广西、重庆、
　　　内蒙古、贵州、西藏、陕西、甘肃、青海、宁夏和新疆共 12 个省份；
　　　（5）东北三省：辽宁、吉林和黑龙江 3 个省份。

资料来源：《中国城乡建设统计年鉴》编委会．中国城乡建设统计年鉴
　　　　　（2014）[M]．北京：中国统计出版社，2015。

的东部发达地区以及其他发达城市①，其中北京、上海等经济相对发达的城市制

----

① 袁文祥，邰俊等．2014 年生活垃圾填埋处理进展 [J]．固废观察，2015 年。

定了原生垃圾零填埋的指导目标，并在建造大量的垃圾焚烧设施，等到垃圾焚烧设施全部投入运行后，预计国内未来的焚烧能力将大幅提升，相对地，有危害性的垃圾填埋处理方式比重将大大降低。

同比 2013 年，2014 年我国各地区垃圾填埋场新增情况如图 6-24 所示。全国共计新建垃圾卫生填埋场 25 座，其中东部新增 2 座大中型高标准填埋场；中部地区新增 6 座卫生填埋场；西部地区垃圾填埋场数量增长最多，达到 15 座；东北地区填埋场增长 2 座。

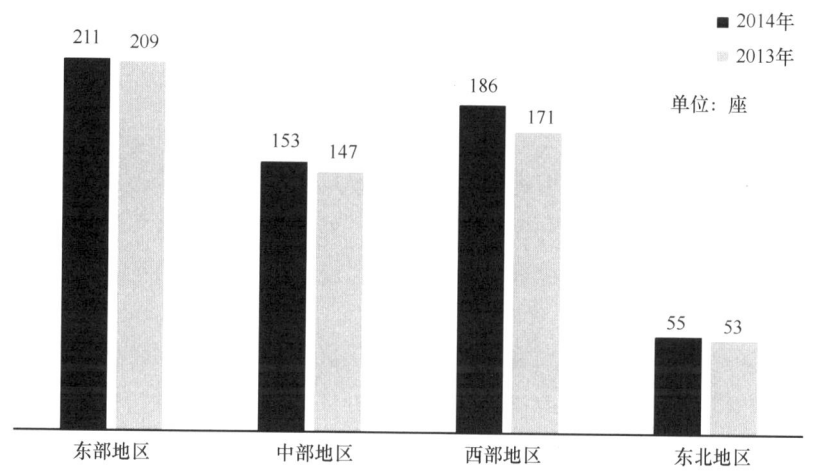

图 6-24　2013～2014 年城市垃圾填埋场的地域发展情况

资料来源：《中国城乡建设统计年鉴》编委会. 中国城乡建设统计年鉴（2014）［M］. 北京：中国统计出版社，2015。

（二）投资与建设中的问题

1. 垃圾渗滤液没有得到有效的处理

城市生活垃圾填埋场中最可能造成环境污染的成分是垃圾渗滤液，鉴于它的成分较为复杂并且污染物的含量很高，导致填埋场将渗滤液进行无害化处理时需要较复杂的工艺和较高的成本[①]。根据中国目前现行的垃圾处理技术标准，垃圾填埋场的渗滤液处理技术水平需要达到《生活垃圾填埋污染控制标准》GB 16889—1997 中 2 级以上的标准，为此填埋场就需要运用膜处理技术，使填埋场实现较为严格的雨污分流，这就导致垃圾填埋场的垃圾处理成本显著提升。成本因素容易诱使市场化运作的垃圾填埋场在垃圾处理时"偷工减料"，直接或间接

---

① 杜艳丽. 中国城市生活垃圾处理市场化改革研究［D］. 北京：华北电力大学，2010 年.

地将没有得到有效处理的垃圾渗滤液排向河流，造成二次污染。这种情况一方面会降低社会资本对垃圾处理行业的投资热情，另一方面会使社会公众对垃圾处理行业产生偏见，使得垃圾处理行业的市场化进程进入恶性循环。

2. 垃圾填埋气体未得到有效的利用

生活垃圾是在垃圾场被填埋，其中的有机成分会被细菌厌氧分解，在这个分解过程会产生大量气体，被称为垃圾填埋气体，其中二氧化碳、氧气、氮气和甲烷是主要成分，同时还包括其他微量气体。有趣的是，一方面甲烷在空气中的浓度为 5%～15% 时，极易发生爆炸，危害我们的生命财产安全；另一方面，甲烷产生的温室效应是二氧化碳的 21 倍，并且不能被植物有效利用，若不加以控制将严重威胁我们的生活。然而，甲烷也是天然气的主要成分，如果能够完全燃烧不仅能转化为无危害的水和无危险性的二氧化碳，还可以提供 890.31KJ/Mol 的热量，因此完全可以将垃圾填埋气体中的主要危害气体甲烷变废为宝[①]。但是就目前而言，中国填埋气体的利用比率整体上进展缓慢，存在诸多问题，不能降废弃物有效循环利用导致垃圾处理行业盈利低，使社会资本不愿进入该行业。

3. 大量垃圾卫生填埋场超期服役[②]

由于多种现实原因，包括城市生活垃圾产量增幅较高、新建垃圾处理设施的进度不如预期等，国内仍旧有许多已经超过设计寿命、应当进行封场处理的填埋场在"服役"中。这种超期服役会给相关的装备设施会引起超负荷的压力，导致这些垃圾填埋场已经无法从根本上帮助解决垃圾围城问题；其次，垃圾填埋场的超期服役会产生相对多的垃圾渗滤液，加大环境污染。垃圾渗滤液是种污染废水，废水内有机质、氮、磷、重金属等污染物的含量很高，伴随着垃圾渗透液在土壤和地下水中地横向与纵向迁移，污染物会逐步渗透，从而导致土壤和地下水的污染，更甚者会污染生活用水水源，并造成生态系统失衡等严重环境问题，存在重大环境污染隐患。

4. 选址需进一步规范，环境风险需规避[③]

因填埋场的工作需求，场地的选址需要远离人口集中的居民区，且有自然形成的空间更佳，从而大多老填埋场都选择了环境生态脆弱区，来降低成本，方便工作。对 2013 年我国各省份及地区运营的 1549 座填埋场数据进行分析发现，其中有 999 座填埋场的选址分布在河网较为密集地区，特别是主要重点流域的淮

---

① 马朋佳. 清洁发展机制（CDM）在中国的应用——沈阳垃圾填埋沼气发电厂案例研究 [D]. 大连：大连理工大学，2007 年.

② 夏旻，许碧君. 大量填埋场"超期服役"，存量垃圾整治市场巨大 [N]. 东方早报，2016 年 3 月 30 日.

③ 袁文祥，邰俊. 2014 年生活垃圾填埋处理进展 [J]. 固废观察，2015 年.

河、海河、三峡库区及上游、黄河中下游等地，其上规模的填埋场的流域面积占比达到 22.57％，数量合计有 380 座。国内填埋场在流域周边的分布密度相对较大，而且大多分布在水源地的上游，这会对环境污染造成极大地隐患。一方面应加强填埋场对于地下的水源的防渗系统建设，如采用双复合层防渗；另一方面，应更加注重流域地区地表径流、地下水位以及降雨等气象水位条件情况，来减少对重点流域的污染影响程度。

三、 垃圾焚烧厂建设现状

（一）基本情况

1. 垃圾焚烧简介

2015 年 8 月，国家发展改革委发布的《国家重点推广的低碳技术目录》涉及煤炭、电力、钢铁、有色、石油石化、化工、建筑、轻工、纺织、机械、农业、林业等 12 个行业，共 33 项国家重点推广的低碳技术。其中"生活垃圾焚烧发电技术"被列入，该目录针对"生活垃圾焚烧发电技术"的说明中指出：该技术通过焚烧对生活垃圾进行减量化和稳定化处理，同时将垃圾的内能转化为高品质的热能用于发电。与传统的卫生填埋垃圾处理方式相比，生活垃圾焚烧的处理方式有 5 大优势[①]，即项目用地少、垃圾处理速度快、减容效果好、污染排放低和可产生能源。

2. 建设现状

根据 Ecoprog 公司的市场报告，全球大约有 2200 座垃圾焚烧电厂，年处理能力为 2.55 亿吨垃圾，到 2017 年将新增 180 座垃圾焚烧电厂，新增年处理能力约 0.52 亿吨垃圾[②]。中国方面，据《中国城乡建设统计年鉴》（2014）数据，截至 2014 年底，我国城市生活垃圾焚烧设施 188 座，新增 20 座，比 2013 年略有下降（26 座）（如图 6-25），其中垃圾处理能力小于 1200 吨/日的中小规模焚烧厂占全部焚烧厂数量的 68.5％。新中标和签约焚烧项目超过 47 个，项目规模逾

---

① 张益，生活垃圾焚烧技术十问十答，北极星节能环保网，2016 年 8 月 21 日，http：//huan-bao. bjx. com. cn/news/20151229/696098. shtml.

② Mark Doing, Jana Stienen, Gedion Hart-Mann, et al. Waste to Energy 2013/2014-The World Market for Waste Incineration Plants[EB/OL]. (2013-07) [2013-10-06]. http: //www. reportlinker. com/p01028882/Waste-to-Energy-Analyst-version-The-World-Market-for-Waste-Incineration-Plants-. html.

78000 吨/日，全国设市城市新投运生活垃圾焚烧厂 15 座[①]。而 2015 年安徽省和重庆市各新建城市生活垃圾焚烧厂 2 座、吉林新增 3 座、广东、海南、湖南、江西、辽宁、内蒙古、山西、上海、四川、浙江等 10 省市各新增一座垃圾焚烧发电厂[②]，建成投产后全年新增总装机容量将达到 345MW 之多，建成投产后全年新增处理量将接近 635 万吨。

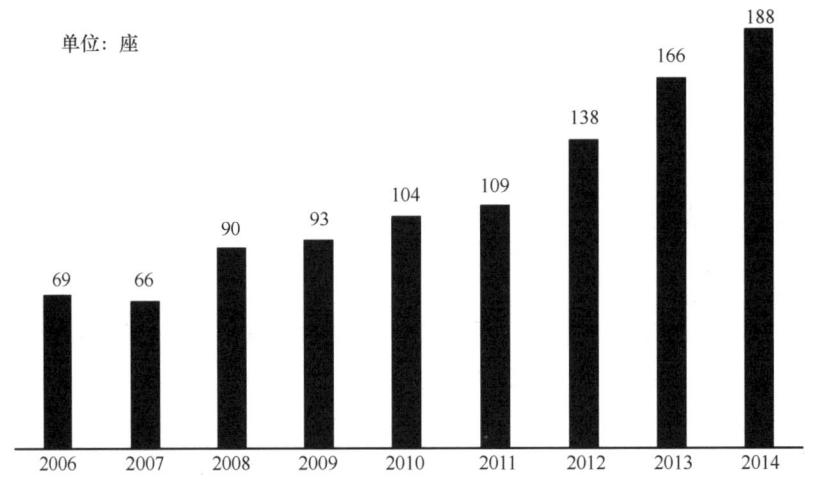

图 6-25　历年城市垃圾焚烧厂数量

资料来源：《中国城乡建设统计年鉴》编委会. 中国城乡建设统计年鉴（2014）［M］. 北京：中国统计出版社，2015。

图 6-26 统计了历年县城垃圾焚烧厂数量，由该图可知县城垃圾焚烧厂数量较少，截至 2014 年仅有 34 座，比 2013 年新增 4 座。

据《2016 年中国垃圾发电行业研究分析报告》（中商产业研究院）统计，"十二五"期间，全国城镇生活垃圾无害化处理设施建设总投资约 2636 亿元，其中，无害化处理设施投资 1730 亿元；清运转运体系建设投资 351 亿元；存量整治工程投资 211 亿元；餐厨垃圾专项工程投资 109 亿元；垃圾分类示范工程投资 210 亿元；监管体系建设投资 25 亿元。

截至 2014 年底已正式投运的 181 座城市生活垃圾焚烧厂当中，炉排炉焚烧厂共 133 座，占 73.5%；另外 46 座采用流化床技术，占 25.4%；以及 2 座水泥窑协同处理设施[③]。而根据《中国城市生活垃圾处理行业 2014 年发展综述》的

---

①　张益，陈善平，欧阳创，邱俊，许碧君. 2014 年中国环境卫生行业总体进展［J］. 固废观察，2015 年。

②　张世祥，垃圾焚烧这一年：停不下来的脚步不断走低的价格，新华网，2015 年 12 月 18 日，ht-tp：//news. xinhuanet. com/2015-12/18/c_1117504479. htm。

③　陈善平，张瑞娜，贾川. 2014 年生活垃圾焚烧处理进展［J］. 固废观察，2015 年。

单位：座

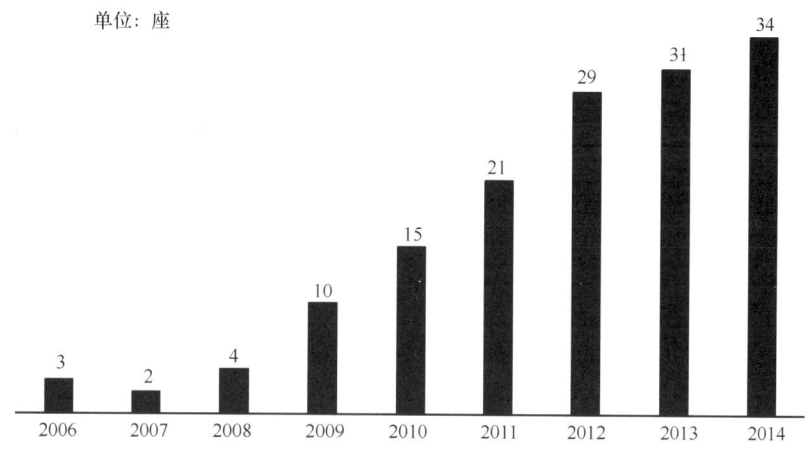

图 6-26 历年县城垃圾焚烧厂数量

资料来源：《中国城乡建设统计年鉴》编委会. 中国城乡建设统计年鉴（2014）［M］. 北京：中国统计出版社，2015。

统计，截至 2014 年年底，投入运行的生活垃圾焚烧发电厂有 199 座，总处理能力为 18.9 万吨/日，总装机约为 3900MW。其中采用炉排炉的焚烧发电厂有 122座，合计处理能力达到 12.2 万吨/日，装机达到 2240MW；采用流化床的焚烧发电厂有 72 座，合计处理能力为 6.4 万吨/日，装机达到 1620MW；其余少部分为热解炉和回转窑炉（见表 6-2）。

2013 年和 2014 年投入运行的生活垃圾焚烧发电厂对比　　　表 6-2

技术类型	数量（座）			设计处理规模（万吨/日）			总装机容量（MW）		
	2013 年	2014 年	增长率	2013 年	2014 年	增长率	2013 年	2014 年	增长率
炉排炉	100	122	22.00%	9.7	12.2	25.77%	1728	2240	29.63%
流化床	64	72	12.50%	5.6	6.4	14.29%	1418	1620	14.25%
其他	4	5	25.00%	0.2	0.3	50.00%	35	40	14.29%
合计	168	199	18.45%	15.5	18.9	21.94%	3181	3900	22.60%

注：以上数据分别截至 2013 年年底和 2014 年年底。

资料来源：中国环境保护产业协会城市生活垃圾处理专业委员会. 中国城市生活垃圾处理行业 2014年发展综述［J］. 中国环保产业，2015（11）。

　　2014 年，全国城市总共有 15 座生活垃圾焚烧设施投入运行，总规模 17450吨/日（详情如表 6-3 所示）。新投入运行的设施主要集中在我国东部地区，总共建立了 11 座垃圾处理设施，使得垃圾焚烧新增规模达到 12650 吨/日，占投入运行的设施规模的 72.5%；我做的中部地区投入运行了 3 座垃圾处设施，运行规模合计 4000 吨/日；西部地区投入运行 1 座垃圾处理设施，运行规模是 800 吨/

日。从投入运行的垃圾焚烧设施规模上看，投入运行的垃圾处理设施以Ⅱ类垃圾焚烧厂为主，统计总共12座，垃圾处理规模在600～1050吨/日不等，其次是以3座特大类垃圾焚烧厂为首，垃圾处理规模分为2000吨/日和3000吨/日两种。其中北京首钢鲁家山焚烧发电厂垃圾处理规模最大，日垃圾处理量达3000吨/日，成为我国处理规模最大的3座垃圾焚烧设施之一。新投入运营的垃圾处理设施中，除吉林鑫祥和江苏淮安采用流化床炉垃圾处理型号外，其余的设施均采用炉排炉垃圾处理型号。这些垃圾处理设施的吨投资在12.0～81.4万元/吨不等，其中炉排炉垃圾处理设施吨投资是平均50.9万元/吨，流化床垃圾处理设施吨投资是平均28.5万元/吨[①]。

2014年投运焚烧设施 　　　　　表6-3

序号	地区	项目名称	规模（吨/日）	投资（亿元）	吨投资（万元/吨）	投资方
1	北京	北京首钢鲁家山焚烧发电厂	3000	20	66.7	首钢集团
2	江苏	南京江南垃圾焚烧发电厂	2000	9	45.0	光大国际
3	江苏	淮阴区淮安生活垃圾焚烧发电厂	1000	1.2	12.0	嘉里置业
4	江苏	徐州市邳州光大垃圾焚烧发电厂	1000	3.2	32.0	光大国际
5	江苏	常熟市第二生活垃圾焚烧发电厂	900	4.2	46.7	常熟浦发热电
6	福建	漳州蒲姜岭生活垃圾焚烧发电厂	1050	4.2	40.0	上海环境
7	福建	漳浦生活垃圾焚烧发电厂（一期）	800	5	62.5	漳州市圣元环保
8	福建	龙岩市生活垃圾焚烧发电厂	600	2.8	46.7	深圳能源
9	浙江	宁波市北仑区生活垃圾焚烧发电项目（二期）	1000	5.6	56.0	光大国际
10	海南	三亚市生活垃圾焚烧厂	700	5.7	81.4	三亚市园林环卫管理局
11	山东	聊城市城市生活垃圾焚烧发电项目	600	2.6	43.3	山东国环
12	吉林	吉林鑫祥垃圾焚烧改扩建项目	2000	9	45.0	杭州锦江集团
13	安徽	淮南市垃圾发电项目	1000	3.4	34.0	淮南皖能环保
14	湖北	宜昌市生活垃圾焚烧发电厂	1000	4.5	45.0	宜昌九天环保
15	四川	四川南充生活垃圾焚烧发电厂（一期）	800	5	62.5	中国航空工业新能源
		合计	17450	—	—	—

资料来源：陈善平，张瑞娜，贾川. 2014年生活垃圾焚烧处理进展［J］. 固废观察，2015年.

---

① 陈善平，张瑞娜，贾川. 2014年生活垃圾焚烧处理进展［J］. 固废观察，2015年.

目前，深圳市宝安区老虎坑垃圾焚烧发电厂是国内规模最大、余热利用效率最高的生活垃圾焚烧发电厂。据统计，该垃圾焚烧发电厂的一、二期的总垃圾处理规模达到 4200 吨/日（其中一期工程为 3×400 吨/日，二期工程为 4×750 吨/日）。深圳市能源环保有限公司负责建设运行该项目，主要是采用 BOT 方式。自 2013 年焚烧发电厂二期以 3000 吨/日处理规模来投入运行以来，该发电厂焚烧余热利用效率创得国内最高水平，每吨垃圾焚烧发电量达到 400 度以上。在 2012 年住房城乡建设部委托相关机构和专家进行的第三次城市垃圾处理设施无害化等级评定中，城市生活垃圾无害化焚烧厂名单（炉排炉部分）评定结果如表 6-4 所示。

城市生活垃圾无害化焚烧厂名单（炉排炉部分）　　　　表 6-4

省份	AAA 级	AA 级	A 级	B 级	省份	AAA 级	AA 级	A 级	B 级
北京	1			1	辽宁				
福建		4	2		内蒙古				
甘肃					山东				
广东	3	5	3	2	山西				
广西					陕西				
贵州					上海		2		
海南		1		1	四川		1		
河北		1			天津		1		
河南					浙江		4	7	
湖北		1			重庆		1		
湖南					宁夏				
吉林					新疆				
江苏	1	8	4		云南				

（二）投资与建设中的问题

1. 城市生活垃圾焚烧厂畸形发展

目前，中国垃圾焚烧厂的数目在稳步上升，但从相关统计数据可以看出，垃圾发电与垃圾热值存在不相匹配的现象。这就说明有很多的垃圾焚烧发电厂在垃圾处理的过程中是靠烧煤来实现发电功能的，即它们大多是国家明令禁止的"小火电"发电厂[①]。这种把"燃烧垃圾的时候加点煤"变成"燃烧煤的时候加点垃圾"的垃圾焚烧厂对整个社会的危害是非常巨大的：首先，它严重扰乱了市场秩

---

① 杜艳丽. 中国城市生活垃圾处理市场化改革研究［D］. 北京：华北电力大学，2010 年.

序，阻碍了垃圾焚烧厂的市场化进程；其次，垃圾焚烧厂在发电过程中产生了严重的二次污染，导致环保行为变成了污染行为；再则，垃圾焚烧厂通过各种理由骗取国家各级政府的财政补贴，给国家利益造成了巨大损害；最后，这些小火电都是采用非常落后的焚烧发电技术，非常不利于中国城市生活垃圾处理技术的发展与创新，更会增加社会民众对垃圾焚烧厂的反感，直接阻碍了垃圾处理行业的市场化进程。

此外，2014年4月9日环保部召开的环境保护部常务会议上，审议并原则上通过了修订后的《生活垃圾焚烧污染控制标准》。该标准涵盖了生活污水处理设施产生的污泥控制标准和一般工业固体废物的专用焚烧炉的污染控制标准，此外还增加了生活垃圾焚烧炉启动、停炉、故障或事故排放的控制要求[1]，并提高了生活垃圾焚烧厂颗粒物、二氧化硫、氮氧化物、氯化氢、重金属及其化合物、二噁英类等污染物排放标准。因此，原有落后的垃圾焚烧厂更加难以达到上述标准，需要尽快将它们强制离场。

2. 社会阻力较大

目前，生活垃圾焚烧厂在中国的选址、建设和运营均会受到较大的社会阻力，邻避效应导致的北京六里屯、苏州平望、广州番禺等地民众反对（如表6-5所示），以致城市生活垃圾焚烧厂的数目增长缓慢。反对意见主要涵盖两个方面：第一个是环保方面，垃圾焚烧只是把垃圾填埋的污染转变成另一种气体形式的污染（1吨垃圾焚烧之后能生成4000~7000m³的废气），并且垃圾燃烧的过程中会产生二噁英等对人体健康有巨大危害的污染物，而燃烧后的原物体积50%左右的灰渣也是危险废物；第二个是经济方面，垃圾焚烧对企业的技术要求和管理要求都更高，运营成本也更高，不是一个经济的选择。

近年来引发热点事件的垃圾焚烧厂　　　　　　　　　表6-5

时间	项目名称	基 本 情 况
2007.6	北京六里屯垃圾焚烧电厂	居民抗议，获批项目叫停
2007.9	南京天井洼垃圾焚烧电厂	居民投诉，环保总局最终未批准该项目
2009.8	北京阿苏卫垃圾焚烧电厂	周围居民反对，另外选址建设
2009.11	广州番禺垃圾焚烧电厂	居民抗议，至今未建

---

① 马剑. 烟气净化技术的适用性分析 [J]. 环境卫生工程，2014年.

时间	项目名称	基 本 情 况
2009.12	深圳白鸽湖垃圾焚烧项目	居民抗议，最终停建
2011.5	秦皇岛西部垃圾焚烧电厂	周围村民强烈抵制，环评造假被迫停工
2012.6	花都垃圾焚烧厂	清远居民万人签名反对垃圾焚烧厂建在清远边界，村民多次到广州城管委表达改址诉求，选址重新论证，目前尚未确定
2013.7	第五资源热力电厂	花都区狮岭镇13个经济联社数千人上街抗议政府在垃圾焚烧项目上与村民"零沟通"，目前选址尚在论证中
2014.3	锅顶山垃圾焚烧厂	居民们认为，这两个项目均未通过环保竣工验收，却投料违规运行。3月15日早上，多个小区居民在生活垃圾焚烧厂门前表示抗议，最终，武汉市政府决定对锅顶山垃圾焚烧厂重新规划选址
2014.5	杭州九峰垃圾焚烧发电工程	5000余人上路联合抵制，经过余杭区与群众近1年的沟通协商，于2015年4月14日原址开工建设
2014.7	廉江市生活垃圾焚烧发电厂	广东省湛江市廉江市政府拟在衡山镇与新民镇交界的七星岭林兴建大型垃圾焚烧厂。因对政府提供的公众意见结果毫不知情，从而引发当地村民抗议。根据湛江市政府网站显示，该垃圾焚烧发电厂建设项目目前正在进行，预计将在2015年年底试产运行
2014.9	惠州市生态环境园	广东省惠州市博罗县爆发了一场反对建焚烧厂的游行反对建造垃圾焚烧厂
2015.1	深圳龙岗东部（四方铺）5000吨垃圾焚烧处理厂	广东省深圳市数千市民打出"支持垃圾分类处理，做到垃圾不落地"，等标语到深圳市民中心抗议日烧5000吨的大型垃圾焚烧场选址龙岗区坪地街道
2015.4	华润水泥（罗定）有限公司协同处置固体废弃物项目	广东省罗定市部分村民为抗议建设垃圾焚烧厂，前往当地市政府门口表达了抗议
2015.6	象山县垃圾焚烧发电厂	浙江省宁波市象山县拟在东陈乡水桶岙垃圾填埋场旁附近建设象山县垃圾焚烧发电工程，遭到了部分村民抵制。随着事件持续发酵，象山县政府暂停了垃圾焚烧发电厂项目的建设

续表

时　间	项目名称	基　本　情　况
2015.10	海螺水泥厂自建垃圾焚烧厂	2015年10月10日，广东省阳春市春湾镇自由管理区海螺水泥厂在厂内自建的垃圾焚烧厂开始试运营，当地村民认为该项目未按法定程序做环评、公示，相关政府未尽监管职责，从而引发大量村民在海螺水泥厂门前聚集抗议
2016.6	仙桃市生活垃圾焚烧发电项目	湖北仙桃市部分群众抵制仙桃市生活垃圾焚烧发电站项目工程，事件引发广泛关注。垃圾焚烧厂已开工建设两年多，本来将于2016年底竣工，由于民众抗议，当地政府不得不宣布停建
2016.6	宁乡县垃圾焚烧发电项目	湖南宁乡县部分群众在县政府前聚集，反对建设垃圾焚烧项目

资料来源：中国固废网（http://www.solidwaste.com.cn/），环境教育，2015（11）。

根据《2015年垃圾处理项目舆情研究报告》（任陈静）对垃圾处理项目的舆情分析，2015年垃圾处理项目的热点事件清一色与垃圾焚烧项目有关，详情如表6-6所示。

2015年垃圾处理项目热点事件　　　　　　　　　　　　　　　　表6-6

序号	日　　　期	标　　　题	地　　　点
1	2015年1月15日	武汉垃圾焚烧厂违法运行环保官员称系政府下令	湖北省武汉市
2	2015年3月4日	济南瀚洋医疗垃圾焚烧厂污染事件	山东济南
3	2015年4月8日	广东罗定市村民抗建垃圾焚烧厂当地政府取消项目	广东省罗定市
4	2015年4月20日	广日集团塌方式腐败总经理被查	广东省广州市
5	2015年4月24日	北京阿苏卫项目环评审批	北京
6	2015年6月6日	株洲市垃圾发电厂污染环境事件	湖南省株洲市
7	2015年6月15日	浙江象山垃圾处理项目引抗议	浙江省宁波象山

资料来源：任陈静. 2015年垃圾处理项目舆情研究报告［J］. 固废观察，2016.

3. 能效评价体系尚待构建

近年来，我国垃圾焚烧发电厂的产业规模飞速增长，关于这方面的投产项目也在不断地增多，但总体上而言，项目运行过程中地规范管理缺少统一的对标体系，行业内关于能量和能耗回用缺乏标准性的评价。此外，缺乏能效利用评价标准体系，对于垃圾焚烧行业能效的发展提升有不利影响，也对全国上下倡导的节能减排政策存在违背的现象。2015年5月12日，财政部印发的《节能减排补助资金管理暂行办法》（财建〔2015〕161号）要求，要支持重点地区和行业节能减排，还要支持重点关键节能减排技术地广泛示范推广，并对其实现改造升级。由此，在政策引导下，垃圾焚烧发电行业的节能减排工作可以实现向前一步迈进，来架构起一个科学系统的能效利用评价体系。站在理论的角度上来看，分析垃圾焚烧厂各能源系统的主要用能设备及相关参数，寻找出重点能量使用节点，对发电厂的耗能过程进行系统化地分析，进而形成有针对性的能效评估体系，针对垃圾电厂运行的经济性与环保性以及垃圾焚烧的燃烧稳定性，形成多目标评价监测和控制，这些可提高发电厂的焚烧能效，还有助于建立更为规范的运营管理制度。

4. 垃圾焚烧发电项目低价中标恶化行业发展环境①

2015 年迄今，部分地区在进行垃圾焚烧发电项目运行中，垃圾处理费中标价屡次刷新价位低纪录。5 月份，山东新泰的垃圾焚烧发电项目中标价为 48 元/吨，至 8 月份，陡然降至安徽蚌埠垃圾焚烧发电项目的 26.8 元/吨，并且在时隔一个月后的 9 月份，江苏高邮的垃圾焚烧发电项目再次刷新纪录，中标价仅为 26.5 元/吨，截至 12 月份，浙江绍兴垃圾焚烧发电项目更是爆出 18 元/吨的超低价。

根据 E20 研究院的数据统计分析，可得知自 2000 年来，政府对垃圾处理的补贴费用投入呈现连续大幅下跌趋势，如图 6-27 所示。同时，国内的各大城市的企业垃圾处理费用报价也屡次降低，呈现出恶性竞争的迹象。比如，上海江桥

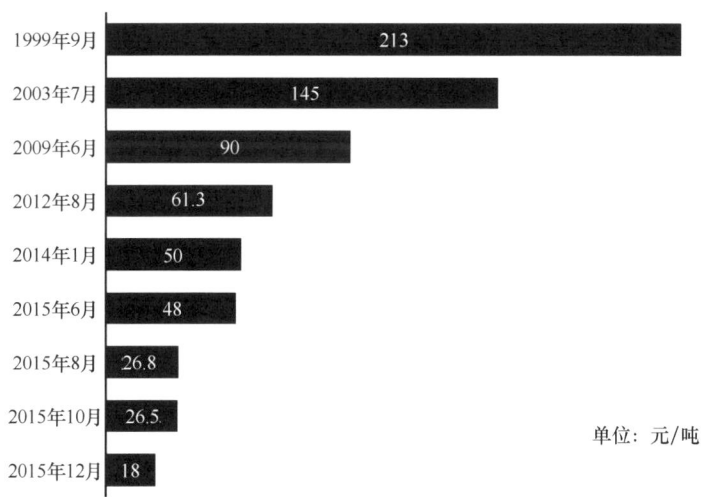

图 6-27 垃圾焚烧厂垃圾处理服务费历史价格

资料来源：岳家琛. 中标价腰斩，屡创最低纪录垃圾焚烧低价抢标："超出底线" [N]. 南方周末，2015.

① 张世祥. 垃圾焚烧这一年：停不下来的脚步不断走低的价格 [N]. 新华网，2015.

的垃圾焚烧项目于 1999 年的垃圾处理服务费为 207 元/吨，而在 2009 年跌出 100 元达到 90 元/吨，且在 2012 年后持续保持下降趋势，直至 2015 年，高邮和蚌埠的垃圾焚烧项目的垃圾处理服务费均跌出 30 元/吨，高邮的为 26.8 元/吨，而蚌埠的更低至 26.5 元/吨，然而还有更甚者，浙江绍兴的垃圾焚烧项目的服务费用直接跌出 20 元/吨，爆出 18 元/吨的超低价，相较于上海江桥的项目的垃圾处理费用，降低了 10 倍以上。其中垃圾处理费用为 60～80 元/吨是行业内的一般水平，高邮和蚌埠作为我国的内陆城市，虽然垃圾处理费低于行业一般水平，但是价位在 30～50 元/吨也是较为合理，然而上述企业报价数据显示出，所报出的价格都已经逾越出了该行业的最低线，已经属于行业内部的一种恶性竞争，不利于该行业的成长和发展。

垃圾焚烧行业当中多次出现低价中标的现象，往往是因为企业在对复杂市场越来越难以把控的认知程度、政府的不良引导以及对市场发展认识的偏差、市场参与者的焦虑、各种热钱进入垃圾焚烧行业后的炒作、行业竞争愈来愈激烈等诸多因素导致，这种情况在未来仍旧可能发生。

四、 其他类型垃圾处理厂建设现状

（一）基本情况

其他类型垃圾处理方式一般包括堆肥（含综合处理）、堆放和简易填埋，后两种垃圾处理方式对环境破坏明显，属于取缔的对象。

垃圾的综合处理方式是利用物理方法对垃圾进行分选，基于不同目的使用不同的处理方式，把混合垃圾进行物理分离，被分离出来的部分再经过一种广泛应用的特殊处理方式进行处理。这种垃圾处理方式的一个主要任务就是进行垃圾的分离，将不同的垃圾按组分离出来。综合处理主要有两种方式，第一就是预堆肥综合处理工艺，它的处理工艺带来很多的好处，但是，运行成本也是比较高的；第二就是能量自给综合处理工艺，垃圾堆肥是一种微生物化学反应过程，是利用微生物来人为地促使可生物降解的有机物转化成稳定的腐殖质。在该微生物反应过程中，垃圾中的氧气与有机物会和环境中的细菌相互作用，通过化学反应释放出水、二氧化碳和热量，同时会生成可用作土壤改良剂的腐殖质。按堆肥过程中所需氧气的程度，堆肥一般可以分为好氧堆肥和厌氧堆肥两种方式。厌氧堆肥是指一种生化过程，依靠兼性厌氧菌和专性厌氧菌来降解有机物，厌氧堆肥下的有机物分解速度较慢，发酵周期较长，占地面积较大。好氧堆肥则是指依靠兼性好氧菌和专性好氧菌来降解有机物的生化工程，好氧堆肥下的有机物分解速度较快，臭气发生量较少，堆肥所需天数较短，应用较为广泛①。

2006～2014 年城市垃圾堆肥/综合处理场数量如图 6-28 所示，从图中可知该类型垃圾处理场数量一直处于较低水平，截至 2014 年也仅有 26 座。

单位：座

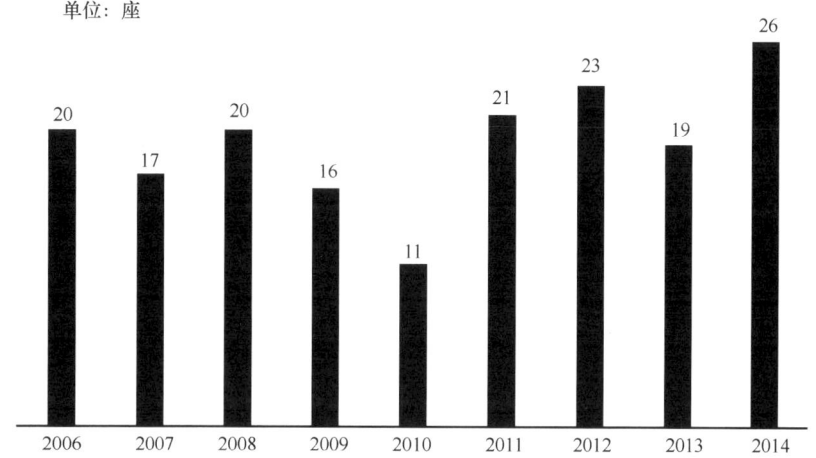

图 6-28 历年城市垃圾堆肥/综合处理场数量

资料来源：《中国城乡建设统计年鉴》编委会. 中国城乡建设统计年鉴（2014）［M］. 北京：中国统计出版社，2015。

2006～2014 年县城垃圾堆肥/综合处理场数量如图 6-29 所示，从图中可知该类型垃圾处理场数量从 2011 年开始有明显增长，2014 年达到 40 座，比 2013

单位：座

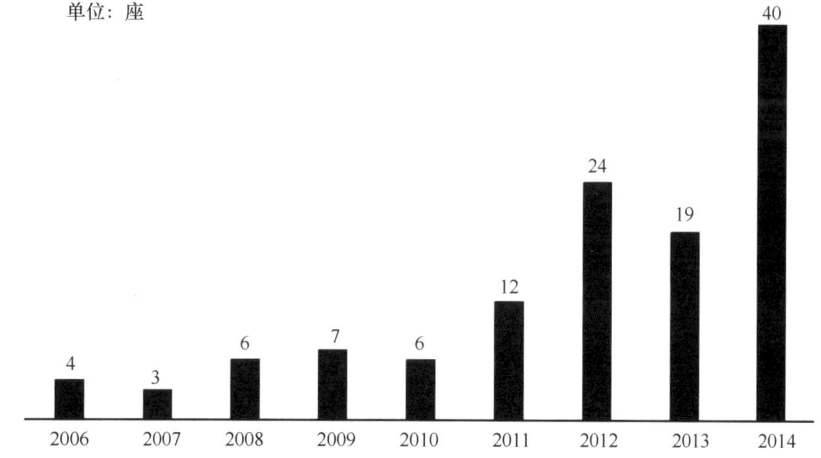

图 6-29 历年县城垃圾堆肥/综合处理场数量

资料来源：《中国城乡建设统计年鉴》编委会. 中国城乡建设统计年鉴（2014）［M］. 北京：中国统计出版社，2015。

---

① 纪涛. 城市生活垃圾堆肥处理现状及应用前景［J］. 天津科技，2008（5）.

年数量翻番。

建制镇一般设立垃圾处理中转站，图 6-30 展现了 2007～2014 年垃圾处理中转站数量，总体而言，建制镇垃圾处理中转站数量在逐年增长，2014 达到 35527 座。

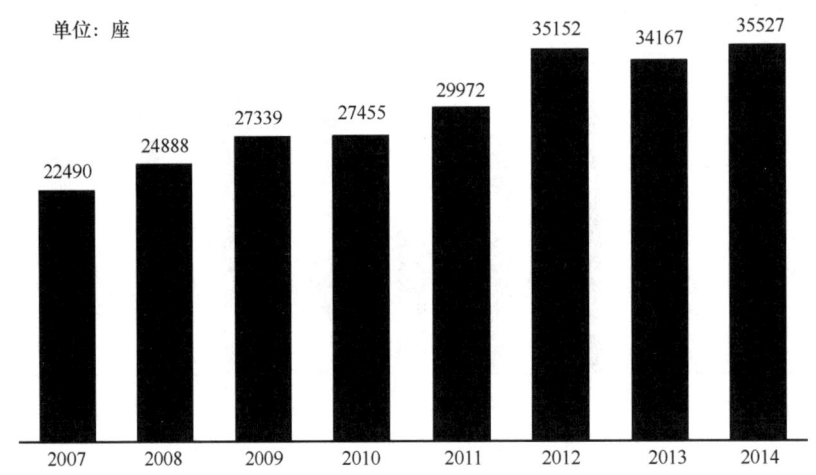

图 6-30　历年建制镇垃圾处理中转站

资料来源：《中国城乡建设统计年鉴》编委会. 中国城乡建设统计年鉴（2014）［M］. 北京：中国统计出版社，2015。

（二）投资与建设中的问题

1. 市场萎缩，前景黯淡

自 20 世纪 90 年代起，国内多数新建的堆肥化处理场，基本上未对堆肥产品的市场潜力进行科学、认真地考察和分析。垃圾堆肥存在产品销路不畅、成本过高的缺点，且国内现存在很多垃圾堆肥场停运的现象。对于垃圾堆肥产品来说，只能用作腐殖土或土壤改良剂，而堆肥场所在地区的土壤条件决定了垃圾堆肥产品的销量，在以南方的红黄黏土、砖红黏土、紫色土地区为首的黏性土壤地区，对于堆肥产品来说，有较好的适应性带来了较好的销量。对于堆肥产品来说，其经济服务半径一般而言都是比较小的，且质量越差的堆肥产品的服务经济半径越小，对于质量较差的堆肥产品来说，通常只能选择就近销售。而堆肥垃圾制造出复合肥也较一般化肥而言成本较高，复合肥也不占市场竞争优势。此外，相较于堆肥产品存在季节性销售的特征，而对于垃圾堆肥地处理一直处理连续性状态，这种时差带来了销售与生产间的"时间差"，这种现象也会使得生产成本增加。目前，垃圾堆肥化的技术和市场都存在过分炒作的现象，甚至存在将垃圾堆肥化与垃圾资源化等同化的谬论①。

在国家前计划阶段中建成的多数堆肥化处理场,由于未科学、认真地分析堆肥产品的市场潜力,仅仅因为以往那些简易小型的、不定期运行的垃圾堆肥场堆肥产品有一定的销路,就判定新建的大型垃圾堆肥场产品也具有足够的销路,市场研究得不充分,导致了现下大批的垃圾堆肥场处于停运状态。

2. 垃圾堆肥技术存在问题

生活垃圾堆肥虽然是实现垃圾资源化、减量化、无害化的重要途径之一,但是由多方面的原因导致其技术在国内城市发展空间有局限。首先,国内的城市生活垃圾未普遍实现分类收集的习惯,国内的城市垃圾混合收集导致垃圾中的杂质含量较高。后期的垃圾处理中为保证垃圾堆肥的产品质量,工厂必须采用复杂的分离技术来降低堆肥中的杂质,垃圾堆肥的产品成本也就普遍存在过高情况,如果政府的垃圾处理补贴不能到位,垃圾堆肥就难以正常运行。若杂质的分离筛选不够彻底或是不进行杂质的分离筛选操作,垃圾堆肥产品就会存在一系列的问题。其次,城市生活垃圾的混合收集会使得堆肥产品中含有大量的煤渣灰土、金属、玻璃等无机物成分,这些杂质都会严重影响垃圾堆肥产品的质量。最后,垃圾堆肥中的灰土、煤渣成分占比较高会引起砾石和粗砂等级别的颗粒含量较高,这种堆肥产品的大量使用会引起土壤出现砾化和渣化的现象。虽然垃圾堆肥中有效 K、N、P 的综合含量大约是普通土壤中综合含量的 10 倍左右,有机质的综合含量也约是普通土壤中综合含量的 5 倍,但是垃圾堆肥中其 K、N、P 的综合含量却达不到其整体的 3%,尤其垃圾堆肥中的 K 含量甚至低于普通土壤中的全 K 含量,更无法与无机化肥中的全 K 含量相比②。

3. 垃圾堆肥易产生污染

由于在全国范围内未对城市生活垃圾实行垃圾分类,导致了电池中的重金属污染物和其他有毒有害物质的混入垃圾中,这会严重影响堆肥产品的整体质量。此外,垃圾堆肥主要是处理垃圾中能被微生物分解的易腐有机物,这个步骤对垃圾实行最终处理,堆肥之后的产品内仍有含量超过 30% 的堆肥残余物,对其需要另行处置。生活垃圾堆肥虽然量大,但是其间的养分含量却较低,同时不可避免的是,垃圾渗沥液会污染环境,长期使用堆肥易造成地下水质变坏和土壤板结,且堆肥处理过程中会散发出恶臭,这也严重影响周边空气环境,这些都决定了垃圾的堆肥处理的规模不易过大。

---

① 纪涛. 城市生活垃圾堆肥处理现状及应用前景 [J]. 天津科技,2008 (5).
② 范海荣,华珞,傅桦,王学江. 城市垃圾堆肥的生态效应与对策研究 [J]. 土壤,2004 (5).

第二节　垃圾处理行业生产与供应

一、总体概况

垃圾处理产业的产出大致可以分为三类：物质资源、环境资源和垃圾处理服务。物质资源的初生态就是未经处理或加工的回收物质，高级形态是二次原料（包括二次能源）。环境资源主要指自然、人文和生态环境的环境容量资源，垃圾处理产业通过对垃圾无害化、资源化和减量化处理减少了排入环境的污染物量，亦即减少了对环境容量的占用，为生产和消费持续发展提供了可能。垃圾处理服务由包括解决公众投诉在内的管理和作业等一系列活动组成，垃圾处理产业通过提供垃圾处理服务带给公众良好环境的享受①。

（一）垃圾无害化处理能力和处理量

2014 年垃圾无害化处理能力建设规模达到 50503 吨/日，本年施工规模为37253 吨/日，新开工规模为 32827 吨/日，累计新增处理能力 23269 吨/日，新增垃圾处理能力 20749 吨/日。

我国城市垃圾无害化处理能力和处理量均在逐年增加，详情如图 6-31 所示。由该图可知，2014 年城市垃圾无害处理能力达到 533455 吨/日，增幅为 8.36％。2014 年城市垃圾无害处理量为 16393.74 万吨，增幅 6.49％。

我国县城垃圾无害化处理能力和处理量均在逐年增加，详情如图 6-32 所示。由该图可知，2014 年城市垃圾无害处理能力达到 168131 吨/日，增幅为10.89％。2014 年城市垃圾无害处理量为 4766.44 万吨，增幅 10.89％。

（二）各类型垃圾处理能力和处理量

图 6-33 展示了 2014 年城市与县城生活垃圾无害化处理能力构成对比。2014年城市卫生填埋场垃圾处理能力 335316 吨/日，垃圾焚烧厂垃圾处理能力185957 吨/日，垃圾堆肥/综合处理厂垃圾处理能力 12182 吨/日；县城卫生填埋

---

① 熊孟清，隋军，徐建韵，范寿礼. 垃圾处理产业的基本范畴［J］. 环境与可持续发展，2009(6).

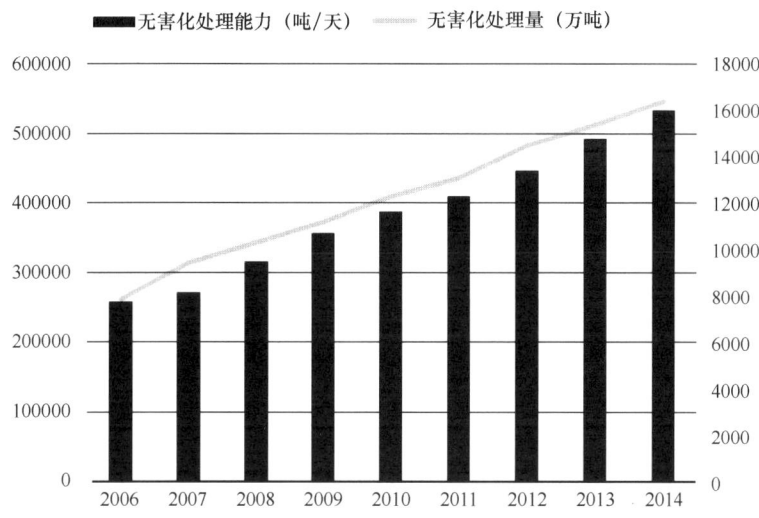

图 6-31　历年城市生活垃圾无害化处理能力和处理量

资料来源:《中国城乡建设统计年鉴》编委会. 中国城乡建设统计年鉴（2014）[M].
北京：中国统计出版社，2015。

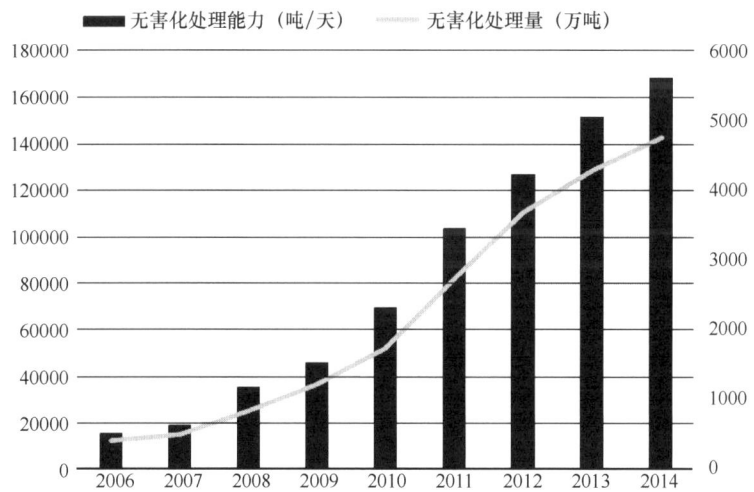

图 6-32　历年县城生活垃圾无害化处理能力和处理量

资料来源:《中国城乡建设统计年鉴》编委会. 中国城乡建设统计年鉴（2014）[M].
北京：中国统计出版社，2015。

场垃圾处理能力 146880 吨/日，垃圾焚烧厂垃圾处理能力 14644 吨/日，垃圾堆肥/综合处理厂垃圾处理能力 6607 吨/日。由图 6-33 可知，城市垃圾焚烧厂的垃圾处理能力占比远高于县城。

图 6-34 展示了 2014 年城市与县城生活垃圾无害化处理能力构成对比。2014

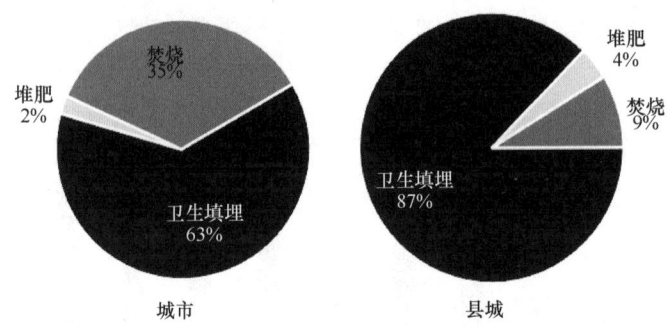

图 6-33　2014 年城市与县城生活垃圾无害化处理能力构成对比

资料来源：《中国城乡建设统计年鉴》编委会. 中国城乡建设统计年鉴

（2014）［M］. 北京：中国统计出版社，2015。

年城市卫生填埋场垃圾处理能力 10744.25 万吨，垃圾焚烧厂垃圾处理能力
5329.88 万吨，垃圾堆肥/综合处理厂垃圾处理能力 319.59 万吨；县城卫生填埋
场垃圾处理能力 4261.5 万吨，垃圾焚烧厂垃圾处理能力 344.1 万吨，垃圾堆肥/
综合处理厂垃圾处理能力 160.83 万吨。由图 6－36 可知，城市和县城的垃圾无
害化处理量结构与处理能力结构基本一致。

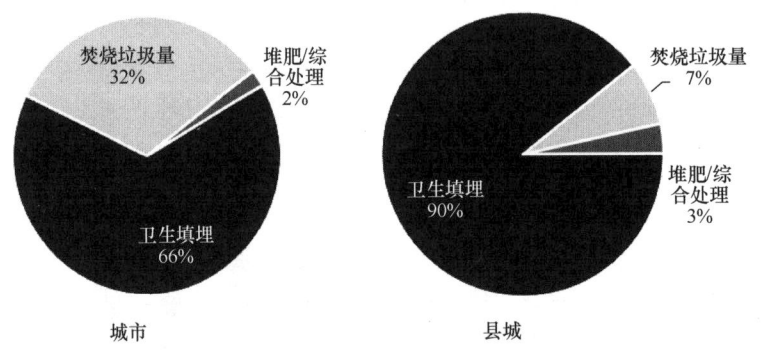

图 6-34　2014 年城市与县城生活垃圾无害化处理量构成对比

资料来源：《中国城乡建设统计年鉴》编委会. 中国城乡建设统计年鉴（2014）［M］.

北京：中国统计出版社，2015。

（三）各地域垃圾无害化处理能力和处理量

图 6-35 展示了 2014 年各地域垃圾无害化处理能力分布，从该图可知，东部
地区的垃圾无害化处理能力高于中部与西部之和，占比接近 60%。

图 6-36 展示了 2014 年各地域垃圾无害化处理量分布，从该图可知，东部地
区的垃圾无害化处理量高于中部与西部之和，占比接近 60%。

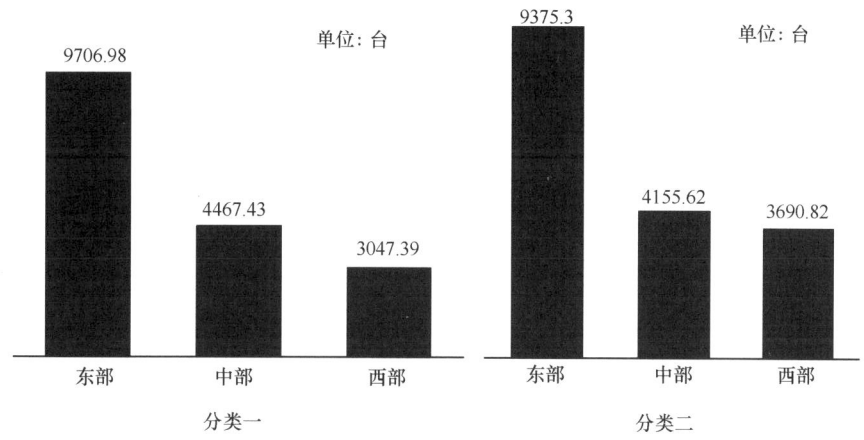

图 6-35 2014 年各地域垃圾无害化处理能力分布

资料来源：《中国城乡建设统计年鉴》编委会. 中国城乡建设统计年鉴（2014）[M]. 北京：中国统计出版社，2015。

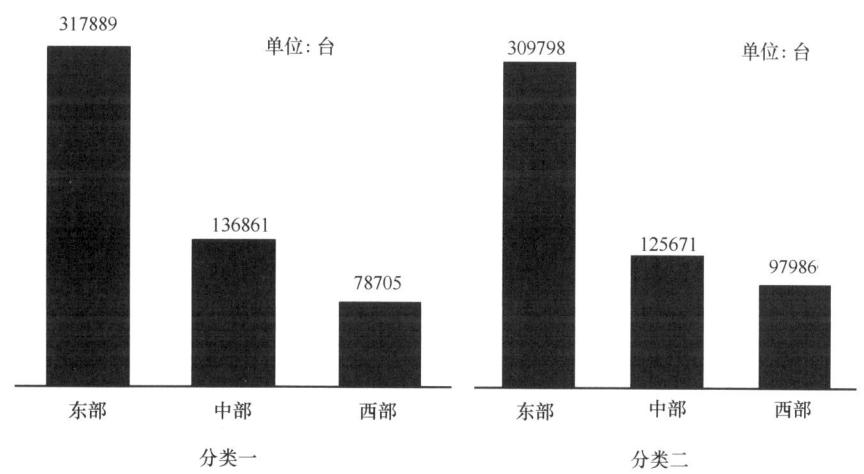

图 6-36 2014 年各地域垃圾无害化处理量分布

资料来源：《中国城乡建设统计年鉴》编委会. 中国城乡建设统计年鉴（2014）[M]. 北京：中国统计出版社，2015。

（四）垃圾处理费

2006～2014 年城市和县城垃圾处理费收入如图 6-37 所示，无论是城市垃圾处理费还是县城垃圾处理费均逐年上升。2014 年城市垃圾处理费收入达到 694024 万元，增幅 10.09%；县城垃圾处理费收入达到 191514 万元，增幅 18.72%。

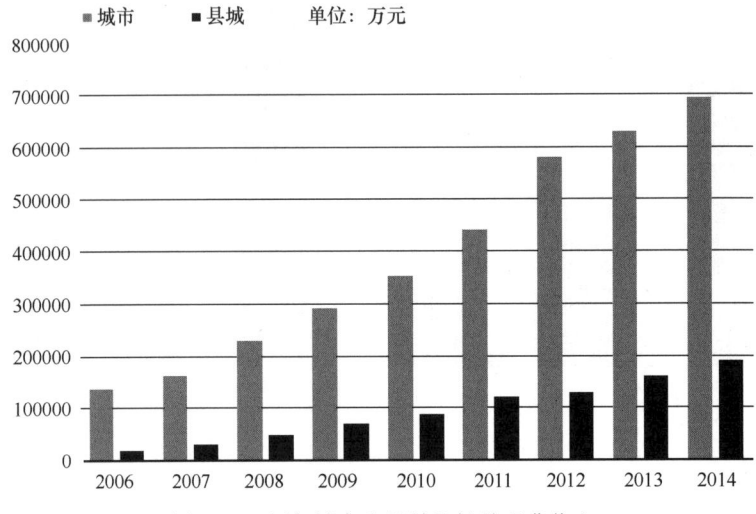

图 6-37　历年城市和县城垃圾处理费收入

资料来源：《中国城乡建设统计年鉴》编委会. 中国城乡建设统计年鉴（2014）［M］.
北京：中国统计出版社，2015。

二、 垃圾卫生填埋场处理能力及处理量

（一）增长现状

图 6-38 展现了 2006～2014 年城市垃圾卫生填埋无害化处理能力和处理量的

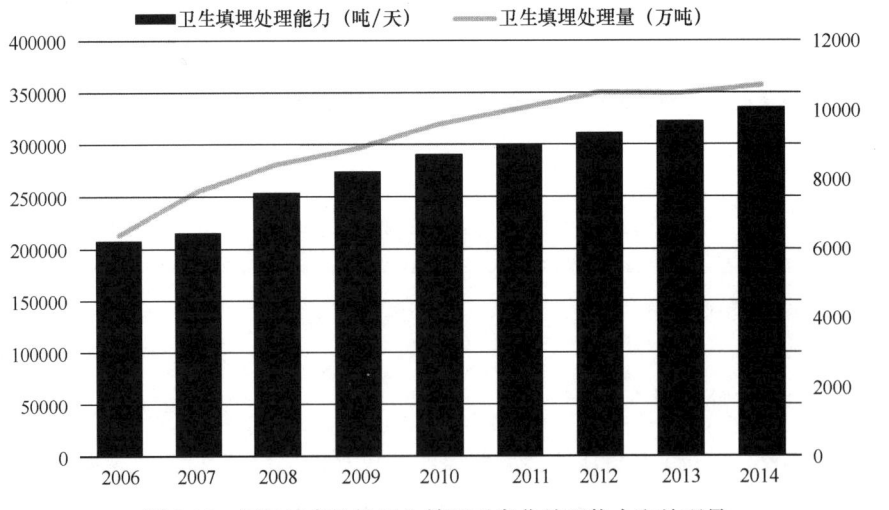

图 6-38　历年城市垃圾卫生填埋无害化处理能力和处理量

资料来源：《中国城乡建设统计年鉴》编委会. 中国城乡建设统计年鉴（2014）［M］. 北京：中国
统计出版社，2015。

发展状况，经过 9 年的发展，我国城市垃圾卫生填埋无害化处理能力从 206626 吨/日提升到 335316 吨/日，近四年增长率稳定在 4% 左右；城市垃圾卫生填埋无害化处理量由一年 10492.69 万吨到一年 10744.25 万吨，近两年增长不大。

图 6-39 展现了 2006~2014 年县城垃圾卫生填埋无害化处理能力和处理量的发展状况，经过 9 年的发展，我国县城垃圾卫生填埋无害化处理能力从 13648 吨/日提升到 146880 吨/日，2014 年增长率为 6.9%，远低于前两年（2012 增长率 20.53%，2013 增长率 20.92%）；垃圾卫生填埋无害化处理量由一年 3905.48 万吨到一年 4261.5 万吨，增长率从 2013 年的 19.13% 跌到 9.12%。

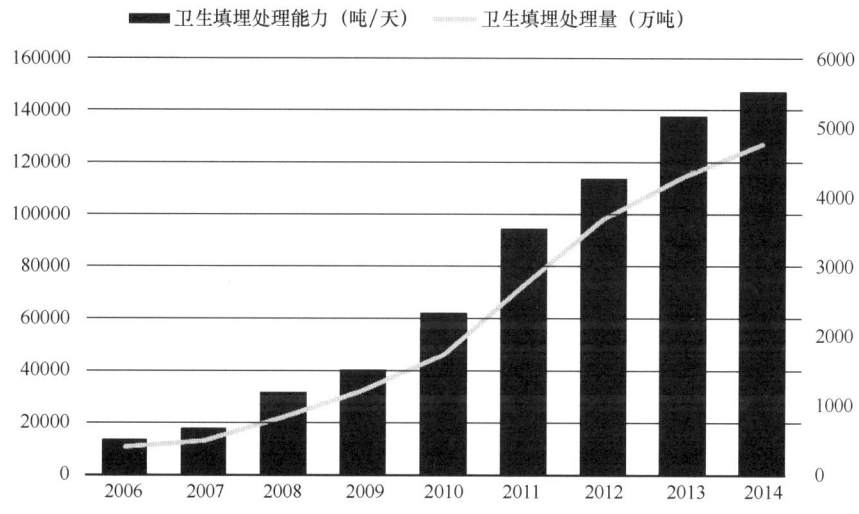

图 6-39 历年县城垃圾卫生填埋无害化处理能力和处理量

资料来源：《中国城乡建设统计年鉴》编委会. 中国城乡建设统计年鉴（2014）[M]. 北京：中国统计出版社，2015。

（二）地域分布

截至 2014 年 12 月底，我国各省份运营中的垃圾填埋场分布情况如表 6-7 所示。该表显示出，国内的垃圾填埋场主要集中在人口密度较大、分布相对集中的东部发达地区[①]，占全国填埋总处理能力的 42.24%。其中东部发达地区由于其经济发展水平较高，带动了其垃圾焚烧技术的大力发展，其填埋处理能力平均在 50.40%，占各地区无害化设施处理总能力的比重是最低的，且其中占比最低的是福建省，低至 29.47%。大部分如北京、上海等经济相对发达的城市都规划了原生垃圾达到零填埋的指导目标，且目前已经开始大量垃圾焚烧设施地建设工

---

① 袁文祥，邰俊. 2014 年生活垃圾填埋处理进展 [J]. 固废观察，2015.

作，待到这些垃圾焚烧设施全部投入到城市中的运行使用后，预计未来这些城市的焚烧能力将超过 90％，从而会大大降低垃圾填埋的比重。在 2014 年的数据中，西部、中部和东北地区占各地区无害化设施处理总能力的比重也是相对较高，分别为 85.87％、77.49％、77.64％，但是其中部分地区依然全部采用垃圾填埋处理方式，他们的垃圾焚烧项目或部分即将投运或在建中或是还在规划中，如贵州、青海、宁夏、新疆、江西、甘肃等。

《"十二五"全国城镇生活垃圾无害化处理设施建设规划》计划全国城镇生活垃圾的焚烧处理设施能力于 2015 年能够超过无害化处理总能力的 35％，其中东部地区的城镇生活垃圾焚烧处理能力超过 48％。随着在建焚烧设施的投入运行及新增规划将来的运作，将进一步降低我国城镇的垃圾填埋比例。相较于技术型的垃圾处理方式而言，填埋场的建设和运行投入成本相对较低，从而针对中西部等相对欠发达地区而言，填埋场目前仍是垃圾处理的主要选择。2014 年各地域垃圾卫生填埋处理能力分布如表 6-7 所示。目前西部地区新增填埋场的数量占达全国总量的 60％，是我国垃圾填埋场增建数量最多的地区。目前，东北地区填埋处理能力呈现出低幅的负增长的趋势，然而受该地区受人口数量稳定和经济平稳发展的影响，该地区的填埋处理能力也将趋于稳定。

2014 年各地域垃圾卫生填埋处理能力分布　　　　　　　表 6-7

地域	省份	处理能力（吨/日）	处理能力占所在地区总能力比例		2014 年新增处理能力（吨/日）
东部	浙江	16076	34.96％	50.40％	4795
	江苏	19757	39.07％		
	广东	39906	61.49％		
	山东	19211	54.62％		
	福建	5349	29.47％		
	河北	10524	61.24％		
	上海	11230	54.70％		
	天津	5100	54.26％		
	北京	12121	56.72％		
	海南	2230	57.47％		
中部	湖北	13066	54.41％	77.49％	4322
	安徽	10203	67.33％		
	山西	7115	67.60％		
	河南	19257	82.98％		
	湖南	20009	92.60％		
	江西	9273	100.00％		

地域	省份	处理能力 （吨/日）	处理能力占所在地区 总能力比例		2014 年新增 处理能力（吨/日）
西部	四川	14217	65.59%	85.87%	3272
	云南	3753	40.30%		
	广西	7491	92.58%		
	重庆	5110	58.67%		
	内蒙古	9890	88.38%		
	贵州	5545	100.00%		
	西藏	0	0		
	陕西	14897	99.00%		
	甘肃	4475	100.00%		
	青海	2110	100.00%		
	宁夏	2980	100.00%		
	新疆	8218	100.00%		
东北	辽宁	20075	88.60%	77.64%	−185
	吉林	7443	68.33%		
	黑龙江	8355	75.99%		

资料来源：《中国城乡建设统计年鉴》编委会，中国城乡建设统计年鉴（2014）［M］. 北京：中国统计出版社，2015。

《2014 年生活垃圾填埋处理进展》的数据显示，人口数量达到 100 万以上的 36 个大城市的垃圾填埋处理能力为 113760 吨/日，而当年这些城市的垃圾无害化处理能力为 198025 吨/日，占比达 57.45%，略低比全国 65.42% 的平均占比。至 2014 年年底，乌鲁木齐、呼和浩特、兰州、贵阳、银川、西宁、沈阳、南昌、长沙、南宁等 10 个大城市都采取的是垃圾填埋处理方式，其次是哈尔滨、西安、合肥、广州等 4 个大城市的垃圾填埋处理占比超过了 65%，其余城市垃圾填埋占比均小于 65%，而石家庄、昆明两大城市的垃圾填埋处理占比甚至小于 10%；济南一厂采用的是垃圾无害化处理的垃圾处理方式，但是该厂的垃圾总量已经达到饱和，执行了封场处理，而有在建的三厂采用的是卫生填埋垃圾处理方式，从而目前济南的城镇生活垃圾基本都是由二厂使用焚烧处理方式来使用；拉萨目前尚未实行无害化垃圾处理方式。

三、 垃圾焚烧厂处理能力及处理量

（一）增长现状

"十二五"的五年是国内生活垃圾焚烧处理量快速增长的时期。据相关的数据统计，2015 年，我国所有城市和县城合计拥有高达 23.3 万吨/日的垃圾焚烧能力。从国家相关的城建规划来看，2020 年我国生活垃圾焚烧处理能力将达到 40 万吨/日以上，2025 年全国生活焚烧处理能力将达到 50 万吨/日，国内的垃圾焚烧处理设施的需求将达到相对稳定状态。《"十二五"全国城镇生活垃圾无害化处理设施建设规划》计划在"十二五"规划结束时全国垃圾焚烧能力达到 30.72 万吨/日。虽然全国的垃圾焚烧总能力在 2015 年底还在 23.3 万吨/日，但是目前在建的垃圾焚烧项目仍有 10 万吨/日左右的垃圾焚烧能力，算上该部分处理能力，我国基本上能够完成规划建设规模。

图 6-40 呈现了，自 2006 年至 2014 年，国内城市垃圾焚烧厂的无害化处理能力和焚烧垃圾量的发展趋势状况，国内的城市垃圾焚烧厂无害化处理能力实现将近六倍的能力扩充，从 2006 年的 39966 吨/日发展到 2014 年的 185957 吨/日，且每年的垃圾处理增长率也在逐步提升，近年来一直保持着较高的增长率，2014 年增长率达到了 17.33%；国内的城市垃圾焚烧厂无害化垃圾处理量也由 2006

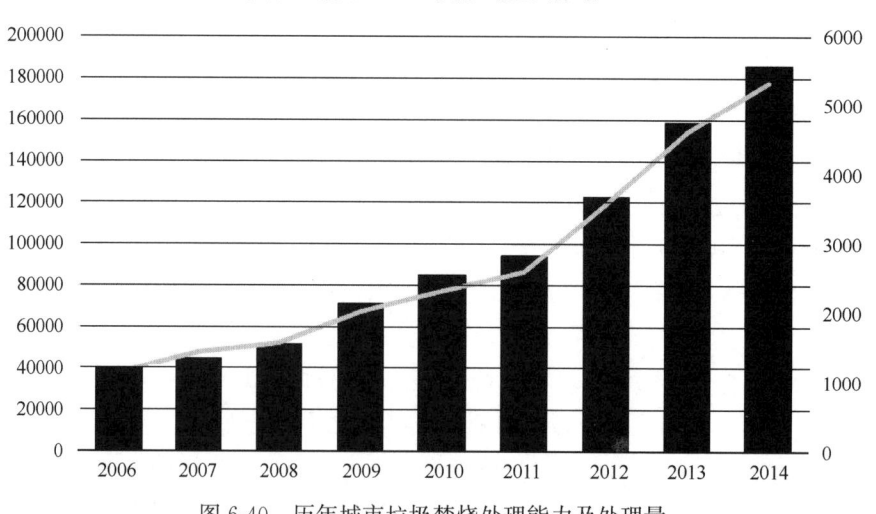

图 6-40　历年城市垃圾焚烧处理能力及处理量

资料来源：《中国城乡建设统计年鉴》编委会. 中国城乡建设统计年鉴（2014）[M]. 北京：中国统计出版社，2015。

年的 1173.6 万吨到 2014 年的 5329.88 万吨，保持了较高的增长速率，2014 年增长率也达到了 15.02%。与十一五规划期末的状况相比，十二五期间的我国焚烧设施的数量年平均增长率达到 15.8%，垃圾焚烧处理能力的年平均增长率达到 21.5%，垃圾焚烧处理量的年平均增长率达到 23.2%。

图 6-41 呈现了，自 2006 年至 2014 年，县城垃圾焚烧厂无害化垃圾处理能力和垃圾处理量的发展趋势状况，9 年的技术和经济的发展，使得我国县城垃圾焚烧厂无害化垃圾处理能力由 2006 年的 180 吨/日提升到 2014 年的 14644 吨/日，而相较于城市的垃圾焚烧，县城的垃圾焚烧增长趋势较不稳定，2014 年增长率甚至增长率达到 34.81%；县城垃圾焚烧厂无害化处理量由一年 297.72 万吨到一年 344.1 万吨，也一直呈现着较不稳定的增长速率，2014 年增长率达到 15.58%。但就绝对总量上而言，县城垃圾焚烧垃圾能力及其处理量和城市还有相当巨大的差距。

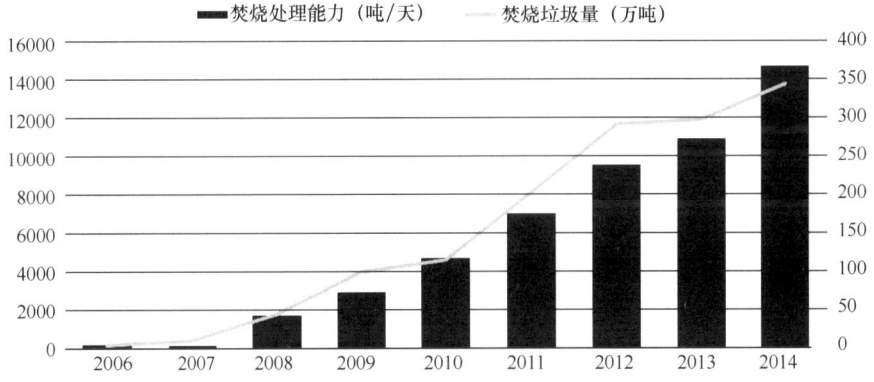

图 6-41　历年县城垃圾焚烧处理能力及处理量

资料来源：《中国城乡建设统计年鉴》编委会. 中国城乡建设统计年鉴（2014）［M］. 北京：中国统计出版社，2015。

（二）处理量占比

图 6-42 展示了我国历年城市和县城垃圾焚烧量在无害化处理垃圾总量当中的占比，由图中可知，城市垃圾焚烧处理的垃圾总量占比在逐年攀升，但现场这一现象却不明显。

（三）地域分布

表 6-8 列出了 2014 年我国各省份生活垃圾无害化焚烧处理能力分布，江苏、福建、浙江、云南等 4 个省市的生活垃圾无害化焚烧占比超过 50%，焚烧已成

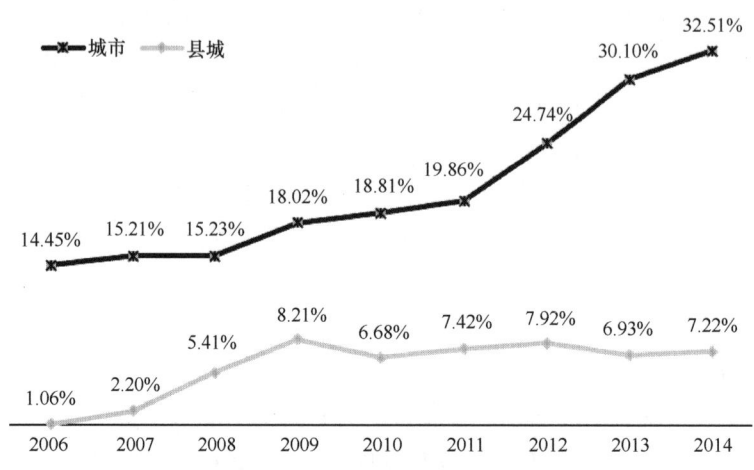

图 6-42　历年城市和县城生活垃圾无害化焚烧量占比

资料来源：《中国城乡建设统计年鉴》编委会. 中国城乡建设统计年鉴（2014）[M].
北京：中国统计出版社，2015。

为上述地区垃圾无害化处理的主要处理方式。

2014 年各地域生活垃圾无害化焚烧处理能力分布　　　　表 6-8

地域	省份	处理能力（吨/日）	处理能力占所在地区总能力比例		2014 年新增处理能力（吨/日）
东部	浙江	29705	64.60%	47.26%	20439
	江苏	29817	58.96%		
	广东	23235	35.80%		
	山东	14700	41.80%		
	福建	12300	67.77%		
	河北	6500	37.83%		
	上海	8300	40.43%		
	天津	4300	45.74%		
	北京	5200	24.33%		
	海南	1650	42.53%		
中部	湖北	10950	45.59%	23.9%	3020
	安徽	4950	32.67%		
	山西	3350	31.83%		
	河南	2950	12.71%		
	湖南	1600	7.40%		
	江西	0	0.00%		

续表

地域	省份	处理能力 （吨/日）	处理能力占所在地区 总能力比例		2014 年新增 处理能力（吨/日）
西部	四川	7460	34.41%	19.62%	2900
	云南	6360	63.96%		
	广西	600	7.42%		
	重庆	3600	41.33%		
	内蒙古	1200	10.72%		
	贵州	0	0.00%		
	西藏	—	—		
	陕西	0	0.00%		
	甘肃	0	0.00%		
	青海	0	0.00%		
	宁夏	0	0.00%		
	新疆	0	0.00%		
东北	辽宁	1780	7.86%	13.99%	1110
	吉林	3450	31.67%		
	黑龙江	1000	9.10%		

资料来源：《中国城乡建设统计年鉴》编委会. 中国城乡建设统计年鉴（2014）［M］. 北京：中国统计出版社，2015。

（四）工艺与规模

为了让垃圾焚烧更加环保，我国业界人士提出了"蓝色焚烧"的新概念：（1）它具有更严格的烟气排放指标，如二噁英排放浓度降低为 0.01ngTEQ/Nm^3，较欧盟标准严格 10 倍；（2）它具有更显著的能源利用效率，能量消耗大幅降低，发电效率明显提高；（3）它具有更先进的资源综合利用，实现污水近零排放及固废协同处理；（4）它具有更透明的企业运行情况，建设数字化工厂，污染物排放实时公开上网；（5）它具有更完善的公用服务设施，设置社区中心和补偿机制回馈周边居民[①]。不过，目前真正启动"蓝色焚烧"的企业仍十分有限，大部分企业仍在摸着石头过河。

目前我国的炉排炉工艺仍在炉型工艺选择上占据市场主流地位[②]。炉排炉设

[①] 陈湘静，"十三五"垃圾处理设施需打造"升级版"，中国环境报，2016 年 1 月 19 日，http://www.cenews.com.cn/sylm/hjyw/201601/t20160119_801558.htm

[②] 陈善平，张瑞娜，贾川. 2014 年生活垃圾焚烧处理进展［J］. 固废观察，2015.

施的处理规模浮动相当大，每日处理能力在 350～3000 吨之间不等（单期投运规模），日平均的处理规模达 896.7 吨，其中吨投资达平均 39.7 万元/吨，依然较高；流化床工艺每日处理能力在 200～1700 吨不等，日平均处理规模达 887.8 吨，相较于炉排炉，它的平均处理能力是很接近的，但吨投资却相对较低，平均仅约 33.9 万元/吨。由于中西部地区的煤炭资源丰富，采用流化床技术的焚烧厂主要分布在中西部地区，以及东部地区地级市；另外针对流化床焚烧炉垃圾贴费较低的特点，流化床焚烧炉较适宜于中型城市。针对目前城市发展土地资源的限制，焚烧设施存在着选址难等客观因素，因而焚烧设施完成选址工作后，主管部门会避免重复选址，往往更倾向于建造大规模的焚烧设施，技术本身自带的规模效应，也引导着我国不断出现规模越来越大的焚烧厂。目前单次投运规模最大的是北京鲁家山、上海老港一期、深圳宝安的二期项目，垃圾处理规模达到 3000 吨/日；深圳宝安的一二期合计规模 4200 吨/日，拟建三期项目规模达 3800 吨/日；苏州垃圾焚烧发电项目的一二三期垃圾处理规模合计 3550 吨/日；上海老港拟建二期项目垃圾处理规模预计达 6000 吨/日。

我国已经投入运营的垃圾焚烧电厂中采用炉排炉的焚烧发电厂有 100 座，合计处理能力达到 9.7 万吨/日，装机容量达到 1730MW；采用流化床的焚烧发电厂有 64 座，合计处理能力为 5.6 万吨/日，装机容量达到 1420MW；其余部分为热解炉和回转窑炉。

（五）焚烧发电量

根据《2016 年中国垃圾发电装机容量及无害化处理规模分析》的统计与分析[①]，我国垃圾焚烧发电的装机容量在 2015 年达到 530 万千瓦。根据国家统计局公布信息，我国 2016 年前 7 个月的垃圾焚烧发电量达到 124.9 亿千瓦时，增长 17.8%。2012～2015 年我国垃圾焚烧发电的装机容量以及 2016～2021 年预测装机容量如图 6-43 所示。

四、 垃圾清运量

伴随着多年的城市发展，导致国内城市生活垃圾累积堆存量正逐年增加，已达 80 亿吨，占地达 80 多万亩之多，且目前城市垃圾产生量仍以 5%～8% 的速度在逐步增长，占地量也以平均每年 4.8% 的速度持续增加中，预计 2020 年，

---

① 2016 年中国垃圾发电装机容量及无害化处理规模分析［J］. 中国产业经济，2016 年 8 月 7 日。

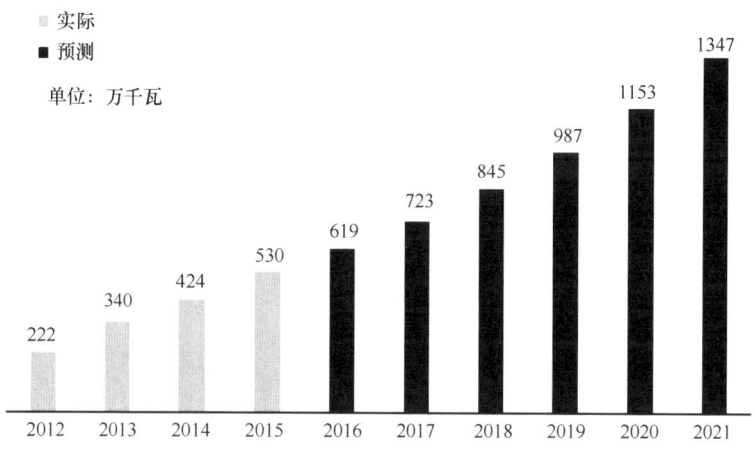

图 6-43　我国历年垃圾焚烧发电的装机容量

资料来源：《中国城乡建设统计年鉴》编委会. 中国城乡建设统计年鉴（2014）［M］.
北京：中国统计出版社，2015。

城市垃圾产量将增长至约 3.23 亿吨[①]。全国共计 668 个城市，其中有 2/3 的城市被垃圾包围着，城市中有 1/4 的垃圾填埋堆放场地已接近服役时限或已超过服役时限。以北京为例，北京的日生活垃圾生产量约为 1.84 万吨，如果 2.5 吨装载量的卡车来运输，这些卡车将可以整整排满三环路一圈。

　　由于生活垃圾产生量在统计时不易取得，常用用垃圾清运量代替。图 6-44 展示了历年城市垃圾清运量和密闭车清运量，从该图可知城市垃圾清运量和密闭车清运量在逐年上升，2014 年城市垃圾清运量达到 17860.18 万吨，增长率为 3.61%；密闭车清运量达到 16682.82 万吨，增长率为 7.61%。此外，根据秦成在《我国城市生活垃圾处理现状及清运量预测研究》中运用变权组合模型预测，我国城市垃圾清运量在 2023 年将达到 22714.83 万吨，2014～2023 年呈现缓慢的增长过程，平均每年增加 474.23 万吨，平均增长率为 2.79%[②]。

　　图 6-45 展示了历年县城垃圾清运量和密闭车清运量，从该图可知城市垃圾清运量和密闭车清运量在逐年上升，2014 年县城垃圾清运量达到 6657.47 万吨，增长率为 2.33%；密闭车清运量达到 4914.95 万吨，增长率为 7.15%。县城密闭车垃圾清运量占总清运量比例（2014 年为 73.83%）明显低于城市（2014 年为 93.41%）。

---

① 张世祥. 垃圾焚烧这一年：停不下来的脚步不断走低的价格［N］. 新华网，2015.
② 秦成. 我国城市生活垃圾处理现状及清运量预测研究［D］. 天津：天津财经大学，2015.

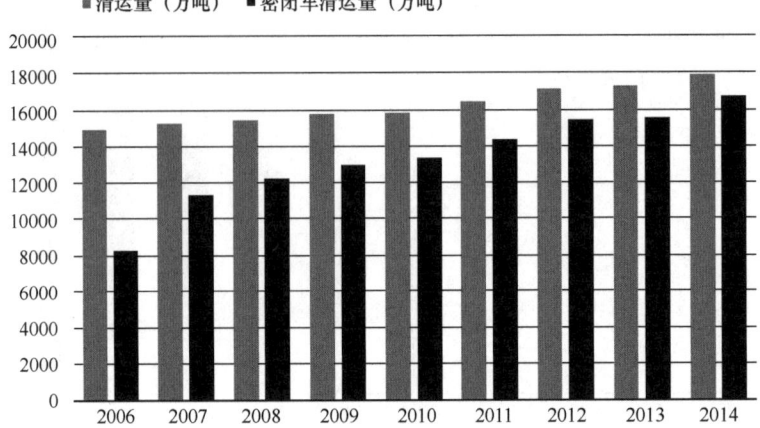

图 6-44　历年城市垃圾清运量和密闭车清运量

资料来源：《中国城乡建设统计年鉴》编委会. 中国城乡建设统计年鉴（2014）［M］.
　　　　北京：中国统计出版社，2015。

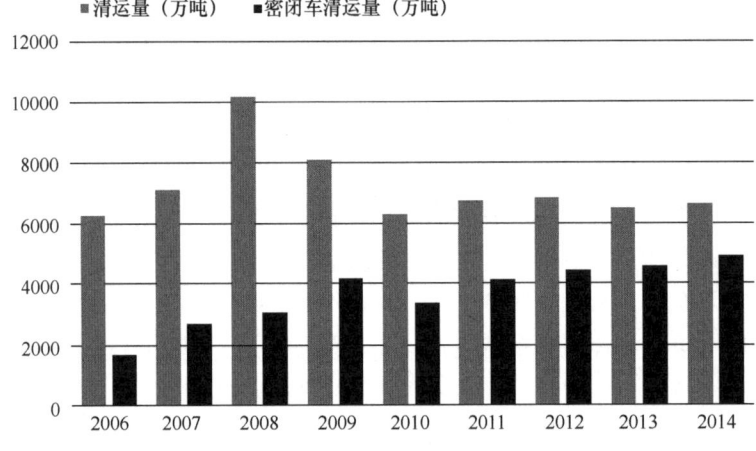

图 6-45　历年县城垃圾清运量和密闭车清运量

资料来源：《中国城乡建设统计年鉴》编委会. 中国城乡建设统计年鉴（2014）［M］.
　　　　北京：中国统计出版社，2015。

五、 道路清扫

　　我国城市道路清扫保洁面积和机械化清扫面积整体上保持上升趋势，在
2014 年清扫面积达到 676093 万平方米，增长率达到 4.66%；机械化清扫面积达
到 341091 万平方米，增长率达到 18.84%，如图 6-46 所示。

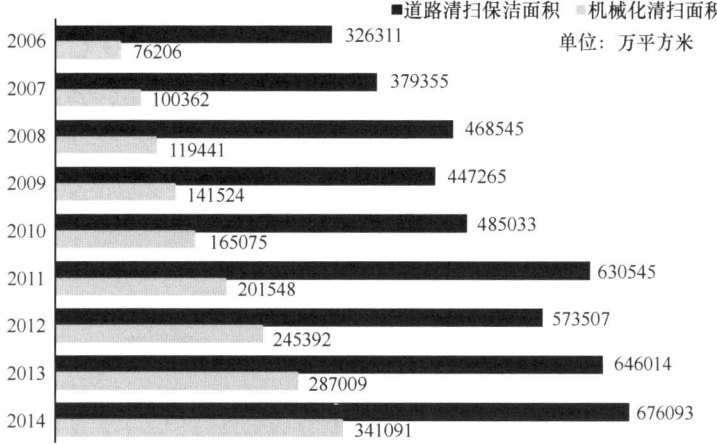

图 6-46　历年城市道路清扫保洁面积与机械化清扫面积

资料来源：《中国城乡建设统计年鉴》编委会. 中国城乡建设统计年鉴（2014）

［M］. 北京：中国统计出版社，2015。

　　我国县城道路清扫保洁面积和机械化清扫面积也呈现稳步提升之势，在2014 年清扫面积达到 228999 万平方米，增长率达到 15.89%；机械化清扫面积达到 78689 万平方米，增长率达到 25.53%。无论是清扫面积还是机械化清扫面积的增长幅度都超过了城市，如图 6-47 所示。

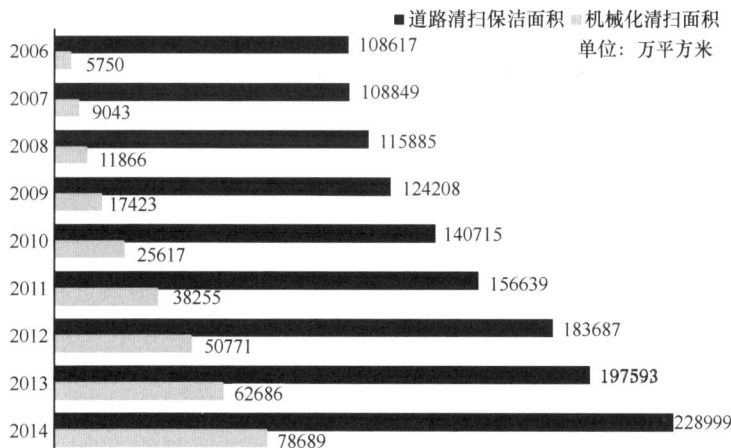

图 6-47　历年县城道路清扫保洁面积与机械化清扫面积

资料来源：《中国城乡建设统计年鉴》编委会. 中国城乡建设统计年鉴（2014）

［M］. 北京：中国统计出版社，2015。

253

第三节　垃圾处理行业结构与成效

一、 总体概况

（一）垃圾处理行业结构

目前，中国垃圾处理行业的产业链构成主体主要包括垃圾源、设备供应商、工程企业和运营企业等，从细分市场上看，中国的垃圾处理行业已分为如下市场：道路清扫保洁市场，垃圾清运市场，大型垃圾处理转运站建设与运营市场，垃圾焚烧发电厂建设与运营市场和卫生填埋场建设与运营市场等。各个细分市场的特征分析如表 6-9 所示。

城市生活垃圾处理行业细分市场的特征分析　　　　　　　　　表 6-9

服务环节	竞争性	排他性	沉没程度	经济规模	合作程度
垃圾收集	中	中	低	低	中
垃圾运输	高	高	低	高	高
回收利用	高	高	低	低	高
填埋处理	低	中	中	高	高
焚烧处理	中	高	中	高	低

资料来源：Christine Kessides. Institutional Options for the Provision of Infrastructure [D]. World Bank Discussion Papers，Washington，D. C，October1，1993.

从垃圾处理行业的投资方来看，它们可以被分为三大类①：第一大类是政府主导型的运营公司，由地方政府出资建立垃圾发电项目，公司作为政府建设这一项目的平台：如上海环境集团、泰达股份、中国环境保护公司、北京市环卫集团、上海浦东发展集团。第二大类是专业投资运营公司，引进其他人的技术、专注于 BOT 模式建设运营垃圾发电项目的企业，以运营管理为主：如法国威立雅、金州环境、光大国际、合加资源等。第三大类是工程投资运营公司，使用自己开发的技术，并以此为基础，对垃圾发电项目提供从工程建设到运营管理服务的企业，以工程建设为主：北京中科通用、重庆三峰卡万塔、清华同方、绿色动

---

① 高广阔，曾晓莹. 中国垃圾发电产业竞争力分析 [J]. 商业经济，2012 (2).

力、锦江集团、伟明集团等。

从企业规模与技术来看，中国垃圾处理行业以大型国有企业和外资企业为龙头，属于第一梯队，如上海环境集团、法国威立雅、杭州锦江集团、中国光大国际；第二梯队则以民营企业为主，凭借自有或引进技术和垃圾处理经验逐步发展起来，如中科通用、桑德环境等。随着垃圾处理行业的市场化进程加速，非国有资本进入该行业的现象越来越普遍，以江苏省为例，2010 年底 79 座垃圾处理设施中有 19 座实现了市场化改革，占设施总数的 24％。

（二）垃圾处理行业上市公司

从垃圾处理行业相关企业的上市情况来看，截止 2014 年底 A 股上市企业已有 24 家，其市值约 2753 亿元；H 股上市企业有 4 家，其市值 1029.42 亿港币（约合 823 亿元人民币），详情如表 6-10 所示。

垃圾处理行业上市企业 表 6-10

序号	企业名称	股票代码	市值（亿元）	性 质
A 股市场				
1	兴蓉投资	000598	179.77	国有控股
2	瀚蓝环境	600323	72.35	国有控股
3	深圳能源	000027	262.98	国有控股
4	桑德环境	000826	210.31	民营相对控股
5	城投控股	600649	216.00	国有控股
6	维尔利	300190	43.06	民营相对控股
7	盛运股份	300090	87.37	民营相对控股
8	东江环保	002672	114.24	民营相对控股
9	天壕节能	300332	46.26	民营企业
10	龙源技术	300105	64.77	国有控股
11	国电清新	002573	117.27	民营相对控股
12	碧水源	300070	341.45	民营企业
13	万邦达	300055	105.87	民营企业
14	永清环保	300187	60.9	民营企业
15	国中水务	600187	89.67	港资
16	富春环保	002479	65.24	民营相对控股
17	首创股份	600008	199.54	国有控股
18	龙净环保	600388	115.63	民营相对控股
19	雪迪龙	002658	66.81	民营企业

续表

A股市场				
序号	企业名称	股票代码	市值（亿元）	性　质
20	科林环保	002499	28.73	民营企业
21	先河环保	300137	50.26	民营相对控股
22	菲达环保	600526	55.3	国有控股
23	雪浪环境	300385	38.04	民营企业
24	格林美	002340	121.67	民营相对控股
市值合计			2753.49	

H股市场				
序号	企业名称	股票代码	市值（亿港元）	市值（亿人民币）	性质
1	中国光大国际	00257	510.25	408.20	国有控股
2	北控水务集团	00371	458.88	367.10	国有控股
3	首创环境	03989	19.16	15.33	国有控股
4	绿色动力环保	01130	41.13	32.90	国有控股
市值合计			1029.42	823.54	

资料来源：作者整理。

根据表 6-10 的信息，垃圾处理行业上市公司的市值与个数对比如图 6-48 所示，从该图可以看出，国有控股上市公司的数量虽然少于民营控股的上市公司数，但其市值却明显高于民营公司。

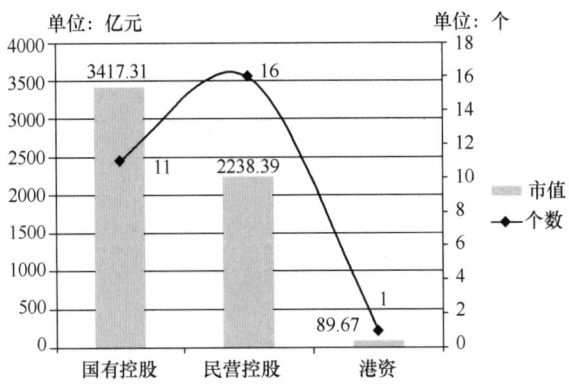

图 6-48　垃圾处理行业上市公司对比
资料来源：作者整理。

总体来看，以垃圾处理为主的上市公司在 2014 年迎来了行业发展的黄金时期，业绩增长的上市公司占比 90%，包括中国光大国际、桑德环境、瀚蓝环境、

富春环保、东江环保等 15 家企业。部分垃圾处理行业知名企业介绍如表 6-11
所示。

部分垃圾处理行业知名企业介绍　　　　表 6-11

企业名称	企 业 介 绍
中国光大国际有限公司	中国光大国际有限公司是中国光大集团旗下实业投资之旗舰公司，是香港联合交易所主板上市公司，是一家以绿色环保和新能源为主业、集项目投资、工程建设、运营管理、科技研发和设备制造为一体的迅速成长的投资产业集团。光大国际现已落实项目 100 余个，涉及总投资人民币 300 多亿元。主营业务包括垃圾焚烧发电、生物质能发电、太阳能光伏电、风力发电、沼气发电、固体废弃物安全处置、污水处理、中水回用、环保工程建设、技术开发、环保设备制造、环保产业园的规划、建设等
杭州锦江集团	杭州锦江集团组建于 1993 年，是一家以环保能源、有色金属、化工为主产业，集商贸易为一体的现代化大型民营企业集团，集团总部位于杭州市中心的锦江大厦。该集团从 20 世纪 90 年代初即开始研发异重循环流化床垃圾焚烧发电技术，对城市生活垃圾等低热值燃料进行资源综合利用发电并进行产业化推广，利用自主知识产权和国产化装置处理城市生活垃圾，在国内及东南亚地区已建成资源综合利用电厂和热电厂逾 30 家
上海环境集团有限公司	上海环境集团有限公司成立于 2004 年，是一家城市固废综合服务商。该公司主要在中国快速增长的城市固废处理处置（生活垃圾焚烧、卫生填埋，医废危废，市政污泥，餐厨垃圾，土壤修复）市场中提供高效率、高技术、高标准的一站式服务、一揽子解决方案（投资、建设、运营、咨询）。目前上海环境集团在全国范围运营和在建项目的日处理能力已超过 3 万吨
绿色动力环保集团股份有限公司	绿色动力环保集团股份有限公司是北京市国有资产经营有限责任公司投资控股的专门从事循环经济、可再生能源产业的上市企业集团，业务涉及城市生活垃圾处理项目的投资建设、运营管理、技术研发，核心配套设备的供应，以及顾问咨询等专业化服务，为城市垃圾处理提供整体解决方案。该集团签署了中国第一份以 BOT 方式进行商业化运作的垃圾处理特许经营合同，完成了中国首例垃圾处理产业 BOT 项目融资。集团目前拥有 27 个生活垃圾焚烧发电项目，待项目全部竣工投产后，将形成日处理垃圾约 27750 吨的生活垃圾处理能力
桑德环境资源股份有限公司	桑德环境资源股份有限公司主要关注废物资源化和环境资源的可持续发展，主营业务为固废处理处置工程系统集成和特定地区市政供水、污水处理项目的投资及运营服务。是目前 A 股市场唯一一家主营业务为固废处理处置的上市公司，在固废处置领域拥有完整的产业链条，可为客户提供从项目咨询、工艺设计、产品提供、工程建设、托管运营等"一站式"服务。此外，公司还在湖北咸宁投资建成的大型固废设备及环卫专用车研发制造基地

257

续表

企业名称	企 业 介 绍
首创环境控股有限公司	首创环境控股有限公司是首创集团旗下固废领域的产业投资平台，是香港联交所主板上市的红筹公司，为地方政府提供一揽子环境改善方案的综合环境服务商。公司专注于固废领域的投资、建设及运营管理，业务主要涉及生活垃圾、餐厨垃圾、生物质发电、建筑垃圾、电子废弃物、汽车拆解、危险废弃物等固废领域和土壤修复领域。目前，首创环境在国内投资固废项目遍布十余省市，固废处理总规模约15000吨/日
中国环境保护公司	中国环境保护公司是1985年由国家环保总局发起成立的、集设计咨询、工程建设、技术研发、装备制造、投资建设和运管管理为一体的综合型环境保护公司；1997年划转为中国节能投资公司并成为其全资子公司。中国环境保护公司作为中国节能环保集团公司全资子公司，专注于固废产业的发展，拥有国内较大规模固废综合处理能力，为城市和县镇提供生活垃圾处理、餐厨垃圾处理、污泥处理、农林废弃物处理等整体环境和能源解决方案
威立雅环境	威立雅环境服务是威立雅环境集团的废弃物管理分支，于1992年首次进入中国市场，目前共有约30个项目遍布中国的各个城市和特别行政区域，包括垃圾卫生填埋场，填埋气发电厂，危险废弃物处理中心，垃圾焚烧发电厂以及市政垃圾清理服务等，是中国最大的外资废弃物管理公司 公司旗下诸多项垃圾处置项目：广州兴丰生活垃圾卫生填埋场，中国第一座通过国际招标，由跨国公司负责填埋设计和运营的垃圾填埋场；上海江桥垃圾焚烧厂，首个外资企业在中国获得"运营维护"合同的垃圾焚烧项目；天津危险废弃物综合处理中心，国内首座集焚烧、物化处理、安全填埋、资源化为一体的现代化综合性危险废物处理处置中心；杭州天子岭填埋气体发电厂，中国大陆第一家填埋气体发电厂等等
瀚蓝环境股份有限公司	瀚蓝环境股份有限公司是一家专注于环境服务产业的上市公司（原名南海发展股份有限公司），业务领域涵盖固废处理、水处理、燃气能源供应，为各大城市提供系统化环境服务与解决方案。其中，垃圾焚烧发电规模14350吨/日。公司的主要特色是围绕城市的可持续发展，提供集固废处理、水处理、燃气能源等环保产业于一体的系统化环境服务，各个产业链之间循环相扣，通过产业间的协同效应集约化高质量解决城市环境问题，充分体现循环经济的特点和优势
浙江旺能环保股份有限公司	浙江旺能环保股份有限公司总部位于杭州市地标建筑环球中心25楼。注册资本4亿元人民币，由上市公司美欣达集团与光大控股有限公司、麦格理资本集团共同出资组建。主营城市生活垃圾焚烧发电、污泥处理及其他城市环境产业投资运营。公司现已有18个垃圾焚烧发电项目，总投资40多亿元。其中10个垃圾焚烧发电项目已投产发电。广东汕头澄海、台州三门、椒江、四川渠县、攀枝花、河南新蔡、禹州、湖北监利的垃圾焚烧发电项目正在建设中，预计2015年至2016年将陆续建成投产

来源：作者由网络资源整理而得。

（三）垃圾处理行业非上市公司

对于垃圾处理行业非上市企业，本报告以垃圾处理行业门户性网站——中国固废网（http：//www.solidwaste.com.cn/）——当中截至 2015 年 3 月 15 日的会员企业信息进行深入分析。

从主营业务分类来看，有近一半（43%）的企业从事垃圾处理设备生产，其次是从事工程技术的企业，占所有企业数量的 23%，具体如图 6-49 所示。

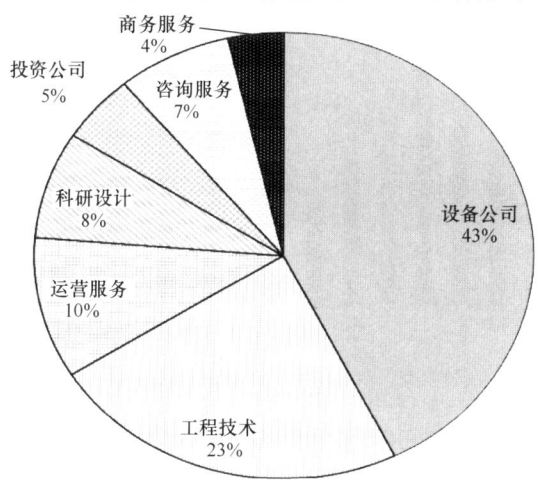

图 6-49　垃圾处理行业主营业务分类的企业数量分布情况

资料来源：中国固废网（http：//www.solidwaste.com.cn/）。

从主营领域来看，污泥处理领域的企业数量最多，占到调查企业总数的17%；其次是生活垃圾领域的企业和工业固体废物处理企业，分别占比 11% 和 10%，具体如图 6-50 所示。

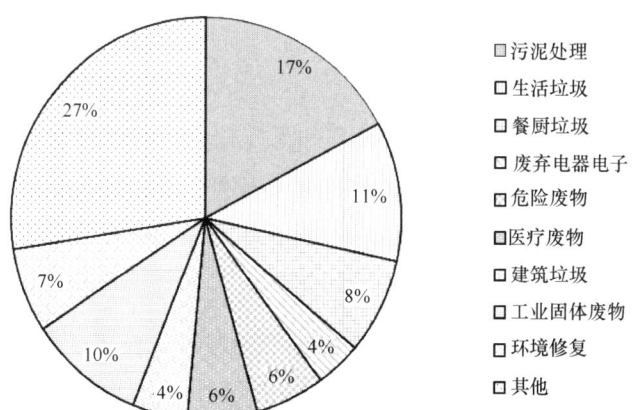

图 6-50　垃圾处理行业各领域的企业数量分布情况

资料来源：中国固废网（http：//www.solidwaste.com.cn/）。

从地域分布来看，垃圾处理行业的企业主要分布在中国东部，占所有企业数量的53%。如图6-51所示，企业数量最多的前五个省市依次为江苏省、北京市、福建省、广东省和上海市，这五个省市的企业数之和占全部企业总数的59.6%，由此看出垃圾处理企业的地域集中度是比较高的。

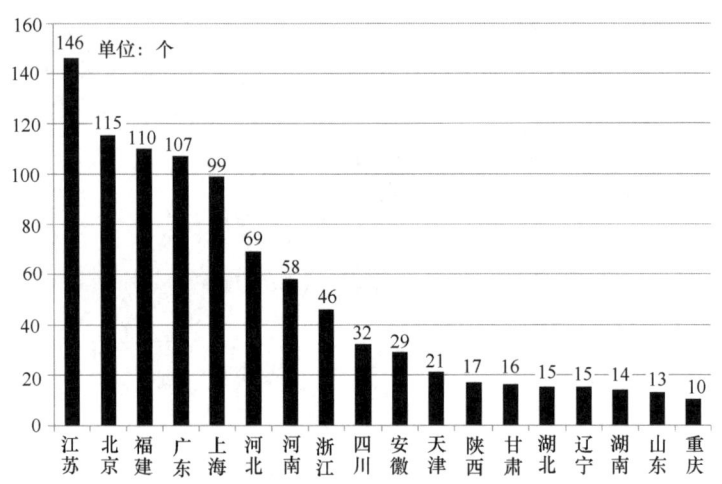

图6-51　垃圾处理行业相关企业的地域分布

资料来源：中国固废网，http://www.solidwaste.com.cn/。

（四）生活垃圾处理率和无害化处理率

1. 发展状况

随着垃圾行业的蓬勃发展，我国道路清扫量、生活垃圾处理率和无害化处理率都达到了相当高的水平①。2006~2014年城市生活垃圾处理率和无害化处理率如图6-52所示，城市生活垃圾处理率和无害化处理率逐年上升，垃圾处理率已从2006年的72.45%上升到2014年的96.43%，首次突破95%；垃圾无害化处理率从2006年的52.15%上升到2014年91.79%，首次突破90%。

2006~2014年县城生活垃圾处理率和无害化处理率如图6-53所示，县城生活垃圾处理率和无害化处理率逐年上升，垃圾处理率已从2006年的38.77%上升到2014年的85.66%；垃圾无害化处理率从2006年的6.17%上升到2014年71.6%。相较于城市而言，县城生活垃圾处理率和无害化处理率起步较低，但上升较快，目前还明显低于城市生活垃圾处理率和无害化处理率。

2. 地域对比

我国无害化处理能力及处理量的地域分布见本章第二节第一部分。

---

① 道路清扫状况参见本章第二节第五部分。

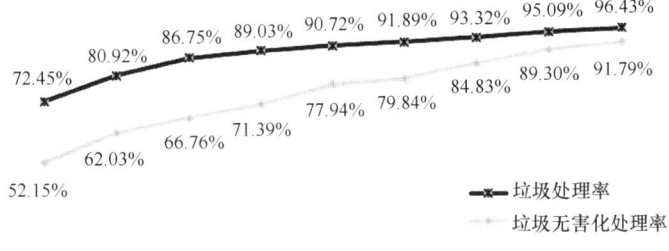

图 6-52　历年城市生活垃圾处理率和无害化处理率

资料来源：《中国城乡建设统计年鉴》编委会. 中国城乡建设统计年鉴
（2014）［M］. 北京：中国统计出版社，2015。

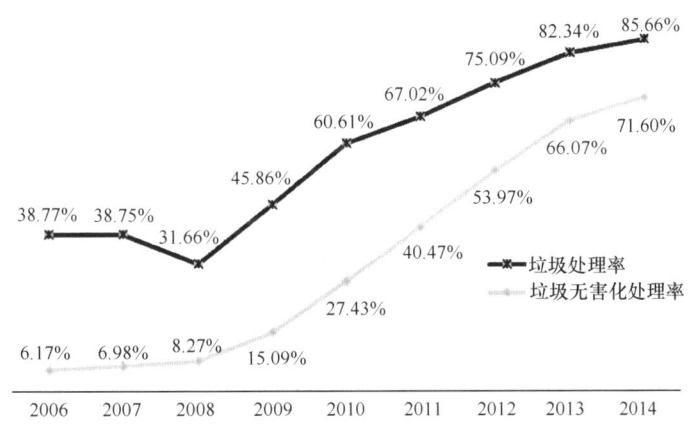

图 6-53　历年县城生活垃圾处理率和无害化处理率

资料来源：《中国城乡建设统计年鉴》编委会. 中国城乡建设统计年鉴（2014）
［M］. 北京：中国统计出版社，2015。

对于道路清扫量，虽然我国东部、中部、西部和东北的道路清扫机械化比率都在不断上升，但由于地域经济发展的不平衡，东部地区的机械化清扫率始终处于最高点。图 6-54 展示了 2013～2014 年各地域道路清扫机械化比率，从该图可知无论是 2013 年还是 2014 年，各地域道路清扫机械化比率的排序始终是东部＞中部＞西部＞东北。

图 6-55 展示了 2013～2014 年各地域密闭车清运比率，从该图可知无论是 2013 年还是 2014 年，各地域闭车清运比率的排序始终是东部＞西部＞中部＞东北，这与道路清扫机械化发展状况有所差异。

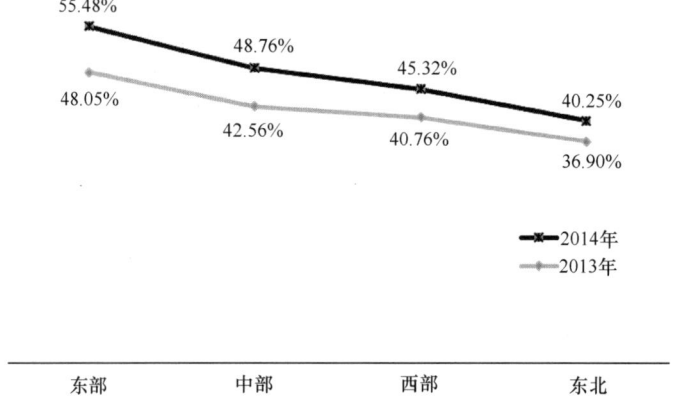

图 6-54　2013～2014 年各地域道路清扫机械化比率对比

资料来源：《中国城乡建设统计年鉴》编委会. 中国城乡建设统计年鉴（2014）

［M］. 北京：中国统计出版社，2015。

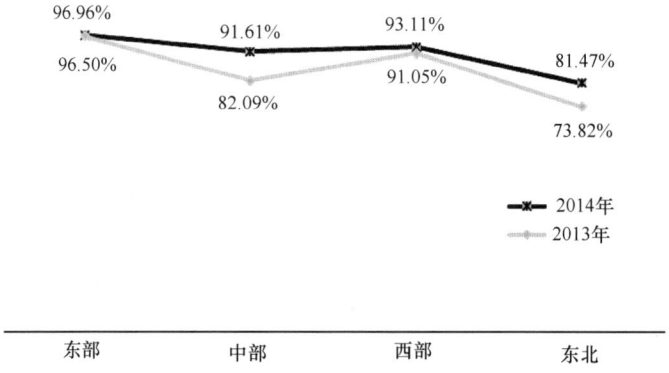

图 6-55　2013～2014 年各地域密闭车清运比率对比

资料来源：《中国城乡建设统计年鉴》编委会. 中国城乡建设统计年鉴

（2014）［M］. 北京：中国统计出版社，2015。

二、 垃圾环卫车辆制造行业现状

（一）典型环卫车型行业结构

1. 洒水车

湖北省是我国重要的洒水车生产集聚地，湖北企业包括湖北程力专用汽车有限公司、东风汽车股份有限公司、随州市东正专用汽车有限公司、东风实业（十堰）车辆有限公司、湖北成龙威专用汽车有限公司、湖北新中绿专用汽车有限公司、厦工楚胜（湖北）专用汽车制造有限公司等已经连续 3 年进入产量前 10 位[①]。2014 年，湖北程力在洒水车领域的市场份额达到 37.87％，稳居该行业第一的位置，相关企业市场份额如图 6-56 所示。

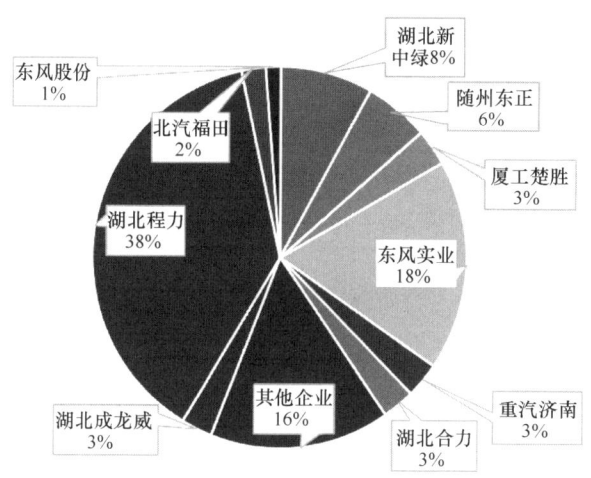

图 6-56　2014 年洒水车前 10 家企业及产量占比

资料来源：许碧君. 2014 年中国环境卫生机械设备进展［J］. 固废观察，2015.

2. 自卸式垃圾车

自卸式垃圾车企业主要以整车企业为主，在 2014 年，南宁五菱桂花、南京徐工、福田戴姆勒、东风柳州、济南重汽、重汽柳州运力、上汽依维柯红岩、芜湖中集瑞江、陕汽集团、中联重科等公司占据自卸式垃圾车产量的前 10 位，这前 10 家企业的市场份额之和达到了 60.84％，其中福田戴姆勒占据的市场份额是最大的，达到 10％之多，如图 6-57 所示。

3. 车厢可卸式垃圾车

2014 年，重庆耐德新明、中联重科、扬州盛达、浙江飞碟、陕汽集团、江苏奥新、北汽福田、徐工集团、烟台海德、湖北程丽等车厢可卸式垃圾车公司占据着行业的前十位，然而这前十家企业的占比仅有 48.03％，比 2013 年下降了 7.38％。其中北汽福田的产量最高，由 2013 年生产的 485 辆提升到 2014 年的 1006 辆，同比增长 107.42％，相关企业的产量及其占比如图 6-58 所示。

---

① 许碧君. 2014 年中国环境卫生机械设备进展［J］. 固废观察，2015.

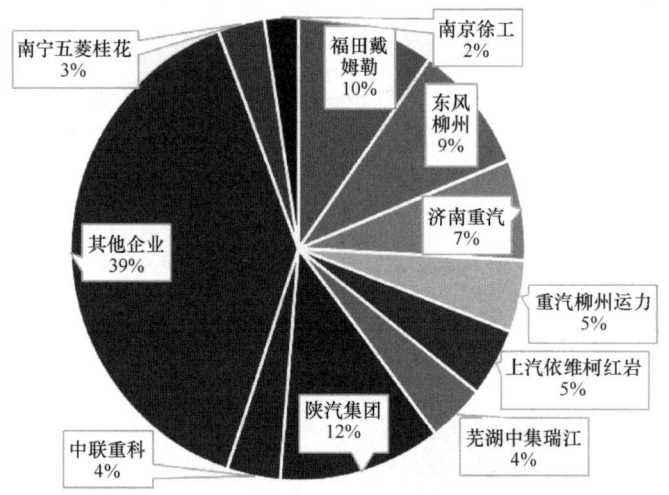

图 6-57　2014 年自卸式垃圾车前 10 家企业及产量占比

资料来源：许碧君. 2014 年中国环境卫生机械设备进展［J］. 固废观察，2015.

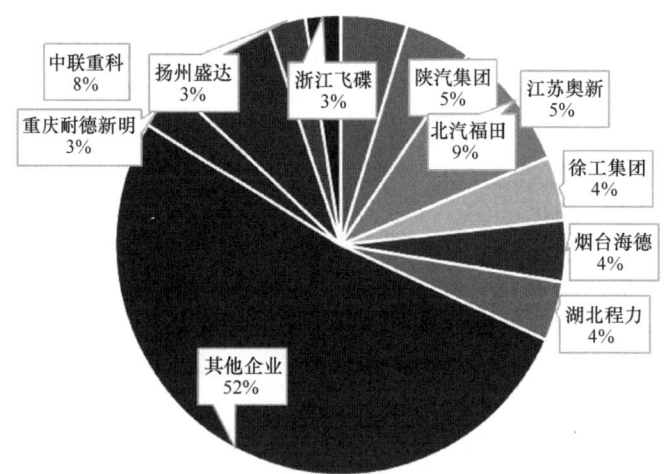

图 6-58　2014 年车厢可卸式垃圾车前 10 家企业及产量占比

资料来源：许碧君. 2014 年中国环境卫生机械设备进展［J］. 固废观察，2015.

（二）垃圾环卫车辆制造行业发展成效

目前国内大中城市的环卫机械化程度已经基本发展至较高水平，而县级城市的环卫机械化程度却还停留在较低水平。随着城镇化政策的不断推进，各县级政府越来越重视环卫车在垃圾处理中的操作应用，逐步加大环卫车的采购投入，如陇西县巩昌镇文峰镇 2014 年环卫设备采购金额就达到了 1421.85 万元。表 6-12 展示了我国 2014 年县级环卫车采购项目超过 100 万元的部分订单。

2014 年县级环卫设备、车辆采购中标不完全统计（100 万元以上）　表 6-12

项目名称	合同总价（万元）	中标单位	采　购　单
陇西县巩昌镇文峰镇环卫设备采购项目	1421.85	甘肃佳恒汽车销售服务有限公司、兰州荣辉机械设备有限公司、甘肃海铖机电成套设备有限公司	环卫特种车辆、装载机、城区垃圾箱
成都市邛崃市城乡环境综合治理办公室邛崃市"2013、2014 年度省、市革命老区建设补助资金"环卫设备政府采购项目	718.469	一汽（四川）专用汽车有限公司、上海奥图环卫设备有限公司、成都荣辉汽车零部件有限公司、四川雅点环卫设备有限公司	5 吨侧装式垃圾车即自装卸式垃圾车 3 辆、8 吨高压清洗车 3 辆、路面养护车（人行道小型冲洗车）9 辆、小型勾臂式垃圾车 2 辆、塑料集装式垃圾桶 300 个、电动垃圾清运三轮车 92 辆、不锈钢果屑箱 1615 个
巨野县城乡环卫一体化设备采购项目	452.31	巨野昌佳环卫设备有限公司、山东时风（集团）有限责任公司（联合体）	移动式垃圾压缩转运箱 12 台、钩臂式转运车 6 辆、8 吨自卸式垃圾转运车 6 辆
鄄城县城市管理局采购项目	228	山东天勤工程管理咨询有限公司	吊桶式垃圾收集车 3 辆、小型钩臂式垃圾车 1 辆、有效容积大于 17m³ 的水平压缩式垃圾箱
阜平县城市管理行政执法局环卫设备采购项目	221.6	河北依顺汽车销售有限公司	3.5 吨洗扫车 1 辆、5 吨洗扫车 1 辆、3.5 吨压缩式垃圾车 1 辆、5 吨无泄漏压缩式垃圾车 1 辆、轮式装载机 1 辆
贞丰县城市公用事业管理局环卫设备采购项目	148	扬州三源机械有限公司	—
宜宾市长宁县环卫所车辆采购项目	132	四川蜀都环卫设备有限公司	环卫车辆
浦江县公共资源交易中心关于垃圾收集车等环卫设备项目	124.76	航天晨光股份有限公司、中汽商用汽车有限公司（杭州）、福建龙马环卫装备股份有限公司	大型垃圾收集车、小型垃圾收集车、洒水车、扫路车

续表

项目名称	合同总价（万元）	中标单位	采 购 单
襄垣县爱国卫生督查中心垃圾压缩机采购项目	119.2	河南矿工起重环卫设备有限公司	垃圾压缩机
沂南县交通运输局环卫设备采购	108	中联重科股份有限公司	3吨公路清扫车1辆、8吨公路清扫车1辆、8吨洒水车1辆

资料来源：许碧君. 2014年中国环境卫生机械设备进展［J］. 固废观察，2015.

从环卫车企业的竞争格局来看，产量前10的企业所占市场份额略有波动，但仍维持在75％以上，市场集中度相对较高。产量前三的企业分别是中联重科、东风汽车和湖北程力，这三个企业的市场份额优势较为明显[1]，如图6-59所示。

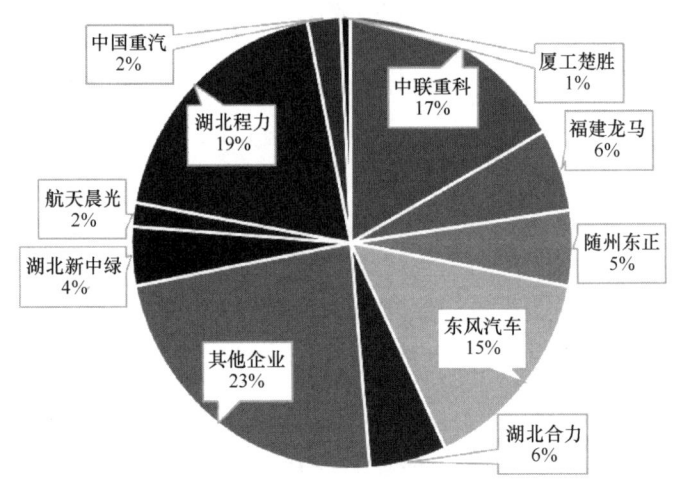

图6-59 2014年我国环卫车企业竞争格局

资料来源：许碧君. 2014年中国环境卫生机械设备进展［J］. 固废观察，2015.

随着环卫车行业的蓬勃发展，我国道路机械化清扫的比例和垃圾密闭车运送比例也不断提升。图6-60展示了我国2006～2014年城市和县城道路机械化清扫比例发展趋势。截至2014年底，我国城市道路机械化清扫比例已达到50.45％，县城道路机械化清扫比例则达到34.36％。

图6-61展示了我国2006～2014年城市和县城垃圾密闭车运送比例发展趋势。截至2014年底，城市垃圾密闭车运送比例达到93.41％，县城垃圾密闭车

---

① 许碧君. 2014年中国环境卫生机械设备进展［J］. 固废观察，2015.

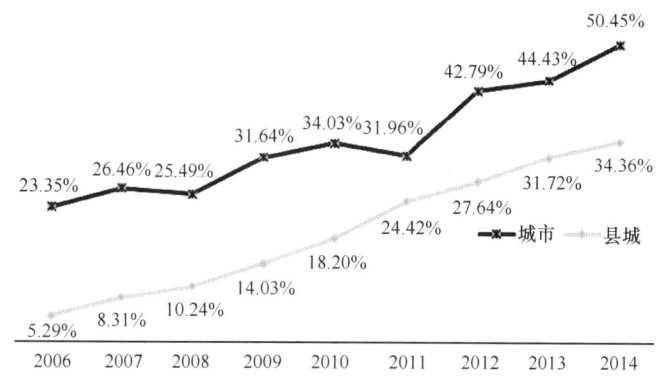

图 6-60 我国历年城市和县城道路机械化清扫比例

资料来源：许碧君. 2014 年中国环境卫生机械设备进展［J］. 固废观察，2015.

运送比例达到 73.83%，极大地降低了垃圾运输过程中对沿途居民的干扰。

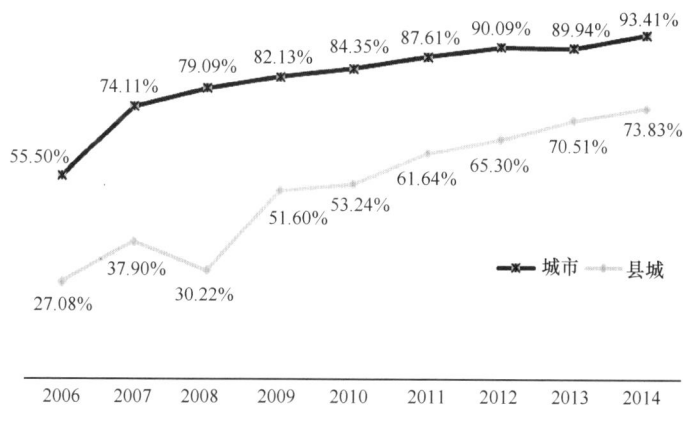

图 6-61 我国历年城市和县城垃圾密闭车运送比例

资料来源：许碧君. 2014 年中国环境卫生机械设备进展［J］. 固废观察，2015.

三、 道路清扫保洁行业现状

（一）道路清扫保洁行业结构

道路清扫保洁市场的营运项目相对垃圾焚烧厂、大型垃圾填埋场动辄上亿元的项目而言规模小很多，行业企业规模也大多在百万元或千万元级别，因此该行业的企业呈现小而散的特点。比如福州市在 2013 年 8 月将市区三环路和五城区 43 个街（镇）道路清扫保洁作业进行市场化招投标工作，总面积共 3272.86 万平方米，分成 27 个合同包，分别由 13 家保洁企业中标，中标总金额为 23153.2 万元①，平均每个合同包只有 800 多万元，平均每家企业的中标金额也仅有 1700 多万元。因此该细分市场内的资本布局较为分散，单个企业的总资产相对较小，没有出现几家独大的情况。以深圳桑德丰采环卫工程有限公司为例，该公司的前身是深圳市丰采长波市政工程有限公司，成立于 2005 年 5 月，注册资本 3680 万元，具有独立法人资格的企业，是道路清扫保洁服务领域中规模较大的企业之一，业务范围不但包括路清扫保洁服务，还包括垃圾收集、运输和再生资源回收等等。该公司是桑德环境资源股份有限公司的子公司，拥有 5300 多名员工，配备有高压清洗扫路车、机扫车、洒水车和各种环卫车辆及设备。桑德丰采从 2012 年至 2016 年的道路清扫保洁和垃圾清运中标项目如表 6-13 所示。从该表可发现，100 万以下项目有 10 个，占中标项目总数的 42%；100 万～500 万的项目有 6 个，占中标项目总数的 25%；500 万～1000 万的项目有 5 个，占中标项目总数的 21%；1000 万以上的项目有 3 个，占中标项目总数的 12%。因此，道路清扫市场和垃圾转运的营运项目大多在 500 万以下。

深圳桑德丰采环卫工程有限公司近年道路清扫保洁中标项目 　　表 6-13

中标年份	项 目 名 称	中标金额（元）
2012	深圳市龙岗区城市管理局坪地街道清理乱张贴、乱涂写管理服务项目	294152
2012	深圳市南山区粤海办事处后海村清扫保洁	461793
2012	深圳市龙岗区龙城街道办事处中心城市政道路及城中村清扫保洁项目采购	1135764
2012	湖南省邵阳市大祥区主街干道清扫保洁服务项目二标段	3610000
2012	深圳市宝安区石岩街道垃圾清运服务	4008576
2012	深圳市龙岗区布吉街道城中村清扫保洁采购	4522644
2013	深圳市南山区前海深港合作区道路清洁项目 B 包项目	204000
2013	深圳市龙岗区布吉街道淤泥渣土清理清运项目	400000
2013	深圳市龙岗区布吉街道淤泥渣土清理清运项目采购	400000
2013	深圳市龙华新区大浪街道清扫保洁服务	434338
2013	深圳市宝安区石岩街道余泥渣土清理外包服务采购	479948
2013	深圳市南山区环境卫生管理总站妈湾大道污染源头路口清洁	483852
2013	深圳市南山区南山街道办事处城中村清扫保洁服务采购	841435

① 何海铭，榕环卫作业走上"市场化"大道，福州新闻网，2013 年 10 月 9 日，http：//www.zohi.tv/home1/folder901/2013/10/2013-10-09306888.html.

中标年份	项 目 名 称	中标金额（元）
2013	深圳市龙华新区龙华街道清扫保洁服务	5294751
2013	深圳市南山区环境卫生管理总站南山区道路、绿地清扫保洁	6554506
2014	深圳市南山区蛇口街道办事处城中村环卫清扫保洁服务	988347
2014	分宜县城市管理执法局城区道路清扫保洁承包项目	2783472
2014	广东省惠州博罗县公共资源交易中心政府采购部采购项目	7278083.87
2014	大祥区环卫局小街小巷清扫保洁服务招标采购项目	7485003
2014	2014年南山区市政道路、绿地清扫保洁服务项目	7552545
2014	福田区深南路清扫保洁服务项目	14394156
2015	南山区南山街道城中村（向南村）清扫保洁项目	1093745.90
2016	紫云路等滨湖新区70条道路三年清扫保洁项目	57684007.68
2016	建成区外清扫保洁服务项目	9081369.38
2016	福田区市政道路、城中村清扫保洁及绿地保洁服务采购项目	65106675.84

资料来源：深圳桑德丰采环卫工程有限公司官方网站，http://www.fccbsz.com/。

（二）道路清扫保洁行业发展成效

随着我国经济的发展，道路清扫行业苗壮发展，2014年我国城市道路清扫面积已经达到676093万平方米，县城道路清扫面积已经达到228999万平方米（如图6-46和图6-47所示），上述清扫服务大部分由从事道路清扫保洁的公司提供。道路清扫量的地域分布情况如图6-54和图6-55所示。

四、 垃圾清运和垃圾处理转运站行业现状

（一）垃圾清运和垃圾处理转运站行业结构

在实际操作当中，垃圾清云企业为了减少垃圾清运过程的运输费用，往往在垃圾的产地（集中点）和处理厂之间设立垃圾中转站。大型垃圾中转站日转运量可达150～450吨，例如莱芜市钢城区垃圾中转站、南京市江北生活垃圾中转站、大连市城市中心区梭鱼湾生活垃圾压缩转运站等。垃圾处理转运站的营运项目金额较垃圾焚烧发电项目小很多，企业规模相对垃圾焚烧发电厂也较小，细分市场资本分布较零散。例如2014年1月平度市通过公开招标的方式确定由上海天慧环保科技有限公司进行特许经营，该公司一次性投资约6000万元，按照规划建设15座垃圾中转站，配备垃圾桶、密闭式垃圾运输和转运车辆，平均每个垃圾

中转站分到的金额不足 400 万元①。2016 年 7 月武汉市东西湖区人民政府金银湖街道办事处对马池垃圾中转站项目进行招标，武汉振辉建设有限公司以 295.67 万元中标。

以转运站为代表的垃圾清运环节，因垃圾清运环节连接着上下游，转运站成为城市垃圾处理的中枢。垃圾处理行业在中国快速发展的 10～15 年间，相较于末端处理环节，清运环节发展明显落后。目前，各地政府在清运环节的投入都较大，占据整个垃圾处理开支的 60%～70%。总体而言，中国垃圾转运系统发展尚不完善，集中体现在收集和转运设施配套不够、垃圾转运方式落后、转运站的作用没有有效发挥、机械化程度不高、转运速度慢、运力不足、工人劳动强度大、环境影响严重、缺乏必要的污染控制措施等方面，而垃圾转运系统对环境的影响主要来自垃圾散发恶臭、垃圾漏撒和暴露、污水滴漏、尾气排放和机械作业噪声等方面。在 20 世纪 90 年代末，上海市政府就对静安区和黄浦区两个大型垃圾转运站立项，但直到 2009 年，黄浦区的垃圾转运站才正式建成投入运行。随着社会的逐步发展，中国城市垃圾清运到 2014 年正式开始了正规化、现代化的历程②。从总体发展趋势来看，垃圾中转站的数量将越来越少、体量将越来越大，直到最终被垃圾清洁直运彻底替代。例如，南京市主城 120 多个小型垃圾中转站在 2014 年内均被逐步取消、转型，社区垃圾将实现就地收集，集中到江南、江北的二级中转站处理，这两个中转站的承载量在 3000 吨/日③。因此，长远来看，垃圾处理转运站的营运企业数量将呈下降趋势，但单个企业的规模将逐渐增长，细分市场集中度越来越高。

由于对垃圾进行混合收集有诸多不足：（1）混合垃圾中有一些有利用价值的、可直接回收利用的物质，比如塑料、废纸等等，这些物质如果和其他垃圾一样被直接处理掉，会造成很大的资源浪费；（2）混合垃圾中所包含的一些危害较大的物质（如日光灯、废旧电池和报废电器等等），这些物质在一定程度上增加了垃圾无害化处理的难度，而且容易污染居民的生活环境，不利于城市建设的发展④。为此，我国近年大力推动垃圾分类收集，《城市生活垃圾分类及其评价标准》CJJ/T 102—2004 和《生活垃圾分类标志》GB/T 19095—2008 在 2014 年均处于修订状态。还有 36 个大城市根据本市情况推出了生活垃圾分类标准，详情如表 6-14 所示。

---

① 官印浩. 15 座垃圾中转站 7 月运营［N］. 半岛都市报，2014.
② 张静. 城市生活垃圾清运走过艰难五年［N］. 中国环境报，2015.
③ 刘有仪. 南京主城 120 多个垃圾中转站年内取消［N］. 南京日报，2014.
④ 陈泽伦. 关于经济建设与生态城市建设的研究［J］. 城市建设理论研究（电子版），2013（21）.

各大城市的垃圾分类标准   表6-14

城市	类别	分 类 标 准
大连	4类	可回收垃圾、餐厨垃圾、大型垃圾、其他垃圾
广州	4类	可回收垃圾、餐厨垃圾、有害垃圾和其他垃圾
天津	4类	可回收垃圾、厨余垃圾、有毒有害垃圾、其他垃圾
北京	3类	可回收物、厨余垃圾（餐厨垃圾）、其他垃圾
上海	4类	可回收物、有害垃圾、湿垃圾和干垃圾
武汉	3类	可回收垃圾、不可回收垃圾、有毒垃圾
沈阳	4类	可回收垃圾、不可回收垃圾、有害垃圾、其他垃圾
南京	4类	可回收物、有害垃圾、其他垃圾、厨余垃圾
哈尔滨	2类	可回收物、不可回收物
太原	4类	可回收垃圾、可堆肥垃圾、可燃垃圾、有害垃圾
重庆	2类	可回收垃圾、不可回收垃圾
青岛	6类	餐厨垃圾、有害垃圾、可回收物、装修垃圾、大件垃圾、其他垃圾
成都	5类	餐厨垃圾、可堆肥垃圾、可回收垃圾、有毒有害垃圾、其他垃圾
西安	2类	可回收垃圾、不可回收垃圾
济南	4类	厨余垃圾、可回收垃圾、有害垃圾、不可回收垃圾
长春	2类	可回收垃圾、不可回收垃圾
长沙	4类	可回收垃圾、不可回收垃圾、有害垃圾、厨房垃圾
杭州	4类	有害垃圾、可回收物、厨余垃圾、其他垃圾
深圳	4类	可回收物、厨余垃圾、有害垃圾、其他垃圾
乌鲁木齐	3类	餐厨垃圾、可回收垃圾、有害垃圾
郑州	3类	干垃圾、湿垃圾、餐厨垃圾
昆明	3类	可回收垃圾、有害垃圾、其他垃圾
兰州	2类	可回收垃圾、不可回收垃圾
贵阳	2类	可回收垃圾、不可回收垃圾
合肥	2类	干垃圾、湿垃圾
石家庄	4类	可回收垃圾、不可回收垃圾、有害垃圾、厨房垃圾
福州	2类	可回收垃圾、不可回收垃圾
南宁	3类	餐厨垃圾、可回收垃圾、不可回收垃圾
宁波	4类	厨余垃圾、可回收物、有害垃圾、其他垃圾
呼和浩特	3类	可回收垃圾、不可回收垃圾、有害垃圾
厦门	3类	有害垃圾、餐厨垃圾（湿垃圾）、其他垃圾（干垃圾，含可回收物）
南昌	2类	可回收垃圾、不可回收垃圾
海口	2类	有毒有害、废弃玻璃、可回收、不可回收
西宁	3类	可回收垃圾、不可回收垃圾、需要特别处理的有毒垃圾
银川	4类	干垃圾、湿垃圾、再生资源垃圾、有毒有害垃圾
拉萨	4类	可回收垃圾、厨余垃圾、有害垃圾、其他垃圾

资料来源：中国城市环境卫生协会．2013年中国城市环境卫生行业发展报告［D］．2014年5月。

（二）垃圾清运和垃圾处理转运站行业发展成效

2014 年我国城市垃圾清运量达到 17860.18 万吨；县城垃圾清运量达到 6657.47 万吨（如图 6-44 和图 6-45 所示）。垃圾清运量的地域分布情况参见本章第三节第一部分。

五、 餐厨垃圾处理行业现状

（一）餐厨垃圾处理行业结构

我国餐厨垃圾处理市场的企业众多，随着行业技术的发展和项目的增多，龙头企业逐步显现出来。抽取的 81 座餐厨垃圾处理设施（50t/d 以上，部分由联合体公司建设）当中，参与餐厨垃圾处理设施建设的至少有 54 家单位。其中，15 家单位拥有至少 2 座以上餐厨垃圾处理设施的承建经验，合计建设 46 座餐厨垃圾处理设施，占比建设总数的 53.5%（见图 6-62）。

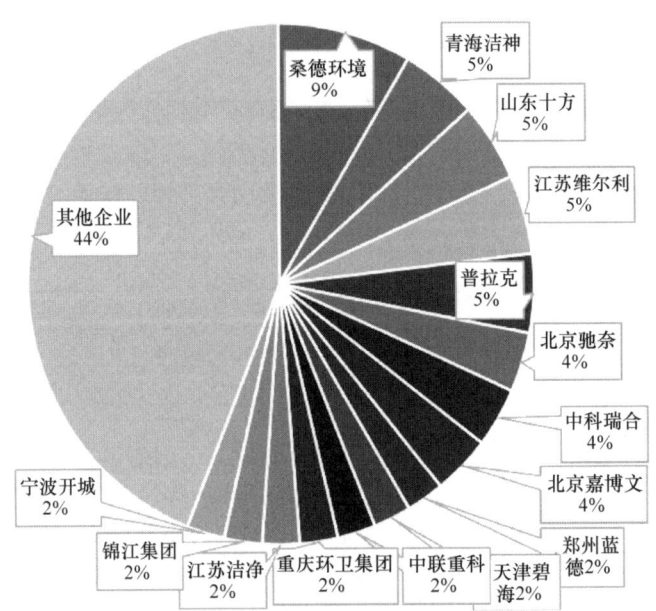

图 6-62　国内餐厨垃圾处理企业市场份额

资料来源：毕珠洁. 2014 年餐厨垃圾处理进展［J］. 固废观察，2015.

在上述餐厨垃圾处理设施当中，桑德环境承建 7 座，青海洁神、山东十方、江苏维尔利、普拉克各参建 4 座，北京驰奈、黑龙江中科瑞合、北京嘉博文各承建 3 座，郑州蓝德、天津碧海、中联重科、重庆市环卫集团、江苏洁净、锦江集团、宁波开诚等至少各承建 2 座①（如表 6-15 所示）。

国内餐厨垃圾处理企业及其典型案例   表 6-15

序号	单位名称	承建数量	备注
1	桑德环境	≥7	湘潭固体废弃物综合处置中心工程 咸阳市城区餐厨废弃物资源化利用和无害化处理项目 金华市餐厨废弃物资源化利用和无害化处理工程 安徽淮南市餐厨垃圾收集处置项目 衡阳餐厨废弃物资源化利用和无害化处理项目（承建单位为衡阳凯天，桑德收购其65%股份） 毕节市餐厨废弃物资源化利用和无害化处理 焦作餐厨垃圾处置项目
2	青海洁神	≥4	石景山五里龙循环经济产业园餐厨垃圾处理项目 西宁市餐厨垃圾处理厂 沈阳市南部老虎冲餐厨垃圾处理厂 武汉嘉源华餐厨垃圾一体化综合处理利用项目（景弘环保、锦江集团、青海洁神联合体建设项目）
3	山东十方	≥4	昆明市城市餐厨废弃物处理项目 济南市餐厨垃圾处理厂 青岛市餐厨垃圾处理厂 烟台市市餐厨垃圾处理厂
4	江苏维尔利	≥4	常州餐厨废弃物收集、运输及综合处置项目 西安市餐厨废弃物处理项目 杭州市餐厨垃圾处理一期工程EPC 山东日照餐厨垃圾处理厂EPC
5	普拉克	≥4	重庆餐厨垃圾处理厂厌氧系统设计及设备供应等 佛山餐厨垃圾处理厂厌氧系统设备采购等 咸阳餐厨废弃物综合处理工程厌氧消化系统EPC 石家庄餐厨垃圾处理厌氧系统工艺设计及设备供应等
6	北京驰奈	≥3	兰州餐厨垃圾处理厂 石家庄餐厨垃圾处理中心 大同市餐厨垃圾资源化处理厂

---

① 毕珠洁. 2014 年餐厨垃圾处理进展 [J]. 固废观察，2015.

273

续表

序号	单位名称	承建数量	备　　注
7	黑龙江中科瑞合	≥3	牡丹江餐厨废弃物资源化利用和无害化处理项目 哈尔滨餐厨废弃物资源化利用和无害化处理项目 大庆餐厨废弃物处理项目
8	北京嘉博文	≥3	四川中心城区餐厨废弃物无害化处理项目 北京朝阳高安屯餐厨废弃物资源化处理厂 南京餐厨垃圾清运一处理项目
9	郑州蓝德	≥2	石西餐厨垃圾资源化利用和无害化处理厂 贵阳餐厨废弃物资源化利用和无害化处理项目
10	天津碧海	≥2	天津津南餐厨垃圾处理厂 天津滨海新区餐厨垃圾无害化处理项目
11	中联重科	≥2	吉林省吉林市餐厨废弃物处理项目 徐州市餐厨废弃物处理厂
12	重庆市环卫集团	≥2	綦江区餐厨垃圾处理中心 重庆主城区餐厨垃圾处理场
13	江苏洁净	≥2	江苏洁净餐厨垃圾处理厂 河南东区餐厨垃圾处理厂（郑州侨联、江苏洁净联合体建设） 常熟市餐厨垃圾处理项目
14	锦江集团	≥2	白山市垃圾焚烧和餐厨垃圾清运处理项目 武汉嘉源华餐厨垃圾一体化综合处理利用项目（景弘环保、锦江集团、青海洁神联合体建设项目）
15	宁波开诚	≥2	宁波开诚餐厨垃圾处理项目 绍兴餐厨垃圾处理中心
16	其他至少承建过1座餐厨垃圾处理设施的厂家	≥40	东江环保、武汉百信、银川保绿特、北京高能、鄂尔多斯绿宸、方盛环保、海南绿保、湖北国新天汇、湖南联合餐厨垃圾处理有限公司、淮北国瑞、嘉兴绿能、洁姆环保、京城固废、巨化集团、四川深蓝环保、瀚蓝环保、三明市利洁环卫有限公司、山东城矿、山东国环、深圳腾浪、深圳中兴、台湾阜利、太原天润、唐山环洁、铜环餐厨垃圾清运服务有限公司、潍坊金信达、芜湖鼎信、梧州市城市废弃物处理有限责任公司、武汉天基、武汉天源、延吉海信、宜昌城投、中荷环保、中科环保、景弘环保、衡阳凯天、郑州侨联等

资料来源：毕珠洁. 2014年餐厨垃圾处理进展［J］. 固废观察，2015.

（二）餐厨垃圾处理行业发展成效

目前，我国的餐厨垃圾行业还有比较多的问题，譬如管理无序、任意处置等，成为垃圾收集、运输和填埋处理的主要污染源，严重影响市容市貌和环境质量。所以，对餐厨垃圾进行统一规范化的处理十分必要。首先，它能够有效减少个人或机构将餐厨垃圾填埋或随意倾倒，从而遏制细菌、病毒及苍蝇等腐生动植物的生长，有效改善城市的卫生状况并对美化市容市貌有很大的促进作用。其次，餐厨垃圾资源的综合利用还可以将潲水资源变废为宝，控制潲水的去向，从而由源头上杜绝"垃圾猪"、"潲水油"的出现，防止不法分子利用餐厨垃圾制造有毒有害食品，保护人民群众的身体健康。最后，餐厨垃圾可以加工成优质蛋白饲料和工业用油脂产品，一方面加工得到的饲料中富含蛋白质，在加入添加剂后可以成为高质量的动物饲料，替代作为饲料的粮食；另一方面工业用油脂是宝贵的能源资源，用于制取生物柴油，更是具有显著的环保价值[1]。

2010 年，我国启动餐厨垃圾处理试点工作，截至 2014 年 7 月 2 日共公布了四批餐厨废弃物资源化利用和无害化处理试点预备名单。这四批试点城市基本覆盖了国内主要的一、二线城市。根据政策安排，试点城市将获得中央财政的专项资助金，作为示范项目的启动资金。2015 年 5 月，发改委又公示了第五批餐厨废弃物资源化利用和无害化处理试点备选城市，湖北省十堰市、山东省临沂市等17 个城市入围名单。由此，目前我国餐厨垃圾处理试点城市（区）已达 100 个，覆盖了 32 个省级行政区。

据相关部门的不完全统计，2014 年，我国餐厨垃圾处理已初具规模，餐厨垃圾处理项目（50t/d 以上）至少有 118 座，包括已投运的、在建的、筹建（已立项）的各大项目，总计垃圾日处理能力超过 2.15 万吨：（1）43 座餐厨垃圾处理设施已投入运行，其中有 24 座于 2014 年前投运，处理能力达日均 0.51 万吨；有 19 座是于 2014 年后新投运的，新增处理能力达日均 0.30 万吨。（2）35 座餐厨垃圾处理设施为在建的，处理能力日均达 0.68 万吨。（3）40 座餐厨垃圾处理设施处于筹建中（已完成立项批复）的处理设施，处理能力达日均 0.66 万吨。

六、　垃圾卫生填埋场行业现状

（一）垃圾卫生填埋场行业结构

中国的垃圾填埋场主要采用公开招标的形式交由企业来运营，根据《城市生活垃圾管理办法》规定，要求投标的企业必须具备企业法人资格，规模小于 100吨/日的卫生填埋场和堆肥厂的注册资本不少于人民币 500 万元，规模大于 100吨/日的卫生填埋场和堆肥厂的注册资本不少于人民币 5000 万元。因此该市场的

营运企业规模较大。此外，涉足垃圾焚烧发电市场的上市公司均在卫生填埋场市场上有一定的业务量。例如桑德环境（原合加资源），该公司专注于生活垃圾堆肥、生活垃圾卫生掩埋及工业危废焚烧领域的开拓。由于其处于环保产业的上游，受益于中国环保产业的发展，公司所处的固废处理子行业投资主要来源于政府财政支出，较为全面地掌握了垃圾综合处理，卫生填埋，焚烧发电三种垃圾处理工艺。该行业相关重要企业可参见本章第三节第一部分。

（二）垃圾卫生填埋场行业发展成效

我国垃圾卫生填埋场的垃圾处理能力以及处理量和地域分布情况可参见本章第二节第二部分。此外，为进一步加强各省城市生活垃圾无害化处理场的建设和运营管理，提高生活垃圾无害化处理能力和水平。2012 年住房城乡建设部委托相关机构和专家进行了第三次城市垃圾处理设施无害化等级评定，评定结果于 2013 年 3 月公示，各省份无害化Ⅰ级和Ⅱ级填埋场数量统计如表 6-16 所示。

城市垃圾处理设施（填埋场）无害化等级评定结果　　　　表 6-16

省份	Ⅰ级数量	Ⅱ级数量	省份	Ⅰ级数量	Ⅱ级数量
安徽	5	0	辽宁	3	2
福建	2	0	内蒙古	1	1
甘肃	3	6	山东	9	3
广东	5	4	山西	6	2
广西	2	3	陕西	2	3
贵州	1	1	上海	1	0
海南	2	3	四川	1	10
河北	9	9	天津	1	0
河南	4	6	浙江	2	2
湖北	3	12	重庆	0	5
湖南	5	2	宁夏	0	2
吉林	1	1	新疆	0	10
江苏	10	1	云南	0	7

资料来源：中环协网站。

表 6-17 显示出 2014 年 1 月至 2015 年 8 月的国内填埋气体利用项目的建设和投产情况，通过不完全统计的投产或建成项目共 15 项。其中，13 项发电项目累计年发电量 10835 万度，山东十方投资的郑州首座填埋气发电项目年发电量达2224.8 万度，是年发电量最大的项目；其中，百川畅银公司投产运行的项目合计 8 项，是投产运作最多的公司；提纯制天然气的项目有 2 项，累计年提纯天然

气 6690 万立方，而国水业集团投资的深圳下坪项目年产量 4500 万立方天然气，是国内最大的填埋气制取天然气项目。此外，包括在建、招标、签约在内的项目累计达 27 项，其中，百川畅银公司于 2014 年 5 月收购了北京六里屯垃圾填埋气发电，每天发电 16 万度，该项目是北京最大的填埋气发电项目[①]。

2014 年填埋气体利用项目列表 　　　　　　　表 6-17

序号	地点	项目名称	填埋场规模（吨/日）	产气量（立方米）	总装机容量（千瓦）	年发电量（万度）	所处阶段	总投资（万元）	投资运营公司
1	甘肃	天水市城市生活垃圾卫生填埋气发电厂	665	340.58万/年	1000	490	2014.1投产	—	上海百川畅银实业有限公司
2	河南	郑州市垃圾综合处理厂垃圾填埋发电项目	2000	1296万/年	一期3000；（未来二期6000）	2224.8	2014.2投产	5526.79	郑州新冠能源开发有限公司（山东十方环保能源股份有限公司项目公司）
3	安徽	蚌埠填埋气发电厂	700	1.8万/日	2000	800	2014.3投产	1700	上海百川畅银实业有限公司
4	河南	辉县市垃圾填埋场沼气发电项目	300	—	1000	570	2014.6投产	1340	辉县市百川畅银新能源有限公司
5	新疆	新疆首个乌鲁木齐大浦沟固体废物综合处理场填埋气发电厂	2700	372万/年	—	1100	2014.7投产	3420	新疆华美德昌环保科技有限公司
6	陕西	榆林垃圾填埋场沼气发电项目	600	—	1000	900	2014.8投产	—	百川畅银新能源有限公司
7	河南	项城市首座垃圾填埋气发电厂	290	—	1000	691.2	2014.11投产	2900	百川畅银新能源有限公司
8	四川	乐山垃圾填埋场沼气发电项目	350	3600万/年	1500	953	2014.12投产	2000	百川畅银新能源有限公司

① 袁文祥，邰俊.2014 年生活垃圾填埋处理进展［J］.固废观察，2015.

序号	地点	项目名称	填埋场规模（吨/日）	产气量（立方米）	总装机容量（千瓦）	年发电量（万度）	所处阶段	总投资（万元）	投资运营公司
9	安徽	马鞍山市向山垃圾场填埋气发电项目	500	—	2000	1200	2014.10签约 2015.3开建 2015.6投产	1000	百川畅银新能源有限公司
10	福建	厦门市东部固废中心填埋气体综合利用站	2000	2190万/年	—	—	2014.12建成	1500	山东十方环保能源股份有限公司
11	广东	深圳下坪填埋气制取天然气项目	4000	4500万/年	—	—	2015.3投产	年产值1.2亿	中国水业集团
12	安徽	宁国首个生活垃圾填埋气发电项目	260	240万/年	—	630	2014.11开建 2015.6投产	1670	百川畅银实业有限公司
13	甘肃	武威市生活垃圾填埋气发电项目	300	—	500(计划2500)	400	2015.6投产	2259	甘肃武威百川畅银新能源有限公司
14	河南	偃师城市生活垃圾填埋气发电项目	200	—	—	438	2015.6投产	1200	偃师市宇动新能源有限公司
15	河南	林州市垃圾填埋气发电项目	300	—	500	438	2014.8开建 2015.8建成	1200	郑州宇动新能源有限公司
16	北京	北京六里屯垃圾填埋气发电项目	2000	—	—	—	2014.5收购	—	百川畅银新能源有限公司
17	贵州	兴义市生活垃圾沼气综合利用及发电项目	—	—	1500	1000	2014.12开建	总投资1.2亿，一期3573万	兴义市盾宏再生能源有限公司
18	河南	内黄县垃圾填埋气发电项目	160	—	—	630	2014.11开建	3200	郑州宇动新能源有限公司
19	广西	梧州市生活垃圾填埋场填埋气资源化综合利用项目招标	600	360万/年	—	—	2015.5招标	1200	青泓(南京)再生资源投资有限公司

序号	地点	项目名称	填埋场规模（吨/日）	产气量（立方米）	总装机容量（千瓦）	年发电量（万度）	所处阶段	总投资（万元）	投资运营公司
20	浙江	杭州市天子岭填埋场发电厂扩建工程	3200	9855万/年	12000		2015.7 招标	—	杭州环卫集团
21	湖南	浏阳市生活垃圾填埋场填埋气提纯制城镇燃气项目	360	—	—		2015.7 招标	1000	湖南丰铭能源科技有限公司
22	河南	镇平县生活垃圾填埋场沼气综合利用项目	230	—	—		2014.8 签约	—	百川畅银新能源有限公司
23	安徽	肥西县垃圾填埋场沼气综合利用项目	230	—	—		2014.6 签约	—	百川畅银新能源有限公司
24	黑龙江	哈尔滨垃圾填埋场沼气综合利用项目	3000	—	—		2014.9 签约	—	百川畅银新能源有限公司
25	福建	德化县生活垃圾处理场沼气综合利用项目	200	—	3000		2014.11 签约	3000	百川畅银新能源有限公司
26	全国范围	浙江奉化市、江山市、安徽广德县，江西省余干县，福建省东山县、福安县、连城县、永泰县、仙游县，以及广东揭西县、云浮市、怀集县等12项填埋气综合利用项目	—	—	—		2014.12 签约	—	百川畅银新能源有限公司

序号	地点	项目名称	填埋场规模（吨/日）	产气量（立方米）	总装机容量（千瓦）	年发电量（万度）	所处阶段	总投资（万元）	投资运营公司
27	江苏	阜宁县生活垃圾填埋场沼气综合利用项目	230	—	—	—	2015.5 签约	—	百川畅银新能源有限公司
28	湖北	随州市生活垃圾处理场沼气综合利用项目	480	—	—	—	2015.5 签约	—	百川畅银新能源有限公司
29	陕西	咸阳垃圾场填埋气发电项目	800	—	—	—	2015.6 签约	—	百川畅银新能源有限公司
30	浙江	象山垃圾场填埋气发电项目	500	—	—	—	2015.6 签约	—	百川畅银新能源有限公司
31	湖北	宜昌市孙家湾垃圾填埋场沼气综合利用项目	550	—	—	—	2015.8 签约	—	百川畅银新能源有限公司
32	重庆	重庆市江津区生活垃圾填埋场填埋气综合利用项目	300	—	—	—	2015.8 签约	—	中国天楹股份有限公司

资料来源：袁文祥，邰俊.2014年生活垃圾填埋处理进展[J].固废观察，2015.

七、 垃圾焚烧发电厂行业现状

（一）垃圾焚烧发电厂行业结构

2016年城市生活垃圾焚烧已跨过行业的高速发展期，垃圾焚烧市场开始从一二线城市向三四线城市拓展发展。在中国天楹、盛运环保、伟明环保、瀚蓝环境四家公司中，除去中国天楹外，其他三家公司的营收增速都不到10%，其中盛运环保和伟明环保两家公司甚至出现营收下滑的状况。在净利润上，除瀚蓝环境外，其他三家公司的增速都不足10%。由于大型垃圾焚烧发电厂存在的三大特征，主要包括建设周期长、投资规模大、注册资本不得少于人民币1亿元，导致所有新建的大型垃圾焚烧发电厂为减轻政府的财政压力，均引入了社会资本，并且由少数企业来承接运营大部分垃圾焚烧发电项目，市场集中度较高。截至2014年12月，炉排炉垃圾焚烧发电厂投入运行的总能力为12.2万吨/日，其中有10家企业拥有的焚烧处理能力总和占总能力的70%。这10家企业中，既有中央企业，也有地方国有企业，而大部分都为上市公司；既有国有企业，也有民营企业；既有国内上市企业，也有境外上市企业[①]。

经过"十二五"期间国内垃圾焚烧产能的快速增长，垃圾焚烧产能于2015年达到23.2万吨/日。截至2015年底，随着垃圾焚烧发电行业不断提升集中度，前十大垃圾焚烧企业的市场占有率已经接近80%，地方环保公司和当地政府手中掌握着其余部分。而随着垃圾焚烧市场的逐步发展，该市场进一步向集约化趋势迈进，专业运营商间的竞争优势越发凸显，行业龙头企业将很大可能上回整合地方垃圾焚烧产能，使得行业集中度进一步提高，如图6-63所示。

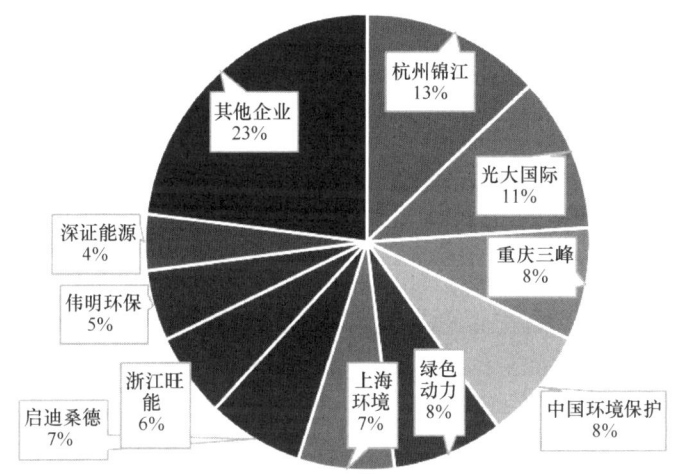

图 6-63　垃圾焚烧发电市场份额

资料来源：陈善平，张瑞娜，贾川.2014年生活垃圾焚烧处理进展［J］.固废观察，2015.

目前，我国垃圾焚烧发电项目的建设呈现速度加快、规模加大的现象，全国各地都在设立大型的垃圾焚烧项目。比如北京的高安屯垃圾焚烧有限公司，该公司属于北控集团旗下的环保业务板块，配置了2条焚烧垃圾800吨/日的焚烧线及2台15兆瓦的汽轮发电机组，焚烧生活垃圾量达1600吨/日。该项目是北京市第一个现代化大型生活垃圾焚烧项目，是我国目前处于营运状态中的垃圾焚烧设施中执行环保标准最严格的垃圾处理设施之一，更是目前亚洲单线处理规模最

---

① 中国环境保护产业协会城市生活垃圾处理专业委员会 . 城市生活垃圾处理行业2014年发展综述［J］. 中国环保产业，2015（11）.

大的垃圾焚烧项目[①]。

此外，由中国名企排行网和中国采购与招标网发布的 2014 年第三届中国垃圾焚烧发电项目投资人评价榜单列出了目前规模与技术较为出色的垃圾焚烧发电厂企业，如表 6-18 所示。

2014 年第三届中国垃圾焚烧发电项目投资人评价榜单　　　　表 6-18

中国垃圾焚烧发电产业领军企业	中国垃圾焚烧发电项目十大投资人	中国最具社会责任感垃圾焚烧发电投资人	中国垃圾焚烧发电明星企业
杭州锦江集团有限公司	杭州锦江集团有限公司	杭州锦江集团有限公司	杭州锦江集团有限公司
中国光大国际有限公司	中国光大国际有限公司	中国光大国际有限公司	中国光大国际有限公司
重庆三峰环境产业集团有限公司	重庆三峰环境产业集团有限公司	重庆三峰环境产业集团有限公司	重庆三峰环境产业集团有限公司
绿色动力环保集团股份有限公司	绿色动力环保集团股份有限公司	绿色动力环保集团股份有限公司	绿色动力环保集团股份有限公司
深圳市能源环保有限公司	深圳市能源环保有限公司	深圳市能源环保有限公司	深圳市能源环保有限公司
	上海环境集团有限公司	北京北控环保工程技术有限公司	北京北控环保工程技术有限公司
	首创环境控股有限公司		
	浙江伟明环保股份有限公司		
	中国天楹股份有限公司		
	中科实业集团（控股）有限公司		

资料来源：中国名企排行网、中国采购与招标网.2014 第三届中国垃圾焚烧发电项目投资人评价榜单 [D].2014 年 9 月。

（二）垃圾焚烧发电厂行业发展成效

垃圾焚烧发电厂在我国发展迅速，其垃圾无害化处理能力以及年处理量均在逐年攀升，具体发展成效参加本章第二节第三部分。

---

① 张世祥.垃圾焚烧这一年：停不下来的脚步不断走低的价格 [N]，新华网，2015.

八、 行业发展展望

（一）生活垃圾分类仍将是垃圾处理的一大难题

当前，我国对城市生活垃圾分类只做出了一些原则性的规定，在实践当中的可操作性不足，例如规定中把一些不能回收或目前不具备条件回收的垃圾也归入可回收物的范围。此外，上述规定并没有明确规定政府、企业和个人在垃圾分类中的责任和义务，更没有规定违犯行为的惩罚细则。此类以原则性规定为主的垃圾分类制度不利于义务人履行垃圾分类义务，对违犯行为无法施行有效的法律制裁。现今，推广垃圾分类导致城市的资源浪费增加。具体而言，原来只需一个垃圾筒变成两个垃圾筒之后，材料成本上升，清理表面积也增加了。相应的，环卫工人的清洁量也增加了，倾倒垃圾筒的工作量翻倍。若垃圾分类推广无法有效培养城市居民的垃圾分类意识，再加之后续收集、转运系统不完备——即使在街道对垃圾收集筒采取分类设置，后期的垃圾转运也是混合系统，缺乏一个完整的垃圾分类处理体系，垃圾分类则体现的更多是形式。

（二）垃圾清运市场有望快速发展

当前我国政府、企业在垃圾收运系统的投入远远落后于垃圾处理系统，尤其是垃圾焚烧和垃圾填埋等后端环节。垃圾收运作为垃圾处理的前端环节，它的完善与优化对垃圾综合管理系统的高效运行起着至关重要的作用[①]。基于国外垃圾处理公司的经验，垃圾处理收入有一半是来源于垃圾收运缓解。因此，我国的垃圾清扫、收运市场潜力巨大，垃圾收运系统将成为垃圾处理企业未来着重发展的领域。目前，我国垃圾收运市场还处于起步阶段，呈现市场不规范、主体相对弱小和地方垄断等诸多问题。随着上述问题的逐步解决，垃圾清运设施设备行业将在未来 10 年内进入爆发期，市场空间可达千亿元。

（三）垃圾填埋气发电或成为填埋场发展方向

随着我国政策和制燃气技术的发展与进步，我国填埋气发电项目的建设和投产速度有一定程度的加速，河南、四川、安徽、陕西和甘肃均有项目投产，上述填埋场中规模最小的只有 300 吨/日，规模最大的则可达 2700 吨/日。此外，我国尚有十数个处于签约或在建阶段的填埋气发电项目。目前，欧美等国家垃圾填

---

① 陈春菊. 探讨生活垃圾中转站的形式及其应用 ［J］. 科学中国人，2014 (7).

埋场的填埋气发电普及率超过 50％，相较而言我国的垃圾填埋气发电暂处于起步阶段，此类项目数量还不足 100 个。根据规划，2015 年我国新建 200 多个填埋气发电项目，预计后期填埋气发电项目增速将进一步加快，填埋气发电运营市场发展潜力巨大。

（四）大波填埋场封场来袭，存量消化压力大

现今，我国有大量的生活垃圾填埋场服役期已接近或超过设计年限，将逐步进入封场阶段。在"十二五"期间，全国实施 1882 个存量治理项目，而且在此后的 5～15 年内，我还国有 1469 座垃圾填埋场将逐步实施封场。此外，国内各地还在清理大量的小规模垃圾堆放点和非正规垃圾处置场等。因此，我国将面临巨大的存量垃圾治理压力，垃圾填埋场封场和整治时代即将来袭，存量垃圾的处置将迎来巨大发展空间。我国在"十三五"期间将大致有 180 亿元以上的资金来支持存量垃圾治理工作，在政府政策、存量垃圾治理技术和市场化运营模式发展的驱动之下，将有越来越多的企业进入垃圾存量整治市场。

（五）县城环卫机械化将逐步，新能源环卫车或越来越普遍①

我国县城的环卫机械化程度当前比较低，不过随着城镇化的不断深入，县政府会越来越重视环卫车的推广与配备，未来有望推动环卫机械设备领域成为新增长点。在《关于继续开展新能源汽车推广应用工作的通知》和国家出台对纯电动专用车（邮政、物流、环卫等）应用补助标准政策的双重刺激和影响之下，新能源环卫车市场正在逐步升温中，政府甚至将新能源环卫车列入国家战略层面。目前，城镇中的各环卫部门对新能源环卫车的采购量只占到总量的10％，采购量不是很大。但是，在我国加大新能源车支持力度和号召减排的大环境下，各地方政府相继推出新能源环卫车政策，该领域将逐步火热，迎来重大发展机遇。

（六）高标准垃圾焚烧将成主流

2014 年，我国业内专家、企业和协会相继提出清洁焚烧、蓝色焚烧、近零排放等焚烧理念，以缓解垃圾焚烧厂落地难的"邻避"困境，继续推动焚烧行业的整体水平。这些理念对行业技术提出了更高发展要求，推动行业进一步前进。2014 年 7 月，我国发布实施了生活垃圾焚烧领域"史上最严"的新国标《生活垃圾焚烧污染控制标准》GB 18485—2014。该标准的实施将大幅提升我国垃圾

---

① 张益，陈善平. 2014 年环境卫生行业总体进展 [J]. 固废观察，2015.

焚烧行业的门槛，为生活垃圾焚烧项目的规划设计、投资建设、运营管理建起了新标杆。此外，随着"十二五"大批垃圾焚烧项目的落地，垃圾焚烧产业将呈"两低三高"的态势——平均规模降低、年均增量降低、运营水平提高、建设标准提高和行业集中度提高。在"十二五"中后时期，形成了当前多个焚烧领域的在建项目和签约项目，因此项目大都会在"十三五"时期建成投产。同时，随着我国综合国力的增强，资本市场的迅速扩张，我国积累起来的装备、焚烧技术、运行和监管经验，未来有望与国际标准接轨。

（七）餐厨垃圾资源化，迎来发展黄金期

目前，我国餐厨垃圾处理市场受累于不完善的收费机制和不够成熟的处理技术，导致整个行业一直在负重前行，产业发展进程较慢。但随着科学技术的发展以及行业政策的完善，未来我国将加速释放该市场。近2年来，多家企业针对"十二五"规划中提出的"力争达到3万吨/日的处理能力"设立了餐厨垃圾处理项目，当前的处理能力离计划还有0.8万吨/日的差距。筹建中的40座处理设施大部分目前还处于完成立项阶段，如果再加上部分未建设的试点城市项目和不少试点外城市的加入，餐厨垃圾处理行业在今后几年有望迎来市场的小规模爆发①。一旦收费机制与处理技术得到较好的解决，餐厨垃圾处理行业极有可能和垃圾焚烧行业一样迎来自己的黄金时代。

（八）互联网将推动垃圾处理行业更快发展

垃圾处理行业与其他传统行业一样，在互联网潮流的冲击下将产生巨大的变革。互联网的引入有望降低垃圾处理产业的运营成本，并提升相关企业的管理水平和资源利用效率，由此推动本行业在市场开拓、品牌传播、技术升级等方面的发展，实现产业规模的扩大和产业附加值的提升。伴随着我国环保物联网的兴起及环境监测体系的完善，企业将可以持续挖掘出来自社会民众、污染源、城市环境等环境数据的重要价值，这将有利于智慧环保理念的推广与实践。例如东江环保与"淘绿"成立合资公司，投资建设废旧手机拆解以及资源化利用项目；桑德环境运用"互联网技术＋机械化储运"战略，在环卫车和垃圾箱当中植入芯片，一方面可以精确记录环卫车的运行轨迹和规律，对其进行优化管理，另一方面能够记录垃圾箱内的垃圾数量和种类，实现人、物、车全部互联。

---

① 张益，陈善平. 2014年环境卫生行业总体进展［J］. 固废观察，2015.

第四节　垃圾处理行业 PPP

一、　总体概况

城市生活垃圾处理服务在我国向来被视作应由政府提供公共福利事业、公共物品。城市垃圾处理服务行业在供给上存在一定的竞争性，在消费上存在一定的排异性，尤其在回收利用、垃圾运输方面表现强烈，纯公共物品并不具备该属性。当然垃圾处理相关公共物品的属性会随着不同的社会阶段以及制度背景而发生转化。由于城市生活垃圾处理服务的服务对象为城市居民，且处理的生活垃圾具有私人物品特性，这要求对该行业引入一定程度的市场机制，可以有效提高效率。为了适应准公共物品的特性，需要将政府和市场有机结合，扬长避短，由政府和私人共同提供服务，因此 PPP 应运而生，且实践证明这种公私结合的创新十分有生命力。

截至 2016 年初，垃圾处理领域的 PPP 模式的应用约占所有 PPP 项目的 3.67%。而垃圾处理领域的 PPP 项目在财政部公布的第二批 PPP 示范项目中有 20 个，数量上占比 9.71%；从金额上看，合计投资金额 94.67 亿元，占比 1.44%。省市的垃圾处理项目大多数都采用了 PPP 模式，上海垃圾处理项目的 PPP 模式应用取得很大的进展。截至 2014 年底，上海采用 PPP 模式，通过赋予企业特许经营形式，吸引了大量私有企业投资建设垃圾处理相关基础设施，如焚烧厂、填埋场、综合处理厂等，处理能力高达 12945 吨/日，具体成果为：建成投入正常运营的焚烧厂 3 座，日处理能力为 3395 吨；建成垃圾填埋场 2 座，日处理能力为 5200 吨；建成垃圾综合处理厂 4 座，日处理能力为 3050 吨。其中，实施特许经营的方式有公开招标、邀标与直接委托，对应的设施数量分别为 8 座、1 座、2 座。上述设施当中，已经正常运行的 8 座垃圾处理设施实际垃圾处理量达到 15800 吨/日，占上海全市生活垃圾日处理能力的 82%，该结果表明上海的垃圾处理设计建设及经营模式是以 PPP 模式为主[1]。

---

[1]　叶继涛. 垃圾处理 PPP 之上海经验：投资规模失控等问题须重视 [N]. 中国经济导报，2016.

二、 垃圾处理行业适用 PPP 模式

适用于垃圾处理行业的 PPP 模式有许多种，大致可划分为公有私营、公私合资和特许经营三大类（见表 6-19），合计 9 种方式。①

垃圾处理行业的 PPP 模式分类 表 6-19

PPP 类型		产权	经营和维护	投资	商业风险
公有私营	服务合同	公共部门	共同负责	公共部门	公共部门
	管理合同	公共部门	私人部门	公共部门	公共部门
	租赁合同	公共部门	私人部门	公共部门	私人部门
公私合资	国有股权/产权出售模式	共同拥有	共同负责	共同出资	共同分担
	准 BOT 模式	共同拥有	共同负责	共同出资	共同分担
特许经营	BTO 模式	私人部门-政府	私人部门	私人部门	共同分担
	BOT 模式	私人部门-政府	私人部门（合同期）	私人部门	私人部门（合同期）
	BOO 模式	私人部门-政府	私人部门	私人部门	私人部门
	TOT 模式	私人部门-政府	私人部门（合同期）	公共部门	私人部门（合同期）
	DBO 模式	私人部门-政府	私人部门（合同期）	私人部门	私人部门（合同期）

资料来源：基于"朱占波. 城市生活垃圾处理的公私合作（PPP）模式研究［D］. 重庆：重庆大学，2008"增改。

（一）公有私营类

公有私营模式主要是指由政府投资建设设施，拥有基础设施的所有权，然后将其经营权通过合同形式承包给私人企业，私人企业负责设施的运营及维护。其中，公有私营类可细分为服务合同、管理合同和租赁合同等 3 种。

1. 服务合同（Service Contract）

服务合同指的是政府投资建设，将与环卫设施有关的特定的服务以合同的形

---

① 朱占波. 城市生活垃圾处理的公私合作（PPP）模式研究［D］. 重庆：重庆大学，2008.

式承包给私人企业，即服务外包，政府部门需要对设施进行管理与维护，并承担一切风险。例如，垃圾处理（国有）企业在一些垃圾堆肥处理项目中为了实现服务专业化，通常将堆肥产品的深加工服务外包给专业从事堆肥产品的私营企业，自身仍然拥有企业的经营权，且需承担风险。

2. 管理合同（Management Contract）

管理合同是指通过合同的形式将基础设施的经营管理权赋予私人企业，以减少政府在经营管理上的财政支出，避免给政府增加不必要的负担。2001年深圳市与私营企业签订管理合同，将污水处理厂承包给私营企业经营，这使得政府节约了120多万财政支出，降低了20％左右的运营维护成本。这是管理合同取得成效的铁证。

3. 租赁合同（Leasing Contract）

租赁合同是指基础设施由政府投资建设并且负责进行设备的更新维护，建成后将基础设施租赁给私人企业并向其收取租赁费用，运营活动及日常的维护由私人企业展开，所有权属于政府，经营权属于私人企业。1999年，深圳龙岗中心区通过租赁合同模式将垃圾焚烧发电厂的经营权转移给加拿大瑞威环保技术有限公司，在租赁合同到期后，瑞威公司保证垃圾焚烧厂的设施完好、运行稳定且拥有一个良好的运营团队，并将之整体移交为政府。

（二）公私合资类

指政府和私人企业共同出资成立公司，也可以通过部分股份转出给私人企业的形式将原国有企业转变为混合所有制企业，混合所有制企业中，原国有企业和入股的私有企业根据出资比例共享收益，分担风险。公私合资类可细分为国有股权/产权出售模式和准BOT模式。

1. 国有股权/产权出售模式

国有股权/产权出让是指政府以出售部分股权的形式对国有企业的部分股权/产权进行转让，实现私有企业与国有企业共同控股，使得环保企业的资金来源多元化，公司组成及治理结构趋于现代化。与此同时，政府将一定时期内对特定业务的经营权授予给入股的私有企业，允许私有企业经营规定范围内的公司业务。这一模式在国有企业市场化进程中被普遍采用。

2. 准BOT模式

准BOT模式是在"建设—经营—移交"的传统的BOT模式发展而来，由于国内银行没有有限追索融资的经验与规定，因此一般不具备有限追索的特性，国内人士称之为准BOT模式。这种模式已在污水处理厂，垃圾发电厂发挥了巨大的作用，如已建成的由国债支持的重庆同兴垃圾发电厂。

（三）特许经营类

特许经营类是指由私人企业进行部分或全部的投资，政府与私人企业通过制定合同共同分担项目风险，同时政府也有享受项目收益的权利。政府分担风险主要体现在当项目经营亏损或发生重大意外时，政府会给特许经营公司一定的补偿以弥补损失；而当特许经营公司获取较大收益时，政府有权向公司收取一定的费用，分享收益。在超过合同规定的经营期限时，私有企业需将项目的所有权及使用权转交给政府，由政府进行后续的安排。适用于垃圾处理行业的特许经营类可细分为 BTO、BOT、BOO 和 TOT 四种。

1. 建设—转让—运营（Build-Transfer-Operate，BTO）

BTO 是指由私有企业进行项目的基础设施的投融资及建设，在基础设施建成后，私人企业需马上对基础设施的所有权进行转让，基础设施为政府相关主管部门所有，经营权则以合同的形式承包给私人企业。私人企业通过经营基础设施，为用户提供相关服务并收取服务费或使用费来获得收益，以此收回期初投资及盈利。该模式其实是 BT 模式与租赁模式的结合。

2. 建设—运营—转让（Build-Operate-Transfer，BOT）

BOT 模式是指私人企业进行项目的融资投资及基础设施的建设并拥有一定时期内的经营权与所有权，在与政府签订的合同的期限内，拥有对基础设施的运营权且负责相关维护工作，以经营基础设施来获取收益，收回投资并获取利润。当合同到期后，私人企业需要将基础设施的经营权与所有权移交给政府，由政府部门进行经营与管理。该模式普遍应用于环保设施建设领域，如四川省崇州市生活垃圾处理厂、浙江省温州东庄垃圾焚烧发电厂等。

3. 转让—运营—移交（Transfer-Operate-Transfer，TOT）

TOT 是指政府部门负责项目的投资及建设，在基础设施建成后，政府部门将设施在一定时期内的经营权转让给私有企业，并且收取一定的费用用于开展新的项目投资。私人企业通过支付费用的方式获得设施一段时间的经营权，通过日常运营获取收益收回投资并取得一定的利润。在合同期满后，基础设施的经营权及所有权又如数移交给政府部门。例如淮安市王元生活垃圾卫生填埋处理场。

4. 建设—拥有—运营（Build-Own-Operate，BOO）

BOO 是指政府将项目的特许权赋予私人企业，由私人企业进行基础设施的投资建设，所有权及经营权都属于私人企业，由私人企业进行经营维护。2014～2015 年垃圾处理行业该模式的项目如表 6-20 所示。

2014～2015 年垃圾处理行业 BOO 模式项目　　　　　表 6-20

编号	项目名称	项目规模（吨/日）	项目总投资（亿元）	吨投资（万元）	烟气标准	启动时间	投资	投资主体
1	湖北省监利县生活垃圾焚烧发电BOO项目	300	1.49	49.6	国标	2014.03	BOO	浙江旺能环保
2	江苏省苏州吴江区生活垃圾焚烧发电项目	1500	8.9	59.3	—	2014.04	BOO	光大国际
3	福建省潮州市潮安区垃圾焚烧发电项目	700	4.0	57.1	国标，EU2000	2015.05	BOO	深圳能源
4	河南省武陟县生活垃圾焚烧发电项目	300	—	—	—	2015.05	BOO	—
5	安徽省萧县垃圾焚烧发电项目	800	4.2	52.5	EU2000	2015.06	BOO	光大国际

资料来源：陈善平，张瑞娜，贾川.2014年生活垃圾焚烧处理进展［J］.固废观察，2015.

5. 设计—建设—运营（Design-Build-Operation，DBO）

承包商在业主手中以某一合理总价承包设计并建造一个公共设施或基础设施，并且负责运营该设施，满足在该设施试用期间公共部门的运作要求。承包商负责设计的维修保养以及更换在合同期内已经超过其使用期的资产，在该合同期满后，资产所有权交回业主或公共部门[1]。DBO 的特点可以概括为"单一责任"和"功能保证"。DBO 合同中的承包商需要担负设计、建造和运营的责任，对项目是否达到预定的技术标准和进度要求负责，由于 DBO 中的设计—建造部分采用总价包干的方式，他也必须对项目的建造费用控制负责，并通过运营的考验确保将来向业主移交一个符合运营要求的设施。这一模式非常适用于垃圾处理设施项目并且目前垃圾焚烧发电项目商业模式上已开始从传统 BOT 向 DBO 延伸。

（四）狭义 PPP 类

狭义的 PPP 泛指公共部门与私人部门为提供公共产品或服务而建立的各种合作关系，与广义 PPP 相比，狭义的 PPP 更加强调合作过程中的风险分担机制和项目的衡工量值（ValueForMoney）原则。狭义的 PPP 是私人部门与政府构

---

① 张硕，吕文学，赖俊蓉.设计—建造—运营合同：公私合作伙伴新模式［J］.国际经济合作，2008（6）.

成 的 为 达 成 特 殊 目 的 组 织 （SPV）、私人企业出资，与政府部门共同设计研发，共享收益，分担风险的模式。近年来，国家越来越重视政府与社会资本的合作，且出台了相关政策鼓励合作的展开，垃圾处理项目已经逐步采用狭义的 PPT 模式。

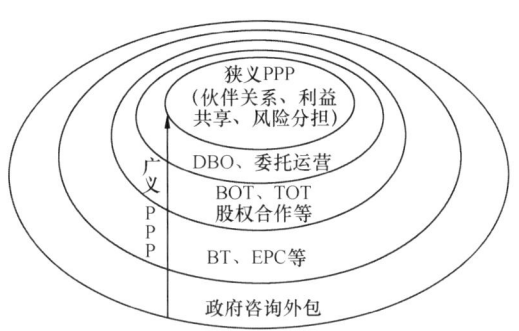

图 6-64 展示了广义 PPP 和狭义 PPP 的区别。狭义 PPP 的主要特征体现在政府着重参与项目中后期的建设运营及管理，而企业

图 6-64　广义 PPP 和狭义 PPP 关系

资料来源：陈善平，张瑞娜，贾川. 2014 年生活垃圾焚烧处理进展［J］. 固废观察，2015.

则侧重于项目期初的设计研发立项等活动。狭义 PPP 中，政府和企业双方都是参与到项目的计划到建设运营全过程，合作关系存续时间长，信息交流也更加频繁。

三、　垃圾处理行业 PPP 项目运作模式

由于 PPP 项目发展较晚，国内的案例较少，因此存在缺少开展经验、缺乏指导的问题。针对此问题，国家有关部门整理收集并公开发布了 13 个具有代表性的项目案例以作为示范，供相关 PPP 项目运作人员参考。此次发布的 PPP 项目案例涉及多个领域，包括交通设施、水利设施、市政设施、资源环境、公共服务等多个领域，包含了 TOT、BOT、BOO 等多种运作模式。其中，垃圾处理领域的示范项目有两个，分别是大理市生活垃圾处置城乡一体化系统工程和苏州市吴中静脉园垃圾焚烧发电项目，这两个项目均为 BOT 模式。垃圾处理 PPP 项目的运作模式可具体参照上述两个项目[①]。

四、　垃圾处理行业 PPP 项目法律政策环境

为了对城市垃圾处理项目进行监管，建设部颁布了两步中央立法，分别为《城市建筑垃圾管理规定》和《城市生活垃圾管理办法》。该规定与办法用于监管我国垃圾处理事业的各项活动，为垃圾处理事业制度化、规范化和法律化奠定了

---

① 国家发改委. 国家发展改革委发布政府和社会资本合作（PPP）典型案例［J］. 中国工程咨询，2015（9）.

基础。与大部分法律形式类似，当前我国的垃圾处理行业监管法律的构成可分为总则、垃圾处理设施的规划与投资建设、市场准入原则、运营规范监管、项目退出机制、垃圾处理行业的法律责任等。

财政部发布的相关政策包括[1]：2014 年 9 月发布《关于推广运用政府和社会资本合作模式有关问题的通知》（财金〔2014〕76 号），明确了推广运用政府和社会资本合作模式的工作要求，拟在全国范围内开展 PPP 项目示范。该通知是财政部推广政府和社会资本合作模式以来下发的第一份正式文件，对我国政府和社会资本合作模式规范发展发挥重要作用。11 月财政部《关于政府和社会资本合作示范项目实施有关问题的通知》（财金〔2014〕112 号）确定的首批 PPP 示范项目中，就包括涉及垃圾焚烧领域的 PPP 项目（南京市垃圾处理设施项目，实施内容为南京江南、江北灰渣填埋场和城南、江北垃圾集中转运系统）。为规范 PPP 项目运作，加快推进实施，财政部相继发布了《关于印发政府和社会资本合作模式操作指南（试行）的通知》（财金〔2014〕113 号）、《关于规范政府和社会资本合作合同管理工作的通知》（财金〔2014〕156 号）、《政府和社会资本合作项目政府采购管理办法》（财库〔2014〕215 号）等文件，促进 PPP 落地。根据《关于进一步做好政府和社会资本合作项目示范工作的通知》（财金〔2015〕57 号），目前已开始第二批示范项目上报工作。

2014 年 11 月和 2015 年 5 月，国务院相继发布《国务院关于创新重点领域投融资机制鼓励社会投资的指导意见》（国发〔2014〕60 号）、《国务院办公厅转发财政部发展改革委人民银行关于在公共服务领域推广政府和社会资本合作模式指导意见的通知》（国办发〔2015〕42 号）等，提倡建立健全的 PPP 机制，鼓励社会资本对环境治理的投资，确保行业多元发展，同时把生态环保位居七大重点领域之首。2014 年 12 月，发改委发布《关于开展政府和社会资本合作的指导意见》（发改投资〔2014〕2724 号），从项目适用范围、部门联审机制、合作伙伴选择、规范价格管理、开展绩效评价、做好示范推进等方面，对开展政府和社会资本合作提出具体要求。

五、 垃圾处理行业 PPP 项目常见问题和风险

（一）低价中标趋势愈演愈烈

在垃圾焚烧处理项目的投融资方面，政府与社会资本公私合作，信息不对称

---

[1] 陈善平，张瑞娜，贾川. 2014 年生活垃圾焚烧处理进展［J］. 固废观察，2015.

导致合作双方存在利益冲突的潜在风险。一方面，政府在垃圾处理费支付、选址争议、服务范围、处理量波动等方面让社会资本承担运营和财务风险；另一方面，垃圾处理过程中污染排放信息不对称引致政府监管不到位，进而引发社会风险。在利用 BOT 等特许招投标选择社会资本合作主体的过程中，"跑马圈地"思维使得社会主体之间陷入低价竞争的窘境。2015 年来，垃圾焚烧项目的中标价格以几何级数的速度跌落。在未来特许经营期内，低价中标的垃圾处理项目能否在减少支出、降低成本过程中守住环保底线，成为项目周边居民是否接受垃圾处理项目的又一不确定因素①。

（二）PPP 模式的垃圾焚烧项目法律体系亟待完善

实践证明，一个健全的法律体系是 PPP 模式得以高效运作的保障，良好的社会环境下以及制度保护是 PPP 模式发挥作用的前提。我国 PPP 模式起步晚，由于缺乏针对 PPP 项目的个性化的法律制度，当前 PPP 项目的管理主要以过去的《中华人民共和国政府采购法》、《特许经营法》、《中华人民共和国招标投标法》等作为执行参照，但这些法律并未全面考虑到 PPP 模式垃圾处理项目运行中可能会出现的个性化的问题。垃圾处理行业属于社会公共服务的范畴，具备公共基础设施的特性，运用于其的 PPP 模式要依据垃圾处理设施的非排异性和自然垄断性进行个性化设计，公共基础设施用于满足人民及社会发展进步的需要，因此完全的市场化无法实现，必须由政府介入才能保证民众及社会秩序的良好运行。PPP 模式基于政府和私人企业的合作展开，必须有相应的法律政策，来明确合作双方各自的权利和义务，保证垃圾处理项目的顺利进行，同时保证政府和企业双方的利益，以提供良好的社会服务，使得社会发展良好。

（三）政府的能力、责任与地位不匹配

PPP 模式下的公共基础设施建设及运营是政府与私人企业共同参与的，但政府通常在项目进程中占主导地位。然而，政府工作人员缺少垃圾处理相关的专业知识与技能以及对项目的事前、事中、事后评估方法，这使得项目在计划及执行过程中易造成决策失误，容易催生腐败现象，从而使得公共基础设施实际投资额低，甚至成为豆腐渣工程，影响人们对公共设施的使用，使得社会公共服务品质下降，人民群众利益以及私人企业利益都遭受伤害。当前我国市场经济体制还不完善，在政府与私人企业合作的项目中会发生腐败现象，导致其

---

① 金通. 信息不对称条件下垃圾处理项目邻避效应的形成机理与治理策略 ［J］. 社会科学战线，2016（4）.

负责的公共基础设施建设项目实际投资额减少，施工用料品质低下，使得基础设施功能存在缺陷，品质得不到保障甚至导致意外事故的发生，严重损害了人民群众的利益。

在PPP模式的垃圾处理项目中，政府部门往往注重自身的财政压力与投资方向，以达到尽可能减少自身所需承担责任的目的，使得政府部门角色的缺位和错位。例如，垃圾焚烧处理PPP项目近年来存在政府有关部门向社会资本收取过高额度的保证金的现象，这使得原本具备足够融资能力的、专业性强的私人企业望而却步，无法与政府展开合作，实现互惠互利，最大化该垃圾处理项目的社会效益。例如，某地住房和城乡规划建设局计划开展垃圾焚烧发电厂建设项目，发布公告进行招商引资，然而由于公告中规定参与合作项目的企业需要在报名截止后的五个工作日内缴纳1亿元人民币给住房和城乡规划建设局作为项目保证金，逾期未缴纳巨额保证金的视为放弃合作项目，高额的保证金使得许多私人企业只能放弃。

（四）政府的合约意识仍需提升

PPP项目是由政府和企业合作展开，全过程依托于合同作为约束，合同中规定了合作双方的职责与权力，对于项目的运行方式有着明确的规定。但是政府通常占据主导地位，且政府的合约意识相对薄弱，这就导致了在合作过程中由于政府不遵守合约而导致一系列问题与矛盾的产生。在过去基础设施建设通常由政府完成，政府面临较大的地方债务且信用等级较低，给予的承诺常常无法兑现，在招商引资后不能及时按规定支付款项，政府之间相互推诿，尤其在换届或者政策调整时，这种信用危机常常发生，严重损害了社会资本的合法权益。政府薄弱的合约意识与及强烈的官本位思想对PPP模式的普及运用造成了重大的阻碍。垃圾处理设施特许经营项目通常需要巨大的投资额，而获取投资回报的途径为对公共基础设施的运营从而收取一定的服务费，盈利方式单一，投资回报周期较长，企业大部分的投资回报来源于政府的财政支出，当政府出现违约而不进行支付时，企业资金难以运转，中小企业容易因此造成资金链断裂从而导致破产。政府严重的官本位思想使其在与社会资本合作中处于领导地位，契约内容无法实现，导致企业难以自主经营公共设施，影响企业的盈利，不符合市场发展规律，从而导致PPP模式的无效性。在垃圾处理项目当中，政府部门往往使政治需要凌驾在发展规律之上，以行政命令替代经济合同，上述行为严重脱离了我国市场发展的规律，使得社会资本难以遵循市场经济规律做出决策。

六、　垃圾处理行业 PPP 模式发展建议

（一）财政补贴体系需符合垃圾处理项目的特性①

为了发挥垃圾处理项目 PPP 模式的优势，就要通过项目的基本特征（譬如公益性、非竞争性和非排他性等）来建立恰当的补贴制度。具体而言，（1）结合垃圾处理的收费模式来设计补贴制度。如果是定额收费，对家庭可支配收入低的人群给予一定的补贴，因为他们的人均垃圾产量一般也比较少；如果是按量收费，则无需对家庭进行区别对待；（2）结合 PPP 模式的付费方式来设计对社会资本的补贴制度。如果社会资本向消费者直接收费，那么政府可以赋予私人合作者一定收费变动权限，由此政府无需对社会资本进行额外的补贴，但需要对收入较低的家庭进行补贴以削弱收入分配的逆向调节效应；如果是政府作为直接付费者，那么政府则只需要考虑补贴消费者即可；如果政府将上述付费方式进行结合运用，则需要根据实际情况进行补贴。此外，补贴制度的设置还要考虑到垃圾处理的环节，因为垃圾处理环节不同，它所呈现的特点也有差异，外部性程度也不同。

（二）建设健康的垃圾处理市场

建设健康的垃圾处理市场有两个前提条件：（1）政府可选择的社会合作者是足够的，这才能保证项目伊始就有充足的竞争；（2）项目运营时具有竞争性，进行过程和结果比照，才能提升运营的效率和效果。市场的有效性依托于竞争的有效性，目前在垃圾处理市场的民营企业较少，很难保证这两方面竞争的有效性。因此，政府在垃圾处理领域不但要把国有机构通过股份转让的方式交给私人企业经营管理，还要制定各种财政及税收政策鼓励私营企业积极参与到垃圾处理行业的市场竞争当中，例如简化相关行政审批，削弱社会资本参加市场竞争的门槛与阻碍。只有在垃圾处理行业引入充分的市场竞争，避免恶性低价中标现象，市场对资源进行优化配置的功能才能发挥，PPP 模式的优势才能显现。

（三）完善垃圾处理项目 PPP 专门的法律体系

目前我国垃圾处理项目 PPP 还没有专项法律，只有 4 部专门的部门规章以及各地方的地方性法规，涉及 PPP 的法律主要有《预算法》、《政府采购法》、

---

① 白彦锋，旷星星. PPP 模式应用于城市生活垃圾处理的思考 [J]. 新疆财经，2016（3）.

《合同法》、《招投标法》等。目前我国财政部虽然明确了PPP适用于采购法，但在实际运用中仍然存在一些问题：（1）法律法规体系的完整性和系统性还有待提高，我国制定采购法的时候PPP模式还未引起国家的足够重视，导致该法律的很多设定没有考虑到PPP模式的特殊性，因此应及时修改《政府采购法》并制定专门的PPP行政法规以完善PPP立法体系；（2）PPP相关法律规章制度还未详细到足够指导实践生产的底部，我国应该加强该领域的立法研究，借鉴国际优秀经验，完善PPP项目的运作过程，保证政府采购物有所值；（3）根据垃圾处理PPP项目的特性优化政府部门的角色与作用。

（四）加强政府对垃圾处理PPP项目的全生命周期监管[①]

首先，政府需要建立垃圾处理项目的中期绩效评估机制，把目标项目纳入到现行财政资金绩效评价的体系当中，完善绩效评价的方法，对项目运作、公共服务质量和资金使用效率等进行综合评估，并向社会公示评估结果，将其作为项目合作期限、价格和补贴等要素的调整依据。其次，加强PPP监督管理机构建设。我国中央和省级财政部门已经先后成立了政府和社会资本合作中心，但财政部门作为PPP项目的重要参与方之一，在项目筛选以及招投标中的独立性仍有待进一步的研究与明确。最后，需要改进项目的监管方式，强制引入政府采购的信用担保，通过第三方监管来弥补行政监管的不足，以达到降低项目风险的目标。

（五）加快垃圾处理行业产权改革，建立多投资主体的融资体系

目前，在城市生活垃圾处理行业大量使用BOT等特许经营的管理办法[②]，但是因为其本身具有时效性，企业决策行为会发生变化，比如追求短期的收益，不注重对机器设备的更新换代，对行业新技术没有动力去引进，特别是越接近合同的到期日，企业的投资越少，这一系列问题都制约着行业绩效水平的进一步提升，政府应该致力于处理此类问题，更好地设计特许经营条款。上述这些问题都是BOT等特许经营固有的缺点，所以在实践中，政府应该适当地进行更加充分的产权改革，来减少这些问题给行业绩效水平提升作用的负激励。产权与管制的交互作用对于城市生活垃圾处理行业是较为显著的，尽管短期来看，产权对于行业的促进作用有限，但是从长期来看，产权的作用仍然是不可忽视的，一个具有良好产权结构基础的企业具备参与市场竞争的条件。但是这并不意味着存在一种普遍适用的产权结构，应该结合企业自身的特点，采取能够尽量减少委托—代理

① 林翰. PPP模式推广运用对策研究——以福建为例 [J] 地方财政研究，2015（8）.
② 胡榕. 市场化改革对城市生活垃圾处理行业发展绩效的影响研究 [J]. 浙江财经大学，2016.

费用、信息不对称的产权安排。

（六）建立积极有效的项目监督机制和用户反馈机制

虽然PPP模式能够帮助垃圾处理项目带来更多的社会资本，但是由于该类项目的公共属性，容易发生信息不对称、搭便车等行为，使得私人为了私利而损害公共利益。因此在实践中，一是要加强政府管制，切实监督社会资本一方履行合同，避免其违反合同内容，损害公共利益。具体而言，就是要对垃圾处理价格机制、市场准入、运营质量标准、运营监控手段和市场退出等机制、体制进行优化和落地。二是要设置信息披露制度，构建信息反馈机制，保证信息传递渠道畅通，以实现全民监督PPP项目。社会民众是垃圾处理项目的最终消费者，也是资金的最终支付者，因此他们有权成为垃圾处理服务的最终评判者。

（七）构建政府履约的保障机制

部分社会资本目前对PPP持观望态度，即是担忧地方政府在PPP项目中的地位过于强势，难有合作意识和市场意识。为此，需要培育和提升我国政府部门的契约意识并建立对民营资本的保障机制。首先，完善合同管理。通过建立风险分担机制、基于成本的调价机制以及项目退出机制，在政府和企业之间合理分配项目的风险与收益，为PPP项目的顺利实施和全生命周期管理提供合法有效的合同依据。其次，提升政府部门的合同管理能力，加强对地方政府部门对于PPP项目相关法律与合同管理的培训，树立牢固的法律意识和契约观念。最后，建立保证政府履约能力的预算机制，借助专业咨询机构的力量来识别、防范和控制PPP项目中的风险。对于政府支付义务，要在财政预算和资产负债表中加以体现，构建清晰的预算机制，确保政府按时兑现财政承诺，以增强社会资本的信心。

第七章　供热行业发展报告

第一节　供热行业投资与建设

城镇集中供热行业是北方城市重要的基础性公用事业行业。集中供热行业的基础设施投资规模大、周期长、回收慢，建成后正常的维护需要大量持续的资金投入。所以，稳定的投资是保证供热行业可持续发展的基础，有效的投资激励是确保有效投资的关键。近年来，随着国民收入水平的不断提高和城镇化进程的持续加快，城镇集中供热的供给需求也快速增加，同时城镇集中供热投融资体制也开始逐步市场化，这都使得供热行业的投资逐年增加，保证了城镇集中供热行业的建设发展。

一、 城镇集中供热行业投融资政策

中国城镇集中供热行业在传统投资体制下是由政府投资，2000 年以来，国家对供热行业进行了一系列改革，并出台了相应的政策文件。通过对政府文件进行梳理，可以发现中国供热行业投融资体制改革大致分为三个阶段：市场化改革、引入非公有经济、PPP 模式新阶段。

城镇集中供热行业投资政策主要体现在一系列文件和规章上，具体来说，促进供热行业市场化改革的文件主要有：2000 年建设部印发《城市市政公用事业利用外资暂行规定》、2002 年建设部发布的《关于加快市政公用行业市场化进程的意见》、2003 年国家多部委联合颁发的《关于城镇供热体制改革试点工作的指导意见》。这些文件的出台有利于打破传统的单位统包的供热制度、消除福利供热，实现供热的商品化，引导外资进入供热行业，明确了市政公用事业民营化的改革方向，对于供热行业的改革具有非常重要的指导意义。

在供热行业引入非公有经济、并且促进非公有经济发展的文件主要有：2004年国务院颁布《国务院关于投资体制改革的决定》、2005 年国务院发布的《关于鼓励支持和引导个体私营等非公用制经济发展的若干意见》（简称"非公 36 条"）、2010 年国务院发布的《关于鼓励和引导民间投资健康发展的若干意见》（简称"新36 条"），这些文件对非公有经济的进入做出了详细的规定，极大地提高了非公有经济在供热行业中的作用，能够使其与国有经济优势互补，促进供热行业的发展。文件明确指出要拓宽企业投资项目的融资渠道，允许各类企业以股权融资方式筹集投资资金，支持非公有资本积极参与城市供热等市政事业的投资、建设与运营。鼓励民间资本积极参与市政公用企事业单位的改组改制，具备条件的市政公用事业项目可以采取市场化的经营方式，向民间资本转让产权或经营权。

PPP 模式是公共基础设施建设中发展起来的一种优化的项目融资与实施模式，这是一种以各参与方的"双赢"或"多赢"为合作理念的现代融资模式。政府也积极推进 PPP 项目在供热行业中的应用，体现在：2014 年财政部发布的《政府和社会资本合作模式操作指南》、2015 年《外商投资产业指导目录（2015年修订)》、2016 年住房和城乡建设部、国家发展改革委、财政部、国土资源部、中国人民银行五部门联合印发了《关于进一步鼓励和引导民间资本进入城市供水、燃气、供热、污水和垃圾处理行业的意见》。这些文件能够引导 PPP 项目在供热行业健康发展，供热行业投资规模大、需求稳定、市场化也逐步深化，适宜采用政府和社会逐步合作模式，民营资本和社会资本也同样可以投资集中供热的关键性技术。

二、 城镇集中供热行业投融资现状

（一）固定资产投资总额总体呈上升趋势

随着国民收入水平的提高以及城镇化的发展，供热产品需求量不断增加，这使得供热行业的投资逐年增加。集中供热作为主要的供热方式，其投资情况对于了解供热行业投资情况具有重要作用。我国集中供热固定资产投资从 2005 年的173.4 亿元上升到 2014 年的 575.4 亿元，2014 年集中供热固定资产投资金额大约是 2005 年的 2.6 倍。从图 7-1 中可以看出，2005 年以来，集中供热固定资产

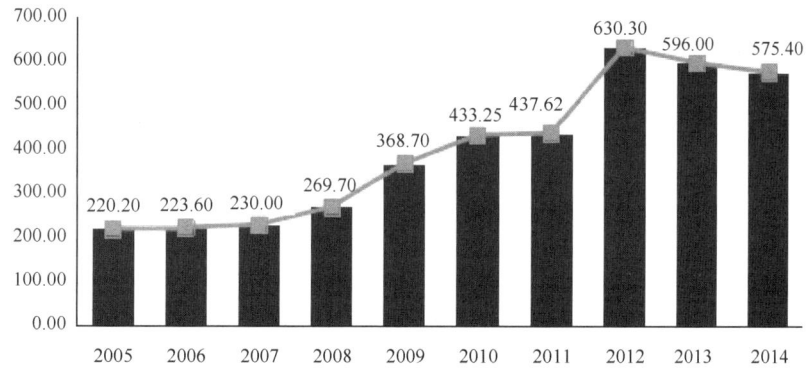

图 7-1 2005～2014 年城镇集中供热固定资产投资额

数据来源：根据《中国城市建设统计年鉴 2015》计算得到。

投资总体处于增长期。

（二）投资增长率呈现波动性

在 2006～2013 年间，集中供热固定资产投资的年均增长率为 13.9％。相对于年均增长率，2006 年、2007 年、2011 年、2013 年、2014 年的环比增长率均较低；2004 年、2008 年、2010 年的环比增长率较为接近，处于 10％～20％区间内；2009 年和 2012 年的环比增长率较高，均高于 30％水平。2012 年的环比增长率高于 40％，这也导致 2013 年和 2014 年的环比增长率出现负数。从图 7-2 可以看出，供热投资环比增长率围绕着年均增长率做周期性波动，且波动幅度呈明显的扩大趋势。在城镇化进程中，供热需求增长波动会影响供热投资的波动。此外，中国宏观经济的投资环境以及煤价的波动都会影响供热投资的波动。

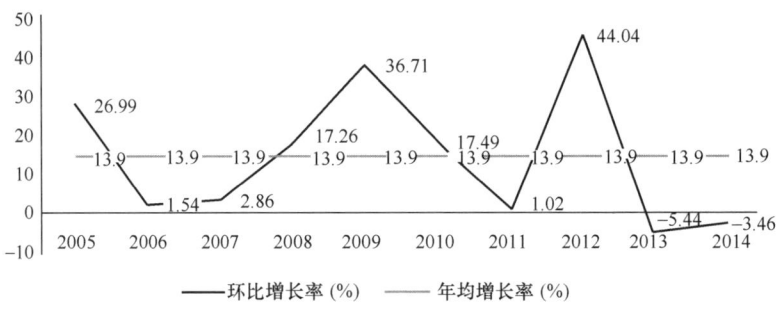

图 7-2　2004～2014 年城镇集中供热行业固定资产投资增长率变动

资料来源：根据《中国城市建设统计年鉴 2015》计算得到。

（三）供热投资比重具有地区差异

从供热行业地域分布看，2014 年，山东是供热投资大省，其投资金额达到916530 万元，位居各省供热投资之首。供热投资居于前 5 名的山东、北京、山西、辽宁和黑龙江其供热投资占全国供热行业投资的比重分别为 15.93％、13.94％、12.70％、9.86％和 8.04％。其中，东北地区的供热投资比重占全国的 22％左右（见图 7-3）。

（四）供热行业资金来源主要是国有资本

从供热企业的所有制类型来看，截至 2014 年 9 月，城镇集中供热行业呈现出多元化所有制结构并存的局面，其中私营企业占比为 27％，外商和港澳台企业占比 7％，而国有经济成分的比值 65％，外资和民营所占的比例为 34％，虽

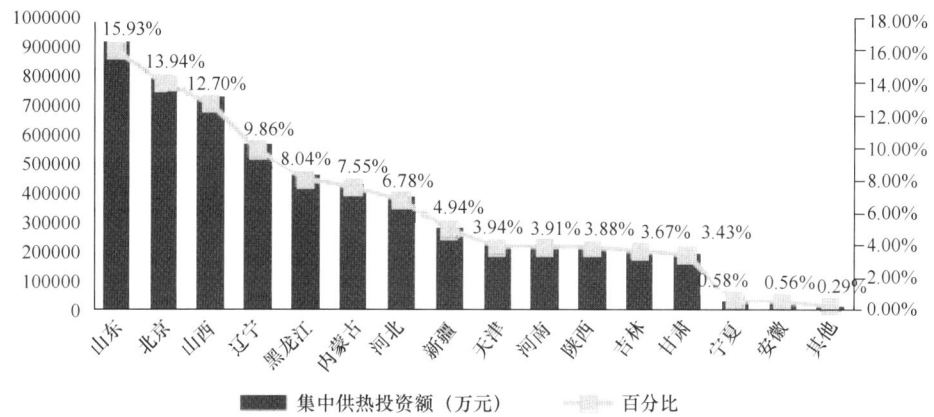

图 7-3　2014 年不同省份集中供热投资分布表

数据来源：根据《中国城市建设统计年鉴 2015》计算得出。

然民营企业和外资企业所占比值较高，但是其投资额占总投资额的比例较低，且多为规模不大的中小型企业，呈现出民营企业投资额占重与企业数量占重不匹配的现象。在现有制度下，民营资本的进入还存在一些体制障碍，投资主体多元化和融资方式的多样化具有很大的改革发展空间。

（五）供热企业资金来源以自有资金为主的局面尚未根本改变

一般说来，自有资金、财政拨款、商业贷款、政策性贷款、企业债券、资产证券化、信托资金、上市融资等是供热企业融资的主要渠道。根据近几年的数据，首先，采用自由资金投资的企业占有的比重为 60% 左右，自有资金依然是城镇供热行业的主要融资来源，其次，为商业贷款、财政拨款补贴，最后，为政策性贷款，然而，企业债券、资产证券化、信托资金、上市等方式在城镇供热行业应用十分少见。因此，城镇集中供热行业投资结构单一化和封闭化的现状表明，需要通过改革进一步拓宽企业融资渠道，提高资金利用效率、盘活供热市场。

三、　城镇集中供热行业投融资前景

目前，城镇供热行业的用热需求远大于供给，这使城镇集中供热投资需求较大。同时，随着城镇化持续推进和节能减排要求的提高，城镇集中供热行业的规模扩张和技术升级都要求巨大的投资保障。所以，供热行业仍有很大的投资空间。

（一）供热行业投融资增长的动力

1. 集中供热普及率的提高将会促进投资的增加

中国集中供热普及率处于低水平、不全面和不平衡的状态。目前仅在北方各省的主要城市建有集中供热系统，且平均覆盖率不到 50%；南方城镇和中国广大的农村地区则基本没有集中供暖设施，仅能依靠天然气炉、空调、电炉和蜂窝煤等独立供热方式取暖，实际上江浙沪地区的冬天也非常寒冷，缺乏集中供热不利于居民生活质量的提高。此外，在同一城市内部受传统体制的影响，还存在大量的分散供热；一些县级城市的集中供热普及率还比较低。从国际经验来看，芬兰和丹麦等发达国家的城市集中供热普及率达 90%，其全国平均水平也在 60%以上。由于集中供热具有较高的热效率和节能减排效果，可以加速提供供热普及率，因此中国未来将会对集中供热产生巨大而持续的需求，集中供热行业的投资需求也将进一步增加。

2. 热电联产和节能减排改造将持续成为投资热点领域

城镇集中供热行业在北方供热省份的能源消耗中占了 60%左右，是污染物排放的重要来源。环保、节能、适宜和有利于城市可持续发展的供热方式将成为未来供热行业发展的方向。热电联产是使用发电剩余的热能用于供热的综合利用能源的技术，热电联产可以节约一次能源，减少二氧化硫、二氧化碳等污染物的排放量。根据行业专家测算，热电联产与热电分产相比，其热效率高出 30%；区域锅炉房与分散小锅炉房相比，其热效率提高 50%左右，综合节能效率约为 25%。这使热电联产成为中国城镇集中供热的主要方式，它将会吸引更多的投资资金。此外，在更紧的节能减排压力下，各地都在大力推进淘汰高污染、高能耗燃煤锅炉，大力推进对供热锅炉的改造，供热行业节能减排技术改造面临巨大的投资需求。

3. PPP 项目拓宽了供热行业投融资渠道

对城镇集中供热行业来说，积极引入 PPP 模式是大势所趋，PPP 模式将成为供热行业投融资体制改革的热点领域。PPP 模式不仅是一种融资方式的创新，更重要的是一种管理理念和监管体制的转变，最终实现的将是政府、企业、社会的共赢。近年来，随着国家发改委、住建部等部门相继出台各种利好政策，在城市基础设施建设等领域推动 PPP 模式，扩大融资渠道、调动社会资本的积极性。据不完全统计，2015 年全国省级地方政府已披露的 PPP 项目计划投资总额超过1 万亿元。例如，从最早引入 PPP 模式的北方供热大省黑龙江来看，黑龙江省2015 年对于市政公用行业推出约 41 个 PPP 招标项目，其中分 3 批对城市集中供热新增热源项目公开招标，总投资 220 亿元。

4."互联网＋供热"将成为供热行业投资新领域

随着互联网的日益普及，人们对互联网技术的利用率越来越高，由此而产生的大数据为社会各行各业带来了很大变化。大数据应用于供热行业将对热网安全与节能产生重要贡献：一是可实现无人值守，在最低人工成本下，同样能够保障热网安全；二是可实现远程实时监测，热力公司管理人员、供热办监管人员可随时随地获知热网运行状态。三是它还有助于集中供热的热网节能。城镇集中供热行业的网络化和智能化需要很大的资金投入，且其投资报酬率是显著的，具有巨大的盈利空间，将成为城镇集中供热行业投融资的新兴领域。

（二）投融资预测

近年来，伴随着城镇化进程的加快，供热产品需求随之上升。但是，供热产品的供给明显不足，供热普及率不高，地域间供给能力也存有差距。尽管供热行业投资总体上呈历年上升趋势，增长幅度较大，然而相对于社会需求而言仍然不足。因此，随着各项改革的深入，未来一段时间内，城镇供热行业在需求和供给能力方面仍然有很大的进步空间，增长潜力非常巨大。

在2015～2019年间，随着新技术的应用、供热普及率的提高以及融资方式的多元化，城镇集中供热行业的供热能力将提高。2014年全国集中供热面积达61.12亿平方米，同比增长6.9%，2011年、2012年、2013年同比增长率分别为8.7%、9.4%、10.3%，因此2011～2014年的同比增长率的算术平均数为8.8%，以2014年的供热面积为基数，增长率为8.8%，预计到2019年，中国城镇集中供热面积将达到93.2亿平方米（见图7-4）。

房地产业的蓬勃发展和城镇化带来大量人口涌入城镇，对城市供热的需求也会增加，这就需要加大对供热行业的投资。从供热投资增长率和城镇化率的增量上看，城镇化与集中供热投资有正相关关系。在2005～2014年间，中国城镇化率由42.99%上升到54.77%，上升了11个百分点左右，与此同时，城镇集中供热行业的投资额由220.2亿元上升到575.4亿元，投资额增长了2.6倍。在2011～2014年间，供热行业投资同比增长率平均数为9.04%。未来5年，伴随着城镇化进程的加

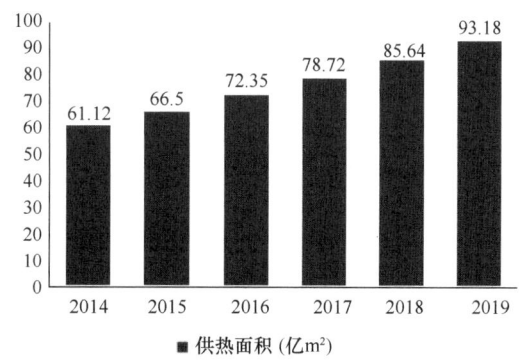

图7-4 2015～2019年中国城镇集中供热面积预测

资料来源：根据《中国城市建设统计年鉴2015》计算得出。

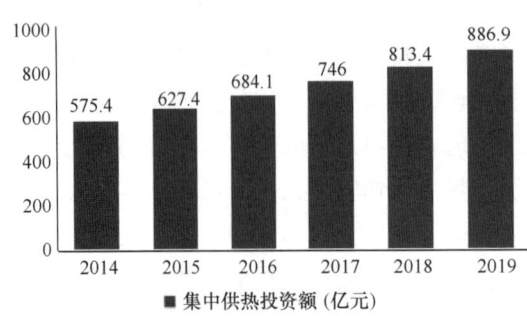

快，人们对供热的需求也越来越大，供热行业投资额也将进一步增加。以2014年的固定资产投资额为基数，预计到2019年中国城镇集中供热行业固定资产总额为886.9亿元（见图7-5）。

图7-5　2015～2019年城镇集中供热行业投资额预测
资料来源：根据《中国城市建设统计年鉴2015》计算得出。

2015年，中国供热行业销售收入达1557.12亿元，同比增长4.02%。未来5年，随着供热计量改革的进一步完善，供热收费标准化和规范化，将直接促进城市供热行业的销售增长。预计到2020年，中国热力生产和供应行业销售收入将达到2319.87亿元（见图7-6）。

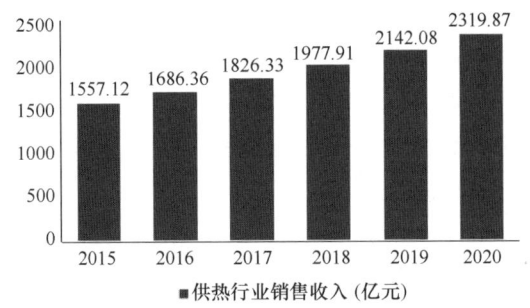

图7-6　2016～2020年城镇集中供热行业销售收入预测

第二节　城镇集中供热行业生产供应情况

一、　全国总体生产供应情况

（一）供热能力迅速增长

改革开放以来，中国蒸汽和热水供热能力呈现加速增长的态势。中国蒸汽供热能力从1982的883吨/小时，上升到2014年的84664吨/小时，2014年中国蒸汽供热能力是 1982 年的 96 倍。中国热水供热能力也从 1982 年的 718 兆瓦，上升到 2014 年的 447068 兆瓦，2014 年中国热水供热能力是 1982 年的 623 倍。显然，中国供热行业的总体供热能力体现出持续的快速增长。

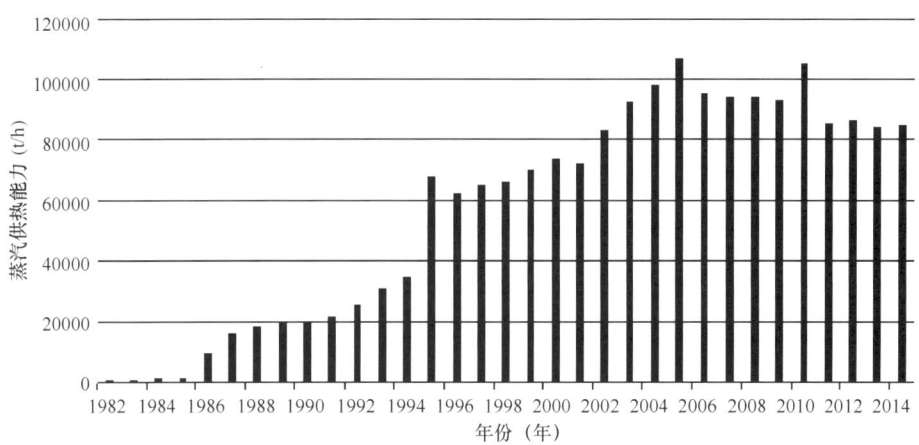

图 7-7 蒸汽供热能力增长

数据来源：根据《中国城市建设统计年鉴 2015》计算得到。

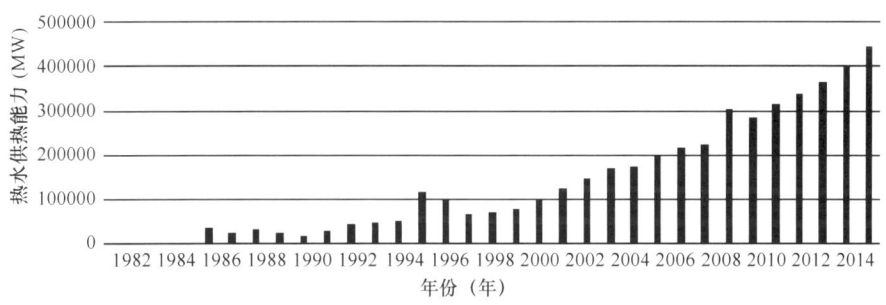

图 7-8 热水供热能力增长

数据来源：根据《中国城市建设统计年鉴 2015》计算得到。

(二) 供热总量不断增加

中国城镇集中供热总量不断增加，总体上呈现不断增长的趋势。全国城镇集中供热行业供热总量由 1982 年的 868 万吉焦上升到 2014 年的 332160 万吉焦，2014 年是 1982 年的 383 倍，1982 年到 2014 年的年均供热增长率为 57%。1982 年以来，供热总量增长速度越来越快，供热总量的增速大体分为三个阶段：1982～1989 年的低速增长阶段，1990～2001 年的中速增长阶段，2002～2014 年的高速增长阶段。

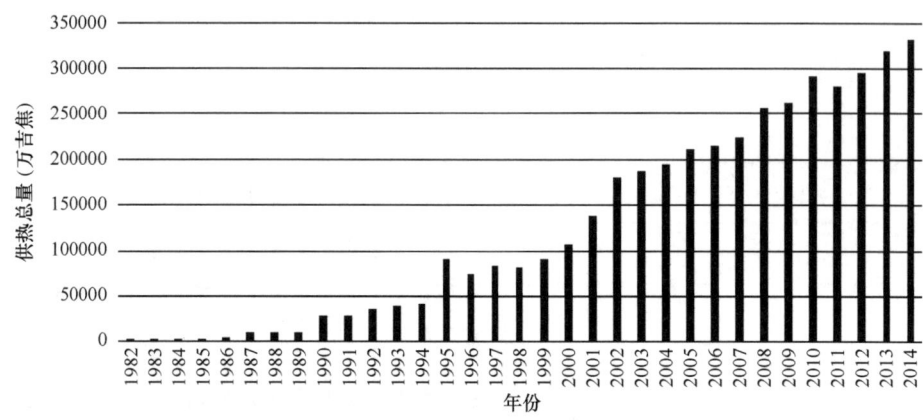

图 7-9 1982～2014 年城镇集中供热总量变化情况

数据来源：《中国城市建设统计年鉴 2015》。

（三）供热主干管长度增长迅速

供热管道根据管道内流动介质的不同可以分为蒸汽管道和热水管道，中国的供热管道主要以蒸汽管道为主，热水管道为辅。中国气候严寒和寒冷地区的 19 个省、直辖市、自治区的 134 个地级以上的大、中城市都有集中供热热力网设施，并正在向大型化发展，从 2006 年到 2014 年供热管道长度以每年 1 万～2 万公里增长，截至 2014 年中国集中供热管道长达 18.72 万公里。

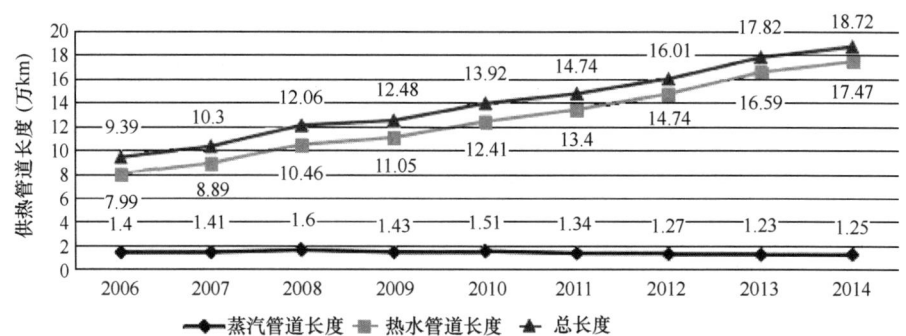

图 7-10 全国城镇集中供热管道长度增长情况

数据来源：《中国城市建设统计年鉴 2015》。

（四）供热面积快速增长

随着中国城市化进程的加快，城镇集中供热面积快速增长。2006 年以来全国城镇集中供热面积以每年 3 亿～4 亿平方米的速度增长，住宅供热面积以每年 2 亿～3 亿平方米的速度增长。2014 年全国集中供热面积达 61.12 亿平方米，住宅供热面积达 45.7 亿平方米，住宅供热面积占总供热面积的 74.78%。

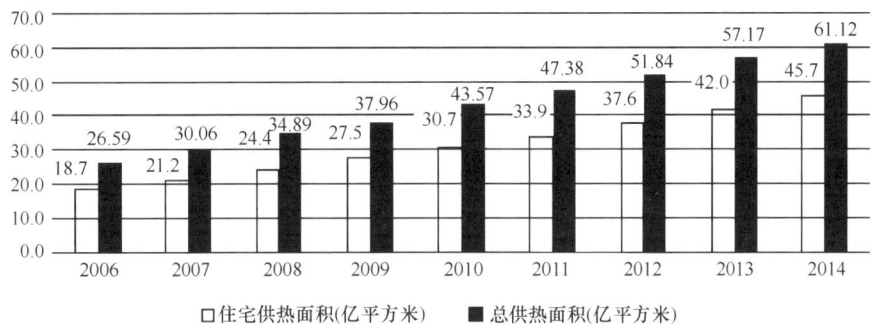

图 7-11　2006～2014 年城市集中供热面积增长

数据来源：《中国城市建设统计年鉴 2015》。

（五）热电联产供热总量所占比重不断上升

"十一五"期间，全国新增供热组装机容量约 6000 万千瓦。2011 年我国热电联产装机规模为 141.30GW，2012 年供热组装机总容量达到 156.93GW。到 2012 年底，6000 千瓦及以上热电联产装机总容量已超过 2.2 亿千瓦，达到 22075 万千瓦，占同口径火电装机容量的 27.49%，占全国发电机组总容量的 19.25%。2013 年，我国热电联产年供热量 324128 万吉焦，规模及以上热电联产装机已达 2.5 亿千瓦，占同口径火电装机容量的 29.12%。截至 2014 年底，我国热电联产年供热量 362438 万吉焦，规模及以上热电联产装机已达 2.76 亿千瓦，热电联产在城市集中供热的总供热量占比已超过 30%。

进入 20 世纪 90 年代，在国家大力支持和推动下，中国城市热电联产集中供热迅速发展起来。黑龙江的齐齐哈尔、牡丹江、佳木斯；吉林省的长春和吉林；辽宁的抚顺、阜新、大连、锦州；内蒙古的呼和浩特、包头；河北的唐山、邯郸、邢台、承德；新疆的乌鲁木齐、石河子，山西的太原、大同；山东的济南、青岛、淄博、烟台、泰安和河南的郑州，相继建设了大批热电厂，向城市集中供热。到 2014 年，城市集中供热热源总量中，热电联产占了 55%。其中河北、山西、内蒙古、安徽、山东、河南等省份热电联产供热总量所占的比重已超过 55%。

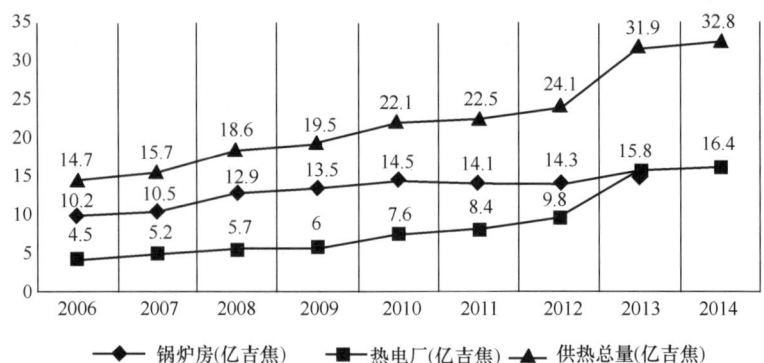

图 7-12　2006～2014 年热电厂和锅炉房供热总量增长

数据来源：根据《中国城市建设统计年鉴 2015》计算得到。

二、　各地区集中供热情况

（一）供热管道长度

2014 年全国供热管道长度最长的省份为山东省，最短的为贵州省。供热管道长度在 10000～15000 公里的省市有北京市、河北省；15000～20000 公里的省市有天津市、吉林省和黑龙江省；20000 公里以上的省份有辽宁省和山东省。

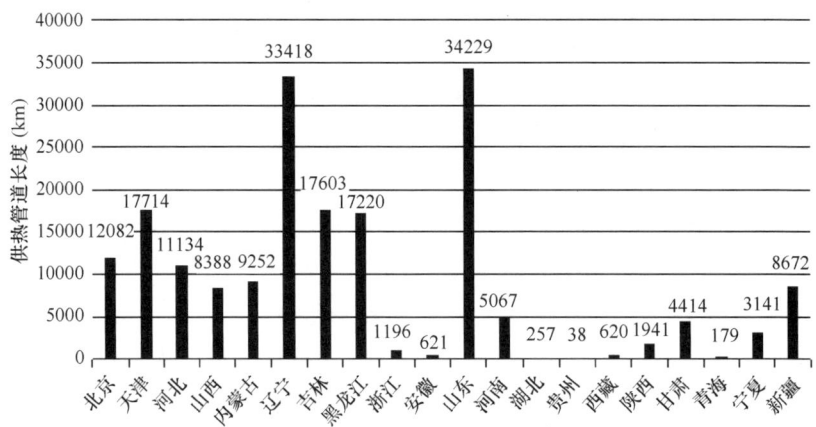

图 7-13　2014 年各省份供热管道长度基本情况

数据来源：根据《中国城市建设统计年鉴 2015》计算得到。

(二) 服务人口

2014 年全国供热服务人口最多的省份为山东省，最少的为青海省。供热服务人口在 500 万人口的省有青海、宁夏；500 万～1000 万的省市有天津、内蒙古、吉林、甘肃；1000 万～1500 万的省市有北京、山西、黑龙江、陕西、新疆，1500 万～2500 万的省市有河北、辽宁、山东，2500 万以上的省市有河南、山东（见图 7-14）。

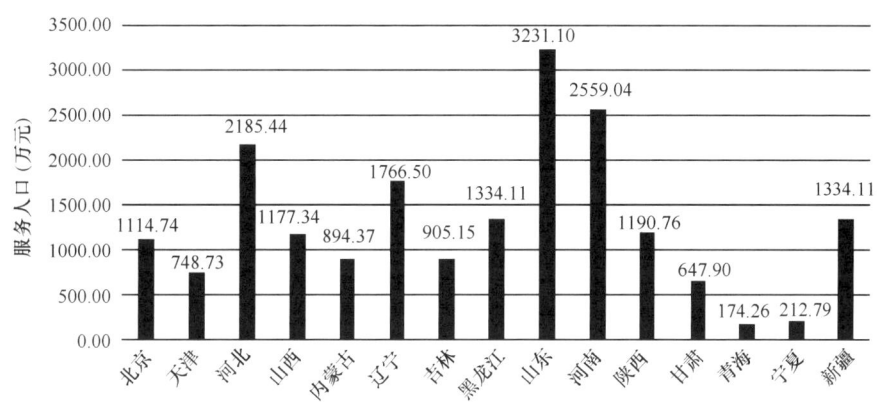

图 7-14　2014 年各省份供热服务人口基本情况

数据来源：根据 iFinD 客户端数据和国家统计局计算得到。

(三) 住宅和非住宅供热面积

从供热省份调查数据来看，2014 年除浙江、安徽、贵州、西藏住宅供热面积占总供热面积的比重低于 60% 外，其他省份的住宅供热面积均在 60% 以上。从住宅供热面积与非住宅供热面积比较来看，2014 年全国住宅供热面积为 45 亿平方米，非住宅供热面积为 16.1 万平方米，住宅供热面积是非住宅供热面积的 2.8 倍。从具体省份住宅供热和非住宅供热面积比来看，山东、河南、陕西、宁夏这一比例达到了 4 倍多，其中住宅供热面积最大的省份为辽宁，最小的省份为西藏。非住宅供热面积最大的省份为辽宁，最小的省份为西藏。

2014 年主要供热省（区、市）住宅和非住宅供热面积基本情况　　　表 7-1

省（自治区、市）	住　　宅		非住宅	
	供热面积（万 m²）	比例（%）	供热面积（万 m²）	比例（%）
北京	38085	0.67	18701	0.33
天津	25985	0.76	8255	0.24
河北	39288	0.75	13008	0.25

续表

省（自治区、市）	住　宅		非住宅	
	供热面积（万 m²）	比例（%）	供热面积（万 m²）	比例（%）
山西	32388	0.75	10528	0.25
内蒙古	28491	0.68	13476	0.32
辽宁	74885	0.78	21702	0.22
吉林	33020	0.73	11986	0.27
黑龙江	39337	0.68	18319	0.32
浙江	29	0.01	7972	0.99
安徽	988	0.43	1316	0.57
山东	67517	0.81	15486	0.19
河南	15249	0.80	3744	0.20
湖北	1183	0.67	582	0.33
贵州	33	0.17	158	0.83
西藏	0	0.00	22	1.00
陕西	16790	0.85	3035	0.15
甘肃	11199	0.73	4071	0.27
青海	343	0.75	113	0.25
宁夏	7072	0.81	1685	0.19
新疆	18107	0.72	7098	0.28

数据来源：根据《中国城市建设统计年鉴2015》计算得到。

从具体省份住宅供热面积占总供热面积比重来看，住宅供热面积所占比重最大的省份为陕西，最小的省份为西藏。住宅供热面积所占比重在50%以下的只有西藏、浙江、安徽，50%～70%的省市有北京、内蒙古、黑龙江、湖北，70%～80%的省市有天津、河北、山西、辽宁、吉林、甘肃、青海、宁夏，80%以上的省份有山东、陕西、河南、宁夏。

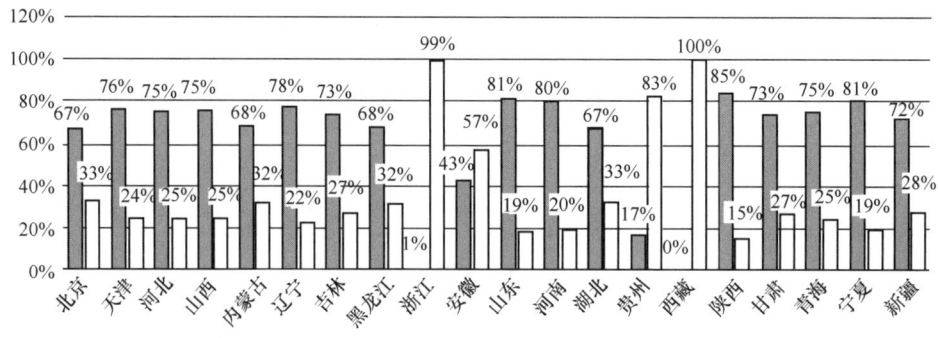

图 7-15　2014 年主要供热省份住宅和非住宅供热面积所占比重

数据来源：根据《中国城市建设统计年鉴 2015》计算得到。

（四）人均供热面积

2014 年各省（自治区、市）的人均供热面积最大的省是辽宁，最小的是青海。人均供热面积在 10 平方米以下的省是河南、青海；人均供热面积在 10～20 平方米的省是新疆、陕西；人均供热面积在 20～30 平方米的省是河北、山东、甘肃；人均供热面积在 30～50 平方米的省市是山西、天津、内蒙古、吉林、黑龙江、宁夏；人均供热面积在 50 平方米以上的省市是北京、辽宁。

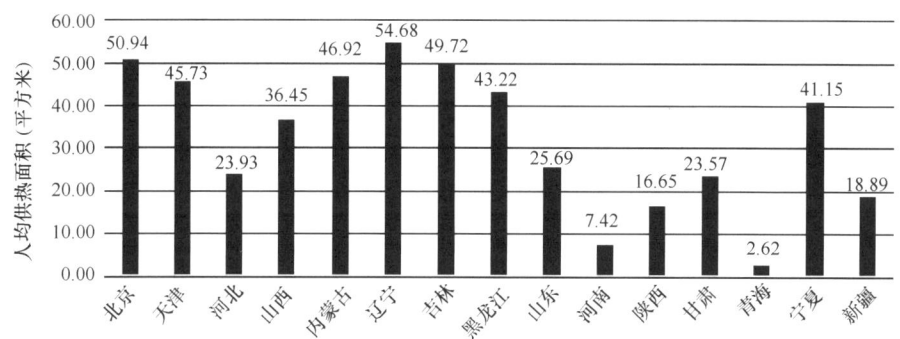

图 7-16　2014 年各省份人均供热面积基本情况

（五）供热天数

2014 年供热天数最多的省份为黑龙江，最少的为河南。供热天数在 120～130 天的省份为山东、河南、陕西，130～140 天的省市为北京、河北，140～180

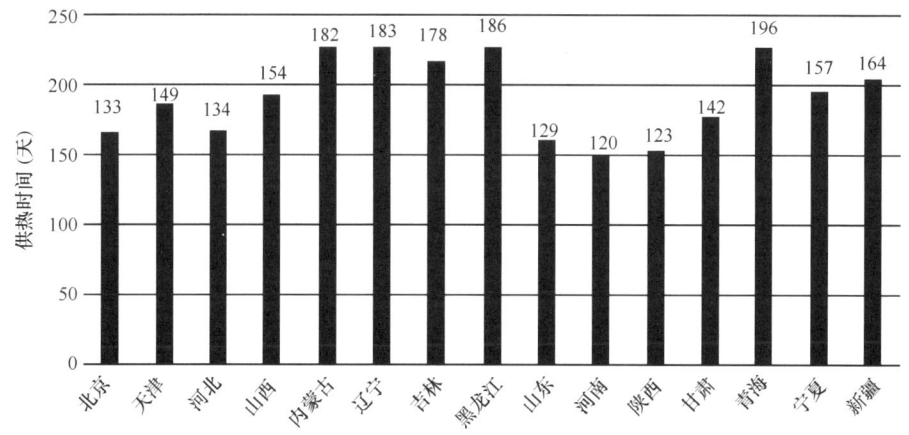

图 7-17　2014 年各省份供热天数基本情况
数据来源：根据 iFinD 客户端数据和国家统计局计算得到。

天的省市为天津、山西、吉林、宁夏、新疆，180～200 天的省份为内蒙古、黑龙江、青海、辽宁。

（六）燃煤用量

2014 年供热燃煤用量最多的省份为山东，最少的为北京。燃煤用量在 2000 万吨以下的省市为青海、北京，2000～10000 万吨的省市为天津、甘肃、宁夏，10000～20000 万吨的省份为辽宁、陕西、黑龙江、吉林、新疆，20000 万吨以上的省份为山东、山西、河北、内蒙古、河南。

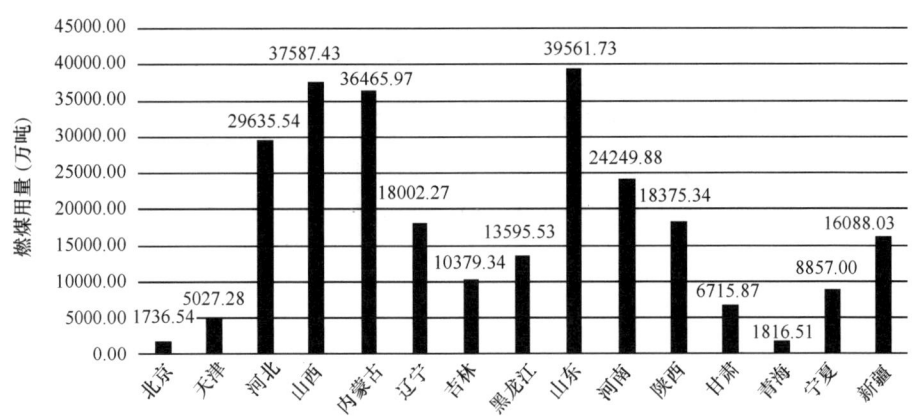

图 7-18 2014 年各省份燃煤用量基本情况
数据来源：根据 iFinD 客户端数据和国家统计局计算得到。

第三节 供热行业结构与绩效

一、 供热行业所有制结构情况

（一）中国城镇供热行业非国有资本比重增加

根据国家统计局数据可知，截至 2014 年 9 月，城镇集中供热行业呈现出多元化所有制结构并存的局面（表 7-2），私营企业占比为 27%，外商和港澳台企业占比 7%，而股份合作企业和股份制企业分别占 1%。总体来看，非国有资本比例已经达到 35% 左右。

314

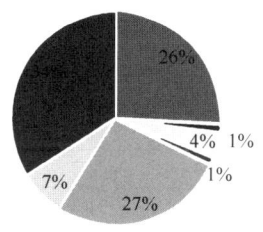

■ 国有企业　　　　■ 集体企业　　　　■ 股份制企业
　股份合作企业　　■ 私营企业　　　　　外商和港澳台投资企业
■ 其他

图 7-19　到 2014 年 9 月城镇集中供热行业企业所有制情况

数据来源：根据国家统计局有关数据计算得出。

（二）城镇供热行业外资引入不高

随着中国城镇供热行业市场化程度的不断加深，其企业所有制情况也发生了很大的变化。从企业数量上来看，国有及国有控股企业依然占据较大的比例，外资和港澳台投资企业数量偏少，民营企业发展很快，截至 2015 年民营企业已经成为城镇供热行业的所有制主体。从各省（自治区、市）情况看，山西、内蒙古、吉林、黑龙江、新疆的民营企业所占比重已经超过 50%；而天津、河北、山东、河南、陕西、青海事业单位和国有企业占比很大；外资企业以及港澳台企业除了在辽宁省和山东省有些投资之外，其他省（自治区、市）均没有投资。由此可见，我们的城镇供热行业外资的引入依然不高，还需要进一步引进民营资本特别是外资。

各省份不同所有制企业比例（％）　　　　表 7-2

地区	事业单位	国有及国有控股企业	民营企业	外资企业	港澳台企业	其他
北京	16.13	22.58	41.94	0	0	19.35
天津	15.63	40.63	31.25	0	0	12.5
河北	16.95	47.46	28.81	0	0	6.78
山西	11.36	25.00	63.64	0	0	0
内蒙古	6.12	16.33	65.31	0	0	12.24
辽宁	4.48	32.84	49.25	2.99	5.97	4.48
吉林	2.6	13.64	77.92	0	0	5.84
黑龙江	0	40	53.33	0	0	6.67
山东	3.77	46.23	32.08	4.72	4.72	8.49

315

续表

地区	事业单位	国有及国有控股企业	民营企业	外资企业	港澳台企业	其他
河南	28.57	28.57	28.57	0	0	14.29
陕西	0	66.67	27.78	0	0	5.56
甘肃	12.24	34.69	42.86	0	0	10.2
青海	33.33	66.67	0	0	0	0
宁夏	3.85	40.38	46.15	0	0	9.62
新疆	3.66	30.49	60.98	0	0	4.88
总量占比	6.71	31.86	51.5	1.08	1.56	7.31

数据来源：城镇供热行业市场化改革和鼓励民间资本投资政策研究报告。

综上可知，中国城镇供热行业的市场化水平不断加深，非国有资本所占的比例不断增强，但是国有资本在北京、天津、河北、山东、河南等省市占比依然很高，供热行业市场化还需继续推进。

二、 供热行业上市公司的盈利性

为了更深入分析供热企业的成本收益情况，弥补调查数据的非连续性和不细致的缺陷，我们选取典型供热上市公司，并基于其2011年以来的财务报告数据，对上市供热公司的成本利润情况进行探讨分析。

中国目前有30余家提供供热业务的上市公司。在城市供热行业上市公司中，很少有仅提供供热业务的上市公司，绝大部分公司是热电联产公司或者以电力为主业，热力为副业的公司，比如大唐发电、粤电力、国电电力、华电国际、上海电力、长源电力、吉电股份、京能电力、天富热电、大连热电、宁波热电、惠天热电、漳泽电力、东方热电、内蒙古华电等上市公司。也有一些是燃煤、燃气、燃油一体化经营并提供供热业务的上市公司，比如红阳能源、建投能源、滨海能源、华电能源等上市公司。还有一些是进行多产品经营的上市公司，投资房地产、矿业、金融证券、资源开发等业务，比如，哈投股份、万泽股份、穗恒运、兴业矿业等上市公司。

我们根据供热企业财务报表供热业务数据的连续性及完整性，选取了大连热电、东方热电、国电电力、哈投股份、华电能源、惠天热电、京能电力、内蒙华电、天富能源等9家典型的供热上市公司进行分析。

（一）典型上市公司供热业务收入增长迅速

在2011～2015年期间，上市供热公司供热业务收入由2011年的52.72亿元上升到了 81.08 亿元，5 年间增加了近 54%，年均增长 11%，相对于同期国内生产总值增长率来说增长较快。上市供热公司供热业务增长迅速一方面是因为供热业务的持续发展，通过对多家公司财务报表的分析可以发现大部分供热上市公司的供热业务收入年均增长率在 10% 左右；另一方面是因为上市供热公司兼并了许多中小供热企业使企业规模不断扩大，如哈投股份、内蒙华电等上市公司的供热业务收入都出现了高速增长，年均增长率为 63.29%。其中只有京能力公司的供热业务收入出现负增长。

由于城市集中供热业务是关系到民生的行业，销售价格受政府管制，供热业务盈利能力较差，一些企业供热业务不断减少，如京能电力供热业务还呈现负增长状态。

2011～2015 年城镇供热上市公司供热业务收入分析（万元）　表 7-3

企业＼年份	2011	2012	2013	2014	2015	年均增长率（%）
国电电力	99100.25	130921.2	156043.6	141017.5	155386.7	11.36%
惠天热电	110810.5	150579.6	155330.7	156247.6	156419.6	8.23%
华电能源	106066.3	129284.6	134538.7	143647.6	169360.9	11.93%
哈投股份	43932.71	55986.42	60620.3	72016.9	84979.9	18.69%
大连热电	38399.05	43093.01	67049.8	68077.6	67872.8	15.35%
东方热电	58253.12	44720.26	37783.17	31734.06	86750.1	9.78%
京能电力	37449.92	38799.72	34227.02	35390.74	36594.02	−0.46%
天富能源	29207.65	31615.05	30930.89	34677.35	36772.55	5.18%
内蒙华电	3998.61	3713.73	7737.94	13920.96	16652.17	63.29%
合计	527218.11	628713.59	684262.12	696730.31	810788.74	10.76%

数据来源：根据 iFinD 客户端数据和财务报表数据计算测得。

（二）典型上市企业供热业务成本增长速度低于供热收入的增速

近年来，供热企业的业务成本都呈现快速上升的趋势。9 家典型供热上市公司供热业务成本由 2011 年的 58.03 亿元上升到 76.37 亿元，5 年间增加了近 31.61%，年均增长 6.32%，低于同期收入的增长率。哈投股份、大连热电、内蒙华电供热业务成本增长较快，年均增长率均超过 10%，其中内蒙华电成本由 2011 年的 8406 万元上升到了 2015 年的 1.8 亿元，年均增长 22.86%（见表 7-4）。对于供热企业供热成本的快速上升显现，一方面可能是企业投资和资金、劳动力成本上升造成的，另一方面也可能是政府不恰当价格管制下企业虚报成本造成的。

317

2011～2015 年城镇供热产业上市公司供热业务成本（万元）　　　表 7-4

年份 企业	2011	2012	2013	2014	2015	年均增长率 （%）
国电电力	133764.2	161459	181539.18	153108.05	158845.37	3.75%
惠天热电	108419.2	135649.8	131493.37	134958.29	134958.27	4.90%
华电能源	131768	158978.5	138382.16	137646.43	158672.47	4.08%
哈投股份	32584.27	43323.92	42759.67	45610.68	54595.98	13.51%
大连热电	31661.78	34647.5	56712.09	53857.53	87652.8	35.37%
东方热电	61915.89	46506.32	39071.37	28528.37	68815.8	2.23%
京能电力	45725.46	55662.74	42904.79	43419.65	43958.05	−0.77%
天富能源	26088.77	9378.97	31538.67	32625.27	38232.42	9.31%
内蒙华电	8406.42	7369.21	13275.69	18110.57	18016.91	22.86%
合计	580333.99	672975.96	677676.99	647864.84	763748.07	6.32%

数据来源：根据 iFinD 客户端数据和财务报表数据计算测得。

（三）供热上市公司的供热业务利润情况

在 2015 年，9 家供热上市公司中有 5 家企业是亏损的，3 家企业是盈利的，但是供热上市公司总体盈利 4.7 亿元。由表 7-5 可知，国电电力、京能电力、内蒙电力供热业务每年都是亏损的，其业务状态非常不好。而惠天热电、哈投股份、大连热电供热业务每年都是盈利的，且盈利能力逐年增强。近年来，煤炭价格持续下降，供热企业的成本随之降低，这也缓解了供热企业的亏损，增强了供热企业的盈利能力。综合来看，上市公司无论是亏损还是盈利，其情况每年都在改善，行业也在不断改善。

2011～2015 年城镇供热产业上市公司供热业务利润（万元）　　　表 7-5

年份 企业	2011	2012	2013	2014	2015
国电电力	−34663.95	−30537.8	−25495.58	−12090.55	−3458.67
惠天热电	2391.3	14929.8	23837.33	21289.31	21461.33
华电能源	−25701.7	−29693.9	−3843.46	6001.17	10688.43
哈投股份	11348.44	12662.5	17860.63	26406.22	30383.92
大连热电	6737.27	8445.51	10337.71	14220.07	−19780
东方热电	−3662.77	−1786.06	−1288.2	3205.69	17934.3
京能电力	−8275.54	−16863.02	−8677.77	−8028.91	−7364.03
天富能源	3118.88	2236.08	−607.78	2052.08	−1459.87
内蒙华电	−4407.81	−3655.48	−5537.75	−4189.61	−1364.74
合计	−53115.88	−44262.37	6585.13	48865.47	47040.67

数据来源：根据 iFinD 客户端数据和财务报表数据计算测得。

三、 城镇集中供热居民付费情况

居民采暖费支付是影响供热行业发展的重要因素，为了充分了解城镇居民的采暖费支付情况，课题组在 2015 年对北京、天津、甘肃、河北、辽宁、山东、天津和黑龙江等 16 个北方集中供热省（直辖市）的 124 个城市的居民开展问卷调查，其中问卷回收 865 份，有效问卷 852 份。

（一）集中供热用户住房及收入状况

1. 集中供热用户住房情况

20 世纪 50 年代实行的传统福利供热制度是建立在住房单位所有，职工低租金使用的基础上，住房的福利制度与住房公有制是一体的，因此当时享受城镇集中供热的居民住房多数都是国有及集体住房。随着住房制度以及供热体制的改革，中国 80％以上的住宅已经归属于私人所有，单位不再拥有职工房屋的产权，因此大部分居民的集中供热费用也不再需要由单位承担。

从调查数据来看，当前北方集中供热用户的住房所有权的性质以私有房屋为主，其百分比为 76.6％，供热用户住房所有权为国有房屋和集体房屋的比例相近，分别为 10.41％和 9.47％，性质为其他的仅为 2.6％。供热体制改革的进一步推动是以住房产权的私有化为前提，然而住房类型为国有房屋与集体房屋的居民冬季集中供热有相当一部分仍然是由单位提供，居民不需要自己缴纳供热费用，因此未来住房产权的改革仍需进一步深化，切实将住房福利与住房公有制制度相剥离，全面实现集中供热的商品化、货币化。

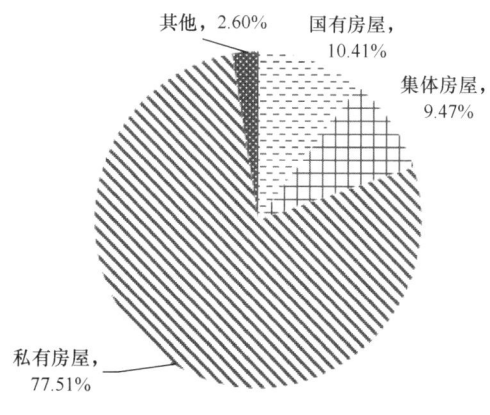

图 7-20　北方主要城市集中供热用户的住房
所有权性质

集中供热用户所居住的房屋类型多集中在楼房住户，其中有57.75%的是无电梯的楼房，33.92%的是有电梯的楼房，而居住在平房、别墅、棚户区以及其他的比例分别是6.69%，0.47%，0.12%，1.06%。集中供热用户房屋的房龄多集中在0~10年，其中房龄为0~5年的比例为31.25%，房龄为6~10年的为31.85%，房龄为11~15年的为17.79%，房龄为15年以上的为19.11%。这与集中供热城镇普及率逐年提高相一致，很多破旧、年代长的小区由于建造之初没有铺设集中供热管道，而且改造成本巨大，因此集中供热房屋类型在0~10年的房屋远高于房龄超过10年的房屋。

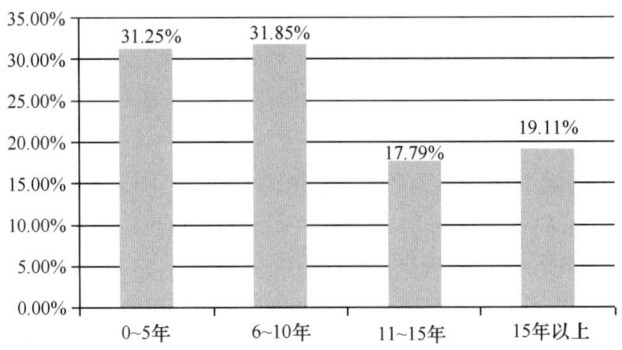

图 7-21　北方主要城市集中供热用户房屋房龄分布

2. 集中供热用户收入情况

对集中供热用户的家庭收入进行统计可以看出，当前各收入阶层群体能够享受集中供热的占比相对比较均衡，相差不是很大，其中用户中家庭人均月收入为5400~7200元的群体比例最大，为23.29%，占比最低的群体是家庭人均月收入为11000元以上的家庭，为14.0%。家庭人均月收入为3900以下、3900~5400、7200~11000的供热居民占比分别为24.97%，21.61%，18.25%，这与

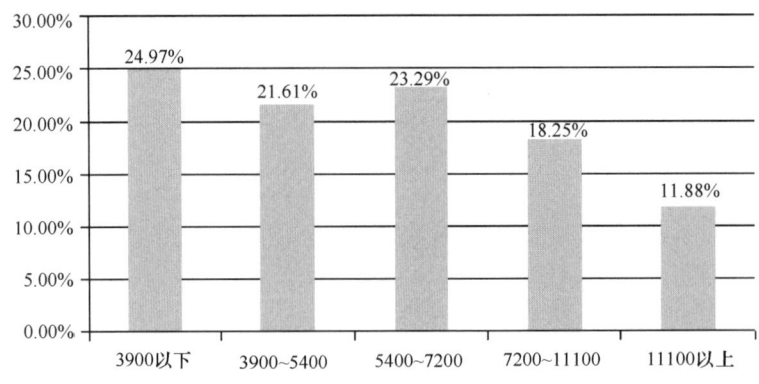

图 7-22　北方主要城市集中供热用户不同收入群体比例

当前中国城市各收入阶层人数分布基本保持一致，北方各收入阶层的群体均能享受到集中供热。

（二）热计量改革意愿及供热服务满意度

1. 供热计量改革情况

供热计量改革是集中供热体制改革的重要内容之一，对于促使用户节约用热、促进建筑节能以及完善供热体制改革具有重要的意义。自 2007 年实行热计量改革至今，已经经历了 9 个年头，尽管有些地区的热计量改革有了一定的成果，但总体来看仍有很多不足。2015 年北方居民的热费仍是以住房面积为单位进行缴纳为主，占比为 86.65%，而根据热使用量进行采暖费的缴纳的用户比例仅为所有用户的 13.35%，热计量普及率仍需进一步提高。热计量改革的目标之一是促使居民节约用热，从而节省集中供热的费用缴纳。然而在对已经按照热计量进行缴费的用户进行调查发现，当前按照热计量收费并没有在很大程度上减少居民的热费，其中表示采用热计量之后供热费用维持不变的用户达到 70.31%，而表示集中供热费用变多的用户比例为 11.72%，表示集中供热费用减少的比例为 17.97%，居民用户的热费节省效果不明显，因此居民实际对于热计量改革的呼声也并不强烈。

图 7-23 热计量用户的热费缴纳变化图

2. 居民供热服务满意度

当前居民对集中供热服务的评价主要集中在供热温度方面，课题组调查发现，居民对集中供热温度的整体满意度尚可，其中表示很满意和比较满意的居民比例为 17.7% 和 42.76%，对于供热温度持有一般态度的居民比例为 27.32%，而对于供热温度表示比较不满意和很不满意的用户占比为 7.13% 和 5.11%，也就是说集中供热用户仍有超过 10% 的居民认为供热企业应该加强供热温度方面的服务（见图 7-24）。对于各地供热监管部门，应切实保障好居民对集中供热服务的意见反馈，加强对供热企业的质量监管，促使供热企业提高服务质量，保护居民的用热权益。

（三）集中供热采暖费价格水平与居民支付负担

1. 主要城市热价水平

由表 7-6 可看出，2005 年来中国各城市集中供热价格波动较小，大部分城

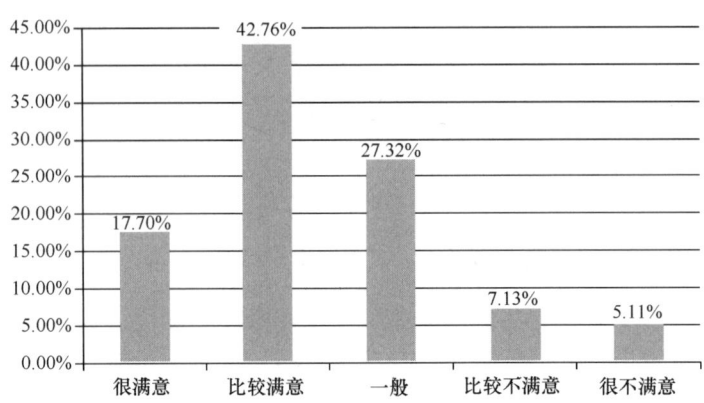

图 7-24　北方主要城市居民对集中供热温度的满意度

市的供热价格一直没有进行调整，在 2008 年只有济南、西安、沈阳、哈尔滨、长春对供热煤价上涨做出热价调整，但面对近年来的煤价下跌，只有哈尔滨和长春两个城市的热价在 2015 年有所降低。

北方主要城市供热价格（元/m²/供暖季）　　　　表 7-6

年份	北京	天津	太原	郑州	石家庄	济南	西安	沈阳	哈尔滨	长春
2005	24	20	18	20	18.4	22.2	18	22	34.6	26
2006	24	20	18	20	18.4	22.2	18	22	34.6	26
2007	24	20	18	20	18.4	22.2	18	22	34.6	26
2008	24	25	18	23	29	26.7	21.6	25.3	40.4	29
2009	24	25	18	23	29	26.7	21.6	28	40.4	29
2010	24	25	18	23	29	26.7	21.6	28	40.4	29
2011	24	25	18	23	29	26.7	21.6	28	40.4	29
2012	24	25	18	23	29	26.7	21.6	28	40.4	29
2013	24	25	18	23	29	26.7	21.6	28	40.4	29
2014	24	25	18	23	29	26.7	21.6	28	40.4	29
2015	24	25	18	23	29	26.7	21.6	26	38.3	27

对于供热价格的评价，居民总体上认为供热价格较高的占多数，具体来看，认为当前热价制定很高的居民比例为 11.82%，认为价格制定较高的占 46.45%，认为价格一般的为 38.77%，认为供热价格比较低或者很低的分别只有 2.48% 和 0.47%。

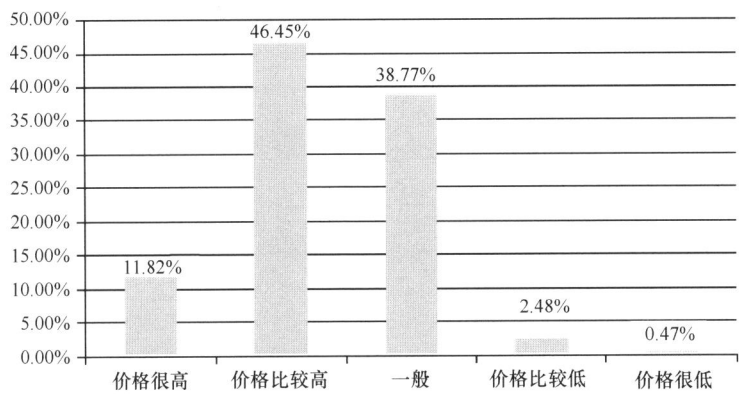

图 7-25　北方主要城市居民供热价格评价

2. 居民采暖费缴纳金额

采暖费缴纳金额多数集中在 1000~3000 元范围内，占比达到 76.98%，而采暖费用为 1000 元以下的为 7.67%，3000~4000 元，4000~5000 元，5000 元以上的家庭比例较少，分别为 13.3%，1.53%，0.51%。

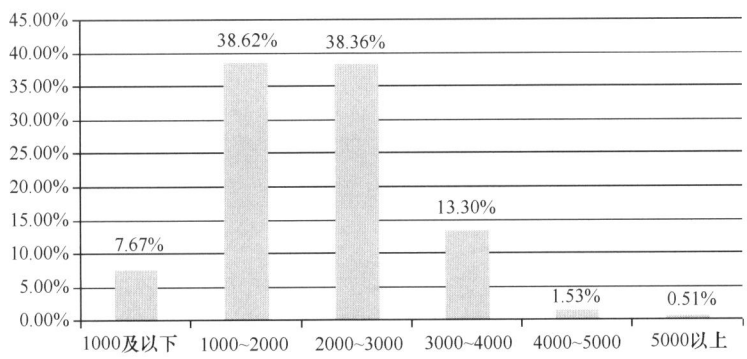

图 7-26　北方主要城市居民采暖费支出分布图

由于集中供热是北方居民冬季生活的重要保障，各地政府也积极实行各项采暖补贴政策。据调查，各地区采暖补贴覆盖率为 32.93%，通过对领取供暖补贴的居民家庭进行调查发现，家庭领取供暖补贴额的范围分布比较均匀，其中领取供暖补贴 500 元以下的为 18.33%，500~1000 元的为 26.67%，1000~1500 元的为 11.67%，1500~2000 的为 16.67%，2000 元以上的为 26.67%。

3. 居民供热支付能力

供热可支付能力是用人均采暖费除以人均可支配收入所得，是衡量居民供热负担的一项重要指标。世界银行界定，供热支出占居民可支配收入的合理范围为 3%~5%。各城市居民供热可支付能力差别较大，大部分居民处在世界银行公布

323

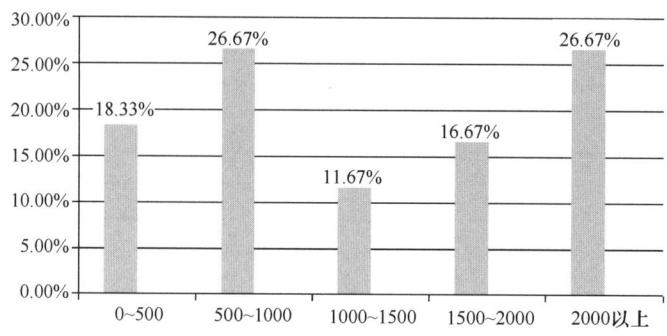

图 7-27　北方主要城市居民采暖补贴收入范围分布图

的合理范围之内，只有低收入居民以及黑河、哈尔滨两个城市的较低收入居民供热负担较重，超出合理范围。平均来看，各城市最低收入户的可支付力为7.92%，较低收入群体可支付力为4.12%，中等收入户的可支付力为2.80%，较高收入户的可支付力为2.18%，高收入户的可支付力为1.26%。未来供热体制改革的重点应该是保障低收入群体的集中供暖，制定有针对性的采暖补贴政策等社会保障政策。

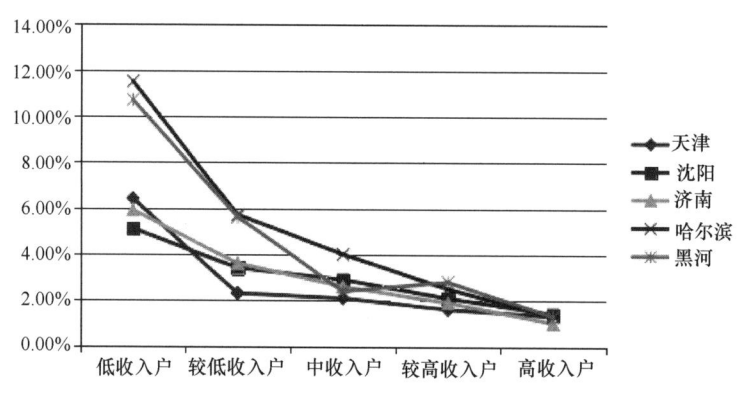

图 7-28　北方主要城市不同收入群体供热支付能力

4. 对市场化价格改革的接受度

改革集中供热价格体制，让集中供热实现真正的市场化、商品化，那么在煤炭价格上涨时热价也一定会上涨，针对热价潜在存在的上涨压力，对居民进行调查，发现居民普遍不能接受供热价格的上涨。其中明确表示不接受集中供热价格上涨的居民比例为52.70%，有28.91%的居民表示可以接受的热价最大涨幅为10%，10.24%的居民表示可以接受的热价最大涨幅为20%，4.01%的居民表示可以接受的热价最大涨幅为30%，分别有0.28%的居民表示可以接受的最大热价涨幅为40%，另外，有3.60%的居民表示对于热价上涨与否持无所谓态度。

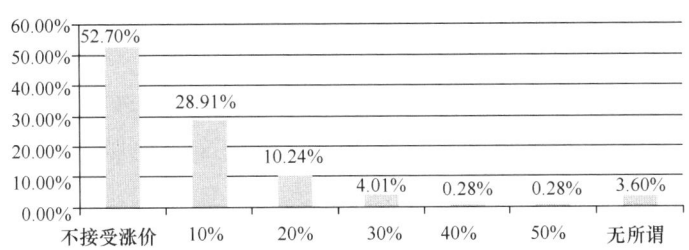

图 7-29　北方主要城市居民对不同热价涨幅范接受度

对于价格听证会能否对热价调整起到作用，有 33.29％的居民认为价格听证会的举行有一定的效果，而认为价格听证会对热价调整没有效果以及不知道价格听证会作用的居民比例分别为 35.73％和 30.98％。从中可看出当前居民对价格听证会的参与度不高，认知有待提高，价格听证会的举行需要更进一步广泛的接纳居民的意见。而对于未来可能实行的阶梯热价的选择上，有 34.4％的居民表示比较支持或很支持，有 31.4％的居民表示持有一般的态度，有 34.2％的居民表示很不支持或比较不支持，可以看出居民对于热价的制定并没有很明显的政策倾向。因此，在未来的供热体制改革中，不论是在价格制定、调整机制方面还是在监管、居民参与等方面都需要制定更为谨慎科学的方案来进行推动供热体制的改革。

第四节　城镇集中供热行业 PPP

一、 城镇集中供热行业 PPP 改革的历程

(一) 主要历程

中国应用 PPP 模式的实践从 1984 年已经开始，城镇集中供热行业 PPP 的发展高潮按照时间维度可划分为四个阶段：

第一阶段从 1980～1998 年。由于 1980 年代我国国内城市公用事业需求剧增，地方财政难以支持城市公用事业项目庞大的支出，政府开始通过 BOT 模式将外资引入城市公用事业领域，如能源、自来水项目建设。在 1998 年 9 月，我国国务院通过了一系列关于限制为外国投资者提供固定回报的政策，我国 PPP

项目的热情显著下降。但在此阶段 PPP 模式并没有在城镇集中供热行业使用，城镇集中供热行业建设依然是政府投资。

第二阶段是从 2001～2009 年。2001 年我国加入了 WTO 组织，受全球化的影响我国城市公用事业继续进行 PPP 改革，制定了一系列的政策，这些政策鼓励国内外投资者用特许经营等方式进入自来水及污水处理、城镇集中供热、公共交通等公共事业，在此阶段城镇集中供热行业属于 PPP 改革发展的重点。

第三阶段是从 2013～2015 年。2013 年开始我国经济增速放缓，且世界经济衰弱，我国经济所面临的外部需求减弱，城市公用事业建设中地方债务问题突出，我国政府一方面采取债务置换、允许地方政府发债等方式缓解地方债务风险，另一方面开始推动 PPP 模式重新成为补充城市基础设施建设资金的主要方式。2014 年 5 月 18 日发展改革委发布《关于发布首批基础设施等领域鼓励社会投资项目的通知》，通知出台后，同年 12 月份运行 23 年的国企佳木斯市热力公司走到了濒临破产的边缘，政府被逼对外引资，最终引来法国供热企业达尔凯公司，中外合作改制原国有供热企业，也成就了我国供热领域第一个 PPP 项目。

第四阶段是从 2016 年至今。2016 年 10 月住房和城乡建设部、国家发展改革委、财政部、国土资源部、中国人民银行五部门联合印发了《关于进一步鼓励和引导民间资本进入城市供水、燃气、供热、污水和垃圾处理行业的意见》，从民间资本进入渠道到相关金融、土地、价费、税收等方面提出了多项扶持政策，促进民间资本进入城市供水、燃气、供热、污水和垃圾处理行业。此后，各地方政府也先后出台了配套的促进供热行业 PPP 项目的相关政策，供热行业 PPP 在我国开始了应用推广的高潮。

（二）相关政策

发展改革委 2014 年 5 月 18 日发布《关于发布首批基础设施等领域鼓励社会投资项目的通知》、财政部 2014 年 9 月 23 日发布《关于推广运用和社会资本合作模式有关问题的通知》、国务院 2014 年 11 月 26 日发布《关于创新重点领域投融资机制鼓励社会投资的指导意见》、财政部 2014 年 11 月 29 日发布《关于印发政府和社会资本合作模式操作指南（试行）的通知》、财政部 2014 年 11 月 30 日发布《关于政府和社会资本合作示范项目实施有关问题的通知》、发展改革委 2014 年 12 月 2 日发布《关于开展政府和社会资本合作指导意见》、财政部 2014 年 12 月 30 日发布《关于规范政府和社会资本合作合同管理工作的通知》、财政部 2014 年 12 月 31 日关于印发《这个和社会资本合作项目政府采购管理办法》、财政部、住房城乡建设部 2015 年 2 月 13 日发布《关于市政公用领域开展政府和社会资本项目推介工作的通知》、发展改革委、财政部、住房城乡建设部等六部委 2015 年 4 月 25 发布《基础设施和公用事业特许经营管理办法》、财政部 2015 年 6 月 25 发布《关于进一步做好政府和社会资本合作项目示范工作的通知》、发展改革委 2015 年 7 月 2 日关于切实做好《基础设施和公用事业特许经营管理办法》贯彻实施的通知、财政部 2015 年 9 月 25 日发布《关于公布第二批政府和社会资本合作示范项目的通知》、财政部 2015 年 12 月 8 日发布《关于实施政府和社会资本合作项目以奖代补政策的通知》、财政部 2015 年 12 月 18 日关于印发《PPP 物有所值评价指引（试行）的通知》、《关于规范政府和社会资本合作（PPP）综合信息平台运行的通知》。

住房和城乡建设部、国家发展改革委、财政部、国土资源部、中国人民银行五部门联合在 2016 年 10 月印发了《关于进一步鼓励和引导民间资本进入城市供水、燃气、供热、污水和垃圾处理行业的意见》，从民间资本进入渠道到相关金融、土地、价费、税收等方面提出了多项扶持政策，促进民间资本进入城市供水、燃气、供热、污水和垃圾处理行业。

二、 供热行业 PPP 改革的积极影响与现状

（一）PPP 改革对供热行业的积极影响

1. 有利于减轻财政负担

供热行业实行 PPP 模式，引入私人部门投资，将减轻地方政府的财政负担，有利于政府将资金投入到其他发展领域，提高资金的使用效率；有利于政府从繁重的项目管理任务中解放出来，由项目管理者变为监管者，提高供热的服务与质量。在保证项目质量的同时，也减轻了政府财政支出的负担，使那些原本缺乏资金的项目得以实施。

2. 有利于合理分担风险

供热项目属于大型的基础设施项目，项目投资大、回收期长一般为 15～30 年，PPP 模式供热项目的参与者众多，利益关系复杂，一般都会涉及各类投资机构、运营机构、维护机构、建筑商、金融机构、银行机构等。所以说，PPP 供热项目是一个复杂性、多样性、长期性的运作模式。供热行业引入 PPP 模式，将会使政府部门和私人部门在各个阶段承担最小风险。所谓风险分担，是指政府部门和私人部门对 PPP 供热项目中的风险进行分担。不是双方相互推卸风险，尽可能承担最小风险，而是将风险的性质和特点与双方各自风险承担的能力和所处的优势结合起来，让有相对风险承担优势的合作方承担风险，从而降低供热项目的整体风险，实现项目的最大收益。例如，对于政治风险、税率提高风险、自

然灾害风险、项目审批延误风险等主要由政府部门来承担。对于项目的排他性风险、法律变更风险、项目合同变更风险、市场需求变化风险等主要由私人部门来承担。对于成本超支风险、项目质量风险、贷款融资成本提高风险等则需要第三方机构来承担。

3. 有利于实现优势互补

供热行业 PPP 模式是政府部门与民营企业长期合作的一种伙伴关系。这种伙伴关系需要政府部门和民营企业在投资阶段、运营阶段、转交阶段充分发挥各自的优势，弥补自身不足。第一，实现资源的优势互补，提高项目运作灵活性。私人部门可以发挥其在商业运作、专业技术上的优势，避开政府相关条文限制，以提高整个供热项目的运作效率。政府部门利用其在制定政策的优势为私人部门提供政策支持、优惠融资政策以及银行贷款担保等，以促进项目顺利运作[1]。第二，实现项目管理水平的互补，提高供热项目服务质量。在供热 PPP 项目中，政府部门由原来项目的建设投资者转变为参与者和监管者，保证项目能够按照市场机制运作。私人企业的投资将带来先进的管理理念。相比于政府部门，私人部门具有更多的项目建设经营经验和专业化人才。私人部门参与准经营性项目的设计，运营和管理等，能更好地发挥其自身的优势，并把先进的管理理念和手段引进项目的运营中，能够有效提高项目的效率，同时也提高了资源的利用率。政府部门与私人部门优势互补形成互利的长期目标。第三，引入竞争机制，降低了工程的费用。政府选择的参与到准经营性项目建设中的私人部门，多是具有丰富的管理经验和专业化水平较高的部门，他们在各行业中本身具有竞争优势。在参与到项目的管理运营时，他们仍以追求利润最大化为目标，与其他主体进行竞争，这种竞争更能促使私人部门控制成本，规避风险，采用先进的管理理念和模式，提高施工质量，提高工作效率，从而有效地降低了工程的费用，也提高了项目的服务水平[2]。

4. 有利于减少环境污染

供热行业主要是以煤炭、燃气、水电等原料进行热量的生产，而这些原料都主要是属于不可再生能源，供热行业在很大程度上依赖于稀缺资源的开采和供给。因此，城市集中供热是造成北方供热省份冬季大气污染的重要因素，多年来高排放的锅炉房燃煤效率低，污染物排放严重超标，是大气污染防治的重要领域。据统计全国供热采暖耗能全年约为 1.3 亿吨标准煤，占全社会总能耗的10%，平均耗能是气候相近的发达国家的 2～3 倍，同时供热系统热损失约

---

① 许强. PPP项目风险因素分析与分担决策 [D]. 南京：南京大学，2013。

② 庄序莹，王梦璐. PPP模式的运行优势、挑战及完善策略 [J]. 行政事业资产与财务，2016.

15％～30％。供热行业在产生热量的同时，向空气中释放出大量的有害气体和固体颗粒。在中国，大量规模较小的燃煤和燃气锅炉房的存在，导致许多有害物质不经过处理就直接排放，加剧了环境污染。因此，供热行业也是节能减排、环保监管的重要对象，环保约束性较强。这就要求供热行业走"绿色供热，环保供热"的路子。引入PPP模式之后，给城市集中供热带来了重要的技术改造机会，加大了技术改造升级的力度，更节能环保的供热方式和技术设备被采用，从而提高了燃煤效率和降低了污染物排放，促进了节能减排。

（二）城镇集中供热行业PPP的主要模式

目前中国基础设施建设项目大多引入PPP模式，对PPP模式的选择可以归结为以下三类：一是经营性项目。对于具有明确的收费基础，并且经营收费能够完全覆盖投资成本的项目，可通过政府授予特许经营权，采用建设—运营—移交、建设—拥有—移交等模式推进。要依法放开相关项目的建设、运营市场，积极推动自然垄断行业逐步实现特许经营。二是准经营性项目。对于经营收费不足以覆盖投资成本，需政府补贴部分资金或资源的项目，可通过政府授予特许经营权附加部分补贴或直接投资参股等措施来解决，并采用建设—运营—移交、建设—拥有—运营等模式推进。要建立投资、补贴与价格的协同机制，为投资者获得合理回报创造积极条件。三是非经营性项目。对于缺乏使用付费基础，主要依靠政府付费回收投资成本的项目，可通过政府购买服务，采用建设—拥有—运营委托运营等市场化模式推进。

根据上述分类，目前中国城市供热项目大体上属于第一类经营性项目或属于第二类准经营性项目。由于经营性项目和准经营性项目具有公共物品和私人物品的属性，因此，又具有一定的非排他性和非竞争性。供热行业的属性必然需要引入政府的投资，然而供热行业是一个投资大，回收期长的项目，政府投资、建设、运营供热行业必然会在财政支出上受到限制。

（三）城镇集中供热行业PPP改革的现状

在国家和地方的推动下，城镇集中供热行业的政府与社会资本合作取得了明显的进展。根据住房城乡建设部提供的数据，目前城市供水行业社会资本参股控股项目规模已占城市公共供水规模的2成，民营企业在城市燃气行业占到4成以上，城市供热行业占6成以上，新建污水处理设施中6成为社会资本投资运营，垃圾无害化处理设施中3成以上为社会资本投资运营。民间资本的进入对促进市政基础设施建设、提高城市公用行业服务和供应保障水平都发挥了重要作用。

PPP是政府和社会资本合作模式，国家发改委、财政部和各地方政府纷纷制定相关政策，鼓励各地方政府大力推进 PPP 模式在供热行业中的应用，尤其是对城市集中供热，更是增加了很多新的 PPP 项目。如黑龙江省在 2015 年共向社会资本推出了 41 个 PPP 项目。其中，对城市集中供热新增项目分为三批进行公开招标。总投资额达 220 个亿。2015 年 7 月，江苏省向社会公布了 186 个 PPP 入库项目，其中位列第一位的是"南京市浦口新城核心区江水源热泵区域供热系统项目"，总供热面积约 3.55 平方公里。张家口桥西区集中供热 PPP 项目分为两期建设，预计总投资达 8.46 亿元。酒泉市城区热电联产集中供热项目，总投资额约 4.4 亿元。渭南市主城区集中供热项目位于渭南市中心区，总投资额约 15 亿元。通过政府和社会资本在供热行业的合作，政府不仅利用社会资本加快供热基础设施的建设，而且还提高了供热的质量和服务水平，为人们带来了福利。社会资本一般通过 BOT、BOOT、并购等方式与政府进行合作，参与到供热行业的建设中来，利用自身的优势不断提高供热质量和服务水平，并从中获得相应的收益。总体来说，虽然国家大力推广供热行业 PPP 合作项目，但城镇集中供热行业的 PPP 改革相对滞后，同时各省份在供热行业的投资情况参差不齐。

三、 城镇集中供热行业 PPP 改革存在的障碍

目前来看，在政府的大力推动下，PPP 模式在供热工程领域已经有所突破，但仍存在诸多问题。

（一）供热价格体制改革滞后

长期以来，我国供热价格受到政府的严格管制。供热领域采用 PPP 模式，引入自负盈亏的民营企业以后，要求实行充分市场化的价格机制。考虑到供热所采用的原材料价格受市场因素的影响，政府和企业约定根据当期煤、水、电以及集中供热系统维护等成本核定供热价格。煤炭价格浮动幅度超过 10% 由政府给予相应的补贴，下跌由政府调低供热价格。尽管双方确定了煤热联动机制，但在煤价上涨的时候，地方政府出于保热供应和保民生目标的考虑，仅仅是有限的提高供热价格，供热成本的变化并没有完全体现在供热价格上。在上述这一不充分价格联动机制下，企业的收益会随之下降，为了保障热力供应，政府需要对由于煤炭价格上涨造成的供热企业亏损提供完全或大部分的补贴。但关于补贴并没有明确的标准，各地政府在地方财政压力，维护财政支出周期性平衡需要等多种因素影响下，往往并不能使补贴及时到位。另一方面，当煤炭价格下降时，政府并不会及时充分地调低供热价格。此时，由于价格不变、成本下降，供热企业的收益会增加，但是由于供热价格没有与供热成本变化同步调整，导致消费者支付了

相对较高的供热价格。

（二）社会资本参与率低

政府在供热行业推进 PPP 模式，一般采用公开招标的方式面向社会引进资本。但供热行业 PPP 项目普遍具有前期投资大、收益回收周期长的特点。有些项目的运营期甚至长达 30 年。前期的投资往往需通过后期的收益来弥补，这要求社会资本具有较强的融资能力以及管理运营能力。但有意愿参与供热项目的民营企业往往资本规模较小、融资能力较差、缺乏实际管理经验，而为了保证供热项目的顺利实施，政府部门则会设置较高的门槛，结果导致社会资本很难进入供热市场。社会资本由于其逐利性更倾向于盈利较高的行业领域，而中国供热行业承担了部分保障性社会职能。行业的收费采用政府定价方式，各地政府根据当地经济发展状况以及城市居民收入等情况，制定出具有补贴性质的热价。因此，按照目前的价格管理制度，供热领域的项目收益较低。这意味着社会资本参与到供热行业的积极性不高。

（三）风险分担不合理

从中国目前供热行业 PPP 模式的运营情况来看，政府和企业合作过程中存在风险分配不合理的问题。一方面，政府和企业的地位并不平等，政府的机会主义行为往往导致民营企业承担了相对较多的风险。例如，在项目实施过程中出现一些谈判过程中没有考虑到的风险时，政府往往凭借其优势地位将该风险转嫁给企业，这就可能导致企业承担其没有能力承担的风险，给企业造成巨大的损失。另一方面，社会资本在获得某地区供热特许经营权的同时并没有承担相应的市场变动而带来的风险。较为突出的表现就是政府合理补偿机制，双方约定政府根据当期煤、水、电以及集中供热系统运行维护等成本核定供热价格，由于市场因素造成企业所收取热费无法盈利时，按照《关于建立煤热间隔联动极致的指导意见》相关规定予以补贴。此外，部分社会资本经常要求政府事先确定和审批供热服务的面积，如若按照审批的规模建成的换热站和管网无法满足实际用户需求，则企业无须承担责任。

（四）政府监管体制相对滞后

当供热领域大范围的引入 PPP 模式后，政府一方往往存在监管意识薄弱，管理体制滞后的问题。首先，政府的监管意识不足，重融资轻管理。地方政府实施 PPP 项目的初衷往往是引入社会资本以减轻地方财政压力，而在项目后期的实施中，对质量和效率的监督却不到位，导致部分企业利用政府监管漏洞，包装现有存量项目，骗取政府补贴，或采购质量较差的供热主设备，严重影响供热的安全和质量，损害公众利益。其次，烦琐的审批流程给企业造成了额外的交易成本。供热 PPP 项目的审批牵涉到发改委、市政、财政等多个部门，企业往往需要一个个部门去走流程拿审批，周期过长的决策审批流程导致供热 PPP 项目承担了较高的制度性成本。最后，考虑到供热行业一直以来缺乏完善的市场竞争机制，在政府监督不到位的情况下，会出现并不完全符合标准的企业通过寻租相关部门政府官员、大搞政商关系而获得在 PPP 项目中的特许经营权，进而造成供热项目的低效率运营。

四、 完善供热行业 PPP 项目实施的政策建议

（一）深化供热价格机制改革

要深化供热价格体制改革，就应逐步停止福利供热，实行用热商品化、货币化。改变现行的由原房屋产权单位或职工工作单位统包的职工用热制度，各级财政和单位原来用于职工供暖的各种费用转化为用热补贴，以货币形式直接向职工和离退休人员发放，变"暗补"为"明补"，提高居民的采暖支付能力，由居民家庭直接向供热企业缴费采暖。改变城市供热的资金循环方式，总体上看不会增加财政和企业的负担，将原有的供热采暖费用转化成为职工的收入，用于支付采暖费用。但是，必须切实解决好低收入居民家庭经济承受能力较低的问题，建立对最低收入居民家庭的保障制度，保证低收入居民家庭的基本采暖需求。

（二）加强社会资本的政策支持

在中国目前的经济环境下，要将社会资本吸引到供热行业，需要政府在政策上对社会资本予以支持。首先，在融资方面调整银行的信贷评级体系，提高社会资本的地位和信用等级，提高社会资本的融资能力。鼓励和引导银行业相关机构加大对供热项目的信贷产品创新，允许企业利用供热的预期收益质押贷款，允许利用相关收益作为还款来源。其次，政府对参与供热 PPP 项目企业进行审查时，应选择综合实力相对较强的企业。当社会资本和国有资本存在竞争时，在同等条件下，应根据项目情况，通过投资补贴、基金注资、担保补贴、贷款贴息等方式，有意识地吸引社会资本积极参与到供热项目建设中来。最后，政府应该严格供热 PPP 项目的审批，选择收益率高的项目，以此吸引更多社会资本积极参加到供热 PPP 项目中去。

（三）采取合理的供热风险分担方式

合理分担风险是供热 PPP 项目取得成功的一个重要因素。政府和企业在供热行业合作过程中，应明确各自的权利和义务，遵循有控制力的参与人承担较大风险，以及风险与收益相对称等原则。可以聘请与项目各方均无关联的中介机构来制定项目的风险分担机制，如采取适当方法，确定非共担风险和共担风险的分担比例，具体的风险分担方法可以在双方合作合同中尽量做大量明文规定。对于已识别风险或者不可预知的风险，公私合作双方在项目实施过程中都应秉持公正客观的态度，做到及时交流沟通。当风险实际发生时，应通过协商及时采取有效的风险分担策略，使风险损害最小化。针对不同模式的供热合作项目，具体的风险分担情况也会不同，政府和企业应综合考虑各种风险因素，采取灵活恰当的风险分担机制。科学合理的风险分担机制需要做到既保证参与各方获得合理的利益回报，又激励政府和企业能够提高经营管理效率，从而保证公私合作项目在供热领域获得成功。

（四）加强政府对供热行业 PPP 项目的监管

有效的政府监管体制是促进供热行业利益平衡的重要制度保障。首先，应强化供热企业价格成本审查和信息披露，实现供热成本信息透明化，为此，需要明确供热企业财务审计规则，明确供热企业财务信息申报义务，并建立第三方供热企业成本监审制度，防止供热企业过多侵占消费者利益和政府财政资金。其次，实行激励性供热价格监管，短期重点推行地区标杆热价，长期则实行价格上限或收益上限政策，从根本上消除供热企业利用信息不对称通过虚报成本来获利。再次，改革监管机构体系，消除多头管理的监管职权配置，建立权力集中的监管机构，通过立法明确监管机构监管职权，确保其依法独立监管的独立性，消除特殊利益集团对监管机构的俘获和行政官员对监管决策的随意干预。最后，理顺中央和地方监管职权关系，强化中央和地方人大对地方政府推进改革和实施有效监管的绩效评价和政治问责，鼓励新闻媒体、公民、法人及其他组织依法对政府的行为进行监督。

（五）完善供热行业相关法律法规

法律法规、规章等制度是政府规制的根本依据，也是 PPP 项目在供热行业中顺利实施的重要保证。为了 PPP 模式能够在供热领域健康、稳定、可持续的运营，需要完善相关法律法规环境。首先，应明确在供热领域引进 PPP 模式的基本理念为了发挥市场在资源配置中的基础性作用，政府应提供平台，企业在平台上具体负责运营。政府与企业应基于各自权责明确行使各方职能。同时，针对供热 PPP 项目的招标、税收优惠等应进行明确规定，尤其是关于特许经营权问题，国家应尽快完善《市政公共事业特许经营权管理办法》，同时制定《城镇供热特许经营管理办法》对供热市场准入、退出及资产转移、招投标、特许经营、投融资、热价和成本、服务质量和标准、信息披露、违约处罚等内容进行详细、统一的规定，进一步细化特许经营制度。最后，制定《竞争与服务法》，解决供热行业内部竞争等问题，完善社会资本参与到供热项目的投资回报保障机制、政府投资引导机制以及配套金融服务等政策，吸引更多的社会资本进入到供热领域，提高城镇供热项目的质量和服务，使供热行业 PPP 模式进入法制化、规范化轨道，保证供热行业更好的引进 PPP 项目。

第八章　电力行业发展报告

电力作为最重要的基础性能源之一，其行业发展与国民经济息息相关。全社会用电量指标也常常被视为经济发展的替代性指标，用电量上升往往意味着经济向上发展。世界各国电力行业发展一般经历严格管制到适度放松的过程。这与电力行业地位及其行业结构相关，中国也不例外。新中国成立初期，电力行业实行严格的计划经济，1980年代初开始实行市场化改革，经过三十年的发展，基本改变电力短缺的局面，行业一体化结构也被打破，在发电市场基本实现市场化竞争，但输电和配电环节仍然是区域垄断。本章一、二、三节分别介绍了建国至今电力行业投融资、行业建设、生产与供应以及行业结构状况；第四节对我国现阶段电力行业PPP情况作了梳理和分析。

第一节　电力行业投资与建设

改革开放后，电力行业以前所未有的速度发展，电力投资力度持续加大，电源建设不断迈上新台阶，电网建设速度逐年加快。与此同时，电力行业的发展和增长方式也在不断转变，电源和电网结构不断优化，工程造价持续下降，长期形成的电力供需矛盾得到逐步缓解，供需形势出现了根本的好转。

一、　电力行业投资情况

早期为填补电力供需缺口，2003～2007年，曾形成超大规模的电力投资建设浪潮，电力累计投入20595亿元，至2008年，全国电力基本建设投资规模继续增加，总投资额达5763.29亿元，同比增长1.52％。2009～2010年仍保持增长，但此后，电源投资却呈下降的趋势。

2013年，全年电网投资占电力工程投资比重为51.2％、同比提高1.6个百分点；电源投资中的非化石能源发电投资比重达到75.1％，同比提高1.7个百分点。

2014年，全国主要电力企业电力工程建设完成投资7764亿元，同比增长0.5％。电源工程建设完成投资3646亿元，同比下降5.8％，其中，水电、火电、核电、风电分别完成投资960亿元、952亿元、569亿元、993亿元；电网工程建设完成投资4118亿元，同比增长6.8％（图8-1）。

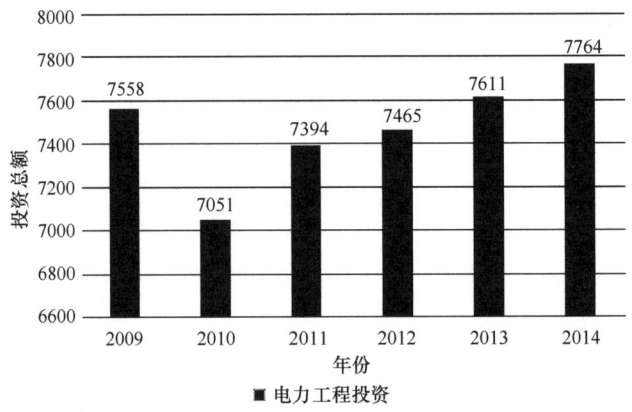

图8-1　2009～2014年全国电力工程投资总额（单位：亿元）

数据来源：同花顺iFinD。

（一）电源投资总额先升后降

发电资产重组后，发电市场竞争效果初步显现，电源建设投资迅速增加，电力供应不足的问题很快得到解决。图 8-2 与图 8-3 表明，2001 年到 2006 年间，全国发电装机容量增加迅猛，从 2001 年的 33681 万千瓦增加到 2006 年的 62200 万千瓦，年增长率从 5.87% 升至 22.34%，随后，增速放缓，增长率表现为下降的趋势，直至 2012 年后增长率又有所回升。

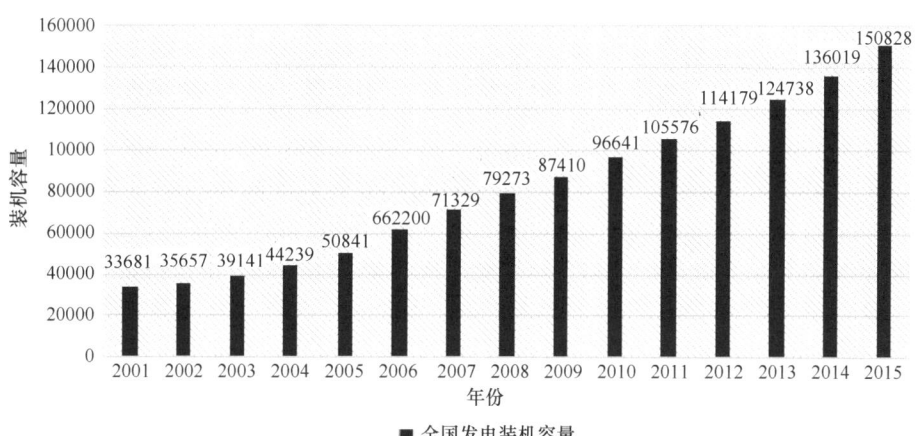

图 8-2　2001～2015 年全国发电装机容量（单位：万千瓦）

数据来源：同花顺 iFinD。

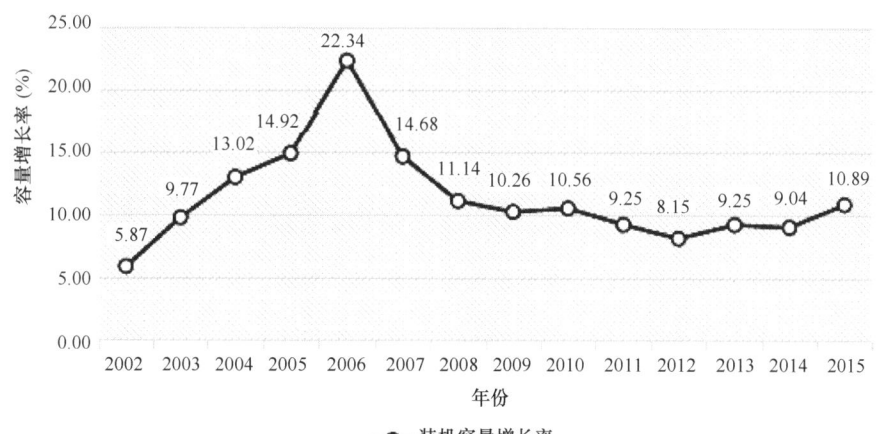

图 8-3　2002～2015 年全国发电装机容量增长率（%）

数据来源：同花顺 iFinD，笔者整理而得。

2014年，水电装机达到3亿千瓦，水电发电量高速增长，设备利用小时达到9年来最高水平。水电投资完成960亿元，同比下降21.5%。基建新增水电装机容量2185万千瓦，同比减少911万千瓦，其中云南和四川合计新增1684万千瓦，占全国水电新增装机容量的77.1%。截至12月底，全国全口径水电装机容量3.0亿千瓦（其中抽水蓄能2183万千瓦），同比增长7.9%。全年主要发电企业常规水电新开工规模接近600万千瓦，随着西南水电基地溪洛渡、向家坝、糯扎渡、锦屏一级和二级等一批重点工程陆续竣工投产，年底常规水电在建规模大幅萎缩至不足3000万千瓦。

2014年，风电投资大幅增长，设备利用小时同比降低，并网太阳能发电装机容量及发电量大幅增长。主要受风电上网电价政策调整预期影响，风电投资完成993亿元，首次超过水电、火电、核电投资，成为电源建设中完成投资最多的一类，同比大幅增长52.8%。基建新增并网风电装机容量2072万千瓦，年度新增规模首次超过2000万千瓦，同比增加585万千瓦，其中甘肃、新疆、内蒙古、山西、宁夏、河北和云南新增并网风电装机容量超过100万千瓦。截至12月底，全国并网风电装机容量9581万千瓦，同比增长25.6%，其中内蒙古和甘肃分别达到2070和1008万千瓦。

2014年，核电投资同比继续负增长，全年新投产核电装机规模创年度新高核电投资完成569亿元，同比下降13.8%。

2014年，火电发电量同比负增长，利用小时创新低。火电投资完成952亿元，同比下降6.3%；全年基建新增火电装机容量4729万千瓦，同比增加554万千瓦，其中新增煤电3555万千瓦；气电886万千瓦。12月底全国全口径火电装机容量9.2亿千瓦，同比增长5.9%，其中煤电8.3亿千瓦，同比增长5.0%；气电5567万千瓦，同比增长29.2%。

2013年水电和风电投资完成额均较上年小幅增长，火电投资完成额同比下降，核电投资完成额下降较多。2013年，电源工程投资完成额为3717亿元，同比降低0.40%。基中，水电和风电投资完成额上升，分别完成1246和631亿元，同比分别增长0.59%和3.87%；火电和核电投资完成额下降，分别完成928亿元和609亿元，同比分别下降7.41%和22.38%。2008～2013年间电源投资在2010年达到峰值后连续三年下降。水电投资保持在高位；火电投资不断收缩；核电投资在连续扩张后2013年出现收缩；风电投资连续收缩后出现小幅增长。[①]

2004年国务院关于投资体制改革的决定（国发〔2004〕20号）文件扩大了

---

① 本段原始数据来自中国电力企业联合会，经笔者整理而得。

企业尤其是大型企业集团的固定资产投资的自主权，弱化了投资的抑制机制，在国有资产管理注重规模导向下，5家发电集团具有很强的投资冲动，竞相扩张，力求挤入行业前三家，以免被其他发电集团兼并，从而出现了盲目投资与过度竞争的问题，造成发电行业普遍存在发电能力严重过剩，发电量利用不足的问题。1999～2001年，装机容量增长率均低于10%。2002～2006年，装机容量增长率逐年上升，从2002年的5%一直上升至2006年最高的20%，兴起了一股电力投资的热潮。在"上大压小"以及"关停小锅炉"等电力投资控制加强的背景下，2007年以来，装机容量年增长率才开始有所下降。在此期间，装机容量迅猛增加的同时，发电利用率却在下降，很多发电企业盲目上大项目，特别是西部一些负荷比较小的地区，大容量机组的发电能力往往无法得到充分发挥。

（二）清洁能源投资比重继续提升，但受定价机制制约

图8-4显示，从比重看，2014年火电工程投资完成952亿元，同比下降6.3%；水电投资完成960亿元，同比下降21.5%；核电投资完成569亿元，同比下降13.8%；风电投资完成993亿元，首次超过水电、火电、核电投资，成为电源建设中完成投资最多的一类，同比大幅增长52.8%。2013年火电工程投资完成额占全部电源投资完成额的比重为25%，较上年下降1.9个百分点；水电比重为33.5%，较上年上升0.3个百分点；核电比重为16.4%，较上年下降4.6个百分点；风电比重为17%，较上年上升0.7个百分点。

2002年电力改革5号文件没有对新能源电价给予充分关注。从2007年中国

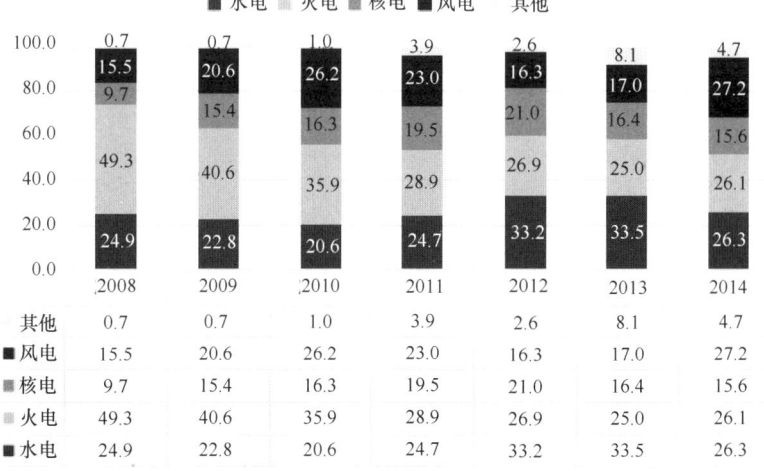

	2008	2009	2010	2011	2012	2013	2014
其他	0.7	0.7	1.0	3.9	2.6	8.1	4.7
■风电	15.5	20.6	26.2	23.0	16.3	17.0	27.2
■核电	9.7	15.4	16.3	19.5	21.0	16.4	15.6
■火电	49.3	40.6	35.9	28.9	26.9	25.0	26.1
■水电	24.9	22.8	20.6	24.7	33.2	33.5	26.3

图8-4　2008～2014年各类电源投资所占比重统计图

数据来源：中国电力企业联合会。

电力体制改革工作小组下发《关于"十一五"深化电力体制改革的实施意见》开始特别重视新能源电价政策及其机制改革，"意见"指出，要实行有利于节能、环保的电价政策，全面实施激励清洁能源发展的电价机制，大力推行需求侧电价管理制度，研究制定发电排放的环保折价标准。目前已完成的主要工作是修订了《可再生能源法》，于2009年通过了《可再生能源法修正案》。新法对新能源电力价格补贴与经济激励做出了详细规定。《修正案》规定获得许可项目的新能源上网电价，按照中标价格执行，与常规能源发电平均上网电价之间的差额，由在全国范围对销售电量征收可再生能源电价附加以及可再生能源发展基金加以补偿。但该办法仍有以下几个不足：

第一，可再生能源电价补贴结算周期较长，影响发电企业资金周转。从现在执行来看，新能源电价补贴周期为6~12个月，这个周期对于新能源发电企业而言太长，影响企业资金周转。

第二，对中标价与常规上网电价差价进行补贴的机制有待改进。现行机制可能有两个方面的问题：一是导致投标者价格竞争。为了中标，企业可能在投标价格上有非常剧烈的竞争，导致收益下降，影响中标企业的长期发展潜力与创新能力。就风电的实际情况来看，一些投产风电场不能并网，并网风电场发电量未能全额上网，间接导致运营成本提高，使风电场实际盈利水平与规划水平相去甚远。二是可能发生套取补贴的行为。就光伏发电而言，不同发电方式的成本受可利用的光热资源、土地、税收、人工等的综合影响，其成本也就是投标价格（即上网电价）是事实上的"一机一价"。一些新能源项目可能通过特定手段在抬高报价的情形下中标，获取更高补贴，使新能源发电项目沦为获取政府补贴的手段。

第三，新能源发电上网存在外在技术困难，致使价格补贴机制可能部分失灵。就风电而言，风电并网会引起电网电能质量下降、谐波污染，大型风电场并网时会引起电网电压、频率的不稳定，并且为保证电网安全稳定运行，电网需要保留2%~3%的机组旋转备用容量，如果满足风电并网要求，必须降低网内其他电厂和整个电网运行的经济性。这些新能源发电对并网以及电网运行方面会造成额外成本，使电网投资效益不高，导致某些偏远风电场的电网建设由发电企业自行承担，从而限制偏远地区的风电场建设开发。以蒙西地区为例，其电网15个风电项目中，仅5个项目的接入电网工程由电网公司负责建设和管理。这些问题很大程度上会制约新能源电力的发展。

当前电价机制有诸多问题，较突出的是水电与火电不同价的问题。水电是低碳的，但一直没有获得与火电同等的价格条件。目前水电的上网电价执行"一户一价"的政策，远低于火电上网价格，没有体现国家发展清洁能源的要求。由于水电价格核算时，低估了移民与生态方面的成本，导致水电建设迟缓与困难。在保证节能减排与实现经济稳定增长的双重压力下，电力增长的可利用空间主要应该是水电等清洁能源。但目前的水火不同价影响水电开发，进而影响节能减排的大局。

（三）电网基本建设投资累计完成额平稳增长

在电源建设实现新跨越的同时，中国的电网建设也取得新的进展。1978～1995 年，受解决缺电、加快电源建设工作的影响，电网基本建设投资占全部电力基本建设投资比重平均只有 25.34％。进入"九五"以后，全国长期严重缺电的局面逐步缓解，电力部门开始注意同步发展电网、调整电力工业产业结构。1998 年 7 月，国务院决定大规模推行城乡电网建设与改造工程，使电网基本建设投资占全部电力基本建设投资的平均比重在"九五"上升到 29.38％。"十五"期间，是中国省内或省间、区域内或区域间以 500kV 联网、城乡电网建设与改造工程、"西电东送"三大通道工程大力推进时期，电网基本建设投资占全部电力基本建设投资的平均比重又上升到 35.05％。"十一五"前 2 年，电网基本建设投资占全部电力基本建设投资的平均比重又上升到 39％，电源、电网的投资结构处于不断地改善之中。

1999～2002 年，电网投资增速相对缓慢，2002 年以来电网投资增长较快。表 8-1 给出了部分年份新增输电线路长度数据。2004 与 2009 年，输电线路新增速度明显加快，其中，2009 年 330 千伏输电线路几乎等于 1999 年、2002 年和 2004 年三个年份总的新增输电线路长度。2009 年，500 千伏以上与 220 千伏输电线路均有大幅增长。随着电网建设加快，输电效率也有提高，输电线路损失率从 1999 年的 8.1％下降到 6.72％。

截至 2007 年年底，220 千伏及以上输电线路回路长度达到 328367 千米，220 千伏及以上变电设备容量达到 122983 万千伏安。

2008 年，电网投资首超电源投资。全国电力基本建设投资完成额达到 5763 亿元，同比增长 1.52％。其中，电源电网分别完成投资 2879 亿元和 2885 亿元，同比分别下降 10.78％和增长 17.69％，电网基本建设投资占电力基本建设投资的 50.05％，近几年首次超过电源投资。

十六大以来，"西电东送"规模不断扩大。至 2007 年年底，"西电东送"的北、中、南三大通道已形成 47500 兆瓦的输送能力。输送规模不断扩大，将西部能源源源不断地输送到东部负荷中心，实现了能源资源在更大范围内的优化配置。

区域内西电东送增长较快。2008 年，南方电网西电东送完成 1057 亿千瓦时，分别增长 17.84％和 70.95％。京津唐电网受电电量这 223 亿千瓦时，增长 22.88％；由于山西电网缺煤停机严重，全年从山西受入电 39.72％。由于前三个季度山西、山东电力紧张及其他因素，上半年京津唐电网向山西电网送电 7.66 亿千瓦时，6 月份以后向山东电网送电 29.54 亿千瓦时。

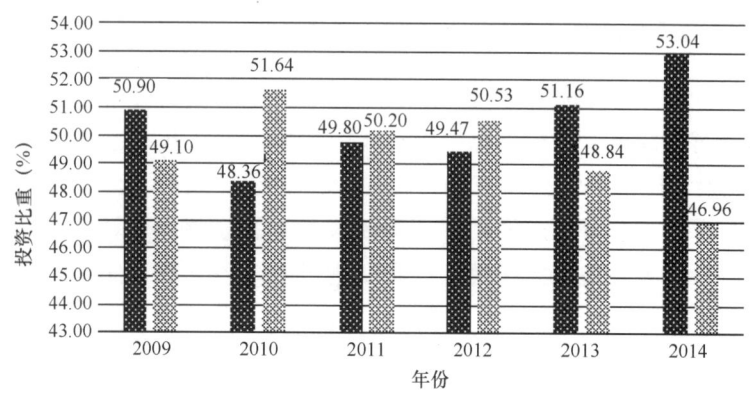

图 8-5　2009～2014 年电源和电网基本建设投资完成额所占比重统计图
资料来源：中国电力企业联合会。

随后几年，电网基本投资仍保持平稳增长，如图 8-5 所示，至 2014 年，全国电网基本建设投资累计完成额为 4118 亿元，同比增长 5.75％，占电力基本建设投资累计完成额比重为 53.04％，比 2013 年提高 1.88 个百分点。

二、　电力行业投融资分析

电力行业是资本密集型行业，发展需要强大的资金支持。电力行业投融资具有建设周期长、投资额大、现金流稳定、资产流动缺乏等特征。长期以来，中国电力行业的投融资体制受计划经济的影响比较严重，政府是重要的投资主体。近几年，政府鼓励民间资本进入电力行业，但规模还比较小。

（一）电力行业投资政策

《国务院关于鼓励和引导民间投资健康发展的若干意见》（2010 年）提出，鼓励民间资本参与电力建设。鼓励民间资本参与风能、太阳能、地热能、生物质能等新能源产业建设。支持民间资本以独资、控股或参股形式参与水电站、火电站建设，参股建设核电站。进一步放开电力市场，积极推进电价改革，加快推行竞价上网，推行项目业主招标，完善电力监管制度，为民营发电企业平等参与竞争创造良好环境。

《国家能源局关于鼓励和引导民间资本进一步扩大能源领域投资的实施意见》（2012 年）提出，鼓励民间资本参与电力建设。支持民间资本扩大投资，以多种形式参与水电站、火电站、余热余压和综合利用电站以及风电、太阳能、生物质能等新能源发电项目建设，参股建设核电站。鼓励民营企业参与火电站脱硫、脱硝装置的建设、改造和运营。鼓励民间资本参与电网建设。

《意见》还提出，鼓励民间资本在新能源领域发挥更大作用。继续支持民间资本全面进入新能源和可再生能源产业，鼓励民营资本扩大风能、太阳能、地热能、生物质能领域投资，开发储能技术、材料和装备，参与新能源汽车供能设施建设，参与新能源示范城市、绿色能源示范县和太阳能示范村建设。

（二）发电领域形成了多元化投资主体

电力行业改革的起点是从投资体制改革开始的。从 20 世纪 80 年代的"集资办电"开始，电力投资开始陆续开放，1996 年《关于外商投资电力项目的若干规定》放宽了外资准入。2002 年以来，电力投资体制改革逐步深入，企业投资自主权不断扩大。根据《国务院关于投资体制改革的决定》，《政府核准的投资项目目录》（简称目录）范围内的投资项目实行核准制，《目录》外项目按属地原则实行地方政府备案制。对大型企业集团，《目录》内项目既可单独申报核准，也可在统一的长期发展规划中统一提交国务院投资主管部门批准，不必另行申报核准，只需办理备案。随着投资自主权不断放开，发电领域多元化投资模式初步形成。电力投资体制改革与发电领域重组改革极大地促进了电源领域投资的多元化特征。

1. 投资主体多元化

单一的中央政府投资格局已被突破，中央和地方各级政府、国有和集体企业、公民和外国投资者都参与了电力项目的投资，电源投资主体多元化格局已基本形成。电力企业投融资自主权进一步扩大，投资功能不断加强。在发电环节，中国已基本实现市场投资主体多元化，初步形成竞争格局。

2. 资金来源多元化

早期电力建设资金主要来源于中央财政拨款，现在电力建设资金渠道有商业银行贷款、企业自有资金、利用外资、证券融资、国债、民营资本等，资金来源渠道日益多元化。特别地，5 号文件规定，"在厂网分开的重组完成以后，允许发电和电网企业通过资本市场上市融资，进一步实施股份制改造。"目前，五大发电集团部分业务相继上市，融资功能得到实现，进一步拓展了电力发展的融资渠道。

3. 投资方式多样化

完全由中央政府独家投资的电力项目已很少，中央与地方、地方与地方、政府与企业、企业与企业联合投资、跨行业投资的电力项目比较普遍，中外合资、合作和外商独资的发电项目也有所发展。

4. 投资方向多元化

中国的能源资源特点决定了电力发展在相当长的时期内，仍将以煤电为主，但近年来，电力投资方向多元化特征明显，电力能源结构得到优化。水电、核电、气电和可再生能源发电等清洁能源发电能力大幅提高。五大电力集团中有的新能源发电项目完成上市。

（三）电源投资情况

随着改革的推进，在电源环节呈现投资多元化的局面，投资主体多元化、投资方式多元化、融资渠道多源化，国有资本、民间资本、外资均参与到电源建设中来。但近几年，由于电厂盈利性差，外资不断退出电力领域。

投资主体多元化。到目前为止，发电环节电力投资主体包括：五大国有发电集团；国字号的三峡总公司、国投电力公司和国华电力公司；地方国有能源投资集团；外商直接投资项目；民间投资电站共五方投资主体，多元化格局已基本形成。可再生能源领域是民间资本投资重点，目前，民营水电站装机约占全国的26%，民营风电装机约占全国的20%，火电、水电领域已经涌现出一批非公有制骨干企业。

融资渠道多元化。资金渠道已扩展到国内外银行贷款、企业自有资金、利用外资、证券融资等，融资渠道日益多元化。《能源"十二五"规划》提出，加强信贷政策和能源产业政策的衔接配合，创新金融产品和服务，为能源投资多元化提供便利；拓宽企业投融资渠道，提高能源企业直接融资比重。

投资方式多样化。现在完全由中央政府投资的电力项目已很少，中央与地方、地方与地方、政府与企业、企业与企业联合投资很普遍，中外合资合作和外商独资的电力项目发展迅速，项目融资和BOT（建设—经营—转让）等投资方式也正在有序进行。

（四）电网投资情况

在电网建投资方面，投资主体仍是电网公司，2012年国家能源局发布的《关于鼓励和引导民间资本进一步扩大能源领域投资的实施意见》提出，鼓励民间资本参与电网建设。民间资本参与电力建设，有利于推动电力体制改革，但目前还缺乏具体的操作方法。

2014 年初，国家电网公司基本确定在直流特高压、电动车充换电设施和抽水蓄能电站三个领域推行混合所有制改革，目前正在制定具体的操作方案。

（五）电力企业融资渠道

电力企业的资金来源主要有三个渠道：一是股东权益性资金；二是内部留存收益；三是债权人资金。此外，由于大型发电集团均为中央企业，且近几年盈利较差，国资委注资也是其资金来源方式之一。

1. 内部留存收益

在各种渠道中，公司倾向于首先选择内部融资，内部融资的最大优点就是具有无偿性。同时，这种筹资渠道的财务风险也比较小，还能使公司的实力增加并相应增加公司的信用度，从而能增强公司的融资能力。只有在挖掘了公司内部的资金潜力后，公司才考虑向外部融资。对于多数发电企业来讲，由于近年电力行业盈利性不佳，内部融资的能力很弱。

2. 股东权益性资金

在资本市场上发行股票是实现资本聚集最常用和最有效的方式。发行股票的好处是把经济风险分散给股东，但同时也分散了一部分利润。目前，国内大型发电企业优质资产已基本全部上市，上市融资的能力也比较弱，部分电力上市公司通过增发股票获得资金。

近年来，私募股权投资基金发展迅速，资金总量在迅速增加，对于技术进步和经济发展起到了很大的推动作用。目前，国际私募资本高度关注中国新兴资本市场发展和产业发展，新能源产业是它们重点投资的领域，股权投资基金可能成为发电行业特别是可再生能源发电行业的资金来源之一。

3. 债权人资金

负债发展，一般是银行贷款和债券。向商业银行借款依然是电力行业最主要的外部融资渠道，与其他融资方式相比，银行贷款的优势主要在于程序相对简单、获取资金的时间短；所需费用少、资金成本相对较低；灵活性较大，可以发挥财务杠杆的作用。银行贷款的缺点是企业还款付息压力大，存在财务风险，一般要提供抵押或者担保且筹资数额有限，还款时间受限制，不能根据企业资金需求的实际情况进行调整。

此外，发行债券正在成为电力企业重要的融资方式，债券融资成本相对较低，筹集资金规模大、期限长，有利于调整和优化债务结构。

目前，大量的负债使发电企业财务费用负担很重，企业财务杠杆系数很高，各大发电集团均把降低资产负债率作为经营目标。

4. 国资委注资

中电投总经理陆启洲在全国"两会"期间证实，2012 年度国资委向中电投的注资已经完成，金额为 12 亿元。他表示，五大发电集团获得注资的金额相同。照此计算，2012 年国资委向五大发电集团注资总额为 60 亿元。另外，据报道，针对五大发电集团的注资计划持续三年。

在 2008 年，国资也曾向电力企业注资。国资委在 2008 年国有资本经营预算中向部分中央电力企业提供了 126.7 亿元灾后重建资本性支出，其中：向国家电网公司注资 87.3 亿元、向中国南方电网有限责任公司注资 33.4 亿元、向中国华电集团公司注资 2.5 亿元、向中国华能集团公司注资 2.5 亿元、向中国大唐集团公司注资 1 亿元，以上合计 126.7 亿元。主要用于受灾地区中央电力企业恢复生产。

（六）电力投融资体制存在的问题

1. 可再生能源的投融资激励政策不足

为了逐渐改善能源结构，支持可再生能源的发展，国家和地方政府已制定了一系列与投融资相关的激励政策（如中央与地方部门补贴、税收、价格、低息贷款等政策），虽然为再生能源的发展创造了条件和机会，但是对可再生能源的优惠政策支持力度还是有限的，只能起一定的扶贫、示范或扶助作用。

2. 企业治理结构不完善影响投融资

股份制企业治理结构有待改进。在改制改组过程中，股权结构大多数是人为地界定的，实际运营中，股东会或董事会往往形同虚设。更严重的问题是，各股东既不能按比例增加投资，又不能改变股权结构，这种僵化的股权结构会制约企业的投资激励。

3. 电网投资主体单一

目前，电网投资主体是管理电网的电力企业，即电网公司，在现阶段仍是单一化主体。而且，由于一些地方政府往往不能按所持股比与省网等比例追加电网投资，影响了电网建设。应在配电侧进行股份制改造，向社会融资。此外，新能源发电对并网以及电网运行方面会造成额外成本，使电网投资效益不高，导致某些偏远风电场的电网建设由发电企业自行承担，从而限制偏远地区的风电场建设开发。

4. 农电投资不足

从总体看，中国农村电网投资仍然不足，尚不能满足现代农业发展与新农村建设提出的新要求。国家电网公司还有 182 个县域电网只有一条输电线路与主网相连，约 29% 的 66 千伏变电站和 32% 的 35 千伏变电站为单电源供电，农网主网架结构薄弱，抵御事故能力较差。一、二期农网改造面仅 80％ 左右，许多地区中低压供电设备陈旧、线路老化、供电半径过长，导致用户端电压低、电能损耗高。随着现代农业发展以及新农村建设的推行，农村用电需求正迅速增长，部分地区增长速度高达 20％～30％。农网设备满载与超载问题突出，过负荷、低压电等故障时有发生。特别是西部部分省区，一些边远的少数民族地区尚未通电。

"代管"企业与省级电网企业没有建立资产纽带联系，不能很好地反映责、权、利关系，难以真正调动各方面积极性。"代管"是在 1998 年启动农电"两改一同价"时建立的运营模式，意在实行政企分开，规范农村电力市场。在改革初期，"代管"模式一定程度上提高了地方电力企业的技术、管理水平。但由于资产关系不明确，导致农电企业投资缺乏明确的投资主体，也使得农电投资与农电企业资产相互脱离，不能反映企业资产的真实状况。由于资产关系存在纠纷、管理职能不清晰，造成了管理越位或缺位现象，在位的管理者没有得到充分的激励。体制不顺严重影响到农电的长远发展。

三、 电力行业建设

（一）电力行业建设改革

中国的电力体制改革以投融资体制改革为先导。由于电力建设资金长期不足，发电装机增长缓慢，引发了电力工业与国民经济的发展严重失调，全国经历了长期的缺电局面。在 1978 年，全国缺电在 1000 万 kW 左右。在 1978～1988 年间，为了促进电力发展，改变电力短缺的局面，解决电力建设资金投入的"瓶颈"，实行集资办电、多家办电、多渠道办电和利用外资办电的政策，改变了"电厂一家办，电网一家管"的局面。率先使用银行贷款，走出拓宽建设资金渠道的第一步。从 1980 年起，为了解决建设资金瓶颈，随着国家"拨改贷"的实施，电力行业率先使用银行贷款，走出拓宽建设资金渠道的第一步，改变了过去因电力建设资金全部依靠国家财政拨款而制约电力发展的问题。

为了保证各种投资主体的投资回报，国家还实行了征收电力建设基金、还本付息电价等政策。1984 年 9 月，国务院批准从 1985 年起在江苏、浙江、安徽和上海试行在工业用电中征收 2 分钱的电力建设资金。这个政策大大调动了地方办电的积极性，各省（自治区、直辖市）陆续建立地方电力、能源、建设投资公司，形成地方办电的生力军，加快了电力工业发展的速度。1985 年 5 月，国务院批准国家经委等部门《关于鼓励集资办电和实行多种电价的暂行规定》的通知，集资办电电价政策正式出台。1987 年 9 月，国务院提出"政企分开，省为实体，联合电网，统一调度，集资办电"和"因地因网制宜"的电力改革和发展方针。

利用外资是电力行业集资办电、拓宽资金渠道的重要举措。中国电力建设利用外资的主要渠道是国外政府贷款、国际金融机构贷款、出口信贷、商业信贷、补偿贸易、中外合资（作）等。国际资金市场成为中国电力建设资金的又一大来源。1984 年 3 月，利用世界银行贷款兴建的鲁布革电站正式签署贷款协议，这是中国第一个利用外资兴建的电力工程项目，率先实行了国际招标、项目管理等国际工程管理机制，引发了"鲁布革冲击"。国务院向全国基本建设战线推广了鲁布革经验。此后，世行贷款、亚行贷款、外国政府贷款、外商直接投资涉及了众多的电力项目。

自 2003 年以来，电监会先后出台了一系列电力市场建设的指导性文件，包括电力市场建设的指导意见、市场运营的基本规则、市场监管办法以及技术支持系统建设方面的原则要求等。在此基础上，区域电力市场的建设和试点工作开始启动。东北、华东区域电力市场进行模拟运行和试运行，南方电力市场进行了模拟运行。伴随区域电力市场建设和试点，与之配套的市场运营规则和制度也相继推出，为这三个区域的电力市场建设运营提供了规范性的指导意见。在区域电力市场建设中发挥了作用。

1. 集资办电

从 1980 年起，为了解决建设资金瓶颈，随着国家"拨改贷"的实施，电力行业率先使用银行贷款，走出拓宽建设资金渠道的第一步，还调动地方和各部门办电的积极性。同时，多种形式利用外资是电力工业集资办电、拓宽投融资渠道的重要举措。

2. 投资活动市场化

在电力投资项目的前期工作、施工、工程监理、技术引进、物资供应、设备制造等方面，逐步引入了竞争机制，实行了招投标。

3. 规范电力市场秩序

国家发展改革委发布《电力建设项目公告》，国务院批转发展改革委关于制止电站项目无序建设意见的紧急通知，国家发展改革委关于加强电力建设管理，促进电力工业有序健康发展的通知，国家发展改革委关于燃煤电站项目规划和建设有关要求的通知，以引导投资行为、规范市场秩序。

4. 促进可再生能源发电

通过总量目标制度、强制上网制度、分类电价制度、费用分摊制度和专项资金制度，促进了水电、风电、生物质能发电等可再生能源发电的快速发展。

5. 增加电网投入

1978～1995 年，受解决缺电、加快电源建设工作的影响，电网基本建设投资占全部电力基本建设投资比重平均只有 25.34％。进入"九五"以后，全国长期严重缺电的局面逐步缓解，电力部门开始注意同步发展电网、调整电力工业产业结构。1998 年 7 月，国务院决定大规模推行城乡电网建设与改造工程，使电网基本建设投资占全部电力基本建设投资的平均比重在"九五"上升到29.38％。"十五"期间，是中国省内或省间、区域内或区域间以 500kV 联网、城乡电网建设与改造工程、"西电东送"三大通道工程大力推进时期，电网基本建设投资占全部电力基本建设投资的平均比重又上升到 35.05％。"十一五"前 2年，电网基本建设投资占全部电力基本建设投资的平均比重又上升到 39％，电源、电网的投资结构处于不断地改善之中。

（二）电力行业建设成效

1. 发电装机容量

根据中电联年度快报统计，截至 2014 年底，全国全口径发电装机容量为13.6 亿千瓦，同比增长 8.7％，其中非化石能源发电装机容量 4.5 亿千瓦，占总装机容量比重为 33.3％。

自 2002 年以来，我国电力行业实行厂网分开，打破了电力行业原来高度一体化的垄断体系，调动了各方办电的积极性，电源建设速度进一步加快，成为新中国成立以来电源发展最快的一段时期。与改革开放初期相比，发电装机容量增长了 10 倍。自 1996 年起，中国发电装机容量一直位居世界第二位。截至 2007年年底，全国发电装机容量已达到 7.18 亿千瓦。

2008 年年底，全国发电设备容量为 792530 兆瓦，增长 10.34％，水、火电占总容量的比例同比分别上升 1 个百分点和下降 1.55 个百分点，核电装机容量未有增长，风电装机容量已连续两年实现翻一番增长。广东、山东、江苏、浙江四省发电设备容量突破 50000 兆瓦，内蒙古、河南和湖北装机容量突破 40000 兆瓦。由于"关小"力度较大，江苏省发电设备容量甚至下降了 2.9％，广东、浙江也仅增长 1.9％和 3.9％。

2008 年，发电企业生产集中度进一步提高。纳入行业直报统计体系的部分大型独立发电公司（共 28 家）发电设备容量达到 545350 兆瓦，占全国总容量的68.81％，增长 16.5％，比全国发电设备容量增长率高 6.2 个百分点。其中，火电 450060 兆瓦，占全国火电设备容量的 74.85％，增长 14.5％，比全国火电设备容量增长率高 6.3 个百分点。但是，发电量增速回落明显，火电尤为明显。2008 年，全国全口径发电量为 34334 亿千瓦时，同比增长 5.18％，增速比上年回落 10.32 个百分点。其中，水电增长 19.50％、火电增长 2.17％、核电增长 8.79％、风电增长 126.79％。水电、核电发电量占全部发电量的比重比上年同期分别提高 1.97 和 0.07 个百分点，火电发电量比重则回落 2.40 个百分点，风电等新能源发电量比重也有一定程度的提高。

电源结构不断继续优化。电源建设贯彻了"优化发展火电，有序发展水电，积极发展核电和大力发展可再生能源发电"的方针，加快了水电、核电和可再生能源等清洁能源发电的建设步伐。截至 2007 年年底，火电、核电、风电、生物质能等其他能源装机容量分别占总装机容量的 77.4％、20.6％、1.2％、0.58％、0.22％。

新增能力保持较大规模，电源结构继续优化。2008 年，全国电源新增生产能力 90510 兆瓦，仍保持在较高的水平。其中，三峡电站最后 7 台机组等一大批水电机组投产，是投产水电机组最多的一年，全年共投产 20100 兆瓦，占全部新投产机组的 22.21％；风电新增 4660 兆瓦，实现了年新投产风电装机容量翻倍增长。火电新增规模比重持续降低，新投产百万千瓦机组 4 台，新投产单机容量 600 兆瓦及以上火电机组容量比重高达 63.11％。同时，又有一批生物质发电厂建成投产。

此后，电力行业装机仍保持平稳增长，并网太阳能装机迅猛增长。至 2013 年 12 月，全国全口径发电装机容量 124738 万千瓦，同比增长 9.25％。其中，水电设备容量 28002 万千瓦，同比增长 12.26％；火电设备容量 86238 万千瓦，同比增长 5.74％，其中煤电装机 78621 万千瓦，同比增长 4.86％，气电装机 4309 万千瓦，同比增长 15.91％；核电设备容量 1461 万千瓦，同比增长 16.19％；并网风电设备容量 7548 万千瓦，同比增长 24.50％；并网太阳能发电设备容量 1479 万千瓦，同比增长 335.05％。

装机增速仍超用电增速。2013 年新增发电装机容量高于上年，发电装机的同比增速超过了全社会用电量的同比增速。发电装机中，利用效率最高的核电装机较快增长，水电装机增速也较快增长，火电装机增速低于用电增速，整体电力生产能力提高较快。

清洁能源装机比重提升，电源结构继续优化。图 8-6 所示，至 2013 年底，电力装机构成中，火电装机占比 69.14％，同比降低 2.29 个百分点；水电装机占比 22.45％，同比提高 0.6 个百分点；核电装机占比 1.17％，同比提高 0.07 个百分点；风电装机占比 6.05％，同比提高 0.74 个百分点；太阳能发电装机占比 1.19％，同比提升 0.89 个百分点。至 2014 年底，火电装机进一步下降，为 67.32％，核电、分电及太阳能发电装机比重均有较大的提升，分别为 1.46％、7.04％和 1.95％，但水电装机比重较 2013 年显有下降，为 22.19％，仍高于

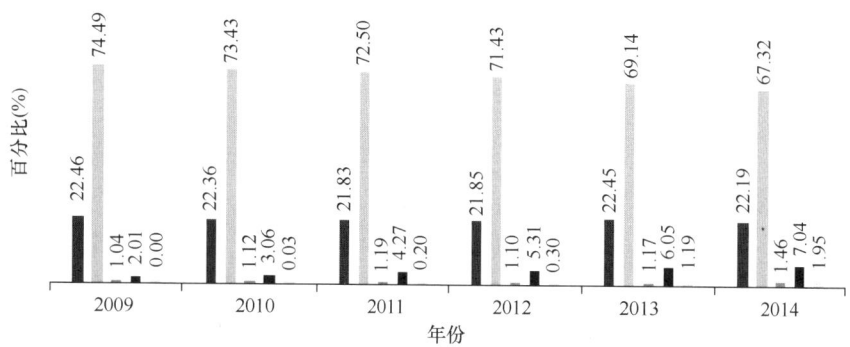

图 8-6 2009～2014 年电力装机构成图

数据来源：同花顺 iFinD。

2012 年的比重。

2. 新增装机

新增装机高于上年，多增部分主要为水电和太阳能发电。2013 年，全国发电新增设备容量 9400 万千瓦，同比多增 1085 万千瓦。分电源类型看，水电新增容量 2993 万千瓦，同比多增 1317 万千瓦；火电新增容量 3650 万千瓦，同比少增 1586 万千瓦；核电新增 221 万元千瓦；风电新增容量 1406 万千瓦，同比多增 110 万千瓦；太阳能发电新增 1130 万千瓦，同比多增 1023 万千瓦。

根据 2014 年全国能源工作会议上的信息显示，2014 年，新核准水电装机 2000 万千瓦，新增风电装机 1800 万千瓦，新增光伏发电装机 1400 万千瓦（其中分布式占 60%），新增核电装机 864 万千瓦。另外，2014 年煤电新增可望达到 3000 万千瓦左右，全年新增发电装机 9500 万千瓦左右。事实上，至 2014 年底，水电、火电、风电等新增装机量均超过预期，如表 8-1，新增总量也超过全年新增发电装机 9500 万千瓦的目标。

2009～2014 年全国新增发电装机容量（单位：万千瓦） 表 8-1

年份	总量	水电	火电	核电	风电	太阳能
2009	9667.35	2105.70	6585.76		973.00	2.79
2010	9124.00	1642.85	5830.56	173.69	1457.31	19.59
2011	9041.00	1225.00	5886.00	175.00	1585.00	169.00
2012	8020.00	1317.00	5065.00		1285.00	119.00
2013	10559.00	2993.00	3650.00	221.00	1406.00	1130.00
2014	10350.00	2185.00	4729.00	547.00	2072.00	817.00

数据来源：同花顺 iFinD。

第二节　电力行业生产与供应

2014年，全国电力供需形势总体宽松，运行安全稳定。受气温及经济稳中趋缓等因素影响，全社会用电量增速放缓到3.8%，同比回落3.8个百分点，电力消费需求增速创1998年以来新低；三次产业和居民生活用电量增速全面回落，第三产业用电量增速明显领先于其他产业，其中信息业用电持续保持旺盛势头；四大重点用电行业增速均比上年回落，设备制造业用电保持较快增长，产业结构优化调整效果显现。

一、电力生产

虽然电力行业厂网分开重组后，发电市场有5家大型发电集团，但由于国有大型企业之间的国有产权特征和企业之间经理人员的交叉任职，导致企业之间并未形成有效的竞争行为，带来充分的竞争绩效结果。在特定的国有资产管理体制下，做大做强的企业目标激励导致国有发电企业具有强烈的投资扩张冲动，存在过度的投资竞争。

2004年国务院关于投资体制改革的决定（国发〔2004〕20号）文件扩大了企业尤其是大型企业集团的固定资产投资的自主权，弱化了投资的抑制机制，在国有资产管理注重规模导向下，5家发电集团具有很强的投资冲动，竞相扩张，力求挤入行业前三家，以免被其他发电集团兼并，从而出现了盲目投资与过度竞争的问题，造成发电行业普遍存在发电能力严重过剩，发电量利用不足的问题。1999～2001年，装机容量增长率均低于10%。2002～2006年，装机容量增长率逐年上升，从2002年的5%一直上升至2006年最高的20%，兴起了一股电力投资的热潮。在"上大压小"以及"关停小锅炉"等电力投资控制加强的背景下，2007年以来，装机容量年增长率才开始有所下降。在此期间，装机容量迅猛增加的同时，发电利用率却在下降，很多发电企业盲目上大项目，特别是西部一些负荷比较小的地区，大容量机组的发电能力往往无法得到充分发挥。

（一）发电量及增长情况

如图8-7、图8-8、图8-9及图8-10，1990～2014年间，发电量逐年增加。其中2014年，全国全口径发电量为54638亿千瓦时，同比增长3.19%，低于2012

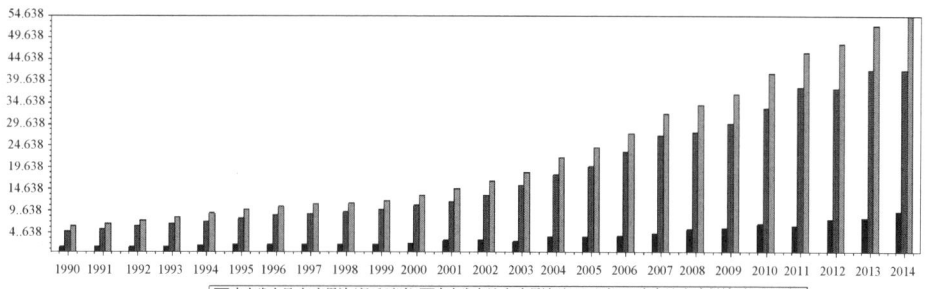

图 8-7 1990～2014 年全国发电量统计图

数据来源：同花顺 iFinD

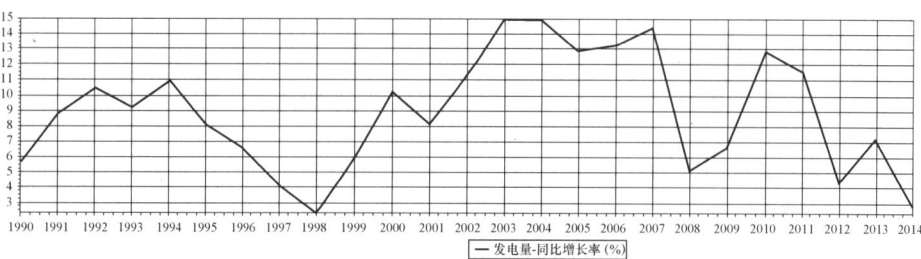

图 8-8 1990～2014 年全国发电量同比增长率

数据来源：同花顺 iFinD

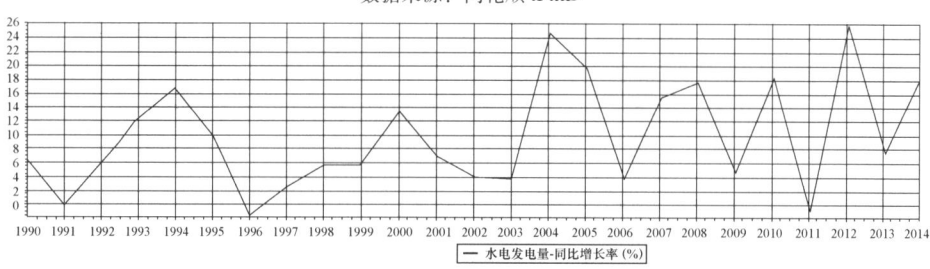

图 8-9 1990～2014 年全国水电发电量同比增长率

数据来源：同花顺 iFinD

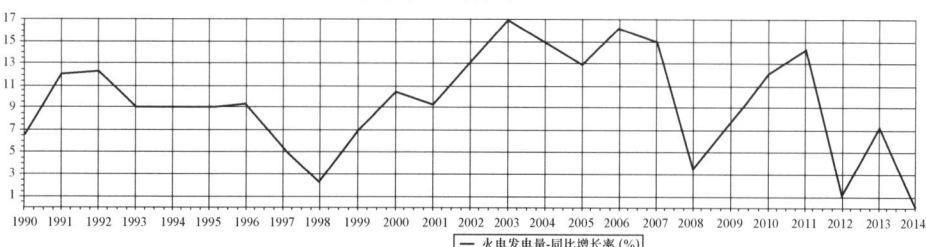

图 8-10 1990～2014 年全国火电发电量同比增长率

数据来源：同花顺 iFinD

年同比增长率。其中，水电发电量 9440 亿千瓦，同比增长 18.04％，增速较 2013 年大幅上升，也高于全国发电量平均增速；火电发电量 42049 亿千瓦时，同比下降 0.41％，增速远低于 2013 年；其他如核电、风电等清洁能源发电量 3149，同比增长 30.76％，增速远高于 2013 年。

清洁能源电量比重上升。图 8-11，2013 年，全国发电量构成为：水电 16.8％，较 2012 年降低 0.4 个百分点；火电 78.4％，比 2012 年降低 0.3 个百分点；核电 2.1％，较 2012 年上升 0.1 个百分点；风电 2.6％，较 2012 年上升 0.5 个百分点；太阳能发电 0.2％。风电电量比重有明显上升，主要由于装机较快增长和消费形势的好转。2014 年，全国火电发电量比重进一步下降，为 75.25％，同比下降 3.15 个百分点；水电、核电、风电及太阳能发电量同比均有所上升，分别增长 2.32、0.18、0.22 和 0.22 个百分点，其中水电增长最为明显。

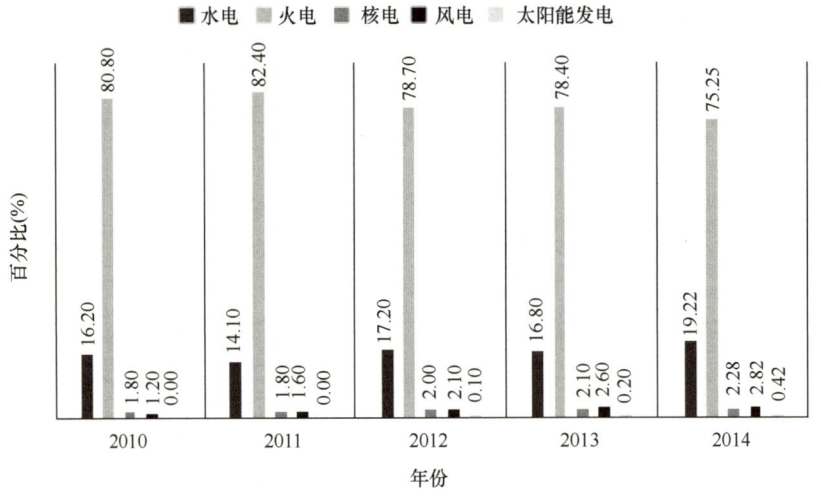

图 8-11　2010～2014 年中国发电量构成

数据来源：中国电力企业联合会。

（二）分区域发电情况分析

如图 8-12 所示，分省份 2014 年发电量增速在 10％以上的省市有 4 个，新疆（25.37％）、四川（17.03％）、云南（16.95％）、西藏（10.66％）发电量增长较快；发电量负增长的省市有 8 个：江西（－0.24％）、河北（－0.29％）、吉林（－0.89％）、浙江（－1.92％）、湖南（－3.09％）、河南（－4.68％）、青海（－5.03％）和上海（－17.36％）；其余地区发电量增速在 0～10％区间。

与用电量增长情况相比，发电量增速的地区差异更大，图 8-13 所示，因为发电量不仅受地区用电需求的影响，还受装机增速等其他因素影响，未来，随着

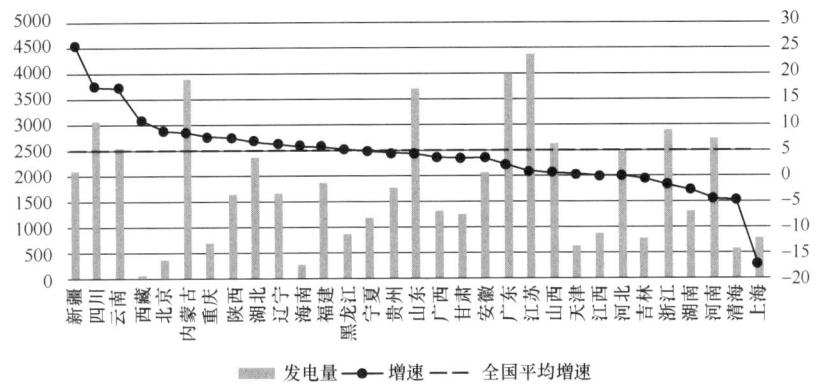

图 8-12　2014 年全国分地区发电量趋势图

数据来源：同花顺 iFinD。

发电装机向资源禀赋丰富地区转移，跨区输电比例扩大，发电量增速的区域性差异将愈加明显。

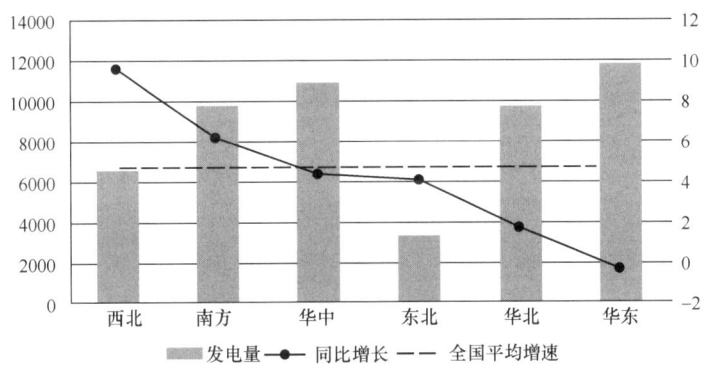

图 8-13　2014 年分地区发电量及增长情况

数据来源：国家统计局。

　　分地区看，2014 年，西北地区发电量 6690 亿千瓦时，同比增长 9.71%，增速在各地区中最高；华东地区发电量 11932 亿千瓦时，同比增长 −0.30%，增速在各地区中最低，且为负增长。

二、 电力供应

(一) 发电效率分析

1. 设备利用小时分析

图 8-14，2005～2014 年期间发电设备平均利用小时继续下降。2014 年全国

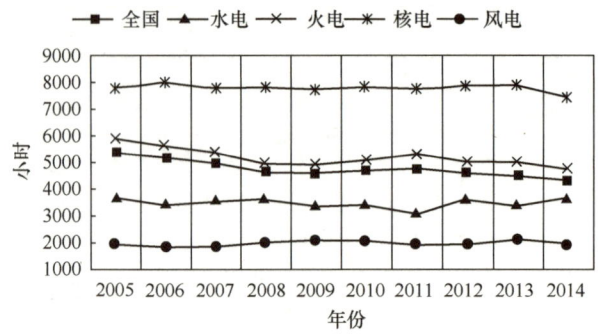

图 8-14　2005～2014 年全国发电设备累计平均利用小时变动趋势图

数据来源：中国电力企业联合会、各年《电力工业统计资料汇编》。

6000 千瓦及以上电厂发电设备平均利用小时为 4286 小时，同比减少 235 小时，是 1978 年以来的最低水平。数据显示，2014 年底全国水电设备平均利用小时 3653 小时，同比增加 293 小时，是 2006 年以来的最高水平。但核电、火电、风电设备平均利用小时数均有不同程度下降。核电方面，2014 年底，全国核电设备平均利用小时 7489 小时，同比减少 385 小时。火电方面，2014 年底，全国火电设备平均利用小时 4706 小时，同比减少 314 小时，是 1978 年以来的最低水平。风电方面，2014 年底，全国并网风电设备平均利用小时 1905 小时，同比减少 120 小时。

2013 年，全国 6000 千瓦及以上电厂发电设备利用小时为 4511 小时，较上年降低 68 小时，主要由于水电设备累计平均利用小时大幅下降。

火电设备利用小时同比提升。2013 年，全国火电设备累计平均利用小时为 5012 小时，较 2012 年提高 30 小时，但低于 2011 年和 2010 年。火电机组利用小时提升主要是因为 2013 年用电形势好转和水电来水不佳。

2014 年火电设备利用小时下降，主要由于 2013 年水电和核电机组投产较多，风电消纳的好转对火电出力也有挤压。从长期看，用电量增速由高速向中速转变，电力系统中水电、风电等具有明显季节性的低利用率电源比重越来越高，整体的发电设备利用小时和火电利用小时都难有恢复性提升，火电企业对电量的竞争将更加激烈。

核电和风电设备利用小时均同比提升。2013 年，全国核电设备累计平均利用小时为 7893 小时，同比提高 38 小时；全国风电设备累计平均利用小时为 2080 小时，同比提高 151 小时，风电设备利用小时为近四年最高。

风电行业受消纳制约，但风电行业整体销售利润率高于火电和太阳能发电，风电利用小时的提升将提高风电场的盈利能力，有利于风电企业沉淀资产，提高建设扩张的能力。

2013 年，全国水电设备累计平均利用小时为 3318 小时，低于 2012 年 273 小时，但仍高于 2011 年。水电设备利用小时下降是由于来水相对偏少，2013 年水电利用小时相对往年平均值并不低。

2. 供电煤耗水平分析

图 8-15，2006～2014 年期间，供电煤耗水平逐步下降。其中 2013 年，全国 6000 千瓦及以上电厂供电标准煤耗为 321 克/千瓦时，较 2012 年下降 4 克/千瓦时；2014 年，标准煤耗为 318 克/千瓦时，较 2013 年下降 3 克/千瓦时。《节能减排十二五规划》提出的目标为，到 2015 年达到 325 克/千瓦时，目前该指标已降至预期值以下。

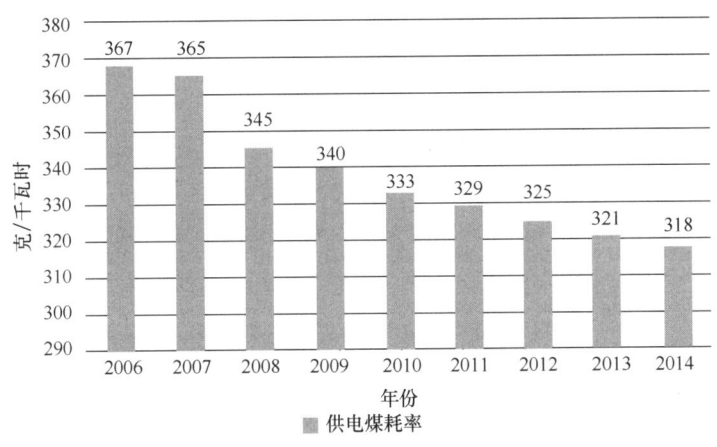

图 8-15　2006～2014 年供电煤耗趋势图

数据来源：中国电力企业联合会。

（二）电网运行状况

1. 电网运行负荷情况

2014 年，全国电力供需总体宽松，东北和西北区域供应能力富余较多，华中、华东和南方区域供需总体平衡，华北区域供需总体平衡，部分地区偏紧。省级电网中，受机组环保改造、气温、局部电网受限等因素影响，山东、河北、天津、江苏、安徽、福建、河南、陕西、西藏和海南在部分时段有一定错峰。

华北电网区域电力供需总体平衡，部分地区偏紧。2014 年全社会用电量 1.30 万亿千瓦时，同比增长 3.4%，增速同比回落 3.0 个百分点，主要是区域内部分省份受节能减排以及高耗能行业产能过剩导致企业开工率下降影响；区域统调最高用电负荷 1.92 亿千瓦，同比增长 3.2%。基建新增发电装机容量 2106 万千瓦，12月底全口径发电装机容量2.9亿千瓦，同比增长7.6%，其中并网风电装机容量3301万千瓦，同比增长18.5%。区域内电力供需总体平衡，部分地区偏紧，7月山东日最大错峰负荷360万千瓦，河北南网239万千瓦，冀北87万千瓦，天津36万千瓦；2014年，华北区域发电设备利用小时4655小时，同比降低131小时，其中火电5145小时，同比降低61小时；风电1965小时，同比降低152小时。

东北电网区域电力供应能力富余较多。2014年全社会用电量4047亿千瓦时，同比增长2.5%，增速同比回落1.9个百分点，延续多年来的低迷态势；区域统调最高用电负荷5462万千瓦，与上年基本持平。基建新增发电装机容量600万千瓦，12月底全口径发电装机容量1.2亿千瓦，同比增长5.4%，其中并网风电2289万千瓦，同比增长10.0%。2014年，东北区域发电设备利用小时3603小时，同比降低65小时，其中火电4197小时，同比提高78小时（主要是吉林水电减发较多，火电设备利用小时同比提高237小时），低于全国平均水平509小时；风电1739小时，同比降低177小时，低于全国平均水平166小时。

华东电网区域电力供需平衡。2014年全社会用电量1.33万亿千瓦时，同比增长2.1%，增速同比回落5.8个百分点，主要是受气温因素影响，三季度用电量同比下降4.6%，增速环比回落9.7个百分点；区域统调最高用电负荷2.21亿千瓦，同比增长2.7%。基建新增发电装机容量1990万千瓦，12月底全口径发电装机容量2.7亿千瓦，同比增长7.2%，其中核电1076万千瓦，同比增长42.7%。区域电力供需平衡，4月安徽有少量错峰，7月江苏日最大错峰负荷112万千瓦，福建有少量错峰；2014年，华东区域发电设备利用小时4617小时，同比降低486小时，其中火电4824小时，同比降低530小时，降幅较大的主要原因是电力消费增长放缓和区域外来电增加较多；风电2144小时，同比降低39小时。

华中电网区域电力供需平衡。2014年全社会用电量9908亿千瓦时，同比增长2.5%，增速同比回落4.5个百分点，主要是受气温因素影响，其中三季度用电量同比下降2.3%，增速环比回落7.2个百分点；区域统调最高用电负荷1.51亿千瓦，同比增长0.9%。基建新增发电装机容量1798万千瓦，12月底全口径发电装机容量2.8亿千瓦，同比增长7.8%，其中水电装机容量1.3亿千瓦，占全国水电装机容量的43%。区域电力供需平衡，7月河南日最大错峰负荷90万千瓦。2014年，华中区域发电设备利用小时4149小时，同比降低113小时，其中水电4047小时，同比提高361小时，火电4275小时，同比降低439小时；风电1959小时，同比降低81小时。

西北电网区域电力供应能力富余。2014年全社会用电量5426亿千瓦时，同比增长 6.7%，增速同比回落 8.5 个百分点，是用电增速回落幅度最大的区域，主要是在宏观经济趋缓、房地产市场低迷背景下，高耗能行业产能过剩、产品价格下滑导致企业开工率下降（占西北区域全社会用电量比重 53% 的四大行业用电量增速从上年的 17.3% 降至 2014 年的 5.8%）；区域统调最高用电负荷 7147 万千瓦，同比增长 3.7%。基建新增发电装机容量 2332 万千瓦，12 月底全口径发电装机容量 1.6 亿千瓦，同比增长 13.9%，其中并网风电 2346 万千瓦，同比增长 47.1%；并网太阳能发电 1473 万千瓦，占全国并网太阳能装机的 61%。1 月西藏日最大错峰负荷 8.5 万千瓦，7 月陕西日最大错峰负荷 116 万千瓦；2014 年，西北区域发电设备利用小时 4154 小时，同比降低 457 小时，其中火电 5233 小时，同比降低 220 小时；风电 1863 小时，同比降低 86 小时。

南方电网区域电力供需平衡。2014 年全社会用电量 9496 亿千瓦时，同比增长 6.9%，增速同比提高 0.4 个百分点，是用电增速唯一同比提高的区域，主要是因广东气温因素及经济运行相对平稳；区域统调最高用电负荷 1.36 亿千瓦，同比增长 5.6%。基建新增发电装机容量 1524 万千瓦，12 月底全口径发电装机容量 2.4 亿千瓦，同比增长 6.9%，其中水电 1.0 亿千瓦。海南电力供应紧张，日最大错峰负荷 59.4 万千瓦，累计错峰电量 5.8 亿千瓦时；2014 年，南方区域发电设备利用小时 4066 小时，同比降低 173 小时，其中水电 3815 小时，同比提高 540 小时；火电 4143 小时，同比降低 645 小时，低于全国平均水平 564 小时，是全国最低的区域，其中云南低于 3000 小时，电力消费需求放缓以及水电多发是主要原因；风电 2060 小时，同比提高 45 小时。

2. 线路损失率及变化情况

图 8-16 显示，2008～2014 年线路损失率呈先降后升再降的趋势，其中 2014 年最低，其他年份线路损失率均在 6.5% 以上，线损相当严重。

3. 跨区输电完成情况

5 号文件提出要建立竞争、开放的区域电力市场。但到目前为止，全国统一的电力市场尚未形成，东北区域电力市场试点也不太成功。地区壁垒严重影响电力资源的有效配置。典型的例子是南方电网与国家电网之间电力调剂输送受到制约。比如福建出现电力剩余常常不是输送到邻近的广东，而是更远的长三角。表 8-2 给出了近年来跨区域与区域内跨省输电量及其占总全国总发电量比例。从表中可以看出，从 2006 年到 2014 年，跨区域与区域内跨省输电量都在增长。但是，相对来说，跨区域输电比例很小，仅仅占总发电量的 3% 到 5% 以上。这在一定程度上反映了不同区域电力输送的壁垒可能仍然存在。当然，同一区域内跨省输电量所占比例增长较快，从 8% 上升到约 16%，这表明地区内部壁垒在逐步破除。

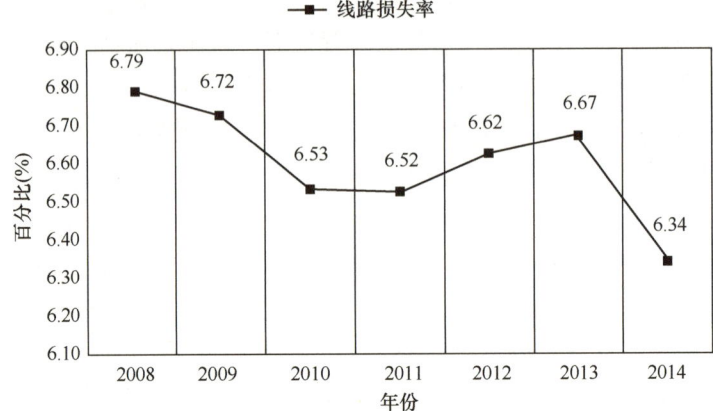

图 8-16　2008～2014 年线路损失率情况

数据来源：中国电力企业联合会、同花顺 iFinD。

2006～2014 年省间输出电量与跨区域输出电量数据　　表 8-2

年份	发电总量 （亿千瓦时）	省间输出电量 （亿千瓦时）	省间输出电量占 总发电量比例	跨区电网电量交换 （亿千瓦时）	跨区电网电量 交换所占比例
2006	28499	2454	0.086	816	0.029
2007	32644	3841	0.118	949	0.029
2008	34510	4560	0.132	1049	0.030
2009	36812	5245	0.142	1213	0.033
2010	42278	5879	0.139	1492	0.035
2011	47306	6324	0.134	1679	0.036
2012	49865	7170	0.144	2018	0.040
2013	53721	7853	0.146	2680	0.050
2014	56045	8670	0.155	2997	0.053

数据来源：国研网统计数据库。

图 8-17 显示，2014 年全国完成跨区送电量 2997 亿千瓦时，同比增长 23.03％，保持了较快增长速度。全国跨区输电比例（跨区输电量占全社会用电量的比重）为 5.3％，较上年同期提高 0.3 个百分点。各区域电网中，东北、华东、华中和西北电网区域完成送电量同比增长较快，分别比上年同期增长 19.47％、15.84％、39.29％和 19.81％。

4. 售电总量

图 8-18 显示 2005～2015 年中国售电总量呈上升趋势，其中 2010 年较以往增长幅度，但近年来受宏观经济转型的影响，售电量整体上有所减缓，2014 年增长率较 2013 下降，放缓明显。

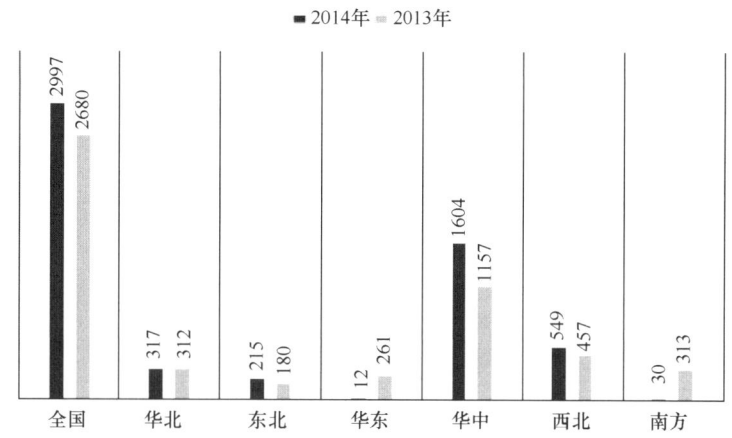

图 8-17　2013～2014 年全国跨区送电增长情况（单位：亿千瓦时）

资料来源：国研网统计数据库。

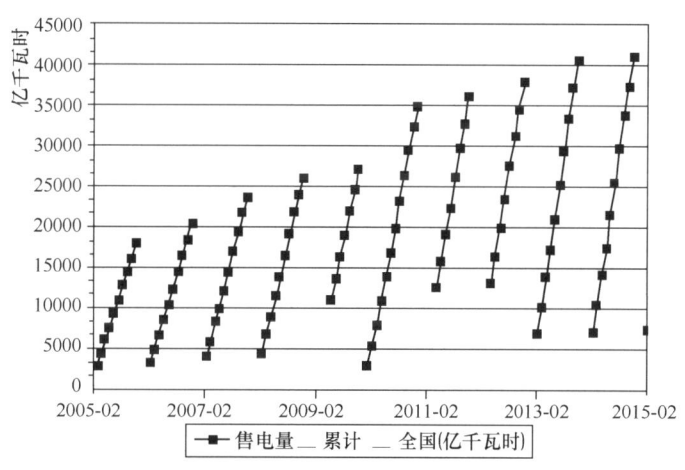

图 8-18　2005～2014 年全国售电量统计图

数据来源：中经网统计数据库。

第三节　电力行业结构

自 1985 年电力行业市场化改革以来，经历三个主要的行业改革阶段，尤其是 2002 年，国家电力公司的分拆，中国电力市场由传统垂直一体化垄断模式逐步过渡到现阶段的部分开放竞争模式。目前中国电力市场中，"厂网分开"和

"竞价上网"已经基本实现，市场竞争只对发电侧开放。在中国电力市场结构中，是由各类发电企业、输电企业和供电企业承担着基本的运营业务。

一、 发电企业

（一）发电行业构成

目前，中国发电行业已形成中央发电企业、地方发电企业和民营及外资发电企业并存的竞争格局，投资经营共有四大主体。

5 号文件规定，重组国家电力公司管理的发电资产，按照建立现代企业制度要求组建若干个独立的发电企业。每个发电企业在各电力市场中的份额原则上不超过 20%。根据国家发改委 2704 号文件精神，国家组建了华能、华电、大唐、国电、中电投等五大电力集团，每个集团拥有的发电资产可控容量均达 3000 万千瓦以上，实力相当。经过几年的发电市场竞争，市场结构发生了一定变化，但结构的竞争性没有改变。

2006 年，全国 6000 千瓦及以上各类发电企业 4000 余家。其中国有及国有控股企业约占 90%。中国华能集团公司、中国大唐集团公司、中国华电集团公司、中国国电集团公司和中国电力投资集团公司等中央直属 5 大发电集团约占装机总量的 38.79%；国家开发投资公司、中国神华能源股份有限公司、中国长江三峡工程开发总公司、中国核工业集团公司、广东核电集团有限公司、华润电力控股有限公司等其他中央发电企业约占总装机容量的 10%；地方发电企业占总装机容量的 45%；民营和外资发电企业占总装机容量的 6.21%。

2008 年，全国有 6000 千瓦及以上各类发电企业 4300 余家，国有及国有控股企业约占 90%，有一定的产业集中趋势。其中，华能、大唐、国电、华电、中电投等中央直属 5 大发电集团装机容量占全国总装机容量比重 44.9%，与 2006 年相比有一定上升。国家开发投资公司、神华集团、三峡工程开发总公司、华润电力控股、核电集团等央企占 10.5%，17 家地方国有发电企业占总装机容量的 13.3%。以上 28 家大型发电集团装机容量占全国总装机容量的 68.3%。[①]

截至 2013 年底，全国全口径装机容量为 12.47 亿千瓦，其中中央直属 5 大发电集团（中国华能集团公司、中国大唐集团公司、中国华电集团公司、中国国电集团公司、中国电力投资集团公司）年末总装机容量 58278 万千瓦，约占全国全口径装机容量的 46.72%。

---

① 数据来自 2009 年中国电力行业年度报告。

发电行业投资经营主体及其发展特征　　　　　　表 8-3

经营主体	五大发电集团	其他中央发电企业	地方国有发电企业	外商和民营资本参股、控投的发电企业
代表企业	华能集团 国电集团 大唐集团 华电集团 中电投集团	中国核工业集团 长江三峡集团 中国广东核电集团有限公司 神华集团 华润电力	粤电集团 浙能集团 申能集团 京能集团等	中国风电集团 格盟国际能源（香港）中华电力等
发展特征	发电资产分布广泛；电源结构呈多样化，均有多元化、国际化发展趋势	其中中核工业、三峡集团、中广核均定位清洁能源集团，也在向其主业之外的其他电源形式发展	发电资产主要分布于所在区域内，电源结构呈多元化。但是，目前，浙能等企业也在向全国范围拓展经营	近几年发电行业盈利性较差，外资不断退出，民营资本的规模和实力发展较快

资料来源：科莫迪整理。

中国现行发电侧电力市场的模式是以单一购买者的形式为主，即参与市场竞争的各独立发电企业将电能提供给电网经营企业，用户不能与发电厂签订购电合同，只能由电网经营企业采用趸售或零售的方式供电。在电力市场引入市场竞争的初期，中国采用双轨制竞争体系，即通过部分电量竞价上网的方式，一般安排当年市场用电需求的 10%～20% 作为竞争电量，其余作为基本电量（合同电量）。双轨制体系采用差价合约的结算方式，基本电量部分按国家批准的合同电价结算，竞争电量部分按竞价电价结算，未完成的合同电量部分给予一定的经济补偿。

目前，发电环节的市场结构在一定程度上呈现出多元格局。如图 8-19，截至 2011 年底，全国累计已有 20299 家发电企业获颁发电许可证，另有 8365 家 1000 千瓦以下的小水电被豁免持证。全国全口径装机容量为 10.6 亿千瓦，其中中央直属的 5 大发电集团（中国华能集团公司、中国大唐集团公司、中国华电集团公司、中国国电集团公司、中国电力投资集团公司）总装机容量 51472 万千瓦，约占全国全口径装机容量的 48.75%。另外 7 家中央发电企业（神华集团有限责任公司、中国长江三峡集团公司、华润电力控股有限责任公司、国家开发投资公司、中国核电集团公司、中国广东核电集团有限责任公司、新力能源开发有限公司）总装机容量 13301 万千瓦，约占全国全口径装机容量的 12.60%。15 家规模较大的地方国有发电企业总装机容量 10615 万千瓦，约占全国全口径装机容

量的 10.05％。以上 27 家大型发电集团的装机容量占全国总装机容量的
71.41％。[1] 目前发电侧的市场结构中仍以国有资本为主，非公有制发电企业装
机容量占全国总装机容量的比例不足 5％。[2]

（二）集中度分析

在发电环节，电力行业重组后，
发电业务领域组建了五个大型的发电
企业集团，分别是：华能电力集团、
大堂电力集团、华电电力集团、国电
电力集团和中国电力投资集团，形成
寡头市场结构。这五大集团公司控制
的发电能力约达 40％左右，其余的掌
握在 40 多家地方政府的发电投资公
司、30 多家上市公司以及外国投资公

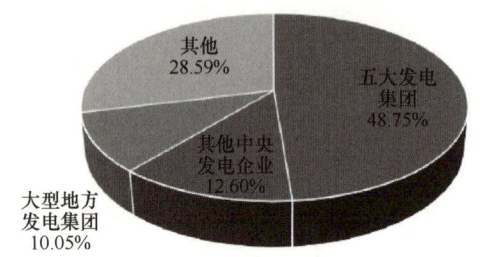

图 8-19　各类发电企业装机容量
在全国总装机容量中占比

数据来源：国家电监会，《电力监管年度报告
（2011）》。

司和私营公司的手中。电力法规定，政府鼓励和引导国内外经济组织和个人依法
投资发电，建立发电公司。目前，非国有公司拥有的发电能力占总量的 8％左
右。在发电领域，无论从全国来看还是从区域来看，寡头垄断是基本的市场结构
特征，在此市场结构下，国有寡头企业出于维护企业利益，寡头企业之间很容易
形成价格合谋，滥用市场势力。

表 8-4，2003～2013 年，五大发电集团以装机容量为基准的市场集中度呈现
先升后降的趋势，从 2003 年的 33.99％持续增长到 2010 年的 49.39％，之后连
续 3 年下降，2013 年降至 46.72％。从装机集中度变化情况看，2005～2009 年，
五大发电集团以装机容量为基准的市场集中度快速提升，也印证了此期间五大发
电集团规模的快速扩张。随着新企业的加入以及五大发电发展方式的转变，装机
增速逐步放慢，装机集中度也出现下降。

五大发电集团总体市场集中度测算结果　　　　　　　　　表 8-4

	装机容量 （万千瓦）	集中度 （％）	环比 （％）	发电量 （亿千瓦时）	集中度 （％）
2003 年	13304.55	33.99		7017.09	36.83
2004 年	151158.20	34.26	0.27	8053.01	36.70

---

① 数据来源：国家电监会，《电力监管年度报告（2011）》。
② 姜毅君．中国电价改革中若干问题探讨［J］．能源技术经济，2012（7）．

续表

	装机容量 （万千瓦）	集中度 （%）	环比 （%）	发电量 （亿千瓦时）	集中度 （%）
2005 年	18820.48	36.39	2.13	9633.43	38.57
2006 年	24124.36	38.79	2.39	11315.43	39.70
2007 年	30247.93	42.41	3.62	13432.35	41.15
2008 年	35958.78	45.37	2.97	15149.00	44.12
2009 年	42238.20	47.64	2.27	17086.95	47.63
2010 年	47527.22	49.39	1.75	20830.44	49.27
2011 年	51406.01	48.38	−1.01	23409.31	49.48
2012 年	55183.00	48.20	−0.18	23917.00	48.05
2013 年	58278.49	46.72	−1.48	25298.00	47.31

数据来源：科莫迪整理。

如图 8-20，2003～2013 年，五大发电集团以发电量为基准的市场集中度也呈先升后降趋势，与以装机容量为基准测度的市场集中度变化趋势一致。2003年为 36.83%，2011 年达到最高 49.48%，2013 年快速下降至 47.31%。

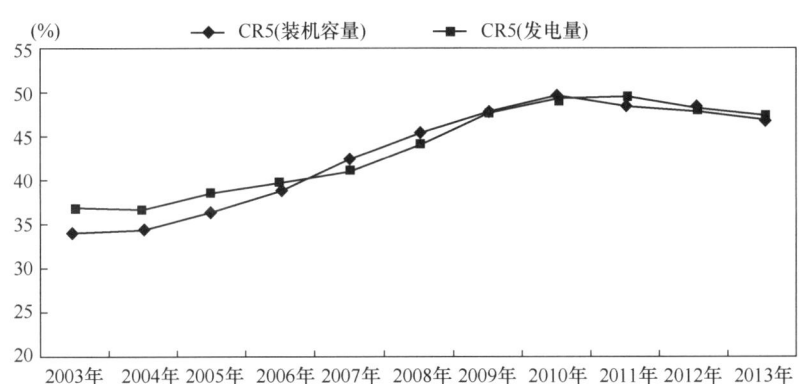

图 8-20　2003～2013 年五大发电集团市场集中度趋势图
数据来源：科莫迪整理。

五大发电集团装机集中度和发电量集中度比较分析，2003～2006 年四年间，发电量集中度高于装机集中度，表明在此期间五大发电集团发电机组利用效率高于平均水平；2012～2013 年，两个基准的集中度均下降，发电量集中度下降更多，主要因为在电量增速下滑背景下，五大发电集团发电量增速下滑更多。

整体看，发电产业市场集中度较高，但没有一家企业处于绝对的垄断地位，华能集团装机容量、发电量最大，2013 年华能集团发电量占全国发电量的比重为 11.96％。

大型电力集团主动扩张的顾忌增多，预计未来不会再次大比例扩产。近年来，清洁能源投资在电源项目投资中的比重不断上升，清洁能源投资具有单个项目装机容量小、投资主体多元化的特征，不断有新企业参与进来，与五大发电集团形成竞争。所以，从主观动因和客观条件上五大发电集团都不会再次大规模的扩张，发电行业趋于分散化。

装机容量方面，如图 8-21，华能装机容量占全国比重 2004 年比 2003 年下降，2005～2011 年直线上升，2013 年出现下降，但仍位居五大发电集团之首；国电集团装机占比在 2012 年以前总体呈上升趋势，2013 年出现下降；大唐集团装机比重 2009 年达到最高值后连续下降，2013 年降至 9.25％，居第三位；华电集团装机比重在 2003～2007 年间不断提升，2007 后基本平稳，2013 年装机比重为 9.03％，居第四位；中电投装机比重大致呈现先升后降趋势，2013 年有小幅上升，装机容量占全国比重位于五大最末。

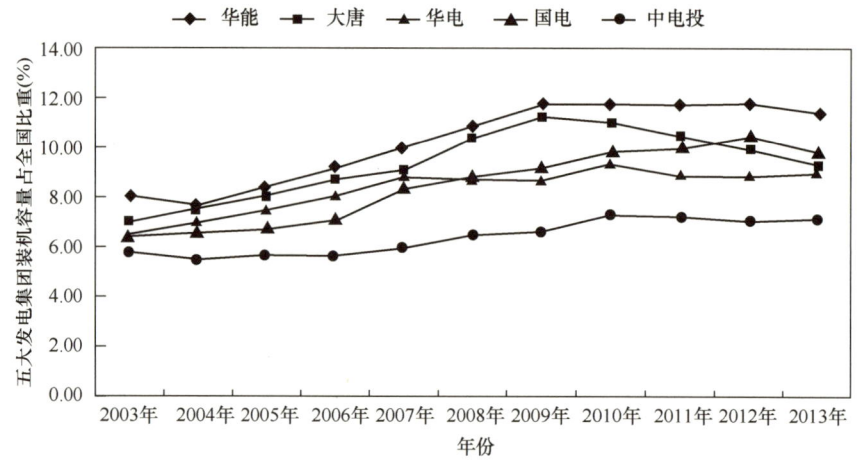

图 8-21　2003～2013 年五大发电集团装机容量占全国比重

数据来源：科莫迪整理。

发电量方面，图 8-22 中，五大发电集团发电量占全国比重基本上均呈先升后降趋势。华能集团发电量比重居首位，国电集团居第二位，大唐集团和华电集团位列其次，中电投集团居最末位。

总之，发电行业内几家大型企业集团占据了大部分市场，行业市场结构在一定程度上具有寡头垄断特征，不过同时行业内还有很多小企业占有小部分市场，尤其是可再生能源发电市场。

按理论分析，寡头垄断市场内的企业应该能够获得超额利润，但是发电行业的经营情况与理论之间存在明显差异。之所以存在这种差异，主要是因为：一是

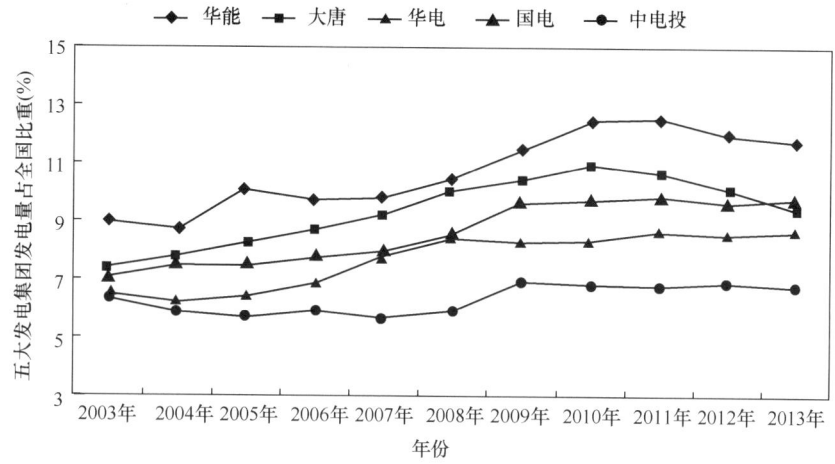

图 8-22　2003～2013 年五大发电集团发电量占全国比重

数据来源：科莫迪整理。

定价受到政府管制；二是大型发电集团电源分布广泛，与一般性的产品生产企业不同，大型发电集团虽然总的发电装机规模很大，但其电源点分布在不同的区域，电厂在所属区域内与其他发电企业电厂形成竞争。

对于传统的生产型产业而言，企业规模过小，有可能导致过度竞争和资源浪费，不利于规模效应的发挥，规模过大则会因内部交易成本提高而损害企业生产效率。

电力生产企业的特点是投资规模大，沉淀成本高，进入壁垒高，存在一定的规模经济效益。但由于电站的分散化特征，如果仅规模扩大，而集中规模化管理不到位，也不能达到规模经济下经营效益的提升。

目前中国发电侧的市场集中度是中（低）集中度寡占，根据行业发展形势，未来发电侧市场集中度可能将下降。

二、　输电企业

在输电环节，分别成立了国家电网公司和中国南方电网有限责任公司。国家电网公司下设 5 家区域电网公司，分别是：华北电网公司、东北电网公司、华东电网公司、华中电网公司和西北电网公司。国家电网公司主要负责区域间的电力交易、调度，跨区域的投资和建设；区域电网公司负责经营管理电网，规划区域电网发展，培育区域电力市场，管理电力调度交易中心。在每家区域电网公司之下（并由该地区电网公司拥有和控制），都有几家省电力公司，拥有和经营输电线路。中国南方电网有限公司的经营范围为云南、贵州、广西、广东和海南。由于输电网络具有强自然垄断性，不适于采用多家竞争的格局，适于采用激励性管制。

电力行业的输电环节具有自然垄断性质。现今中国电力系统中形成了六个区域性电网（华北电网、东北电网、华东电网、华中电网、西北电网和南方电网）和一个由国家电网公司代管的省级电网（西藏电网），国家电网公司和南方电网公司这两家国有企业及其下属各地方子公司负责经营全国电网的输电业务。截至2011年底，全国从事省级及以上输电业务的企业共计39家，其中省级输电企业有32家。① 输电企业可以按照规模划分为超大型输电企业、区域性输电企业、省级输电企业三个级别。国家电网公司为跨区域的超大型输电企业，业务范围涉及26个省级行政单位；中国南方电网有限责任公司为跨省的区域性输电企业，业务范围覆盖5个南方地区的省、自治区；内蒙古电力集团有限责任公司等多家省级输电企业，在一个省级单位内独立经营业务。

输电企业可以凭借其拥有的输电网络，影响交易电量、交易价格或者拒绝互联互通等，阻碍市场的正常运转。在政企不分、产权不清的背景下，企业的滥用行为受罚的成本较小，垄断企业滥用支配地位的激励较高，这些行为都将会伤害市场竞争和降低社会福利。

三、 供电企业

供电企业是在一个特定区域内从事售电业务的企业，这些企业数量众多，类型和规模不一。目前，全国供电企业共计三千家左右，其中地（市）级供电企业五百家左右、县级供电企业两千家以上。② 供电企业经营形态多样，按所有制划分涵括中央国有、地方国有、私营、股份制等多种类型；按经营管理形式可划分为直管、代管、独立经营等类型，同时还存在"自发自供"以及"转供电"等特殊业务类型。

其次，国家电网依靠强势垄断地位并购一些地方性发电与供电企业。由于电网企业的完全垄断地位，一些地方发电企业在竞争中处于非常不利的位置，客观上导致国家电网与小发电、供电企业之间的"再一体化"。5号文件指出要继续推进农村电力管理体制的改革，但1998年颁发的2号文件精神是将一些地方供电企业委托省电力公司管理，以解决农电的"三乱"现象，因此5号文件的精神被理解为继续加强国家电网公司对地方供电企业的管理与一体化控制。这样，国

---

① 数据来源：国家电监会，《电力监管年度报告（2011）》。
② 数据来源：国家电监会，《电力监管年度报告（2011）》。

家电网公司和南方电网公司通过"代管"、"上划"、"控股"等方式控制了原属地方的趸售县及自管、自供县供电企业,进一步强化了电网公司的输配电一体化特征,导致一些原有辅业被剥离之后,一些新的辅业进入国家电网集团。

第四节 电力行业 PPP

自十八届三中全会提出"允许社会资本通过特许经营等方式参与城市基础设施投资和运营"后,中央城镇化工作会议也提出要"放宽市场准入,鼓励社会资本参与城市公用设施投资运营",为民资参与城镇化建设创造了有利的政策环境。2014 年无论是 APEC 会议还是"PPP"中心成立的正式批准,都让"PPP"成为社会、经济的热门话题。

国家能源局 2016 年 4 月 13 日也对外发布《关于在能源领域积极推广政府和社会资本合作模式的通知》,明确能源领域推广"政府与社会资本合作"(Public-Private-Partnership,简称 PPP)主要适用于政府负有提供责任又适宜市场化运作的公共服务、基础设施类项目。通知明确,能源领域推广 PPP 的至少三大类范围中即包括电力及新能源类项目,包括供电或城市配电网建设改造、农村电网改造升级、充电基础设施建设运营、分布式能源发电项目、微电网建设改造、智能电网项目、储能项目、光伏扶贫项目、水电站项目、电能替代项目、核电设备研制与服务领域等。通知提出,要在能源 PPP 项目审批方面建立绿色通道,缩短办理时限。有序放开上网电价和公益性以外的销售电价。此外,对可再生能源及分布式光伏发电、农村电网改造升级、光伏扶贫等 PPP 项目,符合财政投资补贴条件的,各级能源主管部门应积极探索机制创新和政策创新,鼓励财政补贴向上述 PPP 项目倾斜。

一、 电力行业 PPP 现状

(一) 电力行业 PPP 概念

电力行业 PPP 即政府与社会资本在电力行业进行合作模式,指的是政府与社会资本通过合作来提供电力和电力服务的一种方式。

广义的电力行业 PPP 是指政府与私营部门为提供电力和电力服务而建立的各种合作关系,具体可分为外包、特许经营和私有化三类。狭义 PPP 仅指政府与私营部门以合资组建电力公司的形式展开合作，共享收益，共担风险。我国推广的电力行业 PPP 项目运作形式包括 O&M、MC、BOT、TOT、ROT、BOO 等多种类型，可见我国官方的电力行业 PPP 应为广义电力行业 PPP。

电力行业 PPP 通常以政府和社会资本签订合同的形式来实现，按照社会资本承担的风险大小和介入的程度高低，合同类型可分为服务合同、管理合同、租赁合同、特许经营权合同等。特许经营权合同中，社会资本在合同期内承担设计、建设、运营、维护基础设施等大部分工作，通过"使用者付费"及必要的"政府付费"获得合理投资回报。我国目前大力推广的电力行业 PPP 模式正是以基于特许经营权合同为主。

（二）PPP 在中国的发展历程

PPP 在中国并非新鲜事物，但此次推广也并非"往事重提"，而是"旧瓶装新酒"。改革开放至今，PPP 在我国已经历了 5 个阶段和 3 波高潮。

第一阶段：探索阶段（1984～1993 年）。改革开放以来，外资大规模进入中国，一部分外资尝试进入公用事业和基础设施领域。地方政府开始与投资者签订协议，合作进行基础设施建设，本质上就是 PPP。但当时尚未引起国家层面的关注，无相应政策和规章，地方政府与投资者都是在探索中前进。这一阶段代表性的项目有深圳沙角 B 电厂 BOT 项目、广州白天鹅饭店和北京国际饭店等，其中深圳沙角 B 电厂 BOT 项目被认为我国真正意义上的第一个 BOT 项目。

第二阶段：小规模试点阶段（1994～2002 年）。与探索阶段无政府部门牵头状况不同的是，该阶段试点工作由国家计委（现"发改委"）有组织地推进，也掀起了第一波 PPP 高潮。国家计委选取了 5 个 BOT 试点项目：合肥王小郢污水 TOT 项目、兰州自来水股权转让项目、北京地铁四号线项目、北京亦庄燃气 BOT 项目、北京房山长阳新城项目，其中来宾 B 电厂项目也被认为是我国第一个 PPP 试点项目。

第三阶段：推广试点阶段（2003～2008 年）。2002 年十六大提出在更大程度上发挥市场在资源配置中的基础性作用，2003 年十六届三中全会提出让民营资本进入公共领域，2004 年建设部出台《市政公用事业特许经营管理办法》，为 PPP 项目开展确立法律法规依据。政策东风下，各地推出大批 PPP 试点项目，掀起了 PPP 第二波高潮。该阶段外企、民企、国企等社会资本均积极参与，污水处理项目较多，也有自来水、地铁、新城、开发区、燃气、路桥项目。第一个被官方广泛推广的 PPP 项目——北京地铁四号线项目也于这一阶段诞生。

第四阶段：短暂停滞阶段（2009～2012 年）。随着经济刺激政策的推出，地方政府基础设施建设投资高速增长，城镇化程度大幅提高，但 PPP 模式在此阶段却停滞不前，主要原因在于地方政府融资平台发展壮大，平台贷款、城投债等规模激增为地方政府提供了充足的资金，PPP 发展进入短暂的停滞阶段。

第五阶段：发展新阶段（2013 年至今）。十八大提出"让市场在资源配置中发挥决定性作用"，2013 年财政部部长楼继伟就 PPP 作专题报告，肯定 PPP 模式在改善国家治理、转变政府职能、促进城镇化等方面的重要作用。2014 年以来，中央到地方均推出大量 PPP 项目，PPP 进入了发展的新阶段，并掀起第三波高潮。以前的 PPP 更多以 BT、BOT 等为主，政府仍是主要的投资者和风险收益主体，此轮则强调社会资本与政府共享利益、共担风险，PPP 立法有望很快推出，制度配套上也更为完善。

（三）大力推广电力行业 PPP 的原因

政府力推 PPP 的原因主要有以下三点：

第一，城镇化建设和基建投资带来巨量融资需求，而地方政府依赖的土地财政却难以为继，信贷刺激的老路也被证明遗患无穷。城镇化是本届政府在经济领域要打好的第一仗，据财政部测算，预计 2020 年城镇化率达到 60%，由此带来的投资需求约 42 万亿。且从中短期来看，在地产投资和制造业投资持续萎靡的情况下，基建投资是稳增长重要抓手，需要投入大量资金。之前地方政府财政收入的很大一部分来源于"卖地"，但地产大周期面临拐点，土地财政恐难以为继。调结构的目标和稳健货币政策的定调又堵住了信贷扩张的老路，而通过 PPP 可撬动社会资本参与基础设施投资建设，缓解地方政府财政支出压力。社会用电量的比重继续下降，未来主要耗能行业对用电增长的贡献将逐渐弱化。

第二，PPP 的推出有利于缓解地方政府债务压力，降低系统性风险，且与预算改革和地方债改革相得益彰，将隐性债务转变为显性债务，各级政府能做到"心中有数"。融资平台模式下，平台对融资成本不敏感，形成资金黑洞推高无风险利率，PPP 模式剥离了政府信用，将隐形政府信用转化为企业信用或项目信用，有利于降低融资成本、拉长融资期限。地方政府承诺的财政补贴和税收优惠等将纳入预算管理，符合预算改革提倡的公开透明化要求，中央政府能对地方政府债务做到心中有数。

第三，电力作为国民经济的基础性行业，具有较强的公益性和社会性，同时其建设投入巨大，完全依靠政府财力投资难以承受。而 PPP 模式突破了外来资本参与公共设施建设的多种限制，在电力能源领域大力引入外来资本参与电力开发，以弥补自身建设资金上的不足。

二、 电力行业 PPP 问题

（一）电力行业 PPP 问题项目概览

我国实施的 PPP 项目已经多达 8000 多个，领域涉及水厂、电厂等能源类，桥梁、隧道、道路等交通类，医院、污水垃圾处理、住房民生类，体育馆等娱乐类。表 8-5 统计了比较有代表性的电力行业 PPP 项目及问题。

电力行业 PPP 项目及出现的问题   表 8-5

案例编号	项目名称	出现的问题
1	湖南某电厂	没收保函，项目彻底失败
2	天津双港垃圾焚烧发电厂	政府所承诺补贴数量没有明确定义
3	山东中华发电项目	2002 年开始收费降低，收益减少
4	广西来宾 B 电厂	政府回购

部分资料来源：亓霞，柯永建，王守清. 基于案例的中国 PPP 项目的主要风险因素分析［J］. 中国软科学，2009（5）：107-113。其他资料来自网络。

成功的项目首先应该是双方合作关系得到了保持的，其次是参与项目的私人部门能够如愿获得部分收益，最后是社会获得了政府部门需要提供的公共服务。电力行业 PPP 项目有的成功，有的失败，总体看来，失败的较多。

据不完全统计，截至目前全国 PPP 项目的总数共计约 8000 个。但在天和智库看来，如果按照规范的模式标准来衡量，其中绝大多数 PPP 项目都是名不副实，真正意义上的 PPP 项目却不足 100 个。

特别需要说明的是表 8-5 中广西来宾 B 电厂曾经被认为是成功项目，而实际上广西来宾 B 电厂至今依然是成本居高不下，只能由当地政府通过高额财政补贴方式运营，造成地方债务。

从失败的原因统计来看，一半电力行业 PPP 项目的失败原因大多与政府不正常兑现承诺有关，市场收益不足、市民反对、市场需求变化、项目唯一性、政府决策失误也均是所占比例比较高的失败原因，因此在电力行业 PPP 合作项目中特别需要注意以上几类问题。

（二）法律、政策环境问题

电力行业 PPP 项目采用多方合作方式，就需要合同的全程全方位管理。合同的效力取决于所在的法律环境。目前我国虽然有相对成熟的合同法体系，但是专门针对电力行业 PPP 项目的法律还是欠缺。电力行业 PPP 项目的合作一方为政府，而政府出于经济活动中的管理者角色，而企业出于被管理者角色。双方角色的差异就要求有专门的适合电力行业 PPP 项目的法律体系来保障电力行业 PPP 项目的实施。各政府部门陆续有相关的条款出台来规范 PPP 项目双方行为，但是相关的法律条款仍然存在以下几个问题：

1. 立法层次低，法律权威性不足

相关文件多为《意见》《通知》形式，权威性低于法律，不利于后续争议的公正、规范处理。

2. 无完整的法律体系

无系统的管理制度，法律法规分散、片面，从而容易导致管理、责任的争议、推诿。

3. 规定过于笼统，原则性过强，实际操作指导性却不强

项目的规划、立项、主官部门审批程序、职权范围、风险管理和承担、特许权协议和合同管理、项目执行的监督和审计等问题没有细致规定。

4. 没有对项目主体的地位进行一定的规定限制

由于电力行业 PPP 项目主体的特殊性，电力行业 PPP 一方为政府，处于主动地位，往往容易滥用自己行政权力阻碍项目按合约的规定实施，致使私人利益受损。

5. 法律、政策的一致连贯性差

政策条款很多时候都是政府单方面发行实施，私人部门没有干预的途径。政府领导换届、经济形势变化导致政策改变等事时常发生。有时候政策的变更对电力行业 PPP 项目的一方会产生很严重的经济影响，导致双方合作不稳。

法律环境是电力行业 PPP 项目存在的土壤，没有完善的法律环境，电力行业 PPP 项目很可能半路夭折。以杭州湾跨海大桥为例，电力行业 PPP 项目中，政府为了吸引私营部门投资，往往会向私营部门承诺在一定时限内保证该项目的垄断经营，即项目唯一性。而杭州湾跨海大桥开工未满两年，相隔仅仅 50 公里左右的绍兴杭州湾大桥已经开始项目准备。而绍兴杭州湾大桥显然对杭州湾跨海大桥有竞争作用，威胁到了其项目的唯一性，使得该项目承担了项目唯一性风险。而杭州湾跨海大桥随着项目唯一性风险带来的便是市场收益不足的风险，因为垄断经营被打破，杭州湾跨海大桥的客流量显然要低于预期，这就导致了其市场收益不足的结果。

政府的承诺很多时候都流于形式，受限于时间、领导换届等因素，具有很大的不一致、不连贯性。而电力行业 PPP 项目历时长，投资金额大，政策变化、政府不受承诺限制所造成的风险尤显著。只有通过法律、政策的限定才能有效保障私人部门的利益。

（三）合作目标差异问题

政府部门和私营企业参与电力行业 PPP 项目时，对 PPP 项目的利益诉求存在很大分歧，政府部门渴望利用私营企业的技术优势和资金优势以及经济管理优势实现电力行业建设的需求，反观私营企业则希望通过获得在投资地的竞争优势或者完全垄断来获取尽可能多的利润。由于双方利益诉求的差异以及自身资源的优劣势，双方在收益的分配和风险的分担等方面要求不同，导致风险分担不合理，进而造成目前国内能够正常运行电力行业 PPP 项目少之又少。我国电力行业 PPP 项目的交易双方通常背离了"双赢"的目标，表现出分明的壁垒和强烈的对抗，政府部门想要更多地控制项目却不愿意提供足够的保障和承担更多的风险，投资人因而在进行投资决策时充满了对政府部门的防备，双方经常陷入为了解决大量分歧而展开的无休止的再谈判中，最终导致项目的高风险乃至失败。

（四）收益、风险分担问题

电力行业 PPP 项目投资周期长，资金量大，多个不同利益主体的特点使得电力行业 PPP 项目存在的风险特别突出，而合作一方为处于主导地位的政府，也使得电力行业 PPP 项目的风险分担机制成为电力行业 PPP 项目成功的薄弱环节。一个成功的风险分担机制对于电力行业 PPP 的成功至关重要。

1. 风险识别不全面

电力行业 PPP 项目涉及范围广、持续时间长、参与主体多，电力行业 PPP 项目中各种大小风险层出不穷，由于风险识别的手段、方法有限，导致很多潜在的风险不能被识别、重视，一旦此类风险发生，并且缺乏前期相应的风险分担规定，使得此类风险最终由其中弱势一方承担，最终威胁电力行业 PPP 项目的顺利实施。

2. 风险分担不合理

政府总是希望将风险最大限度的转移给私人部门，而这样直接导致招标价格偏高，且一些政策风险、法律风险等对政府来说更容易控制。

3. 风险应对无力

电力行业 PPP 项目最常遭遇到政府政策变更、收益不足的风险，而这些风险是前期很难预测并通过合同规定来进行规避的，面对这些风险，私人部门常常无能为力，只能自己承受。

某些行业里一直存在"成本价格倒挂"现象，即收入小于成本，这些行业一直由国有企业把持，亏损由地方政府以公共财政补贴来解决。当市场化之后引入外资或民营资本后，都需要通过提价来实现预期收益。而根据我国《价格法》和

《政府价格决策听证办法》规定，公用事业价格等政府指导价、政府定价，应当建立听证制度，这一复杂的过程很容易造成审批延误。

如若项目初期合作时候就考虑到可能的政策变更风险，并提前列出双方在出现政策变更情况时的双方应对方案，列出政府保障政策变更风险补偿条款等措施，则项目成功的可能性就会加大。

（五）政府信用问题

电力行业 PPP 模式是私人部门与公共部门的合作，公共部门即政府一方。由于合作主体的特殊性，合作方的信用即政府信用成为关系电力行业 PPP 项目成败的重要因素。普通的市场主体之间可以通过合约对双方行为进行约束，违反合约可以诉诸法律。然而政府部门不是一般的市场主体，有些用来调节一般市场主体的法律条款并不适用于政府。并且政府有权出台一些行政法规来规范市场经济，无论政府怎么做，似乎都合理合法，且政府换届出现的政策、目标、方向的变更都是常事。然而对私人部门来说，双方的合作关系要求政府能够言行一致，朝令夕改的代价很大。

三、 电力行业 PPP 建议[①]

鉴于 PPP 模式在国外已经得到广泛的应用，而我国电力建设又面临巨大融资压力，采用 PPP 模式融资进行电力项目建设具有很多优势，并且对推动电力基础建设，优化我国电力企业运营效率，促进电力市场多元化有着积极的作用。然而我国电力行业 PPP 也处在刚刚起步阶段，众多问题的存在亦亟待有效的解决方案，综合已有的研究成果，电力行业 PPP 的推行应注重以下几点：

（一）完善法律法规体系

由于在电力行业 PPP 模式中，财政资金是交由私营部门进行运作的，其中可能会涉及国有资金被挪用的情况，为此，应当对相关的法律法规体系进行完善，借此来强化财政资金的监督使用，防止国有资金被挪用、挤占及流失等情况的发生。首先，应当完善担保方面的立法。由于 PPP 是一种融资模式，因而会涉及担保方面的问题，加之 PPP 项目的经营权、所有权等规定相对比较复杂，所以，应当对其担保方面的法律问题进行专门规定。其次，可对发达国家相关方面的成功案例进行借鉴，颁布一些有利于外国直接投资的外国投资促进法，给国

---

① 部分参考：高庆普．公私合作（PPP）模式运行机制优化探析［J］．财税纵横，2015．

外投资者提供相应的机会，这有助于推动 PPP 模式的发展。再次，PPP 项目归属于政府采购项目的范畴，所以应在现行的《采购法》中适当增加与 PPP 项目有关的法律规定，为项目的有序进行提供法律保障。最后，要加快一般性商业立法，如知识产权法、合同法、公司法、保险法等等，因为这些相关的法律法规，对 PPP 项目的进行都有着或多或少的影响，故此对这些法律的健全，有助于 PPP 项目的开展。

（二）选择恰当模式

相对于 BOT 而言，PPP 模式克服了 BOT 模式中"项目前期工作周期过长和投资方与贷款人风险过大"两个关键缺点。因为政府部门和营利性企业共同参与项目的前期论证、可行性研究、融资等项目建设过程，有利于保证项目在技术上和经济上的可行性，缩短前期工作周期，降低项目费用。同时，政府部门和私营企业能够相互取长补短，实施效率更高，风险分配更合理，项目获得融资的可能性更大。另外，PPP 模式也不像 BOT 模式那样让政府部门几乎完全失去项目的控制权，而是拥有相应的决策与控制权。当然，PPP 模式也有其自身难以克服的缺点与不足，由于组织形式比较复杂而增加了管理与协调的难度，风险识别难而且风险分担机制要求高，容易发生利益纠纷等问题。

当前 PPP 业务还没有通行适用模式，要充分考虑电力行业的特点及我国的实际情况，如法律法规、相关政策环境等，选择恰当的模式，并参照项目性质，科学制定融资方案，进行充分论证和沟通协商，选择最适合本国特点和具有自身特色的方式，注意适度的市场竞争与政府规制相结合，在实现社会发展的同时给企业带来利润。

（三）电力行业 PPP 模式资本结构[①]

PPP 项目公司资本结构是指项目公司负债与权益之间的关系以及各项资金的来源、组成及其相互关系。一般而言，一个电力产业 PPP 项目资金由权益资金和债务资金构成，其中权益资金一般由发起人来共同筹集，而债务资金则一般由政策性银行、基金公司、保险公司、商业银行、投资银行等金融机构提供。投资者可以在相关电力产业项目中通过高杠杆债务融资来提高自己的收益。在传统的项目融资以及 BOT 等模式下，股权投资所占的比例一般会低于 30%，而对于一般市场主体而言，投资要求会比 30% 更高，PPP 项目下的高杠杆债务融资则

---

① 杨钦元. 试论 PPP 模式与电力产业投资资本结构的法律变革［J］. 吉林工程技术师范学院学报，2016，03.

可以满足这个要求。并且伴随着高杠杆债务融资，PPP 项目具有受贷款利息免税、表外融资、分散风险、长期融资等一系列的优势。然而，这种高杠杆的债务规模如果过大，项目会承担巨大的风险和成本，进而可能危及整个电力项目的资金流而导致项目的停滞乃至失败，尤其在电力产业投资一般要在全部完成后才能产生经济效益的情况下。可见对于资本结构的选择对于一个电力产业 PPP 项目的成本、收益和风险有着巨大的作用，而在这其中，由于政府在项目中扮演的重要角色，市场主体政府出台的法律法规以及政策性文件有着极大的敏感性，因此在促进电力产业 PPP 项目融资中，政府出台的激励措施与 PPP 项目最终达成的资本结构密切相关。

1. 税收减免

税收减免是政府在电力产业项目中最常见的激励措施。投资人可以根据相关的法律、行政法规以及政策，享受减税或者免税政策，而这些政策法规，一般都会与中央的宏观政策以及法律变革保持一致，因此政府相关的税收优惠政策法规对 PPP 项目资本结构有着巨大的影响，甚至是决定性作用。而在电力产业 PPP 项目中，投资人初期的投资巨大，但是一直到项目运营时才会有稳定的收入回报，因此在项目前期以及运营初期会承担比较大的资金压力。而政府的税收减免政策则可以大大缓解投资人的资金压力，减少资金链断裂的风险，因此对投资人有比较大的激励作用。例如财政部在 2012 年 12 月 27 日出台的《可再生能源电价附加有关会计处理规定》中，对可再生能源电价的"应交增值税"的科目进行了专项减免。这就对可再生能源电价的 PPP 项目降低了其风险，增大了投资人对项目的投资意向，从而起到了提高杠杆债务融资的效果。

2. 政府对融资的协助

政府对融资的协助是另一个重要的激励手段。由于电力产业运用 PPP 模式的一个重大作用就在于项目融资，运营后的稳定收入便是赖以融资的基础，而这种融资基础是后置性的。在此期间，金融机构放贷要面临来自多方面的风险，其中包括资金成本增加、成本超支、项目公司破产、通货膨胀、利率风险等。在当今中国金融体系还不完善的背景下，投资人能选择的融资路径十分有限，而且往往还附带各种限制，有着各种融资不确定性与困难性。在这种情况下，如果政府部门可以出面协助投资人进行融资，则可以降低融资难度。这就从根本上增强了项目的资金力量，降低了风险，从而优化整个能源产业 PPP 模式的资本结构。2015 年 5 月 19 日，国务院办公厅以国办发〔2015〕42 号转发财政部、发展改革委、人民银行《关于在公共服务领域推广政府和社会资本合作模式的指导意见》。该《意见》中明确表明了政府要大力推广 PPP 模式，并且在金融领域大力扶持。这就从另一个角度降低了项目风险，从而提高了市场预期，也就推动了债务融资杠杆的提高，优化了 PPP 项目的资本结构。

根据现实情况，由于电力项目的固有属性，投资规模大，成本回收周期长，并且在项目的建设阶段以及运营的前期十分脆弱，需要持续的资金投入而缺乏回流资金，因此充足的资本是至关重要的，这样才能使项目的资本结构得到投资人的认可。而电力产业 PPP 项目多涉及特许经营权，因此跟政府相关的直接或间接担保或政策扶持是分不开的，如果不能得到政府政策法规的有力支持，就会充满不确定性，使项目价值大大下降，从而使投资人缺乏信心，影响项目的资本结构。

（四）强化合同管理①

从某种意义上讲，PPP 模式就是一种合同安排，包括特许权、合资、建设、融资、管理、回购、担保等一系列合同，并通过合同来确定利益相关方的权责划分以及利益分配，将各方的诉求以清晰的合同条款加以明确。特别是 PPP 模式运行类型多种多样，时间跨度也很长，不同类型的项目具有不同的格式要求，因此，在合同安排及框架设计上既要坚持应有的原则性，又要考虑一定的灵活性。

1. 高度重视 PPP 合同管理工作

2015 年 1 月财政部发文《关于规范政府和社会资本合作合同管理工作的通知》，文中明确论述，"PPP 模式是在基础设施和公共服务领域政府和社会资本基于合同建立的一种合作关系。'按合同办事'不仅是 PPP 模式的精神实质，也是依法治国、依法行政的内在要求。加强对 PPP 合同的起草、谈判、履行、变更、解除、转让、终止直至失效的全过程管理，通过合同正确表达意愿、合理分配风险、妥善履行义务、有效主张权利，是政府和社会资本长期友好合作的重要基础，也是 PPP 项目顺利实施的重要保障。地方财政部门在推进 PPP 中要高度重视、充分认识合同管理的重要意义，会同行业主管部门加强 PPP 合同管理工作。"

2. 切实遵循 PPP 合同管理的核心原则

（1）依法治理。在依法治国、依法行政的框架下，充分发挥市场在资源配置中的决定性作用，允许政府和社会资本依法自由选择合作伙伴，充分尊重双方在合同订立和履行过程中的契约自由，依法保护 PPP 项目各参与方的合法权益，共同维护法律权威和公平正义。

（2）平等合作。在 PPP 模式下，政府与社会资本是基于 PPP 项目合同的平等法律主体，双方法律地位平等、权利义务对等，应在充分协商、互利互惠的基

---

① 参考：财政部《关于规范政府和社会资本合作合同管理工作的通知》。

础上订立合同，并依法平等地主张合同权利、履行合同义务。

（3）维护公益。建立履约管理、行政监管和社会监督"三位一体"的监管架构，优先保障公共安全和公共利益。PPP项目合同中除应规定社会资本方的绩效监测和质量控制等义务外，还应保证政府方合理的监督权和介入权，以加强对社会资本的履约管理。与此同时，政府还应依法严格履行行政管理职能，建立健全及时有效的项目信息公开和公众监督机制。

（4）诚实守信。政府和社会资本应在PPP项目合同中明确界定双方在项目融资、建设、运营、移交等全生命周期内的权利义务，并在合同管理的全过程中真实表达意思表示，认真恪守合同约定，妥善履行合同义务，依法承担违约责任。

（5）公平效率。在PPP项目合同中要始终贯彻物有所值原则，在风险分担和利益分配方面兼顾公平与效率：既要通过在政府和社会资本之间合理分配项目风险，实现公共服务供给效率和资金使用效益的提升，又要在设置合作期限、方式和投资回报机制时，统筹考虑社会资本方的合理收益预期、政府方的财政承受能力以及使用者的支付能力，防止任何一方因此过分受损或超额获益。

（6）兼顾灵活。鉴于PPP项目的生命周期通常较长，在合同订立时既要充分考虑项目全生命周期内的实际需求，保证合同内容的完整性和相对稳定性，也要合理设置一些关于期限变更（展期和提前终止）、内容变更（产出标准调整、价格调整等）、主体变更（合同转让）的灵活调整机制，为未来可能长达20~30年的合同执行期预留调整和变更空间。

3. 有效推进PPP合同管理工作

（1）加强组织协调，保障合同效力。在推进PPP的过程中，各级财政部门要会同行业主管部门做好合同审核和履约管理工作，确保合同内容真实反映各方意愿、合理分配项目风险、明确划分各方义务、有效保障合法权益，为PPP项目的顺利实施和全生命周期管理提供合法有效的合同依据。

（2）加强能力建设，防控项目风险。各级财政部门要组织加强对当地政府及相关部门、社会资本以及PPP项目其他参与方的法律和合同管理培训，使各方牢固树立法律意识和契约观念，逐步提升各参与方对PPP项目合同的精神主旨、核心内容和谈判要点的理解把握能力。在合同管理全过程中，要充分借助、积极运用法律、投资、财务、保险等专业咨询顾问机构的力量，提升PPP项目合同的科学性、规范性和操作性，充分识别、合理防控项目风险。

（3）总结项目经验，规范合同条款。各级财政部门要会同行业主管部门结合PPP项目试点工作，抓好合同管理的贯彻落实，不断细化、完善合同条款，及时总结经验，逐步形成一批科学合理、全面规范、切实可行的合同文本，以供参考示范。财政部将在总结各地实践的基础上，逐步出台主要行业领域和主要运作方式的 PPP 项目合同标准示范文本，以进一步规范合同内容、统一合同共识、缩短合同准备和谈判周期，加快 PPP 模式推广应用。

（五）注重风险防范

PPP 项目存在着大量风险因素，涉及主要风险有政治风险、建造风险、营运风险、不可抗力风险等。PPP 模式设计的核心是风险分担，PPP 模式下，在项目建设的开始阶段双方就可以进行风险的安排和分配，选择一种合理的方式共同承担风险，任何一方都不会因为不用承担风险而不负责任，同时，任何一方也不用担心另一方不负责任而导致乙方受损失。同时，政府虽然比 BOT、TOT 模式承担了更多的风险，但是同时也获取了项目一定的控制权。之所以采用 PPP 模式的一个重要原因是要实现合理的风险转移；而电力集团参与 PPP 模式的最终目的则是在合理分担风险的基础上获得预期的投资回报。因此，实施 PPP 业务过程中，必须在风险转移和预期回报两者之间找到平衡，充分认知和辨识各种风险因子，以此实现风险与收益之间协调统一。

（六）建立项目决策机制

对于 PPP 项目而言，政府机构的科学决策是保证项目成功的重要前提。为此，必须建立起 PPP 项目政府决策机制，具体做法如下：首先，明确参与政府决策的组织机构，包括政府部门、项目招标机构、专家和社会公众，提高决策的全面性和专业性，降低"寻租"概率，使公共项目建设符合社会发展需求。其次，建立合理合法的谈判机制，让政府决策层、私人投资者、社会公众、行政管理部门共同参与到谈判中，各自表达利益诉求，减少信息不对称现象，实现公共项目融资利益最大化。再次，健全项目评估体系，对 PPP 项目经济效益、社会效益和环境效益进行全面评估。在经济效益评估中，要综合考虑项目投资收益、宏观经济效益、经济结果等指标；在社会效益评估中，要考虑项目所带来的生活稳定指数、就业效果、生活质量、收益分配等指标；在环境效益评估中，要全面考虑项目需要采取的环保措施以及预期的环保效果。同时，建立私人投资者评价指标体系，将信用评价等级、盈利能力、管理能力、风险偏好、偿债能力、人力资源等方面纳入到评价范围内，作为优选私人投资者的重要依据。最后，遵循标准化、规范化、民主化的原则完善 PPP 项目决策程序，落实决策责任追究制度，对因主管原因造成的决策失误，要追究相关决策人的责任。

（七）完善市场准入、竞争激励与退出机制

为使更多的私营部门能够进入到 PPP 模式当中，应对相应的准入机制加以完善。要让私营与政府部门在 PPP 模式当中享有平等的地位和公平的待遇，从而吸引更多的私营资本参与到 PPP 项目的建设当中，在此基础上，为私营部门构建一个完善的融资平台，多为他们提供一些简便易行的融资渠道。同时，要对 PPP 模式准入条件加以明确，并使其公开化、透明化，在招投标过程中，则应遵循公平、公正的原则，尽可能放宽限制条件，这有助于投资多元化目标的实现。此外，必须对特许经营的准入资格进行严格规范。在选择合作伙伴时，政府部门要做到公正、公开，坚决杜绝暗箱操作，制定完善的准入许可制度，并对投资和建造商的信息进行考察。由于国内在特许经营对象的选择上是以招投标的方式为主，为此，在该过程中，应当从全方面进行评价，并通过综合打分，择优选取。

针对重点投资项目建立完善的绩效评价指标体系，并制定与之相应的管理办法，对绩效评价的有关内容加以明确，如评价范围、评价对象、评价内容等等，进一步强化绩效审计及考核。同时应贯彻落实政府部门投资绩效管理，对政府部门的管理职责进行强化，增强政府出资的安全性。此外，还应对 PPP 项目各环节的负责机构和人员进行明确，并制定与之相关的管理程序，以评价考核和审计结果为指导依据，建立健全责任追究制，以此来促进政府部门投资效率的提升。

政府应主导建立 PPP 项目产权交易和股权转让系统，为企业提供便利的产权、股权流转服务，能够在社会资本获取合理回报后退出公共项目运营，进而实现其资源合理配置和可持续发展。

（八）健全政府监管机制

我国应针对 PPP 模式建立起完善的监管机制，实现对公共项目建设的全过程监管，提高财政资金的使用效益，防止出现挪用、挤占国有资金的情况。建议设立综合性独立监管机构，对监管区域内所有 PPP 项目进行统一监管，提高监管的针对性和有效性。同时，还应当健全政府监管体系，将综合性独立监管机构、传统监管部门、审计部门和监察部门作为监管主体，明确各部门职责和监管侧重点，使各部门形成相辅相成的监督工作体系。综合性独立监管机构应负责公共项目的全过程监管，对私营部门准入、成本、价格、服务质量、环境等方面实施专业化监管。比如在项目前期，该机构要监督审查私营机构的选择、合同的订立、可行性报告的审批以及初步设计的审批等方面；在项目建设期，该机构要监督审查特许经营合同的执行情况，监管安全施工过程、施工质量控制以及工程资金的使用情况；在项目运营期，该机构要定期检查公共基础设施的质量和运营维护工作，开展项目运营绩效评价，做好项目后评估工作，为日后类似项目建设提供参考依据；在项目移交阶段，该机构要加强项目的产权监督，并评估项目的整体情况，维护公共部门的利益。充分发挥建设、财政、环保等传统部门的监督管理，进一步减少交易成本。借助外部审计部门负责公共项目建设及运营期间资金使用合规、合法及效益性，重点解决项目经济指标、技术指标是否与预期目标相符。授予监察部门一定的权利，使其能够独立完成项目立项、建设、运营期间的日常监管工作。

总而言之，电力行业 PPP 模式在缓解政府公共项目建设资金紧缺、提高公共项目运营效益等方面起着不可忽视的作用，已经成为我国公共项目融资的重要发展方向。对于电力行业 PPP 项目而言，政府要充分发挥监管职能，构建起完善的 PPP 模式运行机制，加强融资风险防范，提高项目运营资金使用效益，避免国有资产流失，从而实现公共项目建设的经济效益、社会效益和环境效益目标，使项目产品满足社会公众的需求。

第九章　政　策　解　读

第一节 综合性法规政策解读

《基础设施和公用事业特许经营管理办法》 政策解读

一、出台背景

开展基础设施和公用事业的特许经营，是一项重要的改革和制度创新，有利于扩大民间投资，激发社会活力，增加公共产品和服务供给。从 1984 年深圳沙角 B 电厂项目实行特许经营至今，我国开展基础设施和公用事业特许经营已有 30 多年。30 多年来，各地方推出了大量特许经营项目，国务院有关部门和有关省市先后制定了 60 余件地方性法规、规章或规范性文件。近年来，针对经济下行压力加大、传统增长引擎动力下降的情况，国家积极采取有力措施，充分发挥投资对稳增长的关键作用，促进经济平稳健康发展。但在实践中，有关方面特别是市场主体也反映了一些亟待解决的问题，主要是：国家层面缺乏统一的制度规范，民间投资权益保障机制不完善，行政审批程序烦琐等。这些问题影响了社会资本参与的积极性，制约着特许经营健康发展。对此，党中央、国务院高度重视，党的十八届三中全会明确要求"制定非公有制企业进入特许经营领域具体办法"。为贯彻落实好党中央、国务院要求，根据中央全面深化改革领导小组 2015 年改革工作要点、第十二届全国人大五年立法规划和国务院立法计划部署，考虑到当前促进民间投资、稳定经济增长需求任务紧迫，按照急用先行原则，国家发展改革委会同财政部、住房城乡建设部、交通运输部、水利部、人民银行联合起草了《基础设施和公用事业特许经营管理办法》，自 2015 年 6 月 1 日起施行。

二、核心内容

一是明确规定了 PPP 的定义、适用范围、合作形式和期限。《办法》在立法主体阵容上有明显突破，并将特许经营由过去的市政领域推广至能源、交通运输、水利、环境保护等领域，大大扩大了特许经营的适用范围。《办法》第三条强调，特许经营模式下，除了参与投资建设基建项目外，特许经营者还应在一定期限内参与项目运营并获得收益。第五条则针对特许经营的具体方式做了列举加概括，包括投资—建设—运营—移交（BOT/TOT/ROT）、投资—建设—拥有—

运营—移交（BOOT）、投资—建设—移交—运营（BTO）等。由此，外包类、私有化类和不含运营的 BT 等其他更广义的 PPP 模式均不属《办法》所指方式。在特许经营期限设定方面，《办法》规定，应当根据行业特点、所提供公共产品或服务需求、项目生命周期、投资回收期等综合因素确定，最长不超过 30 年。据此，30 年为特许期上限，下限则留由协议双方自行约定。考虑到目前各地推出的新城开发、产业园区等 PPP 项目投资金额大、回报周期长等特点，《办法》允许双方做出例外约定。

二是明确规定 PPP 项目实施方案的编制审批流程。根据《办法》，PPP 项目实施方案的提出部门为县级（含）以上人民政府有关行业主管部门或政府授权部门。发改、财政、城乡规划、国土、环保、水利等有关部门就实施方案根据各自职责分别进行审查并提出意见。实施方案最终由本级人民政府或其授权部门审定。

三是《办法》强调了《预算法》等现代财政预算制度对于 PPP 项目的约束。《办法》规定，PPP 项目除应当符合城市区域规划、各项专项规划外，还应当符合中期财政规划。对于需要政府提供可行性缺口补助的项目，应当严格按照《预算法》规定，合理确定财政付费总额和分年度数额，并与政府年度预算和中期财政规划相衔接，确保资金拨付需要。据此，在《预算法》和中期财政规划约束之下，准经营性和非经营性 PPP 项目特许经营者的项目收益将得以有效保障，对没有财政支付能力的这两类项目的立项也形成了制约。

四是《办法》重点强调项目前期融资方案的制定和创新融资渠道。《办法》不仅鼓励金融机构积极参与前期项目投融资方案的制定，还鼓励金融机构为特许经营项目提供财务顾问、融资顾问、银团贷款等金融服务。《办法》鼓励 PPP 项目通过基金、项目收益债券、项目收益票据等方式拓宽投融资渠道。根据《办法》规定，政策性、开发性金融机构可以给予特许经营项目差异化信贷支持，对符合条件的项目，贷款期限最长可达 30 年。

五是《办法》就避免重复审批、提高审批效率给出了明确意见。《办法》规定，在 PPP 实施方案通过审批后，在项目建设手续审批过程中，对于已经明确的事项，不再重复审查。这很好地解决了原先的 PPP 模式和项目手续之间的重复审批问题，有利于提高项目审批效率。

六是《办法》明确规定政府为保障投资人合理回报的承诺内容。本轮 PPP 热潮出现以来，中央自上而下的文件对于 PPP 项目应保障投资人实现合理回报均作了明确规定。《办法》则进一步明确规定，政府对于 PPP 项目不得承诺固定投资回报。由此，PPP 项目不得承诺固定回报的原则在官方文件中被扩展至全部 PPP 项目。这一点，也将 PPP 项目与约定固定回报的 BT 项目等其他不规范的 PPP 模式加以了区别。

七是在项目协议变更及终止问题的程序规定上《办法》充分保障债权人利益。《办法》在第四章特许经营协议变更和终止中规定，若需对特许权协议做出重大变更的，应当事先征得债权人同意；而如若出现约定的特许权协议提前终止情形的，在与债权人协商一致后，方可提前终止协议。这些规定对于债权人的利益保障而言确有必要。

八是《办法》通过规定绩效评价强化对项目运营的监管。《办法》规定，实施机构根据特许权协议定期对项目建设运营情况进行监测，会同有关部门进行绩效评价，并将评价结果与产品或服务价格或财政补贴相挂钩，保障所提供公共产品或公共服务的质量和效率。加强运营监管对于降低 PPP 项目全生命周期成本不可或缺。

三、主要评价

国家对基础设施和公用事业领域特许经营的定位已由单纯的推进市场化调整为借助特许经营模式调整国民经济结构，解决地方政府负债过高，提高公共服务质量和效率，激活社会资本，促进国民经济发展。基础设施和公用事业特许经营已经被可能做是与大众创业、万众创新并驾齐驱、促进经济发展的"双引擎"。《办法》不仅是一次微观层面的操作方式升级，更是一次宏观层面的体制机制变革，是国家从深化投融资体制改革的全局高度对政府和社会资本合作及特许经营进行的一次系统化制度设计。《办法》的发布，是引导规范基础设施和公用事业特许经营、推进政府和社会资本合作的重要举措，有利于保障民间资本投资权益，促进政府职能转变，提高公共服务质量效率，对稳增长、调结构、补短板、惠民生具有重要意义。

《关于推进城市地下综合管廊建设的指导意见》 政策解读

一、出台背景

地下管网等基础设施是城市的"里子"，目前仍很薄弱，要着力补上地下管网等城市基础设施"短板"，满足不断扩大的民生之需，这是新型城镇化的应有之义，也是稳增长的有力支撑。2013 年以来，国务院先后印发了《国务院关于加强城市基础设施建设的意见》（国发〔2013〕36 号）、《国务院办公厅关于加强城市地下管线建设管理的指导意见》（国办发〔2014〕27 号），部署开展城市地下综合管廊建设试点工作。在试点的基础上，总结了国内外先进经验和有效做法，国务院办公厅下发了《关于推进城市地下综合管廊建设的指导意见》（国办发〔2015〕61号，以下简称《指导意见》），全面推进地下综合管廊建设。加快推进地下综合管廊建设，统筹各类市政管线规划、建设和管理，不仅可以解决反复开挖路面、架空线网密集、管线事故频发等问题，还可以保障城市安全、完善城市工程、美化城市景观、促进城市集约高效和转型发展，有利于提高城市综合承载能力和城镇化发展质量，有利于增加公共产品有效投资、拉动社会资本投入、打造经济发展新动力。

二、核心内容

《指导意见》指出，推进城市地下综合管廊建设，统筹各类市政管线规划、建设和管理，解决反复开挖路面、架空线网密集、管线事故频发等问题，有利于保障城市安全、完善城市功能、美化城市景观、促进城市集约高效和转型发展，有利于提高城市综合承载能力和城镇化发展质量，有利于增加公共产品有效投资、拉动社会资本投入、打造经济发展新动力。

《指导意见》明确，到2020年，建成一批具有国际先进水平的地下综合管廊并投入运营，反复开挖地面的"马路拉链"问题明显改善，管线安全水平和防灾抗灾能力明显提升，逐步消除主要街道蜘蛛网式架空线，城市地面景观明显好转。

《指导意见》从统筹规划、有序建设、严格管理和支持政策等四方面，提出了十项具体措施。一是编制专项规划。建立建设项目储备制度，明确五年项目滚动规划和年度建设计划。二是完善标准规范。抓紧制定和完善地下综合管廊建设和抗震防灾等方面的国家标准。三是划定建设区域。从2015年起，城市新区、各类园区、成片开发区域的新建道路要根据功能需求，同步建设地下综合管廊；老城区要结合旧城更新、道路改造、河道治理、地下空间开发等，因地制宜、统筹安排地下综合管廊建设。四是明确实施主体。鼓励由企业投资建设和运营管理地下综合管廊。五是确保质量安全。严格履行法定的项目建设程序，落实工程建设各方质量安全主体责任。六是明确入廊要求。已建设地下综合管廊的区域，该区域内的所有管线必须入廊，既有管线应根据实际情况逐步有序迁移至地下综合管廊。七是实行有偿使用。入廊管线单位应向地下综合管廊建设运营单位交纳入廊费和日常维护费。八是提高管理水平。管廊建设运营单位与入廊管线单位要分工明确，各司其职，相互配合，做好突发事件处置和应急管理等工作。九是加大政府投入。中央财政要积极引导地下综合管廊建设，地方各级人民政府要进一步加大地下综合管廊建设资金投入。十是完善融资支持。鼓励相关金融机构积极加大对地下综合管廊建设的信贷支持力度，将地下综合管廊建设列入专项金融债支持范围，支持符合条件的地下综合管廊建设运营企业发行企业债券和项目收益票据。

三、主要评价

《关于推进城市地下综合管廊建设的指导意见》从总体要求、统筹规划、有序建设、严格管理、支持政策等五个方面对城市地下综合管廊建设提出了明确的要求，逐步提高城市道路配建地下综合管廊的比例，全面推动地下综合管廊建设。该意见的出台将从制度上进一步明确城市地下综合管廊建设对城市发展的重要意义，解决与缓解我国长期以来"重地上、轻地下"的局面，从而促进我国土地资源的集约利用与城市空间的合理开发。

第二节　排水与污水处理行业法规政策解读

《关于推进海绵城市建设的指导意见》 政策解读

一、出台背景

当前，我国正处在城镇化的快速发展时期，城市的大规模建设导致城市下垫面过度硬化，城市原有自然生态系统和水文特征遭到不同程度的破坏，许多城市"大雨必涝、雨后即旱"，严重影响群众生产生活和城市有序运行。2013 年，习近平总书记在中央城镇化会议上提出，"要建设自然积存、自然渗透、自然净化的海绵城市。综合采取渗、滞、蓄、净、用、排等措施，最大限度地减少城市开发建设对生态环境的影响。"为加快推进海绵城市的建设，2015 年 10 月，国务院办公厅印发《关于推进海绵城市建设的指导意见》（国办发〔2015〕75 号，以下简称《意见》），明确了海绵城市建设的工作目标、基本原则、具体措施和政策支持，对开展海绵城市的建设给予了具体指导。

二、核心内容

《意见》主要分为五个部分，在第一部分总体要求中，明确了海绵城市建设的工作目标和基本原则，第二部分强调规划的引领作用，第三部分提出具体的建设要求，第四部分是完善支持政策，最后明确了组织保障。

作为总体要求，《意见》明确提出了可考核的工作目标，要求到 2020 年，城市区域的 20% 面积以上达到可以将 70% 的降水进行就地消纳和利用的水平，到 2030 年，80% 以上的城市建成区面积应达到这一雨水消纳利用标准，这实际是提出了海绵城市建设的"两步走"方案。第一步是海绵城市的初步建设，通过 5 年时间的建设，形成海绵城市的基础设施网络，即使得 20% 以上的城市区域具备就地消纳和利用 70% 降水的水平；第二步是海绵城市的稳步推进，通过 10 年的时间，使得 80% 以上的城市区域达到海绵城市对于雨水消纳利用的标准。

在实现这一目标的过程中，各地要遵循三个基本原则。一是坚持生态为本、自然循环。这是海绵城市建设的核心原则，旨在在尊重自然生态体系，充分发挥山水林田湖、植被、土壤、湿地、水体等自然生态的作用，在恢复城市生态水环境系统的基础上，完成城市区域覆盖面的生态化改造。二是坚持规划引领、统筹推进。建设海绵城市的第一步是科学的编制规划，在此基础上，严格按照规划进行建设工作，完善标准规范，统筹自然生态和人工干预，有序地推进建设工作。三是坚持政府引导、社会参与。协调发挥政府和市场的作用，一方面是加大政策支持力度，另一方面是积极推广政府和社会资本合作（PPP）、特许经营等模式，吸引社会资本广泛参与海绵城市建设。

具体到规划引领和统筹推进建设的部分，主要是指导海绵城市建设的落地，提出了一系列具体的要求。在规划编制和规划实施过程中，要求编制城市总规、控规和专项规划时，将雨水年径流总量控制率作为其刚性控制指标；将雨水收集利用、可渗透面积等海绵城市建设要求作为城市规划许可和项目建设的前置条件；将海绵城市相关工程措施作为建设工程施工图审查、施工许可等重点审查内容；同时要抓紧修订完善与海绵城市建设相关的标准规范、图集和技术导则等。

在海绵城市建设过程中，一是要统筹推进新老城区海绵城市建设，《意见》区分了新、老城区的建设，特别指出要建立项目储备制度，避免大拆大建。二是推进海绵型建筑和相关基础设施建设，包括海绵型建筑与小区、海绵型道路与广场、城市排水防涝设施、雨水调蓄设施和沿岸截流干管等。三是推进公园绿地建设和自然生态修复，包括推广海绵型公园和绿地，保护和恢复城市坑塘、河湖、湿地等自然水体以及河道系统整治，特别要禁止填湖造地、截弯取直、河道硬化等破坏水生态环境的建设行为。

为保障海绵城市建设的顺利推进，《意见》明确了政策支持和组织落实。各级政府要创新建设运营机制，区分经营性和非经营性项目，采取多种形式鼓励社会资本参与。在项目设计上，鼓励以总承包的方式统筹组织，也即打包实施，并且鼓励设计、施工、制造、金融等各类企业联合承担项目，以发挥整体效益。在资金支持上，一方面中央、省级和城市各级政府加大投入，另一方面，金融机构加大信贷支持，特别是中长期信贷支持，同时鼓励企业通过发行企业债券、公司债券、资产支持证券和项目收益票据等募集资金。在组织实施上，城市人民政府是海绵城市建设的责任主体，并明确了住房城乡建设部、发展改革委、财政部、水利部等各部门的职责，要求各司其职，分工配合。

三、主要评价

《意见》明确了今后 15 年海绵城市建设的总体目标，规范了海绵城市建设的相关工作，确定了海绵城市建设的总体方针政策，在以政府为主导的基础上，鼓励社会资本的参与。《意见》的出台显示了党中央、国务院对于推进海绵城市建设的决心和重视程度，使得海绵城市的建设工作更加具体化，也使得相关工作的开展有据可循，从而更好地推动我国海绵城市的建设。

《海绵城市建设绩效评价与考核办法（试行）》政策解读

一、出台背景

2014 年 12 月，国家启动海绵城市试点工作，共有 16 家城市入选第一批试点城市，在试点工作启动之初，财政部、住房城乡建设部、水利部已联合发文，明确要对试点工作开展绩效评价，具体绩效评价办法另行制订。2015 年 7 月，为科学、全面评价海绵城市建设成效，住房和城乡建设部依据《海绵城市建设技术指南》，制定了《海绵城市建设绩效评价与考核办法（试行）》（以下简称《办法》，建办城函〔2015〕635 号），旨在对海绵城市建设的效果进行绩效评价与考核，督促各地严格按照《海绵城市建设技术指南》要求开展海绵城市建设，考核评价结果也将直接影响中央财政对试点的海绵城市进行补助。

二、核心内容

《办法》首先明确了制定目标和依据，其主旨是为推进城市生态文明建设，促进城市规划建设理念转变，科学评价海绵城市建设成效，依据是住房城乡建设部 2014 年 10 月颁布的《海绵城市建设技术指南》，该指南明确了城市规划、工程设计、建设、维护及管理过程中海绵城市建设的内容、要求和方法。

其次，《办法》明确了适用对象、实施主体、原则方法和实施阶段，要求按照《海绵城市建设技术指南》要求开展海绵城市建设的城市，都应依据该《办法》对建设效果进行绩效评价与考核。由住房城乡建设部负责指导和监督各地海绵城市建设工作，并对海绵城市建设绩效评价与考核情况进行抽查；省级住房城乡建设主管部门负责具体实施地区海绵城市建设绩效评价与考核。考核将采取实地考察、查阅资料及监测数据分析相结合的方式进行，主要分城市自查、省级评价和部级抽查三个阶段，并明确了各阶段各部门的主要职责。其中，各城市要做好降雨及排水过程监测资料、相关说明材料和佐证材料的整理、汇总和归档，按照海绵城市建设绩效评价与考核指标做好自评，配合做好省级评价与部级抽查；各省级住房城乡建设主管部门要定期组织对本省内实施海绵城市建设的城市进行绩效评价与考核，其结果报送住房城乡建设部；住房城乡建设部则根据各省上报的绩效评价与考核情况，对部分城市进行抽查。特别要指出的是，省级评价可委托第三方依据海绵城市建设评价考核指标及方法进行。

《办法》的核心内容是海绵城市建设绩效评价与考核指标，主要分为水生态、水环境、水资源、水安全、制度建设及执行情况、显示度 6 大类 18 项指标，包括约束性指标和鼓励性指标，既有定性的指标，也有定量的指标，且每项指标都明确了具体的考核要求和方法。其中，水生态指标包括 4 项二级指标，分别是：年径流总量控制率、生态岸线恢复、地下水位和城市热岛效应；水环境指标包括水环境质量和城市面源污染控制，水环境质量指标又细分为地表水水质和地下水水质；水资源指标包括 3 项二级指标，分别是：污水再生利用率、雨水资源利用率和管网漏损控制；水安全指标包括城市暴雨内涝灾害防治和饮用水安全；制度建设及执行情况指标包含的内容较多，共细分为 6 项二级指标，分别是：规划建设管控制度、蓝线、绿线划定与保护、技术规范与标准建设、投融资机制建设、绩效考核与奖励机制和产业化；最后一项显示度主要由连片示范效应指标表示。

在这些指标中，以定量的指标为主，基本都有明确的标准和测算方法，如管网漏损率控制在 12% 以下、河湖水系水质不低于 IV 类标准、地下水水质不低于 III 类标准、污水再生利用率不低于 20％等指标要求。除了约束性指标之外，《办法》还制定了 6 项鼓励性指标，包括：城市热岛效应、地下水水质、管网漏损控制、饮用水安全和产业化。同时，这些指标并不是一刀切的，而是根据城市类型，部分指标做了分类处理，如：年均降雨量超过 1000 毫米的地区，不评价地下水位这一指标；对于人均水资源量低于 500 立方米和城区内水体水环境质量低于 IV 类标准的城市，要求污水再生利用率不低于 20％；雨水资源利用率的指标则由各地根据实际确定。此外，为了营造海绵城市建设的良好制度环境，提供政策支持和保障，《办法》特别设计了制度建设及执行情况的指标，重点考察规划管控、蓝绿线保护、规划标准、投融资、绩效考核和产业化。

三、主要评价

《办法》的出台是《海绵城市建设技术指南》实际落地的有效制度保障，由于绩效考核评价的结果将直接与海绵城市财政补助资金相挂钩，《办法》中涉及的指标将如同指挥棒，直接引导各地的规划、工程设计、建设、维护及管理全过程。《办法》中的指标多为定量指标，不仅有利于上级政府考核下级政府，而且有利于城市政府对实施企业进行合同管理。由于海绵城市试点明确要求采用PPP机制，各地城市政府在引入社会资本的同时，需要在合同中约定绩效指标，并根据绩效评价结果付费，《办法》的出台无异于为各级政府提供了海绵城市的评价标杆，有利于提高各地海绵城市建设的效果，提高财政资金的利用效率。

第三节　燃气行业法规政策解读

《关于建立健全居民用气阶梯价格制度的指导意见》 解读

一、出台背景

天然气是一种不可再生的清洁能源，随着经济和社会的发展，我国天然气消费持续快速增长，2013年对外依存度已超过30%。我国对居民用气实行低价政策，一方面，居民气价明显低于工商业等其他用户价格，交叉补贴现象严重；另一方面，造成部分居民用户过度消费天然气，不足5%的居民家庭消费了近20%的居民气量，特别是在冬季用气高峰时调峰保供的压力较大。因此，在2014年3月21日，国家发展和改革委员会印发了《关于建立健全居民生活用气阶梯价格制度的指导意见》（以下简称《指导意见》），决定在全国范围内推行居民阶梯气价制度。

二、核心内容

《指导意见》对各档气量和气价作了原则性规定。阶梯气价相应地分为三档，第一档用气量按覆盖区域内80%居民家庭用户的月均用气量确定，保障居民基本生活用气需求；第二档用气量按覆盖区域内95%居民家庭用户的月均用气量确定，即超出第一档用气量15%的用气部分，体现改善和提高居民生活质量的合理用气需求；第三档用气量为超出第二档的用气部分。

各档气价实行超额累进加价。根据不同阶梯的保障功能，第一档气价按基本补偿供气成本的原则确定，并在一定时期内保持稳定；第二档气价按合理补偿成本、取得合理收益的原则制定；第三档气价要充分体现天然气资源稀缺程度，能够抑制过度消费。原则上，第一、二、三档气价按1：1.2：1.5的比价安排。

实行居民阶梯气价政策，对不同家庭的影响有所不同。由于第一档气量按覆盖区域内80％居民家庭用户的月均用气量确定，这就意味着80％的居民家庭不会因阶梯气价政策的实施受到影响，不会增加生活支出。其余15％的家庭在第一档用气范围内的气量部分，支出不会增加，超出第一档的气量部分，支出才会有所增加，但由于一、二档气价差距不大，对这些家庭的影响有限。剩余5％的家庭由于用气量大，支出会相对多一些，这也符合公平负担的原则。

实行居民阶梯气价，第二档、第三档气价会有所提高，因此燃气企业的收入会有所增加。《指导意见》明确这部分收入主要用于以下几个方面：一是目前有些用户是合表供气的，增收应首先用于"一户一表"的改造；二是目前部分城市用气峰谷差较大，为保障高峰时段供气安全，需要采购一些高价液化天然气（LNG）资源或建设储气调峰设施，增收部分可用于弥补这部分成本；三是目前部分城市居民气价较低，不能弥补供气成本，实行阶梯气价后，增收可用于弥补居民基本生活用气供应成本，减少与工商业用气交叉补贴。

三、主要评价

《指导意见》能够在一定程度上解决燃气行业的交叉补贴问题。当前，居民气价水平较低，和工商用户之间存在交叉补贴问题。但是如果直接调整全部价格一些收入低的居民会因此增加生活负担，而居民用气阶梯制就是将用气量分段计费，基本用气量基本不涨价，超过基本用气量适当涨价，超过的越多涨的越多，这样即能调整现今居民用气倒挂现象又能避免低收入人群的负担过重的弊病。

国家此次居民阶梯气价制度改革是将用气量划分为三个阶梯，实行不同的价格。超过基本用气需求的部分，用气量越大，气价越高。这项制度是在保障绝大多数居民生活用气不受影响的前提下，引导居民合理用气、节约用气。与传统的单一气价相比，阶梯气价可以更好地兼顾效率与公平。由此可以看出，此次推行居民阶梯气价制度不是为了提高居民家庭生活用气价格，而是为了建立完善的资源性产品定价制度，体现"多用气多付费，少用气少付费"的公平原则，同时也是为了实现节能减排、保障供应的需要。

《指导意见》为进一步深化燃气行业价格机制改革奠定基础。通过建立完善居民阶梯气价制度，在很大程度上弥补居民用气成本，有利于在燃气可竞争性领域建立竞争性价格形成机制。

《国家发展改革委关于明确储气
设施相关价格政策的通知》 解读

一、出台背景

在天然气配套的各项基础设施中，储气设施是极为重要的。随着天然气应用在我国的大力推广，季节差异大，对调峰需求迫切的特点也逐年凸显。我国目前储气库建设明显滞后，在天然气供应规模中的配比过低，加快储气设施建设已刻不容缓。数据显示，目前中国储气设施工作气量仅仅为消费总量的3％，远低于16％的国际平均水平。这使得其天然气调峰能力严重不足，对于推进天然气消费，实行清洁能源替代造成了一定影响。在制约中国储气库建设的短板中，盈利模式的扭曲无疑是最重要的因素之一，由于储气库的收益被包含在天然气的管输费中，企业投资建设储气库的热情不高。因此，国家发改委2016年10月19日对外发布的《国家发展改革委关于明确储气设施相关价格政策的通知》（发改价格规〔2016〕2176号）出台对于促进储气设施建设、天然气价格机制改革具有重要意义。

二、核心内容

储气服务价格由供需双方协商确定。储气服务价格由储气设施（不含城镇区域内燃气企业自建自用的储气设施）经营企业根据储气服务成本、市场供求情况等与委托企业协商确定。

储气设施天然气购销价格由市场竞争形成。储气设施天然气购进价格和对外销售价格，由市场竞争形成。储气设施经营企业可统筹考虑天然气购进成本和储气服务成本，根据市场供求情况自主确定对外销售价格。储气设施经营企业要与用气企业单独签订合同，约定气量和价格。

鼓励城镇燃气企业投资建设储气设施。城镇区域内燃气企业自建自用的储气设施，投资和运行成本纳入城镇燃气配气成本统筹考虑，并给予合理收益。

用气季节性峰谷差大的地方，要抓紧在终端销售环节推行季节性差价政策，削峰填谷，利用价格杠杆提高城镇燃气企业供气积极性，并加强用气高峰时段需求侧管理。

三、主要评价

储气价格市场化后，企业可以根据市场供需状况，在自主确定淡旺季不同的价格。同时冬夏季价差形成的套利空间，会驱使部分企业投资建设储气设施，同时发展出多种储气调峰和保供方式，有利于弥补我国储气调峰能力不足的短板，是一项非常有意义的举措。

储气服务价格和储气设施购进价格放开不会对下游用户产生直接影响。部分季节性峰谷差大、冬季用气量大的北方城市用气负担可能会有所增加，但由于储气设施工作气量小，总体来说影响不大，也符合"谁用气、谁负担"的公平原则。

买卖气价和服务费市场化，储气库终实现独立盈利能力。但是价格制约只是解决问题的第一步，储气库的未来发展仍然需要其他政策支持。因为该文件只是储气设施的盈利问题，而其他的制约因素，如投资主体的放开、布局偏离消费中心、建造技术水平不高等问题还有待进一步解决。

总体看来，储气库如果要实现真正的商业价值，未来的天然气行业还需要一系列其他的政策，来使得整个市场体系得到完善。

《天然气管道运输价格管理办法 （试行）》 和 《天然气管道运输定价成本监审办法 （试行）》 解读

一、出台背景

天然气管道运输属于网络型自然垄断环节。随着近年来我国天然气管道快速发展并连接成网，现行管道运输价格管理方式已不能适应市场发展需要，迫切需要改革。经过反复研究，在多次听取地方、相关部门及部分企业的意见，总结天然气管道运输价格管理实践经验，并在借鉴英、美、法等市场成熟国家通常做法的基础上，根据《中共中央国务院关于推进价格机制改革的若干意见》（中发〔2015〕28 号）精神，为探索建立新形势下管道运输价格机制，加强管道运输价格监管，提高价格监管的科学性、规范性和透明度，国家发改委在 2016 年 10 月 9 日出台了《天然气管道运输价格管理办法（试行）》和《天然气管道运输定价成本监审办法（试行）》（以下称《办法》），对管道运输价格管理及定价成本监审作了明确规定。

二、核心内容

与现行管道运输价格管理方式相比，《办法》主要做了以下调整完善：一是调整了价格监管对象，不再以单条管道为监管对象，对每条管道单独定价，而是以管道运输企业为监管对象，区分不同企业定价。在《办法》中提出，经营管道运输业务的企业（以下简称管道运输企业）原则上应将管道运输业务与其他业务分离。目前生产、运输、销售一体化经营的企业暂不能实现业务分离的，应当实现管道运输业务财务核算独立。

二是明确了新的定价方法，按照"准许成本加合理收益"的原则，在核定准许成本的基础上，通过监管管道运输企业的准许收益，确定年度准许总收入，进而核定管道运输价格。新的定价方法既能有效解决管道连网后定价问题，也为第三方公开准入以及天然气行业体制机制改革创造了有利条件。

准许收益率按管道负荷率（实际输气量除以设计输气能力）不低于75％取得税后全投资收益率8％的原则确定。管道实际运输气量为出口气量或委托运输气量。管道负荷率低于75％的，按75％负荷率对应的气量计算确定管道运价率。

三是细化了价格成本核定的具体标准，《办法》对构成和影响价格成本变化的主要指标，如准许收益率、负荷率、职工薪酬、管理费用、销售费用等均明确了具体核定标准；对不得计入定价成本的费用也作了明确规定。

四是调整了价格公布方式，由国家公布具体价格水平改为国家核定管道运价率（元/立方米·千公里），企业测算公布进气口到出气口的具体价格水平。

五是推行成本公开，要求管道企业主动公开成本信息，强化社会监督，约束企业投资造价和运行成本，避免投资浪费和不合理支出；定价部门公开成本监审结论，提高了价格监管的科学性、规范性和透明度。

三、主要评价

为天然气行业价格体制改革奠定基础。《办法》主要针对管输价，至少是在规则上从无到有明确了天然气长途管输费用的信息。但是《办法》更多为一项基础性工作，其为今后出台更多其他相关办法做出铺垫，无论成本核算还是成本监审，是今后价格改革中要有改革的基本依据，可促进依法推动价格改革、依法核定成本、企业依法经营，进一步为今后改革打下很好的基础。

价格管理模式发生根本性变化。《办法》实施后，相关职能部门价格管理工作将发生改变，由原来的管价格水平，转变为将来的定价格规则和机制。办法里规定的75％负荷率还是比较符合当前实情的。

有利于促进天然气管网公平开放改革进一步深入。管网将来趋势无论是第三方准入还是分离，必须要单独推进，《办法》作为天然气行业改革的配套文件是第一位的。目前看来改革的整体推进存在各种困难，《办法》以长途管输费改革作为改革突破口，是很有积极意义的。

第四节 垃圾处理行业法规政策解读

《生活垃圾卫生填埋处理技术规范》 解读

一、出台背景

对于垃圾处理和填埋有关问题，我国早在 2004 年由建设部颁布了《生活垃圾卫生填埋技术规范》CJJ 17—2004（简称《原规范》），该规范在我国垃圾处理和填埋问题上发挥了重要作用。为了进一步改进垃圾处理方式，使其运作过程更加标准化、规范化，在满足原规定的基础上结合当前我国颁布的相关填埋技术，发布了国家标准《生活垃圾卫生填埋处理技术规范》（简称《处理规范》）。

根据我国住房和城乡建设部《关于印发〈2008 年工程建设标准规范制订、修订计划（第一批）〉的通知》（建标〔2008〕102 号文）的要求，在新技术发表之前，编制人员需对其进行深入的具体调研，认真总结经验，同时借鉴发达国家的一些先进的技术，听取广大企业的一些意见和要求，从而编制出国家标准《处理规范》。

此次编制工作有华中科技大学主持，并由深圳市中兰环保科技有限公司作为主要参编单位参与编制。《生活垃圾卫生填埋处理技术规范》为国家标准，编号为 GB 50869—2013，自 2014 年 3 月 1 日起实施。其中，第 3.0.3、4.0.2、8.1.1、10.1.1、11.1.1、11.6.1、11.6.3、11.6.4、15.0.5 条为强制性条文，必须严格执行。住房城乡建设部于 2013 年 8 月 8 日发布《处理规范》，原行业标准《生活垃圾卫生填埋技术规范》CJJ 17—2004 同时废止。

二、核心内容

《处理规范》对垃圾填埋作业中的术语、填埋物入场技术要求、场址选择、总体设计、地基处理和场地平整、垃圾坝、防渗与地下水导排、防洪与雨污分流系统、渗沥液收集与处理、填埋气导排与利用、填埋作业、封场与堆体稳定性等环节进行了规范，并对关键点进行了强制要求：填埋物中严禁混入危险废物和放射性废物。填埋场不应设在下列地区：（1）地下水集中供水水源地及补给区，水源保护区；（2）洪泛区和泄洪道；（3）填埋库区与敞开式渗沥液处理区边界距居民居住区或人畜供水点的卫生防护距离在 500m 以内的地区；（4）填埋库区与渗沥液处理区边界距河流和湖泊 50m 以内的地区；（5）填埋库区与渗沥液处理区边界距民用机场 3km 以内的地区；（6）尚未开采的地下蕴矿区；（7）珍贵动植物保护区和国家、地方自然保护区；（8）公园，风景、游览、文物古迹区，考古学、历史学及生物学研究考察区；（9）军事要地、军工基地和国家保密地区。填埋场必须进行防渗处理。防止对地下水和地表水的污染，同时还应防止地下水进入填埋场。填埋场必须设置有效的渗沥液收集系统和采取有效的渗沥液处理措施，严防渗沥液污染环境。填埋场必须设置有效的填埋气体导排设施，严防填埋气体自然聚集、迁移引起的火灾和爆炸。填埋库区应按生产的火灾危险性分类中戊类防火区的要求采取防火措施。填埋场达到稳定安全期前，填埋库区及防火隔离带范围内严禁设置封闭式建筑物，严禁堆放易燃易爆物品，严禁把火种带入填埋库区。填埋场上方甲烷气体含量必须小于 5%，填埋场建筑物内甲烷含量严禁超过 1.25%。填埋场应设置道路行车指示、安全标识、防火防爆及环境卫生设施设置标志。

三、主要评价

《处理规范》是在对大量资料以及国外建设经验的研究基础上，结合国内垃圾处理现状及国情特征，通过与相关管理部门的交流和沟通后，最终制定出来。这使得该规范更加贴合实际，对生活垃圾卫生填埋处理实践有较强的指导价值。

从环保角度来看，《处理规范》的诸多新标准能够降低垃圾填埋场运行过程中对周边生态环境所造成不良影响，对我国建设可持续发展社会有积极意义；从推动产业发展的角度来看，一方面《处理规范》更高、更严的施工要求有利于提高行业从业人员的专业素质，另一方面《处理规范》的新标准也提升了相关材料、设备的需求，促进相关产业的进一步发展并淘汰不符合规范的产品与企业；从安全角度而言，《处理规范》的实施降低了垃圾填埋场发生重大安全事故的风险，增强了填埋场的可持续经营能力。最后，《处理规范》在提升填埋场各系统运行标准的同时，实现了与国际标准的接轨。

《餐厨垃圾处理技术规范》 解读

一、出台背景

《餐厨垃圾处理技术规范》（以下简称《技术规范》）CJJ 184—2012，于 2013年 5 月 1 日起正式实施。该《技术规范》为行业标准，是我国首部规范餐厨垃圾处理的技术规范。

为贯彻国家有关餐厨垃圾处理的法规和技术政策，保证餐厨垃圾得到资源化、无害化和减量化处理，使餐厨垃圾处理工程建设规范化，制定该规范。该规范适用于新建、扩建、改建餐厨垃圾收集和处理工程项目的设计、施工及验收。餐厨垃圾处理工程建设，应采用先进、成熟、可靠的技术和设备，做到工艺技术先进、运行可靠、消除风险、控制污染、安全卫生、节约资源、经济合理。餐厨垃圾收集和处理工程的设计、施工及验收除应符合本规范外，尚应符合国家现行有关标准的规定。

该规范由住房和城乡建设部负责管理和对强制性条文的解释，由城市建设研究院负责技术内容的解释。《技术规范》的主编单位为城市建设研究院，参与单位有清华大学、北京嘉博文生物科技有限公司、青岛天人环境工程有限公司、重庆市环卫集团、上海市环境工程设计科学研究院有限公司、青海洁神环境能源产业有限公司、北京佛瑞格林环境资源投资有限公司和北京时代桃源环境科技有限公司。

二、核心内容

1. 餐饮垃圾：产生单位不得随意处置

《技术规范》将"餐厨垃圾"术语定义为："餐饮垃圾和厨余垃圾的总称。"《技术规范》将"餐饮垃圾"术语定义为：餐馆、饭店、单位食堂等的饮食剩余物以及后厨的果蔬、肉食、油脂、面点等的加工过程废弃物。而餐饮单位作为此类垃圾的产生者，将承担责无旁贷的义务。《规范》明确规定："餐饮垃圾的产生者应对产生的餐饮垃圾进行单独存放和收集，餐饮垃圾不得随意倾倒、堆放，不得排入雨水管道、污水排水管道、河道、公共厕所和生活垃圾收集设施中。"此条作为强制性标准在《规范》中加以明确。

《规范》中明确"餐饮垃圾不得排入雨水管道、污水排水管道"，但并不包括厨余垃圾（居民家庭日常生活中丢弃的果蔬及食物下脚料、剩菜剩饭等易腐有机垃圾），因为餐饮垃圾含有大量的有机物，直接排入管道会造成环境的严重污染和管道的堵塞；而城市居民产生的厨余垃圾因量少，经粉碎后即便是直排，也基本不会对排水管道构成太大影响，所以这一强制性规定只适用于餐饮垃圾。

2. 餐厨垃圾运输：尽量减少中转

为减少餐厨垃圾长距离运输的环境污染风险，《规范》明确提出："餐厨垃圾应采用密闭、防腐专用容器盛装，采用密闭式专用收集车进行收集，专用收集车的装载机构应与餐厨垃圾盛装容器相匹配，任何路面条件下不得泄露和溢撒。餐厨垃圾宜直接从收集点运输至处理厂。"由于餐厨垃圾含水率高、有异味，如进行中间倒运，易对环境造成污染，因此尽量一次性运输。对此，建议各地要制定好区域环境规划，特别是在南方一些城市密集区域，以解决跨行政区的环境设施共享。这就涉及餐厨垃圾处理厂的选址问题。《规范》要求，餐厨垃圾处理厂的选址应综合考虑餐厨垃圾处理厂的服务区域（垃圾来源地）、服务单位（垃圾产生主体）、垃圾收集运输能力、运输距离、预留发展（若干年后预期垃圾产生量）等因素。

3. 主处理与预处理工艺应有机结合

对于餐厨垃圾总产生量较大的城市来说，建设集中处理设施在经济上是比较合理的，而对于产生量较小的城市，可以采用分散式就地处理。《规范》要求："餐厨垃圾处理工程规模应根据该工程服务区域和用户的餐厨垃圾现状产生量及预测产生量确定。"餐厨垃圾处理主体工艺的选择应符合要求，即：技术成熟、设备可靠；资源化程度高、二次污染及能耗小；符合无害化处理要求。

餐厨垃圾处理厂宜按下列规定分类：Ⅰ类餐厨垃圾处理厂：全厂总处理能力300吨/天以上（含300吨/天）；Ⅱ类餐厨垃圾处理厂：全厂总处理能力介于150～300吨/天（含150吨/天）；Ⅲ类餐厨垃圾处理厂：全厂总处理能力50～150吨/天（含50吨/天）；Ⅳ类餐厨垃圾处理厂：全厂总处理能力50t/d以下。《规范》要求："餐厨垃圾处理厂应配置餐厨垃圾预处理工序，预处理工艺应根据餐厨垃圾成分和主体工艺要求确定。分选后的餐厨垃圾中不可降解杂物含量应小于5%。"

分选的主要目的就是将餐厨垃圾中的杂质去除。由于餐厨垃圾杂质较多，需要预处理将杂质去除。另外，根据不同的处理工艺，也需要将其中的水、油、盐分等物质去除。《规范》要求分选后的餐厨垃圾中不可降解物的含量小于5%，主要是要保证餐厨垃圾处理工艺的可靠性和资源化产品的质量。如果杂质过多，一方面影响物料的输送性能，另一方面也影响产品的质量。

在厌氧消化工艺消化物料含固率方面，《规范》也提出了具体要求：湿式工艺的消化物料含固率宜为8%～18%，物料消化停留时间不宜低于15天；干式工艺的消化物含固率宜为18%～30%，物料消化停留时间不宜低于20天。郭祥信指出，控制含固率是厌氧发酵工艺的关键技术之一，物料含固率控制的效果好坏直接影响厌氧发酵工艺的稳定性和可靠性。

以饲料化处理为主处理工艺的餐厨垃圾，在进行饲料化处理前应严格控制存放时间，确保存放和处理过程中不发生霉变。《规范》中明确：餐厨垃圾在进入饲料化处理系统前，应对其进行检测，发生霉变的餐厨垃圾及过期变质食品不得进入饲料化处理系统。对于含有动物蛋白成分的餐厨垃圾，其饲料化处理工艺应设置生物转化环节，且不得生产反刍动物饲料。

三、主要评价

《技术规范》对我国餐厨垃圾处理厂的设计、建设和运营都提出了更高的要求，它的颁布和实施一方面可以实现餐厨垃圾减量，并从源头上降低民众的饮食风险，而且具有显著的经济效益和社会效益。

1. 经济效益

（1）降低耗水量，节省人工与水费开支。《技术规范》通过降低厨房、食堂等餐饮场所的餐厨垃圾对环境的污染，可以实现清扫人工和清扫用水的消耗量；（2）省去了垃圾清运费和处理费。由于《技术规范》要求对餐厨垃圾就地处理，如此即节省了餐厨垃圾处理费和清运费；（3）节约能源。若使用锅炉烟气余热、多余蒸汽或多余开水进行加热处理，则可节约能源；（4）节约了环卫部门的开支。环卫部门不但节约了餐厨垃圾运输车辆的购置费和维护费用，而且可节约一笔可观的管理费用。

2. 社会效益

（1）《技术规范》对环卫部门的餐厨垃圾管理进行了优化，还提高了人们的环境保护意识；（2）它消除了餐厨垃圾源头对周边环境的污染，尤其是居住环境区域的影响；（3）避免了餐厨垃圾在清运过程中产生跑、冒、滴漏及异味等对周边环境造成的污染，尤其是夏天垃圾臭味带来的不良感官；（4）控制了用餐厨垃圾喂猪、喂禽畜的源头，一定程度上保证了食品的安全（如泔水猪、泔水油），有益人体健康。

第五节　电力行业法规政策解读

《关于在能源领域积极推广政府和社会
资本合作模式的通知》解读

国家能源局于 2016 年 4 月 13 日对外发布《关于在能源领域积极推广政府和社会资本合作模式的通知》（下称《通知》），要在能源领域积极推广政府和社会资本合作模式（PPP），鼓励和引导社会资本投资能源领域，有效提高能源领域公共服务水平。

一、出台背景①

近几年，中国对能源的需求高速增长，相关公共服务和基础设施滞后。以天然气为例，虽然天然气已经进入到多数省份，但各地建有完善储气设施的并不多，储气设施数量远低于国际平均水平，导致中国天然气储气库和储气设备远远不能满足市场需求，在天然气用气高峰，只能采取中断一些工业用户用气的方式，以保证居民用气。因此，亟须对类似天然气储气罐的基础设施将加大引入社会资本的力度。国家能源局表示，将围绕鼓励进入、政策扶持、优化服务、惠及民生等四项基本原则，通过运用政府和社会资本合作模式改革创新能源领域公共服务供给机制，拓宽投融资渠道，并充分调动社会资本参与能源领域项目建设的积极性。

当前石油、天然气、煤炭等能源处在价格低位，多数能源企业面临经营压力，在此时完全依靠企业自身，加大投入到基础设施建设中的力度并不现实，政府主管部门，希望在能源领域推广PPP模式，打破社会资本进入能源基础设施和公共服务领域不合理限制，最终达到引入社会资本创新机制，提高能源供给效率的目的。而对于参与其中的社会资本，则主要看重资本回报率，投资是否有保障。

以天然气储气设施为例，由于天然气价格改革存在一定的滞后性，建设天然气储气库并不能为企业创造更大的盈利空间。而在电网等领域，相关的观望仍掌握在国内的大型国有能源企业手中，社会资本虽然有进入的意向，但进入的速度低于预期，因此，要激发社会资本投入到能源基础设施和公共服务领域的积极性，需要加快完善相关配套措施。

《通知》的出台为相关配套措施的尽快完善提供了保障，也为相关的实施细则和配套方案将出台提供了基础。

二、核心内容

《通知》主要包括七部分内容：一是重要意义；二是总体要求，明确了在能源领域推广PPP的总体目标和基本原则；三是确定能源领域的项目适用范围；四是各级能源主管部门要丰富项目储备；五是各级能源主管部门要规范有序推进项目；六是明确了相关政策保障措施；七是要做好能源领域PPP项目的示范推广和总结提高。

《通知》规定总体目标，通过运用政府和社会资本合作模式，改革创新能源领域公共服务供给机制，拓宽投融资渠道，充分调动社会资本参与能源领域项目

---

① 摘改自：中国经济时报 2016 年 04 月 18 日发表的《能源领域推广 PPP 模式要加快完善相关配套制度》。

建设的积极性，有效提高能源领域公共服务水平，满足人民群众对能源安全、可靠、清洁供应的要求。

《通知》提出，在丰富项目储备方面，各级能源主管部门要按照项目合理布局、政府投资有效配置的原则，认真梳理、科学甄别，积极从符合能源规划和产业政策的新建、改建项目或存量公共资产中筛选适合PPP模式的潜在项目，纳入国家发展改革委全国PPP项目库，并与财政部PPP综合信息平台做好对接。不断探索拓宽能源PPP项目范围，及时丰富项目储备，并定期在网上更新发布。

《通知》强调，在政策保障措施方面，简化PPP项目审批，在能源PPP项目审批方面建立绿色通道。加快项目审批，简化审核内容，优化办理流程，缩短办理时限。涉及规划、国土、环保等审批事项的，应积极推动相关部门建立PPP项目联审机制。加快开通项目审批网上平台，公开项目全流程审批信息，进一步提高行政服务效率。推进能源价格改革方面，根据《中共中央国务院关于推进价格机制改革的若干意见》精神，到2017年，基本放开竞争性领域和环节价格。尽快全面理顺天然气价格，加快放开天然气气源和销售价格，有序放开上网电价和公益性以外的销售电价，建立主要由市场决定能源价格的机制，为社会资本投资能源领域创造有利条件。探索创新财政补贴机制，对可再生能源及分布式光伏发电、天然气分布式能源及供热、农村电网改造升级、光伏扶贫、页岩气开发、煤层气抽采利用等PPP项目，符合财政投资补贴条件的，各级能源主管部门应积极探索机制创新和政策创新，鼓励财政补贴向上述PPP项目倾斜。

三、主要评价①

在能源领域推广PPP，有利于打破社会资本进入能源基础设施和公共服务领域不合理限制，理顺政府与市场关系，改善地区能源公共服务水平，事关人民群众切身利益，是保障和改善民生的一项重要工作。为加快推进政府和社会资本合作模式在能源领域的实施，需要制定专门文件提出总体要求、明确项目适用范围和有关实施要求，切实鼓励和引导社会资本投资能源公共服务领域。

通过运用PPP模式，改革创新能源领域公共服务供给机制，拓宽投融资渠道，充分调动社会资本参与能源领域项目建设的积极性，有效提高能源领域公共服务水平，满足人民群众对能源安全、可靠、清洁供应的要求。在具体操作中，应遵循鼓励进入、政策扶持、优化服务、惠及民生的基本原则。做好能源领域PPP项目是一件新生事物。各级能源主管部门要积极探索、大胆尝试，鼓励社

① 摘改自：国家能源局法制和体制改革司有关负责人就《国家能源局关于在能源领域积极推广政府和社会资本合作模式的通知》答记者问。

会资本投资能源 PPP 项目。对项目实施过程中遇到的难点和问题，要积极研究和协调解决。国家能源局将及时总结各地探索的经验，选择好的做法在全国示范推广，不断创新和提高能源领域政府和社会资本的合作水平。

能源领域推广 PPP 主要适用于政府负有责任又适宜市场化运作的公共服务、基础设施类项目。电力及新能源类：含供电/城市配电网建设改造、农村电网改造升级、资产界面清晰的输电项目、充电基础设施建设运营、分布式能源发电项目、微电网建设改造、智能电网项目、储能项目、光伏扶贫项目、水电站项目、热电联产、电能替代项目、核电设备研制与服务领域等；石油和天然气类：含油气管网主干/支线、城市配气管网和城市储气设施、液化天然气（LNG）接收站、石油和天然气储备设施等；煤炭类：含煤层气输气管网、压缩/液化站、储气库、瓦斯发电等。

各级能源主管部门应做好项目前期调研、依法组织项目实施、按照约定履行协议、严格绩效监管等工作。各级能源主管部门要不断探索拓宽能源 PPP 项目范围，及时丰富项目储备，纳入国家发展改革委全国 PPP 项目库，并与财政部 PPP 综合信息平台做好对接。并定期在网上更新发布。各级能源主管部门应根据国家发展改革委、财政部关于 PPP 工作的相关管理办法组织项目实施。

能源领域推广 PPP 应有如下保障措施：一是要简化 PPP 项目审批，建立能源 PPP 项目审批绿色通道，加快项目审批，简化审核内容，优化办理流程，缩短办理时限；二是根据《中共中央国务院关于推进价格机制改革的若干意见》（中发〔2015〕28 号）精神，推进能源价格改革；三是探索创新财政补贴机制，对可再生能源及分布式光伏发电、天然气分布式能源及供热、农村电网改造升级、光伏扶贫、页岩气开发、煤层气抽采利用等 PPP 项目，符合财政投资补贴条件的，各级能源主管部门应积极探索机制创新和政策创新，鼓励财政补贴向上述 PPP 项目倾斜；四是加强金融合作，积极主动帮助项目承担单位与各级 PPP 融资支持基金进行对接，加强与银行等金融机构的沟通合作，加大对能源领域 PPP 项目的信贷支持力度；五是适时开展第三方评估，充分发挥工商联联系民营企业的作用。

《关于印发电力体制改革配套文件的通知》 解读[①]

国家发改委于 2015 年 11 月 30 日发布了《关于印发电力体制改革配套文件的通知》（以下简称《通知》），《通知》共包含六个新电力改革核心配套文件，分

---

① 摘改自：国家发改委解读电力体制改革配套文件六大亮点。

别为:《关于推进输配电价改革的实施意见》、《关于推进电力市场建设的实施意见》、《关于电力交易机构组建和规范运行的实施意见》、《关于有序放开发用电计划的实施意见》、《关于推进售电侧改革的实施意见》、《关于加强和规范燃煤自备电厂监督管理的指导意见》。

一、出台背景

六个文件是为对早先发布的"电改9号文"的配套和补充,2015年3月15日,中央办公厅印发《关于进一步深化电力体制改革的若干意见》(中发〔2015〕9号,以下简称9号文),这一政策的发布,标志着中央政府摒弃了5号文的工作思想,正式开启了新一轮的电力改革。该文件共分为4个大项,其中第一、二、四项主要是介绍电改工作的重要性、总体思路以及相关的督促要求等,而第三项则提出了改革的具体任务,共计7大条,28小条,可大致概括为"三放开,一独立",具体内容分别如下:

一是放开输配以外的经营性电价。在电价方面,政府的计划是,在不同的行业,给予不同的管理模式:一方面,作为用掉全社会85%电力的大户,工商业的电价未来将由发受双方自行商定,不再以上网及销售电价差作为收入来源,而是按照政府核定的输配电价收取过网费。另一方面,考虑到居民、农业以及公用事业的用电量虽然比重(4.66%)很小,但是用户人群众多,具有广泛的社会影响,故这部分电价仍将由政府继续管控。

二是放开公益性调节以外的发电计划。在电量方面,9号文采取的是与电价管理同样的"双轨制"办法。工商业直接交易的电量和容量将不再纳入发电计划,由市场双方自行决定。但政府仍将保留一定的"公益性、调节性发用电计划",以"确保居民、农业、重要公用事业和公益性服务等用电,确保维护电网调峰调频和安全运行,确保可再生能源发电依照规划保障性收购。"简而言之,就是政府在放开交易电量的同时,还将继续掌控一部分计划发电量,来确保电力的廉价、安全、清洁等基本要素。

三是放开新增配售电市场。一个市场化的行业,其最明显的特征往往有两条:一是交易的市场化,二是投资主体的多元化,电力行业亦然。本轮电力改革的重要任务,除了放开电价与电量之外,还要有序放开配售电业务,培育新的市场主体。之所以选择有序放开,主要是由于在相关政策尚不完善,社会资本参与效果未知的情况下,全盘放开的时机尚不成熟。此外,政府在配电领域还提出了"放开增量"的限制,观望意向较为明显:只有当增量部分开放的效果较好时,存量部分才有可能继续被推向社会。

四是交易机构相对独立。电力行业的交易机构可以视作证券行业中的交易所，目前中国的电力交易机构均由电网公司建立，主要负责交易合同、购售协议的签订和电量结算和交易统计分析，同时负责参与电力市场规则的制定，电力市场交易信息发布平台的信息发布。交易中心的相对独立，实际上是针对"调度独立"的一个妥协，即电力交易离不开电网调度，但调度只负责技术问题，电网不能完全考虑自身的经济利益。至于"相对"二字，指的是交易中心的产权仍保留在电网，但"独立"的定位，又使其便于接受相关部门监管。

9号文的发布，彻底动摇了电力行业现有的利益格局，但它还只是一个纲领性的政策，并未提出具体工作的执行思路。因此，在其发布后不久，六个配套文件密集出台，开始将文件中的要求一一细化，使其能够得到具体落实。

二、核心内容

六个电力体制改革配套文件，标志着新一轮电力体制改革进入具体操作阶段。六个配套文件具有三方面的突出特色：一是对深入贯彻落实党的十八届三中全会精神，牢牢把握市场化改革方向，推进市场建设，鼓励公平竞争，充分发挥市场在资源配置中的决定性作用；二是按照9号文的部署，配套文件分别落实电价改革、交易机制改革、发用电计划改革、售电侧改革等四项重大改革，着力加强政府监管、强化电力统筹规划、强化和提升电力安全高效运行和可靠性供应水平，与新一轮电改方案"三放开、一独立、三加强"的总体思路高度吻合，同时也积极回应了电力领域向社会资本有序放开竞争性业务的社会关注；三是既还原电力的商品属性，又重视电力商品对经济社会发展的支撑保障作用，配套文件较好地处理了政府与市场的关系，实现了市场主体公平竞争与积极履行社会责任的有机结合。核心内容概括如下：

（一）输配电价改革破除电网垄断优化资源配置

《关于推进输配电价改革的实施意见》明确，按照"准许成本加合理收益"原则，核定电网企业准许总收入和分电压等级输配电价。电网企业的收入来源不再是原来的上网电价和销售电价价差，而是按照政府核定的输配电价收取过网费。电网运营模式的改变意味着破除市场垄断，减轻了电网过去作为电力系统运营枢纽和产业发展矛盾焦点的无限责任，有利于电网企业专注于电网投资运营，降低成本，提高运营效率，确保电网安全运行，对电网企业同样是利好。新的输配电价形成机制，既为全社会留出了电价适度下调的预期空间，也为市场各参与主体公平竞争、合理定价提供了博弈机会，引导全社会通过电源结构调整、电力技术创新和节能减排降耗，实现全社会电力资源的优化配置。

（二）电力交易机制改革促进市场规范运行与公平竞争

《关于推进电力市场建设的实施意见》明确提出，在全国范围内逐步形成竞争充分、开放有序、健康发展的市场体系，市场主体包括各类发电企业、供电企业、售电企业和电力用户，各类市场主体在清晰明确的市场规则下公平竞争和购买电力服务。《关于电力交易机构组建和规范运行的实施意见》进一步明确，交易机构可以采取电网企业相对控股的公司制、电网企业子公司制、会员制等组织形式。多种电力交易机构的组建形式和齐备的制度安排，有利于促进电力交易的公开透明，有利于形成公平的市场竞争格局，整体提高电力系统的运营效率。

（三）向社会资本开放竞争性电力业务迈出实质步伐

《关于推进售电侧改革的实施意见》，核心是放开竞争性售电业务，鼓励以混合所有制方式发展配电业务。应该说，这是迅速贯彻 2015 年 9 月下旬国务院发布的《关于国有企业发展混合所有制经济的意见》的一个案例。社会资本成立售电公司，无须行政审批，只要符合资产总额、依法工商注册、通过社会公示、履行信用承诺制度即可，充分体现了电力体制改革的简政放权决心。

（四）售电侧改革引导技术创新提升用户体验

对不直接参与电力交易市场的普通电力用户，对本轮电力体制改革感受最直观、利益最直接的莫过于售电侧改革。未来售电公司包括电网企业的售电公司、社会资本投资增量配电网并拥有配电网运营权的售电公司和不拥有配电网运营权的独立售电公司，且同一供电区域可以有多个售电公司。这一竞争格局将彻底改变一网独大的市场生态，售电公司为争取客户，将更多在面向终端客户的技术创新和服务提升上做文章，普通电力用户不仅将获得更高质量的电力服务，也将直接享受整合互联网、分布式发电、智能电网等新兴技术所带来的利益。

（五）综合性改革措施促进环境保护与节能减排

配套文件形成一系列的综合性改革措施，如建立优先发电制度、形成可再生能源参与市场竞争的新机制、跨省跨区送受电逐步放开、逐步形成占最大用电负荷 3％左右的需求侧机动调峰能力，共同保证风电、太阳能发电、生物质发电、水电、核电、余热余压余气发电、超低排放燃煤机组按照优先顺序发电，促进清洁能源多发满发。这些旨在鼓励清洁能源发展、提高能源利用效率、建设全国性统一开放的电力市场的改革措施，将以电力市场法规的形式破除地区壁垒，减少弃水、弃风、弃光现象，提高电力系统的清洁能源比重，大幅促进环境保护和节能减排。

（六）优先购电和政府监管等制度安排确保民生用电

电力是经济社会运行与发展的基础性资源，社会大众还关心的是，市场化改革后效率提高了，但是电力系统的安全和民生用电如何保障？对此，六个配套文件用优先购电制度、保底供电制度、应急处置制度和一系列政府监管制度来确保电力安全高效运行和可靠性供应水平。如：优先购电制度，是切实保障无议价能力用户优先用电的制度安排；保底供电制度，是指拥有区域配电网运营权的售电公司承担营业区内保底供电服务责任，当社会资本投资的配电公司无法履行责任时，政府指定其他电网企业代为履行的一种制度安排。

综上所述，电力体制改革配套文件实施到位后，将彻底打破电网垄断，无歧视开放电网，并以全国性开放统一的电力市场高效配置资源，各类市场主体公平参与竞争，社会用户获取更多选择、更加优质、更有保障的电力服务，社会资本得以进入竞争性电力业务，共同繁荣和促进我国电力工业的清洁、高效、安全、可持续发展。

三、主要评价

新一轮电力体制改革，是21世纪初电力体制改革的继续和深化。深水区的电力体制改革，着重在提高资源利用效率、理顺价格关系、健全发展机制、转变政府职能、加强电力市场的法制建设等关键领域和薄弱环节发力，促进电力工业的可持续发展，提升对经济社会发展的能源支撑保障能力和电力普遍服务水平。具体而言，将在如下三个方面对电力行业发展趋势产生深远影响。

一是电网建设将出现投资与创新高潮。开放社会资本投资增量配电网对整个电网建设有三重意义：第一，社会资本成为电网建设的有益补充；第二，社会资本带来配网市场的有序竞争，将掀起新一轮技术创新热潮，进一步提高配网智能化水平；第三，电网企业的投资能力与技术创新将专注于坚强电网的建设。尽管处于国计民生关键领域的电力市场对社会资本的开放仍属局部，但达到了四两拨千斤的效果。可以预计，输配电网将出现一轮投资与创新的高潮。更坚强的电网，更智能的配网，将破除行业发展的壁垒，为调整电力结构和提高资源利用效率带来突破性的发展机遇。

二是清洁可再生能源迎来长期稳定利好的发展机遇。长期以来，受制于电价形成机制、跨区送出消纳和配电网建设水平等问题，水电、风电、太阳能发电等清洁可再生能源的发展受到严重制约，弃水、弃风、弃光现象时有发生。优先发电制度从法规层面解决了清洁可再生能源的制度制约，开放社会资本带来电网投资与创新热潮，将从资源利用水平上提高对清洁可再生能源的电网消纳能力。可以预期，清洁可再生能源将迎来长期稳定利好的发展周期。此外，市场化的电价形成机制将综合考虑水电投资的环保移民支出和环境综合效益，可望逐步解除水电开发的硬约束。

三是抽水蓄能电站将进入更加合理的快速发展通道。抽水蓄能电站是电力系统中运行灵活、反应快速，且具有调频、调相、备用和黑启动等多种服务价值，目前最经济的大规模储能设施。配套文件中明确建立辅助服务交易机制，逐步形成占最大用电负荷3%左右的需求侧机动调峰能力，有利于充分发挥抽水蓄能电站具有装机容量替代、备用节煤和大规模储能效益，能使大容量的火电站或核电站高效率地以最优输出工况运行，显著提高煤电、核电及西部水电的发电量，减少温室气体排放，并增强跨省跨区接受季节性的西部水电和间歇性的风电光电等清洁能源的比较优势，提高抽水蓄能电站、龙头水库的应用价值和功能效益。未来抽水蓄能电站的投资效益、社会效益、经济效益和环境效益将日益显现。随着抽水蓄能电站在电力辅助服务中市场化地位的确立以及国家对抽水蓄能电站投资核准的简政放权、鼓励社会资本投资，将推动抽水蓄能电站建设进入新的发展通道。

四是分布式电源与微电网建设破冰起步。随着配电网、微电网的智能化发展，分布式电源将提高到战略性发展高度。优先发电制度给予了分布式风电、太阳能发电用户以高于一类优先保障的待遇，要求足额收购予以保障。分布式发电的破冰起步，也给两类产业带来希望，一是融合分布式发电与微电网技术的环保智能建筑产业，一是处于产能过剩寒冬中的光伏制造企业。

六个配套文件的出台，不仅标志着新一轮电力体制改革从顶层设计过渡到组织实施，而且必将释放巨大的改革红利，打破垄断格局，规范市场秩序，优化竞争环境，引导节能减排，促进电力产业的可持续发展，为我国经济社会提供更优质的电力服务与能源保障。

《电力安全生产监督管理办法》 解读[①]

国家能源局2015年2月17日公布《电力安全生产监督管理办法》已经国家发展和改革委员会主任办公会审议通过，自2015年3月1日起施行。

一、出台背景

为有效实施电力安全生产监管、保障电力系统安全，依据《中华人民共和国安全生产法》、《中华人民共和国电力法》等有关法律法规，原国家电力监管委员会于2004年3月印发《电力安全生产监管办法》（电监会令第2号）（以下简称"2号令"）。11年来，"2号令"为明确电力安全监管职能、规范开展电力安全监管工作发挥了重要作用。

随着电力工业的蓬勃发展和电力安全生产工作的不断深入，对于电力安全监管工作提出了更高要求，有必要对"2号令"进行相应的修订和完善。这主要体

① 摘改自：国家能源局就《电力安全生产监督管理办法》答记者问。

现在以下几个方面：

一是电力企业安全生产主体责任进一步强化。安全是企业永恒的主题，企业是安全生产的责任主体，做好安全生产工作，落实生产经营单位主体责任是根本。2010 年 7 月，国务院印发《关于进一步加强企业安全生产工作的通知》，就强化企业安全生产主体责任落实、全面提高安全生产水平，作出了更加具体、明确和更加严厉的规定。新修订的《安全生产法》也把明确安全责任、发挥生产经营单位安全生产管理机构和安全生产管理人员作用作为一项重要内容。

二是电力安全生产监管主体发生变化。2013 年，根据国务院机构改革和职能转变方案，重新组建了新的国家能源局，原国家能源局、原国家电力监管委员会的职责进行了相应整合，电力安全生产监督管理职责被调整至新组建的国家能源局，并由国家能源局电力安全监管司具体负责。

三是国家有关法律法规、规章制度不断完善。2011 年 9 月，国务院颁布《电力安全事故应急处置和调查处理条例》；2014 年 5 月，国家能源局印发《电力安全事件监督管理规定》；2014 年 8 月，十二届全国人民代表大会常务委员会第十次会议通过并公布了新修订的《安全生产法》；党的十八大和十八届三中、四中全会把安全生产作为全面深化改革、全面推进依法治国的重要内容，有必要根据中央和有关法律法规、文件的相关要求，结合电力生产实际，对"2 号令"进行相应的修订和完善。

在此背景下，国家能源局组织有关单位对"2 号令"进行了修订，并征求了有关派出机构和电力企业的意见，近日以国家发展和改革委员会 21 号令的形式公布了新修订的《电力安全生产监督管理办法》，从 3 月 1 日起施行。

二、核心内容

《办法》对"2 号令"作了较大幅度的修订。"2 号令"共七章二十六条，修订后的《办法》共六章三十八条，修订的重点主要为以下几个方面：

一是明确了国家能源局及其派出机构的电力安全监管职责。根据《国务院办公厅关于印发国家能源局主要职责内设机构和人员编制规定的通知》和《电力安全事故应急处置和调查处理条例》，《办法》对国家能源局及其派出机构的电力安全监督管理职责进行了明确：对电力企业的电力运行安全（不包括核安全）、电力建设施工安全、电力工程质量安全、电力应急、水电站大坝运行安全和电力可靠性工作等方面实施监督管理。

二是明确了国家能源局及其派出机构电力安全监管职责的内部划分。国家能源局负责全国电力安全生产监督管理工作；按照属地化管理原则，国家能源局派出机构负责辖区内电力安全生产监督管理工作；涉及跨区域的电力安全生产监督管理工作，由国家能源局协调确定具体负责的派出机构，如向家坝水电站同时跨四川、云南两省，分属不同区域，需国家能源局协调明确负责向家坝水电站安全监督管理工作的派出机构；同一区域内涉及跨省的电力安全生产监督管理工作，由所在区域派出机构协调确定，如跨省的输电联络线安全监督管理应由区域监管局协调确定。

三是明确了国家能源局及其派出机构电力安全监督管理的范围：中华人民共和国境内以发电、输电、供电、电力建设为主营业务并取得相关业务许可或按规定豁免电力业务许可的电力企业。

50 兆瓦及以下小水电站安全监管，按照 2009 年水利部、国家工商行政管理总局、国家安全生产监督管理总局、国家电力监管委员会联合印发的《关于加强小水电安全监管工作的通知》，审批、核准小水电项目的地方人民政府是小水电站的安全生产监管责任主体。各级水行政主管部门、安全监管部门和电力监管机构按照综合监管与专业监管相结合的原则，落实相应监管职责。小水电站的涉网安全由国家能源局及其派出机构负责监督管理。

四是明确了电力企业的安全责任。根据新修订的《中华人民共和国安全生产法》，《办法》对电力企业安全生产管理基本职责进行了扩充，增加了电力建设施工安全和电力工程质量安全等方面的内容。同时根据国家能源局发布的相关规章和规范性文件，对调度、并网、涉网二次系统、大坝安全、电力应急、电力建设等关键环节管理要求给予进一步明确。

五是依据《行政处罚法》、国务院有关文件以及有关部门规章，列出以下几方面的处罚规定：对国家能源局及其派出机构、人员的处罚规定；对电力企业违反本《办法》的处罚，如：约谈、通报、停工整顿；对电力企业有迟报、漏报、谎报、瞒报电力安全事件信息的，不及时组织应急处置的，未按规定对电力安全事件进行调查处理的给予罚款；对企业主要负责人违反本《办法》的处罚；对电力企业阻碍监管工作的处罚。

三、主要评价

此《办法》是指导今后电力安全生产监督管理工作的纲领性文件，其颁布实施必将对推动电力安全生产监督管理工作、保障电力系统安全稳定运行和电力可靠供应产生积极而深远的影响。主要体现在以下六个方面：

一是促进法规体系的完善。《办法》出台有利于对现有电力安全生产有关法律法规、规章制度进行认真梳理，推进《电力建设工程施工安全监督管理办法》、《电力可靠性监督管理办法》等规章制度和规范性文件的颁布施行。针对监管实际，制修订相关法规规章释义和相关标准规范，加快建立健全电力安全生产法律法规、法治实施、法治监督和法治保障体系。

二是利于强化责任落实。《办法》出台有利于按照"管业务必须管安全、管生产经营必须管安全"和"党政同责、一岗双责、齐抓共管"要求，可以督促企业明确主要负责人、安全生产负责人和其他工作负责人的安全生产职责，进一步完善安全生产责任体系有关制度规程，形成守法遵规的安全生产良好氛围。

三是利于推进电力行业安全生产诚信体系建设。《办法》出台有利于探索建立安全生产诚信体系和"黑名单"制度，强化激励约束机制，促进电力企业依法守信，加强安全生产工作，切实保障从业人员生命安全和职业健康。

四是利于完善监管工作机制。《办法》出台有利于充分发挥专家在指导企业安全生产、开展安全督查检查、排查治理隐患、事故应急处置等方面的重要作用。充分发挥各级电力安全生产委员会的作用，加强电力行业安全生产的工作协调，深入分析电力安全生产存在的薄弱环节，及时研究电力安全生产重大问题。

五是利于加强事故查处力度。《办法》出台有利于坚持和完善电力事故（事件）警示通报和约谈制度，对事故多发、整改措施落实不力的单位，进行警示、通报和约谈。依法组织或参与电力事故调查处理，按照"四不放过"的原则，严肃电力事故（事件）调查处理和责任追究，督促电力企业吸取事故教训，落实整改措施。

六是利于开展督查和检查。《办法》出台有利于制定安全督查、检查工作计划，对电力企业执行有关安全生产法规、标准和规范情况进行监督检查。针对普遍性、典型性问题，开展专项监管和问题监管。

附录一 综合性法规政策列表

1. 国务院办公厅转发财政部发展改革委人民银行《关于在公共服务领域推广政府和社会资本合作模式指导意见的通知》（国办发〔2015〕42号），2015年5月22日。

2. 国务院办公厅《关于推进城市地下综合管廊建设的指导意见》（国办发〔2015〕61号），2015年8月3日。

3. 国家发展与改革委员会、住房和城乡建设部《关于城市地下综合管廊实行有偿使用制度的指导意见》（发改价格（2015）2754号）2015年11月26日。

4. 财政部关于印发《PPP物有所值评价指引（试行）》的通知（财金〔2015〕167号），2015年12月18日。

5. 财政部《关于规范政府和社会资本合作（PPP）综合信息平台运行的通知》（财金〔2015〕166号），2015年12月18日。

6. 财政部关于印发《PPP 物有所值评价指引（试行）》的通知（财金〔2016〕32 号），2016 年 5 月 28 日。

附录二 主要行业法规政策列表

排水与污水处理行业法规政策列表

1. 住房城乡建设部关于印发城镇污水排入排水管网许可证格式文本和城镇污水排入排水管网许可申请表推荐格式的通知（建城函〔2015〕44 号），2015 年 2 月 10 日。

2. 国家发展改革委办公厅住房城乡建设部办公厅关于请组织申报 2015 年中央预算内投资城镇污水垃圾处理设施建设备选项目的通知（发改办环资〔2015〕765 号），2015 年 4 月 2 日。

3. 住房城乡建设部关于全面开展城镇排水与污水处理检查的通知（建城函〔2015〕126 号），2015 年 5 月 18 日。

4. 住房城乡建设部办公厅中国气象局办公室关于加强城市内涝信息共享和预警信息发布工作的通知（建办城函〔2015〕527 号），2015 年 6 月 18 日。

5. 关于印发《水污染防治专项资金管理办法》的通知（财建〔2015〕226 号），2015 年 7 月 9 日。

6. 住房城乡建设部办公厅关于印发海绵城市建设绩效评价与考核办法（试行）的通知（建办城函〔2015〕635 号），2015 年 07 月 10 日。

7. 住房城乡建设部环境保护部关于印发城市黑臭水体整治工作指南的通知（建城〔2015〕130 号），2015 年 8 月 28 日。

8. 住房城乡建设部关于成立海绵城市建设技术指导专家委员会的通知（建科〔2015〕133 号），2015 年 9 月 11 日。

9. 住房城乡建设部办公厅关于开展城市排水防涝检查工作的通知（建办城函〔2015〕842 号），2015 年 9 月 21 日。

10. 国务院办公厅关于推进海绵城市建设的指导意见（国办发〔2015〕75 号），2015 年 10 月 11 日。

11. 住房城乡建设部、国家开发银行关于推进开发性金融支持海绵城市建设的通知（建城〔2015〕208 号），2015 年 12 月 10 日。

12. 住房城乡建设部中国农业发展银行关于推进政策性金融支持海绵城市建设的通知（建城〔2015〕240 号），2015 年 12 月 30 日。

13. 关于印发《重点流域水污染防治"十三五"规划编制技术大纲》的函

（环办污防函〔2016〕107号），2016年1月18日。

14. 住房城乡建设部关于印发城市综合管廊和海绵城市建设国家建筑标准设计体系的通知（建质函〔2016〕18号），2016年1月22日。

15. 住房城乡建设部办公厅、环境保护部办公厅关于公布全国城市黑臭水体排查情况的通知（建办城函〔2016〕125号），2016年2月5日。

16. 关于开展2016年中央财政支持海绵城市建设试点工作的通知（财办建〔2016〕25号），2016年2月25日。

17. 住房城乡建设部办公厅关于做好海绵城市建设项目信息报送工作的通知（建办城函〔2016〕246号），2016年3月16日。

18. 住房城乡建设部办公厅关于加强2016年城市排水防涝汛前检查做好安全度汛工作的通知（建办城函〔2016〕286号），2016年3月24日。

19. 关于印发《城镇污水垃圾处理设施建设中央预算内投资专项管理办法》的通知（发改办环资〔2016〕888号），2016年4月5日。

20. 关于印发《江河湖库水系综合整治资金使用管理暂行办法》的通知（财农〔2016〕11号），2016年4月5日。

21. 住房城乡建设部办公厅关于贯彻落实国家防总专题会议精神对城市排水防涝工作进行再检查再落实的通知（建办城函〔2016〕416号），2016年5月4日。

22. 关于做好城市洪涝灾害防范工作的通知（办汛四〔2016〕22号），2016年5月10日。

23. 住房城乡建设部办公厅关于开展城市黑臭水体治理情况专项督查的通知（建办城函〔2016〕810号），2016年8月31日。

24. 住房城乡建设部关于印发城市黑臭水体整治——排水口、管道及检查井治理技术指南（试行）的通知（建城函〔2016〕198号），2016年9月5日。

25. 住房城乡建设部办公厅关于做好城市排水防涝工作手册编制工作的通知（建办城函〔2016〕859号），2016年9月19日。

26. 关于进一步鼓励和引导民间资本进入城市供水、燃气、供热、污水和垃圾处理行业的意见（建城〔2016〕208号），2016年9月22日。

燃气行业法规政策列表

1. 天然气基础设施建设与运营管理办法（发改〔2014〕8号），2014年4月1日。

2. 关于理顺非居民用天然气价格的通知（发改价格〔2015〕351号），2015年2月26日。

3. 城镇燃气管理条例（2016 年修订）（国务院令第 666 号），2016 年 2 月 6 日。

4. 关于降低非居民用天然气门站价格并进一步推进价格市场化改革的通知（发改价格〔2015〕2688 号），2016 年 11 月 18 日。

5. 关于明确储气设施相关价格政策的通知（发改价格〔2016〕2176 号），2016 年 10 月 9 日。

6. 天然气管道运输定价成本监审办法（试行），天然气管道运输价格管理办法（试行）（发改价格〔2016〕2142 号），2016 年 10 月 9 日。

垃圾处理行业法规政策列表

1.《垃圾滚筒筛》CJ/T 460—2014，2015 年 02 月 01 日。

2.《粪便处理厂评价标准》CJJ/T 211—2014，2015 年 03 月 01 日。

3. 中华人民共和国固体废物污染环境防治法，2015 年 04 月 24 日修订版。

4. 城市生活垃圾管理办法，2015 年 05 月 04 日修正版。

5.《生活垃圾堆肥处理厂运行维护技术规程》CJJ 86—2014，2015 年 08 月 01 日。

6.《生活垃圾堆肥处理技术规范》CJJ 52—2014，2015 年 08 月 01 日。

7.《生活垃圾焚烧厂运行监管标准》CJJ/T 212—2015，2015 年 10 月 01 日。

8.《生活垃圾焚烧厂检修规程》（CJJ 231—2015，2016 年 5 月 01 日。

9.《生活垃圾转运站技术规范》CJJ/T 47—2016，2016 年 12 月 01 日。

10.《生活垃圾产生量计算及预测方法》CJ/T 106—2016，2016 年 12 月 01 日。

11.《生活垃圾卫生填埋场运行监管标准》CJJ/T 213—2016，2016 年 12 月 01 日。

电力行业法规政策列表

1. 售电公司准入与退出管理办法（发改经体〔2016〕2120 号），2016 年 10 月 08 日。

2. 有序放开配电网业务管理办法（发改经体〔2016〕2120 号），2016 年 10 月 08 日。

3. 国务院关于修改部分行政法规的决定（国务院令第 666 号），2016 年 03 月 01 日。

4. 输配电定价成本监审办法（试行）（发改价格〔2015〕1347 号），2015 年

06 月 09 日。

5. 中共中央国务院关于进一步深化电力体制改革的若干意见（中发〔2015年〕9号文），2015 年 03 月 15 日。

6. 国家发展改革委关于深圳市开展输配电价改革试点的通知（发改价格〔2014〕2379 号），2014 年 10 月 23 日。

7. 煤电节能减排升级与改造行动计划（2014～2020 年）（发改能源〔2014〕2093 号），2014 年 09 月 12 日。

8. 电力监控系统安全防护规定（中华人民共和国国家发展和改革委员会令第 14 号），2014 年 08 月 01 日。

9. 电力行业网络与信息安全管理办法（国能安全〔2014〕317 号），2014 年 07 月 02 日。

10. 国务院办公厅关于加强城市地下管线建设管理的指导意见（国办发〔2014〕27 号），2014 年 06 月 14 日。

11. 供电企业信息公开实施办法（国能监管〔2014〕149 号），2014 年 03 月 10 日。

12. 分布式光伏发电项目管理暂行办法（国能新能〔2013〕433 号），2013 年 11 月 18 日。

13. 分布式发电管理暂行办法（发改能源〔2013〕1381 号），2013 年 07 月 18 日。

14. 电力争议纠纷调解规定（国家电力监管委员会令第 30 号），2011 年 09 月 30 日。

15. 电力安全事故应急处置和调查处理条例 2011 年（中华人民共和国国务院令第 599 号），2011 年 07 月 07 日。

16. 电力设施保护条例（国务院令第 588 号），2011 年 01 月 08 日。

17. 供电监管办法（国家电力监管委员会令第 27 号），2009 年 11 月 26 日。

18. 关于修改部分法律的决定（主席令第 18 号），2009 年 08 月 27 日。

19. 电力市场监管办法（国家电力监管委员会令第 11 号），2005 年 10 月 13 日。

20. 销售电价管理暂行办法（发改价格〔2005〕514 号），2005 年 03 月 28 日。

21. 输配电价管理暂行办法（发改价格〔2005〕514 号），2005 年 03 月 28 日。

22. 上网电价管理暂行办法（发改价格〔2005〕514 号），2005 年 03 月 28 日。

23. 关于印发电价改革实施办法的通知（发改价格〔2005〕514 号），2005 年 03 月 28 日。

24. 电力监管条例（国务院令第 432 号），2005 年 02 月 15 日。

25. 电力用户向发电企业直接购电试点暂行办法（电监输电〔2004〕17 号），2004 年 03 月 29 日。

26. 电力厂网价格分离实施办法（发改价格〔2003〕352 号），2003 年 05 月 23 日。

27. 电力体制改革方案（国发〔2002〕5 号），2002 年 04 月 11 日。

28. 中华人民共和国电力法（中华人民共和国主席令第六十号），1995 年 12 月 28 日。

第十章 城市公用事业典型案例分析

第一节　供水行业案例分析

案例一　广东省茂名市水东湾区引罗供水 PPP 项目[①]

广东省茂名市水东湾区引罗供水 PPP 项目（以下简称"引罗供水项目"）作为广东省第一批市政供水类 PPP 项目，是广东省基础设施领域与市政公共服务领域采用 PPP 模式的破题之作，对于未来市政供水领域类似项目由传统政府采购模式向 PPP 运作模式的转变提供了可供借鉴的示范案例。

一、项目背景

茂名水东湾新城位于茂名南部的滨海地区，面积约 168 平方公里，常住人口约 39 万人。引罗供水工程建设总投资约为 11.37 亿元，工程管道总长约 55 千米，包括原水输水管线和配水管线，是茂名市政府为了改善新城生态环境、解决新城居民用水问题、保障民生的一重大举措。引罗供水工程建设周期长，投资额度大，采用 PPP 融资模式有利于降低整个项目的建设运营成本，进一步减轻地方政府财政压力，提高政府服务效率，达到少花钱、多办事、办好事的目的。为此，茂名市电白区政府于 2014 年成立了引罗供水工程 PPP 项目领导小组，正式决定引罗供水工程采用 PPP 模式建设运营。

二、基本情况

（一）引罗供水项目基本介绍

广东省茂名市水东湾区引罗供水 PPP 项目位于茂名市电白区辖区内，地跨电白区沙琅镇、观珠镇、林头镇、旦场镇及水东镇。主要任务是通过新建灌渠和供水工程为茂名水东湾城区的水东、陈村、旦场 3 个片区提供生活供水服务。本项目主要涵盖工程投资、工程建设和后期运营 3 个阶段。工程管道总长约 55 千米，其中分为原水输水管线和配水管线。该工程以罗坑水库为取水源，新建沙朗

---

① PPP 项目怎样能吸引社会资本？——广东省茂名市水东湾区引罗供水 PPP 项目分析，2015-07-09，中国公共资源交易网；吴赟，广东省茂名市水东湾城区引罗供水工程 PPP 项目，2016-01-25，中国投资咨询。

泵站为取水站，水源通过输水管道输送至旦场河湾水库附近新建的占鳌水厂，经水厂制水后供给各片区。

为进一步规范电白区城市基础设施投融资体系，切实落实政府与社会资本合作模式，提升基础设施的建设运营绩效水平，电白区政府会同电白区水务局于2014年成立了引罗供水工程PPP项目领导小组，启动本项目实施工作，并授权电白区水利水电建设管理中心（以下简称"管理中心"）作为PPP项目政府方实施主体，牵头整合特许经营范围内存量供水资产，并与社会资本合资组建项目公司。

本项目的总合作期限为32年，其中建设期两年，特许经营期30年。综合考虑本项目的回报机制、项目投资收益水平、风险分配基本框架、融资需求等因素，本项目作为新建项目，采取了BOT运作方式。项目公司具体负责本项目设计、投资、融资、建设、运营维护、移交等，政府每年进行可行性缺口补贴，以保障项目财务可行性。合作到期时，项目公司将本项目无偿移交给电白区人民政府或其他指定机构。

（二）引罗供水项目的投融资结构

引罗供水工程项目新建部分投资为11.37亿元，全部由社会资本承担融资、建设任务。管理中心作为本项目政府方实施主体，根据现有政府方资产情况，择优选择政府方出资代表，与社会资本新设项目公司。双方通过合资方式组建项目公司，项目公司资本金5.4亿元，其中3.4亿元由社会资本筹集，政府方以存量约2亿元管网作为政府出资部分，出资资产价值在本项目水厂投产试运营后，按国有资产相关规定进行评估，并确定双方在合资项目公司中股权比例，为了保障社会资本方的运营主体地位，确立了政府方持股比例不高于30%，中选社会投资人持股比例不低于70%的原则。管理中心负责整合现有县城自来水厂、城东水厂及特许经营期内的现有供水资产，并在完成水厂改制和员工安置之后成立市场化的水务公司，再以水务公司的相关资产与中标人工程新建资产成立合资公司，具体双方持股比例待政府方资产评估后确定，但双方原则上在草签的合资协议内确定合资比例范围，其投融资结构详见图10-1。

（三）引罗供水项目回报机制

引罗供水工程项目是一个准公益项目，兼顾供水任务的同时，还需承担部分水库建设的任务。因此用户付费部分不足以满足项目公司的回报要求，必须由政府提供可行性缺口补贴，以满足项目公司收回成本并获得合理回报的要求。在该项目中，经过和政府多次沟通协商，最终确立了保底水量的补贴机制，将水价稳定在一个科学有效的上涨空间内，充分保证该项目的社会效益性。同时，通过保底水量的科学设计，兼顾投资者的经济利益。此外，项目通

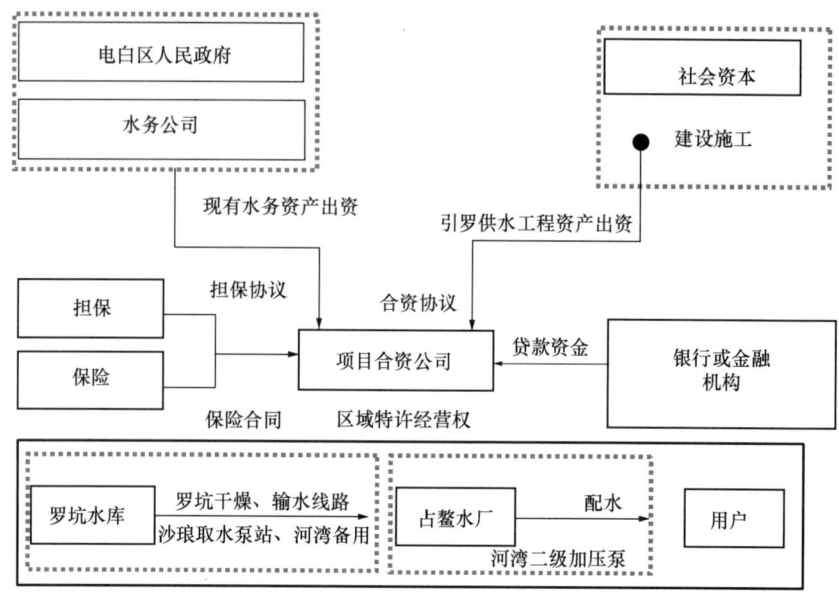

图 10-1　引罗供水 PPP 项目投融资结构

过超收收益分成机制，防止社会资本方在长期的公益性项目中获取暴利。此方法获得了市场的高度认可和业界的普遍赞扬，现已成为我国供水项目 PPP 模式的典型运作手法。

　　用户付费部分难以满足项目回报要求，为此，政府将为项目公司提供缺口补贴，以保障项目财务可行性。政府补贴收入的依据是：根据我国现行的法律法规和行政体制，供水工程应属于准经营性项目，即具有公益性、有收费机制和现金流入，但无法收回成本，尚需政府投入部分资金进行扶持。

（四）引罗供水项目合同结构

　　引罗供水工程项目包含一个新建项目和一个存量项目，因此，在合同结构设计时也要分为两层，采用两层项目合同结构来理顺三方关系。

　　第一层次为水利水电管理中心与北京首创公司联合体一揽子签署的协议体系。以 PPP 项目特许经营协议作为主合同，协议附件体系包括合资合同、公司章程、运营维护绩效指标及各类保函及其他支撑性文件等。主合同和附件体系共同构成一个完整的合同体系。在项目公司设立之前，PPP 项目协议由管理中心和中标社会资本签署，并约定待项目公司设立完成后，由项目公司继承已签署的特许经营协议，通过这种方式完成社会资本和项目公司之间的角色转换（此举并不解除社会资本作为股东应享有的权利及承担的义务）；合资协议和公司章程由改制后的区水务公司和中标社会资本签署；运营维护绩效指标及相关内容、各类保函及其他支撑性文件等可作为 PPP 项目协议的附件，也可以作为 PPP 项目协议中的一个子章节，视合同安排需要酌定即可。

第二层次为由项目公司和本项目推进过程中的各有关主体签署的协议体系。如由项目公司与建设施工单位签署的三方建设协议、施工总承包合同，与金融机构签署的融资协议及担保合同，与保险机构签署的保险合同等。其中 PPP 项目特许经营协议是整个 PPP 项目合同体系的基础和核心，各个合同之间是紧密衔接、相互贯通的，正是有了这一系列设计缜密的合同体系，才保证了项目的最终签约落地。

（五）招投标情况

引罗供水项目是涉及公共利益及公共安全的基础设施，边界清晰、技术成熟，故采用公开招标方式选拔社会资本。评标方法为综合评分法，不仅考虑社会资本的商务报价，同时考虑其融资能力、运营能力、专业能力和履约能力等综合实力。

该项目的招标环节设计为，通过一次招标，确定具备相应施工总承包资质和相关经验的社会资本方，该资本方负责本项目投融资、建设、运营维护等。此外，项目公司将本项目主体工程（至少包括供水工程、管线工程）委托给作为本项目公司股东的社会资本，或者联合体成员中具备相应施工总承包资质和相关经验的成员方（联合体适用）承担。这个安排增加了本项目对社会资本的吸引力，同时有利于政府对社会资本进行直接协议监管（如果未来由项目公司自行通过二次招标的方式选择施工总承包单位，因政府与其之间无直接的合同关系，则相应增加了监管难度）。

在采购前，引罗供水项目还进行了市场测试和资格审查。在启动本项目正式采购程序前，为检验初步拟定的方案设想是否符合潜在社会资本、金融机构等本项目主要参与方的意愿，中国投资咨询进行了相应的市场测试，并据此对项目实施方案和招标文件进行了相应的调整与完善，在一定程度上保障了本项目的顺利落地。

三、运作情况

引罗供水工程项目最终选择采用公开招标方式采购社会资本。项目在资格审查阶段吸引了包括北京首创股份有限公司、中国水利水电第八工程局有限公司、新疆国统管道股份有限公司、安徽水安建设集团股份有限公司、北控中科成环保集团有限公司、中国水利水电第四工程局有限公司等 10 余家公司参与竞标。在《中标通知书》发出之后，茂名市电白区水利水电建设管理中心与北京首创股份有限公司、中国水利水电第八工程局有限公司组成的联合体就具体的协议内容文本开展了谈判工作。茂名市水东湾区引罗供水工程建成后，将罗坑水库优质水源输送至新建的占鳌水厂，经水厂制水后供给各片区，可以有效缓解茂名水东湾城区的水东、陈村、旦场等三个片区的生活供水问题。

由于前期工作到位、方案设计合理、投资竞争激烈，各投标人报价均在实施方案编制阶段的财务测算区间范围内，且多家投资人的报价高于标底设置的下限，实现了充分且有效的竞争，社会资本的投资回报水平适中，有盈利但不是暴利，整个采购程序集公正规范、成本可控、专业化与市场化于一身。

四、经验借鉴

广东省茂名市水东湾区引罗供水 PPP 项目在实施过程中有一些经验值得借鉴，具体而言：

第一，设计了可量化的绩效考核指标及激励相容机制。该项目以有效激励社会资本以运维为导向，统筹考虑项目全生命周期成本，设置了明确的可量化的绩效指标，以实现风险最优分配与安排。管理中心从质量、工期、环境保护、安全生产等方面设置可用性绩效指标，将其作为竣工验收的重要标准；同时，在运营维护期内，管理中心主要通过常规考核和临时考核的方式，对项目公司服务绩效水平进行考核。

第二，根据社会资本偏好创新了 PPP 报价方式。为平衡政府和社会资本两方的利益诉求，项目组在设计竞价方式时给予社会资本一定的自主选择权，在可行性缺口补贴支付年限方面，社会资本可根据自身风险承受能力、回报要求等因素自主选择购买 30 年特许经营期的合理权利金。此举创新了国内 PPP 项目的报价方式，并充分尊重了各社会资本的投资偏好，为政府选择合作伙伴提供了更为开阔的操作思路。

第三，采购程序确保公平竞争。考虑到 PPP 项目（涉及投资、融资、建设、运营管理及维护等综合需求）非常复杂，所涉专业多且对能力及经验要求比较高，一家社会资本很难满足全部需求，为保证本项目的竞争性，中国投资咨询在设计资格条件时，允许联合体投标，但联合体成员不得超过 3 家，同时约定由联合体中承担项目投融资的单位为联合体责任方，并对其股权比例也作了相应要求。

第四，成立项目专项支持基金确用于后期维护。政府方在收到社会投资人中标后提交的权利金后，利用此笔权利金成立专目项目支持基金。基金中资金专项用于项目中后期供水配套设施保养和维护的政府方责任，以便提高项目资产的总体使用效率和运营效率。

案例二　徐州市骆马湖水源地及原水管线 PPP 项目[①]

江苏省徐州市骆马湖水源地及原水管线 PPP 项目是总投资 24 亿元的大型供水项目也是财政部首批确定的 30 个 PPP 示范项目之一。该项目在投资规模、风险分担、交易结构、回报机制、合同条款以及引领示范、社会效应等方面的操作都值得关注，其成功实施为供水行业开展政府与社会资本合作（PPP）模式提供了可借鉴的经验。

一、项目背景

徐州市区供水市场在 2004 年前由政府负责运营，2004 年至今由徐州首创水务有限责任公司负责市区原水、制水、售水等整个供水环节。徐州市作为区域性中心城市仅有一个地面水厂，随着经济社会发展和城市日益扩大，供水矛盾逐渐显现。目前市区供水由地下水源及微山湖地表水源两部分组成，地下水源占总供水量近六成，地表水源占四成。位于徐州市的骆马湖是我国第七大淡水湖，湖区面积 375 平方公里，总库容 8 亿立方米，水质常年保持在 Ⅲ 类，深水区可达 Ⅱ 类水标准，水体自然净化能力强，是徐州境内和周边最安全、最可靠的战略地表水源地。为缓解徐州市供水矛盾，同时确保供水安全，市委、市政府决定建设骆马湖水源地及原水管线项目（以下简称"骆马湖项目"）。为提高原水供应服务质量及运营效率，缓解市财政当期压力，同时借鉴上海等地先进供水经验，原水、制水分开运营，市政府决策采取 PPP 模式，择优引入社会资本，成立原水项目公司统一运营徐州市原水。届时，原水项目公司将统一负责徐州市区骆马湖、微山湖两处地表原水供应，徐州首创水务有限责任公司负责市区制水、售水环节。负责项目运作的徐州市新水国有资产经营有限责任公司（以下简称"新水公司"）是徐州市政府批准从事市区水利、水务资产经营管理的国有独资公司，主要负责水利基础设施投资、建设、管理以及供水、污水等水务市场经营管理等业务。

骆马湖水源地及原水管线 PPP 项目完工后，除了主要供应徐庄水厂原水之外，未来还将分别向睢宁和邳州每天输送 10 万吨水。同时，还向刘湾水厂每天供应 20 万吨原水，腾出原来供市区的下级湖的水源，用于供丰县和沛县，这样

[①]　http://www.ccgp.gov.cn/ppp/jyal/201603/t20160318_6594900.htm，2016 年 03 月 18 日，中国政府采购报。

http://www.cfacn.com/PPPxl/14hb.htm，关于徐州市骆马湖水源地及原水管线 PPP 项目实施情况的汇报（徐州市水务局），2016 年 4 月 29 日。供水领域 PPP 项目的典范——江苏省徐州市骆马湖水源地及原水管线 PPP 案例，2016-03-17。

就形成一个全市区域供水的新格局。因此，骆马湖水源地及原水管线工程可以说是造福全市人民的一项最大的民生工程。

二、基本情况

（一）骆马湖项目基本介绍

骆马湖水源地及原水管线项目于 2014 年 10 月 15 日开工建设，将于 2016 年 9 月实现正式供水。这是一个总投资 24 亿元的大型供水项目，也是财政部首批确定的 30 个 PPP 示范项目之一，投资额占这 30 个项目总投资的 10.2％。徐州市委、市政府高度重视 PPP 项目的推进工作，成立了以市长为组长的 PPP 工作领导小组，并于 2015 年 3 月，在全省率先出台了《市政府关于推进政府与社会资本合作（PPP）模式的实施意见（试行）》，指导 PPP 规范运作。为有序推进徐州市骆马湖水源地及原水管线 PPP 工作，成立了以分管市长为组长的原水 PPP 项目领导小组，领导小组下设工作组，由市财政局分管局长为组长，市水务局分管领导及政府资本方代表新水公司的主要负责人为副组长，负责 PPP 项目日常推进工作。

（二）骆马湖项目的运作模式和招投标过程

根据骆马湖水源地及原水管线项目本身为存量项目的特点，项目工作小组结合国家 PPP 的相关政策并通过的多轮方案论证，决定改项目采取 PPP 模式中的 TOT（移交—运营—移交）运作方式，并进行国内公开招投标的方式规范运作。由新水公司与社会资本共同出资设立原水项目公司负责项目运作，新水公司将骆马湖及微山湖原水资产转让给原水项目公司，徐州市政府授权徐州市水务局授予项目公司特许经营权负责项目运营维护，通过政府购买原水服务方式使项目公司获得合理的投资运营回报，授权期结束后项目公司将整体资产有偿转让给政府或其指定相关机构。该运作模式的优点在于：对资产的受让方（投资方或其设立的项目公司）来说，资产权属清晰，有助于减少政府一方或原所有权人对项目公司正常运营加以不必要的干涉，便于对相关资产的管理、使用及维护。对资产的转让方来说，在运营期间不必承担设施损坏灭失、第三者责任等与所有权相关的风险。

徐州市对骆马湖水源地及原水管线项目采取国内公开招投标采购社会资本的方式，竞争充分。为确保项目实现充分竞争，市水务局举办了 PPP 推介会，会上面向全国将项目进行了推介，并邀请国内一流供水企业参与竞标。由于该项目为财政部首批示范项目，市场关注度高，且边界涉及清晰、风险分配合理，吸引了北京首创股份有限公司、广东粤海控股集团有限公司（下面简称"粤海集团"）、北京控股集团有限公司等国内一流大型供水集团企业。该项目在充分竞争的基础上，最终粤海集团凭借其出色的原水运营技术、财务与法务方案脱颖而出，将与政府代表方新水公司共同组建 PPP 项目公司（SPV）。粤海集团成立于 2000 年，是广东省人民政府授权经营国有资产的综合性企业集团，目前资产总额 800 亿元，员工 1.2 万人，旗下拥有 4 家香港联合交易所上市公司，全资及控股子公司逾 250 家，水处理规模 1270 万吨/日。粤海集团中标后，凭借其向香港、深圳、东莞等多地供水经验，可以更加高效运营原水项目公司。

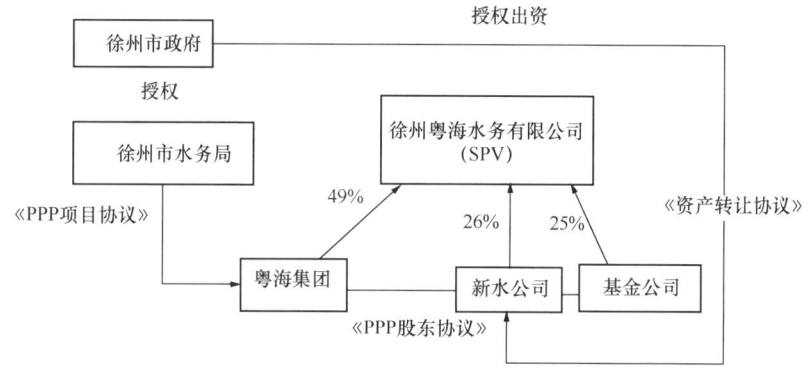

图 10-2　骆马湖项目的 PPP 运作模式

骆马湖 PPP 项目采用 TOT 模式，其特许经营期限为 30 年（含半年建设期）。特许经营范围为徐州市市区范围内以及邳州、睢宁、新沂等市县的地表水源原水供应。股权结构采取社会资本控股方式，其中社会资本占股 49%，基金公司占股 25%，新水公司占股 26%。5 年后，基金公司退出，由社会资本及新水公司平价回购基金公司股权，其中社会资本总股比低于 51%。基金模式的设置降低了社会资本的融资压力，有效提高了骆马湖 PPP 项目的吸引力。资本金回报率目前按照同期央行中长期贷款利率上浮 15% 测算，即上限 8.08%。保底水量根据近 10 年徐州市实际供水量和年均供水增长率分析，结合徐州市区供水规划及地下水压采方案等，确定 2016 年初始年保底水量为 42 万吨/日，给予 2 年过渡期，2017～2018 年保底水量仍按 42 万吨/日设置，2019～2025 年按增长率 3%，2026～2035 年按增长率 2%，2036～2045 年按增长率 1% 的模式设置。确定政府补助达到社会资本的合理预期。本项目因前期投资额大与售水价格低产生的矛盾因素，为保证社会资本合理收益，政府需对项目进行补助。另一方面，本项目服务的接收方为自来水公司，基于自来水公司与政府长期对于水价的认同偏差，将直接影响本项目原水售水价格的确定。而社会资本无法预见这一敏感问题所带来的经营障碍，可能直接影响项目实施 PPP 模式的质量。所以，本项目采取政府购买服务方式采购项目公司原水供应服务，即由政府与下游自来水公司直接结算原水价格，以保障社会资本投资本项目的相关权益，风险合理分配。

骆马湖项目 PPP 模式实施情况   表 10-1

运营期限	30 年（含建设期半年）
运营范围	市区范围内原水供应以及邳州、睢宁、新沂等市县的地表水源原水供应
股比设置	粤海集团占股 49%，省 PPP 融资支持基金或徐州市城建基金占股 25%，新水公司代表政府占股 26%（社会资本按照 74% 招标，项目公司成立后平价转让给江苏省 PPP 融资支持基金或徐州市城建基金 25% 股权）
资金回报率	招标设定上限 8%，实际中标 6.69%
保底水量	初始年 2016 年为 42 万吨/日，给予 2 年过渡期，2017～2018 年保底水量仍按 42 万吨/日设置，2019～2025 年按增长率 3%，2026～2035 年按增长率 2%，2036～2045 年按增长率 1% 的模式设置

（三）骆马湖项目的特点

报价设置。本项目 PPP 的采购内容为骆马湖原水资产及微山湖原水资产的特许经营及维护服务，项目的报价竞争点是政府采购社会资本的核心要素，通过社会资本对竞争点的报价，可达到充分竞争、择优选择的目的。本项目中，因单位原水供应服务购买价格采用运营成本补偿加合理收益原则进行测算，特许经营期内逐年的购买价格相对独立。报价竞争点设置为社会资本依据政府公示的 30 年单位原水供应服务购买价格进行上浮或下浮率的统一报价。

持续经营、债务延续。鉴于球墨铸铁管及泵站房屋设计寿命在 50 年以上，且管线铺设占整个项目总投资的 82%。在 PPP 项目实施中，工作小组以每周例会方式多次论证、研究，按照政府和社会资本"合伙做企业"思路，创新引入"持续经营、债务延续"理念。原水管线及房屋等资产按 50 年计提折旧，30 年后政府有偿回购项目公司剩余资产，突破了特许经营期限 30 年的概念。经测算，如按 30 年特许经营期内全部计提折旧计算，初期财政补贴将超过 2 亿元，按目前运作方式，初期财政补贴在 1 亿元以下，实现了地方财政各年度支出的平滑处理，大大减轻了当期财政负担，也符合财政代际公平原则。

赢利而不暴利。为防止原水项目公司产生暴利，根据《PPP 项目协议》约定，从开始商业运行日起算，每三至五年进行一次中期评估，必要时可以进行年度评估。同时设计了"成本补偿＋合理回报"收益模式，成本补偿金额指政府根据项目公司年度经营情况，弥补项目公司的经营亏损，合理收益金额指政府按照项目公司的初始投资，以合理收益率（即通过充分竞争的中标价格）逐年支付给全体股东的回报金额。项目实施推进过程中，经与多家社会资本沟通，社会资本方都坚持投资收益率需高于 8%，经充分竞争、公开招标，最终中标价格 6.96%，实现了物有所值，减轻了市财政未来 30 年的支付压力。

有偿移交。本项目建成后固定资产原值为 24 亿元，其中绝大部分资产为管道和房屋，其资产寿命不低于 50 年，特许经营期结束后项目公司尚存在资产残值，而项目公司贷款尚未清偿完毕存在银行贷款余额，政府将按照社会资本方持股比例支付给社会资本方对应金额。水价格的确定。为此，项目由政府与下游自来水公司直接结算原水价格，以保障社会资本投资本项目的相关权益。

三、运作情况

自骆马湖项目列入财政部首批 30 个 PPP 示范项目以来，当地政府和项目公司一方面充分领会财政部发布的《关于印发政府和社会资本合作模式操作指南（试行）的通知》（财金〔2014〕113 号）等相关文件精神，另一方面结合工程实际，严格落实文件要求。2015 年 3 月以竞争性磋商方式选择江苏现代资产投资管理顾问有限公司为项目咨询服务机构正式开展工作，2015 年 6 月经徐州市政府批准确定项目边界条件，10 月通过徐州市财政局组织的项目物有所值及财政承受能力论证，11 月 18 日徐州市政府批准项目实施方案，11 月 27 日江苏省采购中心发布社会资本资格预审公告。

骆马湖水源地及原水管线项目在招投标过程的每个环节都做到公开透明，信息公开。2015 年 3 月在江苏省财政厅公布的 PPP 项目首批咨询机构库中，以竞争性磋商方式公开选择咨询机构，最终江苏现代资产投资管理顾问有限公司作为本项目咨询服务机构。2015 年 11 月 27 日在省采购中心发布社会资本资格预审公告，12 月 21 日在省采购中心发布采购公告，按照省采购中心采购流程，12 月 23 日、24 日组织通过资格预审的社会资本现场察看微山湖、骆马湖原水现场，12 月 25 日在徐州市水务局公开答疑。

骆马湖水源地及原水管线项目于 2014 年 10 月 15 日开工建设，将于 2016 年 9 月实现正式供水。项目概算总投资 20.8 亿元，为用保障项目建设资金需求，新水公司先行融资用于项目前期建设，已取得农业发展银行贷款 7 亿元，期限 8 年，综合成本为基准利率加工程保险费；取得兴业银行、江苏银行 10.92 亿元银团贷款，期限 12 年，综合成本为基准利率；获得中国农发重点建设基金 2.88 亿元，期限 10 年，年化综合成本 1.2%。项目建设主要内容包括水源地、取水泵站、加压泵站、管线铺设等内容，其中铺设球墨铸铁原水管线 145.5 公里。

四、经验借鉴

徐州市骆马湖项目是徐州市开展在市政公用事业开展政府与社会合作模式的有益尝试，成为全国 PPP 示范项目的标杆，也为徐州今后实施 PPP 项目积累了宝贵的经验。具体而言：

第一，推进政府职能转变。徐州市骆马湖项目采用PPP模式，政府重新定位，与企业建立一种新型伙伴关系，有利于加快转变政府职能，实现政企分开、政事分开；有利于打破行业准入限制，激发经济活力和创造力；有利于完善财政投入和管理方式，提高财政资金使用效益，尤其是有利于减轻当期财政支出压力，平滑年度间财政支出波动，防范和化解政府性债务风险。

第二，实现经营理念转变和管理模式创新。通过允许粤海集团对徐州市供水行业的特许经营，将基础设施运行由政府的"公益事业型"转变为以企业为主的"经济活动型"，从而改变传统的运行模式，变单纯的"运行"为"运营"。通过PPP合约约定，进一步提高原水项目公司的运营质量，促进徐州市供水行业发展。

第三，借鉴多方经验，探索最适合的模式。项目实施过程前，该类PPP项目在全国范围内无可借鉴经验，项目实施方案经PPP工作小组以周例会形式多次讨论、推敲，同时实施方案的包装、设计等方面参考了粤海控股、中国葛洲坝集团投资控股有限公司等社会资本方的建议后，不断完善，为项目的顺利实施打下坚实基础。

第四，前期工作细致深入，保证后期操作顺利。由于项目实施初期，国内缺少可借鉴的供水PPP项目案例，每个环节都由市财政局、水务局、国资委、新水公司、咨询机构、会计师事务所、律师事务所等多家单位共同探讨、比选最优方案。自2015年3月正式启动项目算起，从项目的识别推出、完成物有所值评估、财政承受能力论证、编制实施方案，到进入政府采购程序直至落地，整个实施过程经历了近一年时间。

第五，项目实施严格按照国家PPP项目的要求。当地政府和项目公司一方面充分领会财政部发布的《关于印发政府和社会资本合作模式操作指南（试行）的通知》（财金〔2014〕113号）等相关文件精神，严格按照国家对PPP项目的要求实施；另一方面结合工程实际，严格落实文件要求，根据自身特点探索出一套成熟经验，形成可复制、可推广的实施范例。

第六，项目的成功运营得益于市场化运作。在报价设置上，项目的报价竞争点是政府采购社会资本的核心要素，通过社会资本对竞争点的报价，可达到充分竞争、择优选择的目的。在该项目中，因单位原水供应服务购买价格采用运营成本补偿加合理收益原则进行测算，特许经营期内逐年的购买价格相对独立。为此，报价竞争点设置为社会资本依据政府公示的30年单位原水供应服务购买价格进行上浮或下浮率的统一报价。

第二节 排水与污水处理行业案例分析

案例一 长春北郊污水处理厂特许经营项目的失败警示

一、项目背景

长春市是吉林省省会,位于吉林省中部、伊通河畔,属北寒带半湿润大陆性季风气候,春季干燥多风,夏季湿热多雨,秋季多晴暖天气,降温快,冬季漫长,干燥而寒冷。长春市总面积18800平方公里,人口731万,下辖六区、一县,三市(县级),分为朝阳、南关、二道河子、绿园、双阳六区和农安县,九台、榆树、德惠三个县级市。长春市城区内有工业企业约1600余个,大体可分为三个工业区,分别是:以经济开发区为主的东部工业区、以生产客车、机车为主的铁西工业区、以汽车制造、高新开发区为主的西南工业区。长春市地形从西南向东北倾斜,伊通河从南向北流经市区东部,是二道河子、市中心、南湖及八里堡等排水区排泄雨、污水的受纳水体,其流量受新立城水库泄流控制。新开河为伊通河一个支流,从市区西南向东北流过,汇水面积小,冬季干枯,是汽车厂区和西南区排泄雨、污水的水体。西安桥外的串库河是伊通河的另一个支流,河长很短,是铁西区、宋家洼子区雨、污水的排放水体。

长春市是以汽车电机制造和轻工业为主的工业城市,随着城区人口数量的逐年攀升,生活污水、废水的排流量不断增加,长春市水质污染问题开始凸显。为解决污水处理的问题,1999年,长春市政府决定在伊通河下游建设北郊污水处理厂,该污水处理厂位于宽城区团山街北环城路,占地总面积为32公顷,采用一级平流沉淀处理,处理量为56万吨/日,服务区域约120万平方公里,服务人口150万,总投资额为3.2亿元人民币,预计于2000年12月投产运行。

为推进污水处理企业改制,长春市政府通过招商的方式,引入香港汇津公司参与北郊污水处理厂的建设和运营。这是国内第一家港商直接参与投资建设的污水处理项目,是由长春市城市排水公司(下称"排水公司")与汇津中国(长春)污水处理有限公司(下称"汇津公司")出资组建的合资企业,在中国城镇污水处理行业市场化改革过程中产生了较大影响。但该项目运行仅四年多时间,最终合作双方对簿公堂,污水处理厂停产,污水直排松花江导致重大环境事故,成为当时轰动一时的"汇津事件"。

二、特许经营过程

1999 年，长春市人民政府通过招商的方式，决定与香港汇津公司共同建设和运营长春汇津北郊污水处理厂，也即采取 BOT 模式进行建设运营。

2000 年 3 月 8 日，长春市排水公司与汇津公司签署《合作企业合同》，双方共同投资建立并经营合资企业——长春汇津污水处理有限公司（以下简称合作公司）。该项目总投资 3.2 亿元人民币，中方排水公司将长春市北郊污水处理设施的在建工程和项目所需的全部土地使用权以 5000 万人民作为出资，占注册总资本的 15.6%；汇津公司以现汇购买长春市北郊污水处理厂等值于 2.7 亿元人民币的现有资产作为投入（实际投入 2.4 亿元），占注册资本的 84.4%。为保障该项目运行，2000 年 7 月 14 日，长春市政府专门制定了《长春汇津污水处理专营管理办法》（以下简称《专营办法》），特许经营模式如图 10-3 所示。

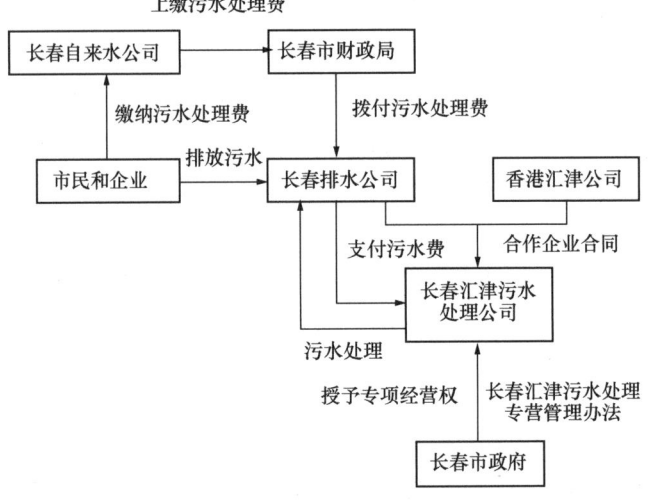

图 10-3　长春市北郊污水处理厂的特许经营模式

根据《专营办法》的规定，由长春市排水公司与汇津中国（长春）污水处理有限公司签订合作企业合同，共同出资设立长春汇津污水处理有限责任公司。政府授予该合作公司对汇津污水处理专项经营的权利，经营期限为 21 年。其中，由排水公司向长春汇津公司供应污水，由长春汇津公司进行处理，长春市政府责成长春市自来水公司向用水户收取污水处理费，然后由自来水公司将收到的污水处理费上缴长春市财政局，由市财政局拨付给排水公司，最后由排水公司向长春汇津公司支付污水处理费。同时，政府为了降低企业风险，吸引社会资本，在 BOT 合作合同中约定了污水处理的保底水量、保底价格、固定汇率和定价条件等，为政府的寻租行为埋下了伏笔。

三、特许经营项目实施与终止

该项目 2000 年 12 月投产运行，到 2001 年底，排水公司向合作公司支付污水处理费 7466 万元人民币，汇津公司实际收回投资 5044 万元，投资年回报率为 18.68％。2002 年起，长春市排水公司开始拖欠污水处理费。2003 年 2 月，长春市政府以违反了国务院有关"固定回报"的规定及《中外合资经营企业法》、《中外合作经营企业法》等有关法律为由，废止了《专营办法》。2003 年 3 月开始，排水公司完全停止支付任何污水处理费。截至 2003 年 10 月底，排水公司累计拖欠汇津公司污水处理费约 9700 万元人民币。

此后，长春汇津和汇津公司多次与市政府和排水公司交涉要求其支付拖欠的污水处理费，但均未得到任何答复。2003 年底，汇津公司向长春市中级人民法院提出行政起诉，与长春市人民政府对簿公堂。2004 年 2 月 26 日，汇津公司建设经营的长春汇津北郊污水处理厂正式停产，导致 39 万吨/日污水直接排入松花江，引发重大污染事故。

（一）协商不成，对簿法庭

汇津公司称，从 2002 年年中始，排水公司开始拖欠合作公司污水处理费。自 2003 年 3 月起，排水公司开始停止向合作企业支付污水处理费。截至 2003 年底，合作企业欠收污水处理费累计达到约 1 亿元人民币。

为解决争议，汇津公司按照合同请吉林省外经贸厅出面调解。在 2003 年 5 月 28 日的调解会上，汇津公司得知长春市政府于 2003 年 2 月 28 日废止了《管理办法》。汇津认为《专营办法》是政府作为支持污水处理企业而做出的行政许可和行政授权行为，废除《专营办法》等于摧毁了合作公司成立及运营的基础，长春市政府单方面取消《管理办法》，影响了企业的正常权益。

2003 年 8 月 21 日，合作公司以长春市人民政府为被告向长春市中级人民法院提起行政诉讼。诉状提出了如下主要诉讼请求：

请求法院认定被告长春市人民政府废止长府发〔2000〕42 号文《长春汇津污水处理专营管理办法》的具体行政行为违法（即长府发〔2003〕4 号文违法）并予以撤销；请求判令被告长春市人民政府承担对拖欠污水处理费人民币 77134991.71 元及滞纳金人民币 8441300.82 元的赔偿责任。

（二）一审判决，汇津上诉

2003 年 12 月 24 日，长春市中级人民法院作出一审判决：认定被告废止《专营办法》合法有效，驳回汇津公司要求被告长春市人民政府承担行政赔偿责任的诉讼请求，案件受理费由原告负担。原告不服，于 2004 年 1 月 8 日上诉至吉林省高级人民法院。在案件二审过程中，2004年2月26日，汇津公司建设经营的长春汇津北郊污水处理厂正式停产，39万吨/日污水直接排入松花江。这就是当时轰动一时的"汇津事件"。

（三）项目终止

长春北郊污水厂全面停产的恶果是不言而喻的：39万吨污水直接排放入松花江，对长春市以及松花江下游城市引用水源及环境造成污染；3.2亿元人民币投资建成的污水厂资产设备闲置；百多位污水厂员工下岗，对社会稳定及就业市场造成压力。对此，长春市政府高度重视。

长春市环保局在北郊污水厂停产后，随即对汇津公司下发了《关于责令长春汇津公司污水处理有限公司限期恢复北郊污水处理厂正常运行的通知》（长环保〔2004〕6号）、《关于对长春汇津污水处理有限公司的处罚决定》（长环保〔2004〕7号）和《关于要求长春汇津污水处理有限公司尽快落实国家和吉林省整治违法排污企业有关规定的通知》（长环保〔2004〕49号），要求汇津公司无条件恢复运行，同时处以罚款5万元。

经多方协商，北郊污水处理厂于2004年5月1日恢复生产运行。经过近两年的法律纠纷，项目最后以长春市政府以2.8亿人民币回购港方股份，分三次支付而告终。

四、运行效果

北郊污水处理厂是一套一级污水处理设施，处理后的污水进入地表水五类功能区的伊通河市区段下游，但目前执行的是合同约定的排放标准，即处理后污水中生化需氧量指标低于142.3毫克/升，去除率大于30%；悬浮物指标低于144.8毫克/升，去除率大于50%。该标准和国家排放标准相比，诸多方面是不合理的，一是控制污染物的种类不全，二是控制标准过松。自北郊污水处理厂运行以来，环保部门就对其进行常年监测，监测中发现污水处理厂的运行不稳定现象时有发生。2003年7月到8月在对北郊污水处理厂所进行的16次监测中，15次超过设计标准，其中7次出水水质差于进水水质。

从污水处理的量上看，北郊污水处理厂日处理能力的设计标准为每日56万吨，但由于近几年西郊污水处理厂建成投入运行，使原来进入北郊污水处理厂的一部分污水截入西郊污水处理厂处理。同时进入北郊污水处理厂的截流管线老化，存在跑、冒、滴漏以及管内堵塞等现象，据资料显示，长春市区在北郊污水处理厂的日实际污水收集量仅为10至20万吨，远远低于设计标准。

同时，从污水处理费看，一级处理收费每吨0.60元，高于二级处理的收费标准（据调查天津、沈阳、合肥等城市，二级污水处理成本在0.35至0.50

元之间），显然明显过高。同时在出水水质低于进水水质的情况下，汇津公司仍要求长春市支付 8548 万污水处理费，并每两年向上浮动 4%，这是极不合理的。

五、经验借鉴

（一）加强政府谈判和履约能力

污水处理设施建设具有投资数额大、回报期长的特点，特许经营协议约定的期限较长，一般为 20～30 年左右，需要经历数届政府，这期间经济社会将会发生许多变化。因此，政府在签订特许经营协议时，要有长远眼光，需要充分考虑多种因素，特别要避免决策的草率和短视，不能为了急于引资建设建立政绩，从而对投资者轻易承诺过高的回报率，这将为后续政府留下极大的财政包袱。

一旦政府和企业签订特许经营协议后，政府应加强履约，为了更改甚至取消不合理的特许经营协议，政府不仅可能要承受经济上的巨大损失，而且可能会面临更大的社会安定和环保风险，同时使城市政府的信誉大打折扣，会打击一大批投资者对城市的投资信心。

在汇津项目中，汇津公司与市城市排水公司所签《合作经营合同书》是一份权利义务不平等、违背风险共担、利益共享原则、具有大量保底条款和固定回报条款的合同书，这反映了政府谈判能力较弱且缺乏签订特许经营协议经验。在合同签订后，政府的不履约又直接将项目推向了死胡同。正是由于长春市政府单方面废止《专营办法》，排水公司作为长春市政府在汇津污水处理项目中的中方代表，随后开始违约拖欠污水处理费，其违约行为直接导致企业资金链断裂，影响了污水处理厂的正常运行。

（二）健全政府与社会资本的协商机制

污水处理特许经营项目周期长，其特许经营协议通常是不完备合同，协议中难以穷尽各类变化因素，因此在协议中需要设计再协商机制。在汇津项目中，由于政府缺乏经验，对人民币利率变化估计不足，加之当时银行贷款利率整体处于高位，政府许诺给予合作方高额固定回报率。2002 年《国务院办公厅关于妥善处理现有保证外方投资固定回报项目有关问题的通知》出台，汇津项目即属于国家要求清理的固定回报项目，应当启动政府与社会资本重新谈判。

如上海大场水厂 BOT 项目，由于政策变动，原合同中政府承诺的年固定回报率 15% 不符合国家规定，但经过双方谈判，上海市自来水市北公司最终接收了运营 6 年的上海大场水厂。而在汇津项目中，长春市政府却单方面做出废止《专营办法》的决定，汇津公司在无法找到合法的、常规的途径去协调解决时，只能与政府"对簿公堂"，导致污水处理厂停产。

（三）完善市场退出机制

城市公用事业特许经营项目的退出机制有两种：一种是正常退出，即合作期结束，合作方向政府移交固定资产，并结束项目的特许经营。二是非正常退出，即合作期还没有结束，但因种种缘由，双方提前解除合同，项目公司结束经营活动，由政府接管项目或者另外选择新的合作企业。长春汇津污水处理公司终止运行，解散并退出污水处理市场，是一种非正常退出。非正常退出涉及一系列的问题，包括投资的回收、资产的处理、合作项目的接管等等，其中，投资回收与资产处理关乎经营者利益，对合作项目的接管涉及项目的持续、稳定运行，且关乎公共利益。在汇津项目中，外方公司投资 2.7 亿元人民币，政府方拖欠 9700 多万元人民币污水处理费，最终长春市政府以 2.8 亿元人民币回购外方公司股份。如果外方公司投资全部到位，那么从政府回购价来看，外方企业的投资与应收款未能全部回收，尽管外方公司收回了投资款，也损失了长期运营所带来的更大收益。同时，从合作企业停止运行起，到长春市人民政府下属的市排水公司接管污水处理设施的运营，间隔了 3 个月，在此期间污水直排松花江，使公共利益受到了重大损害。

（四）充分保障社会公众利益

污水处理的公益性要求污水处理企业应以合理的价格、优良的质量向社会稳定、安全地提供污水处理服务。若出现经营不持续、稳定，价格不合理、数量不足、质量不佳等问题就会直接影响到消费者的利益。污水处理厂停运，直接把废水排到水体，会产生二次污染，不仅会破坏水生动物的生存环境，还会影响水源质量，最终给人们生活带来破坏性的影响。在传统公有公营模式下，若企业亏损，国家可动用财政资金与行政力量维系企业的运转。但私人企业受效率与私人利益的支配则不会主动承担此类公益性责任。在汇津项目中，由于政府违约，没能及时支付污水处理费，导致污水处理厂运营资金不足，暂停运营，污水直排，产生重大污染，损害了公共利益，政府应立即采取应急措施，对项目实施政府接管，充分保障社会公众利益。

案例二　淮安污水处理厂 ROT 项目

一、项目背景

淮安位于江苏省中北部，江淮平原东部。地处长江三角洲地区，是苏北重要中心城市，南京都市圈紧密圈层城市。淮安邻江近海，坐落于古淮河与京杭大运河交点，境内有中国第四大淡水湖洪泽湖，为南下北上的交通要道，区位优势独特，是江苏省的重要交通枢纽，也是长江三角洲北部地区的区域交通枢纽。随着经济社会发展，水质污染的问题开始凸显。淮安市有较多排污单位因为没有找到适合自身的污水处理方案，花费了巨大的投入，污水处理后却不能达标；或是污水处理设备运行费用过高，导致造价昂贵的污水处理设备成为摆设，这些都是当时非常普遍的现象。

　　淮安市环源排水公司（淮安市唯一一家从事市政污水收集和处理的排水公司）的资产性质为国有，其经营效率低下，管理水平不高，污水处理成本居高不下，给政府造成沉重财政负担。同时，由于政府财政紧张，淮安市政府面临资金短缺的巨大压力。因此，为了盘活污水处理行业的巨额资产，从根本上解决政府资金短缺的困难，提高污水处理的运营效率，加快污水处理行业的市场化发展，2004 年淮安市政府决定对淮安市污水处理项目以特许经营的方式进行投资、建设和运营。

　　淮安市主城区计划兴建两座污水处理厂，分别是：四季青污水处理厂和第二污水处理厂，其项目资金和资产情况如图 10-4 所示。四季青污水处理厂总投资 7400 万元，规模 6.5 万吨/日，担负着清河、清浦两区约 16 平方公里范围的生活污水和工业废水的收集处理排放工作，服务人口约 15 万人，目前，拥有污水管网约 45 公里，已建管网资产约 1100 万元。在四季青污水处理厂实施特许经营之前，拥有负债为：丹麦政府贷款 2436 万丹麦克朗（需 8 年等额偿还完；每年 2 次无息还款），国债转贷本金 3200 万元，2004 年起五年还清，其中 2000 万元年息为 5％，1200 万元年息为 2.55％，所有债务约为 6200 万元人民币。

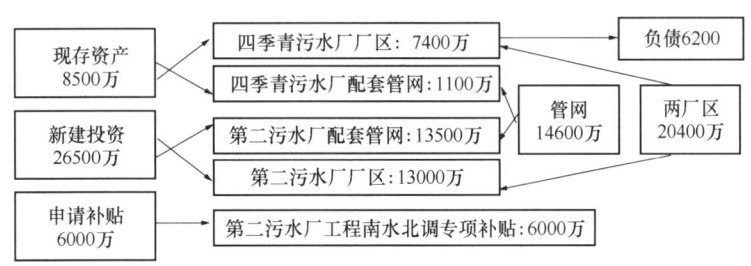

图 10-4　项目资金和资产分解图

　　淮安市第二污水处理厂为新建污水处理厂，该污水处理厂拟采用 A^2O 工艺，处理规模为 10 万吨/日，占地 103 亩，服务范围约 34 平方公里。该污水处理厂预计厂区投资 13000 万元，管网投资 13500 万元，主要收集清河区、清浦区（承德南路以东区域）、经济开发区等三个区域的外排污水，尾水排入清安河。第二污水处理厂是国家南水北调东线工程治污配套工程、淮河流域水环境整治项目组成部分，也是淮安市委、市政府创"四城"重点项目之一，建成后将进一步改善京杭大运河、里运河等市域内河流水质，极大地提高淮安市人居环境水平，并为国家南水北调工程提供一条真正的清水廊道。

二、特许经营过程

淮安市政府通过公开竞标方式在国内外选择项目投资人。投资人应仅为实施项目的目的在淮安市设立项目公司，新组建的项目公司完全由投资人单独出资组建，市政府将与项目公司签订特许权协议及其附件，授予项目公司特许经营权。项目公司受让、运营和维护淮安市四季青污水处理厂并融资、建设、运营和维护淮安市第二污水处理厂。

其中，四季青污水处理厂项目初期由清华同方股份有限公司于2006年3月采用TOT形式实行商业运营，经营期限20年，新成立的项目公司首先支付给淮安市政府现金7400万元，获得四季青污水处理厂22年的特许经营权，原四季青污水处理厂工程的债务由淮安市政府来负责偿还；清华同方股份有限公司同时获得投资、建设和运营第二污水处理厂22年的特许经营权（其中建设期2年，经营期20年），特许期满时将项目设施无偿移交给淮安市政府。淮安市政府得到变现资金，用于新建管网和泵站的建设。已有管网和泵站运营由淮安市环源排水公司负责。新建管网和泵站建设将由淮安环源排水公司用四季青污水处理厂TOT转让获得的资金和政府申请的南水北调基金建设，并由其负责运营。淮安污水处理具体的特许经营模式如图10-5所示。

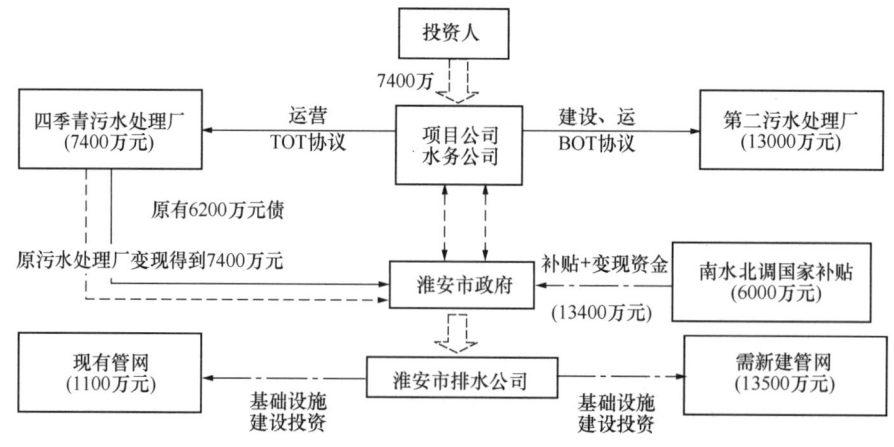

图 10-5　淮安市污水处理项目特许经营方案

三、特许经营项目实施及其效果

（一）资金投入

四季青污水处理厂项目初期由清华同方股份有限公司于 2006 年 3 月采用 TOT 形式实行商业运营，总投资 7500 万元，经营期限 20 年，规模 6.5 万吨/日；第二污水处理厂由淮安市建设局与清华同方水务集团于 2004 年 9 月正式签署特许经营协议，从 2005 年 7 月正式开工建设，2006 年 3 月正式完工，投资额 1.36 亿元。

（二）四季青污水处理厂

随着国家节能减排工作的推进和江苏省对污水处理厂出水水质指标的要求提高，四季青污水处理厂被列入国家淮河流域"十一五治污规划"，必须进行改扩建。2009 年 7 月，清华同方股份有限公司以 BOT 形式对其进行改建并运营，投资 4340 万元，采用改良型 A^2O 工艺，如图 10-6 所示。出水水质执行《城镇污水处理厂污染物排放标准》GB 18918—2002 中一级 B 标准。

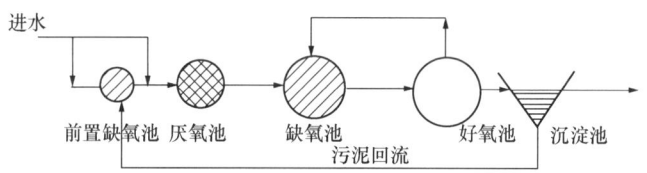

图 10-6　改良 A/A/O 除磷脱氮工艺

2010 年 5 月清华同方股份有限公司以 BOT 形式在其原有厂区南侧扩建并运营一座新厂，估算投资 5200 万元，规模 4 万吨/天，采用传统 A^2O 工艺，出水水质执行《城镇污水处理厂污染物排放标准》GB 18918—2002 中一级 B 标准。

扩建的四季青污水处理厂位于北京路以东，清安河和电厂河之间，与原四季青污水处理厂隔河相望。为了保证四季青污水处理厂运行不受影响，该工程将采取先扩后改的建设步骤实施。其扩建工程远期按扩建 8 万吨/日处理规模设计，近期先实施 4 万吨/日，扩建后的四季青污水厂日处理能力将达到 10.5 万吨/日处理规模。通过工艺改造，使出水达到一级 B 排放标准，并在设计中留有升级为一级 A 的余地，同时完善配套管网工程，改扩建后，除原有的老城区污水进入四季青污水处理厂处理外，并将新港工业园区及城南片区中大部分污水送达四季青污水处理厂进行集中处理。该工程建成后可解决城南片区及新港片区的工业及生活废水的处理问题，将有力地提升市区治污能力，加大节能减排工作力度，为改善人居环境、投资环境，推动地域经济又好又快发展发挥积极的作用。

（三）第二污水处理厂

第二污水处理厂是国家南水北调东线工程治污配套工程、淮河流域水环境整治项目组成部分，也是淮安市委、市政府创"四城"重点项目之一，建成后将进一步改善京杭大运河、里运河等市域内河流水质，极大地提高淮安市人居环境水平，并为国家南水北调工程提供一条真正的清水廊道。

淮安同方水务有限公司第二污水处理厂于 2005 年 7 月 8 日破土动工，2005 年 11 月构筑物主体竣工，到 2006 年 4 月底设备安装结束，2006 年 4 月 19 日单机空载调试，2006 年 4 月 30 日工艺进入通水运行、微生物培养、驯化阶段，近期规模为 10 万吨/日，工艺设计为一级强化处理＋曝气生物滤池，主要构筑物有：粗格栅、进水泵房、细格栅及旋流沉砂池、高效沉淀池、生物滤池、加药间、鼓气机房、脱水机房、变配电室等，如图 10-7 所示。进出水口均设有流量计，并安装有出水水质在线 COD 检测仪，纳入淮安市环保局污染源监控系统，出水水质稳定，达标排放。

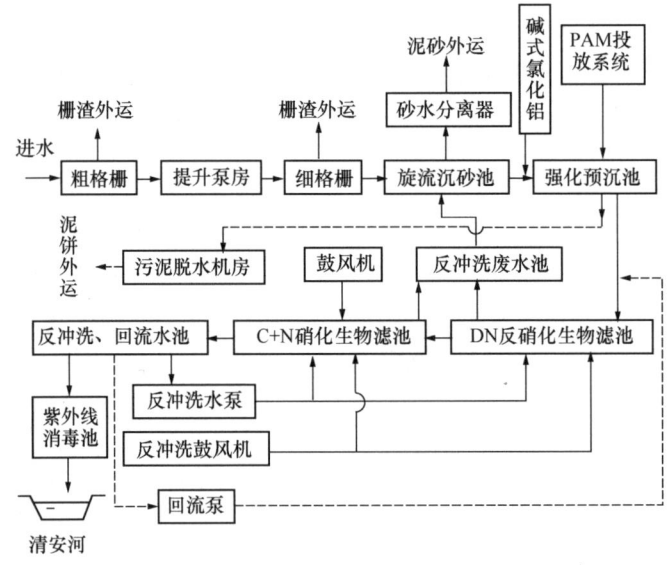

图 10-7 　第二污水处理厂工艺流程图

该工艺对水质和水量变化的适应能力较强，适应国内普遍存在的进水污染物浓度较低的现状。随着城市管网分流制的完善，也能满足进水浓度逐步提高的处理要求。与活性污泥法比较，具有水力停留时间短、污泥产量少、占地省、耗能低、处理效果好、出水水质稳定、试运行时间短、可省去二沉池等优点。

第二污水处理厂虽然是新厂，但运行管理人员都来自原四季青污水处理厂，拥有丰富的运行管理经验，擅长技术改造。并且通过严格监督，项目在工艺变更的情况下，仍然按照协议约定的工期完工，并顺利通过竣工验收和性能测试，被评为省优质工程，2006 年 5 月正式开始商业运营。由于前期规划合理，实际进水量已经达到 8 万吨/日，处理出水水质稳定，噪声、尾气、污泥处置等符合环境标准，运营状况良好。

四、经验借鉴

（一）BOT＋TOT 的混合模式

江苏省淮安市污水处理项目是全国第一个运用 BOT 和 TOT 混合模式的特许经营项目（即 ROT 项目），通过将两个污水处理厂打包实施特许经营，不仅能够解决资金短缺的困难，加快污水处理厂建设进度，而且极大提高经营效率，降低污水处理费用。

（二）特许经营者的选择

淮安市政府为实施该项目，成立城市污水项目领导小组，下设招标办公室。淮安市政府指定淮安市建设局作为本项目特许经营的招标人，组织招标委员会，具体负责特许经营与项目招标工作。淮安市人民政府授权淮安市建设局与项目公司签署资产转让协议和特许经营协议。根据严格的经营者准入竞争条件对经营者进行资质方面、技术能力资料、财务能力、法律诉讼情况等四个方面的审查工作。

（三）"厂网分离"的特许经营模式

淮安市污水处理特许经营选择"厂网分离"的特许经营模式，将城市排水管网和污水处理厂分开运作，即淮安市政府将现有的四季青污水处理厂以 TOT 方式全部转让于投资人，淮安第二污水处理厂由投资人以 BOT 方式建设、运营和移交。已有管网和泵站的运营维护和新建管网泵站的建设、运营和维护仍由淮安市排水公司负责。

（四）污水处理费收费价格管理

建设局充分考虑"两部制"价格实施的难度，经与咨询机构商定最终确定采用综合成本加成定价法。建设局明确成本构成包括污水处理的运行成本、固定资产折旧以及融资成本，在此基础上加上经营企业按目标利润率计算的利润额，即为服务价格。同时根据目前国内特许经营的经验，确定采用调价公式法进行调价。调价周期为两年，第一次调价自四季青污水厂的第三个运营年的 1 月 1 日起执行。

（五）特许经营质量管理

通过对第二污水处理厂加强建设前期的质量控制、施工阶段的质量监督管理、严格的竣工验收管理，充分保证第二污水处理厂的建设质量。同时，对进出水水质进行检测、对污水处理水量以及污泥处置、气体、噪声进行监管。严格审查设施安全保证计划，加强设施维护、修理和重置监管，严格控制突发事件和计划外暂停运营，加强污水处理设施移交的监管，这大大提升淮安第二污水处理厂的建设水平和运行效率。

第三节　燃气行业案例分析

案例一　渭南市天然气利用工程项目

一、项目概况

（一）项目背景

为了加快天然气利用步伐，加快发展渭南市天然气事业，解决城市能源问题，1996年10月经原陕西省计委研究，同意建设渭南市天然气利用工程。1998年12月，经渭南市人民政府批准，由渭南市城市建设总公司出资注册成立渭南市天然气公司（为渭南市人民政府所属国有企业），主要从事渭南市城市燃气输配工程建设和经营管理。

渭南市人民政府一直非常重视政府与社会资本合作问题，早在2000年就开展了渭南市天然气公司股份合作制试点，将渭南市天然气公司由市政府出资的国有独资企业改制为两家股东构成的股份制企业，渭南市城市建设总公司持股51%，陕西省投资集团（有限）公司（原陕西省电力建设投资开发公司）持股49%。其中，陕西省投资集团（有限）公司以货币资金出资1568万元，变更后的注册资本为3200万元。但是由于企业规模小，股东筹资能力弱等原因，推动渭南城市天然气设施建设力度较弱。

在此背景下，渭南市对公司进行了股权多元化改造，并探索通过特许经营模式等推动项目建设。

（二）项目实施进程

该项目包括两个环节，即在既有的渭南市天然气公司进行现代企业制度改造，以及推进渭南市所管辖区域天然气利用工程项目两方面。

1. 股权多元化改造

2009 年 7 月，渭南市城市建设总公司在西部产权交易所拍卖了所拥有的渭南市天然气公司 51% 股权中的 49% 股权，陕西百事通企业（投资）集团有限公司以 8000 万元人民币竞得。陕西百事通企业（投资）集团有限公司成立于 1998 年，是以能源投资、信息产业、旅游文化、商业地产为支撑的多元化经营的跨国企业集团。

2009 年 12 月，陕西百事通企业（投资）集团有限公司将其所拥有的渭南市天然气公司 49% 股权中的 2% 股权转让给陕西省投资集团（有限）公司，并将渭南市天然气公司于 2009 年 12 月 31 日更名为渭南市天然气有限公司。

近年来，依据陕西省国资委、渭南市国资委有关渭南市天然气有限公司国有股权无偿划转的文件精神以及股东陕西百事通企业（投资）集团有限股权转让文件，公司股权结构变更为陕西燃气集团有限公司持股 51%，陕西百事通有限公司持股 47%，渭南市产业投资开发集团有限公司持股 2%。

2. 城市供气项目建设

为了加快"气化渭南"工程建设步伐，完善区域城市基础设施功能，推广使用清洁能源，政府相关职能部门分别与渭南市天然气有限公司（原渭南市天然气公司）签署所管辖区域天然气利用工程项目投资合同，确定了以特许经营模式推进项目投融资的模式。

二、运作模式

（一）企业改制

改造后，渭南市天然气公司由市属国有独资公司转变为省属国资控股，省、市国有资本和社会资本共同投资的混合所有制企业。从管理上实现了对当地国有垄断性企业的改制，基本建立了现代企业制度。

（二）重大项目投资模式

企业改制为创新渭南市天然气设施投融资模式创造了条件，后续推进了一系列项目，主要项目有：

2008 年 11 月，渭南市临渭区新型工业化管理办公室与渭南市天然气有限公司签署项目建设投资合同书，同意渭南市天然气有限公司在渭南市临渭区新型工业项目区投资建设天然气配送项目（现更名为经开区天然气利用工程）。

2013 年 4 月，临渭工业集中区开发有限责任公司与渭南市天然气有限公司签署渭南市临渭工业集中区天然气利用工程项目投资合同书。同意渭南市天然气有限公司全额投资建设渭南临渭工业集中区天然气利用工程建设项目，在该项目实施的过程中，协助办理投资项目的有关法定许可手续，由"渭南市天然气有限公司"特许经营，经营期限 30 年。

2013 年 4 月，华县瓜坡镇人民政府与渭南市天然气有限公司签署南至华县瓜坡城市气化工程项目合同，同意渭南市天然气有限公司在陕西省华县建设渭南至华县瓜坡城市气化工程项目。

其中以临渭工业集中区天然气利用工程为例，合同约定渭南市天然气有限公司按规划自费为园区铺设天然气管网，建设企业从园区企业及居民用气使用费中获取利益。

（三）政府履约情况

1. 积极与省市发改委、省市地税局沟通协调，取得国家鼓励类目录企业确认批复，享受国家西部大开发税收优惠企业所得税减 10％的政策，四年共为公司节约税金约 450 万元。

2. 2013 年获得省级国有资本经营预算科技创新专项资金 150 万元，用于新型复合材料在城市燃气重难点防腐蚀领域的综合应用。

3. 在项目手续办理中，高新区管委会、市政工程处等政府相关职能部门为公司免除工程挖掘费、占道费等，支持企业发展。

（四）企业履约情况

1. 改制以来，按照现代企业管理制度运作，实行董事会领导下的法人负责制，责、权、利明确，透明度高，灵活性强，内部规章管理制度健全，公司业绩稳定增长，经营活动现金流量良好。2014 年销气量 9445 万立方米，五年增长 249％；累计发展居民用户 11.5 万余户，五年增长 74％；利润总额 2350 万元，五年增长 312％；日最高供气量 85 万立方米，五年增长 372％。这些数据大大增强了广大职工对公司改制后继续发展的信心。

2. 渭南市天然气有限公司自改制以来先后投资 9000 万元建设渭北经开区、重点乡镇华县瓜坡镇、高新区临渭经济合作区、南塬临渭工业集中区天然气气化工程，建成经开区天然气门站、华县瓜坡镇天然气门站及配套中压管网 60 公里。渭南市天然气有限公司以渭南市区为中心，向周边工业园、重点乡镇辐射格局基本形成，为周边区域经济、环境改善、人居和投资环境质量的提高起到了积极作用。

三、实施效果

企业旧貌换新颜。改制前由于企业收入仅够保上游气款和职工工资，办公环境差，领导班子虽然努力改变原有状况，但由于底子薄和融资困难，一直不理想。改制后，在股份制企业灵活快捷的决策机制和强大的资金流支持下，渭南市天然气有限公司领带班子按照现代企业的要求，制定完善企业标识、内部刊物、用户手册、劳动工装等具有独特内涵的标志，全面落实安全管理规范化、制度化、标准化建设，使渭南市天然气有限公司成为渭南市企业对外展示的一个窗口。渭南市天然气有限公司认真履行企业社会责任，积极服务于地方经济建设，努力改善企业经营发展环境。积极与各级政府、行业主管、合作伙伴、新闻媒体、社会各界建立诚信、沟通、合作、互助的合作关系，为公司经营发展创造条件，努力实现公司安全长治久安、企业与社会共同发展。渭南市天然气有限公司被确定为"危险化学品安全生产标准化二级企业"，被评为"渭南市市级文明单位"，被评为"陕西省纳税信用等级 A 级纳税人"，渭南市天然气有限公司客户服务部荣获渭南市"青年文明岗"称号。

全面实现"煤改气"。为贯彻落实省委省政府"治污降霾，保卫蓝天"专项行动计划，改善渭南城区空气质量，解决渭南城区集中供热设备陈旧，故障率高这一"老大难"问题，渭南市天然气有限公司同市政府、市住建局、市环保局等行业主管部门协调调整渭南市集中供热发展思路，实施以高效环保区域天然气锅炉房为主体的煤改气集中供热体系建设，解决渭南城区群众冬季采暖问题。根据市政府有关渭南城区集中供热煤改气专题会议精神，公司承担渭南城区市政集中供热区域"煤改气"气源保障落实工作，投资 1000 多万元，对站区调压设施、供气支路及中压管网优化改造，建成一个完整的配套体系。改造完成后，中压管网供气 20 年不落后，供气能力由原来的日供气 60 万立方米增加到 120 万立方米，确保了高峰用气以及"煤改气"供气需求。

四、案例分析

本项目实施较早，由于当时政策环境等因素，项目的集体实施程序等与当前要求不尽相同，但是在城市燃气领域将企业改制与引入市场机制相结合，仍然具有典型意义。

1. 在推进国企改革过程中实现政府和社会资本合作

我国处于转轨时期，面临着经济发展和推进改革多重任务，该案例目的是在原有国有企业发展期初上，通过不断改革创新，最终实现了政府和社会资本合作，达到了多方共赢局面。

2. 选择特许经营模式推动市政基础设施不断完善

该案例通过授予"渭南市天然气有限公司"供气特许经营权，可充分发挥社会资本的专业、技术和管理优势，切实加快市政基础设施建设，有效提高公共服务的质量和效率。

案例二　丽水市区管道燃气 PPP 项目

近年来，随着国家节能减排力度的加大和丽水市区城镇化进程的加快，丽水市区的燃气市场得到了迅猛发展。而随着人们生活水平的提高，市民在选择燃气供应方式上也更倾向于使用更加便捷的管道气。丽水市区自 2000 年开始建设运行管道燃气以来，管道燃气市场得到了迅速发展，而随着 2016 年底，长输天然气接通丽水，管道燃气市场将迎来一个更大的发展机遇。

一、项目概况

（一）项目背景

管道燃气设施投资需求巨大，根据《丽水市区燃气专项规划》，丽水市天然气工程项目总投资需 9 亿元。同时，管道燃气行业经营稳定，具有一定的经营性燃气销售收入，较为适合 PPP 合作。

PPP 模式是指政府为增强公共产品和服务供给能力，提高供给效率，通过特许经营、购买服务、股权合作等方式，与社会资本建立的利益共享、风险共担及长期合作关系。丽水市政府积极推动社会资本参与市区燃气基础设施的建设和运营，采用与社会资本合作的 PPP 模式投资市区管道燃气项目。

（二）项目实施进程

丽水有两家管道燃气经营企业，分别是丽水华润燃气有限公司（以下简称华润燃气）和丽水市天然气有限公司（以下简称市天然气公司）。华润燃气成立于 1999 年，注册资金 1700 万元；市天然气公司成立于 2012 年，注册资金 5000 万元。两家企业均具有丰富的管道燃气设施运行经验，且具备较强的资本实力和融资能力。经过多次接触和考察，2014 年 9 月，丽水市政府分别与两家燃气企业签订了特许经营协议，授予两家企业三十年的管道燃气特许经营权，两家企业以市区瓯江和小安溪为界，实行分区域经营。协议签订近两年来，丽水市区管道燃气得到了一定程度的发展，到 2015 年底，市区共建成燃气管网 293.31 公里，其中中压主管网 68 公里，庭院低压管网 225.31 公里。市区北城区块，市政燃气管网到小区门口覆盖率达到 90％。燃气管道系统基本形成框架。

（三）实施效果

但对照《丽水市区燃气专项规划》要求和特许经营协议的约定，PPP 项目运作仍不够理想。

第一，管道燃气项目的建设进度严重滞后。如根据《丽水市区燃气专项规划》，到 2015 年底，需新增中压管网 173 公里，而实际完成的中压管网长度还不到规划要求的一半；根据燃规，应在 2014 年内建成的天然气门站和调压站项目，目前还处于初设方案审查阶段；应在 2015 年底前建成的连接市区南北城的中压主干管网，也仅是完成项目立项。在项目推进上工作上，迟滞且被动，根据省天然气管网建设计划，长输天然气预计将在 2016 年底通达丽水，按照目前的工程进度，难以保证按时完成配套天然气设施的建设，无法实现同步使用天然气的目标。

第二，对企业运作情况缺乏有效监督。协议签订以来，燃气管理部门没有切实承担起对企业履约情况的监督职责，对企业经营和监管也还停留在原先的较为粗放的管理阶段，未对企业的资产和经营状况进行评估，也未及时了解掌握企业的经营计划实施情况、产品和服务质量以及安全生产情况、用户发展情况等，未将对企业经营情况的监管纳入日常监管。

二、原因分析

城市基础设施的公共产品属性强，过去主要是由政府筹集建设资金，但增加了政府投资带来的压力。因此，近年来各地都积极探索并采取社会化、多元化的投融资方式建设城市基础设施。管道燃气运营具有一定的投资回报率，十分适合以 PPP 模式开展。而在具体运作上，不仅要注重事前如何制定规则以选择合适的合作伙伴，而且还要注重协议签订后政府对企业运作的监督，督促企业切实履约。由于一般特许经营协议签订时限都较长，因此如何保证协议得到切实履行，对于 PPP 项目的良好运作，意义更为重要。丽水市区管道燃气 PPP 项目在运作过程中暴露出了种种问题，其主要原因有两方面。

（一）燃气价格形成机制不合理

价格形成机制不合理造成企业投资回报率低，企业持续投资积极性不高。现行的管道燃气价格包括"建设费（初装费）"和"气费"两部分。该政策价格体系虽然在城市燃气发展初期发挥了重要的作用，但其自身也存在一些不足。

1. 初装费政策不规范

初装费的收取缺乏明确的标准和计算方法，收取的额度未进行充分的论证。多年来，丽水市区居民用户的初装费始终在 2200 元/户，未做调整，而随着物价上涨，人工、材料费用的上升，多年前的标准已与当前的物价水平脱节。但即便如此，由于企业和政府部门对初装费的宣传不足，公众对初装费性质仍存在认识偏差，有很多人质疑初装费政策，政府部门在用户的质疑中难以上调初装费标准，这就产生了一系列问题，不仅给企业经营造成很大的压力，而且部分用户对燃气企业资产所有权归属的质疑，也增大了企业经营的风险。

2. 燃气销售价格不能客观反映管道资源使用情况

由于城市燃气用户的用气时间具有不均衡性，而燃气企业为了保证用户能够随时用气，城市市政管网必须按用户在单位时间内最大的用气量设计供气能力。居民用户其用气量小，用气不均衡且用户量庞大，造成城市燃气管网供气能力的闲置，不仅占用了大量的燃气管道的供气能力，而且需要占用大量的输配费用。按照公平负担原则，居民用户本应该承担更高的成本，但是由于居民用气的公共福利性质定位，居民用户价格在各类用户中最低，这就造成居民气价与成本倒挂。

（二）地方 PPP 立法滞后

现代市场经济的实质是以法治为基础，以企业为主体的市场经济。为规范和推进城市公用行业市场化进程，建设部在 2002 年印发《关于加快市政公用行业市场化进程的意见》，2004 年颁布了《市政公用事业特许经营管理办法》，但由于部门规章出台较早，存在一些与当前实际不协调的问题，在 PPP 合作中，对政府、城市燃气企业、燃气用户各自及相互之间的职责、权利、义务以及如何保障落实等问题上不够清晰和明确。

（三）燃气管理部门监管不力

任何协议的履行，既有赖于双方的互信、自觉，也有赖于双方的相互监督。而特许经营协议，因其由政府和企业签订，故政府对企业的履约监督，对于协议能否切实履行，意义重大。然而，协议签订近两年来，燃气管理部门的监管仍停留在过去重审批、轻管理的阶段，对项目运营缺乏有效监管。近年来，燃气管理部门通过缩减行政审批事项，已大幅减少了审批项目，但在一些审批环节上仍存在程序复杂，对项目实施中出现的新情况、新问题没有进行深入的调查研究，生搬硬套有关条例、规范，影响了项目推进。而对一些迫切需要解决的问题，如燃气管道等燃气设施工程竣工备案，一直没有正常开展，不仅没有实时掌握在建工程质量、安全情况，也为今后项目安全运行留下了隐患。燃气管理部门对 PPP 项目运作的监管经验不足，缺乏相关的人才和知识储备，对燃气企业的运营情况，也不够重视，缺乏有力的监管手段，对于信息不对称，成本不实等监管难题缺乏有效应对措施，对燃气企业的违约行为缺乏有效的惩处机制。

三、案例分析

通过分析丽水市区管道燃气项目 PPP 运作可发现，由于燃气定价市场化程度不够和政府对项目运行的监督不足，导致项目运作不够理想。"天然气时代"的到来，为丽水市管道燃气带来了一个新的发展机遇，而 PPP 模式不仅仅是一种项目融资方式，更是一种管理运营机制。采用 PPP 方式推进城市管道燃气项目建设和运营，引进的不仅仅是资金，更是先进的管道燃气管理经验，这对丽水市加快推进天然气工程建设意义重大。丽水管道燃气 PPP 项目运作中出现的问题具有普遍意义，既需要国家加快燃气行业整体价格机制改革，也需要地方部门加强监管，才能充分发挥 PPP 的制度优势，为企业和社会产生更大的经济和社会效益，最终实现政府和企业的双赢。

（一）优化和完善初装费和气价政策

现阶段，如果取消初装费，将全部成本计入气价，燃气气价将面临大幅上调，这可能会引起燃气用户的反感，甚至造成社会不稳定。因此，现阶段不宜大幅改革管道燃气价格机制，管道燃气价格形成机制的改革应在尊重历史事实的基础上，逐步调整，优化价格机制。

1. 规范初装费价格。对初装费的成本范围和初装费收取的标准进行规范，明确初装费的构成、收取用途和收入确认的会计核算方式，使初装费的收取更加透明。同时，制定初装费的调价机制，使初装费能够客观反映市场物价水平，使初装费在继续发挥积极作用的同时，能够让用户合理负担成本。

2. 气费价格逐步实现实际成本计价。改变目前福利性气价的现象，采取普通商品定价的全成本定价原则，审核燃气价格成本，合理制定各类用户价格，燃气终端销售价格逐步回归实际成本计价的本质，使燃气企业可以通过气费有效补偿实际成本并获取一定的收益，以实现可持续性的健康发展。

（二）燃气管理部门加强监管，加大政策支持力度

1. 加快地方 PPP 方面法规体系建设步伐，依法加强政府监管。加快地方 PPP 管理方面的立法，制定市场规则，是 PPP 项目顺利推进的根本保证。立法至少要包括两点：一是针对被监管者，侧重于完善涉及市政公用事业安全、服务、质量、价格等内容的法律依据；二是针对监管者，确保政府监管机构有效执法，避免滥用监管职权。

2. 完善特许经营管理模式，明确特许经营双方的责任。进一步明确特许经营双方的责任、权利和义务，在 PPP 项目实施过程中，既保障政府和企业双方的合法权益，又确保双方能够在法律框架内切实履约，真正实现政府科学监管下的企业自主发展。

3. 提供管道燃气 PPP 项目推进所需的配套政策。管道燃气行业的发展和市场的培育，一定程度上依赖于政策的支持。为加快城市管道燃气发展，燃气管理等相关管理部门应研究并提供管道燃气发展所需的政策支持，如针对社会困难群体的补贴机制等惠民政策，鼓励"煤改气""油改气"等燃气利用的优惠政策。

4. 重视管理人才队伍建设。培养既具备燃气专业知识和行业行政管理知识，又对行业发展战略有深刻认识的专业管理人才。同时，燃气管理部门要做好引

智、借智工作，建立专家库，借助外部力量，共同探讨和解决在 PPP 项目运作中遇到的新问题。

第四节　垃圾处理行业案例分析

案例一　阿苏卫循环经济园 PPP 案例[①]

一、项目背景

根据北京市各分区的垃圾产量及其收集清运方式，已建成并正式运转的朝阳区高安屯垃圾焚烧厂的垃圾处理能力是 1600 吨/日，负责处理朝阳区和东、西城的部分垃圾，并且在扩建垃圾处理能力是 1800 吨/日的二期工程；已经建成并投运的首钢生物质能源项目的鲁家山焚烧厂垃圾处理能力达到 3000 吨/日，负责处理丰台、门头沟、石景山等 3 个地区的垃圾；南宫垃圾焚烧厂的垃圾处理规模是 1000 吨/日，负责处理东、西城区南部和部分朝阳区、大兴区的垃圾；大工村垃圾焚烧厂其建设规模为 1800 吨/日，负责处理海淀区的全部垃圾。上述 4 座垃圾焚烧厂总处理规模为 9200 吨/日，可以初步满足北京市西部、南部和东部的生活垃圾产生量。

目前，北京市北部没有建设大型垃圾焚烧厂，只有环卫集团负责运营的阿苏卫垃圾填埋场，生活垃圾主要采取填埋方式处理，不仅没有实现垃圾资源的有效利用，填埋场的超负荷运行还大大缩短了其实际可用年限。从 2007 年 7 月 1 日起，昌平区全生活垃圾全部进入阿苏卫填埋场进行处理，每天大致吸纳 2800～3000 吨的垃圾，如果按阿苏卫填埋场日处理能力约 3000 吨来计算，阿苏卫填埋场的剩余填埋能力将在 2017 年用完，之后需要进行封场。然而，北京市北部地区的生活垃圾焚烧和堆肥处理设施较少，大部分生活垃圾只能通过卫生填埋方式来进行处理，使得该地区的垃圾填埋场超负荷运行，其结果是大大缩短现有填埋场的可使用时长。再者，加快建设环卫设施使其跟上北京市建设世界城市的步伐，与北京市的精神文明建设、社会经济发展形势相适应，满足北京城市规划对

---

① 张伟强. 北京环卫集团在城市生活垃圾处理市场中的对策研究［D］. 北京：北京交通大学，2015.

环境卫生事业提出的要求，这对促进对外交往，加快北京经济和社会发展，不断提高北京在国际中的地位，具有十分重要的意义。《北京城市总体规划（2004～2020年）》指出：生活垃圾处理工艺以焚烧处理为主，填埋处理为最终保证措施，混合垃圾不再进入填埋场。为实现北京市垃圾处理规划目标，改变日前以填埋为主的垃圾处理模式，延长填埋场的实用寿命，科学合理地处理北部城区的生活垃圾，提高垃圾处理水平，促进垃圾处理无害化、减量化、资源化、社会化、市场化。综上所述，阿苏卫循环经济园项目的建设是十分必要的，也是较为迫切的。

二、基本概况

阿苏卫循环经济园项目位于北京昌平区百善镇和小汤山镇交界处，是在原有阿苏卫垃圾填埋场区的基础上进行升级扩建规划的，北京环卫集团运营阿苏卫填埋场已有20多年，熟知场区环境特点且有着丰富的运营经验，应当积极投身参与到阿苏卫循环经济园区的设计、建造和运营。规划中的阿苏卫循环经济园采用焚烧、填埋、蹄分、堆肥等四种工艺对生活垃圾进行综合处理，由阿苏卫垃圾填埋场、阿苏卫城市生活垃圾综合处理厂、阿苏卫生活垃圾焚烧发电厂、陈腐垃圾蹄分厂四部分构成，主要处理东城区、西城区、昌平区每日约3000吨生活垃圾。三个区的垃圾进入园区后，采用焚烧、填埋、蹄分、堆肥工艺，最大限度地实现资源化，同时园区也必将承担北京北部地区生活垃圾的应急填埋功能。

阿苏卫循环经济园采用蹄分、填埋、堆肥、焚烧四种工艺对生活垃圾进行综合处理，北京环卫集团在垃圾蹄分、填埋、堆肥方面有着丰富的运营管理经验，但在垃圾焚烧发电领域没有任何优势，必须要寻找在北京致力于垃圾焚烧发电的相关企业进行深度合作，通过建立具有法律地位的公司来共享各自的资源与能力，从而获得竞争优势。使得环卫集团快速进入垃圾焚烧发电领域，填补焚烧业绩。北京京能清洁能源电力股份有限公司的前身是成立于1993年的北京京能能源科技投资有限公司，公司注册资本为5亿元人民币，总资产20亿元，净资产11亿元。该公司以首都北京为核心覆盖区域，以风电、天然气发电、水电、节能环保和光伏发电等为主营业务。目前能源总资产205亿，净资产70亿，总装机容量220万千瓦，其中风电101瓦，燃气发电119万千瓦。在垃圾焚烧发电和能源利用方面有独特的优势，该企业成为环卫集团合作的最佳选择。

经北京市政府批准成立，北京华源惠众环保科技有限公司由北京环境卫生工程集团有限公司与北京京能清洁能源电力股份有限公司共同合资组建，该公司注册资本1.6亿元人民币，双方各出资50%，公司性质为国有企业。阿苏卫循环经济园区项目采用BOO的融资方式，由北京华源惠众公司负责建设和运营，经营时间拟定 25 年。该公司主营业务包括以环保科技开发、信息咨询、项目投资、工程总承包、环保集成及运营管理等方式为用户提供完善的服务，涉及领域包括城市生活垃圾无害化综合处理、城市生活污水治理、可再生能源与资源综合利用等。

三、运作状况

阿苏卫循环经济园区项目总投资约 34 个亿，其中资金 10.2 亿元（占总投资 30%），由华源惠众资本金解决，该资金将通过股东增资的渠道，在华源惠众公司增资改造后到位，剩余 23.8 亿元（占总投资 70%），由商业银行贷款解决。达产后可发电 42158 万 KWh/年，扣除厂用电外上网发电 28000 万 KWh/年，垃圾处理 100 万吨/年。其中生活垃圾焚烧发电厂项目总投资 20 亿元，建设投资中 30% 为企业自有资金，70% 为银行贷款。项目建成后，通过收取垃圾处置服务费作为收入主要来源，并由销售产生的产品作为收入的另一个来源，获得资源化收入。本项目的售电价格按 0.65 元/度计算（含税价），处理垃圾补偿费按 327.8 元/吨计算。项目达到设计生产能力后年经营收入为 4.8 亿（含税）。

阿苏卫循环经济园区在 2015 年年中开工，预计 2017 年底可以正式投入使用。项目的建设内容包括：在现有的垃圾填埋场的基础上，新建垃圾处理规模 3000 吨/日的垃圾焚烧发电厂、垃圾处理规模 3000 吨/日的陈腐垃圾筛分厂、垃圾处理规模 1200 吨/日的残渣填埋场、垃圾处理规模 850 吨/日的垃圾渗沥液处理站、340 吨/日的浓缩液处理站以及相应的辅助生产设施和生活管理设施、环保展示牌及对外交流设施。阿苏卫循环经济园区在处理新增生活垃圾的同时，还会逐步把原填埋场中已填埋二十多年的陈腐垃圾进行稳定化处理后在密闭的厂房内筛分出适合焚烧的垃圾进行焚烧，彻底解决填埋方式可能带来的污染隐患，有效改善当地环境，解决长期以来臭味对周边的影响。此外，园区未来还将建设焚烧飞灰处理、炉渣综合利用以及其他垃圾处理设施，最终形成一个垃圾处理的全产业链。

四、问题与改进

（一）问题分析

1. 宣传内容与事实不符

建设阿苏卫填埋场的初衷是希望其能够满足北京朝阳、东城、昌平和西城 4 个地区的生活垃圾处理需求。根据相关材料显示，阿苏卫垃圾填埋场占地 60 公顷，设计垃圾填埋量 1200m³，每日垃圾处理能力达 7000 吨。该填埋场的选址依据是"阿苏卫地区是地下水高氟带，不作为水源补给区"，由于宣传填埋场采用的是"国际卫生标准"和"最先进的填埋工艺"，加之两镇争夺征用地补偿款，最终使得项目落地。但是在填埋场运行 6 年后，其周边的环境发生剧变，臭味、污水、蚊蝇以及数百车次/日的垃圾运输车辆让周边村民苦不堪言。在此期间，阿苏卫村发病率大幅上升，环保专家曾检测出填埋场发生过严重的渗漏和污染问题。然而相关部门则在新闻发布会上宣称"填埋场过去没有，现在也没有，永远也不会发生渗漏"。

2. 政府的搬迁承诺始终未兑现，使矛盾激化

在阿苏卫经济园项目的准备阶段，其周边的牛房圈、二德庄、阿苏卫和小坨等 4 个村庄的村民曾发起多次拦截垃圾车辆、堵塞交通的抗议活动。此外，政府曾许诺的村庄搬迁一直未予兑现，进一步激发了村民的对立情绪。相关部门在此期间也曾试图治理污染并给予污染补偿，但最终因治污失败而并未达到效果。在项目信息公示上，该项目在环评公示前并未真正调研周边相关利益群体的意见与诉求，只在其《昌平日报》、部门网站和小汤山、百善两镇的政府大厅公示该项目的信息，由此引发了以奥北业主为主体的、长达数月的民众抗议。同时，阿苏卫项目的周边村民也开展了抗议活动，其抗议的焦点还是在于无法兑现的"村庄搬迁"承诺。

（二）改进建议

阿苏卫循环经济园区的各项工作与原计划相比有所延误，其重要的原因之一是周边居民产生的邻避效应对项目推进的负面影响，而且在征地过程中也遇到不少阻力。公民参与政策过程的良好发展趋势应该是从政府封闭式的政策制定、象征性参与、公民行使权力最终发展至政府与公民协商一致，共同商讨政策的制定。在新的时代背景下，政府在制定和执行政策时，应该以放开态度接受公民的参与，不要等到决策真正执行时才让民众知晓，而应该在制定政策的阶段就提供公民发表意见的平台，提供规范的参与渠道。公民作为参与的主体，在当下也可通过广阔的信息平台丰富自身的知识和专业素养，提高参与的能力，积极寻求与政府良性互动的机会。只有通过政府与公民双方的努力，才能够使公民参与成为一种高质量的参与，并对环境政策的制定起到正面的推动作用。

案例二　老港生活垃圾卫生填埋场四期工程 PPP 案例[①]

一、项目背景

目前上海市的垃圾填埋场只有一个老港生活垃圾卫生填埋场，该填埋场共建

---

① 王强，上海城投老港环境项目 PPP 案例研究，三亿文库，http://3y. uu456.com/bp _ 1dml49ijrc85bn68adcy _ 1.html

成 3 期，前 3 期都是采用简单的填埋技术。虽然该填埋场仅仅是一个垃圾堆填埋厂，但是该填埋场集中处理了全市约 90% 的生活垃圾。上海市老港生活垃圾填埋场一直以来都属于事业单位，由环卫局进行日常经营支出的拨付，而由于其只是简单的垃圾堆埋场，垃圾处理费用极低，仅需 10 元/吨。老港垃圾填埋场前 3 期共建成填埋区面积为 3.3 平方公里，每天可以处置约 6000～7000 吨的生活垃圾，而其实际的垃圾处理量高达 9000 吨/日，为原处理能力的 120%，属于超负荷运行。由于进入了土地"休耕"期，前 3 期建成的垃圾填埋场已经停止作业，而上海的垃圾处理需求并不会就此消失。因此，老厂生活垃圾处置场必须新建垃圾处理场以解决未来上海市的垃圾处理问题。

二、基本概况

上海市老港垃圾卫生填埋场 PPP 项目是我国第一个垃圾处理特许经营项目。该填埋场的四期项目建在上海市南汇区老港镇东侧的东海滩涂边，该地点距市中心较远约 60 公里，以免垃圾处理对市区环境造成影响，建设总面积多达 3.36 平方公里，每天处理 4900 吨城市生活垃圾。项目的招商责任主体为市容环卫局和上海城投，城投、市容环卫局通过委托代理的形式将招商的相关事宜委托给上海申信进出口有限公司和上海国际集团资产经营有限公司，并且提供财务咨询相关服务，同时针对一些专业技术（如法律等）方面的需要，通过聘请天达律师事务所和城市建设研究院分别作为第三方法律顾问和技术顾问。该项目投资总额 5.1 亿，原计划国际投资者的股权结构为 ONIX 和中信泰富联合体作为整体拥有 60% 的股份，剩余 40% 股份为中方项目公司中城投环境持有；针对后来对国际投资者提出的单独入股要求，又将 60% 的国际投资方股份对半拆分，分别由 ONYX、中信泰富持有。2005 年项目建成，并于 2 月 21 日正式进入试运行阶段。试运行检测通过后于 12 月 12 日，老港生活垃圾卫生填埋场正式投入运营。项目赋予了投资方长达 20 年的特许经营权，在特许经营期满后，ONIX 与中信泰富联合体需将垃圾处理场的所有资产以及相关管理人员完好的无偿地移交给政府。

三、运作概况

2003 年 4 月 9 日至 4 月 30 日，招标代理公司收到共 7 个国际投资者的投标意向书，其中，投资者来自新西兰、德国、法国和英国等国家。之后招标代理组织了候选投资者对项目现场进行勘察，根据现场状况，投资者对投资建议书进行了修改及补充，使之更加符合实际需求。但由于 2003 年受到非典型肺炎传染病蔓延的影响，原计划在 6 月 30 日截止的投资建议书的提交时间延期至 8 月份。

惠记联营和ONYX联合体两家国际投资竞争人在8月12日向招标代理递交了投资建议书。老港生活垃圾处理场建设项目最终由ONIX与中信泰富组成的联合体拿下。2003年12月23日，双方签订了该PPP项目的特许经营相关协议及附件，市容环卫局、城投又与项目公司签订了生活垃圾的供应、费用及支付相关协议。

合同签订后，PPP项目正式开始实施，项目中的社会资本为ONIX和中信泰富联合体，政府部门为上海市环卫局和城投，二者组建合资公司负责老港生活垃圾卫生填埋场项目的投资建设以及后期的运营维护工作。合资公司在每个月都会召开执行董事会会议来商讨营运中的问题。公司通过设置避免关联交易的机制来确保信息公开。由于该项目的资产属于城投，因此城投环境向该项目派出一名副总经理和财务总监。外资方在董事会当中的人数过半，并由他们派驻董事长以及总经理。由此，该项目基本达到了引进资金、先进技术和管理经验的目标。

在项目设计方面，项目公司以《特许权协议》中"技术规范与要求"及提交的技术方案为标准进行设计，由环卫局审查和批准；在项目建设方面，填埋场遵循了我国的《生活垃圾卫生填埋技术规范》，关键功能指标符合国际先进标准。环卫局通过对项目公司质量保证及控制计划的执行情况进行检查来实现监督，并负责颁发验收合格证书、初步完工证书、完工证书和复查合格证书。此外，垃圾填埋场根据《城市生活垃圾填埋场无害化等级评估办法》规定的运营参数进行垃圾处理。垃圾填埋场每半年就对垃圾计量设备和抽样检验设施进行一次检测，而例外检测则可应环卫局和项目公司任何一方的要求，上海技术监督局的同意下，聘请独立专家与技监局代表一同实施。如若发生恢复性大修，环卫局依据《生活垃圾卫生填埋技术规范》和技术方案当中的参数性能对垃圾填埋场进行移交验收。

在填埋场的日常运营当中，环卫局下属的废弃物管理处根据《上海老港生活垃圾处置有限公司监管手册》进行随机抽查，抽查的内容包括且不限于填埋场的垃圾量、垃圾压实密度、填埋的面积、作业时间等。垃圾计量方面由独立第三方——大地公司进行监测。此外，项目公司自身也对填埋场的运转情况进行监控（比如垃圾压实密度、地面沉降等），确保填埋场运营性能良好。项目公司通过制定环境监测计划，以确保场地（包括土壤、地下水或地表水及空气）和周边环境没有因为垃圾填埋场的建设、运营和维护而导致的环境污染。公司使用多种仪器定期对水、汽、噪音等环境因子实施监测并采集数据。项目公司代表3名，环卫局代表2名，城投代表1名组成协调委员会，该委员会承担了沟通、争端解决和内部监管的责任，对于政府和项目公司间合作的顺利进行和政府的内部监管都起到一定的作用。首先，协调委员会在项目试运营阶段承担了协商确定垃圾处理费支付标准的职责。其次，协调委员会对政府不当提取保证金的行为有问责的权力。如果上海市市容环卫局提取项目公司提交的投资竞争保函、履约保函和运营与维护保函，若经协调委员会、专家小组或仲裁机构确定其无权提取，则环卫局应及时向项目公司退还提取的款额。第三，协调委员会时常检查并确保垃圾填埋场的运营符合我国法律法规所要求的运行标准和安全要求。

填埋场在正式运营以后，根据每个月的日均垃圾填埋量不同（从3500～7700吨）对应76～60元之间上下浮动的价格体系。填埋场的日均垃圾填埋量越高，单位价格就越低。此外，该项目还设置了价格调整机制，综合物价指数、税收优惠政策、设备改造导致的追加投资都将导致垃圾处理价格的调整。项目公司在每个会计年度终了向环卫局提交经过第三方审计机构审计通过的财务年度报表、现金流量季度报表和项目公司其他财务状况的相关资料。

四、问题与改进

（一）问题分析

老港生活垃圾卫生填埋场四期工程在立项、建设和运行的过程中也暴露出了很多问题。

1. 政府部门利益冲突，导致环卫局态度消极

由于利益冲突问题，使得政府对项目的支持力度较低，导致招商准备阶段发生了招商主体的变更。最初项目的招商主体为环卫局，环卫局制定了项目建议书及可行性报告等，而后经由市发改委批准，城投加入招商项目。环卫局旗下有可以操作的实体企业，有条件成为项目管理主体从而可以最大程度上维护自身利益，而让城投加入仅仅是将其作为筹资机构，通过城投筹集资金交付环卫局由环卫局进行项目操作。然而，经过多方努力，城投获得了项目管理主体的地位，这使得环卫局的利益受到损害，因此，环卫局在项目运行过程中呈现消极态度与作为。

2. 项目相关政府部门众多，协调不利

在项目立项阶段，政府将特许权的授予权交付给环卫局，由环卫局决定特许经营权的最终拥有者，并出具相关批示文件。但是由于公共基础设施的特许经营权的授予会涉及多个不同的政府部门，立项通常由发改委完成，环卫局作为行业主管，而监管活动则由环卫局和环保局共同完成，项目设施建设部分由建委管理。由于特许经营项目中涉及众多政府部门，群龙无首，导致各部门之间的协调出现问题，影响项目的进程。

3. 政府部门的消极态度增大项目风险

政府的消极态度增加了老港垃圾填埋项目中的风险。以项目运营过程中的税

收问题为例，政府的消极态度使得项目招商时无法顺利拿到税务局关于垃圾处理项目税收优惠政策的文件，使得项目建成后运营过程中产生的增值税及所得税等优惠与否得不到保障。在《垃圾供应与结算协议》中预设的是营业税及附加5.55%，企业所得税税率为15%，从该项目开始盈利的年度起，项目运营主体享受企业所得税"两免三减半"的税收优惠政策；在增值税上依据国家鼓励类外商投资项目的增值税政策进行增值税计算，即免除投资总额内参照合同里需要进口的设备及配件等的关税及增值税。如果未来税收优惠政策变动，则相应调整垃圾处理费。

4. 政府支付资金不及时

因为居民的生活垃圾收费体制尚未建立，上海市市容环卫局委托上海城投支付垃圾处理补贴费用，环卫局按14.37元/吨的价格支付垃圾处理费给城投，由城投补足合同价差价之后，支付给老港生活垃圾处置公司。2005年2月～12月，老港四期项目应付的垃圾处理费共计2700万元，其中环卫局支付814万元，城投支付1894万元。其中，2月～11月为试运营期，垃圾处理费依照合同金额减半支付；12月份，垃圾处理费按正式商业运营价格支付（75元/吨）。2005年，由建委批复，以城投为名义由财政局拨付的1894万元补贴费用到账非常慢。理想的支付状态应当是财政局在每年年初将本年的预算资金拨付给项目公司。因此，专项资金虽然可以兑现，但是到账时间上的滞后对项目公司的日常运营会造成一定的影响。此外，在整个项目机制当中不履约行为无法体现在支付机制中，而是体现在履约保函中。对于违约事项，履约保函中的金额将被扣除，即补贴费用的支付机制并不直接和绩效挂钩，激励和约束的作用较弱。

5. 城投在项目中的角色不合理

该项目在招商阶段，城投一方面作为招商主体，倾向于垃圾处理费越低越好；另一方面，城投环境——城投的子公司——作为投标方参加项目竞标，倾向于垃圾处理的最终报价越高越好。因此，城投内部存在较明显的经济利益冲突，难以把握好。在债务角度方面，城投作为项目公司APL贷款的转贷人，担当了项目公司的债权人；同时城投又承担了支付垃圾处理费的责任，成为项目公司的债务人。由此，城投能否及时付费在一定程度上影响了项目公司能否按时偿还贷款，在项目实际运营过程中城投可能会为了项目的还贷而无视绩效考核来支付垃圾处理费，从而导致与绩效挂钩的支付机制形同虚设。

(二) 改进建议

1. 建立基础管理标准与体系

在垃圾处理项目这种公用事业项目的建设当中，政府可发动企业和民间研究机构建立行业历史数据库和财务模型库。在项目开展招商准备时，可通过适用的财务模型来模拟项目中可能存在的收入、支出和各种风险，由此明确项目运行的具体模式。由于老港四期项目的支付机制并没有很好地与服务绩效联系在一起，仍需多加改进。譬如环卫局可设置各项服务的评估操作细则与标准，最终建立政府与垃圾处理公司之间的经营收益和再融资增益分享机制。

2. 政府部门之间的职能要理清

垃圾处理项目的公私合作涉及众多的政府部门，其中存在部门之间的利益纠葛。因此，就需要项目运营过程中有一个牵头的部门，对相关事宜进行统筹协调，理顺各部门之间的关系，明确并落实项目的各类优惠政策，降低税收、法律等方面的不确定性因素。环保行业作为朝阳行业，今后的发展空间巨大，政府应当提升法律意识，遵循法律法规的要求对项目进行监管，使企业在相对稳定、逐步进步的政策环境中发展。

3. 理顺政府和城投间的关系

在垃圾处理项目当中，要把政府和大型市政投资机构（如城投公司）之间的关系理清楚，明确各自的定位和职责，政府才会真正加大对项目的支持力度，而城投公司才会更有动力推动项目的进展。在未来的项目当中，城投应当作为市场主体竞标方参与进来，而不是承担一部分政府的角色和作用。目前，我国应该加快政企分离的进程，逐步提升政府对 PPP 项目运作的认识和经验，如此政府才能更好地承担应有的责任。另外，环卫局下属的一些从事环保行业的事业单位，也应该尽快同政府脱钩，逐渐向市场化转型。

4. 培养我国国内公用事业领域的企业与人才

目前国内垃圾处理行业的各个环节的专家资源相对匮乏，诸多企业的实力亟待提升并与国际接轨。上述情况导致垃圾处理项目在运行过程中的风险较大，也容易造成垃圾处理活动对生态环境的不利影响。因此，我国需要加大相关行业人才的培养与储备，提升对相关环节领域中企业的扶持力度，从而发展出一批适合我国国情的垃圾处理行业专家和企业群体。

5. 确保资金支付的及时性

环卫局需要提升对支付垃圾处理费及时性的支持力度，推动老港四期垃圾处理费专项资金及时到位。此外，环卫局还要切实贯彻《国务院关于落实科学发展观加强环境保护的决定》，加快建立居民生活垃圾收费机制并完善相关制度以保障收费机制的顺利执行。

五、经验借鉴

老港生活垃圾卫生填埋场四期工程有许多优秀的做法值得借鉴：

1. 招商工作进行了合理安排与实施

老港填埋场四期项目的招标代理和财务顾问均是申信进出口和上海国际集团资产经营公司的联合体，基建技术顾问是城市建设研究院，第三方法律顾问则是天达律师事务所，由此保证了该项目招标过程中的专业性。虽然政府在垃圾填埋场设计、建造、运营、维护所需资金额度（PSC）这方面可参照的历史数据和经验较为匮乏，导致其无法基于 PSC 定价，但是通过对投标人竞价的充分利用，使 ONYX 和惠记两家投资者进行竞争性谈判，还是达到了大幅降低垃圾处理价格的目的。

2. 公正的评审程序

老港填埋场四期项目有比较完善的资格预审制度、竞争性招标程序以及系统的招标评级体系，程序较为公正。在评审过程中，评审委员会从法律要求、经验和业绩水平、财务能力、管理能力和技术能力等四方面对所有投标人进行综合评估。整个项目的评审过程符合国际招标程序且不失灵活性，评审委员会在这个过程中没有为每个投标人具体评分，仅是给出推荐意见。这是考虑到业内专家较少，分数比较敏感，如若发生分数泄漏容易引发争议。再加之该项目具有行业特殊性，进行科学合理地评估分数就比较困难。总体而言，无论是评审委员会的组成、工作模式还是定价、整个招标过程，都较好地贯彻了"公平、公正、公开"的原则。

3. 较为合理的风险分担机制

老港垃圾卫生填埋场四期项目的运营公司不但需要提交项目设计方案，负责当中的所有工程建设任务，还需提供价值 1000 万美元的履约保函，承担建设工程的所有费用和风险。如果是项目公司的原因导致建设工期延误，则需要向上海市市容环卫局支付违一定的约金。由此政府方面较好地控制了项目的建设期风险。而在项目最终的移交日，项目公司应保证垃圾填埋场维持了良好的运营状况。项目公司在移交日期后提供十二个月的故障保修期，任何由于材料、工艺、施工或设计缺陷等违约行为造成的缺陷或环境污染都需承担责任。

4. 建立了有效的合作体系

在争端解决上，老港填埋场四期工程由政府代表 3 名（环卫局 2 名，城投 1 名）和项目公司代表 3 名（各股东方各派一人）组成协调委员会，针对填埋场建设、调试、运营及维护的争议不定期召开会议，其中协调委员会的费用由项目公司承担。争端首先通过协调委员会协商解决，如果无法解决争端则交由协调委员会任命的专家小组进行讨论，如果还是无法解决则提交仲裁。在投资分配上，投资超标或者节约都是项目公司一方单纯的商业行为，由其自己承担或享有。老港填埋场四期项目采用了高维填埋技术，可收集垃圾填埋后厌氧发酵产生的沼气进行发电。据计算，填埋场当中的填埋垃圾可产生沼气 145 立方米/每吨，而每立方米沼气可发电 160 千瓦时，具有相当可观的附加经济效益。为此，项目公司和政府建立了利益共享机制——沼气发电只能自用，如果要对外售卖，则必须经过政府同意，并相应调低一定程度的垃圾处理费使得政府分享到其中的经济收益。

第五节　供热行业案例分析

案例一　酒泉市热电联产城区集中供热项目

一、项目总体情况

酒泉市在引入集中供热项目之前，酒泉城区大部分区域采取的供热方式为分散的小锅炉，供热的质量和能力得不到保障。酒泉市政府研究提出分段建设、分段经营、分段管理、分段收益的经营模式和先接后并、平稳过渡的工作原则。酒泉市政府于 2009 年 6 月批准《酒泉市热电联产市区供热工程实施总体方案》，确定按照政府主导、企业投资、行业监管、特许经营的方式，充分利用热电联产项目的供热能力，进一步整合城区热源，优化供热结构，推行集中供热，提高供热质量，改善城市环境质量，促进城市供热规模化、集约化、专业化发展，为城市居民提供优质高效、清洁环保的供热服务。《总体方案》指出国电电力酒泉发电有限公司负责热电联产市区供热工程的建设、运营和管理，为酒泉市热电联产市区供热工程的主体运营商。以此为基础，酒泉市政府与国电电力发展股份有限公司进行了多轮接洽，最终于 2012 年 5 月签订协议。2010 年 5 月热源及管网改造工程开工，2011 年底完成投资 1.3 亿元，建成一级供热管网 24 公里，改建换热站 1 座，实现集中供热面积 23 万平方米。2012～2013 年供热面积 354.73 万平方米，2013～2014 年供热面积 480.99 万平方米。截止 2014～2015 年度供热期，本项目已基本达到了设计的 888 万平方米的供热面积，总投资约 4.4 亿元。

二、项目实施情况

1. 合作模式

BOT 模式是私营企业参与基础设施建设，向社会提供公共服务的一种方式。

中国一般称其为特许权，是指政府部门就某个基础设施项目与私人企业（项目公司）签订特许权协议，授予签约方的私人企业来承担基础设施项目的投资、融资、建设、经营与维护，在协议规定的特许期限内，私人企业向使用者收取适当的费用，由此来回收项目的投融资，建造、经营和维护成本并获取合理回报；政府部门则拥有对这一基础设施的监督权、调控权；特许期届满，签约方的私人企业将基础设施无偿或有偿移交给政府部门。项目采用 BOT 方式建设运营，以政府定价、使用者付费为主，在特定情况下政府予以补贴。在合作模式上，政府授予国电电力酒泉热力有限公司酒泉市热电联产市区集中供热工程的特许经营权，负责供热资源整合、清产核资、设施改造等工作。根据酒泉市供热相关管理办法，酒泉市热力有限公司承担市区集中供热设施的安全运行、保障、维护管理职责，为居民提供优质高效的服务，服从供热行政主管部门的监管。特许经营期结束后，肃州区政府接受资产并履行经营管理权，合理调配利用资源，充分发挥国有资产效益。

2. 项目资金来源

酒泉市政府负责筹措资金 2.5 亿元，从 2012 年起三年内全部归集到位。2012 年 6 月底前到位 8333 万元，2013 年 4 月底前到位 8333 万元，2014 年 4 月底前到位 8333 万元，其余 1.9 亿元资金由国电电力发展股份有限公司投资。2012 年度工程启动资金为 1 亿元，由酒泉市政府担保，国电电力酒泉热力有限公司通过银行分期分批贷款解决。

3. 项目风险分担机制

PPP 模式下的风险分担的主要原则：一是风险与控制一致的原则，即风险应该由最有能力控制或控制该风险承担的成本最低的一方承担，也就是谁可控、谁承担。二是风险和收益相对称的原则，即谁获取了收益，谁就承担风险；谁获取的收益高，谁就承担较高的风险。根据实际情况，对不可预见或各方责权难以明确辨析的风险则遵循友好协商共同解决的原则。酒泉市城区热电联产集中供热项目设立了以下的风险分担：一是对于超出主热源规划的 888 万平方米供热面积以外的热用户，接入时按 50 元/平方米收取入网设施改造费，超出部分由政府和国电公司共同协商解决。二是当城市集中供热项目遇到不可抗力风险或事件时，政府有义务介入保证项目系统的正常运行，确保居民的利益。对于由国电电力公司经营不善或违约等行为导致项目难以运行的，政府将接管该项目资产。

三、案例分析

酒泉市热电联产供热项目是国内供热行业比较典型的 BOT 案例，从合作模式、投资建设、运营、风险机制等方面对项目的可持续发展提供了保障，具有很好的借鉴价值。酒泉市热电联产供热项目是一项重要的民生工程，酒泉市政府的目标在于按期建成投运、深化与国电电力公司的合作、为居民提供高效优质的公共服务。社会资本的目标在于加大项目发展力度，提高项目的效益。集中供热项目的实施使双方达到了"1＋1大于2"的作用，在解决城区供热不足、促进节能减排的同时有效利用发电余热，提升了总体收益，实现了政府与企业的双赢。

第一，PPP项目缓解了政府对城区集中供热建设的融资压力。在引入PPP模式之前，酒泉市供热项目由市政府投资建设运营，这无疑加重了当地政府的融资压力。通过在供热行业实行BOT模式后，酒泉市政府负责筹措资金2.5亿元，其余1.9亿元资金由国电电力发展股份有限公司投资。PPP模式成功引入社会资本参与项目建设，有效缓解酒泉市政府的财政负担，为政府分担了43%的融资压力，保证了该供热项目的有序运转。

第二，PPP项目提高了运营效率和用户满意度。酒泉市城区的集中供热建设、运营效率。在引入PPP模式之前，酒泉城区大部分区域采取小锅炉分散供热方式，供热质量和能力得不到保障，供热时间短、温度低，时常受到市民的投诉，而且还有部分新建住宅小区至今未能落实热源，供热问题已成为困扰市委、市政府和酒泉市民的重要问题。实行供热PPP模式之后，供热质量得到提高，居民生活质量得到改善，供热面积大幅增加，由2011年的23万平方米增加到2015年的888万平方米。

第三，PPP项目实施促进了节能减排。项目实施之前，酒泉市大部分区域采用小锅炉分散供热形式，供热设备落后和老化导致供热的质量和能力低下。引入PPP模式后，酒泉市引进先进技术，供热模式采用热电联产模式，热电联产是指发电厂既生产电能，又利用汽轮发电机做过功的蒸汽对用户供热的生产方式，即同时生产电、热能的工艺过程。热电联产具有节约能源、改善环境、提高供热质量、增加电力供应等综合效益。

第四，PPP项目的实施需要政府完备相关政策法规。为了确保供热项目的有序进行，酒泉市政府出台了相关政策，如《酒泉市热电联产市区供热工程实施总体方案》、《酒泉市城市供热管理办法》等，这些法规政策保证了供热项目的有效推进。

第五，注重项目实施中的信息公开和公共沟通。酒泉市供热项目的实施跨越的时间周期较长，必然对当地居民生活造成影响。酒泉市政府积极地做好信息公开以及项目宣传，及时的公布项目的推进情况，创造了良好的外部环境。

案例二 张家口桥西区集中供热项目

一、项目总体情况

河北省张家口市桥西区集中供热项目原来是由政府投资建设，承担着全区的供热任务。从项目开始建设之初就全部为政府主导建设，公司管理层也是从政府各部门抽调组建而成。多年来，由于张家口供热行业投入不足，供热线路老化、政府补贴负担重、居民对供热服务质量不满意等问题十分突出；同时由于企业运营和管理上存在先天不足，供热企业多年亏损，2012 年亏损 3292 万元，2013 年亏损 702 万元，2014 年亏损 1635 万元。

2014 年初，桥西区区委、区政府决定对企业进行改革，激发企业活力，减轻财政压力，探讨企业股权改革事宜，决定出售部分股权引入民间资本。2014 年 12 月，经财政部门逐级推荐，桥西区集中供热项目被确定为财政部首批 PPP 示范项目。从河北省财政厅政府和社会资本合作管理处提供的资料显示，该项目计划总投资 8.46 亿元，实际完成投资 8.12 亿元，项目分两期建设。一期工程于 2009 年开始，2012 年底完工；二期工程于 2013 年开始建设。截至 2014 年底，项目一期、二期共完成热源厂建设，包括：两座 4×70MW 供热锅炉主厂房及其附属设施，安装了 6 台 70MW 供热锅炉及其附属设施，建设完成办公、生活、公用设施；建成热力站 65 座；铺设管网 28 公里（单向），实现供暖用户 5.9 万户，供暖建筑面积 559 万平方米。

二、项目实施情况

1. 合作模式

TOT 即移交—经营—移交。TOT 方式是国际上较为流行的一种项目融资方式，通常是指政府部门或国有企业将建设好的项目的一定期限的产权或经营权，有偿转让给投资人，由其进行运营管理；投资人在约定的期限内通过经营收回全部投资并得到合理的回报，双方合约期满之后，投资人再将该项目交还政府部门或原企业的一种融资方式。

该项目运作采用 TOT 模式，即政府将建好的基础设施项目以有偿方式转让给项目公司，并授予项目公司一定时期的经营权以收回投资，经营期限届满后，项目公司将项目资产无偿移交政府。由区政府与源通热力公司共同组建新的供热公司，即张家口源通华盛热力有限公司，双方分别持有项目 10% 和 90% 的股份。已建成的供热项目的员工和原热力公司的员工将移交给新合作项目公司接受和管理。根据双方协商，政府投资建设的一期项目以有偿的方式让渡给项目公司，该公司在营运期间回收投资，营运期满后项目公司将项目资产无偿移交给当地政府。恒峰热力公司所有债务政府从经营权转让所中标的 4.15 亿元中进行支付和偿还，债务不足部分由区政府从财政资金安排支付。

2. 资金来源

从河北省财政厅政府和社会资本合作管理处提供给《中国经济周刊》的资料显示，该项目计划总投资 8.46 亿元，实际完成投资 8.12 亿元，项目分两期建设。资金来源其中一部分有建行张家口分行提供，该行与项目公司签订了集中供热项目 PPP 金融服务合作协议，当年九月成功发放贷款 1.56 亿元 。

3. 风险分担机制

在经营期内项目公司承担费用、责任和风险，负责张家口市桥西区集中供热项目已建成供热设施的运营、管理、维护和更新改造，包括 2016 年购置和安装两台 70MW 锅炉及配套设施。保证整个使用期内设备能够安全、正常运行。负责经营地域范围内新建项目的投融资、建设及运营、维护，并收取相应用户供热服务费。按照适用法律要求进行技术改造、供热方式改变及项目扩建，由项目公司承担融资建设，具体事项双方另行协商。

4. 项目实施效果

2014 年初，河北省张家口市桥西区政府使用 PPP 模式引入社会资本化解难题。到了 2015 年一直需要补贴的民生项目成功实现了盈利。2015 年的供暖情况是同比提前 10 天供热，供暖投诉减少了 80%，用户室内平均温度由 2014 年的 19.3℃提高到 21.4℃。用户踊跃缴费，收费率已达 92.8%，已超过 2014 年全年收费率 13 个百分点，在今后的 25 年内（该项目的经营权是 25 年）群众每年都可享受到免费提前一周供暖和推迟一周停暖的福利 。经过一个采暖期的运营，在供热面积增加 20% 的情况下，用煤量为 2014 年同期的 80%，用电为同期的 50%，用水量为同期的 70%。据测算，仅节能降耗一项，年可增加收益 20%。

三、案例分析

河北省张家口市桥西区集中供热项目是一个典型的存量项目。2014 年 12 月，经财政部门逐级推荐，桥西区集中供热项目被确定为财政部首批 PPP 示范项目。该项目运作采用 TOT 模式，即政府将建好的基础设施项目以有偿方式转让给项目公司，并授予项目公司一定时期的经营权以收回投资，经营期限届满后，项目公司将项目资产无偿移交政府。该项目具有很好的借鉴价值。

第一，减轻了政府的财政负担。在引入 PPP 模式前，该供热系统由一家国有供热企业承担运营，企业的管理体制和运营机制存在弊端，导致资金运转困难、政府连年补贴、员工积极性不高、公共服务水平不高且效率低，时常被投诉。2014

年初，桥西区区委、区政府决定对该供热项目进行改革，激发企业活力、减轻财政负担，探讨企业股权改革事宜，决定出售部分股权，引入民间资本。到了 2015 年一直需要补贴的民生项目成功实现了盈利。2015 年的供暖日期比往年提前 10 天，供暖投诉减少了 80%，用户室内平均温度由 2014 年的 19.3℃提高到 21.4℃。引入 PPP 模式后，用户踊跃缴费，收费率已达 92.8%，已超过 2014 年全年收费率 13 个百分点。这无疑减轻了桥西区区政府的财政负担，使得政府将资金投入到其他相对重要的基础设施建设中去，从而提高资金利用率。在项目的经营权 25 年内，群众每年都可享受到免费提前一周供暖和推迟一周停暖的福利。

第二，实现相对合理的风险分担。在引入 PPP 模式之前，桥西区政府若单独实施该供热项目，政府无疑将承担该项目设计阶段、建造阶段、财务阶段、运营维护阶段产生的风险。这将大大加重了项目的推进的风险。桥西区政府在引入 PPP 模式进入供热行业后，根据风险分配优化、风险可控原则，全面分析政府和私人部门的风险管理能力，确定 PPP 项目在设计、建造、财务、运营维护阶段产生的风险有社会资本承担；法律变更、项目审批、项目需求变动等风险由政府部门承担；不可抗力、通货膨胀等风险由政府和社会资本合理分担。

第三，减少了污染物排放。引入 PPP 模式之前，张家口市桥西区的热负荷主要是采暖和生活用热为主，冬季采暖主要依靠小锅炉，导致烟囱林立，能源消耗巨大、空气污染严重，尤其到了冬季空气质量很差。桥西区使用分散小锅炉，供热锅炉供热效率低且缺少有效的除尘脱硫设备、导致煤、电等能源的浪费，给市区的环境带来很大的污染。引入 PPP 模式后，经过一个采暖期的运营，在供热面积增加 20% 的情况下，用煤量为 2014 年同期的 80%，用电为同期的 50%，用水量为同期的 70%。据测算，仅节能降耗一项，年可增加收益 20%。这些污染物的大幅度减少可以有效地改善环境质量，为保护居民的健康起到重要作用。

总的来说，张家口桥西区恒峰热力公司的 PPP 模式，盘活了该供热项目，调动了各参与方的积极性，化解政府债务，减轻了财政负担。政府和企业共同分担项目的风险，并共同收益，最终为居民提供高水平的供热服务与质量。同时，该模式充分地体现了风险分担、利益共享、优化环境，确保了项目的持续稳定的发展，是供热行业成功和典型案例，值得借鉴。

案例三　甘肃省城镇集中供热行业 PPP 项目实施案例

一、政策背景

根据国家相关政策性文件，甘肃省政府 2015 年 2 月出台《甘肃省人民政府关于创新重点领域投融资机制鼓励社会投资的实施意见》，其中与供热 PPP 项目有关的条款有：第四条十一款要求："大力引进社会资本投资市政基础设施项目。鼓励和引导社会资本以 BOT、BOO 等多种模式投资城镇供水、供热、燃气、污水垃圾处理、建筑垃圾资源化利用和处理、城市综合管廊、公园配套服务、公共交通、停车设施等市政基础设施项目。政府通过特许经营等方式依法选择符合要求的经营者，并加强服务和成本监测，理顺价格水平，使投资者获得合理回报。对于主要依靠政府付费回收投资成本的公益性、准公益性项目，可通过政府购买服务或依法依规为投资者配置相关经营资源，稳定投资回报；对于经营收费不足以覆盖投资成本的项目，政府可予以适当补贴。"第十二款规定："改革市政基础设施建设运营模式。全面放开市政基础设施建设运营市场，打破垄断，引入竞争，建立规范的市政公用事业特许经营权市场。已建立市政基础设施可通过TOT 等模式，将一定期限的经营权或产权有偿转让给投资者，有效盘活城市基础设施存量资产。加快推进市政基础设施建设运营事业单位向独立核算、自主经营的企业化管理转变，并实行规模化、集约化经营。国有投资适当退出市政基础设施特别是经营性市政基础设施领域，为投资提供发展空间。推进市县、乡镇和村级水收集和处理、垃圾处理项目按行业'打包'投资和运营，鼓励实行城乡一体化、厂网一体投资运营。"

根据国家相关政策性文件，甘肃省发展改革委员会 2015 年 2 月出台《甘肃省发展和改革委员会关于开展政府和社会资本合作的实施意见》，该《意见》认为"PPP 项目主要适用于政府负有提供责任又适宜市场化运作的公共服务、基础设施类项目。具体为：（1）市政建设：主要包括燃气、供水、供电、供热、污水及垃圾处理、建筑垃圾资源化利用和处理、城市综合管廊、公园配套服务、停车设施等项目，各地的新建市政工程以及新型城镇化试点项目，应优先采用 PPP 模式建设……"。其中城市供热被作为适用于 PPP 方式开展的公用事业项目。该《意见》对操作模式的选择规定有三类："（1）经营性项目。对于具有明确的收费基础，并且经营收费能够完全覆盖投资成本的项目，可通过政府授予特许经营权，采用建设—运营—移交，建设—拥有—移交等模式推进。要依法放开相关项目的建设、运营市场，积极推动自然垄断行业逐步实现特许经营。（2）准经营性项目。对于经营收费不足以覆盖投资成本、需政府补贴部分资金或资源项目，可通过政府授予特许经营权附加部分补贴或直接投资参股等措施，采用建设—运营—移交、建设—拥有—运营等模式推进。要建立投资、补贴与价格的协同机制，为投资者获得合理回报积极创造条件。（3）非经营性项目。对于缺乏使用付费基础、主要依靠政府付费回收投资成本的项目，可通过政府购买服务，采用建设—拥有—运营委托运营等市场化模式推进。要合理确定购买内容，把有限的资金用在刀刃上，切实提高资金使用效益。"根据上述分类，城市供热项目大体上属于第 1 类经营性项目或属于第 2 项准经营性项目。

二、供热 PPP 实施情况

截至 2016 年，入选国家发改委项目库甘肃省政府和社会资本合作 PPP 供热项目共立项 21 项，如表 10-2 所示。其中正在进行规划项目编制的有 13 项（部分项目设计已报批）。分别是：酒泉新城区集中供热建设项目，静宁县城区供热管网改造项目，灵台县城区集中供热二期工程，灵台县什字镇集中供热工程，肃南县集中供热供暖锅炉及配套设施改造项目，会宁县城区集中供热改造项目工程，白银区水川镇集中供热项目，白银区四龙镇集中供热项目，庆城县新区集中供热建设项目，武都区集中供热二期扩建工程，成县城区集中供热工程，宕昌县城区集中供热一期工程，甘肃（武威）国际陆港供热项目站。其中在建的工程项目有 7 项：包括高台县城市集中供热工程，临泽县城区集中供热高效清洁能源供应项目，平川区热电联产集中供热工程，兰州新区热电联产项目配套供热管网工程，徽县城区集中供热项目，和政县前川新区集中供热项目工程，白银市 2×350MW 热电联产项目配套供热管网工程（一期工程已基本建成）。已经完工的 1 项：定西市临洮县城区集中供热项目。

所有项目建设周期均分布在 1～3 年内，最短周期 1 年，最长周期 3 年。以 BOO 合作方式开展的项目有：酒泉新城区集中供热建设项目；临泽县城区集中供热高效节能清洁能源供应项目；肃南县集中供热供暖锅炉及配套设施改造项目。其余项目均以 BOT 合作方式展开（个别项目具体合作方式无法获得）。其中绝大多数项目对社会资本的引进量占项目总投资比例高达 70% 以上，比例最低的也占到 50%，如定西市临洮县城区集中供热项目总投资 2.8 亿元，拟引进社会资本 1.4 亿元；其中武都区集中供热二期扩建工程、甘肃（武威）国际陆港供热站项目拟引进的社会资本项目站项目总投资的 100%。这些供热项目不仅新建了热力站，铺设了新的供热管网，而且对此前的小型供热站与老旧管网进行了改造。如静宁县城区供热管网改造项目（总投资 9280 万元，拟引进社会资本 8000 万元），合并中小供热站点 12 个，淘汰老旧微小锅炉 20 台，安装节能环保锅炉 9 台，敷设更换老旧供热管网 91 公里。除大规模提高城市供热能力外，一定程度上实现了集约化经营，提高效率的同时减少了污染。

表 10-2

甘肃省城镇集中供热行业 PPP 项目实施情况

项目内容 项目名称	投资总额（单位：亿元）	拟引进社会资本（单位：亿元）	合作模式	项目进展	建设周期（单位：年）	供热管网（单位：公里）	供热面积（单位：万平方米）
酒泉新城区集中供热建设项目	4.1	3	BOO	正在编制初步设计方案。与山东泰山集团签订了锅炉及系统设备采购安装合同	1	/	610
静宁县城区供热管网改造项目	0.928	0.8	其他	已完成项目前期调研，正在编制项目可研	3	91	/
灵台县城区集中供热二期工程	0.65	0.5	BOT	正在进行规划方案编制	2	110	/
灵台县什字镇集中供热工程	0.51	0.41	BOT	正在进行规划方案编制	2	4.304*2	/
张掖市城区热电联产管网工程	8.8	6	BOT	一、二期工程建设投入使用，正在建设三期工程	3	2*56.92	/
高台县城市集中供热工程	0.88	0.5	BOT	项目已建成劣质煤、低价煤高效气化装置1套，制氧设备1套，储气量3.3万立方米的气柜3个；建成年产1200套新能源设备联合厂房一座，并配套了相应的生产设备及附属设施等内容	3	/	/
临泽县城区集中供热高效清洁能源供应项目	4.57	4	BOO	已开工建设	2	/	/
肃南县集中供热供暖锅炉及配套设施改造项目	1.6	1.28	BOO	已完成项目实施方案编制，准备公开招标	3	/	/
白银市集中供热老旧管改造项目	14.99	/	BOT	正在做前期工作	近期工程建设周期三年，远期工程依据实际情况逐步实施。	/	/

续表

项目名称 项目内容	投资总额 （单位：亿元）	拟引进社会资本 （单位：亿元）	合作模式	项目进展	建设周期 （单位：年）	供热管网 （单位：公里）	供热面积 （单位：万平方米）
平川区热电联产集中供热工程	1.35	1.16	BOT	项目开工建设，部分内容建成	2	21.56	/
会宁县城区集中供热改造项目工程	4.47	/	BOT	正在开展前期	2	38.15	/
白银区水川镇集中供热项目	2	1.6	BOT	已完成可行性研究报告编制和选址	3	/	/
白银区四龙镇集中供热项目	2	1.6	BOT	已完成可行性研究报告编制和选址	3	/	/
兰州新区2*350MW热电联产工程	32.354	/	BOT	项目已完成所有前期工作，并已开工建设	2	/	/
兰州新区热电联产项目配套供热管网工程	8.6016	/	BOT	项目前期工作已全部完成，现已完成38KM管网工程	3	2*85	/
定西市临洮县城区集中供热项目	2.8	1.4	特许经营	已完工	3	42	/
庆城县新区集中供热建设项目	2.6	2	BOT	已完成项目可行性研究报告	2	/	/
武都区集中供热二期扩建工程	0.42	0.42	BOT	已批复初步设计	2	2*7.795	160
徽县城区集中供热项目	0.83	0.71	BOT	已完成施工图设计，已开工	2	23	105
成县县城区集中供热一期工程	1.095	/	BOT	已完成可行性研究报告	3	8.8	72
台昌县城区集中供热一期工程	0.64	0.6	BOT	初步设计已报批	3	/	/
和政县新区集中供热工程项目	1.68	1.5	BOT	已开工建设，完成投资0.6亿元	3	2*9.5	/
甘肃（武威）国际陆港供热站项目	7.14	7.14	其他	正在开展项目前期工作	3	/	/

资料来源：作者根据有关文件资料整理。

三、案例分析

PPP 模式在甘肃省供热项目上的大范围应用成效显著，它极大地缓解了政府在建设供热项目上的融资压力，民间资本或非政府财政资金至少为政府分担了 70％以上的融资压力；PPP 项目实施，改变了分散供热的格局，促进了大规模的集中供热，提高效率的同时减少了环境污染；新的建设项目引进了更加科学合理的管理运营模式，提高了供热行业管理科学化程度。

PPP 模式帮助经济欠发达省份较好地解决了供热公共品供给难题。相较于东部经济发达省份，甘肃省政府财政收入增长缓慢，在部分公共开支项目上长期依赖中央政府的转移支付，供热作为政府急需解决的民生项目，由政府主导投资往往面临资金约束，权力寻租等诸多问题。并且相较于分散供热的小型热电站，集中供热项目往往存在建设周期长，前期投资大，资金回笼慢等特点。仅仅依靠政府财政或者民间资本都无法很好的建设和运营项目。而采用 PPP 方式吸纳民间资本则可以使急需政府提供的供热项目得以较快实施。PPP 模式为建设大型集中供热项目提供了可靠的制度保障。

供热行业传统的计划供热价格体制对 PPP 项目实施产生不利的影响。甘肃省供热 PPP 项目实施中面临的难题是变革与 PPP 模式不相适应的传统供暖价格机制和供暖费补偿机制。西北地区漫长而寒冷的冬天使供热成为每家每户的必需品，由于受到整个社会尤其是低收入阶层的关注，往往成为政府的民生工程。政府迫于民生压力有制定较低供暖价格的激励，而一旦要求获利的民间资本参与建设和经营后，其对供暖价格则有基于市场逻辑的要求。因此，供暖价格该如何制定则成为 PPP 模式建设经营供热项目的关键问题。为了供热 PPP 项目能够持续稳定健康运营，并起到一定示范效果，需科学、合理地制定供暖价格机制、供暖费补偿机制，使得即能保障中低收入阶层的老百姓可以负担起取暖费又能保证参与建设供热项目的民间资本得到合理回报。

建立更有效率的供热质量监督体系以杜绝合作各方的机会主义行为是甘肃省供热 PPP 项目急需解决的关键问题。甘肃作为经济发展相对滞后，人均收入相对较低，市场化改革相对滞后的西部省份，长期以来，大量城市居民已经习惯于由政府提供保障性供暖服务。政府直接经营供热项目，不需要自负盈亏，则导致其粗放式，不计资源代价的供暖方式。社会化资本参与供热项目的建设以及后期运营后，由于私人资本的逐利本性，供暖公司更有可能采取更先进的技术和更高效的管理方式，在供热项目的建设与运营成本上会更节省，更有利于节约能源，保护环境和资源优化配置。但在供热服务质量上则可能采取机会主义行为。如果供热服务质量下降明显，则会伤害此前已经习惯粗放式供热服务的城市居民，因此需要更有效的质量监管法规、体系与 PPP 供暖项目相配套。

第六节　电力行业案例分析

案例一　苏州市吴中静脉园垃圾焚烧发电 PPP 项目[①]

一、项目背景

进入 21 世纪后，苏州市城市化进程全面加快，但越来越多的城市生活垃圾与日益恶化的环境等伴随而来，解决垃圾围城问题迫在眉睫，但苏州市唯一的生活垃圾填埋场（七子山垃圾填埋场）已无法承受每年近百万吨的新增垃圾带来的环境影响，政府亟须全新的解决方案。市政府对多个国内垃圾处理的投资商进行全面考察后，最终选择与光大国际合作推进固体废弃物处置方面的首个 BOT 项目，正式拉开了苏州市与社会资本在垃圾处理行业的合作序幕。

二、基本概况

（一）建设内容与规模

苏州市垃圾焚烧发电项目由一、二、三期工程组成，总投资超过 18 亿元人民币，设计日处理规模为 3550 吨，年焚烧生活垃圾 150 万吨，上网电量 4 亿度，是目前国内已经投运的最大的生活垃圾焚烧发电厂之一。项目采用国际先进的机械炉排技术，焚烧炉、烟气净化系统、自动控制、在线检测等关键设备均采用国际知名公司成熟产品，烟气排放指标全面达到欧盟 2000 标准，二噁英排放小于 0.1 纳克毒性当量每立方米。

项目一期工程配置 3 台 350 吨/天机械炉排焚烧炉，2 台 9 兆瓦/小时凝汽式汽轮发电机组，采用半干法加布袋除尘、活性炭吸附的烟气治理技术，烟气排放执行欧盟 I 号标准，日焚烧处理生活垃圾 1000 吨左右，各项生产指标在国内垃圾焚烧发电厂中均处于领先地位。二期工程新增日处理垃圾能力 1000

---

① 摘改自：国家发改委 2015 年 07 月 21 日发布的 13 个 PPP 典型案例中《苏州市吴中静脉园垃圾焚烧发电项目》。

吨，三期工程日处理能力 1550 吨，并预留 500 吨能力。为配套焚烧厂的建设，苏州市政府与光大国际继续采取 BOT 方式，先后建成了沼气发电、危险废弃物安全处置中心、垃圾渗滤液处置等项目。同时，在政府的主导下，餐厨垃圾处理等其他固体废弃物处置项目也相继落户该区域内。这些项目相互配套形成了一定的集约效应和循环效应，为苏州城市化发展做出了积极的贡献。

截至 2014 年底，苏州垃圾焚烧发电项目累计已处理生活垃圾 761.91 万吨，上网电量 19.39 亿千瓦时，相当于节约标煤 111.97 万吨，减排二氧化碳 255 万吨。

（二）实施进度

2003 年 9 月，苏州市政府与光大国际签署了垃圾焚烧发电厂一期项目 BOT 合作协议，项目特许经营期为 25.5 年（含建设期）。2006 年 7 月，苏州垃圾焚烧发电一期项目建成并正式投运，苏州市生活垃圾处置格局由传统的、单一的填埋处置形式，转变为"填埋为主、焚烧为辅"的形式。

2008 年 2 月，垃圾焚烧二期项目开工建设，并于 2009 年 5 月建成投运。二期项目建成后，苏州市生活垃圾处理实现了"焚烧为主、填埋为辅"。为了最大限度地保护环境，提高环境承载能力，更好地实现可持续发展和循环经济建设，苏州市政府与光大国际决定在原有成功合作的基础上，继续采用 BOT 合作方式，于 2011 年 9 月进行焚烧三期工程建设，并于 2013 年 1 月投入商业运行。至此，苏州市生活垃圾基本实现"全焚烧、零填埋"。

三、运作状况

（一）各方主体

项目合作双方分别为苏州市政府和光大国际。选择光大国际作为合作者的考虑主要是其"中央企业、外资企业、上市公司、实业公司"的四重身份，具备较强的项目实施能力。项目由苏州市市政公用局代表市政府签约；光大国际方面由江苏苏能垃圾发电有限公司［后更名光大环保能源（苏州）有限公司］签约。由苏州市市政公用局代表市政府授权该公司负责项目的投资、建设、运营、维护和移交。双方签订《苏州市垃圾处理服务特许权协议》，并于 2006、2007、2009 等年度分别据其中具体条款变更事项签订补充协议。

（二）合作机制

项目分三期采用 BOT 方式建设，其中一期工程项目特许经营期为 25.5 年（含建设期），二期工程特许经营期 23 年，三期工程设定建设期两年，并将整体项目合作期延长 3 年，至 2032 年。在此合作模式下，市政府充分发挥其监管作用并建立较为完善的监管体系，主要包括三方面：

首先，项目所在地镇政府对产业园相关项目进行长期驻厂监管，并在厂内分别设有办公地点，对烟气、炉渣、飞灰等处置情况进行监管；相关职能部门成立的监管中心，有专人 24 小时联网监督重要的生产数据。

其次，垃圾焚烧发电项目的所有烟气排放均已实现在线公布，通过厂门口 60 平方米的电子显示屏向公众公示；且所有环保数据第一时间通过网络传输到环卫处监管中心、区、市环保局，实现了政府对运行的实时监管。

再次，政府部门每年两次委托市级以上政府环保监测机构对项目开展定期及不定期的常规烟气检测及二噁英检测，企业每年两次委托第三方对环境各项指标检测，确保项目运行中的环境安全。其中，二噁英每年共检测四次，由省环境监测站检测两次，项目公司自检两次，其他环境空气、生产废水、回用水检测频率已达到每月两次。从检测结果来看，各项烟气排放指标长期、稳定达到欧盟 2000 标准。

同时，苏州市政府对项目规范运营、技术创新给予扶持资金。

（三）社会资本收益机制

项目依靠经营净现金流收回投资、获得收益。项目收入主要有两部分构成：

1. 垃圾处理费

双方最初约定项目基期每吨垃圾处理费为 90 元，当年垃圾处理费在基期处理费基础上，按照江苏省统计局公布的居民消费品价格指数 CPI（累计变动 3% 情况下）进行调整。后由于住建部调整城市垃圾处理收费标准、新建项目投运办法的原因，双方于 2006 年及之后多次签订补充协议，进行调整。

2. 上网电价

上网电价部分执行有关标准，一期工程为 0.575 元/度，二、三期工程为 0.636 元/度。项目公司除负担正常经营支出外，还需要负担苏州市部分节能环保宣传费用。

四、借鉴价值

（一）实施效果

本项目是国内较为成功实施的"静脉产业园"案例。苏州市垃圾焚烧发电项目自 2006 年建成投运以来，在实现企业自身经济效益的同时，不忘自觉履行环保企业的各项社会责任和环境责任。项目公司一直秉承光大国际"企业不仅是物质财富的创造者，更应成为环境与责任的承担者"这一核心价值观，努力构建园区化、行政化、社区化的和谐之美，并先后获得"江苏省园林式单位"、"国家高新技术企业"、"国家级 3A 垃圾焚烧厂"、"中国安装工程优质奖"等荣誉，中央电视台对有关经验进行了介绍。

从解决苏州市垃圾围城困境的"破局者"，到现阶段的城市环境顾问，十年间，光大国际成长为中国首个全方位、一站式、以环境服务总包为出口，提供设备制造、工程建设、运营管理等服务的合同环境服务商。光大国际的成长历程也是政府与社会资本PPP模式探索和实践的历程，是政府与社会资本合作的一项典型案例，体现了"园区化、行政化、社区化"的和谐之美。

（二）示范价值

本项目实质是围绕城市垃圾处理的一个项目群。由于各个子项内容具有较强的关联性，通过整合实施，达到了优于各子项单独实施的规模经济效益。

1. 整合实施项目

垃圾处理包括多个相对独立的环节，吴中静脉产业园以垃圾焚烧发电项目为核心，将各种垃圾的集中处理，炉渣、渗滤液、飞灰等危险废物处理等环节有效整合，形成了一体化的项目群，有效提高了项目推进效率，同时实现了对不同项目收益的综合平衡，达到了整体效果最优。各种废物在园区范围内均得到有效治理，生活垃圾焚烧产生的热量已向园区周边的一个用户供热，形成区内资源与外界的资源整合，提高能源综合利用程度。

2. 坚持以人为本

积极打造花园式环境并加大环保处理设施投入，严防二次污染，并与周边居民进行交流互动。在接受监督的同时，从当地居民对环境质量的要求出发进行生态修复以提高区域内的环境友好性。园区建设以来，原有的脏乱差现象有了极大的改善，区域内的宜居程度得到了大幅度的提高，体现了造福于民的宗旨。

3. 严密的项目监督体系

项目建立了较为严格的监督制度，所在地镇政府对产业园相关项目进行长期驻厂监管专人24小时联网监督重要的生产数据；所有烟气排放均已实现在线公众公示；政府实时监管，项目还引入第三方对环境各项指标检测，确保项目运行中的环境安全，如由省环境监测站对二噁英每年共检测四次等。

4. 各方利益统筹兼顾

项目建设本着优化废物综合利用网络，从废物产生、收集、输送到转化处理各个技术环节进行全过程优化，以实现经济、社会、环境效益的最大化为目标，制定两个兼顾原则：从时间上，兼顾近期和远期；在空间上，兼顾当地和周边地区，以吴中区为核心，辐射范围至苏州全市乃至长三角地区。

案例二 广西来宾 B 电厂 PPP 项目^①

一、项目背景

进入 20 世纪 90 年代后，随着中国经济的腾飞，公共基础设施如公路、码头和电厂严重滞后。世界银行曾预测中国在基础设施建设领域的投资额在东亚地区居首位，从 1995 到 2004 年的投资额将达到 7500 亿美元。其中，以公路和电厂项目需求最为迫切。为了满足发展需求，中国政府积极鼓励和引导外商投资，颁布了许多外商投资条例规定。同时，从 1996 年起，推出了数个规范化的 BOT 投资方式试点项目，如来宾 B 电厂项目、大场水厂项目和长沙电厂项目。

事实上，在来宾 B 电厂项目之前，中国已经有过几个以 BOT 模式建造的电厂和公路项目。不少外国公司将这些项目视为范本项目，但是中央政府并不承认这点。另外，尽管当时有独资、合资和合作三种主要投资形式，在来宾 B 之前的绝大多数 BOT 项目都是以合资形式实施。

二、基本概况

作为第一个经国家批准的 BOT 项目，来宾 B 是来宾电厂的二期工程，位于中国南部偏远地区的广西壮族自治区来宾市兴宾区，包括两台 36 万千瓦火电机组的投资、融资、设计、建造、采购、经营、维护和转交。来宾 B 项目特许招标中要求尽快完工（详见"项目过程"），且提供的预计回报率较低，但是作为 BOT 投资方式的试点项目已足够吸引许多开发商递交投标文件。最后，法国电力国际和通用电气阿尔斯通凭借具有竞争力的投标方案和法国出口信贷 CO-FACE 的大力支持，最终获得来宾 B 项目的特许经营权。

项目参与者包括中央政府、省级政府、主办人、项目公司、放贷方、用户、供应商、承包商和运营商。

中央政府对来宾 B 项目给予了强有力的支持，正式批准为第一个 BOT 试点项目，作为未来 BOT 基础设施项目的参考范本。该项目由国家计委批准，国家计委、电力工业部不仅直接参与项目的决策和具体指导，而且协调国家外汇管理局分别为项目出具了支持函。中央政府的密切关注和强有力支持提高了广西政府的信用等级，使得项目更具有吸引力。

---

① 摘改自：王守清，柯永健. 特许经营项目融资（BOT、PFI 和 PPP）[M]. 北京：清华大学出版社，2008.

广西政府的担保和激励措施降低了项目中的很多不确定性。来宾 B 项目主要包括三大合同协议：特许权协议、购电协议和燃料供应和运输协议，其中最主要的特许权协议规定了项目公司和广西政府双方的主要权利和义务。广西政府与项目管理签订特许权协议，并为购电协议、燃料供应和运输协议和电力调度协议提供担保。

法国电力国际和通用电气阿尔斯通是来宾 B 项目的主办人。法国电力国际直属法国政府所有的法国电力公司，具有丰富的国际投资和电厂经营经验；通用电气阿尔斯通是一家跨国的设备制造厂商。

由法国电力国际与通用电气阿尔斯通按照 6：4 比例组成来宾 B 电厂的项目公司——广西来宾法资发电有限公司，这是一家外资企业。项目公司需要负责项目的融资、设计、建造、运营和维护，在特许期结束后将电厂无偿移交给广西政府。

在来宾 B 电厂项目中，贷款/资本金比为 3：1，资本金 1.54 亿美元，有限追索权贷款 4.62 亿美元，由法国东方汇理银行、英国汇丰投资银行及英国巴克莱银行牵头组成的银团联合承销，贷款中约 3.12 亿美元由法国出口信贷机构——法国对外贸易保险公司提供出口信贷保险。

广西电力局与项目公司签订了购电协议，每年负责向项目公司购买 35 亿千瓦时的最低输出电量（大约为电厂负荷因数的 63%），并送入广西电网。

广西建设燃料有限责任公司负责向项目公司供应发电所需的燃煤，如果不符合燃料供应和运输协议的燃煤质量规定，项目公司有权拒绝所提供的燃煤。

工程承包商是由阿尔斯通出口公司和考菲瓦工程设计公司合资组建，负责项目工程的建设；设备供应承包商是由通用电气阿尔斯通和法国电力公司子公司 CNET 合伙组建，负责为项目工程的建设和运营提供设备。

法国电力国际公司（85%）、广西开发投资有限公司（7.5%）和广西电力工业局（7.5%）共同组建成广西来宾希诺基发电运营维护有限责任公司，由该公司来负责电厂的运营和维护。

三、运作状况

（一）前期准备

1995 年 2 月，广西政府正式委托北京大地桥投资咨询公司负责邀请国外投资者以 BOT 形式投资建造来宾 B 项目。同年 2～3 月，大地桥公司根据国际惯例和项目具体要求，编制了采用 BOT 投资方式的可行性方案分析报告和初步财务分析报告，随后帮助广西政府提交中央政府审批。同年 5 月 10 日，国家计委正式批准来宾 B 项目为中国 BOT 试点项目。

（二）资格预审

1995 年 8 月，大地桥公司分别在《人民日报》（海外版）、《中国日报》（英文）发布了采用 BOT 方式建设广西来宾 B 电厂的资格预审通告，公开邀请国外有意向的投资者参与中国 BOT 试点项目。截至同年 9 月底，共有 31 家国际公司（23 家）或公司联合体（8 家）递交了资格预审申请文件，其中包括不少世界著名的电力运营和设备供应公司。

同年 10 月初，大地桥公司和项目评标委员会经过对各个申请人的 BOT 经验、电厂建设经营经验、财务能力和其他相关能力等方面进行综合审查，确定其中 12 家公司（联合体）列为 A 组，它们有资格单独或组成联合体参加投标，其余 19 家列为 B 组，它们需加入列为 A 组的一家或几家所组成的联合体后方可参加投标。10 月 28 日，大地桥公司代表广西政府发出招标邀请。

（三）招标

1995 年 12 月 8 日，大地桥公司完成招标文件并正式对外发售，A 组的 12 家公司（联合体）相继以每套约 1 万美元的价格购买了招标文件。1995 年 12 月到 1996 年 1 月期间，大地桥公司组织了来宾 B 电厂的现场考察。1 月 28 日，大地桥公司召开标前会议，解答潜在投标人普遍关注的法规和财务问题。2 月 12 日，大地桥公司发布标前会议的备忘录。截至 1996 年 5 月 7 日下午 4 时，共有 6 家投标人递交了投标书，它们分别是：（1）中华电力联合体（香港中华电力投资有限公司、德国西门子）；（2）美国国际发电（香港）有限公司；（3）东棉联合体（日本东棉、新加坡能源国际、泰国协联能源）；（4）法国电力联合体（法国电力国际、通用电气阿尔斯通）；（5）英国电力联合体（英国电力、三井物产）；（6）新世界联合体（香港新世界投资、ABB 能源、美国 AEP 资源国际）。

1996 年 5 月 8 日，大地桥公司举行来宾 B 电厂的开标仪式。

（四）评标

1996 年 5～7 月，大地桥公司协助项目评标委员会对每份投标文件从法律、财务及技术方面进行详细的评估。6 月 18 日，经过比较和充分讨论，评标委员会最终确定最有竞争力的前三家投标人，分别是：（1）法国电力联合体；（2）新世界联合体；（3）国际发电（香港）有限公司。7 月 8 日到 11 月初，大地桥公司与法国电力联合体针对三大主要合同协议进行谈判。11 月 11 日，广西政府和法国电力联合体于北京签署来宾 B 项目的特许权协议。

评标委员会采用的评标标准如下：

1. 电价因素（60%）

最重要的评估标准是无补贴的电价水平，评标委员会以电价水平为基准，结合考虑电价走势、外汇和人民币的比例以及额外电量输出的电价等因素，对整个特许经营期内的预期电价进行综合评估。

2. 非电价因素（40%）

包括融资方案、技术方案、运营维护和移交方案。广西政府考察投标人融资方案中的融资进度安排、融资成本、融资能力和承诺的股权比例；技术方案的可靠性以及运营维护和移交方案的可行性也都是重点考察内容，包括项目管理、人员培训、电厂移交计划等。

在非电价因素中，融资方案的比重占60%，技术方案以及运营维护和移交方案分别占20%。广西政府给予技术方案较低比重的原因在于：（1）招标文件中已经详细规定广西来宾B电厂项目将采用的国际技术规范和标准；（2）放贷方对投标人的技术方案将更加重视并进行谨慎审查，因此融资方案相比技术方案以及运营维护和移交方案更为重要。

递交资格预审申请的31家公司（联合体）中12家提交了投标文件，法国电力联合体最终获得项目的特许经营权，来宾B项目招标过程中的关键成功因素如表10-3所示。

来宾B项目招标过程的关键成功因素　　　　　　　　　　表10-3

来宾B项目的招标过程	关键成功因素	影响程度
资格预审阶段	合理的项目识别	＋
	稳定的政治和经济环境	＋
	良好的法律体系	－
	项目主办人的能力	－
	主办人的BOT项目经验	－
	基础设施项目的资金不足	－
招标阶段	具有竞争性的招投标体制	＋
	有吸引力的融资方案	＋
	可接受的电价水平	＋
	技术方案的优势	－
	合适项目代理人的选择	－
特许权协议签订阶段	具体准确的特许权协议	＋
	合理的风险分担	＋
	政府的特殊担保	＋
	多边投资担保机构的保险	NA

注："＋"表示关键成功因素对项目影响大

"－"表示关键成功因素对项目影响小

"NA"表示影响程度未知

法国电力联合体中标的很重要原因在于相比于其他投标人，它所提供的电价最低（小于 0.05 美元/千瓦时），即使是第二名也拉开了相当的距离，接近于目前中国大城市的电价水平。即使如此，法国电力联合体仍然可以获得的投资回报率大约为 17.5%，稍低于该公司的平均收益率 18%。法国电力联合体的关键优势在于采用中国制造的涡轮机，受到中国政府的欢迎，也降低了成本，因而能在保持合理利润的同时，提供最低的电价。

（五）法律环境

1994 年 3 月，电力工业部颁发了《电力建设利用外资暂行规定》，为境外经济组织、个人在中国投资从事电力开发建设经营提供规定程序。外方投资者可以选择与中方投资者合资建设，成立中外合资或中外合作经营发电公司，可以投资于新电厂项目建设、现有电厂的扩建或技术改造项目、购买中方现有电厂的部分股权，所购股权比例一般不超过 30%。外方投资者也可以申请独家投资建设，经国家批准成立外资经营发电公司。另外，虽然企业法中未对合资企业的合作期限进行限制，"规定"中声明中外合资或合作建设电力项目的合作期限（不含建设期），火电厂不长于 20 年，水电厂不长于 30 年。骨干电力项目（单机容量 30 万千瓦及以上，总容量 60 万千瓦及以上），均应由中方控股，保持实际调控权。这些措施都表明了中国政府在保持对电力工业控制的同时，积极鼓励外方投资者参与电厂项目的投资建设。

自从 1996 年年底，中国政府提出采用 BOT 方式吸引外资发展基础设施建设的思路和构想，并选择若干公路、桥梁、水厂和电厂项目作为试点项目，以规范 BOT 模式在中国的应用。与此同时，亚洲开发银行给了电力工业部 260 万美元赞助以支持 BOO、BOT 项目的顺利进行。广西来宾 B 电厂项目成为国家计委批准的第一个规范化 BOT 投资试点项目，投资者必须通过国际竞争性投标才能获得项目特许经营权，中标人的融资依据是有政府安慰信支持的或取或付合同产生的未来现金流，而不是以往项目中经常使用的政府担保收益（固定回报）。中国政府正积极地采用国际通行的合同实践方法，实现项目的合理风险分担。

后来颁发的关于试办外商投资特许权项目审批管理的通知中也体现了上述创新思路，另外，外商投资项目的审批程序也得到了简化。

（六）基本交易结构

1. 特许权协议

调查表明来宾 B 特许权协议的大多数关键条款都是充分的，如表 10-4 所示，来宾 B 特许权协议综合得分是 2.99，接近于 3（充分）。唯一例外的是融资完成条款，得分只有 2.12，为一般充分。

来宾 B 特许权协议条款的充分性　　　　　　　表 10-4

风险相关的合同条款	合同条款的充分性		风险的严重性
	平均得分	排名	排名
收费调整	3.31	1	1
征用	3.31	1	9
外汇汇率和可兑换性	3.26	3	5
不可抗力	3.21	4	6
审批延误	3.01	5	8
腐败	2.97	6	10
配电限制	2.92	7	3
法律变更	2.77	8	4
融资完成	2.12	9	7
中国机构的可靠性	未涉及		2
总体	2.69	—	—

其中，最为充分的前三类条款是收费调整、征用、外汇汇率和可兑换性风险，最为不充分的前三类条款是融资完成、法律变更和配电限制风险。其中融资完成风险相对应的条款最为不充分，只有 2.12 分。另外，同时比较第 4 列风险的严重性排序和第 3 列相应合同条款的充分性排序可以对哪些条款需要进一步改善有一个大体的印象。

许多接受调查的专家都指出，尽管合同条款都是依据国际惯例和经验起草，但是仍然不完全适用于中国的特殊环境。在一个特定法律体系之下，应该采用更为准确的非法律用词，一些术语如"材料"、"严重不利地"应该量化或者需要更多的细节，使得条款能够更加明确。

2. 购电协议

根据购电协议，广西电力局每年负责向项目公司购买 35 亿千瓦时的最低输出电量，以下为项目 2 台发电机组从调试到商业运营的电费支付方案。

（1）在 1 号、2 号发电机组的调试和试运行期间，广西政府或电力局应接受全部输送至供电点的净输出电量，且应向项目公司支付该电量的燃料电费。

（2）自 1 号发电机组完工日至商业运营期间的每个月，广西政府或电力局应支付：①该月的最低净输出电量的运营电费（用人民币计价部分的最低净输出电量的运营电价计算）；加上②该月依调度指令实际输送的全部净输出电量的燃料电费；加上③任何附加费用。

（3）自商业运营日至特许期结束期间的每个月，广西政府或电力局应支付：①该月最低净输出电量的运营电费；加上②该月依调度指令实际输送的净输出电量的燃料电费；加上③任何附加费用。

（4）在商业运营日之后的每一运营年年末，广西政府或电力局应支付：①按额外净输出电量的运营电费为基础计算的全部额外净输出电量的运营电费；加上②任何附加费用。

电费结构中的运营电费已包括除了燃料费用以外的其他所有费用，燃料费用则包括在燃料电费里。

另外，广西政府允许项目公司在特许期期间根据下列调整依据对电价收费进行合理调整：①如果发生任何未投保不可抗力事件而导致项目公司还款付息出现困难，包括法律变更或者任何其他由广西政府引起的例外事件；②用美元计价部分的运营电价应考虑汇率变化，当汇率变化幅度超过 5% 时，该部分运营电价需做出一定调整；③燃料电费将随着燃料供应和运输协议中的燃料价格调整而调整。

广西政府将于特许经营期内每个日历月以人民币向项目公司支付购电费用，这个或取或付担保很大程度上减轻了项目公司的市场和收益风险。

根据燃料供应和运输协议，政府同时也担保满足要求的燃料供应（燃煤、燃油），而项目公司则支付相应费用。

（七）财务分析

来宾 B 电厂项目总投资 6.16 亿美元，其中主办人股本投资为 1.54 亿美元（法国电力国际占 60%，通用电气阿尔斯通占 40%），占 25%；其余的 75% 来自于 19 家银行联合组成的银团贷款，牵头银行是东方汇理银行、汇丰投资银行和巴克莱德胜有限公司。另外，法国出口信贷机构——法国对外贸易保险公司对贷款中约 3.12 亿美元提供出口信贷保险。

来宾 B 项目特许经营期是 18 年，其中预计建设期为 33 个月，运营期为 15 年。项目公司所提供的电价小于 0.05 美元/千瓦时（税前），广西电力局承诺每年向来宾 B 项目购买 35 亿千瓦时的最低输出电量，项目公司的预计投资回报率为 17.5%。

事实上，在来宾 B 项目执行之前有过三个版本的可行性研究报告。在这三个报告里，电价收费分别是 0.077、0.077 和 0.08 美元/千瓦时，而内部收益率分别为 19.01%、19.63% 和 18.88%。与之相比，法国电力联合体在小于 0.05 美元/千瓦时的基础上仍然可以获得 17.5% 的回报率显得难以置信和更具吸引力。由于项目公司具体财务细节不得而知，潜在原因可能在于采用了中国制造的涡轮机，大大降低了成本。

（八）政府激励措施

作为中国第一个经国家批准的 BOT 试点项目，中央政府和广西壮族自治区给予来宾 B 项目很多担保和激励措施。

1. 独占的特许权

广西壮族自治区授予项目公司独占的权利以设计、建设、调试、运营和维护来宾 B 电厂，使用广西壮族自治区提供的土地，并在特许期内向广西壮族自治区自治区销售电厂净输出电量。除非根据特许权协议规定修改，特许期自广西壮族自治区和项目公司在融资完成日期签署特许权协议起算 18 年，包括预计建设期为 33 个月，运营期自电厂试运行起算大约为 15 年。特许期满后，项目公司应无偿将良好运营的电厂项目移交给广西壮族自治区政府。

另外，在特许期内，项目公司有权运营电厂并拥有电厂的所有财产、设备和设施的所有权。同时，项目公司可以出于为本项目融资的目的抵押或转让本项目的运营权、全部资产、设施和设备，条件是这种抵押或转让须获得广西壮族自治区的书面同意并不得损害广西壮族自治区的权益。

2. 购电担保

根据项目公司和广西电力局签订的购电协议，广西壮族自治区保证广西电力局每个运营年向来宾 B 项目购买 35 亿千瓦时的最低净输出电量。广西电力局应对履行购电协议的义务向项目公司负首要责任，广西壮族自治区应保证广西电力局适当、适时履行购电协议的义务。只要项目公司未违反特许权协议中的义务，并遵守有关违约或不可抗力的条款规定，广西壮族自治区应通过电力局根据购电协议向项目公司输送至供电点的净输出电量支付相应电费。

3. 燃料供应担保

项目公司所需的燃料将由广西建设燃料有限责任公司根据燃料供应和运输协议提供，并根据该协议支付价款。项目公司有权拒绝接受不符合燃料供应与运输协议规定规格的燃料。广西壮族自治区保证燃料供应公司适当、适时履行燃料供应和运输协议中的义务，并赔偿任何由燃料供应公司过失而造成的经济损失。

4. 不可抗力担保

任何一方在出现其不可控制的情况阻止其履行特许权协议中的义务时有权中止履行合同，这些不可控制的情况如自然灾害、战争、敌对行为、禁运、进出口限制和法律变更。

由于不可抗力事件导致特许权协议终止，广西壮族自治区应向项目公司支付相应补偿，广西壮族自治区支付该项金额后，项目公司应将来宾 B 电厂移交给广西政府。

如果特许权协议签订之后中国法律、法规和法令或任何与该项目的批准有关的实质性条件发生变化，并导致项目公司的权利或义务发生实质性的不利变化，项目公司可以提出书面要求改变特许权协议的条款，以使其基本上达到发生这些变化之前的同样的经济地位。

如果特许权协议生效日之后中国法律、法规和法令发生变化，给项目公司带来很大经济利益，广西壮族自治区可以书面形式通知项目公司要求调整特许权协议条款，以使项目公司的经济地位基本保持在发生这些变化之前相同的状况。

5. 外汇兑换担保

广西壮族自治区同时提供外汇兑换担保，承诺协助人民币计价利润的兑换和汇出。

考虑到项目公司偿还贷款的需要，广西壮族自治区同意在特许期间每个日历月向项目公司支付的电费中考虑美元因素，以一定数量的人民币与中国人民银行公布的美元与人民币之间的汇率变化相联系。另外，如果项目公司、建设承包商和运营维护承包商要求在中国境内开立、使用美元账户，并在账户上保留其收入，广西壮族自治区保证给予同意。如果项目公司从中国境内向境外账户转移资金是为根据特许权协议实施和执行项目所必要的，广西壮族自治区也保证项目公司获得转移资金的批准。项目公司有权在特许期内将项目的人民币收入兑换成美元，以支付项目支出、贷款还本付息和汇出利润。广西壮族自治区应保证上述美元的兑换。

6. 政府过失和政治风险的补偿

如果由于广西壮族自治区的行为或疏忽而违背了特许权协议中的义务，造成建设工程的竣工延误，或者造成建设或融资的成本增加，广西壮族自治区同意相应延长特许期或通过调整电价给予项目公司补偿，以使上述延误所造成的电厂完工日之后的所有额外建设费用和/或融资文件项下可能发生任何额外支出在其向项目公司按月支付的电费中等量补偿。

如果项目公司因广西壮族自治区违约事件终止特许权协议，项目公司应将电厂移交给广西壮族自治区或其指定的执行机构，而广西壮族自治区或其指定的执行机构应向项目公司支付协议中所列赔偿金额。

7. 税收优惠

广西壮族自治区承诺尽最大努力使项目公司获得中国法律、法规许可的税收优惠。

项目公司享有的税收优惠包括：（1）项目公司免交 3％ 的地方所得税；（2）项目公司开始获得利润的年度起，第一年和第二年免征项目公司的所得税；第三年和第五年减半征收所得税，即按 15％ 的税率征收所得税；从第六年起则按 30％ 的全额税率交纳所得税；（3）外国投资者从项目公司分得的利润，免征预提所得税。

8. 放贷人权利的担保

自融资手续完成之日起及之后，只要融资文件仍然有效，广西壮族自治区同意在未向放贷人提供纠正项目公司违约事件的机会以及未给予放贷人特许权协议规定的其他权力之前，将不终止特许权协议。放贷人或其指定人可进行项目公司应进行的任何偿付或应采取的任何行动，其效果与项目公司所做的支付或采取的行动相同。

9. 土地、设施和其他支持措施

广西壮族自治区有义务获得项目需要的场地、相关的进厂通道以及完成项目前期工程，并保证该场地不设置任何留置或抵押，以使项目公司在特许期内有权免费和独占使用。

广西壮族自治区还确保及时地，并按照不低于得到实质上与项目公司同等服务的商业用户一般可以得到的优惠条件下的公平价格向项目公司提供建设、运营和维护来宾 B 电厂所需的所有设施。

建设期间，广西壮族自治区应负责：（1）提供场地、完成项目前期工程和进场道路；（2）在建设期间协调和推进所有与有关政府部门相关的事宜；（3）及时获得并保持只能由广西壮族自治区得到的对建设所要求的批准；（4）提供输变电设施、起动电力和蒸汽，以及所有调试用燃料。

广西壮族自治区确保项目公司、建设承包商及运营维护承包商能向中国进口建设、运营和维护来宾 B 电厂所需的一切物品和设备。

在电厂建设过程中，如果发现具有考古学、地质学和历史意义的任何物品，广西壮族自治区应承担采取保护措施所产生的所有费用。由于采取这些措施导致的任何项目进度延误都应由适当延长建设期或特许期，或者同时延长两者来予以补偿。

（九）风险管理

1. 电价调整

在中国，所有收费上涨需要物价局的每年审批，为项目的电价调整和项目财务产生了一定的不确定性。采取的措施包括：（1）购电协议（包含电费结构）已经通过国家计委的审批，而国家计委出具的支持函中明确声明了项目电费结构、支付方案和电价调整中的主要原则已经通过国家计委（控制着中央物价局）的审批，广西壮族自治区将遵守特许权协议和购电协议中的主要原则；（2）特许权协议中的特定条款表明物价局的责任只是审核电价调整是否遵循购电协议的调价公式；（3）支付电费被规定为广西电力局的商业责任。上述措施可将电价调整风险最小化。

2. 中方的可靠度和信用

广西来宾 B 电厂项目的目的在于解决严重阻碍广西经济发展的电力短缺问题，因此广西壮族自治区渴望项目成功。国家计委和电力工业局的大力支持也保证了广西壮族自治区履行项目义务，国家计委的支持函中声明特许权协议、购电协议以及燃料供应和运输协议都遵守现行法律法规，广西壮族自治区也有足够的能力签订特许权协议。正是因为这些保证，法国出口信贷 COFACE 才会提供大额度的出口信贷保险。另外，如果因为广西壮族自治区违约而导致合同中止，放贷方和投资者都将获得相应赔偿。

3. 调度限制

来宾 B 项目的购电协议明确定义了不可抗力事件及其例外，在中国树立了新标准，根据此购电协议，广西电力局将每年负责向项目公司购买 35 亿千瓦时的最低输出电量（或取或付合同，大约为电厂负荷数的 63%）。如果广西电力局每年只从电厂购买最低输出电量，项目公司已经能够抵消所有成本并为股东投资获得回报。另外，电力局不得对来宾 B 电厂区别对待，应根据经济调度原则来决定是否购买最低输出电量之外的任何额外电量。

4. 法律变更

来宾 B 项目的特许权协议对法律变更风险进行了详细的规定：（1）如果法律的重大变更导致项目公司未能履行合同义务，无论项目公司是否提供电量，都有权获得最低输出电量的电费；（2）如果法律变更使得项目公司的成本增加到一定幅度，项目公司有权要求恢复到法律变更之前的经济地位；（3）法律变更条款适用于自投标文件提交日期之后的所有法律变更，包括税收规定的变更；（4）法律变更条款同时也解决了未来由于环保标准提高的成本增加风险。

另外，国家计委正在研究起草 BOT 法律，很大程度将参考来宾 B 项目经验。因此，新的法律将不会和该项目的条款框架有冲突。

5. 外汇汇率和可兑换性

项目公司有权根据美元与人民币之间的汇率变化，每月调整电价中的浮动部分（与美元相关，但以人民币支付），以最大限度地降低外汇汇率的波动风险。汇率变化在购电协议中基准值的 5% 以内采用固定汇率，因此汇率重大变化风险由广西电力局和广西壮族自治区承担。

来宾 B 项目已经通过国家外汇管理局的批准，意味着项目的外汇兑换已经纳入中国国际外汇收支计划中，国家外汇管理局的支持函也再次确认了未来的法律法规变化不会对项目公司的外汇兑换和利润汇出权利产生不利影响。项目公司也同一家中国银行达成转换协议，该银行承诺将尽最大努力将项目公司的人民币发票金额兑换为美元。然而这种承诺不是美元兑换担保，并不能为放贷方和股东提供更多的精神安慰。

6. 不可抗力

来宾 B 项目中，项目合同包括特许权协议、购电协议和燃料供应与运输协议都提供了详细和严谨的不可抗力条款，加上其他适当的保险，这些都很好地保护投资者和放贷方的利益。项目合同中根据不同的处理和赔偿方式，将不可抗力分为可投保、不可投保和政治不可抗力。当不可抗力事件发生，项目公司有权中止履行合同义务，并获得相应的里程碑日期的延长，如目标完工日或者特许期。这样，项目公司与承销商之间可以合理地共同承担政治和不可投保的不可抗力风险。

如果由于不可抗力造成合同终止，放贷方和投资者都将获得相应的赔偿。如果由于项目公司过失造成的中止，投资者将无权获得赔偿，而放贷方仍有权介入项目，并在纠正期内采取行动纠正项目公司违约事件，包括可以成立新公司替代项目公司。

7. 融资完成

来宾 B 项目原先要求中标人在草签协议之后 60 天内完成融资手续。但是由于融资手续的完成受到了很多非中标人能够控制的因素限制，而且很大程度上取决于特许权协议的充分性，通常至少需要 3 个月的时间，来宾 B 项目的期限要求明显过短。这也是上述问卷调查中，融资完成条款被认为最不充分的主要原因。

事实上，通过项目公司与广西壮族自治区的谈判，最终项目特许权协议要求的融资完成期限延长至 180 天。然而来宾 B 项目的实际融资完成是在特许权授予的 270 天之后，比官方期限推迟整整三个月。该风险是由项目公司承担。

8. 审批延误

来宾 B 项目中，国家计委、电力工业部和外汇管理局出具的支持函确认了对项目的批准，并为其他的必要审批提供了保证，对外贸易经济合作部对来宾 B 项目的合资批准也具有重要意义。虽然特许权协议中规定项目公司需要负责获得必要审批，但审批的武断否决和撤销都被归为政治不可抗力，因此已将未能获得关键审批的风险最小化。

9. 征用

来宾 B 项目的特许权协议将征用归为政治不可抗力风险，因此该风险已被减轻。

10. 腐败

特许权协议中政府（和项目公司）的保证已经涉及该风险。但是腐败往往不是公开的，因此很难使用合同语言阻止腐败的发生。另外，即使合同条款有效，条款的执行也将是一个问题，因此项目公司仍一定程度地承担腐败风险。

11. 风险分担

综合上述风险管理措施，可以得出如表 10-5 所示的风险分担（X 表示主要分担）。广西壮族自治区主要承担政治和法律风险，项目公司主要承担建造、运营、技术和财经风险，而双方共同承担不可抗力风险。作为第一个国家批准的BOT 项目，来宾 B 电厂项目为中国未来的项目提供风险分担的参考。另外，笔者基于来宾 B 电厂项目建立的风险管理框架也可以为未来中国 BOT 电厂的投资者提供参考依据。

来宾 B 电厂项目的风险分担 表 10-5

风　　险	广西壮族自治区	项目公司（股东、建设承包商、运营和维护承包商）	放贷方	保险商	保函提供方
1. 政治风险					
国有化、取消、扣押	×				
项目唯一性（没有竞争项目）		×			
法律变更	×				
项目审批	×	×			
政府的负面作为或无所作为	×	×			
现有设施状况	×	×			
税率提高（一般、通用）	×	×			
税率提高（特定、专门）	×				
政治不可抗力	×				
政府中止特许合同	×				
政府不支付费用	×	×			
2. 建造风险					
土地拆迁和赔偿	×				
设备或材料进口限制	×				
成本超支		×	×		×
融资成本增加		×	×		
工期或质量风险		×			×
承包商违约		×			×
项目公司违约	×	×			×
工程变更引起的工期或成本					
环境破坏（存续的）	×			×	
环境破坏（现行的）		×			

487

风 险	广西壮族自治区	项目公司（股东、建设承包商、运营和维护承包商）	放贷方	保险商	保函提供方
考古和历史文物的保护	✕				
施工不可抗力	✕	✕		✕	✕
3. 运营风险					
政府部门违约	✕				
项目公司违约		✕			
运营商能力欠缺		✕			
项目公司中止合同	✕	✕	✕		✕
环境破坏（现行的）		✕			
运营不可抗力	✕	✕		✕	
劳资争端	✕	✕			
技术风险		✕			
运营停机时间		✕		✕	
设备维护状况		✕		✕	
4. 市场和收益风险					
收费或收益不足	✕	✕			
电力需求波动	✕				
发送中断	✕				
电费收取困难	✕				
其他收益不足		✕	✕		
偷电	✕				
燃油、燃煤供应和价格变化	✕	✕			
政府对利润和价格的限制	✕	✕	✕		
5. 财经风险					
通货膨胀	✕	✕	✕		
利率		✕	✕		
外汇汇率	✕	✕			
外汇可兑换性	✕				
6. 法律风险					
设施出租权、名义权	✕	✕			
设施所有权		✕			
担保结构			✕		

风　险	广西壮族自治区	项目公司（股东、建设承包商、运营和维护承包商）	放贷方	保险商	保函提供方
项目公司破产		×	×		
违反融资合同		×	×		
担保的可执行性			×		
合同争端、仲裁、适用法律	×	×	×		
7. 竞争风险（中标之前）		×			

四、借鉴分析

来宾B项目反映了中国政府对推行BOT投资方式的态度，采用了比以往项目更为高标准的合同文件，已经成为中国未来BOT项目的参考范本，后来在长沙的第二个正式BOT电厂项目和在成都的第一个正式污水处理项目都采用类似的合同结构。因此，研究和学习来宾B项目的经验具有深远意义，也将为以后BOT项目的规范化操作提供有益的参照和借鉴。综合本案例的详细介绍，来宾B项目的主要经验如下。

（一）采用国际竞争性招标方式选择投资者

来宾B项目是中国电力行业首次采用国际竞争性招标方式的BOT项目，投资者必须通过竞争性招标才能获得项目的特许经营权。来宾B项目的成功经验证明国际竞争性招标具有高效、经济、公平的特点。另外，高效、公平的招标过程也为广西政府树立了良好的形象。

（二）安慰函代替固定回报率

投资回报率取决于投资者所承担的风险以及该项目可能带来的经济效益，如果政府担保固定回报率，将使投资者失去降低成本、提高效率的积极性和动力。来宾B项目引进了竞争机制，投标人就电价进行竞争，政府不与投标人进行讨价还价，中标人的融资依据是有政府安慰信支持的或取或付合同产生的未来现金流，而不是以往项目中经常使用的政府担保收益。

（三）政府给予的强有力支持

对于任何公共基础设施BOT项目，特别是在缺少BOT经验和没有专门BOT法律框架的中国，政府的支持尤为重要。在现行外商在电力行业投资规定下，政府所持的态度以及在项目过程中给予的支持程度，将直接影响着项目的成败。中央政府和广西政府给予来宾B项目强有力的支持，批准为中国第一个BOT试点项目，并提供了很多担保和激励措施，如购电担保、燃料供应担保等。

这些都表明了中国政府积极采用国际通行合同实践方法的战略选择。

（四）合理的风险分担

风险分担直接关系到各参与者的利益，是 BOT 项目成功的很重要因素。一般而言，风险应由最有控制力的一方承担，承担的风险程度应该与所得的回报大小相匹配。根据这些原则，项目公司主要承担建造、运营、技术和财经风险，政府主要承担政治和法律风险，而双方共同承担不可抗力风险。

（五）采用更高标准的合同文件

作为第一个国家批准的 BOT 试点项目，来宾 B 项目采用比其他以往项目更高标准的合同文件。如上所述，来宾 B 项目的主要合同文件包括特许权协议、购电协议、燃料供应与运输协议，这些合同文件既参考国外 BOT 项目的成功经验，同时也考虑到中国的现行状况。

1. BOT/PPP 在中国的应用现状

中国自 1984 年由香港合和公司以 BOT 方式成功运作深圳沙角 B 电厂以来，由于 BOT 可以减轻政府财政压力、拓宽资金来源、提高管理效率和水平、引进先进管理水平和服务理念、加快基础设施的建设等诸多优势，使得中国政府对于以 BOT 模式进行基础设施建设倍加青睐，同时由于中国各地方政府对于吸引外资的迫切需要，以电厂和水厂为主要投资对象的、以外商为投资主体的第一次 BOT 投资浪潮在 20 世纪 90 年代中后期达到顶峰，其中最具代表性的项目是广西来宾 B 电厂，该电厂是中国第一个国家级批准的、国际公开竞标的 BOT 项目，也是中国第一个允许外国投资者拥有 100% 股权的电厂项目，现已成为中国 BOT 项目的典范。之后，由于中国政府实施积极的财政政策，将大量国债资金投放于基础设施领域，以及中央清理地方政府各种违规 BOT 项目，到 20 世纪末，第一次 BOT 投资浪潮已趋于平静。

但是，随着中国经济的持续高速发展，基础设施对经济发展的瓶颈作用再次凸现出来，能源、交通及其他公用设施的短缺，单靠政府的财政力量无法满足所需的巨额投资，且不说政府还要承担巨大的赤字风险，因此又给外商及中国民间资本以 BOT/PPP 方式参与基础设施和公用设施的投资建设提供了良好的契机。随着 2003 年 10 月 1 日开始实施的"北京市城市基础设施特许经营办法"和建设部于 2004 年 5 月 1 日开始实施的《市政公用事业特许经营管理办法》，该融资模式进一步得到广泛应用，仅在北京，30 多个奥运场馆中的数个以及到 2008 年总投资达 4000 多亿的基础设施项目中的不在少数，都将以项目法人招标（特许经营）的方式进行。2003 年年中北京奥运主体（"鸟巢"）体育场项目、2004 年年底北京亦庄天然气项目和 2005 年年初北京地铁 4 号线和北苑污水处理厂项目的以特许经营方式发包就是佐证。2005 年 2 月 24 日新华社被授权全文播发的《国务院关于鼓励支持和引导个体私营等非公有制经济发展的若干意见》更是强调允许非公有资本进入电力、电信、铁路、民航、石油等垄断行业，加快完善政府特许经营制度，支持非公有资本参与各类公用事业和基础设施的投资、建设和运营。最近各地许多 BOT 项目的签约和开展表明，新一轮 BOT 投资浪潮已经在中国再次开始。

2.BOT/PPP 在应用中出现的问题

虽然 BOT 方式在中国的应用取得了一定的成功，但由于没有成熟的 BOT 理论或规范的做法，或由于其涉及学科和领域较多，在实际运作过程中所面临的问题也相当繁多和复杂，加之 BOT 项目时间长、投资大、风险也大，特别是中国政府缺乏相应的经验和法律法规等原因，导致了 BOT 在中国应用中出现了不少的问题，主要有以下几个方面。

（1）由于中国地方政府缺乏运作 BOT 项目的知识和经验，出于吸引外资的目的，给 BOT 项目的外商做出过多的承诺，一方面加大了政府自身的风险，另一方面必然导致政府巨大的履约成本。从外商的角度而言，政府不守信用的风险也随之变得较大，一旦政府不守承诺，如拒绝按承诺的购买量和购买价格兑现合同，则外商不可能实现其投资回报，造成了中国政府信用风险的发生。

（2）由于中国政府在 BOT 项目实际运作上经验的缺乏，出现了不少暴利项目。对政府而言，属于其决策的严重失误，增加了政府的舆论压力和政治风险；对投资商而言，则损害了其形象，不利于其在中国的长期发展和 BOT 项目的再投资。

（3）中国某些地方政府官员出于自身政绩的考虑和短期的利益，做出与中央政策与长远利益不相符的决策，导致了 BOT 项目的失败。由于中国的特殊国情和政制，而外商对这些特殊性可能不太了解，在这种情况下签订 BOT 项目特许权协议并得到地方政府或某些官员的承诺与保证，政治或信用风险极大，一旦中央发现或地方政府换届，则此类项目必然属于清理的对象，在这种情况下，外商不可能成功地运营 BOT 项目并取得预期的投资回报。

（4）中央政府宏观经济政策的调整及对投资和市场的干预，使得不少已开始运营的 BOT 项目面临着失败的风险。例如，1998～2000 年增发的 3600 亿基本建设国债的投入和中央政府的"强电政策"及电力市场体制改革等，都使得外商投资的 BOT 项目面临着与项目可行性分析时差距极大的现实宏观经济现状，造成能顺利运营的项目不多。

（5）外商过度迷信于地方政府的承诺，尤其是口头承诺，对项目的回报有着过高的期望。项目的投资决策不是基于科学合理的可行性分析和回报率预测，而是片面基于政府对回报率的保证。在政府缺钱、投资者缺项目的情况下，双方更有可能达成这种政府保证高回报率的特许权协议，而在实际情况中缺少可行性，最终必然导致项目的失败。

（6）BOT项目的成功建设与运营离不开政府部门的配合与协助，而政府官员的腐败总与之相关。由于基层政府和个别职能部门的腐败风气，"吃、拿、卡、要"现象严重，造成外商的"协调"成本太高，此外，项目公司花在公关上的时间和费用都要占到相当大的比例，严重影响项目公司的管理效率和运营利润。

（7）中国缺乏统一的全国性的BOT法律，各个地方在处理与外商BOT项目相关的问题中基本上各自为政和不规范，也使项目公司承担着较大的学习成本和较长的适应时间，同时面临着较大的法律风险。

（8）在BOT项目的招标活动中，存在着招标主体和招标文件不规范的现象，存在着暗箱操作的可能与风险，这些都不利于BOT项目的正常开展和发展，最终损害了国家的利益。

综上所述可见，BOT应用过程中所出现的问题都有同一种属性，即基本上都离不开政府或政府官员的因素。项目中所遇到的主要风险就是与政府担保或承诺相关的政治风险和主权风险，其最为明显的表现即为政府担保或承诺的不兑现或不完全兑现，造成项目公司遭受政府信用风险，因此外商认为中方的信用风险是中国BOT项目中的最大风险。但要注意的是，在某些情况下，项目公司所面对的政府信用风险并非完全是由东道国政府所导致的，因为还存在着东道国政府所要面对的外部政治风险，由此而引起的信用风险并非是东道国政府所能控制，因此该信用风险不能完全归咎于东道国政府。